Das

gemeine deutsche Strafrecht

systematisch dargestellt

von

Dr. Hugo Hälschner,
Geheimer Justizrath und Professor in Bonn.

Zweiter Band.

Der besondere Theil des Systems.

Bonn,
Verlag von Adolph Marcus.
1887.

Das

gemeine deutsche Strafrecht

systematisch dargestellt

von

Dr. Hugo Hälschner,
Geheimer Justizrath und Professor in Bonn.

Zweiter Band.

Der besondere Theil des Systems.

Zweite Abtheilung.

Bonn,
Verlag von Adolph Marcus.
1887.

Inhalts-Verzeichniß.

Zweiter Abschnitt.
Delicte gegen die Familie.

Dritter Abschnitt.
Delicte gegen die Gesellschaft.

Erstes Kapitel.
Delicte gegen den öffentlichen Frieden.

Zweites Kapitel.
Delicte gegen Treue und Glauben im Verkehre.

Drittes Kapitel.
Die gemeingefährlichen Delicte.

Citirt sind:

Oppenhoff's Commentar zum Strafgesetzbuche nach der 10. Auflage 1885.
Olshausen's Commentar zum Strafgesetzbuche nach der 2. Auflage 1886.
von Liszt's Lehrbuch des deutschen Strafrechts nach der 2. Auflage 1884.
Berner's Lehrbuch des deutschen Strafrechts nach der 14. Auflage 1886.

Zweiter Abschnitt.

Delicte gegen die Familie.

1. Einleitung.

§ 139. Die Familie ist als solche kein Rechtssubject das in seiner subjectiven Berechtigung Gegenstand eines strafbaren Angriffes sein könnte, sondern ist ein Verhältniß rechtlich geordneter Gemeinschaft ihrer Glieder. Aber die Voraussetzung dieser Rechtsgemeinschaft ist die sittliche Gemeinschaft ihrer Glieder, und als sittliche Gemeinschaft steht die Familie an sich, ihrem Wesen nach, außerhalb der Sphäre des Rechtslebens. Ist sie das was sie ihrem sittlichen Wesen nach sein soll, so bedarf sie für ihr inneres Leben und für die Beziehung ihrer Glieder zu einander des Rechtsgesetzes nicht, weil alle diese Beziehungen von dem Gesetze der Liebe und Pietät beherrscht und bestimmt werden. Des Rechtes und einer rechtlichen Normirung bedarf die Familie zuvörderst darum, weil ihre Glieder mitten inne stehen in dem rechtlichen Verkehre der bürgerlichen Gesellschaft und weil ihr Familienstand nothwendig einen mit bestimmenden Einfluß auf ihre privatrechtliche Stellung ausübt. Sie bedarf ferner aber auch der rechtlichen Normirung des Verhältnisses ihrer Glieder zu einander, freilich nicht in dem Sinne, daß es die Aufgabe des Rechtsgesetzes wäre die sittlich bestimmten wechselseitigen Ansprüche und Pflichten der Familienglieder in erschöpfender Weise zugleich rechtlich festzustellen, wohl aber in dem Sinne, daß, wenn diesen sittlichen Ansprüchen und Pflichten nicht in freier Selbstbestimmung genügt wird, es äußersten Falles darauf ankommt, sie als rechtliche gegen die unsittliche Willkür geltend zu machen und diese unter die Pflicht zu beugen. Für alle diese rechtlich geordneten Verhältnisse der Familienglieder zu einander wie zu anderen Personen ist nothwendig das eigenthümliche sittliche Wesen der Familie das bestimmende Princip, und es ist die Aufgabe des Rechtsgesetzes, das Familienrecht so zu gestalten, daß sich in diesen rechtlichen Formen die Familie ihrem sittlichen Wesen entsprechend gestalten, ungehindert entwickeln kann, und für dasselbe den erforderlichen rechtlichen Schutz findet. Insbesondere bedarf die Familie, weil sie und ihre sittliche und versittlichende Kraft und Wirksamkeit die unentbehrliche Basis alles sittlichen und damit auch des Rechtslebens und der rechtlichen Ordnung ist, auch des strafrechtlichen Schutzes.

Entscheidend für die Bedeutung der gegen die Familie gerichteten Delicte ist der Angriff der sich gegen das sittliche Wesen der Familie richtet, das, um seiner Bedeutung für das Rechts- und Staatsleben willen unter den Schutz des Strafrechtes gestellt eben damit als ein zu schützendes Rechtsgut anerkannt ist. Ganz gewiß wird das Strafgesetz allein niemals im Stande sein den über ein Volk hereinbrechenden sittlichen Verfall des Familienlebens aufzuhalten, noch auch im concreten Falle die durch die unsittliche, strafbare That innerlich geschädigte oder zerstörte Familie wieder sittlich herzustellen, aber weder das Eine noch das Andere ist ein Argument wider die betreffenden Strafbestimmungen. Das gesammte Strafrecht wie das Recht überhaupt ist machtlos, wenn im Volke die sittlichen Voraussetzungen seiner Wirksamkeit verloren gegangen sind, und das Recht wie die Pflicht des Staates zu strafen ist in keinem Falle durch den Zweck das concrete verletzte Rechtsgut aus seiner Verletzung wieder herzustellen, bedingt. Das Strafgesetz hat hier wie überall dem Zwecke zu dienen, die sich überhebende unsittliche und rechtswidrige Willkür durch Strafe unter die rechtliche Pflicht zu beugen, und es darf auch hier der Einfluß, den die Strafdrohung auf die sittlichen Anschauungen des Volkes und als eine äußerliche Stütze seines sittlichen Lebens ausübt, nicht zu gering angeschlagen werden.

Die gegen das sittliche Wesen der Familie gerichteten Delicte sind entweder solche, welche wie der Incest, lediglich dieses zum Objecte des Angriffes haben, oder solche, welche, wie Ehebruch, Bigamie, Verdunkelung des Personenstandes, sich zugleich verletzend gegen ein Familienglied richten. An sich würde hierher auch zu rechnen sein die Beleidigung eines Verstorbenen, die aber um ihres Thatbestandes willen zweckmäßiger in Verbindung mit den Angriffen auf die Ehre zu behandeln war, während bei der Entführung der Angriff auf Freiheit und Ehre der Person der in erster Linie entscheidende ist, gegen den die Rücksicht auf die Verletzung der Familie zurücktritt.

Von der älteren gemeinrechtlichen Doctrin, welche Ehebruch, Bigamie und Incest zu den Unzuchts- oder Sittlichkeits-Verbrechen rechnete, war schon das bayerische Strafgesetzbuch von 1813 insoweit abgewichen, als es Ehebruch und Bigamie zu den Fällen der Untreue in Vertragsverhältnissen stellte. Ebenso behandelten die meisten späteren Strafgesetzbücher Ehebruch und Bigamie als eigenthümliche Delicte, als Verletzung der ehelichen Treue oder der Familienrechte. Den Strafgesetzbüchern von Würtemberg und Braunschweig, die den Ehebruch und die Bigamie wieder mit den übrigen Unzuchts- oder Sittlichkeitsverbrechen zusammenfaßten, folgte aber wie das preußische, so auch das bayerische von 1861 und das lübische, und ihnen hat sich das deutsche angeschlossen. Nicht weniger ist in der neueren Doctrin die Auffassung eine verschiedene. Während Martin, Marezoll und H. Meyer an der altherkömmlichen Kategorie der Unzuchtsverbrechen oder Sittlichkeitsdelicte festhalten, scheiden, nach dem Vorgange Feuerbachs, Salchow, Wächter (Lehrbuch), Heffter den Ehebruch und die Bigamie, als Verletzungen des Rechtes aus Verträgen, oder Verletzungen ehelicher Pflichten aus. Henke war es, der zuerst Ehebruch, Bigamie und Delicte gegen den Familienstand als Verletzungen der Familienrechte zusammenfaßte, und ihm folgten Bauer, Abegg und Schütze, wogegen der Incest in Verbindung mit anderen Unzuchtsdelicten behandelt wurde.

2. Delicte in Beziehung auf den Personenstand.

§ 140. Während die meisten deutschen Strafgesetzbücher die rechtswidrige Veränderung des Personenstandes als Fall des Betruges behandelten, folgte das deutsche dem Beispiele des würtembergischen, braunschweigschen und preußischen wo sie als eigenthümliches Delict erscheint, und nur das hannöversche faßte sie mit Ehebruch und Bigamie als Verletzung der Familienrechte zusammen. Allerdings wird es sich bei der rechtswidrigen Veränderung des Personenstandes wohl in der Regel darum handeln, daß das Recht der Person verletzt wird, deren Personenstand die Aenderung erleidet, aber, abgesehen davon, daß dies nicht zutrifft, wenn der Thäter sich einen ihm nicht zukommenden Personenstand anmaßt, so handelt es sich doch auch in jenem Falle immer zugleich darum, daß der Familie ein ihr zugehörendes Familienmitglied entzogen oder ein ihr nicht zugehörendes untergeschoben wird. Dieser Gesichtspunkt ist auch für das deutsche Strafgesetzbuch entscheidend gewesen, denn abweichend von andern Strafgesetzbüchern, welche die Verletzung der subjectiven Berechtigung als entscheidend betrachten, und darum fordern, daß die Veränderung der Familienrechte eines Menschen zu dessen Nachtheil geschehen sein müsse, hat es diese Beschränkung des Thatbestandes aufgegeben, weil „das staatliche Interesse die Aufrechthaltung und Sicherheit des Personenstandes in der Familie dringend erfordern"[1]).

Das Gesetz spricht von Delicten in Beziehung auf den Personenstand, ein der französischen Gesetzgebung, welche von Civilstand spricht, nachgebildeter Ausdruck und gleichbedeutend mit dem Worte Familienstand, das vorzuziehen sein würde, weil es darauf ankommt die Rechtsstellung zu bezeichnen, die Jemand in der Familie und im Verhältnisse zu deren Gliedern durch Geburt, Legitimation, Annahme an Kindesstatt oder Eheschließung erwirbt[2]), nicht aber den Inbegriff der rein persönlichen Rechte, die Jemandem abgesehen von seiner Stellung in der Familie zukommen.

Der Personenstand wird nach dem Gesetze über die Beurkundung des Personenstandes und die Eheschließung vom 6. Februar 1875 beurkundet durch den staatlich bestellten Standesbeamten mittelst Eintragung der Geburten, Heirathen und Sterbefälle in die dazu bestimmten Register. Das Gesetz enthält zugleich die näheren Bestimmungen über die Beurkundung der Anerkennung eines unehelichen Kindes, der Legitimation und Annahme an Kindesstatt. Nach § 68 des Gesetzes wird derjenige, welcher den in den §§ 17 bis 20, 22 bis 24, 56 bis 58 vorgeschriebenen Anzeigepflichten nicht nachkommt, mit Geldstrafe bis zu einhundert fünfzig Mark oder mit Haft bestraft. Die Strafverfolgung tritt aber nicht ein, wenn die Anzeige, obwohl nicht von dem zunächst Verpflichteten, doch rechtzeitig gemacht worden ist.

Das Strafgesetzbuch bezeichnet als strafbar denjenigen, welcher

---

1) Vgl. Motive z. II. Entwf. § 167.

2) Diese Bedeutung des Personenstandes findet ihre Rechtfertigung auch durch das Gesetz über Beurkundung des Personenstandes und die Eheschließung v. 6. Februar 1875, und es ist nicht einzusehen wie mit Oppenhoff § 169 Nr. 3 auf den, auf Abstammung beruhenden, Familienstand beschränkt werden könnte. Vgl. dagegen Schwarze in Holtzdf. Hdbch. III S. 278. Olshausen § 169 Nr. 1.

den Personenstand eines Anderen vorsätzlich verändert oder unterdrückt[1]), dagegen, abweichend von anderen deutschen Strafgesetzbüchern, nicht denjenigen, welcher sich einen ihm nicht zukommenden Personenstand anmaßt.

Als widerrechtliche Anmaßung des Personenstandes wird es nicht ohne weiteres bezeichnet werden können, wenn sich Jemand einen ihm nicht zukommenden Namen beilegt, und wenn es als Uebertretung strafbar ist, falls dies Jemand dem zuständigen Beamten gegenüber thut[2]), so handelt es sich hier offenbar lediglich um Bestrafung der rechtswidrigen Täuschung des Beamten. Aber selbst dann, wenn Jemand um Andere zu täuschen sich einen ihm nicht zukommenden Namen in der Art beilegt, daß er sich damit als Angehöriger einer bestimmten Familie bezeichnet, würde eine Anmaßung des Familienstandes doch nur dann angenommen werden können, wenn der Thäter in irgend einer Beziehung die Rechte eines Mitgliedes der betreffenden Familie in Anspruch nähme. Gleichviel ob dies geschieht oder nicht, so würde doch in dem einen wie andern Falle eine derartige Täuschung nach dem deutschen Strafgesetzbuche immer nur zu strafen sein, wofern sie den Thatbestand eines anderweitigen Delictes ergiebt. Dies wird gewiß meistens der Fall sein, darum die widerrechtliche Anmaßung des Personenstandes regelmäßig strafbar sein, damit aber erscheint es doch nicht genügend gerechtfertigt, daß das Gesetz diese Anmaßung nicht auch als eigenthümliches Delict behandelte[3]). Wird die Veränderung des Personenstandes eines Andern, wenn sie in gewinnsüchtiger Absicht begangen wurde, mit Zuchthaus bis zu zehn Jahren bestraft, so steht es hiermit nicht in dem richtigen Verhältnisse, daß die Anmaßung des Personenstandes, wenn sie Mittel zur Verübung des Betruges war, nur mit Gefängniß bis zu fünf Jahren gestraft werden kann.

Zum Thatbestande der Verdunkelung des Personenstandes ist also nach dem deutschen Strafgesetzbuche erforderlich als Handlung

---

1) Strfgb. § 169.

2) Strfgb. § 360 Nr. 8.

3) Vgl. H. Meyer S. 482. Sehr zweifelhaft erscheint es ob es zulässig sein würde, daß die Anmaßung durch Landesgesetz für strafbar erklärt werde. Dafür Binding Handbch. I S. 322. Dagegen spricht der Umstand, daß ein Landesgesetz nur eine Strafe anordnen könnte, die nicht in dem richtigen Verhältnisse zu den Strafen des § 169 stehen würde.

irgend welche Veranstaltung, durch welche der Personenstand eines Andern verändert oder unterdrückt wird. Diese Handlung wird aber zu dem Zwecke und in der Absicht unternommen sein müssen, durch sie einen dauernden Zustand herbeizuführen, den Personenstand in allen hierbei in Betracht kommenden Beziehungen bleibend zu entstellen, und eine nur im einzelnen Falle zu besonderem Zwecke vorgenommene Entstellung des Personenstandes eines Andern wird nicht als eine Veränderung oder Unterdrückung desselben betrachtet werden können[1]). Verändert ist der Personenstand, wenn das familienrechtliche Verhältniß des betreffenden Menschen zu anderen Personen anders erscheint, als es rechtlich ist, und wenn jede Veränderung unvermeidlich zugleich eine Entziehung, Unterdrückung des richtigen Familienverhältnisses einschließt, so wird von einer, von der Veränderung unterschiedenen, Unterdrückung des Personenstandes nur dann die Rede sein können, wenn dem Andern der ihm zukommende Personenstand entzogen wird, ohne ihm einen andern beizulegen[2]). In welcher Weise die Veränderung oder Unterdrückung erfolgt ist für den Thatbestand gleichgiltig[3]), und wohl in den meisten Fällen wird sie mit einem anderweitigen Delicte, wie mit Urkundenfälschung, Aussetzung, Kinderraub concurriren[4]).

Erklärt das Gesetz die Verdunkelung des Personenstandes eines Andern für strafbar, so doch nicht lediglich in der Absicht der individuellen Berechtigung des Andern strafrechtlichen Schutz zu gewähren, vielmehr handelt es sich in erster Linie darum, die Familie als solche und als Basis alles staatlichen Lebens in ihrem

---

1) Schwarze § 169 Nr. 11. Geyer Grundriß II S. 85. v. Liszt S. 525. Oppenhoff § 169 Nr. 5. Olshausen § 169 Nr. 3. Rsprch. VI S. 38. 92.

2) Oppenhoff § 169 Nr. 10. Olshausen § 169 Nr. 5. Dagegen Schwarze § 169 Nr. 7 der jede unwahre Auskunft über den Personenstand, jede Täuschung über den wahren Personenstand, die nur Veränderung ist, als Unterdrückung bezeichnet. Rubo § 169 Nr. 6.

3) Casuistik und Entscheidungen bei Pezold und Zimmerle § 169. Rsprch. I S. 55. 746. II S. 291.

4) Oppenhoff § 169 Nr. 6—8. 15. Olshausen § 169 Nr. 6. H. Meyer S. 541. Die Nichtanmeldung des neugeborenen Kindes zum Standesregister und das heimliche Fortbringen desselben ergeben nicht schon an sich den Thatbestand der Unterdrückung des Personenstandes. Rsprch. VI S. 38.

rechtlichen Bestande zu schützen[1]). Daraus folgt, daß die That auch dann strafbar ist, wenn von Verletzung der individuellen Berechtigung des Andern nicht die Rede sein kann, weil er bereits verstorben ist, wogegen freilich der Personenstand eines todtgeborenen Kindes und einer fingirten Person, der niemals existirt hat, auch nicht verändert oder unterdrückt werden kann[2]). Es folgt ferner, daß die Strafbarkeit des Delictes auch durch die Zustimmung der Person deren Personenstand verändert oder unterdrückt wird, nicht ausgeschlossen ist, vielmehr wird diese, wenn sie nicht etwa unzurechnungsfähig ist, als Theilnehmer an dem Delicte des Thäters auch dann erscheinen, wenn es sich lediglich um Veränderung ihres Personenstandes und nicht zugleich um die des Personenstandes einer weiteren Person handelt[3]). Es folgt endlich, daß, wenn zwar die Anmaßung eines fremden Personenstandes nicht strafbar ist, eine strafbare Veränderung des Personenstandes eines Andern gleichwohl vorliegt, wenn der Thäter sich den Personenstand eines verstorbenen, verschollenen Familiengliedes anmaßt. Daß die Anmaßung des Personenstandes, wenn sie mit der Veränderung des Personenstandes eines Lebenden verbunden ist, unter die Strafbestimmung des § 169 fällt, ist selbstverständlich und unbestritten[4]).

Nicht als eigenthümliches Delict, sondern nur als speciellen Fall der Veränderung oder Unterdrückung des Personenstandes erwähnt das Gesetz an erster Stelle die Unterschiebung oder Verwechselung eines Kindes, offenbar in Erinnerung an die geschichtliche Entwickelung dieses Delictes und an die suppositio partus des römischen Rechtes, dem folgend die gemeinrechtliche Doctrin als Object des Delictes ein neugeborenes oder doch wenigstens ein Kind von so frühem Alter betrachtete, daß es sich seines Personenstandes noch nicht bewußt ist[5]).

---

1) Vgl. die Motive, Goltd. Mat. II S. 274. Goltd. Arch. XXIV S. 133.

2) v. Liszt S. 525. Olshausen § 169 Nr. 2. Dagegen Oppenhoff § 169 Nr. 4. Schwarze § 169 Nr. 5.

3) Oppenhoff § 169 Nr. 5. Dagegen Schwarze in Holtzdf. Hdbch. III S. 282, der nur im letzteren Falle Strafbarkeit annimmt, nicht im ersteren, weil volenti non fit injuria.

4) Schwarze a. a. O. S. 279 und § 169 Nr. 9. Olshausen § 169 Nr, 2.

5) Mittermaier z. F. § 416b. Henke § 138. Heffter § 340. Berner S. 399.

Dieser Auffassung folgend hat auch das Gesetz durch das Wort „Kind" nicht das Abstammungs-Verhältniß, sondern nur das Kindesalter und damit zugleich dies bezeichnen wollen, daß das Kind hier lediglich als Object des Delictes, nicht als Mitschuldiger in Betracht kommt. Wird das Delict gewiß am häufigsten bei neugeborenen Kindern vorkommen, so erfordert doch der Thatbestand des Delictes weder ein neugeborenes Kind noch auch ein Kind unter sieben Jahren, wohl aber ein Kind, das wegen seines zarten Alters oder weil es bisher in Unkenntniß darüber erhalten worden ist, seines Personenstandes sich nicht bewußt ist und über ihn keine Auskunft ertheilen kann. Wer das zwölfte Lebensjahr überschritten hat, ist im Sinne des Strafrechtes nicht mehr Kind und es kann bei ihm von Unterschiebung oder Verwechselung eines Kindes nicht mehr die Rede sein, sollte er auch, weil er seinen Personenstand nicht kennt, lediglich Object für das von einem Andern verübte Delict sein. Eben so wenig kann aber ein Kind unter zwölf Jahren, das sich seines Personenstandes bewußt ist, Object des Delictes sein, weil dieses dann nur mit seinem Wissen und unter seiner Mitwirkung verübt werden kann, womit es, wenn auch strafrechtlich nicht verantwortlich, aufhört nur Object des Delictes zu sein[1]).

Untergeschoben ist das Kind, wenn es als das leibliche Kind einer Frau, die dasselbe nicht geboren hat, dargestellt wird. Die Verwechselung wird in der Regel aber nicht nothwendig in einer gegenseitigen Unterschiebung bestehen[2]), denn es können auch die von derselben Mutter geborenen Kinder verwechselt werden, indem, namentlich etwa bei Zwillingsgeburt, das später geborene mit dem früher geborenen verwechselt wird.

---

1) Berner a. a. O. Oppenhoff § 169 Nr. 1 der aber wie Schütze S. 321 und Rüdorff § 169 Nr. 1 Kind als infans bezeichnet, während doch wohl auch das mehr als siebenjährige Kind sich in Unkenntniß seines Personenstandes befinden kann. Rubo § 169 Nr. 1. 2, der aber ohne Grund bei der Unterschiebung ein neugeborenes Kind fordert. Dagegen Schwarze a. a. O. S. 282 und § 169 Nr. 3. Olshausen § 169 Nr. 8, welche ein Kind voraussetzen, das noch nicht doli capax ist. Jedoch fordert Schwarze § 169 Nr. 5a bei der Verwechselung ein Kind, das über seine Verhältnisse keine Auskunft geben kann.

2) Auf gegenseitige Unterschiebung beschränkt die Verwechselung Olshausen § 169 Nr. 8. Dagegen Schwarze a. a. O. S. 281.

In subjectiver Beziehung erfordert der Thatbestand des Delictes den Dolus, d. h. eine vorsätzliche Thätigkeit die in der Absicht den Personenstand eines Andern in bleibender Weise widerrechtlich zu verdunkeln verübt wird. Wenn das Gesetz zwar nur das Verwechseln, Verändern, Unterdrücken als ein vorsätzliches bezeichnet, so versteht es sich doch von selbst, daß auch das Unterschieben ein vorsätzliches sein muß und von einem solchen nur die Rede sein kann, wenn es vorsätzlich geschieht. Hiernach wird der Thatbestand des Delictes ebenso durch ein fahrlässiges Handeln wie durch Irrthum in Betreff der Rechtswidrigkeit ausgeschlossen[1]). Die Absicht dem Andern, dessen Personenstand verdunkelt wird, einen Schaden zuzufügen oder Vortheil zuzuwenden ist nicht erforderlich.

Die Vollendung erfordert, daß diejenige Handlung, durch welche der Personenstand des Andern in bleibender Weise verdunkelt werden sollte und hierzu geeignet war, vollzogen sei, wogegen es gleichgiltig ist ob es dem Thäter gelang eine längere Zeit dauernde Täuschung herbeizuführen.

Die streitige Frage wann die Verjährung der Strafverfolgung zu laufen beginne, kann nur in Rücksicht auf den concreten Fall beantwortet werden[2]). Als ein fortgesetztes oder s. g. fortdauerndes Delict kann die Verdunkelung des Personenstandes nur dann betrachtet werden, wenn sie mittelst einer fortdauernden Thätigkeit verübt wird. So wird es sich z. B. verhalten, wenn der Thäter den Personenstand eines Andern verändert indem er ihn sich selbst anmaßt, denn hier dauert die strafbare Thätigkeit so lange fort, als er den ihm nicht zukommenden Personenstand behauptet und geltend macht, und in solchem Falle beginnt die Verjährung erst zu laufen, wenn diese Thätigkeit ihr Ende erreicht hat. Der Umstand aber, daß durch Begehung des Delictes ein fortdauernder rechtswidriger Zustand geschaffen wird reicht an sich hier so wenig wie in anderen Fällen hin das Delict als ein fort-

---

1) Goltd. Arch. XV S. 343. Schwarze § 169 Nr. 12.

2) Ueber den schon im älteren gemeinen Rechte geführten Streit über die Verjährung der suppositio partus vgl. Wächter Lehrb. I S. 268. Für die im Texte angegebene Auffassung v. Liszt S. 526. Olshausen § 169. Nr. 6. Rsprch. V S. 740. Vgl. John in Goltd. Arch. IX S. 510. Ein in allen Fällen fortdauerndes Delict nehmen an Schwarze a. a. O. S. 283 und § 169 Nr. 15. H. Meyer S. 385. 483, ein in keinem Falle fortgesetztes Delict Schütze S. 322. Oppenhoff § 169 Nr. 17. Rubo § 169 Nr. 9. Vgl. oben Bd. I S. 698.

dauerndes und das Schweigen des Thäters, der diesen Zustand durch Aufklärung des Sachverhaltes tilgen könnte, als eine fortgesetzte Thätigkeit zu betrachten, wie dies z. B. der Fall sein würde, wenn das Delict durch s. g. intellectuelle Urkundenfälschung verübt war. In solchem Falle beginnt also die Verjährung sofort zu laufen, sowie die gefälschte Beurkundung stattgefunden hat.

Der Versuch des Vergehens ist strafbar.

Die Strafe ist Gefängniß bis zu drei Jahren, dagegen wenn die Handlung in gewinnsüchtiger Absicht begangen wurde, Zuchthaus bis zu zehn Jahren.

§ 141. Als Vergehen in Beziehung auf den Personenstand behandelt das Gesetz ferner die s. g. Eheerschleichung[1]). Hier handelt es sich nicht darum einen bestehenden Personenstand gegen Veränderung oder Unterdrückung zu schützen, sondern darum durch die Strafbestimmung zu verhüten, daß durch Eheschließung für einen Andern wider dessen Willen ein Personenstand begründet werde.

Das Gesetz unterscheidet hierbei zwei Fälle, indem es 1) für strafbar denjenigen erklärt, welcher bei Eingehung einer Ehe dem andern Theile ein gesetzliches Ehehinderniß arglistig verschweigt. Subject des Delictes kann hiernach nur einer der Ehegatten sein. Die Handlung besteht in dem arglistigen Verschweigen eines gesetzlichen Ehehindernisses d. h. eines solchen das geeignet ist, die Auflösung der Ehe nach sich zu ziehen[2]).

Es wird also ein impedimentum dirimens vorausgesetzt, wogegen ein impedimentum impediens nicht genügt. Das Reichsgesetz vom 6. Februar 1875 hat die Ehehindernisse gemeinrechtlich und mit Aufhebung aller landesgesetzlichen Hindernisse, welche die Eheschließung weiter beschränken als dies hier geschehen ist, festgestellt. Dagegen hat es die rechtlichen Folgen einer gegen diese Bestimmungen geschlossenen Ehe der Beurtheilung nach Landesrecht überlassen, wonach also namentlich auch die Frage ob ein Ehehinderniß als impedimentum dirimens oder impediens zu betrachten sei nach den Landesgesetzen zu beantworten ist.

Das Vergehen kann nur vorsätzlich verübt werden und setzt also voraus, daß der Thäter das ihm bekannte Ehehinderniß ver-

---

1) Strfgb. § 170.

2) Motive z. II. Entwf. § 168. Schwarze a. a. O. S. 284 u. § 170 Nr. 2. Olshausen S. 170 Nr. 4.

schwiegen hat und ein solches Verschweigen erfordert nicht mehr, als daß der Thäter die Mittheilung an den andern Nupturienten mit dem Bewußtsein der Pflichtwidrigkeit unterlassen hat[1]). Aber nicht jedes Verschweigen genügt, denn das Gesetz fordert ein arglistiges Verschweigen. Das Verschweigen muß also in der Absicht stattfinden, den andern Nupturienten zu überlisten, und davon kann nur die Rede sein, wenn der Thäter mit dem Bewußtsein handelt, daß bei Kenntniß des Ehehindernisses der andere Theil die Ehe nicht eingehen würde, wenn er also die Unkenntniß des Andern vorsätzlich benutzt um die Ehe herbeizuführen. Jedes Ueberlisten, durch das ein Anderer wider seinen Willen zu einer Handlung veranlaßt wird, ist an sich etwas Arges, und es ist nicht noch außerdem die Absicht dem Andern etwas ihm Schädliches zuzufügen erforderlich[2]).

Das Vergehen ist hiernach ein durch Unterlassen verübtes Commissivdelict, denn strafbar ist nicht das Verschweigen an sich, sondern das Herbeiführen der Eheschließung mittelst des Unterlassens der Mittheilung des bestehenden Ehehindernisses[3]).

Das Gesetz erklärt 2) denjenigen für strafbar, welcher den andern Theil zur Eheschließung arglistig mittels einer solchen Täuschung verleitet, welche den Getäuschten berechtigt, die Giltigkeit der Ehe anzufechten. In diesem Falle handelt es sich also um ein Ehehinderniß das nur auf Anrufung des verletzten Ehegatten zur Auflösung der Ehe führt, und die Frage, welche Täuschungen geeignet sind die Giltigkeit der Ehe anzufechten ist nach den Landesgesetzen zu entscheiden. Subject des Vergehens kann auch hier nur einer der Ehegatten sein, womit nicht ausgeschlossen ist, daß eine andere Person zur Täuschung mitwirkt. Erforderlich

1) Dagegen Schwarze a. a. O. S. 284 und § 170 Nr. 2. v. Liszt S. 526.

2) Schütze S. 322. Wer aus Unachtsamkeit, Leichtsinn schweigt oder weil er überzeugt ist, daß der andere Theil sich durch das Ehehinderniß ebensowenig wie er selbst abhalten lassen würde die Ehe zu schließen, ist nicht strafbar. Schweigt er in der entgegengesetzten Ueberzeugung, so würde auch das Motiv den andern Theil nicht unglücklich machen zu wollen, ihn nicht, wie Binding Normen II S. 605 und Oppenhoff § 170 Nr. 3 annehmen, straflos machen. Die Absicht dem Andern etwas Schlechtes anzuthun, wie Olshausen § 170 Nr. 3 annimmt, ist nicht erforderlich.

3) Aldosser Unterlassungsdelicte S. 132. Olshausen § 170 Nr. 4. Dagegen Sturm Unterlassungsdelicte S. 395.

ist, daß der verletzte Ehegatte durch die Täuschung verleitet wurde die Ehe einzugehen, daß also der Thäter mit dem Bewußtsein und der Willensbestimmung handelte durch Erregung eines Irrthums den andern Theil zur Eingehung einer Ehe zu bestimmen, die dieser, wenn ihm die Wahrheit bekannt wäre, nicht eingehen würde. Damit charakterisirt sich auch hier die Täuschung als eine arglistige, und es ist nicht erforderlich, daß sich die Arglist weiter noch in irgend einer eigenthümlichen Art der Täuschung kund gebe. Insbesondere wird auch hier das einfache Verschweigen eines der hier in Betracht kommenden Ehehindernisse genügen, denn, wenn zwar das Verleiten durch Täuschung nothwendig erfordert, daß der den andern Theil bestimmende Irrthum durch Täuschung erregt, verursacht sei, so mangelt doch auch bei dem einfachen Verschweigen hier dies causale Verhältniß keineswegs, denn wer sich zur Eingehung der Ehe erbietet, stellt damit implicite die positive Behauptung auf, daß ein Ehehinderniß nicht obwalte, verhält sich also nicht lediglich passiv einem vorgefundenen Irrthume gegenüber.

Die Bestrafung des Vergehens hat in beiden Fällen zur Voraussetzung, daß die Ehe aus einem der gedachten Gründe aufgelöst d. h. also nichtig oder ungültig erklärt worden ist, während hier der Natur der Sache nach die Ehescheidung nicht in Betracht kommt[1]). Die Strafverfolgung des Vergehens ist daher zwar erst dann zulässig, wenn es feststeht, daß die Ehe aus einem jener Gründe aufgelöst ist[2]), aber das eherichterliche Urtheil ist kein den Strafrichter bindendes, denn er hat unabhängig von diesem Urtheile alle Momente des gesetzlichen Thatbestandes des Delictes, also nicht nur die Arglist, sondern auch das Verschweigen des gesetzlichen Ehehindernisses, das Verleiten zur Eheschließung mittels Täuschung über ein die Anfechtbarkeit der Ehe begründendes Ehehinderniß festzustellen[3]).

Eine weitere Voraussetzung der Strafverfolgung ist der Antrag „des getäuschten Theiles" d. h. also des verletzten Ehegatten, und

---

1) Binding Handbch. I S. 601. Oppenhoff § 170 Nr. 5. Olshausen § 170 Nr. 6. Dagegen Schütze S. 323. Schwarze § 170 Nr. 3.

2) Es handelt sich also hier nur um eine Bedingung der Strafverfolgung — Oppenhoff a. a. O. Binding a. a. O. v. Kries Ztschrft. f. St. R. W. V S. 12 — nicht um eine Bedingung der Strafbarkeit, um ein Moment des Thatbestandes, wie v. Liszt S. 526 annimmt.

3) Oppenhoff § 170 Nr. 8. Olshausen a. a. O. Dagegen Schwarze a. a. O.

wenn das Gesetz nur ihm das Antragsrecht zugesteht, so ist damit zwar das Antragsrecht anderer Personen die etwa ihre Einwilligung zur Eheschließung ertheilten und ebenfalls getäuscht wurden, nicht aber die Anwendbarkeit der allgemeinen Bestimmung ausgeschlossen, daß, wenn der Verletzte minderjährig ist, dessen gesetzlicher Vertreter das unabhängig von dem Verletzten zu übende Antragsrecht habe[1]). Die Antragsfrist beginnt auch hier mit dem Tage zu laufen, seit welchem der zum Antrage Berechtigte von der Handlung und von der Person des Thäters Kenntniß gehabt hat, und die Annahme, daß sie erst mit der Rechtskraft des die Ehe auflösenden Urtheils zu laufen beginne[2]), ist in keiner Weise, insbesondere nicht dadurch zu rechtfertigen, daß man die Auflösung der Ehe, die nur Voraussetzung der Strafverfolgung ist, als Moment im Thatbestande des Vergehens betrachtet.

Die Strafe des Vergehens ist Gefängniß nicht unter drei Monaten.

3. Der Ehebruch.

Literatur.

Wächter Abhandlungen aus dem Strafrechte S. 162 f. — Hälschner im Gerichtssaal 1870 S. 401 f. — Schwarze ebenda 1868 S. 368. — Villnow ebenda 1878 S. 125 f. — Fischer ebenda 1879 S. 54. — John Entwurf zu einem Strafgb. S. 398 f. — Dalke in Goltdammer Archiv XVII S. 85. — Wahlberg in Holtzendorff Rechtslexikon s. v. Ehebruch. — Rosenthal Rechtsfolge des Ehebruchs 1880. — Villnow in Goltdammer Arch. XXIII S. 171. — Bennecke Die strafrechtliche Lehre vom Ehebruch I. 1884.

§ 142. Es giebt kein Delict in Betreff dessen die Frage nach dem Maße der Schuld und der Strafbarkeit im Laufe der letzten Jahrhunderte so verschieden beantwortet worden ist, als bei dem Ehe-

---

1) Reber Antragsdel. S. 365. Schwarze in Holtzdf. Hdbch. III S. 285. Oppenhoff § 170 Nr. 10. Olshausen § 170 Nr. 7. Dagegen F. Meyer § 170 Nr. 5. Puchelt § 170 Nr. 2.

2) So Schwarze a. a. O. und § 170 Nr. 4. Rüdorff § 170 Nr. 4. Olshausen § 170 Nr. 7. Geyer a. a. O. S. 86. v. Liszt S. 526. Schütze S. 327. Rsprch. I S. 180. III S. 181. Dagegen Heinze in Holtzdf. Hdbch. II S. 629. Dochow ebenda IV S. 274. Reber Antragsdelicte S. 471. Oppenhoff § 170 Nr. 11. F. Meyer § 170 Nr. 4. Vgl. oben Bd. I S. 719.

bruche[1]). Erst im Jahre 1783 wurde in Sachsen die Todesstrafe bei dem Ehebruche aufgehoben und das hamburgische Strafgesetzbuch von 1869 ließ ihn straflos, wie auch in der neueren Doctrin die Straflosigkeit ihre Vertreter fand[2]). Abgesehen von dieser einen Ausnahme hat die deutsche Strafgesetzgebung nicht nur an der Strafbarkeit des Ehebruches festgehalten, sondern ist auch, abweichend von der Auffassung Feuerbachs und des bayerischen Strafgesetzbuches von 1813 das den Ehebruch als Vertragsverletzung betrachtete, von dem Gesichtspunkte ausgegangen, daß bei dem Ehebruche nicht das Recht des andern Ehegatten, sondern die Ehe selbst, die sittliche Institution als das Object der Rechtsverletzung zu betrachten sei, darum als Zweck der Strafe auch nicht eine dem beleidigten Ehegatten zu gewährende Genugthuung, noch viel weniger eine durch richterlichen Zwang herbeizuführende Herstellung der gebrochenen Ehe, sondern allein die Beugung der rechtswidrigen Willkür, welche es unternimmt sich gegen die nothwendige, darum auch in ihrem concreten Dasein berechtigte und vom Rechte zu schützende sittliche Institution aufzulehnen[3]). Mit dieser Auffassung stehen freilich die näheren Bestimmungen über die Strafverfolgung nicht im Einklange, und so auch nicht im preußischen wie im deutschen Strafgesetzbuche.

Wie das preußische so hat das deutsche Strafgesetzbuch auf eine Feststellung des Thatbestandes des Ehebruches verzichtet[3]). Streitig ist in Betreff desselben die Frage, welche Ehe die Voraussetzung des strafbaren Ehebruches bilde. Abgesehen davon, daß es ein Widerspruch in sich ist, eine nichtige, nur formell zu Recht bestehende Ehe als gebrochen zu betrachten, kommt in Betracht, daß das Gesetz ausdrücklich die Ehescheidung als Voraussetzung der Bestrafung des Ehebruches bezeichnet, damit also jedenfalls eine nicht nichtige Ehe voraussetzt[5]). Wendet man hiergegen ein, daß

---

1) Vgl. Hälschner a. a. O. S. 428 f.

2) Klauhold und Steman zu § 110 des lübischen Strafgb. John a. a. O. S. 400. Dalke a. a. O.

3) So auch die Auffassung der Doctrin nach Feuerbach. Vgl. Henke II § 131. Abegg § 519. Roßhirt § 203. Marezoll § 175.

4) Strfgb. § 172.

5) Die vorherrschende Ansicht geht dahin auch die nichtige, nur formell rechtsbeständige, Ehe als genügende Voraussetzung des Ehebruchs zu betrachten, Schwarze in Holtzdf. Hdbch. III S. 299 und § 172 Nr. 1. Wahlberg a. a. O. Oppenhoff § 172 Nr. 2. H. Meyer S. 638. Schütze S. 325.

nach dem Gesetze bei der Bigamie auch eine nichtige, aber noch nicht nichtig erklärte Ehe als Voraussetzung genüge, so wird man umgekehrt vielmehr schließen müssen, daß, weil das Gesetz dies bei der Bigamie ausdrücklich erklärt, bei dem Ehebruche diese Voraussetzung nicht genügt. Was die anfechtbare, ungiltige Ehe betrifft, so wird sie allerdings als Voraussetzung des Ehebruchs genügen, insoweit bei ihr eine Ehescheidung vorkommen kann, also nicht nur dann, wenn sie durch Verjährung der Anfechtungsklage zu einer giltigen geworden ist, sondern auch dann, wenn sie unangefochten blieb und wegen Ehebruches auf Scheidung geklagt wird [1]). Eine die Ehe nicht auflösende Trennung von Tisch und Bett schließt die Möglichkeit und Strafbarkeit des Ehebruches nicht aus, und ist nicht Scheidung [2]).

Als Handlung erfordert der Ehebruch die naturgemäße Verübung des Beischlafes. Setzt also die Verübung des Ehebruches immer zwei Personen verschiedenen Geschlechtes voraus, so nicht in allen Fällen eine nothwendige Theilnahme, nicht einmal immer ein Mitwirken zweier Personen [3]). Erforderlich ist, daß mindestens eine derselben Ehegatte ist, und im Bewußtsein verheirathet zu sein vorsätzlich die Pflicht ehelicher Treue verletzt. Falls die andere Person ebenfalls verheirathet ist und den Beischlaf mit dem gleichen Dolus verübt, liegt ein doppelter Ehebruch vor. Ist sie nicht verheirathet und verübt sie den Beischlaf mit dem Bewußtsein, daß der andere Theil verheirathet ist, so ist sie als Mitschuldiger des Ehegatten strafbar, eine Bestimmung, durch welche das Gesetz ausdrücklich es anerkennt, daß der Ehebruch nicht lediglich als Verletzung des Rechtes des einen Ehegatten durch die Treulosigkeit des andern, sondern als Angriff auf das sittliche Wesen der Ehe selbst, der freilich zugleich Verletzung des andern Gatten ist, strafbar sei. Die Mitschuld der unverheiratheten Person ist selbstverständlich ausgeschlossen, wenn es ihr unbekannt war, daß der

---

Rüdorff § 172 Nr. 2. F. Meyer § 172 Nr. 1. Dagegen Hälschner a. a. O. S. 441. Berner S. 406. Villnow a. a. O. S. 121. Olshausen § 172 Nr. 2. Geyer Grundriß II S. 89. v. Liszt S. 529.

1) Olshausen a. a. O. Dagegen Villnow a. a. O.

2) Oppenhoff § 172 Nr. 12. Schwarze a. a. O. S. 298. Dagegen Rüdorff § 172 Nr. 4. Olshausen § 172 Nr. 7.

3) Schwarze a. a. O. S. 300 und § 172 Nr. 10. Oppenhoff § 172 Nr. 5. Olshausen § 172 Nr. 3. Dagegen Schütze Nothwendige Theilnahme S. 346.

andere Theil verheirathet sei, oder wenn an ihr von dem Verheiratheten Nothzucht verübt wurde. Ebenso ist selbstverständlich Ehebruch seitens eines Ehegatten nicht vorhanden, wenn die Ehefrau genothzüchtigt wurde. Allerdings begeht in solchem Falle der Nothzüchtiger einen Ehebruch in Concurrenz mit Nothzucht, falls er die Genothzüchtigte als Ehefrau kannte, kann aber nicht wegen Ehebruches verurtheilt werden, weil kein Ehebruch der Grund der Scheidung sein könnte, vorliegt[1]).

Die Strafverfolgung wegen Ehebruches hat zur Voraussetzung, daß die Ehe wegen des strafrechtlich zu verfolgenden Ehebruchs geschieden sei[2]). Nur insoweit ist das Ehescheidungsurtheil für den Strafrichter maßgebend, während er in Betreff der Feststellung der That und etwaiger Strafausschließungsgründe von demselben unabhängig ist[3]). Wenn in dieser Beziehung das deutsche wie das preußische Strafgesetzbuch von anderen Strafgesetzbüchern, welche die Bestrafung des Ehebruches nicht von der vorgängigen Ehescheidung abhängig machen, abgewichen ist, so mit Recht deshalb, weil selbst der Ehebruch das sittliche Verhältniß der Ehegatten nicht nothwendig unwiederherstellbar zerstört, darum weder durch eine Bestrafung von Amtswegen störend in das eheliche Verhältniß eingegriffen, noch auch dem verletzten Ehegatten ein Recht auf Bestrafung anzutragen gewährt werden darf, dessen Ausübung, wenn der Verletzte den Fortbestand der Ehe will und für möglich erachtet, nur als eine verwerfliche Racheübung erscheinen würde[4]). Geht aber das Gesetz, wie sich dies schon aus

---

1) Oppenhoff § 172 Nr. 5 und Olshausen § 172 Nr. 4 heben hervor, daß aus dem Worte „Mitschuldiger" in § 172 nicht zu folgern sei, daß die unverheirathete Person nicht strafbar sei, wenn bei der verheiratheten der Dolus fehlt, weil sie z. B. irrthümlich annimmt, geschieden zu sein. Aber auch in solchen Fällen ist die Strafverfolgung und Strafbarkeit ausgeschlossen.

2) Schwarze in Holtzdf. Hdbch. III S. 297. Olshausen § 172 Nr. 8. Oppenhoff § 172 Nr. 9. Rsprch. IV S. 522.

3) Die Bestrafung des Mitschuldigen wird dadurch nicht ausgeschlossen, daß er in dem Scheidungsurtheile nicht genannt ist. Rsprch. VI S 107.

4) Daß die Ehe wegen des betreffenden Ehebruchs geschieden sei, ist darum eine Bedingung der Strafverfolgung, nicht ein Thatsbestandsmoment. Fischer im G. Saal 1879 S. 540 f. v. Kries in Ztschrft. f. St. R. W. V S. 12. v. Risch im G. Saal 1884 S. 252. Binding Hdbch. I S. 601. Rsprch. IV S. 787. Dagegen Berner S. 405. Schwarze in Holtzdf. Hdbch. III S. 298. Rüdorff § 172 Nr. 3, welche die Scheidung als Thatbestandsmoment betrachten. Als eine außerhalb des Thatbestandes liegende

der Bestrafung auch des unverheiratheten Mitschuldigen ergiebt, davon aus, daß der Ehebruch im öffentlichen Interesse, nicht um dem verletzten Gatten eine Genugthuung zu gewähren, zu strafen sei, so kann als die folgerichtige, strafrechtliche Behandlung des Ehebruches nur die des braunschweigischen Strafgesetzbuches erscheinen, nach welcher der Ehebruch, wenn wegen desselben die Ehe geschieden wurde, von Amtswegen und ohne daß der verletzte Gatte es zu hindern vermochte, zu strafen war[1]).

Diesem Beispiele war das preußische Strafgesetzbuch scheinbar insofern gefolgt, als es die strafrechtliche Verfolgung des Ehebruches, wenn wegen desselben die Ehe geschieden war, zwar von Amtswegen eintreten ließ, aber dem unschuldigen Ehegatten gestattete die Bestrafung durch den Antrag auf Nichtbestrafung auszuschließen. Diesen leeren Schein hat das deutsche Strafgesetzbuch fallen gelassen und den Richter genöthigt sich zum Werkzeuge für das Rachegefühl des verletzten Ehegatten machen zu lassen, indem es die Strafverfolgung des Ehebruches nicht nur von der vorgängigen Ehescheidung, sondern auch von dem Strafantrage des Ehegatten abhängig macht.

Antragsberechtigt ist der verletzte Ehegatte, im Falle des adulterium duplex also jeder der verletzten Gatten, und es kann hiernach der Fall eintreten, daß ein Gatte als Mitschuldiger eines andern wegen Ehebruchs zu strafen ist, obwohl seine Ehe nicht geschieden ist[2]). Haben beide Ehegatten sich des Ehebruches schuldig gemacht und ist die Ehe wegen beider Ehebrüche geschieden, so steht jedem Ehegatten der Strafantrag gegen den andern zu. Der Strafantrag ist ebenso wie die Ehescheidung nur Voraussetzung für die Strafverfolgung und daraus folgt, daß die dreimonatliche Antragsfrist mit dem Tage zu laufen beginnt, an welchem der Antragsberechtigte von dem verübten Ehebruche Kenntniß erlangte, nicht erst mit der Rechtskraft des Scheidungsurtheils oder mit dem Tage, an welchem er von der Rechtskraft desselben Kenntniß erhielt[3]).

Bedingung der Strafbarkeit betrachten die Scheidung v. Liszt S. 530. Fr. Meyer § 172 Nr. 3.

1) Hälschner a. a. O. S. 442 f. Schwarze a. a. S. 296.

2) Oppenhoff § 172 Nr. 13. Rubo § 172 Nr. 5. Olshausen § 172 Nr. 8.

3) H. Meyer S. 638. Villnow a. a. O. Fischer a. a. O. S. 54. Oppenhoff § 172 Nr. 15. F. Meyer § 172 Nr. 13. Dochow in Holtzdf. Hdbch. IV S. 273. Vgl. oben Bd. I S. 719. Dagegen Schwarze a. a. O.

Bei wiederholt mit verschiedenen Personen verübtem Ehebruche ergiebt sich s. g. reale Concurrenz, während bei wiederholtem mit derselben Person verübtem Ehebruche wohl in der Regel ein fortgesetztes Vergehen vorliegen wird.

Die Strafe des Ehebruches ist Gefängniß bis zu sechs Monaten, und wenn zwar das Gesetz, abweichend von anderen Strafgesetzbüchern, in Betreff der Strafe keine Unterscheidung zwischen einfachem und Doppel-Ehebruch macht, so wird doch der Richter bei der Strafzumessung den Unterschied zu berücksichtigen haben.

4. Die Bigamie.

§ 143. Die Bigamie, welche, wie die Carolina sagt, auch ein Ehebruch und größer den das selbig Laster ist, wurde dem entsprechend von der älteren gemeinrechtlichen Doctrin und Praxis als ein, durch den betrüglichen Mißbrauch, der mit der Form der Eheschließung getrieben wird, verschärfter Ehebruch betrachtet[1]). Darum fordert die Bigamie nicht nur die formell rechtliche Eingehung einer Ehe bei dem Bestehen einer früheren, sondern auch den hinzugekommenen Ehebruch. Erst die Strafgesetzgebung des preußischen Landrechtes, welche das Verbrechen mit Eingehung der weiteren Ehe, ohne Rücksicht auf die hinzugekommene Vollziehung des Ehebruches, als vollendet betrachtete, hatte die Folge, daß dieser Auffassung, im Widerspruche zur Carolina, auch die gemeinrechtliche Doctrin folgte[2]), und nunmehr als das Strafbare bei der Bigamie den, durch die rechtlich unmögliche Eingehung der Ehe bei dem Bestehen einer solchen, angeblich an dem Publikum verübten Betrug betrachtete. Der Auffassung des preußischen Landrechts folgte die neuere Gesetzgebung, und insofern mit Recht, als die Eingehung einer weiteren Ehe schon an sich einen so entschiedenen Treubruch und eine so schwere Verletzung der Ehe als sittlicher Institution enthält, als dies vom Ehebruche irgend gesagt werden kann. Der Carolina und dem Landrechte folgten aber die meisten deutschen Strafgesetzbücher auch insofern, als sie eine nicht

---

und § 172 Nr. 7. Schütze S. 327. Berner a. a. O. Nessel Antragsberechtigung S. 43. Rüdorff § 172 Nr. 6. Olshausen § 172 Nr. 9. Meves in Strfrchtsztg. XIII S. 62. Ebenso die Praxis vgl. Pezold § 172 Nr. 3. Zimmerle § 172 Nr. 2. Rsprch. I S. 180. 182. 505. III S. 181.

1) Wächter Abhandlungen S. 144. Hälschner im G. Saal 1870 S. 424 f.

2) Hälschner a. a. O. S. 437.

nur formell sondern auch materiell zu Recht bestehende Ehe als Voraussetzung der Bigamie betrachteten. Hiervon wich zuerst das sächsische Strafgesetzbuch ab, indem es strafbare Bigamie auch in dem Falle annahm, daß die zuerst geschlossene Ehe eine nichtige, aber noch nicht nichtig erklärte Ehe war, nur daß es für solchen Fall eine mildere Strafe anordnete. Ihm folgten die Strafgesetzbücher für Hessen und Thüringen, wie auch das preußische, lübische hamburgsche und deutsche, welche letzteren jedoch die gemilderte Strafe aufgaben [1]).

Nach derjenigen Auffassung der Doppelehe, von welcher das Gesetz ausgeht [2]), erscheint als das Wesentliche derselben der rechtswidrige Mißbrauch, welcher mit der Form der Eingehung der Ehe getrieben wird, wogegen ein mit ihm concurrirender Ehebruch nicht vorausgesetzt wird.

Der Thatbestand der Doppelehe erfordert die formell rechtsbeständige Eingehung einer Ehe bei der Fortdauer einer, wenigstens Seitens des einen Theils ebenso geschlossenen früheren Ehe [3]). Der Thatbestand des Delictes ist darum ausgeschlossen, wenn die eine oder andere dieser Eheschließungen nur eine scheinbare, formell nicht rechtsbeständige war. Dagegen ist nicht erforderlich, daß die früher geschlossene Ehe eine giltige sei, denn das Gesetz erklärt des Verbrechens schuldig den Ehegatten der eine neue Ehe eingeht, bevor seine Ehe, sei es durch Tod, Verschollenheitserklärung oder Scheidung, aufgelöst, für ungiltig oder nichtig erklärt wurde. Die Nichtigkeit der ersten Ehe schließt also den Thatbestand nicht aus und ebensowenig die der zweiten Ehe, so daß also das Verbrechen auch dann vorliegt, wenn beide Ehen nichtig sind [4]). Wie die nichtige Ehe nicht durch Ehebruch verletzt werden kann, so auch nicht durch den Treubruch, der, auch abgesehen von dem hinzukommenden Ehebruche im technischen Sinne, schon durch die Eingehung einer neuen Ehe verübt wird, und gerade dadurch, daß das Gesetz auch unter der Voraussetzung einer nichtigen Ehe die Eingehung einer weiteren Ehe als Bigamie für

---

1) Hälschner a. a. O. S. 445.

2) Strfgb. § 171.

3) Vgl. Olshausen § 171 Nr. 4.

4) Schwarze § 171 Nr. 4. 6. Villnow im G. Saal 1878 S. 123. Olshausen § 171 Nr. 4. Dagegen F. Meyer § 171 Nr. 1. Schütze Nothwendige Theilnahme S. 326 welche annehmen, daß die zweite Ehe stets nichtig sei, was nicht nothwendig der Fall ist.

strafbar erklärt, giebt es zu erkennen, daß es lediglich und allein den hier mit der rechtlichen Form der Eheschließung getriebenen Mißbrauch als strafbar betrachtet[1]). Ganz gewiß kann solcher Mißbrauch nicht straflos gelassen werden, aber der Mißbrauch der rechtlichen Form ist doch ein wesentlich anderes Delict, wenn er zur Verübung des Treubruches an einer bestehenden Ehe verübt wird, als wenn er nur an sich und als solcher in Betracht kommt. Allerdings wird man sagen dürfen, daß auch derjenige, welcher, in nichtiger Ehe lebend und bevor diese nichtig erklärt wurde, eine neue Ehe schließt, damit eine das sittliche Wesen der Ehe verleugnende Willensbestimmung kund giebt, aber ein strafbarer Treubruch kann nicht an der Ehe in abstracto, sondern nur an einer concreten, und, wie das Gesetz in Betreff des Ehebruches es anerkennt, materiell, nicht bloß formell, bestehenden Ehe verübt werden. Die schwere, von der des Ehebruches weit abweichende Strafe der Bigamie kann ihre Rechtfertigung nur darin finden, daß die Eingehung der weiteren Ehe zugleich ein besonders schwerer und in seinen Folgen gefährlicher Treubruch ist[2]), und dem würde es entsprochen haben, wenn für die Eingehung einer neuen Ehe bei dem Bestehen einer früheren nichtigen, eine wesentlich mildere Strafe angeordnet worden wäre. Der Fehler des Gesetzes wird dadurch nicht getilgt, daß dem Richter die Möglichkeit gegeben ist ihn bei der Strafzumessung auszugleichen.

Das Verbrechen kann nur unter Mitwirkung zweier Personen verübt werden, die aber nicht nothwendig in dem Verhältnisse von Theilnehmern am Verbrechen zu einander stehen. Als Subject des Verbrechens bezeichnet das Gesetz einen Ehegatten und es ergiebt sich damit von selbst, daß beide die Ehe schließenden Personen als Mitthäter des Verbrechens erscheinen, wenn sie beide Ehegatten sind. Strafbar ist nach den allgemeinen gesetzlichen Bestimmungen auch der Ausländer, der als Ehegatte im Inlande eine weitere Ehe schließt, und darum auch dann, wenn ihm die

---

1) Man kann darum nicht mit Schwarze § 171 Nr. 1 sagen, das Gesetz betrachte die mehrfache Ehe als eine mit Mißbrauch der Eheform concurrirende Verletzung der ehelichen Treue, denn dies ist nicht der Fall, wenn die zuerst geschlossene Ehe eine nichtige ist.

2) Selbst unter dieser Voraussetzung liegt die Schuld des Ehebruches und der Bigamie nicht in allen Fällen soweit auseinander, daß die große Verschiedenheit der gesetzlichen Strafe gerechtfertigt erschiene. Vgl. Hälschner a. a. O. S. 455.

Gesetze des Heimathlandes Polygamie gestatten[1]), nicht der Inländer der im Auslande, wo die Polygamie gesetzlich besteht, mehrere Ehen geschlossen hat.

Des Verbrechens macht sich aber ferner auch schuldig die unverheirathete Person, die mit einem Ehegatten die Ehe schließt, selbstverständlich unter der Voraussetzung, daß auch sie sich des Mißbrauches der Eheform schuldig machte. Dies setzt, wie das Gesetz ausdrücklich hervorhebt, voraus, daß sie mit dem Ehegatten, wissend, daß er verheirathet ist, die Ehe eingeht. Wenn das Gesetz in Betreff des Ehegatten keine das Erforderniß des Dolus kennzeichnende Bestimmung enthält, so darf daraus nicht, wie geschehen ist[2]), gefolgert werden, daß der Ehegatte sich auch des culposen Ehebruches schuldig machen könne. Abgesehen davon, daß das Gesetz die culpa niemals als Verbrechen behandelt hat, wäre nicht einzusehen warum das Gesetz zwar bei der unverheiratheten Person, nicht aber bei dem Ehegatten den Dolus erfordern sollte, und die Fassung desselben erklärt sich genügend daraus, daß zwar nicht bei der unverheiratheten Person, wohl aber bei dem Ehegatten das Wissen, daß er verheirathet sei stillschweigend vorausgesetzt werden darf, daß der ersteren das Wissen in allen Fällen nachzuweisen ist, bei dem Ehegatten aber das Wissen und die mala fides nur wenn sie bestritten wird, besonderer Feststellung bedarf.

Die erweisliche, irrige Annahme des Ehegatten, daß die erste oder zweite Ehe eine formell nichtige, oder daß die frühere Ehe aufgelöst, ungiltig oder nichtig erklärt worden sei, schließt den Dolus und damit die Strafbarkeit aus. Wird dagegen die neue Ehe im Zweifel über die Fortdauer der früheren, oder in der nur auf Vermuthung, hohe Wahrscheinlichkeit sich gründenden Ueberzeugung ihrer, insbesondere etwa durch Tod, erfolgten Auflösung geschlossen,

---

1) Oppenhoff § 171 Nr. 1. Olshausen § 171 Nr. 6. Dagegen Villnow a. a. O. S. 124. Puchelt § 171 Nr. 2. Daß der Muselmann der in Deutschland als Ehegatte eine weitere Ehe schließt, straflos sei, ist gesetzlich nicht zu rechtfertigen, aber es liegt in solchem Falle freilich ein bedenklicher Conflict unserer Gesetzgebung und der rechtlichen und sittlichen Anschauungen des Thäters vor.

2) Goltd. Mat. II S. 278. Beseler Commentar S. 306. Dalcke in Goltd. Arch. XVII S. 83. Schaper ebenda S. 155. Schütze S. 329. Dagegen Hälschner a. a. O. S. 446. Villnow a. a. O. S. 122. Oppenhoff § 171 Nr. 5. Schwarze § 171 Nr. 2. Olshausen § 171 Nr. 7. Rspr. III S. 180.

so mangelt der Dolus keineswegs, erscheint aber als dolus eventualis[1]), weil die neue Ehe zwar mit dem Wunsche, in der Hoffnung, daß sie eine giltige sei, aber wissentlich auf die Gefahr hin sich der Bigamie schuldig zu machen geschlossen wurde.

Das Verbrechen ist vollendet mit der formell rechtlichen Eingehung der betreffenden Ehe. Ein strafbarer Versuch wird nicht erst dann angenommen werden können, wenn mit dem Acte der Eheschließung der Anfang gemacht wurde, denn die verbrecherische Absicht bethätigt sich bereits in genügend erkennbarer Weise in dem Verlöbniß, in der Bewirkung des Aufgebotes[2]). Allerdings kann Verlobung, Bewirken des Aufgebotes, wie die Erfahrung lehrt, ohne die Absicht eine Ehe zu schließen, etwa als Mittel zu betrüglichen Zwecken, vorkommen. Genügt diese Möglichkeit um solche Schritte nur als straflose Vorbereitung zu betrachten, so erscheint auch der beginnende Act der Eheschließung nicht als Versuch, denn auch dann ist es noch möglich, daß die Absicht die Ehe zu schließen mangelt und die Absicht besteht die Frage des Standesbeamten mit Nein zu beantworten. Daß der festgestellte Mangel der verbrecherischen Absicht der an sich dazu geeigneten Handlung die Bedeutung des strafbaren Versuches, hier wie in allen Fällen, entzieht, ist selbstverständlich.

Die Strafe des Verbrechens ist Zuchthaus bis zu fünf Jahren, dagegen Gefängniß nicht unter sechs Monaten falls mildernde Umstände vorhanden sind.

Das Verbrechen der Doppelehe ist begangen mit Abschluß der Ehe. Der dadurch geschaffene Zustand, das Nebeneinanderbestehen zweier Ehen, ist freilich ein rechtswidriger den zu tilgen der Thäter in der Lage sein würde, aber wenn er es unterläßt, so folgt daraus nicht einmal die Fortdauer seiner verbrecherischen Willensbestimmung, vielweniger, daß die Fortdauer dieses Zustandes auf einer fort-

---

1) Hälschner a. a. O. S. 449. H. Meyer S. 639. Olshausen § 171 Nr. 7. Schwarze in Holtzdf. Hdbch. III S. 292 und § 171 Nr. 2 spricht hier von dolus indirectus.

2) Die herrschende Ansicht fordert zum Versuche Anfang des Actes der Eheschließung. Oppenhoff § 171 Nr. 7. Schütze S. 329. Olshausen § 171 Nr. 8. Zimmerle § 171 Nr. 4. v. Liszt S. 527. Rsprch. V S. 616. Dagegen Puchelt § 171 Nr. 2. Daß § 44 des Personenstandsgesetzes die Bewirkung des Aufgebotes eine die Eheschließung vorbereitende Handlung nennt, worauf sich Olshausen beruft, kann für die strafrechtliche Frage ob Vorbereitung oder Versuch unmöglich in Betracht kommen.

dauernden verbrecherischen Thätigkeit beruhe. Daraus würde folgen, daß nach § 67 die Verjährung der Strafverfolgung des Verbrechens mit dem Tage zu laufen beginne, an welchem das Verbrechen durch die Eheschließung begangen wurde, während die völlig grundlose Auffassung der Doppelehe als eines s. g. Dauerverbrechens [1]), die besondere, von der Vorschrift des § 67 abweichende Bestimmung veranlaßt hat[2]), daß die Verjährung der Strafverfolgung erst mit dem Tage beginnt, an welchem eine der beiden Ehen aufgelöst, für ungiltig oder nichtig erklärt worden ist. Wenn der schuldlose Theil, nachdem er von der Bigamie Kenntniß erlangt hat, in der bigamischen Ehe verharrt, ist er straflos, würde aber bedingungsweise wegen Ehebruchs zu strafen sein.

5. Der Incest.

§ 144. Den schwersten Angriff auf das sittliche Wesen der Familie bildet der Incest. Daß die Geschlechtsverbindung unter den näheren Blutsverwandten wider die Ordnung der Natur sei und verderbliche Folgen für die Nachkommenschaft nach sich ziehe, ist zwar neuerdings bestritten worden, jedenfalls aber sind nicht diese natürlichen, sondern die sittlichen Folgen der Grund für die Strafbarkeit des Incestes. Die der sittlichen Einheit der Familie angehörenden Glieder derselben können eine neue auf dem Geschlechtsverhältnisse beruhende nicht eingehen, ohne die bereits bestehende zu verleugnen und zu verletzen. Einen sittlichen Werth hat die Geschlechtsverbindung nur in der Form der Ehe, insofern ihr Zweck nicht nur der natürliche, sondern weiter auch der ist, das nach den Geschlechtern differente geistig sittliche Wesen von Mann und Weib auszugleichen und zur Einheit zusammenzufassen. Die Differenz aber, die einer solchen Ausgleichung bedürftig und fähig wäre, besteht unter den der Familie angehörenden, durch Pietät, Familienliebe und Familiengesinnung verbundenen Gliedern

---

1) Als Dauerverbrechen hatte zuerst das badische Strfgb. die Doppelehe aufgefaßt und ihm folgte das preußische. Vgl. Goltd. Mat. I S. 436 der die Doppelehe als ein Verbrechen bezeichnet das mit jedem Tage neu begangen wird. Dagegen Beseler Comment. S. 309.

2) Vgl. Hälschner a. a. O. S. 451. v. Liszt S. 528. Rüdorff § 171 Nr. 8. Olshausen § 171 Nr. 10. H. Meyer im G. Saal 1881 S. 174. Für die Auffassung der Bigamie als Dauerverbrechen John in Goltd. Arch. IX S. 368. Schwarze Verjährung § 15 und § 171 Nr. 10.

derselben nicht. Schon die offenstehende Möglichkeit einer ehelichen Verbindung unter den Familiengliedern, die Zulässigkeit sich wechselseitig als fremde Personen anzusehen die in der Form der Ehe eine sittliche Verbindung suchen dürften, würde die Fälschung und Vernichtung des bestehenden sittlichen Bandes zur unvermeidlichen Folge haben. Verbietet das Gesetz die eheliche Verbindung der Familienglieder, so muß es zum Schutze des sittlichen Bestandes der Familie um so mehr strafend gegen deren, jeden Schein sittlicher Verbindung abstreifenden, nur der sinnlichen Lust dienenden, Geschlechtsgemeinschaft einschreiten.

Nicht in Rücksicht auf die Strafbarkeit, sondern auf den hierbei in Betracht kommenden Einfluß des Rechtsirrthums unterschied das römische Recht den incestus iuris gentium, den Geschlechtsumgang von Ascendenten und Descendenten, und den incestus iuris civilis, den zwischen anderen Verwandten die gesetzlich verhindert sind eine Ehe zu schließen[1]), wogegen in Betreff der Strafe ein Unterschied der incestuosen Ehe und des außerehelichen Incestes stattfand[2]). Der maßlosen Ausdehnung der Ehehindernisse und damit auch des Incestes im kanonischen Rechte trat die Carolina beschränkend entgegen indem sie die Unkeuschheit mit der Stieftochter, der Schwiegertochter, der Stiefmutter und in noch näherer Verwandtschaft für strafbar erklärt, zweifellos also den Geschlechtsumgang zwischen Verwandten und Verschwägerten der graden Linie, sehr wahrscheinlich aber auch den zwischen Geschwistern[3]).

Der neueren deutschen Strafgesetzgebung folgend hat, wie das preußische so auch das deutsche Strafgesetzbuch den Incest auf den Geschlechtsumgang zwischen Verwandten und Verschwägerten der auf- und absteigenden Linie und zwischen Geschwistern beschränkt[4]). Als Verwandte kommen im Sinne des Gesetzes nur Blutsverwandte in Betracht, gleichviel ob die Verwandtschaft auf eheliche oder außereheliche Zeugung sich gründet, wogegen die Strafbestimmung auf Adoptiveltern und Adoptivkinder sich nicht be-

---

1) Birnbaum im N. Archiv XI S. 307. Wächter Lehrbuch II S. 563 f. Abhandlg. S. 167. Deut. Strfr. S. 510. Luden im Rslexikon s. v. Blutschande.

2) Die Strafe des letzteren ist freilich zweifelhaft. Wächter Lehrb. a. a. O. Martin § 282.

3) Martin § 281.

4) § 173.

zieht[1]). Verschwägerte der auf- und absteigenden Linie sind Schwiegereltern und Schwiegerkinder, Stiefeltern und Stiefkinder, wobei zu berücksichtigen ist, daß eine eheliche Verschwägerung auch zwischen dem einen Ehegatten und dem außerehelichen Kinde des andern, so wie zwischen dem Ehegatten des unehelichen Kindes mit dessen Vater oder Mutter besteht. Die durch den Tod des einen Ehegatten erfolgte Auflösung der, das Schwägerschaftverhältniß begründenden Ehe löst die Schwägerschaft nicht auf[2]). Unter Geschwistern sind sowohl die vollbürtigen als halbbürtigen zu verstehen[3]).

Schärfer als das preußische Strafgesetzbuch, das nur von Unzucht sprach, hat das deutsche die Verübung des Beischlafes als die strafbare Handlung bezeichnet, wonach also anderweitige Unzüchtigkeiten nicht in Betracht kommen. Auch würde das Gesetz auf die incestuose Ehe an sich und sofern der Beischlaf nicht hinzugekommen wäre, keine Anwendung finden.

In subjectiver Beziehung erfordert der Thatbestand, daß dem Thäter das betreffende, zwischen ihm und dem andern Theile bestehende verwandtschaftliche oder Schwägerschafts-Verhältniß bekannt war. Vermöge der Unbekanntschaft mit diesem Verhältnisse kann daher sowohl für eine wie für beide betheiligte Person die Schuld und Strafbarkeit ausgeschlossen sein und trotz der Kenntniß jenes Verhältnisses ist sie ausgeschlossen, wenn, wie im Falle der mit Incest concurrirenden Nothzucht, der Beischlaf wider Willen der Genöthigten verübt wurde[4]). Käme der Fall wirklich vor, daß der oder die Thäter den Beischlaf oder auch die Ehe der vom

1) Schwarze in Holtzdf. Handbuch III S. 302. Villnow a. a. O. S. 130. Oppenhoff § 173 Nr. 2.

2) Schwarze § 173 Nr. 3. Oppenhoff § 173 Nr. 3. Villnow a. a. O. S. 131. Rsprch. I S. 246. 548. Vgl. Reichsgesetz v. 6. Febr. 1875 § 33.

3) Das preuß. Strfgb. hatte dies ausdrücklich ausgesprochen, und das deutsche hat, indem es nur von Geschwistern spricht, davon nicht abweichen wollen. Oppenhoff § 173 Nr. 6.

4) Der Incest erfordert wie Ehebruch und Bigamie nothwendig ein Zusammenwirken zweier Personen, aber ebensowenig wie Ehebruch und Bigamie eine nothwendige Theilnahme, eine begriffsmäßige Verbrechermehrheit, wie Schütze Nothwendige Theilnahme S. 321 f. es bezeichnet, und die genannten Delicte unter diesen Gesichtspunkt stellt, obwohl er zugiebt, daß nicht nothwendig Mitschuld, Mitthäterschaft vorliegt. Vgl. dagegen Olshausen § 173 Nr. 1.

Gesetze bezeichneten Personen als erlaubt betrachtet hätten, so würde damit allerdings der Dolus und die Strafbarkeit ausgeschlossen erscheinen[1]), aber auch die erweisliche Unbekanntschaft des Thäters mit der Ehegesetzgebung und dem Strafgesetze ergiebt noch nicht nothwendig einen den Dolus ausschließenden Irrthum, und schon das Bewußtsein der sittlichen Unzulässigkeit der That genügt zur Begründung der Schuld und Strafbarkeit.

Bei wiederholtem Beischlafe derselben Personen wird bedingungsweise, namentlich dann, wenn es sich um eine incestuose Ehe handelt, ein fortgesetztes Verbrechen anzunehmen sein[2]).

Die Strafe des Beischlafes zwischen Verwandten auf- und absteigender Linie ist für erstere Zuchthaus bis zu fünf Jahren, für letztere Gefängniß bis zu zwei Jahren, jedoch bleiben Verwandte und auch Verschwägerte der absteigenden Linie straflos, falls sie das achtzehnte Lebensjahr nicht vollendet haben, indem das Gesetz bei jener milderen Strafe wie bei der Straflosigkeit derselben davon ausgeht, daß sie wohl regelmäßig einer durch Mißbrauch der Autorität verübten Verführung ausgesetzt waren.

Die Strafe des Beischlafes zwischen Verschwägerten der auf- und absteigenden Linie sowie zwischen Geschwistern ist Gefängniß bis zu zwei Jahren, die bei dem Beischlafe unter Geschwistern auch dann zu verhängen ist, wenn sie noch nicht achtzehn Jahr alt waren. Neben der Gefängnißstrafe kann auf Verlust der bürgerlichen Ehrenrechte erkannt werden.

---

1) Dagegen nach dem Satze ignorantia iuris nocet H. Meyer S. 642. Schwarze § 173 Nr. 5. Oppenhoff § 173 Nr. 3. Olshausen § 173 Nr. 3. Rsprch. III S. 709. VII S. 130.

2) Goltd. Arch. I S. 238. VII S. 232. Olshausen § 172 Nr. 5. Schütze S. 327. Dagegen Oppenhoff § 173 Nr. 7.

Dritter Abschnitt.

Delicte gegen die Gesellschaft.

Einleitung.

§ 145. Die Gesellschaft oder bürgerliche Gesellschaft ist der durch die Arbeit Aller, durch die Production materieller wie ideeller Güter und deren Austausch sich bildende Organismus, in welchem jeder Einzelne die Befriedigung seiner natürlichen wie geistig sittlichen Bedürfnisse findet, und der das Wohl Aller verbürgt. Durchbricht die Gesellschaft die Grenzen des Volkes und Staates und verbindet sie allmählich fortschreitend mehr und mehr alle Völker zu einer organisirten Arbeitsgemeinschaft, so gliedert sie sich doch andrerseits in der Art, daß jedes Volk, vermöge der Eigenthümlichkeit der natürlichen wie geistig sittlichen Voraussetzungen seiner productiven Thätigkeit und in der daraus sich ergebenden Besonderheit seiner Bedürfnisse und Interessen, einen in sich geschlossenen gesellschaftlichen Organismus bildet, der als solcher zu andern Völkern in das Verhältniß sich wechselseitig ergänzender Gemeinschaft tritt. Als einheitlicher gesellschaftlicher Organismus vermag aber das Volk sich nur zu bethätigen, sofern es zugleich ein staatlich geeintes und organisirtes ist. Vom Staate verschieden erlangt die Gesellschaft ein gesichertes Dasein und die Möglichkeit ungehemmter Wirksamkeit und Entwickelung nur im Staate und vermöge seiner Thätigkeit.

Der Staat als die Rechtsgemeinschaft des Volkes genügt der Gesellschaft gegenüber seiner Aufgabe zunächst dadurch, daß er das Verhältniß der Individuen zu einander rechtlich ordnet und der individuellen Berechtigung Schutz, insbesondere auch strafrechtlichen Schutz, gewährt. Die Gesellschaft ist aber nicht nur eine Summe in dem Verhältnisse wechselseitiger Berechtigung und Verpflichtung stehender Individuen, sondern ein Organismus, der, abgesehen von der hier nicht in Betracht kommenden pflegenden und fördernden

Thätigkeit die allen seinen productiven Kräften vom Staate gewährt wird, an sich und als solcher der ordnenden Macht des Rechtes und Staates bedarf, um die mannigfachen divergirenden und mit einander collidirenden individuellen, corporativen und Standes-Interessen und Bestrebungen dem Ganzen der Gesellschaft ein und unterzuordnen, und sie so zur organischen Einheit zusammenzufügen, innerhalb deren sie dem Ganzen dienend zugleich ihre rechtlich begrenzte und gesicherte Stellung finden. Wie das Verhältniß der Individuen zu einander, so ist also auch das des Einzelnen zu der Gesellschaft ein rechtlich bestimmtes, und wie der Einzelne so bedarf auch die Gesellschaft in der Berechtigung ihres Daseins des strafrechtlichen Schutzes gegen Gefährdung und Beschädigung ihrer rechtlichen Interessen.

Bei den gegen die Gesellschaft gerichteten Delicten ist hiernach der für ihren Thatbestand maßgebende Gesichtspunkt der, daß es sich nicht um einen Angriff auf die subjective Berechtigung, sondern um einen solchen auf das Gemeinwohl handelt. Aber das rechtlich gesicherte allgemeine Wohl ist die nothwendige Basis für Recht und Wohl jedes Einzelnen. Es ist daher nicht ausgeschlossen, daß Delicte, welche als Gefährdung oder Beschädigung der individuellen Berechtigung erscheinen gleichwohl hierher gehören, sei es, weil sie sich in ihrem Erfolge gegen das Recht einer unbegrenzten und unbestimmbaren Vielheit Einzelner richten, sei es, weil mit dem Angriffe auf die individuelle Berechtigung ein solcher auf ein für den Bestand der Gesellschaft nothwendiges, und darum rechtlich zu schützendes sittliches Gut concurrirt. Bei dem Thatbestand anderer Delicte erscheint der Angriff auf die subjective Berechtigung völlig ausgeschlossen und es handelt sich bei ihnen lediglich um die Verletzung eines unentbehrlichen gesellschaftlichen Gutes, welche die Einzelnen nur insofern berührt, als das individuelle Wohl mit dem allgemeinen unlöslich verknüpft ist[1]).

---

1) Die Stellung die den hierher gehörigen Delicten im Systeme angewiesen wird, ist eine sehr verschiedene. Geyer, Grundriß II, bezeichnet sie als Delicte gegen die Güter der Gesellschaft und verbindet mit ihnen die gegen die Familie gerichteten. H. Meyer, Lehrbuch, stellt sie als Delicte gegen allgemeinere Rechtsgüter, zu denen er auch die gegen die Familie gerichteten rechnet, zwischen die Delicte gegen die Person und die gegen den Staat. Schütze unterscheidet Delicte am öffentlichen Rechtsgebiete, am Rechtsgebiete des Einzelnen, gemeingefährliche Delicte und Amtsdelicte. Zu der ersteren Klasse rechnet er, neben den gegen den Staat gerichteten Delicten, als Delicte im

Wie aber die gegen die Gesellschaft gerichteten Delicte immer zugleich irgendwie das individuelle Recht und Wohl gefährden oder verletzen, so berühren sie sich andererseits auch nahe mit den gegen den Staat gerichteten. Darin, daß auch die gegen die Gesellschaft gerichteten Delicte die Verletzung einer vom Staate gesetzten strafrechtlichen Norm verletzen, kommen sie freilich mit allen anderen strafbaren Handlungen überein, aber wie das Wohl des Einzelnen, so hat auch das des Staates die rechtliche Ordnung und das Wohl der Gesellschaft zur nothwendigen Voraussetzung und jeder Angriff auf ein rechtlich geschütztes Gut der Gesellschaft zieht unvermeidlich auch den Staat, als die Ordnung und Wohl der Gesellschaft schützende Macht, in Mitleidenschaft. Für die Abgrenzung der gegen die Gesellschaft gerichteten Delicte gegenüber den gegen den Staat gerichteten, wird daher als entscheidend zu betrachten sein, daß zu jenen ersteren diejenigen Delicte zu rechnen sind, welche unmittelbar ein gesellschaftliches Gut, den Staat aber nur mittelbar insofern berühren, als die Gesellschaft, an sich nicht Rechtssubject, ihr rechtlich gesichertes Dasein nur in und vermöge der sie schützenden Macht des Staates gewinnt, zu letzteren diejenige, welche unmittelbar die verfassungsmäßige Ordnung des Staates oder die Staatsgewalt in den ihr zustehenden Rechten und deren

---

Gebiete des allgemeinen Rechtsverkehrs, die Münzdelicte, Eidesdelicte, falsche Anschuldigung, Delicte an Familienstand und Ehe, Unzuchtsdelicte und Vergehen am Religionswesen. v. Liszt, Lehrbuch, stellt zwischen die Delicte gegen Rechtsgüter des Einzelnen und die gegen den Staat, weil die Verschiedenheit des angegriffenen Rechtsgutes kein für das ganze System des besondern Theils zureichendes Eintheilungsprincip enthalte, die durch das Mittel des Angriffes charakterisirten Delicte, zu denen er die gemeingefährlichen, die Münzdelicte, die Urkunden- und Waarenfälschung rechnet. Als zu Delicten gegen den Staat gehörenden behandelt er als gegen Rechtsgüter der Gesellschaft gerichtet, die gegen den öffentlichen Frieden, gegen Personenstand und Ehe und gegen die öffentliche Sittlichkeit. Löning, Grundriß, unterscheidet Delicte gegen Privatrechte und solche gegen öffentliche Rechte. Zu den ersteren rechnet er auch die Delicte gegen die Familie und als variirende Delicte d. h. solche die nicht auf die Verletzung eines bestimmten Rechts beschränkt sind, sondern variirend gegen das eine oder gegen das andere Recht oder auch zugleich gegen eine Mehrheit verschiedener Rechte gerichtet sein können, die gemeingefährlichen, Landfriedensbruch und Urkundenfälschung. Die Münzdelicte sind als gegen die Münzhoheit gerichtet, die gegen die öffentliche Sittlichkeit gerichteten als Delicte gegen die Sittenpolizei mit den Delicten gegen den Staat zusammengefaßt.

Ausübung angreifen. Es wird aber der Fall vorkommen können, daß ein gegen die Gesellschaft gerichtetes Delict in ein gegen den Staat sich richtendes übergeht, indem nämlich zu seinem Thatbestande im concreten Falle als weiteres Moment ein Angriff auf die, die gesellschaftliche Ordnung schützende, Staatsgewalt hinzutritt, und es giebt Delicte, welche mit gleichem Rechte zu den gegen die Gesellschaft wie zu den gegen den Staat gerichteten gezählt werden können, weil es sich bei denselben um das Verbot einer Gefährdung handelt, die gleich sehr für die Gesellschaft wie für den Staat und die Staatsgewalt bedrohlich erscheint.

Erstes Kapitel.

Delicte gegen den öffentlichen Frieden.

Literatur.

Wächter Lehrbuch II § 142. — Derselbe im Archiv XII S. 251 f. XIII S. 36 f. — Derselbe Beiträge zur deutsch. Geschichte insbesondere des Strafrechts S. 39 f. — Wilda Strafrecht der Germanen S. 224 f. 233 f. 278 f. — Derselbe in Weiske Rechtslexikon VI S. 249. — Schwarze im Archiv 1842. S. 541 f. — John Landzwang und widerrechtliche Drohung. 1852. — Glaser Abhandlungen S. 42 f. 233 f. — von Buri im Gerichts-Saal 1875 S. 228 f.

1. Der Landfriedensbruch.

§ 146. Das erste und wesentlichste Gut der Gesellschaft das die nothwendige Voraussetzung ihres Daseins bildet, ist der Rechtsfriede und dessen Wahrung. Gebrochen wird der Rechtsfriede freilich durch eine jede verbrecherische Handlung und in diesem Sinne bezeichnet das deutsche Strafrecht des Mittelalters als Friedensbruch eine jede im Sinne jener Zeit verbrecherische Handlung im Unterschiede von den keine peinliche Strafe nach sich ziehenden leichteren Vergehen, Freveln. Aber schon damals wird vom Friedensbruch in jenem weiteren Sinne, der Friedensbruch im engeren Sinne unterschieden, und als Friedensbruch schlechthin, später als Landfriedensbruch wird bezeichnet jede Verletzung des von der Reichsgesetzgebung gebotenen Friedens, dessen Zweck es ist die Ausübung berechtigter Selbsthilfe und Rache zu beschränken um der Gefährdung des allgemeinen Rechtsfriedens vorzubeugen[1]). Als eigenthümliches von anderen verschiedenes Verbrechen erscheint der Friedensbruch in diesem engeren Sinne in der Reichsgesetzgebung des 16. Jahrhunderts[2]), nur mit dem Unterschiede, daß

---

1) Vgl. Hälschner Geschichte des brandenburgisch-preußischen Strafrechts S. 32.

2) Landfriede von 1495. 1521. 1548. R. Abschied v. 1594. R. Kammer G. O. Th. 2 Tit. 10—21.

jetzt nicht mehr wie früherhin und noch in der Carolina nur die rechtswidrige Eigenmacht, Gewaltübung, Befehdung, sondern unbedingt eine jede Gefährdung und gewaltthätige Verletzung des vom Reiche gebotenen Friedens strafbar erscheint [1]). So viel aber auch verschiedene Fälle des Friedensbruches genannt werden, so mangelt doch eine genaue gesetzliche Feststellung seines Thatbestandes durchaus, und als das Wesentliche läßt sich nur angeben, daß jede Gefährdung und Verletzung des vom Reiche gebotenen, unter dem Schutze des Kaisers stehenden, Rechtsfriedens als ein gegen das Reich gerichtetes Verbrechen gestraft werden soll und eben deshalb in erster Instanz vor das Reichs-Kammergericht verwiesen wird [2]). Haben die betreffenden Strafbestimmungen allerdings in erster Linie den Zweck den Rechtsfrieden gegen das Fehdewesen sicher zu stellen, gleichviel ob die Befehdenden reichsunmittelbar sind oder nicht, so beziehen sie sich doch auch auf jede andere Gefährdung und Verletzung des vom Reiche gebotenen Friedens, so auf die von Einzelnen auf des Reiches Straße verübten Gewaltthätigkeiten, auf die von Einzelnen verübte Verletzung des vom Reiche gebotenen Religionsfriedens. Damit ergiebt sich also, daß den öffentlichen Frieden störende Gewaltthätigkeiten, die nicht als Reichsverbrechen zur Competenz des Kammergerichts gehörten, im Sinne der Gesetzgebung nicht als Landfriedensbruch zu strafen waren, und daß mit Auflösung des Reiches vom Landfriedensbruche im Sinne der gemeinrechtlichen Quellen, als einem eigenthümlichen Verbrechen nicht mehr die Rede sein konnte [3])

Die gemeinrechtliche Doctrin gab aber dem Landfriedensbruche schon früh eine viel weiter reichende Bedeutung, indem man ein jedes von einer Mehrheit Bewaffneter mit Gewalt verübte Verbrechen als Friedensbruch nach der Carolina mit dem Schwerte, oder auch, je nach der Beschaffenheit der Handlung als Mord, Todtschlag, Raub u. s. w. bestrafte, während die von den Landfriedensgesetzen angeordnete Strafe der Reichsacht als die des durch Fehde verübten Friedensbruches erschien [4]). Die spätere Doctrin suchte allerdings den Landfriedensbruch wieder enger, und

---

1) Wächter und Wilda a. a. O.

2) Kammer G. O. Theil 2 Tit. 10.

3) Kleinschrod im alten Arch. VII S. 365. Wächter Lehrb. II S. 43.

4) Vgl. Carpzow Pract. I quaest. 35.

wie man meinte den gemeinrechtlichen Quellen entsprechend, zu begrenzen, indem man die von den Unterthanen derselben Territorialherrschaft, oder wenigstens von Angehörigen derselben Gemeinde gegen einander mit Waffen verübte Gewaltthätigkeit vom Landfriedensbruche ausschied[1]), also zum Thatbestande desselben eine eigentliche Befehdung erforderte, oder wenn nicht dies, so doch den Friedensbruch als eine subsidiäre strafrechtliche Kategorie betrachtete, die also nur dann in Betracht komme, wenn die verübte Gewalt nicht den Thatbestand eines andern benannten Verbrechens ergebe[2]). Als man aber nach Auflösung des Reiches nicht verkennen konnte, daß der Landfriedensbruch im Sinne der Reichsgesetzgebung seine Bedeutung verloren habe, wurde einerseits der Landfriedensbruch als eigenthümliches Verbrechen ganz aufgegeben, indem man alle Gewaltthätigkeiten, soweit sie nicht den Thatbestand eines andern Delictes ergeben, dem crimen vis zuwies[3]), andererseits aber meinte man den reichsgesetzlichen Bestimmungen auch unter veränderten Verhältnissen nicht allen praktischen Werth absprechen zu dürfen und des Friedensbruches als selbständiger strafrechtlicher Kategorie nicht entbehren zu können[4]). In der Gestalt in welcher er nunmehr erschien, war er aber freilich eine an die gemeinrechtlichen Quellen sich nur anlehnende, schwankende, weder im Verhältnisse zum crimen vis, noch in dem Verhältnisse zu den Verbrechen die das Ergebniß der geübten Gewalt bilden, fest begrenzte Schöpfung der Doctrin.

Nicht weniger schwankend war die Behandlung des Landfriedensbruches in der neueren Gesetzgebung. Das Preuß. Allg. Landrecht kennt ihn überhaupt nicht, so daß hier betreffenden Falles nur etwa die Strafbestimmungen gegen Beschädigung mit gemeiner Gefahr in Verbindung mit der für das verbrecherische Komplott angedrohten Strafschärfung aushelfen konnte. Ebenso aber kennt auch das preußische Strafgesetzbuch den Landfriedensbruch nicht, indem es sich mit einer Strafbestimmung gegen das von mehreren zusammengerotteten Personen verübte Plündern, Verwüsten, Zerstören des Eigenthums eines Andern, als einer qualifizirten Form der

---

1) Quistorp I § 167 f. Grolman § 303 f. Feuerbach § 405 f.

2) Böhmer ad Carp. qu. 35 obs. 3.

3) Kleinschrod und Wächter a. a. O. Bauer § 287.

4) Martin § 207 f. Henke III S. 263 f. Heffter § 345. Abegg § 387 f.

Vermögensbeschädigung begnügte. Das Gleiche gilt vom Strafgesetzbuche für Lübeck und auch dem von Baden. Das bayerische Strafgesetzbuch von 1813 bezeichnete als Landfriedensbruch Jedes von zehn oder mehr vereinigten Personen, gleichviel um welches Zweckes willen, verübte gewaltsame Einfallen in fremde Häuser oder andere Grundstücke, ferner aber auch jedes von einer vereinigten Menge an einer Person, sowie jedes andere unter der Gestalt eines Landfriedensbruches verübte Verbrechen das an sich gelinder als dieser zu strafen sein würde, so daß es sich im Wesentlichen nur um eine Strafschärfung der von einer vereinigten Menge verübten Verbrechen handelte. Der Strafbestimmung des bayerischen Strafgesetzbuches nahe verwandt ist die des würtembergischen für den Fall, daß wenigstens drei hierzu vereinigte Personen in fremde Wohnungen oder Grundstücke widerrechtlich einfallen, nach welcher es sich also nicht sowohl um Landfriedensbruch, als um einen von Mehreren verübten Hausfriedensbruch handelt. Damit stimmt im Wesentlichen überein das hessische Strafgesetzbuch.

Vom Hausfriedensbruche wird dagegen die Störung des öffentlichen Friedens oder der Landfriedensbruch klar geschieden in den Strafgesetzbüchern von Braunschweig, Thüringen, Sachsen und Bayern (1862) indem zum Thatbestande nicht das Einfallen in Wohnungen und andere Grundstücke, sondern nur dies gefordert wird, daß sich eine Menschenmenge zusammenrottet um gegen Personen oder Eigenthum Gewalt zu üben. Weiter geht das hannoversche Strafgesetzbuch, das sich mit einer Bedrohung des Rechtsfriedens nicht begnügt, sondern eine Störung der öffentlichen Sicherheit durch Verübung rechtswidriger Gewaltthätigkeiten gegen Personen oder Eigenthum fordert. Dieser Auffassung des Landfriedensbruches hat sich das deutsche Strafgesetzbuch angeschlossen[1]).

§ 147. Der Thatbestand des Landfriedensbruches erfordert 1) ein öffentliches Zusammenrotten einer Menschenmenge. Die öffentliche Zusammenrottung setzt jedenfalls eine Ansammlung einer Menschenmenge an einem öffentlichen, in dem Sinne eines Jedermann zugänglichen, Ortes voraus[2]). Aber nicht ein jedes zufällige Zu-

1) Strfgb. § 125.

2) Es handelt sich nicht darum, daß der Ort der Zusammenrottung ein öffentlicher sei, sondern nur darum, daß sie selbst öffentlich d. h. eine solche sei, an welcher jeder dazu Geneigte sich zu betheiligen vermag. Vgl. John in Holtzdf. Hdbch. III S. 97. 131. Olshausen § 110 Nr. 6. Oppenhoff § 85 Nr. 4. Rsprch. I S. 143.

sammentreffen vieler Menschen an demselben Orte wird schon als solche Ansammlung zu betrachten sein, vielmehr wird weiter vorausgesetzt, daß die vielen Menschen um irgend eines ihnen gemeinsamen Interesses und Zweckes willen an demselben Orte in der Absicht hier zu verharren, sich angesammelt haben. Als Zusammenrottung wird aber eine solche Ansammlung, der Bedeutung entsprechend welche der Sprachgebrauch dem Worte „Rotte" beilegt, nur dann zu bezeichnen sein, wenn es sich dabei um eine Vereinigung zu unerlaubtem, rechtswidrigen, eventuell strafbarem Thun handelt[1]). Die Zusammenrottung kann die Folge und das Ergebniß einer vorangegangenen Verabredung, eines Komplottes sein, hat aber eine solche nicht nothwendig zur Voraussetzung, und selbst dies ist nicht erforderlich, daß die Ansammlung der Vielen bereits in der Absicht eines rechtswidrigen, strafbaren Handelns stattgefunden habe[2]). Der Verlauf bei Verübung des Landfriedensbruches wird vielmehr häufig wohl der sein, daß die durch ein gemeinsames Interesse verbundenen Vielen bei irgend einem dazu gegebenen Anlasse sich ansammeln, in der Besprechung ihrer gemeinsamen Angelegenheiten sich wechselseitig aufregen und dann in der Erkenntniß der ihnen in ihrer Vereinigung zu Gebote stehenden Macht sich verleiten lassen von ihr Gebrauch und ihr gemeinsames Interesse rechtswidrig und gewaltsam geltend zu machen. Abweichend von den Strafgesetzbüchern, welche das Gewicht nur auf die erhöhte Gefährlichkeit der von einer vereinigten Mehrheit von Menschen verübten Gewaltthätigkeiten legen, betrachtet das deutsche die öffentliche Zusammenrottung als entscheidend, in Rücksicht auf den zur Betheiligung verführenden Einfluß, den sie auf weitere und selbst bei der betreffenden Angelegenheit nicht interessirte Personen ausübt und die Gefahr, daß dann die entfesselte Gewalt der Menge gleich der elementaren Kraft plan- und zwecklos zerstörend sich bethätigt.

Die Entscheidung der Frage welche Zahl von Menschen als eine zusammengerottete Menschenmenge zu betrachten sei, bleibt, wie schon die ältere Reichsgesetzgebung bestimmte, dem richterlichen Ermessen überlassen[3]). Zu einer Zusammenrottung wie sie das

---

1) Goltd. Arch. XI S. 340. Schwarze § 115 Nr. 3. 3a. Rubo § 115 Nr. 2. Olshausen § 115 Nr. 1. Oppenhoff § 115 Nr. 1.

2) Goltd. Arch. XXI S. 517. Schwarze § 125 Nr. 2. Schütze S. 277. Vgl. oben S. 156.

3) Schwarze § 115 Nr. 7. Olshausen § 110 Nr. 7.

Gesetz an anderm Orte[1]) voraussetzt, und für welche nur die Vereinigung zu rechtswidrigem Handeln entscheidend ist, würde auch eine in ihrer Zahl leicht zu übersehende Mehrheit von Personen genügen, wogegen die Menschenmenge jedenfalls von einer Mehrheit, wie sie das Gesetz anderwärts erfordert[2]), zu unterscheiden sein wird, und insbesondere in der Weise, daß die Menge eine Zahl erfordert, die sich nicht ohne weiteres mit einem Blicke feststellen läßt.

Der Landfriedensbruch erfordert 2) daß die zusammengerottete Menge mit vereinten Kräften gegen Personen oder Sachen Gewaltthätigkeiten begangen habe. Damit ist als Object des strafbaren Angriffes der rechtlich geordnete Friedenszustand bezeichnet und jede unmittelbar gegen die obrigkeitliche, diesen Zustand verbürgende Gewalt gerichtete Zwangs- und Gewaltübung ausgeschlossen. Die Gewaltübung muß mit vereinten Kräften der Menschenmenge verübt sein, und es würde nicht genügen, wenn nur der Eine oder Andere aus der versammelten Menge sich einer Gewaltübung schuldig gemacht hätte[3]), und, von anderen Strafgesetzbüchern wie von dem nach § 124 zu strafenden gewaltsamen Hausfriedensbruche abweichend, eben so wenig, wenn eine Gewaltübung überhaupt nicht stattgefunden hätte, es vielmehr bei der nur irgendwie thatsächlich kund gegebenen Absicht Gewalt zu üben, geblieben wäre[4]). In solchem Falle könnte nur ein Versuch des Vergehens vorliegen, den das Gesetz nicht für strafbar erklärt hat. Die mit vereinten Kräften verübte Gewalt erfordert, daß jeder Einzelne welcher Gewalt übte mit dem Bewußtsein und in der Voraussetzung der Mitwirkung der Uebrigen gehandelt habe, gleichviel ob diese Mitthäterschaft eine vorher verabredete oder zufällige war.

Nach der eigenthümlichen Fassung des Gesetzes weicht aber von dem Thatbestande des Landfriedensbruches an sich derjenige Thatbestand, von dessen Feststellung die Bestrafung des Einzelnen wegen Landfriedensbruches abhängig ist, wesentlich ab. Daß von

1) Strfgb. § 115. 122.

2) z. B. § 123. 243 Nr. 6. 250 Nr. 2.

3) Dagegen Schwarze § 125 Nr. 4.

4) Das Gesetz fordert Gewaltübung und wenn zwar mittelst physischer Gewalt eine Drohung verübt werden kann, so kann doch nicht umgekehrt jede einen Zwang übende Drohung als Gewalt betrachtet werden. Die bedrohliche Kundgebung der Absicht Gewalt zu üben ist daher ausgeschlossen. Die mittelst Gewalt gegen Personen verübte Drohung würde dagegen genügen.

einer öffentlich zusammengerotteten Menge mit vereinten Kräften gegen Personen oder Sachen Gewaltthätigkeiten begangen wurden, bildet die nothwendige Voraussetzung für die Bestrafung des Einzelnen, aber seine Bestrafung wegen Landfriedensbruches erfordert nicht, daß er selbst Gewalt geübt habe, vielmehr genügt es, daß er an der Zusammenrottung Theil nahm[1]). In subjectiver Beziehung ist also erforderlich, daß er sich an der Ansammlung der Menschenmenge mit dem Bewußtsein betheiligte, daß Gewaltübungen beabsichtigt seien. Zur Feststellung seiner Verschuldung kann aber das Bewußtsein, daß Andere Gewaltthätigkeiten beabsichtigen nicht genügen, denn die Theilnahme an einer Ansammlung von Menschen, einem Auflaufe, ist an sich nicht strafbar, sondern wird es erst durch den Ungehorsam gegen die obrigkeitliche Aufforderung sich zu entfernen[2]), und wird es auch bei dem Landfriedensbruche erst durch die Theilnahme an der Zusammenrottung. Der Bedeutung derselben entsprechend kann aber von einer solchen nur bei demjenigen die Rede sein, der nicht nur die Absicht der Anderen Gewalt zu üben kennt, sondern die Gewaltübung auch selbst will, gleichviel in welcher Art und welchem Maße er an derselben Theil zu nehmen gedenkt, ob selbst Hand anlegend oder anstiftend oder nur helfend. Wer angesichts der von Anderen verübten Gewaltthätigkeiten in der zusammengerotteten Menge verharrt, wird es nicht von sich ablehnen können die Gewaltübung auch gewollt und bei derselben insofern selbst mitgewirkt zu haben, als das Vertrauen auf die vereinten Kräfte der zusammengerotteten Menge der wichtigste Anlaß zu den Gewaltthätigkeiten ist, welche die Einzelnen als solche nicht verübt haben würden[3]). Der praktische Werth der betreffenden Strafbestimmung

---

1) Geyer Grundriß II S. 94. John a. a. O. S. 163. Annalen I S. 123. VII S. 217.

2) Vgl. Strfgb. § 116.

3) Wenn entschieden worden ist, die Theilnehmer müßten mindestens das Bewußtsein haben, daß sie den öffentlichen Frieden stören — Pezold § 125 Nr. 2. Ann. I S. 123 — so ist dies insofern unrichtig, als es nicht bloß auf das Wissen, sondern auch auf das Wollen der Friedensstörung ankommt, nur daß freilich wer eine Handlung verübt, deren er sich als einer friedensstörenden bewußt ist, unvermeidlich die Störung auch will. Auch das Verharren in der zusammengerotteten Menge bei dem Bewußtsein, daß es zu Gewaltthätigkeiten kommen könne oder werde ist noch nicht nothwendig ein Wollen derselben und kann darum nicht genügen — dagegen Olshausen § 125 Nr. 2 — wohl aber genügt aus dem angeführten Grunde das Verharren

ist hier wie bei der im Raufhandel verübten Körperverletzung der, daß es in solchen Fällen meist sehr schwierig ist, für jeden einzelnen Betheiligten Art, Maß und Erfolg seiner Thätigkeit festzustellen und daß es deshalb auch hier darauf ankam schon die Theilnahme an der Zusammenrottung an sich für strafbar zu erklären.

Die Strafe ist Gefängniß nicht unter drei Monaten. Findet diese Strafbestimmung Anwendung auf einen Jeden welchem auch nur die Theilnahme an der Zusammenrottung nachgewiesen ist, so ist doch auch ihre Anwendung auf diejenigen, welche erweislich Gewalt geübt haben nicht ausgeschlossen, es sei denn, daß diese Gewaltübung zu den weiterhin gesetzlich ausgezeichneten Fällen gehört.

Erhöhte Strafe, nämlich Zuchthaus bis zu zehn Jahren, neben welchem auf Zulässigkeit von Polizeiaufsicht erkannt werden kann, und, wenn mildernde Umstände vorhanden sind, Gefängnißstrafe nicht unter sechs Monaten trifft die Rädelsführer[1]) sowie diejenigen Theilnehmer an der Zusammenrottung, welche irgend welche Gewaltthätigkeiten an Personen verübten oder Sachen geplündert, vernichtet oder zerstört haben. Fordert das Gesetz zum Thatbestande des Landfriedensbruches ganz allgemein Gewaltthätigkeiten gegen Personen oder Sachen, so sind dahin auch diejenigen zu rechnen, die an sich als einfache Sachbeschädigung nach § 303 zu strafen sein würden und von denen die gesetzlich ausgezeichneten Fälle der gegen Sachen verübten Gewalt zu unterscheiden sind. Auf diejenigen Theilnehmer welche sich nur der Sachbeschädigung schuldig machten, findet hiernach die im ersten Absatze des § 125 angeordnete Strafe Anwendung[2]).

---

nachdem Gewaltthätigkeiten verübt sind. Das Bewußtsein des Theilnehmers, daß die That unter die strafrechtliche Kategorie der Friedensstörung, des Landfriedensbruches falle, ist selbstverständlich nicht erforderlich. Oppenhoff § 125 Nr. 7.

1) Ueber die Bedeutung des Rädelsführers vgl. oben Bd. I S. 433.

2) Zu den Gewaltthätigkeiten gegen Sachen gehört zweifellos auch die Sachbeschädigung und wenn im Unterschiede von ihr die Vernichtung, Zerstörung der Sache als gesetzlich ausgezeichneter Fall behandelt wird, so liegt kein Grund vor mit John a. a. O. S. 163 und Schwarze § 125 Nr. 8 anzunehmen, daß, wenn nur Sachbeschädigung verübt wurde, der Thatbestand des Landfriedensbruches ausgeschlossen sei, dieser also eine der gesetzlich ausgezeichneten Gewaltübungen fordere. Oppenhoff § 125 Nr. 3. Schütze S. 279. Olshausen § 125 Nr. 1. Auch Gewalt gegen Sachen ohne Beschädigung derselben genügt. Rsprch. IV S. 113.

Das Vernichten der Sache ist selbst auch ein Zerstören nur etwa mit dem Unterschiede, daß man von einem Vernichten sprechen wird, wenn die Sache nicht einmal mehr in ihren erkennbaren Theilen vorhanden, namentlich etwa durch Feuer zerstört ist[1]). Das Plündern von Sachen erfordert den Thatbestand des Diebstahls oder Raubes, oder auch der, in Form der abgenöthigten Herausgabe der Sache verübten, Erpressung[2]).

2. Der Landzwang.

§ 148. Wie der den öffentlichen Frieden verletzende Landfriedensbruch sich der gegen den Einzelnen gerichteten Verletzung des Hausfriedens anschließt, so die, in Erinnerung an das ältere gemeine Recht gewöhnlich als Landzwang[3]) bezeichnete, Störung des öffentlichen Friedens[4]) an die den Frieden des Einzelnen störende Drohung.

Der Thatbestand des Landzwanges[5]) erfordert das Kundgeben einer Drohung, und zwar einer solchen, durch welche der öffentliche Friede gestört wird. Die Drohung ist daher hier sowenig wie im Falle des § 241 an sich und als solche für strafbar erklärt, sondern nur sofern sie als Mittel der Verübung eines Delictes, hier der Störung des öffentlichen Friedens, erscheint[6]), und einen wesentlichen Unterschied kann es nicht begründen, daß sie in anderen Fällen, wie bei Raub und Erpressung, als Mittel zur Verübung einer materiellen Rechtsverletzung dient, während die Strafbestimmung

---

1) Das Zerstören fordert nicht ein völliges Vernichten der Sache, wohl aber daß die Sache, wenn auch noch in ihren Theilen vorhanden, doch für ihre Zweckbestimmung nicht mehr brauchbar ist. Nur im concreten Falle wird sich die Grenzlinie zwischen Zerstören und Beschädigen der Sache ziehen lassen. Vgl. Rsprch. VII S. 274.

2) Oppenhoff § 125 Nr. 8. Olshausen § 125 Nr. 3. Vgl. Militair-Strfgb. § 129.

3) Carolina 128. Auch die neuere Gesetzgebung gebraucht diese Bezeichnung, Strfgb. von Hannover 192.

4) Vgl. John Landzwang und widerrechtliche Drohung 1852. Glaser Abhandlungen I S. 70. 233. von Buri im G. Saal 1875 S. 228.

5) Strfgb. § 126.

6) Es kann hiernach nicht als richtig anerkannt werden, wenn Schwarze § 126 Nr. 1 im Unterschiede von den Fällen, in denen die Drohung als Mittel der Verübung eines Delictes erscheint, die §§ 126 und 241 als solche unterscheidet, welche die Drohung als selbständiges Delict behandeln.

gegen den Landzwang einen polizeilichen Charakter insofern an sich trägt, als sie der Erregung von Besorgnissen vor künftigen Rechtsverletzungen begegnen soll.

Wie bei der gegen den Einzelnen gerichteten Drohung, so handelt es sich auch bei dem Landzwange um einen der persönlichen Freiheit, und zwar hier um den einer unbestimmten Vielheit von Menschen, angethanen Zwang[1]), denn von persönlicher Freiheit und freier Bethätigung des Willens kann nur unter der Voraussetzung die Rede sein, daß man sich bewußt ist nur dem Gesetze und der gesetzlich gehandhabten obrigkeitlichen Gewalt untergeordnet zu sein, nicht wenn man sich einer drohenden rechtswidrigen Gewalt ausgesetzt weiß[2]). Eine den öffentlichen Frieden störende Drohung erfordert, im Unterschiede von der gegen den Einzelnen gerichteten, nicht nur eine gegen eine Mehrheit von Personen gerichtete, denn die Bedrohung des Einzelnen hört nicht auf eine solche zu sein, sollte sie zugleich auch eine für die Familie, die Hausgenossenschaft Besorgniß erregende sein, und wenn das Gesetz vom öffentlichen Frieden den Hausfrieden unterscheidet, so ergiebt sich schon daraus, daß die lediglich gegen die Bewohner eines Hauses, die Angehörigen einer Familie gerichtete Drohung nicht als eine den öffentlichen Frieden störende betrachtet werden kann, und ebenso wenig die, welche sich gegen mehrere individuell bestimmte Personen richtet[3]). Daß das Gesetz nur die gegen eine, wenn auch nicht völlig unbegrenzte, so doch unbestimmte Vielheit von Menschen gerichtete Drohung als zur Störung des öffentlichen Friedens geeignet erachtet, ergiebt sich daraus, daß es die Androhung eines gemeingefährlichen Verbrechens zum Thatbestande des Delictes erfordert[4]). Daß die Androhung unmittelbar sich nur gegen den Einzelnen

---

1) Vgl. oben S. 130 und die dort angeführten Einwendungen gegen diese Auffassung.

2) Vgl. Rsprch. III S. 632. VII S. 108.

3) Andere Strfgb. sprechen von Drohungen gegen Bewohner einer Ortschaft, gegen ganze Orte, Gegenden, Gemeinden, Bezirke. John a. a. O. S. 164 fordert die gegen eine Friedensgemeinschaft gerichtete Drohung, aber auch eine Hausgenossenschaft ist eine Friedensgemeinschaft. Jedenfalls kann die Bedrohung der Bewohner eines Hauses, der Glieder einer Familie, wie Oppenhoff § 126 Nr. 4 annimmt, nicht genügen. Vgl. Berner S. 369. H. Meyer S. 607. v. Buri a. a. O. S. 229. Rubo § 126 Nr. 3.

4) Es sind dies also die im Abschnitte 27 des Strfgbs. bezeichneten, mit Ausschluß der hier genannten, gemeingefährlichen Verbrechen.

richtete schließt nicht aus, daß sie geeignet sein kann den öffentlichen Frieden zu stören, nur wird jedenfalls erfordert, daß sie öffentlich kund geworden sei[1]).

Das Gesetz fordert, daß durch die Drohung der öffentliche Friede gestört worden sei, und es wird eben deshalb nicht in jedem Falle in welchem ein gemeingefährliches Verbrechen angedroht wurde, die Verübung des Landzwanges angenommen werden können. Es wird vielmehr im gegebenen Falle festgestellt werden müssen, daß durch die Drohung bei den Betheiligten wirklich Besorgniß, Furcht hervorgerufen wurde, wie dieselbe, wenn sie erregt war, sicher auch äußerlich erkennbar, insbesondere etwa durch das Ergreifen von Sicherungsmaßregeln, hervortreten wird[2]). Die sonst Niemand als den Eigenthümer gefährdende Drohung ein allein stehendes Haus in Brand zu stecken ist nicht geeignet den öffentlichen Frieden zu stören, und ebenso wenig die Drohung, welche unter Umständen erfolgt unter denen sie Niemand als besorglich und gefährlich ansieht.

Ist eine Drohung erforderlich, welche den öffentlichen Frieden stört, so wird sie auch eine solche sein müssen, welche einen längere oder kürzere Zeit dauernden Zustand der Besorgniß und Rechtsunsicherheit herbeiführt, und dies wird nur der Fall sein, wenn ein künftig, nicht wenn ein sofort zu verübendes Verbrechen gedroht wird. Allerdings bezieht sich jede Drohung auf ein künftiges Uebel, aber man wird auch hier, wie es das Gesetz in anderen Fällen gethan hat, die Bedrohung mit einem künftigen Uebel und die mit einer gegenwärtigen Gefahr zu unterscheiden haben[3]), und eine Drohung welche so beschaffen ist, daß sie im Sinne des Gesetzes als ein gegenwärtiger Angriff erscheint, dem abwehrend zu-

---

1) v. Buri a. a. O. S. 229. Oppenhoff § 126 Nr. 4. Entsch. VII S. 393. Dagegen Schwarze § 126 Nr. 8.

2) John a. a. O. S. 164 geht davon aus, daß nur eine zur Friedensstörung geeignete Drohung gefordert werde, daß aber hier wie im Falle des § 241 es nicht darauf ankomme, ob die Drohung Besorgnisse erregt habe, denn das Gesetz habe nur sagen wollen: wer ein gemeingefährliches Verbrechen droht, stört dadurch den öffentlichen Frieden. Diese der Fassung des Gesetzes widersprechende Auslegung kann auch durch die angebliche Unmöglichkeit der Beweisführung nicht gerechtfertigt werden. Gegen John v. Buri a. a. O. S. 230. Schwarze § 126 Nr. 8. Oppenhoff § 126 Nr. 5.

3) Vgl. oben S. 370.

vorzukommen ein berechtigter Act der Nothwehr sein würde, ist zur Verübung des Landzwanges nicht geeignet[1]).

Der zur Verübung erforderliche Dolus besteht darin, daß der Thäter mit dem Bewußtsein und Willen handelte, durch die von ihm kundgegebene Drohung bei den Bedrohten die Besorgniß vor Verübung des angekündigten Verbrechens hervorzurufen. Daß er die Drohung nicht öffentlich kund gab, sondern zunächst nur einem Einzelnen mittheilte, schließt den zur Störung des öffentlichen Friedens erforderlichen Dolus nicht aus, wofern er sich nur der Möglichkeit, Wahrscheinlichkeit ihres öffentlichen Kundwerdens bewußt war. Ob der Thäter die Verübung des Verbrechens wirklich beabsichtigt oder nicht ist ebenso wie der weitere Zweck der Drohung für den Thatbestand des Vergehens gleichgiltig[2]). Selbstverständlich würde die Drohung nicht als Landzwang zu strafen sein, wenn sie zum Zwecke einer Nöthigung, Erpressung verübt wurde.

Nicht selten wird der zum Thatbestande des Vergehens erforderliche Dolus, durch irgend welche Reizung veranlaßt, im Affecte ausgesprochen werden, aber es ist hier wie in anderen Fällen der Affect an sich nicht geeignet den erforderlichen Dolus, die Absicht auszuschließen, in dem Andern die Erwartung zu erregen, daß die gedrohte That werde verübt werden[3]). Allerdings wird der zum Thatbestande erforderliche psychische Einfluß der Drohung auf den Bedrohten nicht in dem gleichen Maße als die nothwendige, unvermeidliche Folge der vorsätzlichen That zu betrachten sein, wie etwa die Körperverletzung als die nothwendige Folge eines Schlages,

---

1) Schwarze § 126 Nr. 6. Glaser a. a. O. S. 274 f. Dagegen v. Buri S. 231. Oppenhoff § 126 Nr. 2.

2) Der öffentliche Friede erscheint im Sinne des § 126 gestört, wenn das Bewußtsein der Rechtssicherheit erschüttert ist, und eben dies ist möglich, ohne daß dem Frieden irgend welche Gefahr droht. An sich könnte auch ein Bruch des Friedens als Störung bezeichnet werden, aber es wird zweckmäßig sein die Störung auf die Bedeutung die sie in § 126 hat zu beschränken und von ihr den Bruch, die Verletzung des Friedens zu unterscheiden.

3) Die Ausführungen Glaser's a. a. O. S. 241—246 sind ganz zutreffend, soweit es darauf ankommt zu zeigen, wie leicht es geschehen kann, daß Jemand eine Drohung ausstößt und dabei gar nicht darauf rechnet, daß ein Anderer sie ernst nehmen werde, aber durchaus unzulänglich, soweit bewiesen werden soll, daß hier durch den Affect der erforderliche Dolus ausgeschlossen werde, weil die „bestimmte" Absicht Besorgnisse zu erregen erfordert werde, der unbestimmte „Vorsatz" „der dolus indirectus" nicht genüge. Vgl. dagegen Schwarze § 126 Nr. 7.

Stiches, und es mag vorkommen, daß der Thäter lediglich um seiner Gefühlserregung, seinem Unmuthe Luft zu machen Drohungen ausstieß, ohne die Absicht bei dem Bedrohten Besorgnisse hervorzurufen. Wäre dann der nicht beabsichtigte Erfolg gleichwohl eingetreten, so würde nur eine Culpa vorliegen. Der gewöhnlichere Fall wird aber wohl der sein, daß der Thäter, so fern ihm vielleicht auch bei ruhiger Ueberlegung die Ausführung des gedrohten Verbrechens liegen mag, im Augenblicke des Affectes die Drohung ernstlich meinte und mit dem Willen aussprach in dem Bedrohten die Erwartung der angedrohten That zu erregen. Verhindert der Affect die richtige Erkenntniß des rechtlichen Werthes der That, so doch nicht die des Verhältnisses des vorsätzlichen Handelns zum gewollten Erfolge, und bei dem Handeln im Affecte wie in allen Fällen wird zu unterscheiden und festzustellen sein, ob der Thäter die Drohung als eine bei den Bedrohten Besorgnisse erregende gewollt habe oder nicht.

Die Vollendung des Vergehens setzt voraus, daß die Bedrohung mit einem gemeingefährlichen Verbrechen den Bedrohten kund geworden war, und, indem sie die Besorgniß der Verübung der That erregte, die Friedensstörung zur Folge gehabt hat[1]). Wäre dieser vom Thäter beabsichtigte Erfolg nicht eingetreten, so würde nur ein Versuch des Vergehens vorliegen, den das Gesetz nicht für strafbar erklärt hat.

Die Strafe ist Gefängniß bis zu einem Jahre.

3. Unbefugte Bildung von bewaffneten Haufen.

§ 149. Als eine den öffentlichen Frieden gefährdende Handlung verbietet das Gesetz die unbefugte Bildung bewaffneter Haufen[2]), weil schon das Dasein einer so gebildeten, der Staatsgewalt sich nicht unterordnenden, bewaffneten Macht einen rechtswidrigen Mißbrauch derselben besorgen läßt. Eine solche bewaffnete Macht wird sich sicher nicht bilden, ohne einen bestimmten Zweck ihrer Verwendung, und die Strafbestimmung hat eine subsidiäre Bedeutung insofern, als sie nur zur Anwendnng kommt, so lange nicht weitere Umstände hinzukommen, vermöge deren die Bildung

---

1) Schwarze § 126 Nr. 8. Oppenhoff § 126 Nr. 5. Dagegen John in Folge seiner angeführten Auffassung des Thatbestandes.

2) Strfgb. § 127.

der bewaffneten Haufen als Versuch eines Verbrechens oder Vergehens, oder als Vorbereitung des Hochverrathes erscheint.

Das Gesetz erklärt für strafbar 1) denjenigen, der unbefugterweise einen bewaffneten Haufen bildet oder befehligt. Die Bildung eines bewaffneten Haufens erfordert jedenfalls die Ansammlung einer größeren Zahl bewaffneter Menschen, aber das Gesetz beabsichtigt nicht, jede derartige Ansammlung zu verbieten, so daß sie in allen Fällen als unbefugt erschiene, in denen sie nicht etwa ausnahmsweise durch reichs- oder landesgesetzliche Bestimmungen ausdrücklich gestattet ist. Die Beantwortung der Frage, ob die Haufenbildung befugt oder unbefugt sei, macht § 127 von anderweitigen gesetzlichen Bestimmungen abhängig. Unbefugt ist sie also gewiß, sofern sie wider ein besonderes gesetzliches Verbot z. B. wider § 7 des preußischen Gesetzes über das Versammlungs- und Vereinigungsrecht vom 11. März 1850 erfolgte, befugt sofern die gesetzlich erforderliche obrigkeitliche Genehmigung, z. B. nach § 7 des preußischen Gesetzes über die Verpflichtung der Gemeinden zum Ersatz des bei öffentlichen Aufläufen verursachten Schadens, vom 11. März 1850, ertheilt ist. Aber nach dem heutigen Stande der Gesetzgebung erscheint, von solchen auf ganz besondere Fälle sich beziehenden gesetzlichen Bestimmungen abgesehen, die Ansammlung einer großen Zahl Bewaffneter zu erlaubten Zwecken, wie bei Jagdgesellschaften, Schützenfesten, Maskenaufzügen, als etwas an sich Erlaubtes, das einer besondern obrigkeitlichen Genehmigung nicht bedarf [1]), und der Mangel einer vom Gesetz oder der Obrigkeit ertheilten Befugniß macht die Ansammlung der Bewaffneten noch nicht zu einer unbefugten. Als unbefugt erscheint also eine derartige Ansammlung Bewaffneter, sofern sie gegen ein besonderes gesetzliches Verbot verstößt oder auch, wenn dies nicht der Fall ist, sofern ihr Zweck nicht als ein zweifellos erlaubter erscheint [2]).

Einen bewaffneten Haufen bildet sowohl derjenige, welcher eine größere Zahl Bewaffneter veranlaßt, anstiftet sich zu vereinigen, wie derjenige, der eine vereinigte Menge Unbewaffneter mit Waffen versieht.

---

1) Vgl. Rüdorff § 127 Nr. 1. Olshausen § 127 Nr. 2.

2) Die Strafbarkeit erfordert allerdings nicht, daß ein strafbarer Zweck der Haufenbildung festgestellt sei, ist aber ausgeschlossen, wenn er erweislich auch nicht beabsichtigt ist.

Strafbar ist 2) wer eine Mannschaft, von der er weiß, daß sie ohne gesetzliche Befugniß gesammelt ist, mit Waffen oder Kriegsbedürfnissen versieht. Als eine Mannschaft im Unterschiede von einem Haufen wird nach dem herrschenden Sprachgebrauche nur eine Anzahl militairisch disciplinirter Bewaffneter oder zu Bewaffnender zu verstehen sein[1]). Wer eine solche Mannschaft mit Waffen oder anderen Kriegsbedürfnissen versieht[2]), ist aber nur strafbar, wofern er mit dem Bewußtsein handelt, daß sie ohne gesetzliche Befugniß gesammelt ist. Es kommt also nicht darauf an, daß sie an einem bestimmten Orte *versammelt*, sondern nur darauf, daß sie *gesammelt* ist, was nur dadurch geschehen kann, daß die Einzelnen dafür gewonnen und bereit sind für einen gewissen Zweck gemeinsam thätig zu sein. Unbefugt kann ein solches Sammeln aber nur sein vermöge seines unerlaubten, strafbaren Zweckes, dessen sich also der Thäter als eines solchen bewußt sein muß. Es wird hiernach diese Strafbestimmung nur einen sehr beschränkten praktischen Werth haben, denn ist der unerlaubte Zweck der Sammlung der Mannschaft festgestellt, so wird damit wohl meistens zugleich entweder der Thatbestand eines anderen vollendeten Delictes, das etwa nach § 84, 86, 90 No. 3 zu strafen ist, oder vielleicht der eines strafbaren Versuches festgestellt sein, während für die Bestrafung nach § 127 nur der Fall übrig bleibt, daß es sich um ein Complott handelt, das als eine an sich straflose Vorbereitung eines Verbrechens erscheint.

Die Strafe ist in beiden angeführten Fällen Gefängniß bis zu zwei Jahren.

Es ist endlich 3) mit Gefängniß bis zu einem Jahre zu strafen, wer sich einem solchen bewaffneten Haufen anschließt. Wenn § 127 im zweiten Absatze von einem *solchen* bewaffneten Haufen spricht, so kann dies unmöglich dahin gedeutet werden, das zwar der Anschluß an einen bewaffneten Haufen, aber nicht der an eine bewaffnete Mannschaft strafbar sein soll, denn abgesehen davon, daß irgend welcher Grund solcher Unterscheidung unerfindlich ist, fällt doch auch die gesammelte Mannschaft unter den allgemeineren Be-

---

1) *Oppenhoff* § 84 Nr. 5. *Olshausen* § 127 Nr. 2.

2) Daraus, daß von dem bewaffneten Haufen die gesammelte Mannschaft unterschieden wird, folgt nicht, daß letztere nothwendig eine unbewaffnete sein müßte, so daß nicht strafbar sein würde, wer der bewaffneten Mannschaft etwa Munition liefert.

griff des Haufens [1]). Dem Haufen schließt sich an nicht nur derjenige, der nach Bildung der Vereinigung ihr beitritt, sondern auch alle Einzelnen aus deren Vereinigung der Haufen, die gesammelte Mannschaft hervorgeht [2]), so daß also jeder an der Vereinigung, mit dem Bewußtsein daß sie eine unbefugte ist, Betheiligte strafbar erscheint. An die Strafbestimmung des § 127 schließt sich sie ergänzend die des § 360 No. 2 an, nach welcher mit Geldstrafe bis zu hundert und fünfzig Mark oder mit Haft bestraft wird, wer außerhalb seines Gewerbebetriebes heimlich oder wider das Verbot der Behörde Vorräthe von Waffen oder Schießbedarf ansammelt.

4. Verbotene Verbindungen.

§ 150. Von dem polizeilichen Gesichtspunkte möglicher Gefährdung der gesicherten rechtlichen Ordnung der Gesellschaft gehen ferner aus die Strafbestimmungen gegen verbotene Verbindungen [3]).

Das Gesetz verbietet die Theilnahme an Verbindungen einerseits in Rücksicht auf deren formale Beschaffenheit und Gestaltung, andererseits in Rücksicht auf ihre Zweckbestimmung. Als Verbindung ist eine jede Vereinigung Mehrerer zur Verfolgung eines ihnen gemeinsamen Zweckes mit der Absicht dauernden Bestandes und fortgehender Wirksamkeit der Vereinigung anzusehen, und als Verbindung ist darum eine jede derartige Vereinigung, gleichviel ob sie sich als Verbindung oder als Verein oder wie sonst bezeichnet, zu beurtheilen [4]).

Die Theilnahme an einer Verbindung, gleichviel welches ihr Zweck sei, ist verboten sofern deren Dasein, Verfassung oder Zweck vor der Staatsregierung geheim gehalten werden soll, oder in welcher gegen unbekannte Obere Gehorsam oder gegen bekannte

---

1) Dagegen Oppenhoff § 127 Nr. 4. Olshausen § 127 Nr. 4, unter der unrichtigen Voraussetzung, daß die gesammelte Mannschaft wesentlich eine unbewaffnete sei.

2) Schütze S. 281. Olshausen § 127 Nr. 4.

3) Strfgb. § 128. 129.

4) Ein Unterschied zwischen Verbindung und Verein wie ihn John a. a. O. S. 165 voraussetzt, ist nicht vorhanden, und am wenigsten kann als Verbindung im Sinne des § 128 nur der Verein angesehen werden, der Einwirkung auf öffentliche Angelegenheiten bezweckt. Vgl. Schütze S. 282. Oppenhoff § 128 Nr. 2. Olshausen § 128 Nr. 2.

Obere unbedingter Gehorsam versprochen wird[1]). Ausnahmsweise eine derartige Verbindung zu gestatten, würde eine deutsche Staatsregierung nicht befugt sein[2]).

Die Strafe ist für die Mitglieder der Verbindung Gefängniß bis zu sechs Monaten, für die Stifter und Vorsteher derselben Gefängniß von einem Monat bis zu einem Jahre. Gegen Beamte kann auf Verlust der Fähigkeit zur Bekleidung öffentlicher Aemter auf die Dauer von einem bis zu fünf Jahren erkannt werden.

In Rücksicht auf den Zweck der Verbindung ist strafbar die Theilnahme an einer solchen, zu deren Zwecken oder Beschäftigungen es gehört, Maßregeln der Verwaltung oder die Vollziehung von Gesetzen durch ungesetzliche Mittel, gleichviel ob sie strafbar sind oder nicht[3]), zu verhindern oder zu entkräften. Eine derartige Verbindung kann zugleich eine solche sein, welche nach § 158 strafbar erscheint, in welchem Falle eine ideelle Concurrenz stattfinden würde.

Die Strafe ist für die Mitglieder der Verbindung Gefängniß bis zu einem Jahre, für die Stifter und Vorsteher Gefängniß von drei Monateu bis zu zwei Jahren. Gegen Beamte kann auch hier auf Verlust der Fähigkeit zur Bekleidung öffentlicher Aemter auf die Dauer von einem bis zu fünf Jahren erkannt werden.

---

1) Nach Fassung des Gesetzes muß angenommen werden, daß das Versprechen des Gehorsams zur verfassungsmäßigen Einrichtung der Verbindung gehört, also auch gefordert wird. Allerdings entscheidet dabei nicht der Inhalt geschriebener Statuten, — vgl. Schwarze § 128 Nr. 2 — sondern die thatsächliche Gestaltung der Verbindung.

2) Dafür, daß Freimaurer-Logen erlaubt sind, können freilich nicht, wie Rubo § 128 Nr. 1 geltend macht, frühere Conzessionen entscheidend sein, wohl aber der Umstand, daß ihre Verfassung und Zweck der Staatsregierung nicht unbekannt ist. Schwarze § 128 Nr. 3.

3) Schwarze § 129 Nr. 2. Oppenhoff § 129 Nr. 2. Olshausen § 129 Nr. 2. Dagegen F. Meyer § 129 Nr 3 und John a. a. O. S. 167, der als ungesetzliche Mittel nur strafbare Handlungen betrachtet, weil der dem § 129 entsprechende § 99 des preuß. Strfgb. den Art. 30 der Verf.-Urkunde, der das Recht sich zu Zwecken die nicht strafgesetzwidrig sind, zu vereinigen feststellt, nicht alteriren konnte. Aber daraus, daß § 99 des preuß. Strfgb. in Rücksicht auf Art. 30 der Verf. zu interpretiren war, folgt nichts für § 129 des deutsch. Strfgb., der als Reichsgesetz auch eine Bestimmung der Landesverfassung außer Kraft zu setzen vermag.

5. Aufreizung zum Klassenkampf.

§ 151. Strafbar ist diejenige Gefährdung des öffentlichen Friedens, welche durch öffentliche Anreizung verschiedener Klassen der Bevölkerung zu Gewaltthätigkeiten gegen einander verübt wird[1]).

Der Thatbestand des Vergehens erfordert als Thätigkeit ein Anreizen zu Gewaltthätigkeiten. Ohne Zweifel kann Jemand einen Andern zu Entschlüssen und Handlungen durch Aeußerungen veranlassen ohne diesen Erfolg irgend zu beabsichtigen oder auch nur als möglichen vorherzusehen[2]). Daß hier von einer derartigen absichtslos anstiftenden Thätigkeit nicht die Rede ist, daß vielmehr der Dolus des Thäters, die Absicht einen bestimmenden Einfluß auf das Wollen und Handeln Anderer auszuüben erfordert wird, kann nicht zweifelhaft sein. Besteht also das Anreizen jedenfalls in einer vorsätzlich anstiftenden Thätigkeit, so kann es sich weiter nur um die Frage handeln, ob eine besondere Art derselben erforderlich sei, da das Gesetz an anderm Orte[3]) von dem Auffordern zu strafbaren Handlungen oder auch von dem Auffordern oder Anreizen spricht. Der Unterschied von Auffordern und Anreizen kann aber nicht in einem Mehr oder Weniger der anstiftenden Thätigkeit, sondern nur darin gesucht werden, daß das Anreizen, ebenso wie in § 48 des Strafgesetzbuches das Bestimmen, eine ganz allgemeine Bezeichnung der anstiftenden Thätigkeit ist, das Auffordern aber voraussetzt, daß der Thäter ausdrücklich, sei es durch Anrathen oder Bitten, Befehlen, Drohen, sein Verlangen kund gab der Andere solle eine bestimmte Handlung vornehmen[4]).

---

1) Strfgb. § 130. Es ist diese Strafbestimmung an die Stelle von § 100 des preuß. Strfgb. getreten, der die Anreizung der Angehörigen des Staates zum Hasse und zur Verachtung gegeneinander für strafbar erklärte, und dessen Fassung in der Praxis zu Ergebnissen geführt hatte, die eine festere Begrenzung des Thatbestandes nothwendig machten. Die Fassung des § 100 des preuß. wie des § 136 des deutsch. Strfgb. lehnt sich an die französische Gesetzgebung an. Vgl. Motive zum I Entwf. S. 128 und Anhang V zu den Motiven des II Entwf.

2) Vgl. oben Bd. I S. 395. Des Ausdruckes „anreizen" wird man sich allerdings schwerlich in dem Falle bedienen, wenn Jemand gegen seine Absicht den Andern zu einer gewissen Handlung veranlaßt, so daß also das Anreizen schon an sich die Vorsätzlichkeit bezeichnet. Olshausen § 112 Nr. 1. Rsprch. III S. 632.

3) Strfgb. § 110—111.

4) John a. a. O. S. 168 nimmt an, daß in § 112, seinem besonderen

Das Auffordern ist darum selbst auch ein Anreizen, aber es kann ein Anreizen vorkommen, das nicht in einem Auffordern besteht, weil der Thäter seine Absicht anzustiften weniger deutlich kund giebt, wohl sogar möglichst verbirgt. Das Gesetz macht in § 110 und 111 die Strafbarkeit von der ausdrücklichen, unzweideutigen Kundgebung der Absicht anzustiften, von der Aufforderung abhängig, während eine mögliche andere Art derselben nicht genügt. Das in § 112 bezeichnete Vergehen kann nicht nur durch Aufforderung, sondern auch durch jede andere Art anstiftender Thätigkeit, durch Anreizen, verübt werden, und weil das Anreizen alle möglichen Formen des Anstiftens umfaßt, hätte in § 112 das Auffordern, sowie es in § 130 geschehen ist, als überflüssig weggelassen werden können. Hiernach genügt zum Thatbestande des Vergehens jede Art vorsätzlich anstiftender Thätigkeit.

Das Anreizen muß öffentlich stattfinden. Die Oeffentlichkeit des Handelns ist nicht bedingt durch die des Ortes, denn sie ist ausgeschlossen, wenn die Handlung an einem öffentlichen Orte unter Umständen erfolgt, unter denen sie nur für gewisse, individuell bestimmte Menschen wahrnehmbar ist und auch nur von ihnen wahrgenommen werden soll, und sie ist gegeben, wenn die Handlung, gleichviel ob an einem öffentlichen oder nicht öffentlichen Orte, in der Weise verübt wird, daß sie unbestimmt von welchen und wie vielen Personen wahrgenommen werden konnte[1]). Die Handlung

---

Inhalte entsprechend, das Anreizen etwas Geringeres als das Auffordern, noch nicht ein Auffordern sei, wogegen es in § 130 mehr als ein Auffordern, ein Aufstacheln, Antreiben sei. Ob aber ein Auffordern oder ein von ihm verschiedenes Anreizen ein Mehr oder Weniger des Anstiftens sei, einen größern oder geringern motivirenden Einfluß auf den Andern ausübe, das hängt ganz von den Umständen des concreten Falles ab. Stellt das Gesetz in § 112 das Auffordern und Anreizen neben einander, so wird hier allerdings letzteres auf die nicht in Aufforderung bestehende anstiftende Thätigkeit zu beziehen sein, während, wo das Anreizen wie in § 130 allein erwähnt wird, es mit Anstiften gleichbedeutend ist. Es ist daher nicht richtig das Anreizen in § 130 mit Ausschluß des Aufforderns auf ein, wie man sagt, „mehr indirectes Einwirken" auf den Andern zu beschränken. Vgl. Oppenhoff § 112 Nr. 2. § 130 Nr. 4. Olshausen § 112 Nr. 1. § 130 Nr. 1. Schwarze § 130 Nr. 5 und Note 9 scheint sich der Ansicht John's anzuschließen.

1) Vgl. Motive zum II Entwf. zu Abschnitt VII. Schwarze § 85 Nr. 4. 5. Olshausen § 110 Nr. 6. Oppenhoff § 85 Nr. 1—10. Rsprch. I S. 143 III S. 167. Dagegen Rubo § 85 Nr. 1.

kann daher an sich eine öffentliche sein, obwohl der Thäter es nicht wußte, daß sie von anderen als gewissen individuell bestimmten Menschen wahrgenommen werde und dies auch nicht wollte, wogegen das öffentliche Anreizen erfordert, daß es wissentlich vor anderen und zwar unbestimmt welchen und wie vielen Menschen stattfinde.

Das Anreizen muß zu dem Zwecke geschehen verschiedene Klassen der Bevölkerung zu Gewaltthätigkeiten gegen einander zu bestimmen. Damit ist vom Thatbestande des Vergehens die Anreizung ausgeschlossen die darauf gerichtet ist, daß Gewaltthätigkeiten gegen eine Mehrheit individuell bestimmter Personen verübt werden sollen, und als eine Klasse der Bevölkerung wird auch eine collective Einheit von Personen nicht zu betrachten sein, falls es sich um eine fest begrenzte Mehrheit von Menschen handelt, welche mit der zusammenfassenden einheitlichen Bezeichnung zugleich als individuell bestimmte erscheinen. Als eine Klasse der Bevölkerung wird zu betrachten sein eine Mehrheit von Personen, die wegen gleicher Lebensstellung oder wegen Uebereinstimmung der Ansichten, Zwecke, Interessen als verbunden betrachtet und unter einer gemeinschaftlichen Bezeichnung zusammengefaßt werden[1]). Allerdings können vage Abstractionen, denen eine faßbare äußere Gestaltung nicht entspricht, nicht genügen, andrerseits wird aber auch nicht eine Beschaffenheit und Bezeichnung der collectiven Einheit gefordert werden dürfen, die jeden Zweifel über ihre Begrenzung und die ihr zugehörigen Personen ausschlösse[2]). Ob sich die Anreizung gegen

---

1) So die Motive z. II Entwf. § 128 u. 129.

2) Zweifel über die Bedeutung der „Klasse der Bevölkerung" wie sie sich in der deutschen Praxis nicht weniger als in der französischen herausgestellt haben, werden durch die Gesetzgebung schwerlich zu beseitigen sein. Gewiß hatte § 130 die Aufgabe der bisherigen preußischen Praxis beschränkend entgegenzutreten, und Aufreizungen gegen „die Reaction", gegen „ungebildete Personen" können freilich nicht als gegen „Klassen" gerichtet betrachtet werden, aber es darf in der beschränkenden Auslegung der „Klasse" auch nicht zu weit gegangen werden, wie es von Schwarze § 130 Nr. 2, Rüdorff § 130 Nr. 4 geschieht. Dagegen Oppenhoff § 130 Nr. 3. Olshausen § 130 Nr. 2. Schütze S. 283. Vgl. die Entscheidungen bei Pezold § 130 Nr. 1—5. Zimmerle § 130 Nr. 4—5. Bei den zur Bezeichnung einer collectiven Einheit gebrauchten Namen wird es nicht bloß auf diesen an sich, sondern darauf ankommen, ob er im concreten Falle ein den Aufreizenden verständlicher war, so daß sie wußten, wer zu der bezeichneten Klasse zu rechnen sei. Gewisse politische Parteinamen, wie Junkerpartei, Liberale,

eine Klasse der Bevölkerung richtete wird um so mehr der Entscheidung im concreten Falle überlassen werden müssen, als je nach den besondern Umständen desselben das gleiche Wort, das unter anderen Voraussetzungen dazu nicht geeignet ist, zur Bezeichnung einer Klasse der Bevölkerung sehr wohl geeignet sein kann.

Wenn das Gesetz eine Aufreizung der verschiedenen Klassen der Bevölkerung gegen einander fordert, so folgt daraus nicht, daß zwei oder mehrere Klassen gleich sehr zu wechselseitig zu verübenden Gewaltthätigkeiten aufgereizt sein müssen[1]), wie dies praktisch auch schwerlich vorkommen möchte, vielmehr genügt es, wenn die eine Klasse zu Gewaltthätigkeiten gegen die andere aufgereizt und damit die Erwiderung der Gewaltthätigkeiten von der andern Seite provocirt wird.

Strafbar ist aber die Anreizung zu solchen Gewaltthätigkeiten nicht schon an sich selbst, sondern nur die den öffentlichen Frieden gefährdende. Daß hier der öffentliche Friede die gleiche Bedeutung hat wie in § 126, kann nicht zweifelhaft sein[2]), wohl aber ist darauf Gewicht zu legen, daß in § 126 eine Störung desselben, hier aber eine Gefährdung gefordert wird. Der öffentliche Friede ist der durch die Staatsgewalt und ihre Organe gesicherte Zustand rechtlicher Ordnung der Gesellschaft und aus diesem Zustande entspringt bei der Bevölkerung das Bewußtsein der Rechtssicherheit, das die nothwendige Voraussetzung der ungehinderten freien Bewegung eines Jeden innerhalb seiner Rechtssphäre bildet[3]). Dieser Friedenszustand wird gestört, wenn das Bewußtsein der Rechts-

---

Doctrinäre, können je nach Umständen ungeeignet erscheinen der aufzuregenden Menge eine Klasse der Bevölkerung kenntlich zu machen, im andern Falle sehr wohl geeignet, wenn sich z. B. bei einem Wahlkampfe die in ihren Angehörigen sich wechselseitig wohl bekannten politischen Parteien unter jenen Namen gegenüber gestanden haben.

1) Motive a. a. O. Oppenhoff § 130 Nr. 7. Schütze S. 284. Olshausen § 130 Nr. 1.

2) Dagegen Oppenhoff § 130 Nr. 1. Binding Normen I S. 397.

3) Es ist richtig, daß, wie v. Buri a. a. O. S. 232, ebenso Olshausen § 130 Nr. 3 ausführen, im Falle des § 126 das Sicherheitsbewußtsein der Staatsangehörigen das Angriffsobject bildet, aber unrichtig daraus zu folgern, daß der Zustand des gesicherten Rechtsfriedens mit jenem Bewußtsein eins sei, darum dieses Bewußtsein auch im Falle des § 130 das Angriffsobject bilde. Vielmehr bildet hier jener Zustand selbst das Object des Angriffes, was sehr wohl geschehen kann ohne daß dieses Bewußtsein alterirt wird. Vgl. dagegen Oppenhoff § 130 Nr. 2 und entgegengesetzte Entschei-

sicherheit erschüttert, vernichtet wird, wenn die Bevölkerung damit genöthigt wird, in ihrer Bewegung und Thätigkeit nicht bloß mit der gesetzlich geübten Macht der Obrigkeit, sondern mit einer ihr drohenden rechtswidrigen Gewalt zu rechnen. Das Bewußtsein der Rechtssicherheit ist zwar die Folge des für gesichert erachteten Friedenszustandes, ist aber nicht identisch mit dem gesicherten Frieden, und es kann der öffentliche Friede durch eine jenes Bewußtsein erschütternde Drohung gestört werden, ohne irgendwie gefährdet zu sein, wenn nämlich die Drohung eine muthwillige nicht ernstlich gemeinte ist, so wie umgekehrt der öffentliche Friede gefährdet sein kann, obwohl die Bevölkerung sich in ihrem Vertrauen auf gesicherten Rechtsfrieden gar nicht gestört findet, weil ihr die drohende Gefahr unbekannt blieb. Fordert aber das Gesetz eine Gefährdung des Friedens durch öffentliche Aufreizung zu Gewaltthätigkeiten, so wird freilich die Gefährdung wohl meist zugleich auch als Störung des Friedens durch Erschütterung des Vertrauens auf Rechtssicherheit erscheinen. Der Thatbestand des Vergehens erfordert also, daß durch die Aufreizung die Gefahr einer Verletzung des Friedenszustandes durch Gewaltthätigkeiten herbeigeführt sei, gleichviel ob zugleich eine Störung des öffentlichen Friedens im Sinne des § 126 stattgefunden habe[1]).

Der erforderliche Dolus setzt voraus, daß die That mit der Absicht zu Gewaltthätigkeit anzureizen verübt worden sei. Es genügt also nicht, daß Jemand aufregende Reden, mit der Erkenntniß, daß sie Aufregung hervorzurufen geeignet sind, gehalten habe, wenn ihm der Wille Andere zu Gewaltthätigkeiten zu veranlassen mangelt, denn auf ein fahrlässiges Verhalten bezieht sich § 130 nicht. Die zum Thatbestande des Vergehens erforderliche Vorsätzlichkeit setzt aber nicht nur voraus, daß die anreizende Thätigkeit an sich eine

---

dungen bei Pezold § 130 Nr. 6 und Zimmerle § 130 Nr. 2. Das R. G. Entsch. II S. 431 erfordert objective Gefährdung des öffentlichen Friedens, Rsprch. III S. 632 die Möglichkeit eines Bruches des öffentlichen Friedens, nicht dies, daß eine zum Ausbruche von Gewaltthätigkeiten geneigte Stimmung hervorgerufen sei, — wie Geyer a. a. O. II S. 95 fordert — weil dann bereits eine Störung des öffentlichen Friedens vorliegen würde.

1) Vgl. oben S. 497 Note 2. Gefährdet ist der öffentliche Friede nur, wenn die Möglichkeit, Wahrscheinlichkeit herbeigeführt wurde, und es wird allerdings für den Richter immer eine sehr schwierige Aufgabe sein, hier eine solche Möglichkeit abzuschätzen und den Thatbestand des Vergehens festzustellen. Vgl. die zutreffenden Bemerkungen John's a. a. O. S. 171.

vorsätzliche war, sondern weiter auch, daß sie als Mittel zur Herbeiführung des Erfolges vorgesetzt war, daß also der Thäter sowohl mit dem Bewußtsein handelte, sein Anreizen sei geeignet Gewaltthätigkeiten herbeizuführen, als auch mit dem Willen sie herbeizuführen[1]). Damit ergiebt sich, daß das Anreizen als eine anstiftende Thätigkeit erscheinen muß[2]), die hier an sich und abgesehen von ihrem Erfolge für strafbar erklärt ist.

Die Strafe der Anreizung zum Klassenkampfe ist Geldstrafe bis zu sechshundert Mark oder Gefängniß bis zu zwei Jahren.

6. Der s. g. Kanzelmißbrauch.

§ 152. Von einer Gefährdung des öffentlichen Friedens handelt auch der durch das Gesetz vom 12. Dezember 1871 dem Strafgesetzbuche als § 130a eingeführte s. g. Kanzelparagraph, dem durch die Novelle von 1876 ein zweiter Absatz hinzugefügt wurde. Er enthält eine Ausnahmebestimmung[3]) insofern, als er Geistliche und andere Religionsdiener, obwohl auch sie wie andere Personen wegen Störung, Gefährdung, Bruch des öffentlichen Friedens strafrechtlich verantwortlich sind, noch insbesondere wegen Friedensgefährdung in Rücksicht darauf für strafbar erklärt, daß sie, vermöge der besondern Autorität die sie kraft ihrer amtlichen

1) Von demjenigen der mit dem Bewußtsein der Möglichkeit handelt, daß sein Verhalten Andere zu einer Handlung, die er nicht will, veranlassen könnte, wird man überhaupt nicht sagen können, daß er zu solcher Handlung angereizt habe, und es ist deshalb unrichtig, das bloße Bewußtsein der Möglichkeit, daß die Anreizung zu Gewaltthätigkeiten führen kann, für genügend zu erklären — so Oppenhoff § 130 Nr. 9. Olshausen § 130 Nr. 4. Schütze S. 283. Entsch. II S. 431. IX S. 417 — denn ein Anreizen zu Handlungen die man nicht zugleich auch will ist Widerspruch in sich. Nach Olshausen muß der Vorsatz die Begehung der Gewaltthätigkeiten mit umfassen, keineswegs aber brauche die Absicht darauf gerichtet zu sein, und wie man sich dieses vorsätzliche Umfassen eines Erfolges der nicht beabsichtigt ist denken soll, bleibt unverständlich.

2) Ist nach § 48 nur die erfolgreiche Anstiftung als solche strafbar, so wird man freilich sagen dürfen, daß es sich bei dem Auffordern im § 111 und dem Anreizen in § 130 nicht um Anstiftung handelt. John a. a. O. S. 109. Schwarze § 130 Nr. 5. Damit hört das Auffordern und Anreizen nicht auf an sich eine anstiftende Thätigkeit zu sein, die hier, abgesehen vom Erfolge, strafbar ist, darum die Absicht anzustiften erfordert, wie dies John S. 168 offenbar voraussetzt, wogegen Schwarze das Anreizen weder auf erfolgreiche, noch auf erfolglose, versuchte Anstiftung beziehen will.

3) Vgl. John a. a. O. S. 172.

Stellung über Andere ausüben, und vermöge der Gefahr, daß sie den religiösen und confessionellen Unterschied und Gegensatz zur Erregung eines fanatischen Hasses gegen Andersgläubige anregen, mehr als andere Personen in der Lage sind den öffentlichen Frieden durch Aufregung der Gemüther zu gefährden.

Subjecte des Vergehens können nur Geistliche oder andere Religionsdiener sein. Religionsdiener ist der weitere, den des Geistlichen mit umfassende, Begriff, indem als Geistlicher regelmäßig nur der ordinirte christliche Religionsdiener bezeichnet wird. Als Religionsdiener wird aber nicht Jeder bezeichnet werden können, der einer Religionsgemeinschaft für ihre Zwecke irgend welche Dienste leistet, sondern nur der, welcher berufen ist gottesdienstliche Handlungen auszuüben[1]), und gerade darum in der Lage ist einen hervorragenden Einfluß auf Gesinnung und Gemüth der Religionsgenossen auszuüben. Ist diese Stellung die Voraussetzung bei Verübung des Delictes, so kann eine andere nicht in solcher Stellung befindliche Person niemals als Mitthäter in Betracht kommen, wohl aber sich der Anstiftung wie der Beihilfe schuldig machen[2]).

Der Thatbestand des im ersten Absatze bezeichneten Vergehens erfordert, daß der Religionsdiener in Ausübung seines Berufes oder in Veranlassung der Ausübung seines Berufes gehandelt habe. Er muß also jedenfalls die Handlung als eine pflicht- und berufsmäßige, für die er mit seiner Autorität als Geistlicher, Religionsdiener eintritt, verübt haben, gleichviel ob während er in Ausübung seines Berufes begriffen war, oder ob eine concrete Berufshandlung den Anlaß zu der Verübung bot und diese mit der Berufshandlung im Zusammenhange stand[3]).

Die Handlung selbst besteht darin, daß Angelegenheiten des Staates zum Gegenstande einer Verkündigung oder Erörterung gemacht werden. Ausgeschlossen ist damit jedenfalls die lediglich religiöse, kirchliche, sowie die private Angelegenheiten bestimmter Personen betreffende Verkündigung und Erörterung. Welcher Art

---

1) Die Unterscheidung zwischen wesentlichen Handlungen die der Religionsdiener zu leisten habe, und unwesentlichen, mechanischen Leistungen, wie sie gewöhnlich gemacht wird, Oppenhoff § 130a Nr. 2. Schwarze § 130a Nr. 2. Olshausen § 130a Nr. 2 wird nicht als ausreichend betrachtet werden können. Vgl. dagegen Meves § 130a Nr. 3.

2) Meves a. a. O. Geyer in Holtzdf. Hdbch. II S. 365. Olshausen § 130a Nr. 2. Dagegen Schwarze § 130a Nr. 1.

3) Wenn das Gesetz fordert, daß in Ausübung oder in Veranlassung

die Angelegenheiten des Staates sind, ob es sich um bestehende oder den Entwurf zu erlassender Gesetze und Verordnungen handelt, oder um Anordnungen der Obrigkeit, oder um auswärtige Angelegenheiten und Acte der Politik, ist gleichgiltig[1]). Es muß ferner diese Verkündigung oder Erörterung entweder öffentlich vor einer Menschenmenge[2]) oder in einer Kirche oder an einem andern zu religiösen Versammlungen bestimmten Orte vor Mehreren erfolgen. In dem Falle aber, daß die Verkündigung oder Erörterung in der Kirche oder an einem andern zu religiösen Versammlungen bestimmten Orte erfolgte, ist nicht erforderlich, daß es in Ausübung oder in Veranlassung der Ausübung des Berufes geschah. Hierbei wird offenbar vorausgesetzt nicht nur, daß die Kirche und ein solcher Ort seiner Zweckbestimmung entsprechend ein öffentlicher sei, sondern auch im concreten Falle als solcher behandelt wurde, wonach es nicht genügen würde, wenn die Verkündigung oder Erörterung zwar in der Kirche aber vor einer beschränkten Mehrheit von Menschen bei verschlossenen Thüren erfolgte.

Es muß endlich die Verkündigung oder Erörterung eine den öffentlichen Frieden gefährdende sein, und in dieser Beziehung gilt hier das Gleiche wie bei der Anreizung zum Klassenkampfe. Abweichend von diesem gestaltet sich aber hier die zum Thatbestande erforderliche Willensbestimmung. Die Thätigkeit, das Verkünden, Erörtern, ist selbstverständlich eine vorsätzliche, bei welcher sich der Thäter bewußt ist, daß er Angelegenheiten des Staates zum Gegenstande derselben macht. Aber diese Thätigkeit muß auch den vom Gesetze bezeichneten Erfolg haben, muß den öffentlichen Frieden gefährden, und es fragt sich daher, welches Verhältniß des Wissens und Wollens zu diesem Erfolge erforderlich sei. Während in

---

der Ausübung des Berufes gesprochen sei, so soll es damit nur für indifferent erklärt werden, ob der Geistliche die betreffende Handlung verübte, indem er als solcher in gottesdienstlicher Function begriffen war, oder ob bei irgend einer andern Gelegenheit zu welcher eine Berufshandlung den Anlaß gab. Vgl. Entsch. d. preuß. Ob. Trib. Goltd. Archiv XXI S. 518. Meves in Holtzdf. Hdbch. IV S. 324. Oppenhoff § 130a Nr. 4. Olshausen § 130a Nr. 4. Dagegen John a. a. O. S. 173 und Schwarze § 130a Nr. 3. Schütze S. 284.

1) Vgl. v. Buri im G. Saal 1875 S. 236. Goltd. Arch. XXI S. 281. XXIII S. 121. 432. Entsch. bei Pezold § 130a Nr. 1—4. Olshausen § 130a Nr. 3. Schwarze § 130a Nr. 6.

2) „Oeffentlich“ und „Menschenmenge“ haben hier die gleiche Bedeutung wie in § 125. Vgl. oben S. 490 f.

§ 130 die Gefährdung des Friedens als Erfolg der Anreizung genügend klar als ein vom Thäter gewollter bezeichnet ist, fehlt hier jede Andeutung darüber, daß der Erfolg ein vom Thäter beabsichtigter sein müsse. Daß es genügen sollte, wenn er den Erfolg nicht nur nicht beabsichtigte, sondern sich seiner auch nicht einmal als eines möglichen bewußt war, kann nicht angenommen werden, denn unter dieser Voraussetzung werden die Erörterungen wohl schwerlich solche sein die als den Frieden wirklich gefährdende anzusehen sind. Es wird also der Thäter mindestens des Erfolges sich als eines möglichen bewußt gewesen, sich vorgestellt haben müssen, daß seine Erörterungen geeignet seien eine Gefahr für den öffentlichen Frieden herbeizuführen. Wer aber vorsätzlich eine Handlung mit dem Bewußtsein, daß sie eine gefährliche sei, verübt, der will auch die Gefahr, obwohl er vielleicht den weitern Erfolg, den die Gefahr in Aussicht stellt, hier also die Störung des Rechtsfriedens, nicht will. Das Vergehen erfordert also den Dolus, das Wissen und Wollen der Gefährdung des öffentlichen Friedens, wogegen ein fahrlässiges Verhalten nicht in Betracht kommt[1]).

Durch die Novelle von 1876 wurde ferner noch für strafbar erklärt der Geistliche oder andere Religionsdiener, der in Ausübung oder in Veranlassung der Ausübung seines Berufes Schriftstücke, zu denen selbstverständlich auch Druckschriften gehören, ausgiebt oder verbreitet, in denen Angelegenheiten des Staates in einer den öffentlichen Frieden gefährdenden Weise zum Gegenstande einer Verkündigung oder Erörterung gemacht sind.

Die Strafe ist in beiden Fällen Gefängniß oder Festungshaft bis zu zwei Jahren.

---

1) Das Vergehen wird regelmäßig als ein doloses, und für den Dolus das Bewußtsein der Friedensgefährdung als genügend bezeichnet. Schwarze § 130a Nr. 9. Oppenhoff § 130a Nr. 14. Rüdorff § 130a Nr. 9. Wenn Olshausen § 130a Nr. 7 sich darauf beruft, daß „etwas zum Gegenstande einer Verkündigung oder Erörterung machen“ zweifellos ein vorsätzliches Handeln sei, so ist dies zwar richtig, aber es folgt daraus an sich für die Frage ob das Wissen und Wollen der Friedensgefährdung erforderlich sei gar nichts. Im Anschlusse an Rsprch. VII S. 108 fordert er, daß der Vorsatz auf die Gefährdung gerichtet sein müsse, nicht aber die Absicht. Wie Jemand mit Vorsatz eine Gefahr herbeiführen und doch die Gefahr nicht wollen, nicht beabsichtigen könnte, bleibt unverständlich. Dagegen betrachtet Meves in Holtzdf. Hdbch. IV S. 326 den Vorsatz der Friedensgefährdung nicht für erforderlich, und v. Buri a. a. O. S. 237 bezeichnet die dolose wie die culpose Friedensgefährdung als nach § 130a strafbar.

Zweites Kapitel.

Delicte gegen Treue und Glauben im Verkehre.

1. Einleitung.

§ 153. An das falsum des römischen Rechtes hatte sich in der gemeinrechtlichen Doctrin die Entwickelung der schwankenden und viel bestrittenen Lehre von der Fälschung angeschlossen[1]). Von entscheidender Bedeutung für diese Entwickelung war der Umstand, daß schon im römischen Strafrechte das falsum weit über die Grenzen der lex Cornelia de falsis hinaus und abweichend von dem für sie maßgebenden Gesichtspunkte ausgedehnt worden war, so daß eine feste, begrifflich bestimmbare Grenzlinie zwischen falsum und stellionatus sich nicht ziehen ließ. Die Folge davon war, daß die gemeinrechtliche Doctrin als falsum jede dolose Wahrheitsentstellung zum Nachtheile eines Andern betrachtete, es damit zu einem lediglich formalen Delicte stempelte, und die Fälschung ganz in dem Betruge aufgehen ließ, oder doch jede Unterscheidung von Fälschung und Betrug als praktisch werthlos betrachtete[2]). Der bereits im älteren deutschen Strafrechte in genügendem Maße gegebene Anhalt für eine richtige Auffassung der Fälschung und deren Unterscheidung vom Betruge blieb völlig unbeachtet.

Ein Umschwung und erneuerter Versuch der Unterscheidung von Betrug und Fälschung trat erst mit Ende des vorigen Jahrhunderts ein. Auf der einen Seite dehnte man den Begriff des Betruges noch weiter aus als bisher, indem man für denselben nicht Beschädigung eines Andern, sondern nur Rechtsverletzung

---

1) Ueber die geschichtliche Entwickelung der Lehre Köstlin Abhandlungen S. 138 f. — Ortloff Lüge, Fälschung, Betrug I S. 105 f. 175 f. Freund Lug und Trug unter den Germanen 1863. — Hälschner System des Preuß. Strafrechts II S. 333 f. — Elben Zur Lehre von der Warenfälschung 1881.

2) So im Anschlusse an Carpzow die Doctrin bis an das Ende des 18. Jahrhunderts.

überhaupt forderte. Alle die sehr verschiedenartigen Fälle einer mittelst Wahrheitsentstellung verübten Rechtsverletzung wurden unter den allgemeinen Begriff der Fälschung oder auch des Betruges im weitern Sinne subsumirt, und dann der freilich zu keinem haltbaren Resultate führende Versuch unternommen Fälschung und Betrug im engern Sinne von einander zu unterscheiden. Als das allen verschiedenen Delicten Gemeinsame blieb aber nur die Wahrheitsentstellung als Form der Verübung übrig, und eine ihnen gemeinsame materielle Bedeutung konnten sie nur erhalten, indem das angebliche Recht auf Wahrheit als Object der Rechtsverletzung bezeichnet wurde[1]). Auf der andern Seite suchte man den Kreis der strafbaren Täuschungen möglichst eng zu begrenzen. Als selbständige Delicte schied man diejenigen aus die nicht gegen das Vermögen, sondern gegen andere Rechte gerichtet sind, und überwies alle das Vermögen beschädigende Lügen dem nur civilrechtlich zu verfolgenden Dolus. Als strafbare Fälschung wurde nur die gemeingefährliche, oder diejenige Verletzung des Rechtes auf Wahrheit betrachtet, bei denen durch äußerlich existirende Gründe dem Erkenntnißvermögen ein Zwang angethan werde.

Damit hatte sich allmählich der Begriff der Fälschung aus dem Thatbestande des Betruges, von dem er absorbirt worden war, wieder zu selbständiger Geltung herausgearbeitet, und gewann endlich auch größere Klarheit, als man das angebliche Recht auf Wahrheit fallen ließ und zu einer treffendern Formulirung des Wesens der Fälschung dadurch gelangte, daß man sie als Verletzung der fides publica bezeichnete[2]). Ein Spiegelbild dieses Entwicklungsganges der Doctrin gewährt auch die deutsche Strafgesetzgebung dieses Jahrhunderts bis zum preußischen Strafgesetzbuche.

Dem Thatbestande der Fälschung ist es hiernach wesentlich, daß nicht die Verletzung irgend einer individuellen Berechtigung erfordert wird, daß sie sich vielmehr gegen die Gesellschaft insofern richtet, als sie die fides publica, Treu und Glauben, als nothwendige Voraussetzung des rechtlichen Verkehrs, als ein unentbehrliches, darum strafrechtlich zu schützendes gesellschaftliches Gut, verletzt. Wird aber die fides publica als das Rechtsgut betrachtet,

---

1) So Grolman und Feuerbach und ihnen folgend Klein, Klien, Preuschen, Salchow, Abegg.

2) So Roßhirt, Mittermaier, Marezoll, Ortloff, Köstlin.

dessen Verletzung den Charakter einer gewissen Klasse von Delicten bestimmt, so kann von Fälschungsdelicten als einer besondern strafrechtlichen Kategorie nicht mehr die Rede sein, denn die Fälschung, wie jede andere Art der Wahrheitsentstellung, erscheint nur noch als Mittel, als Form der Verübung von Delicten, die je nach dem Objecte des strafbaren Angriffes durchaus verschiedene sind und nicht um der Form der Verübung willen zusammengefaßt werden dürfen.

Hatte sich diese Auffassung in neuerer Zeit zur herrschenden erhoben[1]), so mangelte doch noch volle Uebereinstimmung in Betreff der Frage, welche Delicte als gegen Treu und Glauben gerichtete zu behandeln seien. Neuerdings aber hat auch die Auffassung der **fides publica** als eines strafrechtlich geschützten gesellschaftlichen Gutes Widerspruch gefunden, der die Nothwendigkeit mit sich brachte den hierher gehörigen Delicten eine anderweitige Stellung im Systeme anzuweisen. Die Folge davon war, daß man jetzt, nachdem Doctrin und Gesetzgebung sich endlich von den formalen Delicten des ältern gemeinen Rechtes losgesagt haben, wiederum eine Klasse von Delicten construirte, welche nicht durch diese oder jene besondere Art der Rechtsverletzung, nicht durch das Object, sondern nur durch das Mittel des strafbaren Angriffes, durch ein der Erscheinungsform oder Begehungsweise angehöriges Moment charakterisirt sind[2]). Uebereinstimmend werden hierher gerechnet die gemeingefährlichen und die Urkundendelicte, außerdem aber einerseits auch die Münzdelicte und die Waarenfälschung, andrerseits der Landfriedensbruch.

Die Aufstellung einer solchen Klasse formaler oder variirender Delicte ist die nothwendige Folge, wenn, wie dies Löning thut, davon ausgegangen wird, daß jedes Verbrechen nothwendig gegen das subjective Recht einer andern Person gerichtet sein müsse, und es ist hier nicht der Ort auf wiederholte Erörterung der Frage einzugehen, ob diese Voraussetzung als richtig anzuerkennen sei.

Anders aber verhält es sich unter der Voraussetzung, daß nicht nur das subjective Recht einer andern privaten oder öffentlichen Person, sondern auch Rechtsgüter der Gesellschaft als mög-

---

1) Vgl. Merkel in Holtzdf. Hdbch. III S. 215. H. Meyer S. 611. Berner S. 538. Geyer Grundriß II S. 97. John Entwurf eines Strafgbs. S. 568.

2) So v. Liszt Falsche Aussage S. 9. f. Lehrbch. S. 450. Löning Grundriß S. 122 der diese Delicte als variirende Verbrechen bezeichnet.

liche Objecte eines strafbaren Angriffes und darum des strafrechtlichen Schutzes bedürftig anerkannt werden. Warum, wenn der öffentliche Frieden, die öffentliche Sittlichkeit, wie dies von Liszt thut, als strafrechtlich geschützte Güter der Gesellschaft behandelt werden, nicht auch die fides publica als ein solches Gut betrachtet werden dürfte, ist nicht einzusehen[1]).

Was nun aber weiter die Frage betrifft, welche Delicte als gegen Treue und Glauben gerichtete zu betrachten seien, so besteht bei allen denen, welche an dieser strafrechtlichen Kategorie festhalten, darüber kein Zweifel, daß hierher vor allem die Urkundenfälschung zu rechnen sei. Die gleiche Bedeutung für das Rechtsleben wie die Urkunde hat freilich auch die Aussage, wo sie um rechtlicher Zwecke willen von der Obrigkeit gefordert wird und es ist durch Mittermaier[2]) die Auffassung des Meineides als eines gegen die fides publica gerichteten Delictes zu der bis in die neuere Zeit herrschenden erhoben worden. Daß gleichwohl die falsche eidliche Aussage nicht hierher gehört, wird später zu rechtfertigen sein.

Ein wesentlich anderer Gegenstand als die Urkunde ist die Münze, denn sie bekundet nicht eine rechtlich bedeutsame Thatsache, sondern ist an sich eine Ware, die auch dadurch, daß die Obrigkeit mittelst des Gepräges ihren Werth bezeichnet, nicht aufhört eine solche zu sein. Von anderen Waren unterscheidet sich aber das Geld freilich dadurch, daß es als allgemeines Werthmaß und Tauschmittel dient, und daß ihm rechtlich die Eigenschaft allgemeines Werthmaß und Zahlungsmittel zu sein beigelegt ist. Das Vertrauen auf die Echtheit der Münzen ist darum eine nothwendige Voraussetzung des rechtlichen Verkehrs und die Münzfälschung, wie es von jeher geschehen ist, nicht nur sofern sie zur Verübung eines Betruges diente, sondern als ein gegen die fides publica gerichtetes Delict zu strafen[3]).

---

1) Mit vollem Rechte hat v. Liszt die Auffassung der falschen, insbesondere eidlichen Aussage als eines gegen die fides publica gerichteten Delictes bekämpft. Daraus folgt aber nicht, daß die fides publica ein leeres Wort sei, denn Treue und Glauben im rechtlichen Verkehre ist eine ebenso nothwendige Voraussetzung des gesellschaftlichen Lebens, wie der öffentliche Frieden.

2) N. Arch. 1818 S. 88 f. und zu Feuerbach § 417.

3) Die Münzdelicte, wie dies Löning thut, als gegen die Münzhoheit des Staats gerichtet zu betrachten, ist am wenigsten der Behandlnng gegenüber zu rechtfertigen, welche sie in der neuern Gesetzgebung, insbesondere dem deutschen Strafgesetzbuche, erfahren haben.

Zweifelhaft und bestritten ist es dagegen ob, abgesehen von den genannten Delicten, der strafbaren Fälschung noch eine weitere Ausdehnung zu geben sei. Schon die Quellen des ältern deutschen Strafrechtes kennen zwar Strafbestimmungen gegen die Warenfälschung, in der Regel aber zeigen die Straffatzungen, daß sie im Unterschiede von der Urkundenfälschung nur als Betrug aufgefaßt wird. Ausnahmsweise kommt es aber doch vor, daß sie in der Strafe der Urkundenfälschung gleichgestellt ist[1]). In gleicher Weise unterscheidet die Carolina die Urkunden- und die Warenfälschung, stellt aber ausnahmsweise die letztere, sofern sie „größlich und boßhaftig" geschieht, der erstern gleich. Dem entspricht im Wesentlichen der Standpunkt des heutigen gemeinen Rechtes, indem die Warenfälschung an sich nur als Betrug strafbar ist, dagegen als ein gemeingefährliches Delict, falls sie als eine Gesundheit und Leben von Menschen gefährdende erscheint[2]).

In gleicher Weise wie mit der Warenfälschung verhält es sich in den älteren Rechtsquellen wie auch in der Carolina mit der Fälschung von Maß, Wage und Gewicht. Wenn man berücksichtigt, daß diese Gegenstände, deren Richtigkeit in jedem Falle zu prüfen der Einzelne nicht in der Lage ist, im Handelsverkehre auf Treu und Glauben als richtig angenommen werden müssen und um so mehr dürfen, wenn sie durch obrigkeitliche Eichung als richtig bezeichnet sind, so wird man sie unbedenklich als Gegenstände zu betrachten haben, durch deren Fälschung die fides publica verletzt wird. Dem entspricht die heutige Gesetzgebung offenbar nicht. Allerdings wird nicht nur der mittelst falscher Maße, Wagen, Gewichte verübte Betrug gestraft, sondern es ist auch, abgesehen von jedem Gebrauche dieser Gegenstände, jeder Gewerbtreibende strafbar, bei welchem, zum Gebrauche in seinem Gewerbe geeignete, nicht geeichte oder unrichtige Maße, Gewichte oder Wagen vorgefunden werden[3]). Einen solchen Fall als Uebertretung zu strafen mag ausreichend erscheinen, sofern es sich um Bestrafung des Ungehorsams gegen die gesetzlichen Bestimmungen der Eichordnung handelt, und selbst dann, wenn sich zugleich eine Unrichtigkeit der unge-

---

1) Vgl. Hälschner Syst. II S. 339 f.

2) Vgl. Elben Zur Lehre von der Warenfälschung S. 18 f. Jhering Zweck im Rechte I S. 479 f. H. Meyer S. 611.

3) Strfgb. § 369 Nr. 2.

eichten Gegenstände ergeben sollte, aber offenbar nicht dann, wenn sich der geeichte Gegenstand als vorsätzlich gefälscht erweist.

Wenn alle hierher gehörigen Delicte darin übereinkommen, daß ihr Thatbestand eine Fälschung der Wahrheit erfordert, so bildet gleichwohl nicht die Fälschung das sie von anderen Delictsarten unterscheidende Moment, da Fälschung und Täuschung sehr vielfach als Form und Mittel der Verübung anders gearteter Delicte vorkommt, und unter den gemeinsamen Namen Fälschung würden sie nur dann zusammengefaßt werden dürfen, wenn sich der Sprachgebrauch dahin festgestellt hätte, daß unter Fälschung im technischen Sinne nur die mittelst Wahrheitsentstellung verübte Verletzung der fides publica zu verstehen sei.

2. Die Urkunden-Fälschung.

Literatur.

Escher Lehre von dem Betruge und der Fälschung. — Cucumus im Arch. X S. 513. — Zirkler ebenda 1840 S. 40. — Roßhirt Geschichte und System III S. 9 f. — Mittermaier z. F. § 415 Nr. 1. — Ortloff a. a. O. u. im Gerichts-Saal 1860 S. 56. — Geßler ebenda 1862 S. 120 und in Goltdammer Archiv X S. 440. — Kräwel ebenda XI S. 444. — Merkel in Holtzendorff R. Lexikon s. v. Fälschung I S. 789 und s. v. Urkundenfälschung III S. 974. — Derselbe in Holtzdf. Rechtsgutachten zum Prozesse des Grafen Arnim. — John in Ztschrft. für Strafrs. Wissenschaft IV S. 1 f. VI S. 1 f. — v. Buri im Gerichts-Saal 1876 S. 23 f. 1884 S. 173 f. 310 f. 1886 S. 36 f. — Mommsen ebenda 1884 S. 34 f. — Riedel in Goltd. Arch. XXXIV S. 159 f. — Derselbe im Gerichts-Saal 1886 S. 161. — Schwarze ebenda XXII S. 6.

Unter der Ueberschrift „Urkundenfälschung“ hat das Strafgesetzbuch im 23. Abschnitte eine Anzahl von Delicten zusammengefaßt, die keineswegs alle darin übereinkommen, daß ihr Thatbestand das Fälschen einer Urkunde erfordert oder voraussetzt. Mit der Urkundenfälschung nahe verwandt und darum füglich mit ihr zu verbinden ist die s. g. intellectuelle Urkundenfälschung d. h. das Bewirken einer falschen Beurkundung. Dagegen würde das Fälschen gewisser, als Quittungen über entrichtete Abgaben oder Gebühren erscheinender Werthzeichen, sowie das Gebrauchen solcher gefälschter Zeichen richtiger mit den Münzdelicten oder Finanzdelicten zu verbinden gewesen sein. Weiter enthält der 23. Abschnitt Strafbestimmungen wider das Vernichten, Beschädigen, Unterdrücken von Urkunden und endlich einige theils auf Fälschung, theils auf falsche Beurkundung in Betreff von Gesundheitszeugnissen sich beziehende Strafbestimmungen. Der Uebersichtlichkeit wegen erscheint es zweckmäßig alle diese Urkundendelicte auch hier unter der gleichen Ueberschrift zusammenzufassen.

---

a. Die Urkunde im Sinne des Strafgesetzbuches.

§ 154. Der Thatbestand der Urkundenfälschung erfordert als Gegenstand an welchem das Delict verübt wird eine Urkunde, deren Begriff das Strafgesetzbuch nicht näher festgestellt, sondern als bekannt und feststehend vorausgesetzt hat[1]). Daß diese Voraussetzung eine nicht zutreffende ist, hat sich bisher bereits genügend erwiesen und auch der Sprachgebrauch des gewöhnlichen Lebens ist in Betreff des Wortes Urkunde ein schwankender.

Zweifellos und unbestritten ist die Urkunde ein Beweismittel für irgend welche Thatsache, und als solches zu dienen ist jeder sinnlich wahrnehmbare Gegenstand geeignet. Die Eigenschaft eines Dinges zum Beweise von Thatsachen geeignet zu sein ist darum keine solche, durch welche das Ding als Urkunde von anderen Dingen die nicht Urkunden sind, unterschieden werden könnte[2]), und selbst derjenige, welchem irgend ein Ding, von seinen sonstigen Eigenschaften abgesehen, das besondere Interesse darbietet, ihm als Beweismittel für eine Thatsache, z. B. für ein Naturereigniß, zu dienen, wird es wohl kaum schon darum in allen Fällen als Urkunde bezeichnen. Jedenfalls kann die Urkundenqualität eines Dinges nicht davon abhängig sein, daß die Eigenschaft die es mit allen anderen Dingen theilt, Beweismittel für eine Thatsache zu sein, im gegebenen Falle für den es Betrachtenden von besonderm Interesse ist, und von der Urkunde als einem Gegenstande dem das Gesetz gegen Fälschung, Vernichtung u. s. w. strafrechtlichen

1) Motive z. II Entwf. § 262.

2) Wenn man die Urkunden als gegenständliches Zeugniß, als Mittel zur Beglaubigung von Thatsachen, als Gegenstände die zum Beweise von Thatsachen geeignet sind, definirt — vgl. Erk. d. preuß. Ob. Trib. Goltd. Arch. XXII S. 248. XXIII S. 459. Rüdorff § 267 Nr. 5. Schwarze § 267 Nr. 1. Rsprch. I S. 263. II S. 475. IV S. 498. V S. 267 — so ist es gewiß richtig, daß nur ein solcher Gegenstand Urkunde zu sein vermag, aber nicht auch, daß jeder solche Gegenstand schon Urkunde ist. Jene Definition giebt auch nicht, wie Olshausen § 267 Nr. 2 sagt, den vulgären Begriff der Urkunde, denn auch der gewöhnliche Sprachgebrauch unterscheidet von den Urkunden Dinge, die, obwohl geeignet eine Thatsache zu bekunden, nicht Urkunden sind. Noch weniger handelt es sich bei jener Definition, wie das Reichs-Gericht a. a. O. annimmt, um den gemeinen Begriff von dem das Strafgesetzbuch ausgegangen sei. Vgl. dagegen die Ausführungen John's in Ztschrft. f. St. R. W. IV S. 4 f. Mit der Art wie Mommsen im G. Saal 1884 S 88 jene zu umfassende Definition enger zu begrenzen sucht ist nichts gewonnen. Vgl. v. Buri ebenda S. 310.

Schutz gewährt, kann nur die Rede sein, wenn die Urkundenqualität desselben objectiv in erkennbarer Weise feststeht. Dies ist nur möglich, wenn der Gegenstand selbst zu erkennen giebt, daß ihm durch eine menschliche Thätigkeit die Bestimmung beigelegt wurde zum Beweise einer Thatsache zu dienen, sei dies ein äußerer Vorgang oder eine s. g. innere, der Gedankenwelt angehörende Thatsache. Die Urkunde muß daher nicht nur einen Gedanken zu dauernder Erkennbarkeit vergegenständlichen, sondern weiter auch den Willen, dies zum Zwecke des Beweises einer Thatsache zu thun. Nur dadurch empfängt der betreffende Gegenstand den objectiven Werth der Urkunde, während dieser dem Gegenstande mangelt, in welchem sich zwar ein Gedankeninhalt vergegenständlicht hat, der darum auch zum Beweise von Thatsachen dienen kann, in welchem aber der Wille zum Zwecke des Beweises dienen zu sollen, seinen Ausdruck nicht gefunden hat[1]). So gewiß aber die Urkunde von anderen Dingen, welche eine Thatsache zu erkennen geben, nur zu unterscheiden ist, sofern in ihr jene Zweckbestimmung erkennbaren Ausdruck gefunden hat, so wenig ist erforderlich, daß der Aussteller der Urkunde in der Absicht gehandelt habe, für den möglichen Fall eines Streites durch die Urkunde sich ein Beweismittel zu sichern[2]). Wird ein Vertrag schriftlich nur darum geschlossen, weil die Contrahenten von einander entfernt ihn mündlich nicht schließen konnten, während sie andernfalls sich mit dem mündlichen Abschluß begnügt haben würden, so liegt eine Urkunde

---

1) Daß als Urkunde nur der Gegenstand betrachtet werden kann, welcher seine Zweckbestimmung zum Beweise von Thatsachen zu dienen zu erkennen giebt, ist die herrschende Ansicht. Merkel in Holtzdf. Hdbch. III S. 789. IV S. 443. H. Meyer S. 619. Schütze S. 484. Berner S. 539. Olshausen § 267 Nr. 3. Oppenhoff § 267 Nr. 40. v. Liszt S. 482. Fuchs in Goltd. Arch. XIX S. 667. v. Buri a. a. O. S. 311. Rubo § 267 Nr. 4. Rsprch. III S. 16. Vgl. auch John in Ztschft. f. St. R. W. VI S. 49, welcher als zum Wesen der Urkunde erforderlich bezeichnet, daß eine Sache zu dem Zwecke hergestellt sei, damit aus ihr der Wille, die Wahrnehmung, das Urtheil einer Person erkannt werden könne. Dagegen Schwarze § 267 Nr. 1a und die angeführten Entsch. des R. G. Daß die Urkunde nicht aufhört eine solche zu sein, wenn, wie Mommsen a. a. O. S. 41 hervorhebt, der Aussteller Mehr oder Weniger oder Anderes als er beabsichtigte niederschrieb, ist richtig, aber kein Einwand dagegen, daß die Urkunde die Zweckbestimmung zum Beweise zu dienen haben und erkennbar machen muß.

2) v. Buri im G. Saal 1876 S. 31. 1884 S. 311. John in Ztschrft f. St. R. W. 1886 S. 38 f.

vor, welche ihre Zweckbestimmung zum Beweise zu dienen, zu erkennen giebt. Es darf darum die Zweckbestimmung der Urkunde zum Beweise zu dienen, als nothwendiges Moment ihres Begriffes nicht darum geleugnet werden, weil die Absicht und das Interesse des Ausstellers sich ein Beweismittel zu sichern, nicht als nothwendig vorausgesetzt wird[1]), weil also die Urkundenqualität objectiv, nicht subjectiv in Rücksicht auf die Intentionen des Ausstellers zu beurtheilen ist.

Ohne Zweifel ist der gewöhnliche Sprachgebrauch in Betreff des Wortes Urkunde kein feststehender und es wird gewiß vorkommen, daß man irgend einen Gegenstand ohne Rücksicht auf seine besondere Zweckbestimmung nur darum als Urkunde bezeichnet, weil er sich im gegebenen Falle als dienlich zum Beweise irgend einer Thatsache zeigt. Immerhin wird man behaupten dürfen, daß auch der vorherrschende Sprachgebrauch als Urkunde nur das Schriftstück bezeichnet, das seine Zweckbestimmung zum Beweise von Thatsachen der angegebenen Art zu dienen, zu erkennen giebt[2]). Auch der Historiker folgt diesem Sprachgebrauche und bezeichnet nicht jedes Schriftstück das ihm zum Beweise einer geschichtlichen Thatsache dient, schon als Urkunde.

Eines eigenthümlichen strafrechtlichen Schutzes bedürfen die Urkunden nicht, insoweit sie lediglich als Eigenthumsobjecte in Betracht kommen, sondern nur insoweit es darauf ankommt sie in ihrem eigenthümlichen Werthe als Beglaubigungsmittel gegen Beeinträchtigungen desselben zu schützen. Insoweit es daher darauf ankommt festzustellen, welches der Urkundenbegriff ist, von dem die Strafgesetzgebung ausgeht, wird nicht ohne weiteres vorausgesetzt werden dürfen, daß der Gesetzgeber das Wort Urkunde überall wo er es gebraucht, auch in demselben Sinne aufgefaßt habe. Es wäre freilich vorzuziehen, wenn das Gesetz mit dem gleichen Worte überall den gleichen Sinn verbände, aber auch das deutsche Strafgesetzbuch giebt nie angezweifelte Beispiele dafür, daß dies nicht immer der Fall ist. Wie das Wort Thäter in verschiedenem

---

1) Dies der Fehler von Schwarze § 267 Nr. 1a. Mommsen im G. Saal 1884 S. 41. 49. Ebenso die angeführten Entscheidungen des R. Gerichts. Die entgegengesetzte Auffassung des III Senats Rsprch. III S. 16 hat dieser aufgegeben. Rsprch. V S. 625.

2) Vgl. Kräwel in Goltd. Arch. XI S. 445 und was er über den Gebrauch des Wortes Urkunde in früheren Jahrhunderten anführt.

Sinne gebraucht wird, so darf das Gleiche auch in Betreff des Wortes Urkunde angenommen werden, wenn sich bei diesem wie bei jenem Worte ergiebt, daß das strafrechtliche Interesse, in welchem es gebraucht wird, in den verschiedenen gesetzlichen Bestimmungen in denen es vorkommt, ein durchaus verschiedenes ist.

In Uebereinstimmung mit § 286 des preußischen Strafgesetzbuches erklärt § 299 des deutschen denjenigen für strafbar, welcher versiegelte Briefe oder andere versiegelte Urkunden, die nicht zu seiner Kenntnißnahme bestimmt sind, vorsätzlich und unbefugterweise eröffnet. Ebenso erklärt § 92 No. 1 im Anschluß an § 71 No. 1 des preußischen Strafgesetzbuches denjenigen für strafbar, welcher vorsätzlich Urkunden, Actenstücke oder Nachrichten von denen er weiß, daß ihre Geheimhaltung einer andern Regierung gegenüber für das Wohl des deutschen Reiches oder eines Bundesstaates erforderlich ist, dieser Regierung mittheilt oder öffentlich bekannt macht. In beiden Fällen wird durch die strafbare Handlung der Werth der Urkunde als eines Beweismittels in keiner Weise angetastet, vielmehr handelt es sich nur darum, zu verhüten, daß dem Thäter oder Anderen kund werde, was vor ihnen geheim bleiben soll, und nicht der Urkunde und ihrer Beweiskraft, sondern dem Interesse des Berechtigten an der Bewahrung eines Geheimnisses, dem, durch das Kundwerden gewisser Thatsachen gefährdeten, Wohle des Staates soll der erforderliche Schutz gewährt werden. Ob darum die Thatsachen, welche geheim bleiben sollen, aus dem Inhalte einer Urkunde oder aus Briefen oder Actenstücken zu entnehmen sind, ist für den Thatbestand des Delictes gleichgiltig, und auch die Urkunde kommt hier nur insoweit in Betracht, als aus ihr wie aus anderen Schriftstücken die Kunde von gewissen Thatsachen zu entnehmen ist. Spräche § 280 des preußischen Strafgesetzbuches von Briefen **oder** Urkunden, so würde auch hier für den Begriff der Urkunde die ganz allgemein gefaßte Definition der Urkunde in § 247 entscheidend sein. Da aber von Briefen oder **anderen** Urkunden die Rede ist, damit jeder Brief als Urkunde erscheint, so wird hier das Wort Urkunde in einem von jener Definition völlig abweichenden, viel umfassendern Sinne gebraucht, wonach als Urkunde jedes Schriftstück erscheint, dem die Kunde von Thatsachen zu entnehmen ist. Das Gleiche wird um der gleichen Zweckbestimmung der Straffatzung willen unbedenklich auch von dem Worte Urkunde in § 71 anzunehmen sein und ebenso von der Urkunde im Sinne der entsprechenden, denen des preußischen nachgebildeten, Strafsatzungen des deutschen Strafgesetzbuches. Es ist daher unzulässig, den §§ 92 und 299 eine Begriffsbestimmung der Urkunde entnehmen zu wollen, die überall als entscheidend zu betrachten sei wo das Gesetz von Urkunden spricht, ohne ausdrücklich den Begriff derselben enger zu begrenzen, aber ebenso unzulässig ist es, auf die Urkunde im Sinne der §§ 92 und 299 eine Begriffsbestimmung übertragen zu wollen, die sich nur aus einem eigenthümlichen, hier nicht vorliegenden strafrechtlichen Interesse, von dem andere Strafsatzungen ausgehen, erklärt und rechtfertigt[1]).

In allen übrigen Fällen in denen das Strafgesetzbuch die Urkunde erwähnt, erscheint diese in ihrem eigenthümlichen Werthe als Beweismittel und die betreffenden Strafbestimmungen haben den Zweck, sie in eben diesem ihrem Werthe zu schützen. Das Gesetz schützt sie vor allem gegen Fälschungen, weiter aber auch gegen Beschädigung und Vernichtung, gegen das Unterdrücken und Beiseiteschaffen, also gegen Handlungen, durch welche sie ihrer Zweckbestimmung entzogen und ihr Gebrauch als Beweismittel verhindert wird, denn nur dies, nicht aber die Sachbeschädigung, ist bei dem Beschädigen und Vernichten der Urkunde der maß-

1) Daß in § 299 das Wort Urkunde auf ein jedes verschlossene Schriftstück zu beziehen und darum nicht maßgebend sei für den Urkundenbegriff von dem das Strafgesetzbuch in anderen Strafsatzungen ausgeht, ist die herrschende Ansicht. Schwarze § 299 Nr. 1. Binding Normen I S. 120. v. Liszt S. 422. Olshausen § 299 Nr. 2. H. Meyer S. 487. Um den angeblich einheitlichen Urkundenbegriff des Strafgesetzbuches zu retten erklärt Merkel Gutachten im Proz. Arnim S. 30 und in Holtzdf. Hdbch IV S. 445 das Wort Urkunde in § 299 aus einer incorrecten Fassung des Gesetzes, während John in Ztschrft. f. St. R. W. IV S 21 aus § 354 den Beweis führen will, daß die Worte „oder andere Urkunden" ganz überflüssig seien. Dagegen Schütze S. 486, v. Buri im G. Saal 1876 S. 28 und das R. Ger. das in § 299 den weitern Urkundenbegriff findet der maßgebend sei, soweit ihn das Gesetz nicht ausdrücklich beschränkt. Rsprch. II S. 474. In Betreff der Urkunden im Sinne des § 92 Nr. 1 fordern Merkel a. a. O. S. 444 und Olshausen § 92 Nr. 4, daß als solche nur Gegenstände zu betrachten seien, welche als Beweismittel für rechtserhebliche Thatsachen bestimmt sind. John in Ztschrft. f. St. R. W. VI S. 18 meint, daß eine Verurtheilung nach § 92 Nr. 1 nur möglich sei, wenn das veröffentlichte Schriftstück Urkunde darum ist, weil es für die Rechte des Reiches Beweis zu erbringen vermag. Aber nicht nur dem Rechte, sondern dem Wohle des Reiches will das Gesetz Schutz gewähren und das Wohl kann gefährdet werden durch Mittheilung oder Veröffentlichung einer Urkunde, die für das Recht des Reiches in seinem Verhältnisse zu anderen Staaten ganz indifferent ist.

gebende Gesichtspunkt eben so wie bei dem Unterdrücken und Beiseiteschaffen, das als strafbar besonders hervorgehoben werden mußte, weil von jenem Gesichtspunkte aus der strafrechtliche Schutz den die Urkunde als Eigenthumsobject gegen Diebstahl, Unterschlagung u. s. w. genießt, unzulänglich erscheint.

§ 155. Die Frage, welches der Begriff der Urkunde im Sinne dieser Strafbestimmungen sei, muß aus diesen Bestimmungen selbst entnommen und gefolgert werden, da das deutsche Strafgesetzbuch nicht in gleicher Weise wie das preußische eine legale Definition der Urkunde gegeben hat. Das letztere bezeichnete in § 247 Absatz 2 als Urkunde eine jede Schrift, welche zum Beweise von Verträgen, Verfügungen, Verpflichtungen, Befreiungen oder überhaupt von Rechten oder Rechtsverhältnissen von Erheblichkeit ist[1]), eine Begriffsbestimmung, die zweifellos überall da als maßgebend zu betrachten war, wo nicht etwa das Gesetz, wie in den §§ 71 No. 1 und 280 genügend zu erkennen gab, daß es das Wort Urkunde in einem von der Definition abweichenden Sinne gebrauche. Daß jene Definition in der Praxis erhebliche Schwierigkeiten erzeugt habe und in mehrfacher Beziehung als nicht zutreffend angefochten worden sei, sprechen die Motive zum revidirten Entwurfe des deutschen Strafgesetzbuches selbst aus. Wenn man ebendeshalb jene in den ersten Entwurf aufgenommene legale Begriffsbestimmung der Urkunde beseitigte, so blieben die gleichen Schwierigkeiten doch darum bestehen, weil man nunmehr jene Begriffsbestimmung benutzte, um in § 267 diejenigen Privaturkunden zu bezeichnen, welche im Unterschiede von anderen Gegenstand der strafbaren Urkundenfälschung sind.

Von § 247 des preußischen weicht § 267 des deutschen Strafgesetzbuches also dadurch ab, daß er auf eine allgemein giltige Definition der Urkunde verzichtet, daß er öffentliche und Privaturkunden unterscheidet und die ersteren ausnahmslos, die letzteren

---

1) Die Definition verdankt ihre Entstehung dem Einflusse der rheinischen Juristen und französischen Jurisprudenz und war veranlaßt durch die mangelhafte Bestimmung des Thatbestandes der Schriftfälschung im Code pénal und das Interesse die strafbare Fälschung auf solche Schriften zu beschränken, aus deren Fälschung eine Verletzung der Rechte Anderer hervorgehen könne, wobei übersehen wurde, daß dem Bedürfnisse einer Feststellung des erforderlichen Dolus schon durch Fassung des ersten Absatzes des § 247 genügt war. Vgl. Goltd. Mat. II S. 658 f. Kräwel in Goltd. Arch. XI S. 444. 526. Riedel ebenda XXXIV S. 159 f.

aber nur insoweit als Object strafbarer Urkundenfälschung bezeichnet, als sie zum Beweise von Rechten oder Rechtsverhältnissen von Erheblichkeit sind.

Für die öffentliche Urkunde wird jetzt unbedenklich die, mit der bisherigen Auffassung übereinstimmende Definition in § 380 der Civilproceßordnung zu betrachten sein[1]), wonach als eine öffentliche diejenige Urkunde zu betrachten ist, welche von einer öffentlichen Behörde innerhalb der Grenzen ihrer Amtsbefugnisse, oder von einer mit öffentlichem Glauben versehenen Person innerhalb des ihr zugewiesenen Geschäftskreises in der vorgeschriebenen Form aufgenommen ist. Die weiteren Fragen nach der Amtsbefugniß der Behörde, nach dem Geschäftskreise der mit öffentlichem Glauben versehenen Person, nach den vorgeschriebenen Formen, sind lediglich nach dem maßgebenden Landesrechte zu beurtheilen. Wenn das Gesetz in Betreff der Fälschung der inländischen die ausländische Urkunde gleichstellt, so ist für diesen Unterschied nicht der Ort der Entstehung der Urkunde, sondern nur der Umstand maßgebend, ob die Behörde oder die Urkundsperson eine inländische oder ausländische ist[2]), wonach die im Inlande von einem Inländer in seiner Eigenschaft als Consul eines fremden Staates ausgefertigte Urkunde eine inländische ist. Hiernach ist auch die Frage, ob eine Urkunde den Anforderungen einer öffentlichen entspricht, nicht nach den Gesetzen ihres Entstehungsortes, sondern nach den Gesetzen des Staates zu bestimmen, dem die ausstellende Behörde angehört oder welcher der Urkundsperson diesen Charakter beigelegt hat.

Privaturkunde ist eine jede Urkunde die nach den dafür maßgebenden Bestimmungen als eine öffentliche nicht erscheint. Nur in Betreff der öffentlichen Urkunden bestimmt das Gesetz ausdrücklich, daß der inländischen die ausländische gleichstehe um jeden Zweifel darüber, daß insoweit die ausländische Behörde oder Urkundsperson auch im Inlande in dieser ihrer öffentlich rechtlichen Qualität anzuerkennen sei, auszuschließen, während es sich bei der Privaturkunde von selbst versteht, daß es gleichgiltig ist, ob die Urkunde von einem Inländer oder Ausländer, im Inlande oder Auslande ausgestellt wurde. Als mögliches Object der Fälschung

---

1) Merkel a. a. O. IV S. 447. Schwarze zu Absch. 23 Nr. 8. Oppenhoff § 267 Nr. 43. Olshausen § 267 Nr. 5. Riedel im G. Saal 1886 S. 161. f. Rsprch. IV S. 361.

2) Rubo § 267 Nr. 5. Olshausen § 267 Nr. 6. Oppenhoff § 267 Nr. 144. Dagegen Merkel in Holtzdf. Hdbch. III S. 791.

sollen aber nur diejenigen Privaturkunden in Betracht kommen, welche zum Beweise von Rechten oder Rechtsverhältnissen von Erheblichkeit sind.

Die Privaturkunde muß also, sofern es sich um eine nach § 267 strafbare Fälschung handelt, eine solche sein, welche zum Beweise von Rechten oder Rechtsverhältnissen von Erheblichkeit ist, eine Bestimmung, die freilich geeignet ist zu mannigfachen Zweifeln Anlaß zu geben. Streitig ist in Folge dessen nicht nur die Frage wie das Erforderniß der Beweiserheblichkeit für Rechte oder Rechtsverhältnisse zu deuten sei, sondern in Verbindung mit ihr auch die weitere Frage, welches der Urkundenbegriff sei von dem das Strafgesetzbuch ausgeht und den es in § 267 in Betreff der Privaturkunden enger zu begrenzen unternimmt.

Die letztere Frage wird vielfach dahin beantwortet, daß die Urkunde als solche rechtlich überhaupt nur in Betracht kommen könne, als sie rechtserheblich sei, daß somit die Rechtserheblichkeit ein wesentliches Moment des Urkundenbegriffes bilde und bei allen Urkunden denen als Beweismitteln das Strafgesetzbuch rechtlichen Schutz gewähre, ohne Ausnahme vorausgesetzt werden müsse[1]). Als rechtserheblich wird aber die Urkunde bezeichnet, welche eine Thatsache bekundet die für sich allein oder in Verbindung mit anderen Thatsachen für die Entstehung, Erhaltung, Veränderung oder das Erlöschen eines Rechtes oder Rechtsverhältnisses, gleichviel welcher Art es irgend sei, von Bedeutung ist. Die Urkunde muß also eine solche sein, welche im Verkehrsleben oder im rechtlichen Verfahren als beweisfähig für Rechte oder Rechtsverhältnisse betrachtet wird, und es ist in der That nicht einzusehen, welcher Anlaß für die Strafgesetzgebung vorliegen könnte der Urkunde als einem Beweismittel strafrechtlichen Schutz zu verleihen, wenn sie nicht eine rechtserhebliche ist.

Wenn andererseits behauptet wird, daß der Urkundenbegriff von dem das Gesetz ausgeht, keineswegs die Rechtserheblichkeit als wesentliches Moment erfordere, daß es genüge wenn die Urkunde irgend welche Thatsache, sei es auch eine rechtlich unerhebliche, bekunde[2]), da auch die rechtlich unerhebliche Urkunde von hoher

1) Merkel Rsgutachten S. 40 und in Holtzdf. Hdbch. IV S. 444. Binding Normen I S. 110. Schütze S. 484. John a. a. O. IV S. 8. f. VI S. 1. f. v. Liszt S. 482. Olshausen § 267 Nr. 3.

2) So v. Buri im G. Saal 1876 S. 29. 1884 S. 173. f. H. Meyer S. 620. Oppenhoff § 267 Nr. 40. 47. Rubo § 267 Nr. 4.

Bedeutung sein könne, und es darum gerechtfertigt erscheine, daß auch hier für ihre Sicherstellung gesorgt werde, so ist Letzteres gewiß richtig. Dafür ist aber auch durch das Gesetz ausreichend gesorgt, indem die rechtlich unerhebliche Urkunde als Eigenthumsobject gegen Vernichtung und Beschädigung, wozu auch eine Entstellung ihres Inhaltes gehören würde, gegen Diebstahl und Unterschlagung, gegen das Bekanntwerden ihres Inhaltes geschützt wird. Sie aber auch in ihrer Beweisfähigkeit strafrechtlich zu schützen, wenn sie eine solche in Bezug auf Rechte oder Rechtsverhältnisse nicht besitzt, dafür ist kein Grund abzusehen.

Die Rechtserheblichkeit der Urkunde erfordert aber auch nicht mehr, als daß sie in Bezug auf Rechte oder Rechtsverhältnisse beweisfähig, eine solche sei, welche je nach Umständen geeignet sein kann zum Beweise eines Rechtsverhältnisses zu dienen, wonach also die Rechtserheblichkeit durchaus nicht voraussetzt, daß die Urkunde selbst auf irgend ein bestimmtes Recht oder Rechtsverhältniß Bezug nimmt. Handelt es sich also bei der Rechtserheblichkeit der Urkunde allerdings nur um Abschätzung der Möglichkeit, daß sich die Urkunde bedingungsweise als beweisfähig für Rechte oder Rechtsverhältnisse erweisen kann und darum für den rechtlichen Verkehr von Bedeutung sei, so bleibt es der Natur der Sache nach dem verständigen richterlichen Ermessen überlassen im gegebenen Falle festzustellen, ob die Urkunde diese Beweisfähigkeit besitzt und darum als Urkunde im strafrechtlichen Sinne anzusehen sei [1]). Es darf daher einerseits von der Urkunde mehr nicht gefordert werden, als daß sie in Bezug auf Rechte oder Rechtsverhältnisse beweisfähig und darum rechtserheblich sei [2]), und es darf andererseits der Urkunde die

1) Vgl. Geßler im G. Saal 1862 S. 120, der es als durch die neuere Gesetzgebung anerkannt bezeichnet, daß die Urkundenfälschung sich auf Gegenstände bezieht, welche als Beglaubigungsmittel von für den rechtlichen Verkehr erheblichen Thatsachen erscheinen, wonach die bescheinigte Thatsache eine solche sein müsse, welche eine Beziehung zu dem Privat- oder öffentlichen Rechte haben könne.

2) Wenn Merkel, Binding, Schütze, Olshausen fordern, daß die bekundete Thatsache eine rechtserhebliche sei, so sind damit Zweifel über die erforderliche Beschaffenheit der Thatsache und der Urkunde noch nicht ausgeschlossen. Bezug nehmend auf eine Entscheidung des R. Gerichtes weist John a. a. O. VI S. 23 darauf hin, daß einer Urkunde, wenn auch der für ein Rechtsverhältniß zu führende Beweis wesentlich nur durch andere außerhalb ihres Inhaltes liegende Thatsachen hergestellt werden kann, doch gewiß die Beweisfähigkeit für Rechtsverhältnisse nicht abgesprochen werden könne, wenn

Rechtserheblichkeit nicht schon darum abgesprochen werden, weil sie eine Thatsache bekundet, ohne zugleich auf ein bestimmtes Recht oder Rechtsverhältniß Bezug zu nehmen. Die von einem Sachverständigen aufgenommene Taxe, die sich darauf beschränkt den Geldwerth des taxirten Gegenstandes festzustellen ist gewiß eine für das Verkehrsleben bedeutsame, rechtserhebliche Urkunde, die für Rechtsverhältnisse, z. B. das der Contrahenten, welche auf Grund der Taxe ein Kaufgeschäft abschlossen, beweisfähig ist. Das Gleiche gilt von Führungs- und Fähigkeitszeugnissen, auch wenn sie nicht, wie dies häufig der Fall sein wird, zugleich auf ein Rechtsverhältniß, in welchem der Aussteller des Zeugnisses und der welchem es ausgestellt wurde zu einander gestanden haben, Bezug nimmt. Eben diese Zeugnisse werden vom Gesetze in § 363 ausdrücklich als Urkunden bezeichnet. Noch weniger kann es zweifelhaft sein, daß alle öffentlichen Urkunden insbesondere auch die in § 363 bezeichneten Legitimations-Papiere, so wie die nach Maßgabe der besonderen dafür geltenden Vorschriften ausgestellten Zeugnisse in allen Fällen rechtserhebliche Urkunden in dem angegebenen Sinne sein werden[1]).

---

ihr Inhalt unter den besonderen Umständen des Falles mit jenen Thatsachen beweisunterstützend in Verbindung tritt.

1) Geht man davon aus, daß die Urkunde auch im Sinne des Strafgesetzbuches deren Rechtserheblichkeit erfordere, so muß man folgerecht auch, wie John a. a. O. IV S. 64, behaupten, daß alle öffentlichen Urkunden rechtserheblich sind, und daß ein von einer Behörde ausgehendes Schriftstück das nicht eine rechtserhebliche Thatsache bekundet auch nicht Urkunde ist, vgl. v. Liszt S. 482. Bei Olshausen § 267 Nr. 4 scheint es zweifelhaft ob er von dieser Ansicht ausgeht. Ebenso müssen die in § 363 bezeichneten Führungs- und Fähigkeitszeugnisse als rechtserhebliche Urkunden betrachtet und es darf nicht mit Olshausen § 363 Nr. 2 die Forderung ihrer Rechtserheblichkeit gestellt werden, als ob es solche Zeugnisse gäbe die nicht rechtserheblich sind und auf die § 363 keine Anwendung finde.

Das Erforderniß der Rechtserheblichkeit der Urkunde wird von denen verkannt, welche die Rechtserheblichkeit leugnen, wenn die Urkunde nicht selbst auf ein bestimmtes als solches erkennbares Rechtsverhältniß Bezug nimmt. So v. Buri a. a. O. 1876 S. 28 f. 1886 S. 37. Mommsen a. a. O. S. 42. Insbesondere darf die Rechtserheblichkeit der Urkunde nicht mit H. Meyer S. 620 darum geleugnet werden, weil § 267 die Beweiserheblichkeit für Rechte oder Rechtsverhältnisse nur bei Privaturkunden fordert. Rechtserheblichkeit der Urkunde und diese Beweiserheblichkeit sind verschiedene Dinge, worüber unten. Riedel in Goltd. Arch. XXXIX S. 166 betrachtet § 363 und die hier als Urkunden bezeichneten Zeugnisse als beweisend dafür,

§ 156. Praktisch bedeutsam ist der Streit, ob die Rechtserheblichkeit ein wesentliches Moment des Urkundenbegriffes sei oder nicht, viel weniger rücksichtlich der Frage ob etwas Urkunde sei oder nicht, als rücksichtlich des Unterschiedes den § 267 in Betreff der Privaturkunden macht. Nur solche Privaturkunden, welche zum Beweise von Rechten oder Rechtsverhältnissen von Erheblichkeit sind, bilden, mit Ausschluß anderer Privaturkunden, das mögliche Object einer nach § 267 strafbaren Fälschung.

Soweit man von der Unterscheidung der Urkunden rein thatsächlichen und der Urkunden rechtlichen Inhaltes ausgeht, werden die letzteren, also die rechtserheblichen Privaturkunden im Sinne dieser Unterscheidung, als diejenigen bezeichnet, welche Gegenstand der nach § 267 strafbaren Fälschung sind. Wird nun von den Vertretern dieser Ansicht die Rechtserheblichkeit der Urkunde darin gefunden, daß sie geeignet sei zum Beweise von Rechten oder Rechtsverhältnissen[1]), so erscheinen hiernach als durch § 267 ausgeschlossen diejenigen Privaturkunden, welche zu solchem Beweise nicht geeignet sind, und die vom Gesetze geforderte Beweiserheblichkeit fällt zusammen mit der Beweisfähigkeit der Urkunde[2]).

---

daß das Gesetz Urkunden rechtlichen und thatsächlichen Inhaltes unterscheide. Oppenhoff § 363 Nr. 5 will trotz der Worte des Gesetzes jene Zeugnisse überhaupt nicht als Urkunden anerkennen. Nachdem drei Senate des R. Gerichts sich dafür ausgesprochen haben, insbesondere der III. Senat seine frühere entgegengesetzte Ansicht, Rsprch. III S. 19, aufgegeben hat, Rsprch. V S. 625, ist es jetzt die vorherrschende Ansicht, daß das Strafgesetzbuch Urkunden im weitern Sinne, solche welche rein thatsächlichen Inhaltes sind, und Urkunden im engern Sinne, solche welche einen rechtserheblichen Inhalt haben, unterscheide.

Daß aus den §§ 92 Nr. 1 und 299 für den Urkundenbegriff des Strafgesetzbuches nichts zu entnehmen sei, ist bereits oben angeführt. Ebensowenig beweist § 92 Nr. 2 etwas für den angeblichen weitern Urkundenbegriff — vgl. John a. a. O. VI S. 10 gegen v. Buri — noch auch die Aeußerung der Motive zu § 348. — John a. a. O. S. 11 gegen v. Buri.

1) Die Eignung zum Beweise erklären als nicht erforderlich v. Liszt S. 482. Olshausen § 267 Nr. 3. Dagegen Merkel R. Gutachten S. 40. 45. Geyer a. a. O. S. 100. Fuchs a. a. O. S. 667. Rubo § 267 Nr. 4.

2) Es ist dies die von v. Buri im G. Saal 1876 S. 27 f. 1884 S. 173 f. 1886 S. 36 f. eingehend erörterte Auffassung, welche John in d. Ztschrft. f. St. R. W. IV S. 1 f. VI S. 1 f. bekämpft hat. Mit v. Buri stimmt überein das R. Gericht Rsprch. I S. 263. II S. 474. IV S. 498 VI S. 659. H. Meyer S. 620 f. Schwarze § 267 Nr. 6.

Wird dagegen die Rechtserheblichkeit als nothwendiges Moment des Urkundenbegriffes betrachtet, so ist es die unvermeidliche Folge, daß in Betreff der Privaturkunden nach § 267 unterschieden werden muß zwischen solchen, die für den Beweis von Rechten oder Rechtsverhältnissen geeignet, beweisfähig und solchen, die nicht nur beweisfähig, sondern auch beweiserheblich sind, daß also bei den Privaturkunden zu der Beweisfähigkeit als weiteres Moment die Beweiserheblichkeit hinzutreten muß, um sie als geeignetes Object der Fälschung erscheinen zu lassen[1]). Damit ergiebt sich die Frage nach dem Unterschiede der Beweisfähigkeit und Beweiserheblichkeit der Urkunde, die dahin beantwortet wird, daß die Beweiserheblichkeit ein höheres Maß der Beweiskraft, eine potenzirte Beweisfähigkeit erfordere[2]), daß sich dafür aber eine feste Regel nicht aufstellen lasse, die Feststellung der Beweiserheblichkeit vielmehr dem richterlichen Ermessen anheimgegeben sei.

Die Frage nach der Beweiserheblichkeit hat aber schon vor dem deutschen Strafgesetzbuche die preußische Praxis fortdauernd beschäftigt, mochte es sich auch für sie dabei um den Unterschied der Schrift handeln, welche Urkunde und der welche nicht Urkunde ist, während es sich jetzt um den Unterschied der beweiserheblichen und der zwar beweisfähigen aber nicht beweiserheblichen Urkunde handelt. Die preußische Praxis ist eine vielfach schwankende, sich nicht selten widersprechende gewesen[3]) und nur darüber war man nicht im Zweifel, daß die beweiserhebliche Urkunde nicht eine solche sein müsse, welche für sich allein und selbständig geeignet erscheine den vollen Beweis eines Rechtes oder Rechtsverhältnisses zu ergeben[4]). Wenn man sich aber damit begnügte, daß die Urkunde indirect in Verbindung mit anderen Umständen mittelbar dazu

1) So John a. a. O. Berner S. 540. v. Liszt S. 483. Olshausen § 267 Nr. 4. Merkel a. a. O. fordert zwar für jede Urkunde Rechtserheblichkeit, unterscheidet aber nicht Rechtserheblichkeit und Beweiserheblichkeit und erklärt die ausdrückliche Forderung der letzteren in § 267 daraus, daß es nur bei Privaturkunden darauf angekommen sei, dies Erforderniß möglichen Zweifeln zu entrücken.

2) John a. a. O. IV S. 23. VI S. 21. Olshausen § 267 Nr. 4. John hat IV S. 77 f. Vorschläge gemacht, in welcher Weise die Strafgesetzgebung die der Natur der Sache entsprechenden Vorschriften über die Urkundenfälschung zu treffen habe, um die Zweifel darüber was Object der Urkundenfälschung sei, auszuschließen.

3) Kräwel a. a. O. Oppenhoff Commentar z. preuß. Strfg. § 247 Nr. 66 f.

4) Präjud. d. Obertrib. in Goltd. Arch. III S. 569.

dienen könne das Dasein eines Rechtsverhältnisses mit zu bescheinigen, so identificirte man damit, wie es jetzt wiederum geschieht, die Beweisfähigkeit und die Beweiserheblichkeit[1]). Ob eine so weite Ausdehnung des Urkundenbegriffes und damit der Urkundenfälschung im Sinne des Gesetzes gelegen habe, kann zweifelhaft sein, man könnte aber dafür anführen, daß, weil es zwischen öffentlichen und Privaturkunden nicht unterschied, man sich mit der Beweisfähigkeit begnügen mußte, um nicht auch manche öffentliche Urkunden als ungeeignet zur Verübung der Urkundenfälschung auszuschließen. Aber auch schon in der frühern preußischen Praxis hat sich eine andere, den Begriff der beweiserheblichen Urkunde enger begrenzende Ansicht geltend gemacht, indem man davon ausging, daß die Beweiserheblichkeit der Urkunde abstract und nicht in Rücksicht auf die Umstände des concreten Falles zu prüfen sei, wonach also eine Schrift als beweiserhebliche Urkunde nur betrachtet werden dürfe, wenn aus ihrem Wortinhalte ein Moment hervorgehe, welches begrifflich für das Bestehen oder Nichtbestehen eines Rechtes oder Rechtsverhältnisses von wesentlicher Bedeutung sei, so daß aus der Schrift selbst auch die Natur dieses Rechtsverhältnisses wenigstens insoweit erkennbar werde, als erforderlich ist, um die Beweiserheblichkeit der bekundeten Thatsache für dasselbe würdigen zu können[2]). Man berief sich dafür darauf, daß das Gesetz sage: „von Erheblichkeit sind", während es andernfalls hätte sagen müssen: „von Erheblichkeit sein können", suchte also in solcher Weise die Beweiserheblichkeit von der bloßen Beweisfähigkeit zu unterscheiden[3]). Von solcher Unterscheidung der Beweisfähigkeit und Beweiserheblichkeit ist in Betreff des § 267 auch der III. Senat des Reichsgerichtes ausgegangen[4]), hat aber später in Uebereinstimmung mit dem I. und II. Senat diese Ansicht fallen lassen

1) Es war dies die offenbar vorherrschende Ansicht und wenn John a. a. O. VI S. 22 behauptet, die preuß. Praxis sei immer bemüht gewesen die Beweisfähigkeit und Beweiserheblichkeit zu unterscheiden, so ist dies nicht richtig. Vgl. Goltd. Arch. II S. 259 f.

2) Oppenhoff Rsprch. d. Ob. Trib. II S. 37. 404. III S. 94. Goltdammer in seinem Arch. II S. 259 f. ebenda VII S. 848.

3) Wenn v. Buri einen Unterschied der Beweisfähigkeit und Beweiserheblichkeit leugnet, so ist es folgerecht, wenn er a. a. O. 1876 S. 29 es tadelt, daß § 267 gesagt hat: „von Erheblichkeit ist", während er besser gesagt hätte: „von Bedeutung sein kann".

4) Entsch. I S. 293. Rsprch. III S 16.

und die Beweiserheblichkeit als gleichbedeutend mit dem Geeignetsein zum Beweise rechtserheblicher Thatsachen erklärt[1]).

Genügt für die Beweiserheblichkeit der Privaturkunde, daß sie zum Beweise von Rechtsverhältnissen irgendwie geeignet sei, so ist in allen den Fällen, in welchen das Gesetz von Urkunden spricht ohne das beschränkende Erforderniß der Beweiserheblichkeit hinzuzufügen, auch der Gegenstand als Urkunde zu betrachten, welcher eine Thatsache bekundet und zu ihrer Bekundung bestimmt ist, die unter keinen Umständen zum Beweise eines Rechtes oder Rechtsverhältnisses geeignet ist, und welches Interesse vorliegen könnte der Beweiskraft derartiger Urkunden einen besondern strafrechtlichen Schutz zu verleihen, bleibt unerfindlich.

Soweit es sich aber um den Unterschied der Beweisfähigkeit und Beweiserheblichkeit handelt, wird zwar immer für das richterliche Ermessen ein Spielraum offen bleiben und es mag Fälle geben, in denen die Entscheidung zweifelhaft sein kann, aber daß es sich bei diesem Unterschiede lediglich um ein völlig unbestimmbares Mehr oder Weniger der Beweiskraft handle und nicht irgend ein Anhaltspunkt für die Entscheidung gegeben werden könnte, ist nicht richtig. Er wird sich nur dem Inhalte der Urkunde, dem entnehmen lassen was zu beweisen die Bestimmung der Urkunde ist, wie darauf auch die Motive hinweisen, wenn sie eine auf den Inhalt der Urkunde sich stützende Beschränkung der Urkundenfälschung für gerechtfertigt erklären. Die Beweiserheblichkeit der Privaturkunde wird sich hiernach nur so bestimmen lassen, wie dies bereits früherhin in der preußischen Praxis geschehen ist[2]), und eine Privaturkunde, welche ihrem Inhalte nach nicht auf irgend ein Rechtsverhältniß Bezug nimmt, nichts enthält, wodurch ein solches erkennbar gemacht würde, kann nicht Gegenstand der nach § 267 strafbaren Fälschung sein, obwohl sie geeignet sein mag je nach den Umständen des concreten Falles in Verbindung mit anderen Beweismitteln zum Beweise von Rechten oder Rechtsverhältnissen zu dienen. Solche Privaturkunden sind die in § 277 bezeichneten, von einer approbirten Medizinalperson ausgestellten Zeugnisse über den Gesundheitszustand einer Person so wie die in § 363 genannten Privaturkunden, deren Fälschung ausnahmsweise unter den im Gesetz bezeichneten Voraussetzungen für strafbar erklärt ist.

---

1) Rsprch. V S. 625.

2) So Oppenhoff § 267 Nr. 53.

§ 157. Die gewöhnlichste Form, in welcher die Urkunde erscheint, ist die des Schriftstückes und das preußische Strafgesetzbuch definirte die Urkunde in § 247 ausdrücklich als Schriftstück. Das deutsche Strafgesetzbuch hat die Urkunden nicht auf Schriftstücke beschränkt, weil, wie die Motive angeben, im Verkehre häufig Gegenstände als Beweismittel für Rechte und Rechtsverhältnisse mit allseitigem Einverständnisse der Betheiligten verwendet werden, die nicht als Schriftstücke bezeichnet werden können und auch in Rechtsstreitigkeiten als Beweismittel zugelassen und bei der richterlichen Entscheidung mitbenutzt werden [1]). Kommen hiernach als Urkunden auch andere zum Zwecke der Beweisführung angefertigte Gegenstände in Betracht, so wird in Betreff derselben doch immer eine feste Grenzlinie durch den Grundsatz gezogen, daß die Rechtserheblichkeit einer Urkunde immer nur nach ihrem objectiv gegebenen Inhalt zu beurtheilen ist. Handelt es sich also um solche Gegenstände, welche, wie die etwa mit einem Buchstaben oder Zeichen versehenen Grenzsteine, der Anschlag des Waldhammers, die nach bergmännischem Gebrauche hergestellte Gedingstufe, an sich einen irgend verständlichen Inhalt nicht ergeben, so wird solchen Gegenständen die Urkundenqualität nur zugestanden werden können, wofern die Benutzung derselben zum Beweise rechtserheblicher Thatsachen ein so allgemein oder doch in einem gewissen Kreise von Personen herkömmlicher und bekannter ist, daß die Bedeutung derselben als eine notorische erscheint. Das Gleiche gilt von solchen Gegenständen, welche wie Eisenbahnbillets, Eintrittskarten, Postwerthzeichen, Stempelmarken, zwar mit gewissen Worten und Zahlen versehen, aber in Ermangelung einer zusammenhängenden Satzbildung in ihrer Bedeutung als Urkunden nur vermöge Notorietät oder auf Grund gesetzlicher Bestimmung erkennbar sind. Aber selbst solche Gegenstände werden als Privaturkunden zu betrachten sein, welche keine allgemein verständliche Schriftzeichen und Worte, sondern solche enthalten, welche in Folge einer Verabredung nur den Interessenten verständlich sind, wofern in solchem Falle der

---

1) Hiernach werden also Urkunden auch solche Gegenstände sein können, die nicht einen sofort und Allen verständlichen urkundlichen Inhalt haben. Schwarze § 267 Nr. 6. Oppenhoff § 267 Nr. 41. Olshausen § 267 Nr. 20. v. Buri a. a. O. 1876 S. 26. Geßler a. a. O. S. 128 und in Goltd. Arch. X S. 448. Mommsen a. a. O. S. 40. Rsprch. VI S. 659. Dagegen Merkel a. a. O. III S. 791 der eine Form der Urkunde fordert, vermöge deren sie für Alle als solche erkennbar ist.

Inhalt der Urkunde nur wenigstens ein solcher ist, daß, wenn die erforderliche Aufklärung gegeben wird, der Sinn, den die Interessenten mit dem Inhalte verbanden, aus ihm selbst erkennbar wird. Dagegen kann ein beliebiger Gegenstand niemals lediglich durch die Verabredung der Parteien ihn als beweisend für rechtserhebliche Thatsachen betrachten zu wollen, zur Urkunde werden, wenn dieser Wille in dem Gegenstande selbst keinen irgend erkennbaren Ausdruck gefunden hat[1]). Hieraus folgt insbesondere, daß die Urkunde stets eine von Menschenhand angefertigte sein muß[2]) und daß die Verabredung der Interessenten einen natürlich gegebenen Gegenstand als solchen als beweisend, z. B. den durch zufälligen Stand oder Lage dazu geeigneten Baum oder Stein als Grenzzeichen betrachten zu wollen, ihm niemals Urkundenqualität beilegen kann.

Ist die Urkundenqualität eines Gegenstandes immer nur objectiv nach Maßgabe seiner Beschaffenheit und des in ihm vergegenständlichten Willens zu würdigen, niemals in Rücksicht auf eine in ihm selbst nicht zum Ausdrucke gelangte Willensbestimmung, so kann auch ein Gegenstand der nicht Urkunde ist niemals durch seinen Gebrauch zum Zweck des Beweises zur Urkunde werden[3]). Allerdings kann ein Gegenstand der nicht Urkunde ist nachträglich die Bestimmung erhalten Urkunde zu sein, aber dies immer nur dadurch, daß eine Veränderung an ihm vorgenommen wird, durch welche seine Zweckbestimmung zum Beweise zu dienen an ihm selbst zum Ausdrucke gelangt. Umgekehrt darf in einem Schriftstücke, das sich seinem Inhalte nach als Urkunde darstellt, die Urkundenqualität nicht darum abgesprochen werden, weil der Aussteller sie zum Zwecke des Beweises überhaupt nicht bestimmt oder sie nur vorläufig in der Erwartung, daß die beurkundete Thatsache eintreten werde, ausgefertigt hatte[4]), und wäre das Schriftstück nicht

---

1) Mommsen a. a. O. Oppenhoff § 267 Nr. 57. v. Buri a. a. O. S. 41 f. Dagegen Schwarze § 267 Nr. 1a Note 1. John a. a. O. VI S. 52 f. Rsprch. II S. 774. IV S. 498.

2) Schwarze a. a. O. Oppenhoff § 267 Nr. 40. Rsprch. I S. 263. IV S. 498. Dagegen Olshausen § 267 Nr. 3.

3) Kräwel in Goltd. Arch. XI S. 446. Merkel a. a. O. III S. 789. H. Meyer S. 619. Oppenhoff § 267 Nr. 40 insbesondere v. Buri a. a. O. 1886 S. 48 f. Dagegen John a. a. O. VI S. 64 f.

4) Nach John a. a. O. VI S. 36 f. ist ein fingirter Schuldschein den Jemand nur anfertigte um sich in der Herstellung solcher Urkunden zu üben,

Urkunde, so könnte es auch durch den Gebrauch zum Beweise nicht zur Urkunde werden.

In allen Fällen muß die Urkunde so beschaffen sein, daß sie eine bestimmte Person kenntlich macht, deren Gedanke und Wille in der Urkunde vergegenständlicht ist. Dazu ist nicht nothwendig erforderlich, daß der Aussteller, Verfertiger der Urkunde kenntlich gemacht sei, denn bei dem Grenzsteine ist es gleichgiltig wer ihn gesetzt hat, und es genügt, daß er durch seine Stellung die Eigenthümer der Grundstücke kenntlich macht, die ihn als beweisend für die Grenze ihrer Grundstücke anerkennen. Aber auch in anderen Fällen ist es nicht nothwendig erforderlich, daß der Aussteller der Urkunde, der Verfügende, Verpflichtete oder auch Berechtigte ausdrücklich namhaft gemacht sei, wofern er nur aus der Urkunde irgend wie erkennbar ist. Das Theaterbillet das nur das betreffende Theater, das Eisenbahnbillet das nur die zu befahrende Eisenbahnstrecke bezeichnet, läßt keinen Zweifel darüber, wer der Verpflichtete und daß der Inhaber des Billets der Berechtigte sei. Bei schriftlichen Urkunden wird in der Regel der Aussteller, der sich für haftbar Erklärende sich durch eine Unterschrift kenntlich machen, gleichviel ob die Unterzeichnung durch ein Schreiben oder ein mechanisches Verfahren hergestellt wurde, ob ein Personenname, eine Firma oder irgend welche andere den Aussteller kenntlich machende Worte unterzeichnet wurden. Auch ist bei einer irgend anders gearteten genügenden Bezeichnung des Ausstellers eine Unterschrift überhaupt nicht erforderlich [1]).

Indem nun das Gesetz die Urkundenfälschung für strafbar erklärt, will es lediglich den Beweiswerth der Urkunde strafrechtlich

---

keine Urkunde, soll aber dadurch zur Urkunde werden, daß ihn Jemand zum Zwecke des Beweises gebraucht. Ebenso soll die Quittung die der Gläubiger in Erwartung der Zahlung ausstellte, so lange die Zahlung nicht erfolgte, nicht Urkunde sein, aber zur Urkunde werden, wenn der Schuldner sich rechtswidrig in den Besitz der Quittung setzte und sie zum Beweise geleisteter Zahlung gebraucht. Dagegen v. Buri a. a. O. 1886 S. 48 f. Mit der Frage ob etwas was nicht Urkunde ist durch den Gebrauch zum Zwecke des Beweises Urkunde werden könne, hängt die Frage nach dem Unterschiede von Urkunde und Augenscheinsobject zusammen. Vgl. darüber Glaser Hdbch. d. Strafprozesses I S. 494. f. John a. a. O. IV S. 35 f. Gegen John v. Buri a. a. O. 1884 S. 183 f.

1) Oppenhoff § 267 Nr. 58—63. Schwarze § 267 Nr. 2. 3. Mommsen a. a. O. S. 54. Olshausen § 267 Nr. 18. 19. Rubo § 267 Nr. 4. Rüdorff § 267 Nr. 8.

schützen, den Mißbrauch der Beweiskraft der Urkunde durch Herstellung einer falschen Beglaubigungsform möglichst verhüten. Davon wesentlich verschieden ist also nicht nur der strafrechtliche Schutz, welcher auch der Urkunde als Eigenthumsobject, sondern insbesondere auch derjenige, welcher ihr gegen das rechtswidrige Verfahren gewährt wird, vermöge dessen sie einen unwahren Inhalt erhält, wie dies in den §§ 271. 272. 278. 348. 349 geschieht. Die Echtheit der Urkunde ist also unabhängig von der Wahrheit ihres Inhaltes, und die Urkunde ist, gleichviel ob ihr Inhalt der Wahrheit entspricht oder nicht, eine falsche, wenn der ursprüngliche Inhalt der echten Urkunde entstellt, oder eine unechte hergestellt wurde.

b. Die eigentliche Urkundenfälschung.

§ 158. Die zum Thatbestande der Urkundenfälschung erforderliche Thätigkeit besteht in dem Verfälschen einer echten, oder in dem Anfertigen einer falschen Urkunde.

Das Object der Verfälschung ist eine echte Urkunde. Erfordert die Verfälschung in jedem Falle, daß an der Urkunde eine Aenderung stattgefunden habe, so erscheint doch nicht eine jede Aenderung unbedingt schon als Fälschung[1]), sondern nur diejenige, durch welche dem ursprünglichen Sinne derselben ein anderer untergeschoben wird, so daß die Thatsache, für deren Beglaubigung die Urkunde bestimmt war, in irgend einer Beziehung verändert erscheint. In welcher Weise die Veränderung bewirkt wurde, ist gleichgiltig[2]), wofern sie nur nicht in einer Weise erfolgte, vermöge deren die Urkunde die Bedeutung einer solchen ganz verliert, in welchem Falle eventuell die strafbare Vernichtung einer Urkunde vorliegen kann.

Unbedenklich kann an der echten, verfälschten Urkunde eine weitere strafbare Verfälschung verübt werden. Dagegen ist die fälschlich angefertigte Urkunde, die zwar den Schein einer echten an sich trägt, in Wahrheit aber keine ist, nicht Gegenstand strafbarer Verfälschung[3]), und ebenso wenig die echte Urkunde, welche Thatsachen

---

1) Goltd. Arch. XXII S. 267. Oppenhoff § 267 Nr. 12.

2) Casuistik bei Oppenhoff § 267 Nr. 9—14. Olshausen § 267 Nr. 27—29, der ebenso wie Berner S. 541 die Fälschung der Unterschrift nicht als Verfälschung, sondern als Anfertigung einer falschen Urkunde betrachtet.

3) Merkel a. a. O. III S. 792. Berner S. 541. Olshausen § 267 Nr. 25. Entsch. IV S. 69. Dagegen Oppenhoff § 267 Nr. 9. Puchelt § 267 Nr. 7. H. Meyer S. 622 der die Verfälschung der falschen Urkunde als Anfertigung einer falschen ansieht.

bekundet, die zur Zeit der That eine Bedeutung für den rechtlichen Verkehr nicht mehr, sondern nur noch einen historischen Werth haben.

Die fälschliche Anfertigung einer Urkunde erfordert, daß eine falsche Urkunde mit dem Scheine der Echtheit hergestellt wird. Sie muß selbstverständlich allen Erfordernissen einer beweiskräftigen Urkunde entsprechen. Da aber für die Falschheit der Urkunde nicht ihr Inhalt und die Frage entscheidend ist ob dieser der Wahrheit entspricht oder nicht, so kann die angefertigte Urkunde als falsch nur erscheinen, wofern sie sich den Schein giebt, von einer andern Person angefertigt zu sein als von der, welche sie hergestellt hat. Die Urkunde muß eben darum auf den angeblichen Aussteller hinweisen und ihn kenntlich machen[1]). Ob dieser eine wirklich existirende oder nur fingirte Person sei ist gleichgiltig[2]) und ebenso dies, ob der Fälscher die Urkunde mit seinem eignen Namen unterzeichnete oder nicht, wofern er nur im erstern Falle zu dem Namen Zusätze hinzufügte, die auf eine andere gleichnamige Person hinweisen, oder wofern die Urkunde vermöge ihres Inhaltes nöthigt die an sich richtige Unterschrift des Anfertigers auf eine andere gleichnamige Person zu beziehen.

Als Anfertiger der falschen Urkunde ist nicht bloß derjenige zu betrachten, der sie vollständig und allein herstellte, sondern auch derjenige, welcher bei der Anfertigung mit dem erforderlichen Dolus in der Art mitwirkte, daß er einen wesentlichen Theil der Urkunde herstellte z. B. dadurch, daß er den Text der Urkunde schrieb, während der Andere die Unterschrift hinzufügte, in welchem Falle beide als Mitthäter erscheinen und nicht etwa derjenige, welcher durch die Unterschrift die Anfertigung der Urkunde zum Abschlusse brachte, als alleiniger Thäter, welcher sich des Andern als Gehilfen bediente[3]). Wer in anderer Weise zur Anfertigung dolos mitwirkte, könnte nur als Gehilfe erscheinen. Die Anfertigung der falschen Urkunde kann aber auch unter Mitwirkung eines Andern der nicht Theilnehmer ist erfolgen, so wenn der Fälscher ein Stück Papier auf das

---

1) Merkel a. a. O. III S. 793. Schwarze § 267 Nr. 17. Oppenhoff § 267 Nr. 19—21. Olshausen § 267 Nr. 30.

2) Schwarze § 267 Nr. 18. Oppenhoff § 267 Nr. 19. Olshausen § 267 Nr. 31. Rsprch. III S. 577. IV S. 74. Dagegen Merkel a. a. O. III S. 795 in Betreff der Privaturkunden.

3) Vgl. oben Bd. I S. 429 f. Oppenhoff § 267 Nr. 16. Olshausen § 267 Nr. 49. Dagegen Berner S. 542.

ein Anderer zufällig einen fremden Namen geschrieben hatte, mit urkundlichem Inhalte ausfüllt.

In keinem Falle kann von Anfertigung einer falschen Urkunde die Rede sein, wenn sie sich als von demjenigen ausgestellt darstellt, der sie wirklich mit seinem Namen unterzeichnet hat, sollte er auch von einem Andern mittelst Täuschung bewogen worden sein zu unterzeichnen und damit wider seinen Willen den Inhalt der Urkunde beglaubigen[1]). Die Urkunde ist vermöge der echten Unterschrift eine echte und wird durch ihren unrichtigen Inhalt nicht zu einer unechten und am wenigsten kann hiergegen auf § 271 Bezug genommen werden, denn auch die öffentliche Urkunde in Betreff deren eine s. g. intellectuelle Fälschung begangeu wurde, ist eine echte, und der singulären, auf öffentliche Urkunden sich beziehenden, Strafbestimmung kann nicht die Bedeutung beigelegt werden, daß es in allen Fällen als Anfertigung einer falschen Urkunde zu beurtheilen sei, wenn es in doloser Weise bewirkt wurde, daß eine echte Urkunde einen unrichtigen Inhalt erhielt. Nicht dies ist für die Anfertigung der falschen Urkunde entscheidend, daß in Betreff der beurkundeten Thatsachen eine Täuschung verursacht werden soll, sondern nur dies, daß der Inhalt der Urkunde, gleichviel ob er der Wahrheit entspricht oder nicht, fälschlich als ein von dem angeblichen Aussteller der Urkunde beglaubigter dargestellt wird[2]).

§ 159. In Uebereinstimmung mit dem herrschenden Sprachgebrauche, welcher die Thätigkeit als eine fälschende nur bezeichnet, wofern sie eine unerlaubte, mit dem Bewußtsein des Unerlaubten verübte ist, geht auch das Gesetz, wo es von Fälschung spricht, davon aus, daß die betreffende Thätigkeit eine rechtswidrige sei, und die Fälschung ist ausgeschlossen wo die Rechtswidrigkeit des Thuns mangelt.

---

1) Merkel a. a. O. III S. 794. Puchelt § 267 Nr. 8. Olshausen § 267 Nr. 34. Goltd. Arch. V S. 273. 570. Rsprch. IV S. 107. 655. Dagegen Oppenhoff § 267 Nr. 17 und § 271 Nr. 2.

2) Dagegen Rubo § 267 Nr. 10 der die Herstellung einer Urkunde, deren Inhalt Unwahres enthält, als fälschliche Anfertigung bezeichnet. Ebenso betrachtet John a. a. O. VI S. 36 den Gebrauch einer Urkunde deren Inhalt unwahr ist, den Gebrauch einer Urkunde die Jemand nur zur Uebung in Anfertigung solcher Urkunden abfaßte, den Gebrauch einer Quittung in deren Besitz sich der Schuldner setzte, obwohl er noch nicht Zahlung geleistet hat, als Gebrauch einer gefälschten Urkunde, der nach § 270 zu strafen sei. Dagegen v. Buri a. a. O. 1886. S. 44.

Hat das Verbot der Fälschung lediglich den Zweck, die Beweiskraft der Urkunde strafrechtlich zu schützen, so ist für die Frage ob die Aenderung der echten Urkunde rechtswidrig und eine fälschende sei, der Umstand an sich gleichgiltig, ob der im Besitze der Urkunde befindliche Eigenthümer derselben die Aenderung der Urkunde selbst vornahm, oder ob ein Anderer. Ohne Zweifel hat der Eigenthümer der Urkunde das Recht über sie wie über jedes andere Eigenthumsobject zu verfügen, also auch eine Aenderung an ihr vorzunehmen. Da es sich aber bei dem Verbote der Fälschung nicht um den Schutz des Eigenthums an der Urkunde handelt, so wird bedingungsweise auch die vom Eigenthümer vorgenommene Aenderung der Urkunde als eine rechtswidrige und als Fälschung zu betrachten sein, während die an der fremden Urkunde wider Willen des Eigenthümers verübte Aenderung, darum weil sie ein rechtswidriger Angriff auf fremdes Eigenthum ist, noch nicht nothwendig auch als Fälschung erscheint. So gewiß also eine Aenderung der echten Urkunde, wenn sie in keiner Beziehung rechtswidrig erscheint, niemals als Verfälschung betrachtet werden kann, so gewiß ist auch eine in irgendwelcher Beziehung rechtswidrige Aenderung nicht schon darum eine als Fälschung strafbare, vielmehr wird erfordert, daß die Veränderung der echten und ebenso die Anfertigung der unechten Urkunde, wenn sie als Fälschung erscheinen soll, mit einer in näher bestimmter Beziehung rechtswidrigen Willensbestimmung verübt sei.

Das Gesetz fordert, daß die Fälschung in rechtswidriger Absicht erfolgt sei, eine Forderung, die in verschiedener Weise gedeutet wird. Daß von einem Fälschen überhaupt nur die Rede sein kann, wofern die betreffende Thätigkeit eine vorsätzliche und in irgend einer Beziehung rechtswidrige ist, versteht sich von selbst, und das Erforderniß der rechtswidrigen Absicht kann unmöglich nur etwa die Bedeutung haben, daß eine fahrlässige Thätigkeit aus der sich gegen den Willen des Handelnden eine rechtswidrige Aenderung oder Anfertigung einer Urkunde ergiebt, so wie eine erlaubte oder berechtigte Aenderung oder Anfertigung der Urkunde ausgeschlossen werden sollte[1]).

---

1) Das R. Gericht, Entsch. II S. 376 deutet die geforderte rechtswidrige Absicht dahin, daß damit nur der Vorsatz des Thäters, also mit Ausschluß der Fahrlässigkeit, gefordert werden solle, der als ein rechtswidriger ezeichnet sei, um dem Mißverständnisse zu begegnen, als ob auch ein nicht

Wie das Strafgesetzbuch, wo es eine bestimmte Art der Thätigkeit für strafbar erklärt, es als selbstverständlich unterläßt, diese Thätigkeit als eine vorsätzliche zu bezeichnen, wie es ferner, so weit dazu nicht ein besonderer Anlaß vorliegt, es unterläßt die für strafbar erklärte Handlung noch besonders als eine rechtswidrige zu bezeichnen[1]), so würde auch bei der Fälschung die Bezeichnung der Thätigkeit als einer vorsätzlichen und bewußt rechtswidrigen entbehrlich sein. Wer die Fälschung mit dem Bewußtsein der Rechtswidrigkeit verübt, der will freilich auch die Rechtswidrigkeit, handelt mit der Absicht rechtswidrig das Falsificat herzustellen. Weil es aber der überall sonst vom Strafgesetzbuche beobachteten Methode widersprechen würde, die in diesem Sinne rechtswidrige Absicht ausdrückich hervorzuheben, so muß sie im Sinne des Gesetzes noch eine andere, besondere Bedeutung haben. Der Fälscher wird nun sicher die Fälschung nicht lediglich um ihrer selbst willen, sondern nur als Mittel für einen weiteren, beabsichtigten Erfolg verüben. Diese weiter gehende Absicht kann jedoch nicht die sein, von dem Falsificat zum Zwecke der Täuschung Gebrauch zu machen, denn diese Absicht ist an sich nicht nothwendig eine rechtswidrige, so z. B. nicht, wenn die Täuschung um eines Scherzes willen verübt wird. Ebensowenig genügt es, die rechtswidrige Absicht dahin zu bestimmen, daß dieser weitere beabsichtigte Erfolg in irgend einer, gleichviel welcher Beziehung rechtswidrig sein müsse[2]).

Es war eine Nachwirkung der Verbindung, in welcher nach der Auffassung der ältern gemeinrechtlichen Doctrin die Fälschung mit dem Betruge gestanden hatte, wenn die früheren deutschen Strafgesetzbücher, denen sich auch das preußische anschloß, die rechtswidrige Absicht des Fälschers als die sich oder Anderen einen Gewinn, einen Vortheil zu verschaffen oder einem Andern Schaden zuzufügen, bestimmten, darum also als das Entscheidende im Thatbestande der Fälschung den beabsichtigten rechtswidrigen Erfolg betrachteten, dem die Fälschung und der Gebrauch des Falsificates nur als Mittel zum Zwecke diente. Hat aber das Verbot der Urkundenfälschung wesentlich den Zweck, strafrechtlichen Schutz gegen

---

rechtswidriges Gebrauchmachen unter § 267 falle. Ebenso Binding Normen I S. 117. II S. 597.

1) Vgl. oben Bd. I S. 280. 310.

2) So Oppenhoff § 267 Nr. 1. 3. Schwarze § 267 Nr. 27. Rüdorff § 267 Nr. 3. Zimmerle § 267 Nr. 1—2a. Entsch. I S. 293. III S. 337. Goltd. Arch. XXVII S. 112. XXVIII S. 155.

den Mißbrauch unechter, gefälschter Urkunden zum Zwecke des Beweises zu gewähren, so wird solcher Mißbrauch auch unabhängig von der Beschaffenheit des Erfolges dem er als Mittel dienen soll, zu strafen sein. Wer um gegen seinen Schuldner das ihm zustehende Forderungsrecht geltend zu machen sich eines von ihm gefälschten Schuldscheines bedient, wer um ein Darlehen zu erlangen die wahre Thatsache, daß er solvent ist durch eine gefälschte Urkunde beweist, beabsichtigt einen Erfolg der Fälschung und des Gebrauches des Falsificates, der an sich nicht rechtswidrig ist, und ist dennoch der Urkundenfälschung schuldig. Andrerseits ist der beabsichtigte Erfolg der verübten Fälschung gewiß ein rechtswidriger, wenn der Thäter sie lediglich in der Absicht verübte, die Urkunde für den Berechtigten zum Beweise des durch sie bekundeten Rechtsverhältnisses unbrauchbar zu machen, und gleichwohl ist er in solchem Falle nicht der Urkundenfälschung schuldig. Das deutsche Strafgesetzbuch ist daher in bedeutsamer und dem Wesen der Urkundenfälschung durchaus entsprechender Weise von der bisherigen Gesetzgebung abgewichen, wenn es jede Bezugnahme auf einen weiteren vom Fälscher beabsichtigten rechtswidrigen Erfolg vermied, und sich darauf beschränkte zum Thatbestande des Delictes nur die rechtswidrige Absicht zu fordern.

Der eigenthümlichen strafrechtlichen Bedeutung der Urkundenfälschung entsprechend kann die geforderte rechtswidrige Absicht nur die sein, von der gefälschten Urkunde zum Zwecke der Beweisführung im Verkehrsleben Gebrauch zu machen[1]), eine Absicht, welche die zu täuschen zwar in sich schließt, aber die allein entscheidende ist. Alles was über diese Absicht hinausreicht, die Absicht des Thäters ein ihm zustehendes Recht geltend zu machen, sich oder Anderen einen Vortheil, einen Gewinn zu verschaffen, Anderen Schaden zuzufügen u. s. w. ist also für den Thatbestand der Fälschung gleichgiltig. Wäre es, wenn zur Fälschung ein in irgend welcher Beziehung rechtswidriges Wollen ausreichte, überflüssig dieses Erforderniß ausdrücklich hervorzuheben, so war die ausdrückliche Forderung eines Handelns in rechtswidriger Absicht hier darum unentbehrlich, weil es darauf ankam die rechtswidrige Absicht enger zu begrenzen und näher als die vom Falsificat zum Zwecke des Beweises Gebrauch zu machen, zu bestimmen.

1) So Merkel a. a. O. S. 796. H. Meyer S. 623. Schütze S. 488. Berner S. 542. Olshausen § 267 Nr. 46. Schwarze § 267 Nr. 27. Rsprch. VI S. 19. 323.

Die in dem angegebenen Sinne rechtswidrige Absicht ist aber auch diejenige, durch welche die gesammte Thätigkeit des Fälschers, namentlich also auch die des Verfälschens oder fälschlichen Anfertigens bestimmt sein muß, und es ist unrichtig das Bewußtsein des Thäters von der Rechtswidrigkeit seiner fälschenden Thätigkeit als die nothwendige Voraussetzung zu betrachten, zu der dann weiter noch die rechtswidrige Absicht hinzutreten müsse[1]). Ein Handeln mit dem Bewußtsein der Rechtswidrigkeit, das nicht zugleich ein Handeln mit dem Wollen, Beabsichtigen des Rechtswidrigen wäre, ist undenkbar, und die Rechtswidrigkeit auf welche der Wille des Thäters schon im Augenblicke des Fälschens gerichtet sein muß, darf keine andere sein als die vom Falsificat zum Zwecke des Beweises Gebrauch zu machen. Wird aber das Bewußtsein der Rechtswidrigkeit des Thuns als eine nothwendige Voraussetzung betrachtet, zu der weiter noch die rechtswidrige Absicht hinzutreten müsse, also als etwas von dieser Verschiedenes, so verleitet dies dazu die Frage, in welchen Fällen das Verändern, das Anfertigen einer Urkunde ein rechtswidriges sei oder nicht, unabhängig von der zum Thatbestande der Fälschung erforderlichen Absicht entscheiden zu wollen, womit die Gefahr von einem unrichtigen Gesichtspunkte aus zu entscheiden sehr nahe liegt[2]).

1) So Merkel und Olshausen a. a. O. Oppenhoff § 267 Nr. 4, der die Absicht eine falsche Urkunde anzufertigen nicht für erforderlich erachtet, da in dieser Beziehung ein bewußtes Handeln genüge. Vgl. auch Schwarze § 267 Nr. 27.

2) Wer über eine Urkunde frei zu verfügen berechtigt ist hat sicher auch die Befugniß sie zu verändern, gleichwohl ist die Schlußfolgerung, daß darum solche Aenderung weil nicht rechtswidrig nicht Fälschung sei, wie behauptet wird, Olshausen § 267 Nr. 29. Oppenhoff § 267 Nr. 11. Rsprch. III S. 798. Entsch. III S. 324. V S. 340, durchaus unzulässig, und nur eine unrichtige Scheidung des bewußt rechtswidrigen Thuns einerseits und der rechtswidrigen Absicht andererseits kann dahin führen, trotz der rechtswidrigen Absicht von der veränderten Urkunde zum Beweise Gebrauch zu machen, die Fälschung als ausgeschlossen zu erklären, weil der Thäter als im Besitz befindlicher Eigenthümer zur Aenderung befugt gewesen sei. Die in der geforderten rechtswidrigen Absicht vom Kaufmann vorgenommene Aenderung seiner Handelsbücher ist Fälschung. Vgl. Merkel a. a. O. S. 793. John a. a. O. S. 46 f. — Die Aenderung einer fremden Urkunde im Einverständnisse mit dem, welcher allein an ihr ein Interesse hat, vgl. Rsprch. III S. 798, die Aenderung im Einverständnisse aller bei dem beglaubigten Rechtsverhältnisse Betheiligten ist regelmäßig gewiß nicht Fälschung, aber nicht sowohl darum, weil die Aenderung eine befugte ist, als weil unter solcher Voraussetzung die

§ 160. Wenn die frühere gemeinrechtliche Doctrin, soweit sie überhaupt zu einer Unterscheidung von Betrug und Fälschung gekommen war, die Verletzung des Rechtes auf Wahrheit als das Wesen der Fälschung betrachtete, so ergab sich folgerecht, daß sie die rechtswidrige Absicht zu täuschen als den zur Fälschung erforderlichen Dolus bezeichnete. Die in solcher Absicht verübte Wahrheitsentstellung an einem im Verkehre als echt geltenden Gegenstande wurde für genügend erachtet, so daß also ein Gebrauch des Falsificats zum Zwecke der Täuschung nicht erforderlich sei[1]). Damit meinte man zugleich den wesentlichen Unterschied zwischen Fälschung und Betrug im engern Sinne festgestellt zu haben, indem die Vollendung des letztern die mittelst Täuschung verübte Rechtsverletzung eines Andern erfordere, die der Fälschung aber nur die in der Absicht zu täuschen verübte Fälschung des Gegenstandes. Obwohl schon in der gemeinrechtlichen Doctrin hiergegen Widerspruch erhoben und zum Thatbestande der Fälschung der Gebrauch des Falsificats zum Zwecke der Täuschung gefordert wurde[2]), so folgte doch die Mehrzahl der deutschen Strafgesetzbücher der bisher herrschenden Auffassung, und nur die Strafgesetzbücher von Würtemberg, Braunschweig, Baden und Preußen forderten, daß von der gefälschten Urkunde zum Zwecke der Täuschung Gebrauch gemacht worden sei. Dem hat sich auch das deutsche Strafgesetzbuch angeschlossen.

Sofern man die Urkundenfälschung als Verletzung des Rechtes

---

erforderliche rechtswidrige Ansicht mangeln wird. Sollte aber ausnahmsweise die Aenderung im Einverständnisse aller bei dem beglaubigten Rechtsverhältnisse Betheiligten gleichwohl in der rechtswidrigen Absicht von der so veränderten Urkunde zum Zwecke des Beweises gegen einen bei dem Rechtsverhältnisse Unbetheiligten, z. B. gegen den Fiscus um eine Stempeldefraudation zu verdecken, Gebrauch zu machen, verübt sein, so kann die an sich nicht rechtswidrige Aenderung den Thatbestand der Fälschung nicht ausschließen. Dagegen Oppenhoff § 267 Nr. 11. Wer mit dem Willen und der Vollmacht des angeblichen Ausstellers eine Urkunde anfertigt, handelt an sich nicht unbefugt, rechtswidrig, gleichwohl ist er der Fälschung schuldig, wenn er in der Absicht handelt von dieser unechten Urkunde zum Zwecke des Beweises Gebrauch zu machen. Merkel a. a. O. S. 795. Schwarze § 267 Nr. 18. Olshausen § 267 Nr. 29. Rüdorff § 267 Nr. 10. Rsprch. III S. 696. IV S. 343. Dagegen Oppenhoff § 267 Nr. 18. H. Meyer S. 622.

1) Vgl. Feuerbach § 414. Salchow § 422. Roßhirt § 266. Heffter § 385. Klien im N. Arch. I S. 242. Escher Lehre vom Betruge und der Fälschung S. 350 f.

2) Cucumus über d. Verbr. d. Betruges S. 86. Wächter Lehrbuch II S. 221.

auf Wahrheit betrachtete, war es offenbar inconsequent das Delict als mit der verübten Fälschung selbst vollendet zu betrachten, denn von einer solchen Verletzung könnte nur die Rede sein, wofern von der Urkunde zum Zwecke der Täuschung Gebrauch gemacht war. Aber auch dann, wenn es auf den strafrechtlichen Schutz der Beweiskraft der Urkunde ankommt, wird die Vollendung des Vergehens von solchem Gebrauche abhängig gemacht werden müssen. Die Thätigkeit, durch welche an einer echten Urkunde eine ihre Bedeutung alterirende Aenderung vorgenommen oder durch welche eine unechte Urkunde hergestellt wird, kann zwar eine von der rechtswidrigen Absicht das Falsificat zum Zwecke des Beweises zu gebrauchen bestimmte sein, ist aber nicht nothwendig eine solche und eben deshalb kann unmöglich schon diese Thätigkeit als eine solche betrachtet werden, in welcher die zur Fälschung erforderliche Absicht ihre vollständige Verwirklichung gefunden habe.

Von der Urkunde wird zum Zwecke der Täuschung Gebrauch gemacht durch eine jede Handlung, welche den Zweck hat, die Urkunde selbst zur Kenntniß dessen zu bringen der getäuscht werden soll [1]). Die Behauptung eine gewisse Urkunde zu besitzen, die Berufung auf sie und das was sie angeblich beweist, ist daher, selbst wenn eine gefälschte derartige Urkunde existirt, kein Gebrauchmachen derselben [2]). Ebensowenig würde das Vorlegen einer Abschrift der gefälschten Urkunde als ein Gebrauchmachen der letztern zu betrachten sein [3]). Auf welche Weise aber die Urkunde zur Kenntniß des zu Täuschenden gebracht wird, ist für den Thatbestand des Vergehens gleichgiltig. Insbesondere ist also nicht erforderlich, daß der Thäter sich unmittelbar an den zu Täuschenden wendet und ihm die Urkunde zur Kenntnißnahme vorlegt. Es ist ein Gebrauchmachen zum Zwecke der Täuschung, wenn der Thäter in Gegenwart des zu Täuschenden die Urkunde einem Andern vorzeigt, damit jener scheinbar zufällig von ihr Kenntniß erlange [4]), oder wenn er auf irgend welchem Umwege die Urkunde zur Kenntniß des zu Täuschenden bringt. In dieser Beziehung kommt namentlich der Fall in Betracht, daß sich der Thäter zu diesem Zwecke einer Mittelsperson bedient. Ist diese Mittelsperson, welcher die Urkunde

---

1) Vgl. Schwarze in Goltd. Arch. XXII S. 1.
2) H. Meyer S. 623. Olshausen § 267 Nr. 35. Rsprch. I S. 513.
3) Olshausen § 267 Nr. 36.
4) Schwarze a. a. O. S. 6.

vom Thäter zum Zwecke eines Gebrauchmachens übergeben wurde, selbst getäuscht, so daß sie in gutem Glauben Gebrauch macht, so erscheint sie lediglich als Instrument in der Hand des Thäters der diesen Gebrauch als seine eigne That zu verantworten hat[1]). Handelt dagegen die Mittelsperson mit Kenntniß davon, daß die Urkunde gefälscht ist, so kann dies die Folge einer Vereinbarung zu gemeinsamer Verübung der Urkundenfälschung sein, indem der Eine die fälschende Thätigkeit, der Andere das Gebrauchmachen vom Falsificat übernahm, in welchem Falle sie als Mitthäter erscheinen, da Jeder unter Voraussetzung der Mitwirkung des Andern eine Thätigkeit ausübte, die ein wesentliches Moment im Thatbestande des Delictes bildet[2]). Hat der Fälscher die fälschende Thätigkeit allein und ohne Wissen desjenigen verübt, den er dazu anstiftet von der gefälschten Urkunde, wissend, daß sie eine solche ist, den von ihm gewünschten Gebrauch zu machen, so ist der Angestiftete, nicht weniger als der bona fide Handelnde, Instrument in der Hand des anstiftenden Fälschers und auch in diesem Falle hat dieser das Gebrauchmachen als seine eigene That zu verantworten[3]). Der Angestiftete ist dagegen nicht der Urkundenfälschung, sondern des wissentlichen Gebrauchmachens einer gefälschten Urkunde schuldig. Der Fälscher kann sich aber auch der Thätigkeit des zu Täuschenden selbst bedienen um ihm von der Urkunde Kenntniß zu geben, indem

1) Merkel a. a. O. IV S. 447. Oppenhoff § 267 Nr. 30. Olshausen § 267 Nr. 36. Streitig ist die Frage ob die Uebergabe der Urkunde an die gutgläubige Mittelsperson selbst als Gebrauchmachen zu betrachten sei. Dafür Merkel a. a. O., dagegen Oppenhoff a. a. O. Es wird dies nicht anzunehmen sein, wenn die Mittelsperson lediglich als Bote diente, wohl aber wenn sie selbst getäuscht wurde. Schwarze a. a. O. S. 4. Pezold § 267 Nr. 40. Olshausen a. a. O. Entsch. V S. 437.

2) Vgl. oben Bd. I S. 425. Die Frage wird je nach der verschiedenen Auffassung des Wesens der Mitthäterschaft verschieden beantwortet werden. Für die Mitthäterschaft Rsprch. IV S. 248. Olshausen § 267 Nr. 49. Merkel a. a. O. III S. 708 will Mitthäterschaft nur annehmen, wenn Beide an der falschen Thätigkeit betheiligt waren, sonst soll der Fälscher nur Gehilfe des nach § 270 strafbaren Thäters sein. H. Meyer S. 623 betrachtet den Fälscher, je nach Umständen, als Anstifter, Gehilfen, Mitthäter dessen der Gebrauch macht.

3) Vgl. oben Bd. I S. 399. 413. Praktisch ist es freilich gleichgiltig ob man den anstiftenden Fälscher nach § 267 wegen der von ihm verübten Fälschung oder als Anstifter zu dem nach § 270 zu strafenden Vergehens bestraft.

er ihn auffordert und veranlaßt, von der irgendwo befindlichen Urkunde Einsicht zu nehmen[1]). Endlich aber wird ein Gebrauchmachen auch dann anzunehmen sein, wenn der Thäter eine Veranstaltung trifft die darauf abzielt, daß die Urkunde aufgefunden und zur Kenntniß des zu Täuschenden gelangen soll[2]). Das Gebrauchmachen zum Zwecke der Täuschung erfordert hiernach nicht[3]), daß der Gebrauch unmittelbar dem gegenüber stattfinde, der getäuscht werden soll, noch auch, wenn der Gebrauch stattgefunden hat, nur dies, daß der zu Täuschende Kenntniß von der Urkunde erhalten habe[4]).

---

1) Pezold § 267 Nr. 41. Olshausen § 267 Nr. 36. Entsch. VII S. 53.

2) Schwarze a. a. O. S. 4. Merkel a. a. O. IV S. 448. Olshausen § 267 Nr. 36 der aber ohne Grund Vollendung erst dann annimmt, wenn die Veranstaltung zum Ziele geführt und der zu Täuschende Kenntniß von der Urkunde erlangt hat.

3) Dies war vielfach von der Praxis angenommen, vgl. Pezold § 267. Nr. 38.

4) Streitig ist die Frage ob eine Urkundenfälschung durch eine mit falschem Namen aufgegebene telegraphische Depesche begangen werden könne. Unter der Voraussetzung, daß die Aufgabedepesche ihrem Inhalte nach als Urkunde erscheint, ist jedenfalls deren Uebergabe an den Telegraphenbeamten als ein Gebrauchmachen von der gefälschten Urkunde nicht zu betrachten. Rsprch. I S. 793. Merkel a. a. O. IV S. 449. Scherer im G. Saal 1876 S. 605. 611. Olshausen § 267 Nr. 41. Ebensowenig kann das Aufgeben der Originaldepesche als ein Gebrauchmachen der falschen Urkunde dem Adressaten gegenüber betrachtet werden. Scherer a. a. O. Schwarze § 267 Nr. 25. Olshausen a. a. O. Dagegen Dambach im G. Saal 1871 S. 293. Der Adressat wird aber zweifellos die ihm zugestellte amtliche Ausfertigung der Depesche, sofern er keinen Grund hat eine Verstümmelung der Originaldepesche anzunehmen, als Beweis für die Uebereinstimmung derselben mit der Originaldepesche betrachten, und sie erscheint als eine falsche Urkunde von welcher der Absender dem Adressaten gegenüber mittelst der Telegraphenanstalt zum Zwecke der Täuschung Gebrauch gemacht hat. Rsprch. V S. 161. Scherer a. a. O. S. 611. Merkel a. a. O. IV S. 449. Schwarze § 267 Nr. 25. Olshausen § 267 Nr. 41. Mommsen im G. Saal 1884 S. 56. John Strafprozeß-Ordnung I S. 508 f. Dagegen Dambach a. a. O., welcher die Ankunftsdepesche nicht als Urkunde, dagegen die Fälschung als durch Aufgabe der gefälschten Originaldepesche als verübt betrachtet. Binding Normen I S. 110. Oppenhoff § 267 Nr. 63 Meves in Holtzdf. Hdbch. III S. 1006, welche ebenfalls die Ankunftsdepesche nicht als Urkunde betrachten. v. Liszt S. 485 der eine Urkundenfälschung nur annimmt falls der Absender zum Nachweise der Echtheit seiner Unterschrift angehalten war.

Der Gebrauch der Urkunde muß in der Absicht zu täuschen und mittelst der Täuschung einen bestimmenden Einfluß auf den Willen und die Handlungen des Getäuschten auszuüben, stattgefunden haben. Die Absicht des Thäters ist also darauf gerichtet, bei einem Andern den Irrthum hervorzurufen oder auch den vorhandenen zu befestigen, daß die falsche Urkunde eine echte und beweisend für die von ihr bekundeten Thatsachen sei. Wenn nun auch die Beschaffenheit des weiteren Erfolges den der Thäter mittelst der Täuschung herbeizuführen beabsichtigt, gleichgiltig ist, so wird doch vorausgesetzt werden müssen, daß der Thäter nicht bloß auf das Erkennen und Wissen, sondern auch auf das Wollen und Handeln des Getäuschten einen Einfluß auszuüben beabsichtige, und wo diese Absicht mangelt, wo um eines Scherzes, einer Prahlerei willen von der falschen Urkunde Gebrauch gemacht wird, würde eine strafbare Handlung nicht vorliegen. Sie ist ebenso ausgeschlossen, wenn von der Urkunde zwar Gebrauch gemacht wird, aber nicht in der Absicht zu täuschen, so wenn die gefälschte Urkunde einem Beamten nur zum Zwecke der Beglaubigung oder Stempelung vorgelegt wird [1]), wenn sie gegen den gebraucht wird, welcher es weiß, daß sie nicht von dem angeblichen Aussteller, sondern mit dessen Namen von einer andern Person unterzeichnet ist [2]). Aber auch der Gebrauch der Urkunde in der Absicht zu täuschen genügt nicht, wofern die Absicht nicht dahin ging in Beziehung auf die durch die Urkunde zu beweisende Thatsache zu täuschen. Dazu ist freilich nicht erforderlich, daß die Urkunde gebraucht werde um gerade in Betreff des Rechtsverhältnisses zu täuschen, zu dessen Beglaubigung sie bestimmt war, sondern es genügt die Absicht, in Betreff einer Thatsache zu täuschen, für deren Beweis die Urkunde, falls sie echt wäre, geeignet sein würde [3]). Darum ist es auch nicht erforderlich, daß die Urkunde in der Ab-

---

1) Merkel a. a. O. III S. 796. Oppenhoff § 267 Nr. 27. Vgl. Rsprch. III S. 752.

2) Entsch. VI S. 202.

3) Olshausen § 267 Nr. 39. Schwarze § 267 Nr. 30. Rsprch. IV S. 718. Entsch. III S. 337. Dagegen Merkel a. a. O. III S. 796. Oppenhoff § 267 Nr. 27. Ausgeschlossen ist der Fall, daß von der Urkunde nicht als Urkunde, sondern als Augenscheinsobject zum Zwecke des Beweises Gebrauch gemacht wird. Aber als Urkunde wird sie auch benutzt, wenn sie, auf ein Vertragsverhältniß sich beziehend, im Strafverfahren zum Zwecke eines Alibibeweises vermittelst eines gefälschten Datums gebraucht wird.

sicht gebraucht werde um das durch sie zu beweisende Rechtsverhältniß zur Geltung zu bringen[1]), daß sie gebraucht werde um denjenigen zu täuschen, der, wenn die Urkunde echt wäre, als der Verpflichtete erscheinen würde. Daraus folgt, daß der angeblich Verpflichtete in keinem besondern Rechtsnexus zu demjenigen zu stehen braucht, welcher getäuscht werden soll, und daß auch der Thäter selbst zu dem von der Urkunde beglaubigten Rechtsverhältnisse nicht in einer bestimmten Beziehung zu stehen braucht[2]).

Macht der Fälscher von der gefälschten Urkunde wiederholt Gebrauch, so kann bedingungsweise ein nach § 267 zu strafendes fortgesetztes Vergehen vorliegen, bedingungsweise aber auch Realconcurrenz eines nach § 267 zu strafenden und eines oder mehrerer nach § 270 zu strafender Vergehen[3]). Wird von mehreren gefälschten Urkunden gleichzeitig zur Täuschung einer und derselben Person Gebrauch gemacht, so liegt nur ein einheitliches Vergehen, nicht Concurrenz mehrerer, vor[4]).

Ist von der falschen Urkunde in dem angegebenen Sinne Gebrauch gemacht worden, so ist das Vergehen, ohne Rücksicht darauf ob eine Täuschung wirklich stattgefunden habe, vollendet. Der Versuch der Urkundenfälschung ist nicht strafbar.

Die Strafe der Urkundenfälschung ist Gefängniß, womit, wenn die Dauer der Strafe mindestens drei Monate beträgt, Verlust der bürgerlichen Ehrenrechte verbunden werden kann[5]).

§ 161. Gewisse Fälle der Urkundenfälschung, die begrifflich den nach § 267 zu strafenden gleichstehen, hat das Gesetz mit anderen abweichenden Fällen eines Mißbrauches von Urkunden zusammengefaßt und als Uebertretungen behandelt[6]).

Der Grund der mildern Behandlung dieser Fälle von Fälschung liegt in der Rücksicht auf das Motiv des Thäters, indem das Gesetz zum Thatbestande dieser Uebertretung erfordert, daß

1) Merkel a. a. O. S. 797. Schwarze § 267 Nr. 30. Rsprch. IV S. 718. V S. 149.

2) Oppenhoff § 267 Nr. 27. Merkel a. a. O. S. 797. Olshausen § 267 Nr. 40. Rsprch. II S. 310. Entsch. I S. 186. III S. 169.

3) Schwarze § 267 Nr. 39. Olshausen § 267 Nr. 50. Dagegen Merkel a. a. O. S. 798, der in allen Fällen fortgesetztes Delict, Oppenhoff § 267 Nr. 32, der in allen Fällen Realconcurrenz annimmt. Vgl. oben Bd. I S. 660 f.

4) Olshausen § 267 Nr. 50. Dagegen Oppenhoff § 267 Nr. 32a.

5) Strfgb. § 280.

6) Strfgb. § 363.

er um Behörden oder Privatpersonen zum Zwecke seines bessern Fortkommens oder des Fortkommens eines Andern zu täuschen, gehandelt habe. Der Zweck des Thäters muß es also sein mittelst Täuschung eine Lebens- oder Berufsstellung zu erlangen, welche ihm seine wirthschaftliche Existenz sichert, oder auch seine bisherige Lebensstellung vortheilhafter zu gestalten. Der erstrebte Zweck ist an sich ein erlaubter, berechtigter, und ein solcher durch den auch der Getäuschte nicht in seinem Rechte verletzt, vielleicht nicht einmal in seinen Interessen irgend beeinträchtigt wird. Immerhin wird aber auch hier die rechtswidrige Absicht vorausgesetzt von der gefälschten Urkunde zum Zwecke des Beweises Gebrauch zu machen; und gerade dieses Moment ist das die Strafbarkeit bedingende, denn von der Absicht des rechtswidrigen Mißbrauches der Beweiskraft der Urkunde abgesehen, würde es sich nur um eine an sich straflose Lüge handeln.

Vom Thatbestande der Urkundenfälschung im Sinne des § 267 weicht der Thatbestand der nach § 363 zu strafenden Uebertretung insofern ab, als es hier nur bestimmt bezeichnete Urkunden sind, welche den Gegenstand der Fälschung bilden. Das Gesetz nennt Pässe, Militairabschiede, Wanderbücher und sonstige Legitimationspapiere, bei welchen letzteren vorauszusetzen sein wird, daß darunter, gleichwie bei den Pässen u. s. w. öffentliche zum Ausweise einer Person über ihre persönlichen Verhältnisse dienende Urkunden zu verstehen sind. Weiter sind genannt Dienst- oder Arbeitsbücher oder sonstige auf Grund besonderer Vorschriften, seien dies gesetzliche oder reglementarische, auszustellende Zeugnisse, sowie endlich Führungs- oder Fähigkeitszeugnisse. Es kommen hier also nicht nur öffentliche, sondern auch Privaturkunden und zwar solche in Betracht, bei denen nicht wie nach § 267 erforderlich ist, daß sie zum Beweise von Rechten oder Rechtsverhältnissen von Erheblichkeit sind [1]).

Eine fernere Abweichung vom Thatbestande der Urkunden-

---

1) Insoweit es sich hier um Privaturkunden handelt, kommt es nur darauf an, daß es Urkunden der im Gesetze bezeichneten Art sind, und es ist unzulässig mit Olshausen § 363 Nr. 2 die beschränkende Bestimmung hinzuzufügen, daß es Urkunden sein müssen, die zum Beweise von Rechten oder Rechtsverhältnissen erheblich sind. Privaturkunden im Sinne des § 267 sind hier nicht gemeint, aber man wird darum doch nicht mit Oppenhoff § 363 Nr. 5 sagen dürfen, daß trotz der Worte des Gesetzes „solche Urkunde" das Schriftstück den Charakter einer Urkunde nicht zu haben brauche.

fälschung findet hier insofern statt, als zur Vollendung der Uebertretung die in der Absicht Andere zu täuschen verübte Verfälschung der echten oder Anfertigen der falschen Urkunde genügt und ein Gebrauchmachen zum Zwecke der Täuschung nicht erforderlich ist.

Die Strafe, Haft oder Geldstrafe bis zu einhundertfünfzig Mark, trifft auch denjenigen, welcher um des gleichen Zweckes willen von einer der gedachten Urkunden, wissend, daß sie falsch oder verfälscht ist, Gebrauch macht, so wie denjenigen, der um des gedachten Zweckes willen von einer echten, aber für einen Andern ausgestellten derartigen Urkunde, als ob sie für ihn ausgestellt sei, Gebrauch macht, und denjenigen, der eine solche für ihn ausgestellte Urkunde einem Andern zu dem gedachten Zwecke überläßt.

§ 162. Als einen qualifizirten Fall der Urkundenfälschung behandelt das Gesetz denjenigen, in welchem sie in der Absicht begangen wird sich oder einem Andern einen Vermögensvortheil zu verschaffen oder einem Andern Schaden zuzufügen[1]).

Es wird in diesem Falle also der volle Thatbestand der Urkundenfälschung im Sinne des § 267 vorausgesetzt und der Unterschied ist nur der, daß hier eine näher bestimmte rechtswidrige Absicht gefordert wird. Hier wie im Falle des § 267 wird also vorausgesetzt, daß die Fälschung in der rechtswidrigen Absicht von der gefälschten Urkunde zum Zwecke des Beweises Gebrauch zu machen verübt sei und daß ein Gebrauch zum Zwecke der Täuschung stattgefunden habe. Während aber nach § 267 der weitere Erfolg den der Thäter mittelst der Täuschung herbeizuführen beabsichtigte, indifferent ist, erfordert hier der Thatbestand des Delictes, daß sowohl die fälschende Thätigkeit wie auch das Gebrauchmachen weiter noch von einer, in Beziehung auf den durch Täuschung herbeizuführenden Erfolg, rechtswidrigen Absicht bestimmt gewesen sei[2]). Diese Absicht muß entweder die sein sich oder einem Andern

1) Strfgb. § 268.

2) Vgl. Merkel a. a. O. S. 799. Die Absicht des Thäters ist allerdings nur eine, sofern sie schließlich darauf geht, einen Vermögensvortheil zu erreichen oder einen Andern zu beschädigen, aber er betrachtet die Fälschung und den rechtswidrigen Gebrauch der Urkunde zum Zwecke des Beweises als Mittel der Verwirklichung jener Absicht, und insofern ist die Absicht zugleich auf das Fälschen und das Gebrauchmachen gerichtet und ist in dieser wie in jener Beziehung rechtswidrig. Schwarze § 268 Nr. 1. Rsprch. II S. 608. Dagegen Fuchs in Goltd. Arch. XIX S. 424, der die Rechtswidrigkeit des Vermögensvortheils nicht für erforderlich erachtet. Ebenso Olshausen § 268 Nr. 2. Rsprch. I S. 715.

einen Vermögensvortheil zu verschaffen, oder die einem Andern Schaden zuzufügen.

Der erstrebte Vermögensvortheil muß ein rechtswidriger sein, und für die Rechtswidrigkeit desselben ist nicht dies entscheidend, daß der Thäter kein Recht auf ihn hat, denn der Vortheil, auf den man kein Recht hat ist darum noch nicht ein rechtswidriger, sondern kann ein völlig erlaubter sein, vielmehr muß der beabsichtigte Vortheil rechtswidrig insofern sein als es darauf ankommt, ihn mit Verletzung des Rechtes eines Andern zu erlangen [1]). Die Absicht muß also darauf gerichtet sein sich oder einem Andern einen Vermögenswerth zuzuwenden, der rechtswidrig dem Vermögen eines Andern entzogen wird und eben dieser Umstand bildet das qualifizirende Moment der Urkundenfälschung. Damit ist hier der Fall ausgeschlossen, daß es unternommen wird mittelst Fälschung die Zahlung einer Schuld herbeizuführen. Die Absicht um des bessern Fortkommens willen eine Urkundenfälschung zu verüben wird freilich regelmäßig auch darauf gerichtet sein sich eine bessere pecuniäre Lage zu verschaffen, kommt aber an sich nicht als Absicht sich einen Vermögensvortheil im Sinne des § 268 zu verschaffen in Betracht, und zwar darum nicht, weil der pecuniäre Vortheil den Jemand durch gesteigerten Verdienst erlangt nicht ein rechtswidriger ist, wie er bei der qualifizirten Urkundenfälschung des § 268 erfordert wird. Tritt dagegen mit der Absicht sich ein besseres Fortkommen zu verschaffen die auf einen rechtswidrigen Vermögensvortheil gerichtete Absicht in Verbindung, so würde mit Ausschluß des § 363 die Strafbestimmung des § 268 zur Anwendung kommen [2]).

---

1) In Betreff des Vermögensvortheils und seiner Rechtswidrigkeit handelt es sich hier um dieselben Streitfragen wie bei dem vom Betrüger beabsichtigten rechtswidrigen Vermögensvortheil. Vgl. Oppenhoff § 168 Nr. 2, der nur einen Vortheil fordert auf den der Thäter kein Recht hat, Schwarze § 268 Nr. 2 der die Rechtswidrigkeit des Vortheils nicht als erforderlich ansieht, weil die Fälschung das maßgebende Moment sei, obwohl dann nicht einzusehen ist, welches Moment das qualifizirende sein soll. Ebenso v. Liszt S. 486. Dagegen Merkel a. a. O. H. Meyer S. 623. Das Nähere vgl. oben S. 272 f.

2) Dagegen Oppenhoff § 363 Nr. 1, der in allen Fällen § 268 für anwendbar erachtet, in welchen der Thäter um seines bessern Fortkommens willen eine Stellung erstrebt die unmittelbar Vermögensvortheile, Gehalt, Lohn, gewährt. Unter solcher Voraussetzung würde § 363 nur noch einen höchst beschränkten, praktischen Werth haben.

Die Absicht sich oder einem Andern einen rechtswidrigen Vermögensvortheil zu verschaffen schließt unvermeidlich die Absicht in sich das Vermögen eines Andern zu beschädigen. Zum Thatbestande des Verbrechens genügt es aber, wenn die Absicht des Thäters nicht auf einen Vortheil, sondern lediglich darauf gerichtet war einem Andern Schaden zuzufügen. Der gewöhnlichste Fall wird zwar gewiß der einer Vermögensbeschädigung sein, aber streitig ist die Frage ob die Schadenszufügung auf Vermögensbeschädigung zu beschränken sei. Die Fassung des § 268 lehnt sich an die des § 247 des preußischen Strafgesetzbuches an, und es ist richtig, daß man bei der Fassung des letztern die Schadenszufügung im Unterschiede vom Betruge nicht auf Vermögensbeschädigung beschränken wollte[1]). Daraus kann aber für die Auslegung des § 268 kein Argument entnommen werden, weil es sich in § 247 um den Thatbestand der Urkundenfälschung überhaupt handelt, der die Absicht sich oder Anderen Gewinn zu verschaffen oder Anderen Schaden zuzufügen erfordert, in § 268 des deutschen Strafgesetzbuches aber um eine qualifizirte Form der Urkundenfälschung im Unterschiede von der einfachen, welche nur die rechtswidrige Absicht von dem Falsificat zum Zwecke des Beweises Gebrauch zu machen, voraussetzt. Wenn daher zwar für die einfache Urkundenfälschung der weitere Erfolg, den der Thäter mittelst des Gebrauches der gefälschten Urkunde herbeizuführen beabsichtigt, gleichgiltig ist, der Thatbestand dadurch nicht ausgeschlossen wird, daß der Thäter ein ihm wirklich zustehendes Recht mittelst der Urkunde geltend zu machen unternimmt, so kann es doch nicht zweifelhaft sein, daß auch in solchem Falle einem Andern Schaden insofern zugefügt wird, als der Gebrauch der Urkunde ihn in eine prozessualisch ungünstigere Lage versetzt. Es ist daher kein Fall der einfachen Urkundenfälschung denkbar, in welchem nicht einem Andern im weitern Sinne des Wortes ein Schaden zugefügt würde, und soll zum Thatbestande der qualifizirten Urkundenfälschung jede Schadenszufügung, welcher Art sie sei, genügen, so wird jeder Unterschied der einfachen und der qualifizirten Fälschung aufgehoben und die Anwendbarkeit des § 267 völlig ausgeschlossen. Es wird daher der Schaden als auf Vermögensbeschädigung beschränkt zu betrachten sein, wie darauf auch die Gegenüberstellung des **Vermögensvortheils** und des Schadens hinweist[2]).

---

1) Vgl. **Goltd.** Mat. II S. 571.

2) Daß in § 268 die Schadenszufügung nicht auf Vermögensbeschädi-

Auch im Falle des § 268 ist es nicht erforderlich, daß die beabsichtigte Täuschung gelungen sei und um so weniger, daß der beabsichtigte Vermögensvortheil oder die Schadenszufügung erreicht wurde.

In Betreff der Strafe gründet hier das Gesetz ein verschiedenes Maß derselben auf den Unterschied der Privaturkunde und der öffentlichen Urkunde. Ist die gefälschte Urkunde eine Privaturkunde, so ist die Strafe Zuchthaus bis zu fünf Jahren, neben welchem auf Geldstrafe bis zu dreitausend Mark erkannt werden kann. Ist die Urkunde eine öffentliche, so ist die Strafe Zuchthaus bis zu zehn Jahren, neben welchem Geldstrafe von einhundertfünfzig bis zu sechstausend Mark verhängt werden kann. Bei mildernden Umständen tritt Gefängnißstrafe ein, die bei Fälschung einer Privaturkunde nicht unter einer Woche, bei der einer öffentlichen Urkunde nicht unter drei Monaten betragen darf, und auch mit ihr darf Geldstrafe bis zu dreitausend Mark verbunden werden.

Da die qualifizirte Urkundenfälschung ein Verbrechen ist, so ist auch der Versuch derselben strafbar. Der Versuch des Verbrechens setzt voraus, daß die Thätigkeit des Fälschers von Anfang an durch die zum Thatbestand des Verbrechens erforderliche rechtswidrige Absicht bestimmt war. Andererseits erfordert der Versuch selbstverständlich nicht, daß in Betreff der beiden verschiedenen zur Vollendung erforderlichen Thätigkeitsarten, des Fälschens und des Gebrauchmachens, ein Anfang der Ausführung stattgefunden habe. Die in der erforderlichen Absicht verübte Fälschung der Urkunde kann jedenfalls allein schon genügend sein um als Versuch des Verbrechens zu erscheinen, aber nur nach den Umständen des concreten Falles wird es sich entscheiden lassen, ob die fälschende Thätigkeit eine solche sei, in welcher die Absicht von der Urkunde zum Zwecke des Beweises Gebrauch zu machen um einen Vermögensvortheil zu erreichen oder Schaden zuzufügen, in die Erscheinung tritt und deshalb als strafbarer Versuch zu betrachten

---

gung zu beschränken sei, ist die herrschende Ansicht. Berner S. 544. v. Liszt S. 486. H. Meyer S. 623. Oppenhoff § 268 Nr. 5. Schwarze § 268 Nr. 3. Rüdorff § 268 Nr. 4. Wächter Deut. Strfr. S. 468. Rsprch. V S. 148. Dagegen Merkel a. a. O. S. 800. Schütze S. 488. F. Meyer § 268 Nr. 16. Olshausen § 268 Nr. 3.

ist[1]). Das Gleiche gilt im Falle einer begonnenen aber nicht beendigten Fälschung.

Bei einem mittelst Urkundenfälschung verübten Betruge oder Betrugsversuche liegt nur ein nach § 268 zu strafendes Delict vor, nicht ideale Concurrenz zweier Delicte[2]).

§ 163. Der Urkundenfälschung hat das Gesetz gleichgestellt 1) den Fall, daß Jemand einem mit der Unterschrift eines Andern versehenen Papiere ohne dessen Willen oder dessen Anordnungen zuwider durch Ausfüllung einen urkundlichen Inhalt giebt[3]).

Vorausgesetzt wird also ein Papier, das entweder außer der Unterschrift eines Andern nichts enthält, oder wenn etwas Weiteres, so doch nichts vermöge dessen es als eine Urkunde im Sinne des § 267 erschiene[4]). Die strafbare Thätigkeit besteht darin, daß das Papier mit urkundlichem Inhalte ausgefüllt wird, sei es, daß dasjenige, was auf dem Papier geschrieben war, durch Verfälschung eine urkundliche Bedeutung erhält, sei es, daß das, abgesehen von der Unterschrift, leere, oder durch Tilgung seines bisherigen Schriftinhaltes leer gemachte Papier mit urkundlichem Inhalte ausgefüllt wird. Da die Unterschrift nicht gefälscht ist, so liegt die fälschliche Anfertigung einer Urkunde nicht vor, aber es soll ihr diese Art der Thätigkeit gleich geachtet werden, wenn die Ausfüllung des Papiers mit urkundlichem Inhalte eine rechtswidrige ist. In dieser Beziehung unterscheidet das Gesetz den Fall, daß die Ausfüllung ohne den Willen dessen geschieht, dessen Unter-

---

1) Merkel a. a. O. III S. 801. Oppenhoff § 268 Nr. 10. Schütze S. 487. Schwarze § 268 Nr. 8. Puchelt § 268 Nr. 4. F. Meyer § 268 Nr. 13. Olshausen § 268 Nr. 7. Rsprch. IV S. 723. Dagegen Rubo § 268 Nr. 11 und Cohn Versuch I S. 640, welche die fälschende Thätigkeit allein als ungeeignet zum Versuche betrachten.

2) Merkel a. a. O. III S. 801. Dagegen Oppenhoff § 268 Nr. 11. Olshausen § 268 Nr. 9. Rsprch. I S. 111. 715. Anders würde es sich freilich verhalten, wenn es richtig wäre, wie das R. Gericht ausführt, daß die qualifizirte Urkundenfälschung die auf einen rechtswidrigen Vermögensvortheil gerichtete Absicht nicht erfordere.

3) Strfgb. § 269.

4) Die Unterschrift von der das Gesetz spricht hat als solche einen über ihr stehenden Schriftinhalt zur Voraussetzung. Daß aber das Gesetz auch die Ausfüllung eines leeren, nur eine Namensschrift tragenden Papiers gemeint hat, ist nicht zweifelhaft. Vgl. Merkel a. a. O. III S. 801. Oppenhoff § 269 Nr. 1–3. Olshausen § 269 Nr. 2–4.

schrift jetzt als die einer Urkunde erscheint, und den Fall, daß die Ausfüllung selbst zwar mit Willen des Unterzeichneten, aber in einer seinen Anordnungen widersprechenden Weise erfolgte, indem also die Urkunde einen andern Inhalt erhielt als der Unterzeichnete wollte und angeordnet hatte[1]).

Zum Thatbestande des Delictes genügt aber nicht die angegebene rechtswidrige Anfertigung des Falsificats, sondern es müssen ferner auch die weiteren zum Thatbestande der Urkundenfälschung erforderlichen Momente hinzutreten, namentlich also die Absicht von dem Falsificate zum Zwecke des Beweises Gebrauch zu machen, und das Gebrauchmachen um einen Andern zu täuschen[2]).

Sollte der Thäter die Namensschrift irrthümlich für echt gehalten haben, so würde seine That immerhin nach § 269 zu beurtheilen sein, weil dieser Irrthum seine That nicht in fälschliche Anfertigung einer Urkunde verwandeln kann[3]), wogegen Anfertigung einer falschen Urkunde vorliegt, wenn der Thäter das Papier, wissend, daß die Namensschrift unecht ist, mit urkundlichem Inhalte ausfüllt.

Der Urkundenfälschung ist 2) gleichgestellt der Fall, daß Jemand von einer falschen oder verfälschten Urkunde, wissend, daß sie falsch oder verfälscht ist, zum Zwecke einer Täuschung Gebrauch macht[4]).

Es schließt sich diese Strafbestimmung ergänzend an § 267 an, und der Begriff der Urkunde ist hier in dem gleichen Sinne genommen wie dort. Als falsche Urkunde ist offenbar nicht nur die fälschlich angefertigte, sondern auch die mittelst Ausfüllung eines mit der Unterschrift eines Andern versehenen Papiers mit urkundlichem Inhalte hergestellte zu betrachten, nicht aber die echte öffentliche Urkunde, in welcher vermöge des strafbaren Verhaltens des Beamten oder einer andern Person rechtlich erhebliche Thatsachen falsch beurkundet werden[5]).

Ob die Fälschung selbst eine rechtswidrige war oder nicht ist gleichgiltig, wofern nur der Thäter mit dem Bewußtsein, daß die Urkunde

---

1) Vgl. Motive z. II Entwf. § 264.

2) Vgl. Motive a. a. O. Merkel a. a. O. Oppenhoff § 269 Nr. 1. Olshausen § 269 Nr. 1.

3) Schwarze § 269 Nr. 2. Dagegen Merkel a. a. O.

4) Strfgb. § 270.

5) Merkel a. a. O. S. 208. Schwarze § 270 Nr. 1. Dagegen Oppenhoff § 270 Nr. 1.

eine falsche oder verfälschte ist von ihr Gebrauch macht, und § 270 findet darum nicht nur Anwendung, wenn die Fälschung von einer andern Person, sondern auch wenn sie vom Thäter selbst in nicht rechtswidriger Absicht verübt war, und er sich erst späterhin entschloß von dem Falsificat Gebrauch zu machen. In Betreff des Dolus ist hier vorausgesetzt, daß der Gebrauch in derselbigen rechtswidrigen Absicht, welche nach § 267 bei der Urkundenfälschung erforderlich ist, verübt sei[1]). Macht der Thäter in der die Urkundenfälschung nach § 268 qualifizirenden Absicht von der Urkunde Gebrauch, so trifft ihn die Strafe des § 268.

Der wiederholte Gebrauch der Urkunde kann auch hier bedingungsweise als fortgesetztes Delict erscheinen. Wer, nachdem er wegen Urkundenfälschung nach § 267 gestraft ist, von der Urkunde nochmals Gebrauch macht ist, nach § 270 zu beurtheilen.

c. Das Bewirken falscher Beurkundung.

§ 164. Ein von der Urkundenfälschung wesentlich verschiedenes Delict ist die strafbare falsche Beurkundung, welche herkömmlich mit dem wenig geeigneten Namen der intellectuellen Urkundenfälschung bezeichnet wird. Die betreffenden, den früheren deutschen Strafgesetzbüchern unbekannten Strafbestimmungen sind im Anschlusse an die Unterscheidung der französischen Praxis von faux matériel und intellectuel oder formel in das preußische Strafgesetzbuch aufgenommen worden[2]) und aus diesem in das deutsche übergegangen. Die Ausfertigung einer echten Urkunde mit einem unwahren Inhalte ist allerdings nicht Fälschung, macht die Urkunde nicht zu einer falschen, wie auch die falsche Urkunde durch die Wahrheit ihres Inhaltes nicht zu einer echten wird. Gleichwohl handelt es sich auch bei der s. g. intellectuellen Urkundenfälschung um einen strafwürdigen Mißbrauch einer Beglaubigungsform für rechtlich erhebliche Thatsachen, und um die Aus-

---

1) Die Absicht zu täuschen ist darum auch hier nicht das allein Entscheidende, sondern die Absicht zum Zwecke des Beweises Gebrauch zu machen. Täuschung zum Scherz, zum Zwecke der Ostentation ist ausgeschlossen. Olshausen § 270 Nr. 1. Schwarze § 270 Nr. 5. Dagegen Rubo § 270 Nr. 1, der es als unzulässig ansieht die rechtswidrige Absicht als selbstverständliche Voraussetzung zu betrachten.

2) Vgl. Goltd. Mat. II S. 574. 579.

füllung einer bedenklichen Lücke, die bei dem Mangel derartiger Strafbestimmungen sich in der Strafgesetzgebung ergeben würde[1]).

Gegenstand der intellectuellen Urkundenfälschung[2]) sind nur öffentliche Urkunden, Bücher und Register, in denen Erklärungen, Verhandlungen oder Thatsachen, welche für Rechte oder Rechtsverhältnisse von Erheblichkeit sind, als abgegeben oder geschehen beurkundet werden, und es ist demnach selbstverständlich die Mitwirkung eines zu solcher Beurkundung competenten Beamten erforderlich. Wenn das Gesetz hier neben den öffentlichen Urkunden noch öffentliche Bücher und Register erwähnt, so ergiebt sich doch aus den angeführten näheren Bestimmungen des Gesetzes von selbst, daß auch die Eintragungen in diese Bücher oder Register solche sein müssen, welche die Bedeutung öffentlicher Urkunden haben[3]).

Die strafbare Handlung besteht in dem vorsätzlichen Bewirken, daß in der öffentlichen Urkunde eine Unwahrheit beglaubigt wird, und setzt voraus, daß der beurkundende Beamte getäuscht wurde, da dieser sich des nach § 271 zu strafenden Vergehens nicht schuldig machen kann, vielmehr, wenn er, von einem Andern dazu veranlaßt, wissentlich eine Unwahrheit beurkunden sollte, wegen Amtsvergehens nach § 348 zu strafen sein würde[4]). In der Regel wird die Beurkundung der Unwahrheit dadurch bewirkt werden, daß der Thäter bei der Beurkundung mitwirkt, indem er eine unwahre Erklärung abgiebt, aber es ist dies nicht nothwendig erforderlich, denn er bewirkt die falsche Beurkundung auch dann, wenn er eine andere bona fide handelnde Person durch Täuschung veranlaßt, ihrerseits die falsche Beurkundung zu bewirken[5]).

Zum Thatbestande des Vergehens genügt aber nicht das Bewirken, daß irgend welche Unwahrheit in die Urkunde aufgenommen wurde, vielmehr kommt es darauf an, daß die Unwahrheit die Erklärungen, Verhandlungen, Thatsachen betreffe, auf welche die

---

1) Merkel a. a. O. S. 804. Dagegen Schwarze § 267 Nr. 19.

2) Strfgb. § 271.

3) Merkel a. a. O. S. 804. Schwarze § 271 Nr. 1. Oppenhoff § 271 Nr. 6. Olshausen § 271 Nr. 2. v. Liszt S. 487.

4) Der den Beamten zur Beurkundung der Unwahrheit Veranlassende würde wegen Anstiftung zum Amtsvergehen, nicht aber nach § 271, zu strafen sein. Rsprch. III S. 368. VII S. 590. Dagegen Schwarze § 271 Nr. 6. Rüdorff § 271 Nr. 3.

5) Schwarze § 271 Nr. 6. Oppenhoff § 271 Nr. 2. 3. Rsprch. V S. 331.

Beweiskraft der Urkunde sich bezieht. Unwahrheiten, für welche die Urkunde, in die sie aufgenommen wurden, eine Beweiskraft nicht besitzt, sind hier ausgeschlossen[1]), insbesondere also unwahre, in ein Vernehmungsprotokoll aufgenommene Aussagen, wohl aber findet eine falsche Beurkundung statt, wenn der Vernommene sich für eine andere Person ausgiebt und mit falschem Namen unterzeichnet[2]), denn das Protokoll ist beweisend für die Thatsache, daß die in ihm bezeichnete und unterzeichnete Person vernommen sei und die betreffende Erklärung abgegeben habe. Die wahrheitswidrig beurkundeten Thatsachen müssen rechtserhebliche sein, gleichviel, ob sie für Rechte einer andern Person oder etwa für öffentliche Rechtsverhältnisse erheblich sind[3]). Die Beweiserheblichkeit der öffentlichen Urkunde versteht sich von selbst.

Die von dem Thäter bewirkte Beurkundung muß nach der gesetzlichen Bestimmung eine unrichtige insofern sein, als Erklärungen, Verhandlungen, Thatsachen als abgegeben oder geschehen beurkundet werden, während sie doch thatsächlich entweder überhaupt nicht, oder in anderer Weise, oder von einer Person in einer ihr nicht zustehenden Eigenschaft, oder von einer andern Person abgegeben oder geschehen sind[4]).

In subjectiver Beziehung fordert das Gesetz, daß die falsche Beurkundung vorsätzlich bewirkt worden sei, d. h. also, daß dieses Bewirken der Beurkundung einer Unwahrheit ein bewußtes und gewolltes, aber selbstverständlich auch ein als unerlaubt, rechtswidrig gekanntes und darum schuldhaftes war. Wer in solcher Weise die falsche Beurkundung bewirkt, beabsichtigt sie auch, wobei freilich nicht erforderlich ist, daß er mit den betreffenden amtlichen Einrichtungen näher bekannt sei. Dagegen ist nicht erforderlich, daß der Thäter die bewirkte falsche Beurkundung als Mittel auf einen beabsichtigten weitern rechtswidrigen Erfolg beziehe[5]).

---

1) Goltd. Mat. II S. 579. Merkel a. a. O. S. 804. Oppenhoff § 271 Nr. 11. 16. Olshausen § 271 Nr. 6. Rsprch. V S. 760.

2) Merkel a. a. O. Goltd. Mat. a. a. O. Rsprch. I S. 686. Dagegen Oppenhoff § 271 Nr. 24.

3) Oppenhoff § 271 Nr. 12—23a. Olshausen § 271 Nr. 4. 5. Rubo § 271 Nr. 3.

4) Casuistik bei Oppenhoff § 271 Nr. 18—23a. Olshausen § 271 Nr. 7.

5) Schwarze § 271 Nr. 13. Oppenhoff § 271 Nr. 4. 19. Olshausen § 271 Nr. 9. Merkel a. a. O. S. 805. Wenn Oppenhoff und

Die Vollendung des Vergehens erfordert nur, daß die falsche Beurkundung stattgefunden habe, nicht aber einen Gebrauch der Urkunde. Aber auch in dem Falle, daß der Fälscher von der Urkunde Gebrauch macht, würde auf ihn nur die Strafbestimmung des § 271 Anwendung finden [1]).

Die Strafe ist Gefängniß bis zu sechs Monaten, oder Geldstrafe bis zu dreihundert Mark.

Wird dagegen die intellectuelle Urkundenfälschung in der Absicht begangen, sich oder einem Andern einen Vermögensvortheil zu verschaffen oder einem Andern Schaden zuzufügen [2]), so ist die Strafe Zuchthaus bis zu zehn Jahren nebst Geldstrafe von einhundert fünfzig bis zu sechstausend Mark, und falls mildernde Umstände vorhanden sind, Gefängniß nebst Geldstrafe bis zu dreitausend Mark.

Denjenigen, welcher wissentlich von einer falschen Beurkundung der in § 271 bezeichneten Art zum Zwecke einer Täuschung Gebrauch macht, trifft die Strafe des § 271, und wenn die Absicht dahin gerichtet war, sich oder einem Andern einen Vermögensvortheil zu verschaffen oder einem Andern Schaden zuzufügen, die Strafe des § 272 [3]).

Vorausgesetzt wird hierbei nur dies, daß wissentlich von einer falschen Beurkundung Gebrauch gemacht wurde, nicht dies, daß die falsche Beurkundung eine nach § 271 strafbare war, so daß den Thäter die Strafe des § 273 auch dann trifft, wenn die falsche Beurkundung ihren Grund lediglich in einem Irrthume des Beurkundenden hat oder eine nach § 348 als Amtsvergehen strafbare ist [4]).

Merkel es für nicht erforderlich erachten, daß die falsche Beurkundung beabsichtigt sei, so ist nicht einzusehen wie ein Erfolg vorsätzlich verursacht sein könnte, ohne beabsichtigt zu sein. Diejenige rechtswidrige Absicht, welche § 267 erfordert, kommt hier nicht in Betracht.

1) Merkel a. a. O. Oppenhoff § 271 Nr. 9. 27. Olshausen § 273 Nr. 2. Dagegen Schwarze § 271 Nr. 15, der im Falle des Gebrauches für diesen § 273 für anwendbar erachtet. Ebenso Puchelt § 271 Nr. 11.

2) Strfgb. § 272. In Betreff dieser das Delict qualifizirenden Absicht gilt hier ganz das Gleiche wie bei § 268.

3) Strfgb. § 273.

4) Oppenhoff § 273 Nr. 1. Olshausen § 273 Nr. 1. Merkel a. a. O. S. 806. Rsprch. II S. 300. Dagegen Schwarze § 273.

d. Die übrigen Urkundendelicte.

§ 165. Mit der Urkundenfälschung und falschen Beurkundung hat das Strafgesetzbuch in demselben Abschnitte eine Anzahl von Strafbestimmungen zusammengefaßt, die sich zum Theil auf wirkliche Fälschungen, zum Theil aber auf andere Fälle beziehen, die mit der Fälschung und falschen Beurkundung nur insofern verwandt erscheinen, als es sich um eine strafbare Entstellung oder Unterdrückung der Wahrheit handelt.

Hierher gehört 1) die Strafbestimmung gegen Vernichtung Beschädigung, Unterdrückung von Urkunden [1]). Gegenstand des Vergehens sind Urkunden, und wenn das Gewicht der Gründe, welche dafür sprechen würden, auch hier nur Urkunden in dem beschränkten Sinne des § 267 als Gegenstand des Delicts zu betrachten, nicht zu verkennen ist, so läßt doch das Gesetz eine solche beschränkende Auslegung nicht zu, da es nicht nur keine beschränkende Bestimmung ausgesprochen hat, sondern auch die Motive ausdrücklich hier jede Beschränkung auf Urkunden bestimmter Art für ausgeschlossen erklären [2]).

Die Urkunde muß eine solche sein, welche dem Thäter überhaupt nicht oder nicht ausschließlich gehört. Hieraus kann nur gefolgert werden, daß der alleinige Eigenthümer einer Urkunde durch deren Vernichtung sich nicht strafbar macht, sollte er es auch in der Absicht thun einen Andern, der an der Bewahrung der Urkunde ein rechtliches Interesse hat, zu benachtheiligen. In Ermangelung einer besondern Strafbestimmung würde die Beschädigung oder Vernichtung einer Urkunde, die dem Thäter nicht gehört, nach § 303 als Sachbeschädigung zu strafen sein, und § 274 gewährt durchaus keinen Anhalt dafür, daß hier der Unterschied der eigenen und fremden Sache, der Sache die dem Thäter oder einem Andern gehört, ein anderer sein könnte als in § 303 oder § 242. Eine hiervon abweichende Auslegung des § 274 kann sich am wenigsten auf die Natur der Urkundenfälschung stützen, da es sich hier um ein von dieser durchaus verschiedenes, eigenthüm-

---

1) Strfgb. § 274 Nr. 1.

2) Motive z. II Entwf. § 344 und 345. Merkel a. a. O. S. 807. v. Liszt S. 488. Geyer a. a. O. II S. 105. Rsprch. II S. 474. V S. 625 VI S. 356. Dagegen Oppenhoff § 274 Nr. 5. Schwarze § 274 Nr. 5. John in Holtzdf. Hdbch. III S. 184. Rüdorff § 274 Nr. 4. Olshausen § 274 Nr. 2.

liches Delict handelt. Die Urkunde ist also zwar eine fremde, wenn der Thäter nur Miteigenthümer derselben ist, aber nicht schon dann, wenn ein Anderer in Betreff derselben ein Editionsrecht oder Pfandrecht hat[1]).

Die Handlung besteht in einer Einwirkung auf die Urkunde, vermittelst deren sie ihrer bestimmungsmäßigen Verwendung entzogen wird. Es kann dies geschehen durch eine Beschädigung, gleichviel ob diese in einer Verletzung der Substanz oder in einer Veränderung des Inhaltes der Urkunde, vermöge deren sie die Bedeutung einer solchen verliert, besteht, wogegen hier die Verfälschung der Urkunde ausgeschlossen ist[2]). Die Handlung kann ferner bestehen in einem völligen Vernichten oder in einem Unterdrücken der Urkunde. Das Unterdrücken erfordert jedenfalls, daß die nicht vernichtete Urkunde der Verwendung durch den Berechtigten entzogen werde, aber eben dies muß hier durch eine Handlung, ein Verhalten des Thäters geschehen, welches darauf abzielt, die Urkunde nicht zum Vorschein kommen zu lassen, sie dem Berechtigten unerreichbar zu machen[3]). Wer also die in seinem Besitze befindliche fremde Urkunde zwar dem Berechtigten aus irgend welchem Grunde vorenthält, etwa in der Absicht sie zu seinem eignen Vortheile als Beweismittel zu produziren, aber Existenz und Besitz derselben nicht leugnet, ist nicht der Unterdrückung

1) Goltd. Mat. II S. 554. Herzog im G. Saal 1874 S. 228 f. Merkel a. a. O. S. 807. Schwarze § 274 Nr. 8. Dagegen Oppenhoff § 274 Nr. 6. Puchelt § 274 Nr. 2. Rüdorff § 274 Nr. 4. Olshausen § 274 Nr. 2 welche die Editionspflicht oder das Pfandrecht an der Urkunde als genügend ansehen, um sie als eine dem Thäter nicht ausschließlich gehörende zu betrachten.

2) Eine feste Unterscheidung zwischen Beschädigung und Vernichtung zu ziehen ist kaum möglich und ohne praktisches Interesse. Eine jede Behandlung der Urkunde, durch die sie die Bedeutung einer solchen verliert, wird, auch wenn sie der Substanz nach erhalten bleibt, als Vernichtung, aber auch als Beschädigung bezeichnet werden können. Oppenhoff § 274 Nr. 8. v. Liszt S. 488. Olshausen § 274 Nr. 5. Entsch. III S. 370. Rsprch. II S. 135.

3) Das Unterdrücken entspricht ganz dem Beiseiteschaffen im § 133 des Strfgb. und § 209 d. R. Konk. Ord. John a. a. O. S. 185. Oppenhoff § 174 Nr. 9. v. Liszt S. 489. Dagegen Olshausen § 174 Nr. 6, weil das Unterdrücken kein Fortschaffen an einen andern Ort fordere. Aber dies ist auch bei dem Beiseiteschaffen nicht nothwendig erforderlich. Geyer a. a. O. S. 105. H. Meyer S. 625. Vgl. oben S. 410.

schuldig, sondern wird civilrechtlich auf Rückgabe zu belangen, eventuell wegen Diebstahls, Unterschlagung, Betrugs zu strafen sein[1]).

In subjectiver Beziehung wird erfordert, daß die Beschädigung, Vernichtung, Unterdrückung der Urkunde vorsätzlich und mit dem Bewußtsein, daß sie eine fremde ist, verübt wurde, weiter aber auch, daß es in der Absicht geschah einem Andern Nachtheil zuzufügen. Bestritten ist die Frage ob damit nur ein Vermögensnachtheil gemeint sei oder nicht. Als völlig unzulässig wird es freilich nicht betrachtet werden dürfen den „Nachtheil" nur auf eine Vermögensbeschädigung zu beziehen, da das „Benachtheiligen", der „Schaden" wovon die §§ 266, 268, 272 sprechen, gewiß auch nur auf Vermögensbeschädigung zu beziehen sind. Es ist aber nicht zu verkennen, daß die besonderen Gründe welche bei den angeführten Gesetzesstellen für jene beschränkende Auslegung des Nachtheils, Schadens sprechen, hier mangeln und auch der eigenthümlichen Natur des Delicts solche Gründe, nicht zu entnehmen sind[2]). Worin also der beabsichtigte Nachtheil besteht ist gleichgiltig[3]), jedenfalls aber wird erfordert, daß vom Thäter ein Nachtheil beabsichtigt war dem die Beschädigung, Vernichtung, Unterdrückung der Urkunde als Mittel dienen sollte, wonach also die rechtswidrige Einwirkung auf die Urkunde nicht schon an sich selbst als der beabsichtigte Nachtheil betrachtet werden darf. Der Andere, den zu benachtheiligen beabsichtigt war, wird regelmäßig der Eigenthümer oder Miteigenthümer der Urkunde sein, insofern aber an deren Bewahrung eine weitere Person ein rechtliches Interesse hat, ist es nicht ausgeschlossen, daß die Absicht auf deren Benachtheiligung gerichtet sei[4]).

Neben der Beschädigung, Vernichtung, Unterdrückung von Urkunden kommt 2) in Betracht die rechtswidrige Beseitigung von

---

1) Rsprch. I S. 258. Oppenhoff § 274 Nr. 9. Olshausen § 274 Nr. 6. F. Meyer § 274 Nr. 4.

2) Für die Beschränkung auf Vermögensnachtheil F. Meyer § 274 Nr. 3. Merkel a. a. O. S. 807. Warum, wie Merkel sagt, allein der Vermögensnachtheil dem Charakter des Delicts entsprechen soll, ist nicht einzusehen.

3) Oppenhoff § 274 Nr. 1. Schwarze § 274 Nr. 2. Rüdorff § 274 Nr. 3. Olshausen § 274 Nr. 7. Rsprch. II S. 374. Geyer a. a. O. S. 106. v. Liszt S 489.

4) Olshausen § 274 Nr. 7.

Grenz- oder Wasserstands-Merkmalen, sowie die Herstellung unrichtiger derartiger Merkmale. Im erstern Falle ist Gegenstand des Delictes ein Grenzstein oder anderes zur Bezeichnung einer Grenze oder eines Wasserstandes bestimmtes Merkmal, gleichviel ob es ein auf die Dauer berechnetes oder nur zeitweilig dienendes ist, ob es zur Bezeichnung der Eigenthumsgrenze, oder zur örtlichen Sonderung dinglicher Berechtigungen dient[1]). In allen Fällen aber muß das zur Grenzbeurkundung geeignete Merkmal die Bestimmung als solches zu dienen durch einen die Betheiligten verpflichtenden Rechtsact erhalten haben, gleichviel ob dieser in einer Vereinbarung der Interessenten, oder in der Handlung eines zuständigen Beamten, oder einem richterlichen Spruche besteht[2]). Derartige thatsächlich bestehende, in ihrem Dasein nicht auf einseitiger Willkür beruhende Merkmale sollen gegen jede eigenmächtige Beseitigung wie Veränderung geschützt werden. Das Gesetz erklärt darum für strafbar das Wegnehmen, Vernichten und Unkenntlichmachen des Merkmals, gleichviel ob damit die Grenze wirklich unerkennbar geworden ist oder nicht, sowie ferner das Verrücken und fälschliche Setzen eines solchen Merkmals. Im ersteren Falle wird das Merkmal rechtswidrig seiner Zweckbestimmung entzogen, im letzteren Fall wird der unrichtige Schein hervorgerufen, daß ein wirkliches, in seinem Dasein die Interessenten bindendes Merkmal vorhanden sei.

In subjectiver Beziehung erfordert der Thatbestand, daß die Beseitigung des richtigen oder die Herstellung des unrichtigen Merkmales eine vorsätzliche mit dem Bewußtsein der Rechtswidrigkeit d. h. mit dem Bewußtsein verübte sei, daß es sich um ein, vermöge der Art seiner Herstellung für die Interessenten maßge-

---

1) **Merkel** a. a. O. S. 808. **Schwarze** § 274 Nr. 13. **Oppenhoff** § 274 Nr. 12. 13. **Olshausen** § 274 Nr. 8.

2) **Schwarze**, **Oppenhoff**, **Olshausen** a. a. O. Wenn Rsprch. III S. 134 ausgeführt wird, es könne nicht als überall im Begriffe des Grenzzeichens gelegen angesehen werden, daß es als solches von den Betheiligten anerkannt worden sei, so ist dies insofern richtig, als Grenzzeichen die ein Grundbesitzer einseitig, um sich seine Grenzen genau kenntlich zu machen, setzt, gewiß um ihrer Zweckbestimmung willen Grenzzeichen sind, und ebenso sind die fälschlich gesetzten Grenzzeichen, wirklich Grenzzeichen, insofern ihre Zweckbestimmung zur Bezeichnung der Grenze zu dienen erkennbar ist. Von einem strafbaren Wegnehmen, Vernichten der Grenzzeichen kann aber nur die Rede sein, wenn dieselben solche sind, die durch einen die Interessenten bindenden Rechtsact ihre Zweckbestimmung erhalten haben.

bendes Merkmal handelt. Das Gesetz fordert aber außerdem noch, daß der Thäter in der Absicht einem Andern Nachtheil zuzufügen, gehandelt habe. Hier wie bei der Beschädigung, Vernichtung, Unterdrückung der Urkunde genügt also die bewußte und gewollte rechtswidrige Einwirkung auf den betreffenden Gegenstand, die Urkunde oder das Grenz- oder Wasserstandsmerkmal nicht, denn es wäre sonst nicht einzusehen, warum das Gesetz die Absicht der Benachtheiligung eines Andern noch ausdrücklich fordern sollte.

Wer vorsätzlich ein solches Merkmal beseitigt oder fälschlich setzt, kann dies nicht anders thun, als daß er sich dabei des aus seinem rechtswidrigen Thun unmittelbar sich ergebenden, einen Andern benachtheiligenden Erfolges bewußt ist und ihn gewollt hat, wäre es auch nur der Nachtheil, daß das richtige Merkmal wieder hergestellt werden muß. Dieser beabsichtigte Nachtheil, wie er sich etwa aus der muthwilligen, boshaften Entfernung eines Grenzsteines ergiebt, kann also, weil selbstverständlich und in jedem Falle eintretend nicht genügen, vielmehr muß der Thäter seine vorsätzliche Thätigkeit als Mittel noch auf einen weitern den Andern benachtheiligenden Erfolg beziehen. Dazu wird aber allerdings schon die Absicht ausreichen, dem Andern das, durch das Grenzmerkmal zu Gebote stehende, Beweismittel zu entziehen, um damit sich oder einem Andern irgend welchen Vortheil zuzuwenden, wogegen nicht erforderlich ist, daß eine Benachtheiligung des Andern in seinem Grundbesitze oder seiner dinglichen Berechtigung beabsichtigt sei[1]).

Die Strafe ist Gefängniß, neben welchem auf Geldstrafe bis zu dreitausend Mark erkannt werden kann. Mit der Gefängnißstrafe kann, wenn sie wenigstens drei Monate beträgt, Verlust der bürgerlichen Ehrenrechte verbunden werden[2]). Der Versuch ist nicht strafbar.

---

1) Wer eine fremde Urkunde oder ein Grenzmerkmal vernichtet, ist sich auch dessen bewußt, daß er damit dem Berechtigten ein Beweismittel entzieht und will dies. Ein Bedürfniß sich mit der Strafe der Sachbeschädigung nicht zu begnügen, sondern wie in § 274 eine besondere Strafbestimmung aufzustellen liegt gerade nur unter der Voraussetzung vor, daß der Wille des Thäters weiter reicht, auf einen weitern für den Andern nachtheiligen Erfolg gerichtet ist. Vgl. Merkel a. a. O. S. 309. Schwarze § 274 Nr. 2. 3. 12. Olshausen § 274 Nr. 12. Rsprch. V S. 80. Oppenhoff § 274 Nr. 21.

2) Strfgb. § 280.

§ 166. Wie in Betreff der Urkunden unterscheidet das Gesetz[1]) in Betreff einer Anzahl gewisser Werthzeichen, deren fälschliche Anfertigung, Verfälschung und den wissentlichen Gebrauch der gefälschten Werthzeichen.

Die hier in Betracht kommenden Werthzeichen sind solche, welche sich auf die Stempelsteuer so wie auf das Post- und Telegraphenwesen beziehen, nämlich Stempelpapier, Stempelmarken, Stempelabdrücke für Spielkarten, Pässe oder sonstige Drucksachen oder Schriftstücke, Post- und Telegraphen-Freimarken und gestempelte Briefcouverts[2]). Bei der Fälschung und dem wissentlichen Gebrauche gefälschter solcher Werthzeichen kommt in Betracht, daß sie als Quittungen über Entrichtung einer Stempelabgabe oder der für Post- und Telegraphensendungen zu zahlenden Gebühr erscheinen, und daß es sich also zunächst um Hinterziehung einer Abgabe oder Gebühr handelt. Dem Abschnitte über die Urkundenfälschung waren diese Vergehen unbedenklich darum einzufügen, weil es sich bei ihnen um wirkliche Fälschungsdelicte handelt, während sie allerdings füglich auch mit den Münzdelicten darum hätten zusammengefaßt werden können, weil die hier in Betracht kommenden Werthzeichen dem Papiergelde nicht weniger nahe verwandt sind als die in § 149 bezeichneten Werthpapiere.

Bestritten ist die Frage ob die Strafbestimmung des § 275 nur inländischen oder auch ausländischen Werthzeichen Schutz gegen Fälschungen gewähren soll. Der Mangel einer ausdrücklichen beschränkenden Bestimmung kann nicht schon an sich selbst als ausreichender Grund dafür betrachtet werden, daß das Gesetz den inländischen die ausländischen Werthzeichen gleichgestellt habe, da vielmehr umgekehrt eine ausdrückliche Gleichstellung zu erwarten gewesen wäre, wenn sie in der Absicht des Gesetzgebers gelegen hätte, und zwar entsprechend dem allgemeinen Grundsatze von dem man bei Redaction des Strafgesetzbuches ausging, daß wo Staatseinrichtungen in Betracht gezogen sind, damit nur Einrichtungen des norddeutschen Bundes oder der Bundesstaaten gemeint seien, soweit nicht ausdrücklich durch einen weitern Zusatz diese Beschränkung ausgeschlossen sei. Eine solche ausdrückliche Gleichstellung

---

1) Strfgb. § 275.

2) In Folge der 1874 erfolgten Aufhebung des Zeitungs- und Kalender-Stempels ist durch die Novelle von 1876 in Nr. 2 des § 275 die Erwähnung desselben beseitigt worden.

wäre um so mehr zu erwarten gewesen, als irgend ein ausreichender Grund, Einrichtungen des fremden Staates strafrechtlichen Schutz zu gewähren am wenigsten da vorliegt, wo es sich lediglich um fiscalische Interessen des Auslandes handelt. Dazu kommt aber ferner die Stellung, welche die in § 275 bezeichneten Delicte zu den ihnen zunächststehenden Delicten der Urkundenfälschung und der Münzfälschung einnehmen, denn wenn das Gesetz, und zwar aus naheliegenden bei § 275 nicht zutreffenden Gründen, die ausländische wie die inländische Urkunde, das ausländische wie das inländische Metall- und Papiergeld ausdrücklich als Object strafbarer Fälschung bezeichnet, so kann aus dem Stillschweigen des Gesetzes in Betreff der hier in Betracht kommenden Werthzeichen nur geschlossen werden, daß die ausländischen nicht Gegenstand des Delictes sind. Diese beschränkende Auslegung wird unterstützt durch den weiter noch zu erwähnenden Umstand, daß wiederholte Verwendung gebrauchter Postfreimarken nur strafbar ist, sofern es sich um inländische Freimarken handelt[1]).

Das Gesetz bezeichnet als strafbar 1) denjenigen, welcher wissentlich von falschen oder gefälschten[2]) Werthzeichen der angegebenen Art Gebrauch macht. Ein solcher Gebrauch findet statt, wenn von dem Falsificat als von einem echten in der Weise Gebrauch gemacht wird, daß damit die Entrichtung der zu zahlenden Abgabe oder Gebühr bekundet werden soll. Ein solcher Gebrauch findet aber nicht nur dann statt, wenn das falsche Werthzeichen gleich einem echten seiner Zweckbestimmung gemäß verwendet, sondern

---

1) Rubo § 275 Nr. 3. § 276 Nr. 1. Rüdorff § 275 Nr. 1. Olshausen § 275 Nr. 2. v. Liszt S. 490. Dagegen Merkel a. a. O. S. 810. Schwarze § 275 Nr. 1. Meves § 275 Nr. 3. Oppenhoff § 275 Nr. 3. Rsprch. IV S. 583. Dambach im G. Saal 1871 S. 266 f. schließt aus dem Umstande, daß ausländische Urkunden Gegenstand der Fälschung sind, daß auch ausländische Werthzeichen Object der nach § 275 zu strafenden Delicte seien, berücksichtigt aber nicht die Gründe die dort für und hier gegen die Ausdehnung des strafrechtlichen Schutzes auf das Ausland sprechen, und läßt das Stillschweigen des § 275 im Verhältniß zu der ausdrücklichen Bestimmung des § 267 unerklärt. Heinze staatsrl. u. strafrl. Erörterungen S. 131, bezieht die Strafbestimmung nur auf die inländischen Stempel, dagegen auch auf ausländische Freimarken.

2) Falsch und gefälscht ist an sich gleichbedeutend und es kann nicht füglich einem Zweifel unterliegen, daß der ungenaue Ausdruck „gefälscht" als „verfälscht" zu deuten ist. Olshausen § 275 Nr. 5. Dagegen Sontag in Goltd. Arch. XIX S. 294.

auch dann, wenn es als echtes veräußert wird. Dagegen ist hier jeder Gebrauch, welcher nicht in der Absicht geschieht Andere über die Entrichtung der Abgabe oder Gebühr zu täuschen ausgeschlossen [1]).

Strafbar ist 2) wer unechte Werthzeichen der angegebenen Art anfertigt, wofern dies in der Absicht geschieht sie als echte zu verwenden, wogegen hier die Vollendung des Vergehens nicht erfordert, daß ein Gebrauch des Falsificats stattgefunden habe. Die Absicht die Werthzeichen als echt zu verwenden fordert nicht nothwendig die Absicht des Fälschers, sie selbst zu verwenden, denn jene Absicht liegt auch dann vor, wenn der Fälscher sie anfertigt, um sie anderen Personen zur Verwendung zu überlassen [2]).

Strafbar ist endlich 3) die Verfälschung echter Werthzeichen in der Absicht, sie zu einem höheren Werthe zu verwenden.

Die Strafe ist Gefängniß nicht unter drei Monaten, mit welcher Verlust der Ehrenrechte verbunden werden kann [3]). Damit ist zugleich die in dem Delicte enthaltene Steuer- oder Gebührenhinterziehung gesühnt, soweit nicht etwa nach besonderer gesetzlicher Bestimmung neben der Strafe des § 275 noch die Defraudationsstrafe zu verhängen ist [4]).

---

1) Daß nicht jeder Gebrauch hier in Betracht kommt, ist nicht zweifelhaft, so nicht der Gebrauch der echten mit gefälschtem Stempel versehenen Urkunde, der Gebrauch falsch gestempelter Spielkarten. Merkel a. a. O. S. 810. Oppenhoff § 275 Nr. 8. Olshausen § 275 Nr. 5. Dagegen liegt kein Grund vor den Gebrauch auf die Benutzung zu beschränken, welche das Stempelpapier u. s. w. als solches zum Gegenstande hat und beim Gebrauche echter Werthzeichen die Entrichtung der Abgaben vermitteln würde, und mit Merkel und Oppenhoff die Veräußerung auszuschließen. Vgl. Rsprch. IV S. 583. Olshausen § 275 Nr. 5. Wohl aber wird wie bei dem Gebrauche der falschen Urkunde zu fordern sein, daß der Gebrauch zum Zwecke der Täuschung eines Andern stattgefunden habe, und die Veräußerung an denjenigen der das Werthzeichen als falsches kennt, kann unmöglich strafbar sein, es wäre denn, daß der Veräußernde der Anstiftung zum Gebrauch des falschen Werthzeichens schuldig zu erachten sei. Dagegen Rsprch. und Olshausen a. a. O.

2) Olshausen § 275 Nr. 6. Rsprch. IV S. 583. Dagegen Oppenhoff § 285 Nr. 10. Meves § 275 Nr. 8.

3) Strfgb. § 280.

4) So nach § 12 des Gesetzes über den Spielkartenstempel von 1878. Die §§ 2 des Telegraphen-Marken-Gesetzes von 1869 und 23 des Wechsel-Stempelgesetzes von 1869 sind, soweit es sich um Fälschung und Verfälschung von Marken und den wissentlichen Gebrauch derselben handelt, durch § 275 außer Kraft gesetzt.

Den vorerwähnten Fälschungsdelicten schließt sich an die Strafbestimmung gegen denjenigen, welcher wissentlich schon einmal zu stempelpflichtigen Urkunden, Schriftstücken oder Formularen verwendetes Stempelpapier oder schon einmal verwendete Stempelmarken oder Stempelblankette, ingleichen Stempelabdrücke, welche zum Zeichen stattgehabter Versteuerung gedient haben, zu stempelpflichtigen Schriftstücken verwendet[1]).

Von den in § 275 genannten Werthzeichen werden hier die Post- und Telegraphen-Freimarken und gestempelten Briefcouverts nicht erwähnt, weil man in Rücksicht auf die Strafbestimmung in § 2 des Gesetzes über Einführung von Telegraphen-Freimarken von 1869 und § 27 Nr. 3 des Gesetzes über das Postwesen des Deutschen Reichs von 1871 dies für überflüssig erachtete, und zwar irrthümlicher Weise, da hier nur eine Defraudations-Strafe gedroht ist, in Betreff der wegen Vertilgung des Entwerthungszeichens zu verhängenden Strafe aber auf die allgemeinen Strafgesetze verwiesen wird[2]).

Insofern nun eine wiederholte Verwendung der in § 276 genannten Werthzeichen in der Weise stattfindet, daß zuvor das Entwerthungszeichen vertilgt wurde, liegt offenbar eine Verfälschung vor. Es gehört dieselbe aber nicht nothwendig zum Thatbestande des Delictes, denn § 276 findet auch dann Anwendung, wenn das wiederholt verwendete Werthzeichen keine Entwerthungszeichen enthielt, oder das vorhandene nicht vertilgt wurde, und in solchem Falle handelt es sich lediglich um eine Steuerdefraudation. Abweichend von § 275 wird hier gefordert, daß der Thäter das Werthzeichen seiner Bestimmung gemäß verwendet habe, wogegen das wissentliche Veräußern oder Feilhalten schon einmal verwendeter Stempel nach § 364 als Uebertretung zu strafen ist. Die Strafe ist Geldstrafe bis zu sechshundert Mark, neben welcher aber auch die Strafe, welche durch die Entziehung der Stempelsteuer begründet ist, verhängt werden soll, wonach also, wenn keine Verfälschung stattfand, die eine und selbige Steuerdefraudation doppelt zu strafen ist.

§ 167. Theils auf Fälschung, theils auf falsche Beurkundung in Betreff von Gesundheitszeugnissen beziehen sich die Strafbestimmungen der §§ 277, 278 und 279. Hiernach ist 1) strafbar die fälschliche Anfertigung und die Verfälschung eines Zeugnisses

1) Strfgb. § 276.

2) Vgl. Dambach a. a. O. S. 268.

über den Gesundheitszustand eines Menschen. Die fälschliche Anfertigung eines solchen Zeugnisses erfordert, daß der Thäter entweder unter eignem Namen aber mit der ihm nicht zustehenden Bezeichnung als Arzt oder als eine andere approbirte Medizinalperson, oder unberechtigt, fälschlich unter dem Namen einer solchen Person ein Zeugniß über seinen oder eines Andern Gesundheitszustand ausstellt. Gegenstand der Verfälschung ist ein echtes derartiges von einer approbirten Medizinalperson ausgestelltes Zeugniß [1]). Der Thatbestand des Delictes erfordert aber weiter auch, daß der Thäter von dem Falsificate zur Täuschung von Behörden oder Versicherungsgesellschaften Gebrauch gemacht habe. Das Interesse des Thäters eine solche Täuschung herbeizuführen wird regelmäßig dies sein über den Gesundheitszustand zu täuschen, und sofern es sich um Verfälschung des echten Zeugnisses handelt wird diese füglich nicht anders geschehen können, als daß dadurch das Gesundheitszeugniß einen unwahren Inhalt bekommt. Der Thatbestand fordert aber nicht nothwendig eine Täuschung über den Gesundheitszustand und § 277 wird auch dann anwendbar sein, wenn der Thäter ein dem Inhalte nach wahres Gesundheitszeugniß fälschlich anfertigte und gebrauchte [2]). Die Strafe ist Gefängniß bis zu einem Jahre.

Strafbar ist 2) die falsche Beurkundung deren sich ein Arzt

---

1) Für die Approbation der Medizinalpersonen ist entscheidend § 29 der Gewerbe-Ordnung von 1869. Hiernach kommen als approbirte Medizinalpersonen nicht nur die in § 29 genannten in Betracht, sondern auch diejenigen, welche nach landesrechtlichen Bestimmungen als solche zu betrachten sind. Rsprch. IV S. 442. Auch die Hebammen gehören nach § 30 zu ihnen, denn entscheidend ist allein, daß auch sie Medizinalpersonen sind, die einer „besondern Genehmigung" für ihr Gewerbe bedürfen, gleichviel ob sie diese durch ein „Prüfungszeugniß" oder ein „Approbation" genanntes Zeugniß erhalten. Oppenhoff § 277 Nr. 2. Merkel a. a. O. S. 811. Dagegen F. Meyer § 277 Nr. 1. Rüdorff § 277 Nr. 1. Olshausen § 277 Nr. 1. Schwarze § 277 Nr. 2.

2) F. Meyer § 277 Nr. 3. Schwarze § 277 Nr. 1. Rüdorff § 277 Nr. 2. Olshausen § 277 Nr. 4. Dagegen Oppenhoff § 277 Nr. 4. Merkel a. a. O. S. 812. Goltd. Arch. XXIII S. 539. Daß die Täuschung sich auf den Gesundheitszustand beziehen müsse, kann auch nicht mit Merkel aus § 279 gefolgert werden, der freilich nur anwendbar ist, wenn Jemand von einem inhaltlich unwahren Zeugniß über den Gesundheitszustand Gebrauch macht, nicht wenn das fälschlich angefertigte Zeugniß der Wahrheit entspricht.

oder eine andere approbirte Medizinalperson dadurch schuldig macht, daß sie wider besseres Wissen ein unrichtiges Zeugniß über den Gesundheitszustand eines Menschen zum Gebrauche bei einer Behörde oder Versicherungsgesellschaft ausstellt. Die Strafe ist Gefängniß von einem Monat bis zu zwei Jahren.

Es ist 3) strafbar, wer um eine Behörde oder eine Versicherungsgesellschaft über seinen oder eines Andern Gesundheitszustand zu täuschen, von einem der vorerwähnten Zeugnisse Gebrauch macht. Da der Gebrauch in der Absicht zu täuschen stattfinden muß, so versteht es sich von selbst, daß der Thäter auch die Beschaffenheit des Zeugnisses kennen muß, und da es sich um eine Täuschung über den Gesundheitszustand handelt, so ist § 279 nicht anwendbar, wenn das Zeugniß zwar fälschlich angefertigt aber der Gesundheitszustand wahrheitsgemäß bezeugt ist. Die Strafe ist Gefängniß bis zu einem Jahre. In allen drei Fällen kann mit der Gefängnißstrafe, wenn sie wenigstens drei Monate beträgt, Verlust der bürgerlichen Ehrenrechte verbunden werden[1]).

3. Die Münzdelicte.

§ 168. Wie in der ältern gemeinrechtlichen Doctrin so ist auch in den deutschen Strafgesetzbüchern die Auffassung und systematische Stellung der Münzdelicte eine verschiedene. Während die einen sie mit den betrüglichen Handlungen zusammenfassen oder im Anschluß an sie behandeln[2]), stellen die anderen sie zu den Staats- oder öffentlichen Verbrechen. Aber auch bei den letzteren ist der Gesichtspunkt von dem sie ausgehen ein verschiedener. Das preuß. Allg. Landrecht behandelte die Münzdelicte in dem Abschnitte von Anmaßungen und Beeinträchtigungen der vorbehaltenen Rechte des Staates, und stellte dem entsprechend an die Spitze das Delict desjenigen, der, ohne den innern Gehalt der Münze zu fälschen, eigenmächtig Münzen mit landesherrlichem Gepräge anfertigt. Als strafbar erschien also die Anmaßung des Münzregals und die Beeinträchtigung des finanziellen Interesses des Staates, dem der Schlagschatz der geprägten Münzen entgeht, wogegen der Umstand, daß durch Fälschung des Gehaltes der Münzen „dem Handel und Credit der Unterthanen Schade zu-

1) Strfgb. § 280.

2) Strfgb. von Altenburg, Thüringen, Sachsen.

gefügt worden" nur als qualifizirendes Moment des Delictes behandelt wurde. Umgekehrt betrachten die neueren Strafgesetzbücher eben diesen Schaden als das für die Bedeutung der Münzdelicte entscheidende Moment, während die Rücksicht auf die Verletzung des Münzregals ganz zurücktritt. Als Verbrechen wider öffentliche Treue und Glauben werden die Münzdelicte mit der Fälschung von öffentlichen Urkunden und Creditpapieren, öffentlichen Siegeln und Stempeln, Meineid, falscher Anklage zusammengefaßt, oder, wenn nicht unter jene gemeinsame Kategorie gestellt, doch im Anschlusse an diese Delicte behandelt[1]). Dem hat sich, nach mancherlei vorangegangenen Schwankungen, auch das preußische Strafgesetzbuch angeschlossen, und ihm ist das deutsche gefolgt. Keines der deutschen Strafgesetzbücher, und selbst keines von denen, welche die Münzdelicte ausdrücklich zu den Staatsverbrechen zählen, hat dieselben in gleicher Weise wie das preuß. Landrecht als unmittelbar gegen den Staat selbst gerichtete betrachtet, vielmehr als solche, welche sich gegen ein strafrechtlich zu schützendes Gut der Gesellschaft richten. Damit ist der fiscalische Gesichtspunkt, von dem die Carolina und die spätere Reichsgesetzgebung bezüglich der Münzdelicte in erster Linie ausging, völlig aufgegeben und die heutige Gesetzgebung zur Auffassung der lex Cornelia de falsis zurückgekehrt.

Wie die Urkundenfälschung richten sich die Münzdelicte gegen die publica fides, indem sie das Vertrauen auf die Echtheit der Münzen erschüttern, damit die Sicherheit des Verkehrs stören und eine Wirksamkeit ausüben, deren Bedeutung weit hinausreicht über den Schaden den einzelne mittelst der falschen Münzen Betrogene erleiden. Die Folge dieser in der Gesetzgebung und Doctrin herrschenden Auffassung war es, daß einerseits manche nach dem älteren Reichs- oder Landesrechte strafbare Formen der Münzdelicte, wie die Anmaßung des Münzregals[2]), Ausführung in-

1) Strfgb. von Bayern 1813. 1861. Würtemberg, Braunschweig, Hannover, Hessen.

2) Vgl. Merkel in Holtzdf. Hdbch. III S. 215 und in Holtzdf. Rslexikon s. v. Münzverbrechen. John Entwf. S. 365. Berner S. 380. Schütze S. 297. H. Meyer S. 613. Dagegen v. Liszt S. 477, der die Münzdelicte zu den strafbaren Handlungen gegen „uneigentliche" Rechtsgüter rechnet, weil nicht blos das Interesse des Publikums an Sicherheit des rechtlichen Verkehrs, sondern auch die Münzhoheit des Staates und das Vermögensinteresse des Einzelnen strafrechtlichen Schutz für Integrität der Geldzeichen for-

ländischer Münzen ins Ausland, Einführung ausländischer Münzen ins Inland, aufgegeben wurden, andrerseits die Münzfälschung nicht mehr auf die des Metallgeldes beschränkt, sondern auch auf die des Papiergeldes und der auf den Inhaber lautenden Creditpapiere ausgedehnt wurde.

Wenn das deutsche Strafgesetzbuch gleich dem preußischen die Münzdelicte im achten Abschnitte den Verbrechen und Vergehen wider die öffentliche Ordnung folgen läßt, und im neunten Abschnitt den Meineid behandelt, so rechtfertigt sich diese Stellung vollkommen durch die eigenthümliche Natur der Münzdelicte. Nicht minder gerechtfertigt erscheint es, daß es die vom preußischen Strafgesetzbuche in § 243 Nr. 3 und 4 behandelten Betrugsfälle zu den Münzdelicten gestellt hat, wie dies füglich auch mit den in § 275 und 276 behandelten Fälschungsfällen hätte geschehen können.

§ 169. Die Münzfälschung hat zum Gegenstande das Metallgeld wie das Papiergeld, welchem letztern gleichgestellt sind die auf den Inhaber lautenden Schuldverschreibungen, Banknoten, Actien oder deren Stelle vertretenden Interimsscheine oder Quittungen, sowie die zu diesen Papieren gehörenden Zins-, Gewinnantheils- oder Erneuerungs-Scheine, welche von dem Reiche, dem norddeutschen Bunde, einem Bundesstaate oder fremden Staate oder von einer zur Ausgabe solcher Papiere berechtigten Gemeinde, Corporation, Gesellschaft oder Privatperson ausgegeben sind[1]).

Als Geld kommen nur die Werthzeichen in Betracht, welche

---

dern. Mit Recht legt aber das Gesetz auf den Schutz der Münzhoheit gar keinen Werth, denn der Staat übt dies Recht heut nicht mehr im eigenen fiscalischen Interesse sondern lediglich in dem des Publikums und straft die Münzfälschung auch aller ausländischen Münzen sicher nicht um das Hoheitsrecht aller fremden Staaten zu schützen. Wohl aber erscheint der Staat insofern interessirt, als die Münzfälschung auch seinen Credit gefährdet, und als Fiscus gehört er mit zu dem Publikum, dessen Interesse geschützt werden soll. Das Vermögensinteresse der Einzelnen ist auch dem Münzfälscher gegenüber durch die Strafbestimmungen wider Betrug und Urkundenfälschung genügend geschützt, und bedarf der Strafbestimmungen wider die Münzdelicte gar nicht. So bleibt das Interesse der Gesellschaft an der Sicherheit des Geldverkehrs als das allein zu schützende Rechtsgut übrig, und es ist nicht einzusehen, warum nicht die publica fides als das durch die Münzdelicte angegriffene Rechtsgut bezeichnet werden dürfte. Löning a. a. O. S. 134 behandelt die Münzdelicte als gegen die Münzhoheit des Staates gerichtete.

1) Strfgb. § 146. 149.

rechtlich die Bestimmung haben als allgemeines Zahlungsmittel zu dienen, gleichviel ob sie unbeschränkt oder nur in gesetzlich beschränktem Maße in Zahlung genommen werden müssen. Ob das Geld inländisches oder ausländisches ist, im Inlande Curs hat oder ob sein Umlauf hier untersagt ist, ob es von Reichs- oder Landeskassen in Zahlung genommen werden darf oder nicht[1]), ist gleichgiltig, jedenfalls aber muß es irgendwo Curs haben, da ihm sonst die Eigenschaft Geld zu sein mangeln würde. Verrufene d. h. rechtlich nicht mehr als Geld geltende Münzen sind nicht Gegenstand der Münzfälschung, sollten sie auch thatsächlich noch in Zahlung genommen werden[2]), vielmehr würde die Fälschung und der Gebrauch derartiger Münzen nur als Betrug zu strafen sein. Mit den Münzen, dem Metallgelde, kommt das vom Gesetze ihm gleich gestellte Papiergeld darin überein gesetzliches Zahlungsmittel zu sein, womit freilich nicht nothwendig die allgemeine Verpflichtung es in Zahlung zu nehmen verbunden ist. Dem Papiergelde sollen, soweit es sich um Fälschung handelt, die in § 149 bezeichneten auf den Inhaber lautenden Werthpapiere gleich geachtet werden. Soweit sie nicht vom Reiche, einem deutschen oder fremden Staate ausgestellt sind, müssen sie, gleichviel ob unter staatlicher Autorität oder nicht, kraft besonderer Berechtigung hierzu ausgestellt sein. Die Papiere müssen auf den Inhaber ausgestellt sein und es sind demnach die auf den Namen einer bestimmten Person ausgestellten, aber auf den Inhaber übertragbare Papiere, ebenso wie die auf den Inhaber zwar ausgestellten aber außer Curs gesetzten Papiere ausgeschlossen[3]).

Subject der Münzdelicte kann ein Jeder sein, und sofern es

1) Vgl. Münzgesetz vom 9. Juli 1873 Art. 13.

2) Berner S. 381. H. Meyer S. 615. Schütze S. 299. 301. Olshausen § 146 Nr. 2. Dagegen Merkel in Holtzdf. Hdbch. III S. 220. Oppenhoff § 146 Nr. 3. Rüdorff § 146 Nr. 3. Schwarze § 146 Nr. 4. Die Anmerkungen zum bayer. Strfgb. von 1813 Bd. III S. 117 erklärten ausdrücklich, daß verrufene Münzen, weil sie die Eigenschaft des Geldes verloren haben, nicht Gegenstand der Münzfälschung seien, wogegen das Strfgb. v. 1861 Art. 109 und Motive z. Entwf. I S. 83 allerdings nur darauf Gewicht legen, daß die Münzen, welche Gegenstand der Fälschung sind, thatsächlich Curs haben. Das deutsche Strfgb. erklärt aber für strafbar das Nachmachen von Geld und bezeichnet das verrufene ausdrücklich als solches das nicht mehr als Geld gilt, darum also auch nicht Gegenstand der Münzfälschung sein kann.

3) Merkel a. a. O. S. 225. Schwarze § 149 Nr. 1. Olshausen § 149 Nr. 1. Dagegen Oppenhoff § 149 Nr. 2. Kirchmann § 149.

sich um Münzverbrechen handelt ist der Ausländer im Inlande auch dann strafbar, wenn er das Verbrechen im Auslande verübte[1]).

Die Handlung besteht in dem Nachmachen des Geldes oder der ihm gleichgestellten Inhaberpapiere. Das Vorbild das der Nachbildung dient, muß also echtes Geld sein und die Anfertigung irgend eines Geldzeichens die nicht in solcher Nachbildung besteht, sollte sie auch in der Absicht stattfinden es in Verkehr zu bringen, würde nicht strafbar sein. Ob das Nachbild dem Vorbilde in höherm oder geringerm Maße entspricht ist gleichgiltig, und das Nachmachen, wenn es in der vom Gesetz bezeichneten Absicht geschieht, wird selbst dann zu strafen sein, wenn das Nachbild so wenig gelungen ist, daß die Möglichkeit mittelst desselben Jemand zu täuschen ausgeschlossen erscheint, denn damit ist nicht ausgeschlossen, daß das Falsificat als Nachbild eines bestimmten Vorbildes vollkommen erkennbar sei, also ein Nachmachen stattgefunden habe. Daß in solchem Falle eine Gefahr für die Sicherheit des Geldverkehrs nicht zu besorgen ist, kann die Strafbarkeit nicht ausschließen, da nach § 146, ohne jede Rücksicht auf die wirklichen oder möglichen Folgen der That, das Nachmachen und das nachgemachte Geld als echtes in Verkehr zu bringen für strafbar erklärt ist[2]). Ein Nachmachen wird aber auch dann anzunehmen sein, wenn der Thäter sein Falsificat nur in seiner augenfälligsten Erscheinung dem Vorbilde nachbildet, dagegen absichtlich, etwa in der Hoffnung damit der Bestrafung wegen Falschmünzerei zu entgehen, es abweichend vom Vorbilde so bezeichnet, daß bei aufmerksamer Betrachtung die Möglichkeit einer Täuschung ausgeschlossen erscheint. Unter der Voraussetzung des erforderlichen Dolus würde der Thäter, welcher Unachtsame zu täuschen gedachte, auch in solchem Falle wegen Falschmünzerei zu strafen sein. Weil aber derartige häufig vorgekommene, ohne rechtswidrige Absicht angefertigte, Nachbildungen von Papiergeld leicht dazu verleiten können sie zur Täuschung Unachtsamer zu mißbrauchen, behandelt das Gesetz es als Uebertretung, wenn Waren-Empfehlungskarten, Ankündigungen oder andere Drucksachen oder Abbildungen, welche in der Form oder Verzierung dem Papiergelde oder den dem Papier-

---

1) Strfgb. § 4 Nr. 1.

2) Schwarze S. 447. Merkel a. a. O. S. 220. H. Meyer S. 616. Oppenhoff § 146 Nr. 4. Olshausen § 146 Nr. 3. Berner S. 334.

gelde nach § 149 gleich geachteten Papieren ähnlich sind, angefertigt oder verbreitet werden[1]).

Aus welchem Material das falsche Geld hergestellt wird, ist gleichgiltig, und namentlich würde das Nachmachen von Metallgeld selbst dann strafbar sein, wenn das Falsificat den gleichen oder einen höhern Metallwerth haben sollte wie das echte Geld[2]), ein Fall der freilich nicht vorkommen wird, so lange ein Interesse derartige falsche Münzen zu prägen nicht abzusehen ist, und erst eintreten würde, wenn die echten Münzen zu einem Nominalwerthe ausgeprägt werden sollten, der ihren Metallwerth beträchtlich übersteigt.

Dem Nachmachen des echten Geldes, der Falschmünzerei, ist gleichgestellt die Münzfälschung, welche dadurch verübt wird, daß echtem Gelde durch Veränderung an demselben der Schein eines höheren Werthes oder verrufenem Gelde durch Veränderung an demselben das Ansehen eines noch geltenden gegeben wird. Gegenstand der Münzfälschung ist also nur das echte und das verrufene Geld, und hierher gehört namentlich der Fall, daß an Münzen der Schein eines werthvolleren Metalls hervorgerufen, dem Papiergelde oder Inhaberpapieren durch Aenderung der Zahlen ein höherer Werth beigelegt wird. Aenderungen an gefälschtem Gelde, Rechenpfennigen und andern Gegenständen um sie als echtes Geld in Verkehr zu bringen, würden nach § 146 nur zu strafen sein, wenn die betreffende Thätigkeit als ein Nachmachen, als Falschmünzerei erscheint[3]).

In subjectiver Beziehung erfordert das Falschmünzen wie die Münzfälschung die Absicht das Falsificat als echtes, beziehungsweise noch geltendes Geld „zu gebrauchen oder sonst in Verkehr zu bringen". Das „In Verkehr bringen" ist in jedem Falle auch ein Gebrauchen, wogegen sehr wohl ein Gebrauchen vorkommen kann, das nicht als „In Verkehr bringen" erscheint. Daß aber auch die Absicht eines solchen Gebrauchens genüge, würde nur

1) Strfgb. § 360 Nr. 6.

2) Schwarze S. 447. Berner S. 383.

3) H. Meyer S. 616. Schwarze S. 447. v. Liszt S. 478. Olshausen § 146 Nr. 8. Merkel a. a. O. S. 220. Dagegen Berner S. 392, der das Versilbern oder Vergolden von Kupfermünzen nicht als Münzfälschung betrachtet, weil Gepräge und Gehalt der Münze unverändert bleiben. Entscheidend ist aber doch allein der Umstand, daß in der Absicht zu täuschen der Münze der Schein eines höheren Werthes beigelegt wird.

angenommen werden können, wenn das Gesetz von der Absicht in Verkehr zu bringen oder sonst zu gebrauchen gesprochen hätte, während nach seiner Fassung das „sonst“ nur die Bedeutung „in anderer Weise“ haben kann, indem, was füglich zu entbehren war, es für gleichgiltig erklärt wird, ob der Fälscher die Absicht hat das falsche Geld selbst als echt in Verkehr zu bringen oder die Absicht es einem Andern als gefälschtes zu übergeben und durch diesen als echtes in Verkehr zu bringen[1]). Es ist also in allen Fällen die Absicht erforderlich das Falsificat in Verkehr zu bringen d. h. einem Andern die freie Verfügung über dasselbe zu übertragen, weshalb der Fall ausgeschlossen ist, daß es nur benutzt werden soll um es in irgend welchem Interesse vorzuzeigen[2]). Wohl aber wird die Benutzung desselben zu einer Cautionsbestellung als ein „In Verkehr bringen“ zu betrachten sein, denn auch dann, wenn die Caution in specie zu restituiren ist, wird einem Andern wenigstens bedingungsweise die freie Verfügung übertragen[3]).

Das Verbrechen der Falschmünzerei wie der Münzfälschung ist vollendet, wenn mit der erforderlichen Absicht das Falsificat hergestellt ist, wogegen, abweichend von der Urkundenfälschung, der Gebrauch desselben zum Zwecke der Täuschung nicht erforderlich ist. In dieser Beziehung stimmt das deutsche Strafgesetzbuch mit den meisten früheren Strafgesetzbüchern überein, und es erklärt sich diese Zurückschiebung der Vollendung in das Gebiet des Versuches theils aus der Nachwirkung der in der ältern gemeinrechtlichen Doctrin vorherrschenden Auffassung des Unterschiedes von Fälschung und Betrug rücksichtlich der Vollendung, theils aus criminalpolitischen Rücksichten. So lange die Thätigkeit des Nachmachens oder Veränderns noch nicht beendet ist, würde sie, vorausgesetzt,

---

1) Thomsen im G. Saal 1878 S. 427. Berner S. 384. H. Meyer S. 616. Olshausen § 146 Nr. 5. 6. Dagegen Merkel a. a. O. S. 222, der zwar anerkennt, daß die Fassung des § 146 logisch nur erscheint, wenn jeder Gebrauch der nicht in einer Verausgabung besteht, ausgeschlossen sein soll, ihn aber dahin auslegt, daß auch ein Gebrauchen, welches nicht Veräußerung ist, genüge. Ebenso Schütze S. 302 der in allen Fällen des Münzdelictes das nicht in einem Verausgaben bestehende Gebrauchen für genügend erachtet. Schwarze S. 448. 449 und § 146 Nr. 3. Oppenhoff § 146 Nr. 9.

2) Geyer a. a. O. S. 98. Oppenhoff § 146 Nr. 9.

3) Thomsen a. a. O. S. 429. Merkel a. a. O. S. 221. Dagegen Olshausen § 146 Nr. 6.

daß sie bereits als Anfang der Ausführung erscheint, als Versuch des Verbrechens zu strafen sein. Genügt zur Vollendung die beendete Herstellung eines Exemplars des Falsificates, so kann gleichwohl die Herstellung einer Mehrheit von Exemplaren nicht als mehrfache Verübung des Verbrechens betrachtet werden, vielmehr liegt dann nur ein fortgesetztes Verbrechen vor, und nur rücksichtlich des Strafmaßes wird es in Betracht kommen, ob der rechtswidrige Angriff auf die Basis des Geldverkehrs in geringerem oder größerem Umfange verübt wurde. Selbstverständlich ist damit der Fall nicht ausgeschlossen, daß der Thäter sich mehrfach der Falschmünzerei schuldig mache, denn wenn er, nachdem er eine Anzahl falscher Münzen geprägt hat, sich entschließt auch Inhaberpapiere zu fälschen, so kann diese Fälschung nicht als eine Fortsetzung der früheren betrachtet werden, da die Identität der Rechtsnorm und des Rechtsgutes das angegriffen wird allein noch nicht genügt um ein fortgesetztes Verbrechen anzunehmen[1]).

Die Strafe ist Zuchthaus nicht unter zwei Jahren, bei mildernden Umständen Gefängniß. Auch kann auf Zulässigkeit von Polizeiaufsicht sowie auf Verlust der bürgerlichen Ehrenrechte erkannt werden.

§ 170. Die Strafe der Falschmünzerei und der Münzfälschung findet ferner Anwendung 1) auf denjenigen, welcher das von ihm, ohne die Absicht es in Verkehr zu bringen, nachgemachte oder verfälschte Geld als echtes in Verkehr bringt[2]). Zur Vollendung des Verbrechens wird in diesem Falle also erfordert, daß das falsche Geld verausgabt, in Verkehr gebracht worden sei, wogegen das Anerbieten desselben zur Zahlung nur als Versuch zu strafen wäre[3]).

---

1) Vgl. oben Bd. I S. 660 f.

2) Strfgb. § 147. Es ist ein Redactionsfehler wenn das Gesetz sagt: „auch ohne die vorbezeichnete Absicht", da hiermit § 147 für maßgebend auch für den Fall bezeichnet wird, daß die Fälschung mit der bezeichneten Absicht stattgefunden hat, während dieser unter § 146 fällt. Dagegen Wächter Deut. Strafrecht S. 466.

3) H. Meyer S. 617. Wächter a. a. O. S. 465. Olshausen § 147 Nr. 1. Dagegen Merkel a. a. O. S. 223. Oppenhoff § 147 Nr. 2 der die Worte „in Verkehr bringt" als gleichbedeutend mit den Worten des § 146 „gebrauchen oder sonst in Verkehr bringen" betrachtet, darum auch hier ein Gebrauchen das nicht Verausgaben ist, für genügend ansieht. Vgl. auch v. Liszt S. 488.

Die gedachte Strafe findet 2) Anwendung auf denjenigen, welcher nachgemachtes oder verfälschtes Geld sich verschafft und solches entweder in Verkehr bringt oder zum Zwecke der Verbreitung aus dem Auslande einführt. Von einem „Sichverschaffen" falschen Geldes kann nur die Rede sein, wenn Jemand falsches Geld zu erwerben gesucht und mit Kenntniß seiner Unechtheit erworben hat. Wer durch Zufall falsches Geld erlangt, hat es sich nicht verschafft, und wenn er es mit Kenntniß seiner Unechtheit als echt in Verkehr bringt, macht er sich nicht eines Münzdelictes schuldig, sondern nur eines Betruges[1]). Daß der Thäter sich das falsche Geld schon in der Absicht es in Verkehr zu bringen verschafft habe ist nicht erforderlich. In Betreff der Vollendung des Delictes sind zwei Fälle zu unterscheiden. Es wird vollendet dadurch, daß der Thäter das falsche Geld in Verkehr bringt. Das Gesetz fordert allerdings nicht ausdrücklich, daß er es als echt in Verkehr bringe, aber es ist dies doch offenbar die stillschweigende Voraussetzung[2]), denn wer das falsche Geld einem Andern als falsches gegen Entgelt oder nicht in der Voraussetzung und Ueberzeugung übergiebt, daß dieser es nicht als echt ausgeben werde, bringt durch ein solches Ausgeben das Geld nicht in Verkehr und ist nicht nach § 147 zu strafen. In Verkehr wird das falsche Geld nur gebracht, wofern es mit dem Willen ausgegeben wird, daß es als echt angenommen werden soll, gleichviel übrigens ob der Thäter es selbst als echt ausgiebt, oder ob er es einem Andern als falsch in der Voraussetzung und Absicht übergiebt, daß dieser es als echt in Verkehr bringen werde. Das Anschaffen des falschen Geldes in der Absicht es als echt in Verkehr zu bringen, ist als Versuch des Verbrechens zu strafen[3]).

---

1) Zum Verschaffen genügt nicht, wie gewöhnlich angenommen wird, Oppenhoff § 147 Nr. 4. Olshausen § 147 Nr. 2. Rüdorff § 147 Nr. 3, der Erwerb des falschen Geldes mit Kenntniß seiner Unechtheit. Es mangelt daher hier eine dem § 270 entsprechende Strafbestimmung, nach welcher jede wissentliche Ausgabe falschen Geldes, gleichviel wie es erworben wurde, als Münzdelict zu strafen ist. Vgl. Thomsen a. a. O. S. 429.

2) Schwarze § 147 Nr. 7. Dagegen Oppenhoff § 147 Nr. 11. Rsprch. I S. 703, weil nur die Absicht, daß das falsche Geld als echt in Verkehr gelange erforderlich sei. Wer aber in dieser Absicht das falsche Geld als solches dem Andern überläßt, wirkt mit es als echt in Verkehr zu bringen, und ist mit Recht zu beschuldigen es als echt in Verkehr gebracht zu haben. Unrichtig Olshausen § 147 Nr. 3.

3) Oppenhoff § 147 Nr. 9. Schwarze § 147 Nr. 7. Olshausen

Das Verbrechen wird ferner aber auch vollendet, ohne daß das falsche Geld in Verkehr gebracht wird, wenn der Thäter es sich im Auslande verschaffte und aus dem Auslande zum Zwecke der Verbreitung einführte. Die Eigenthümlichkeit dieses Falles liegt also in dem Erfordernisse, daß der Thäter das falsche Geld sich im Auslande verschafft, es aus dem Auslande eingeführt habe und daß dieses Einführen zum Zwecke der Verbreitung geschehen sei[1]). Im vorigen Falle aber ist das Anschaffen des falschen Geldes im Auslande und das Einführen desselben wenn nicht gefordert, so doch nicht ausgeschlossen und der wesentliche Unterschied ist also nur der, daß wer das falsche Geld im Auslande sich verschafft, es einführt und dann erst die Absicht faßt es zu verbreiten des vollendeten Verbrechens erst schuldig ist, wenn er das falsche Geld in Verkehr gebracht hat, wer aber das im Auslande angeschaffte falsche Geld mit der Absicht es zu verbreiten einführt, schon damit das Verbrechen vollendet hat, eine Unterscheidung, für welche ein ausreichender Grund nicht wohl abzusehen ist[2]). Daraus, daß im zweiten Falle schon die Thätigkeit des Einführens eine dolose ist, kann kein Gewicht gelegt

---

§ 147 Nr. 2. Dagegen Merkel a. a. O. S. 224. Schütze S. 303. Wächter a. a. O. S. 466.

1) Die Worte: „Zum Zwecke der Verbreitung" sind gleichbedeutend mit: „um es als echt auszugeben, in Verkehr zu bringen", nur daß zur Verbreitung freilich eine größere Zahl falscher Stücke erforderlich ist, während ein Stück genügt um es in Verkehr zu bringen, wonach also hier der Fall des Einführens eines falschen Stückes um es als echt in Verkehr zu bringen ausgeschlossen wäre, Olshausen § 147 Nr. 3, eine praktisch werthlose Unterscheidung, weil ein solcher Fall schwerlich vorkommen wird.

2) Es handelt sich hier offenbar um das Beibehalten einer veralteten Strafbestimmung. Das preuß. A. L. R. erklärt, vom Gesichtspunkte der Regalität ausgehend, in erster Linie nur das Fälschen preußischen Geldes für strafbar, während das Fälschen ausländischen Geldes nur mit der halben Strafe bedroht wird. Weder das Recht des Staates noch auch „Handel und Credit der Unterthanen des Staates" (§ 256) schien verletzt so lange preußisches Geld im Auslande gefälscht nur im Auslande cursirte, wohl aber dann, wenn es aus dem Auslande eingeführt und hier in Verkehr gebracht wurde. Erst das Gesetz vom 8. April 1823 erklärte das Fälschen preußischen Geldes auch wenn es im Auslande von einem Inländer oder Ausländer verübt wurde für strafbar und ebenso das Einführen falschen preußischen Geldes aus dem Auslande, wenn es in gewinnsüchtiger Absicht geschah, auch wenn das Geld im Inlande noch nicht ausgegeben war. Aus dem Gesetze von 1823 ist die letztere Strafbestimmung in das preuß. und deutsche Strfgb. übergegangen.

werden, da es auch im ersten Falle nicht ausgeschlossen ist, daß schon das Verschaffen ein doloses sei. Auch darauf kann jene Unterscheidung nicht gegründet werden, daß es darauf ankomme der Ueberschwemmung des Inlandes mit falschen Münzen des Auslandes mit größerer Strenge zu begegnen, denn das Gesetz fordert nicht die Absicht, das eingeführte falsche Geld im Inlande zu verbreiten, so daß auch derjenige strafbar ist, der es einführt um es zur Verbreitung im Auslande wieder auszuführen[1]).

Hier wie bei Anwendung des § 146 wird nach den Umständen des concreten Falles zu unterscheiden sein ob ein fortgesetztes Verbrechen oder wiederholte Verübung desselben vorliegt. Der Umstand, daß Jemand das in nicht rechtswidriger Absicht von ihm gefälschte Geld, oder das falsche Geld das er sich verschafft hat in einer Mehrzahl von Theilbeträgen ausgab, genügt jedenfalls nicht, um schon deshalb eine mehrfache Verübung des Verbrechens anzunehmen[2]), ebensowenig aber der Umstand, daß das Nachmachen, Verfälschen, das Sichverschaffen nicht auf einmal geschah, sondern aus einer Mehrheit gleichartiger Acte bestand[3]). Wer, wie dies wohl der häufigste Fall sein wird, fortdauernd gewerbsmäßig falsches Geld sich verschafft und verausgabt, ist nur wegen eines fortgesetzten Verbrechens zu strafen.

§ 171. Mit Gefängniß bis zu drei Monaten oder mit Geldstrafe bis zu dreihundert Mark soll bestraft werden, wer nachgemachtes oder verfälschtes Geld, das er als echtes empfing, nach erkannter Unechtheit als echtes in Verkehr bringt[4]).

Man ist rücksichtlich dieser Strafbestimmung von jeher, und auch bei der Redaction des preußischen Strafgesetzbuches[5]) davon ausgegangen, daß in solchem Falle das Motiv des Thäters, den erlittenen Schaden von sich auf einen Andern abzuwälzen, als das die Schuld mindernde in Betracht komme. Dabei ist aber über-

---

1) Olshausen § 147 Nr. 3.

2) Rsprch. I S. 114. Schwarze S. 449 u. § 147 Nr. 7. Oppenhoff § 147 Nr. 13. Olshausen § 147 Nr. 5. Binding Hdbch. S. 557. Dagegen H. Meyer S. 617.

3) Die angeführte Entscheidung des R. Gerichtes kann darum insoweit nicht als richtig angesehen werden, als sie bei der Verausgabung des falschen Geldes in Theilbeträgen ein fortgesetzes Verbrechen nur annehmen will, wenn das Sichverschaffen ein einmaliges war.

4) Strfgb. § 148.

5) Goltd. Mat. II S. 223.

sehen, daß in solchem Falle zwar regelmäßig, aber nicht nothwendig dieses, nur falls der Empfänger betrogen war denkbare, Motiv vorliegen wird, daß soweit es sich um einen mittelst dieses Münzvergehens verübten Betrug handelt, § 263 dem Richter genügenden Spielraum zur Berücksichtigung jenes Motivs gewährt, und endlich, daß neben dem als Betrug erscheinenden Vergehen geringfügiger Art[1]) doch immer noch das verübte Münzdelict in Betracht kommt.

Das Empfangen des falschen Geldes setzt ein Geben voraus, weshalb das Erlangen desselben durch Finden, Unterschlagen, Stehlen hier ausgeschlossen ist[2]). Weil aber, wer das falsche Geld sich weder mit Kenntniß seiner Unechtheit verschaffte, noch auch es als echt von einem Gebenden empfing und es mit dem Bewußtsein seiner Unechtheit in Verkehr bringt, weder nach § 147 noch nach § 148 gestraft werden kann, darum eines Münzdelictes überhaupt nicht schuldig zu erachten ist, so sucht die herrschende Meinung den Mangel einer allgemeinen Strafbestimmung gegen den, der nachgemachtes oder verfälschtes Geld, gleichviel wie er es erlangt habe, mit Kenntniß seiner Unechtheit als echt in Verkehr bringt, dadurch zu ergänzen, daß sie das Empfangen lediglich als Gegensatz zu dem Verschaffen mit Kenntniß der Unechtheit deutet, den § 148 darum als überall anwendbar betrachtet, wo unechtes Geld wissentlich als echt in Verkehr gebracht ist, sofern nicht erweislich sei, daß der Thäter sich das Geld mit Kenntniß der Unechtheit verschaffte[3]). Mit solcher Auslegung, nach welcher das Stehlen des Geldes als ein Empfangen betrachtet werden soll, wird nicht nur dem Wortlaute des Gesetzes ein in keiner Weise zu rechtfertigender Zwang angethan, sondern auch dem Gedanken und der Absicht des Gesetzgebers, der bei seiner Strafsatzung offenbar die Schuld dessen im Auge hatte, der den durch Empfang des falschen Geldes erlittenen Schaden auf einen Andern abwälzen will, aber gewiß nicht daran dachte, diesem Falle den gleich zu stellen, daß der Thäter um den

---

1) Vgl Motive z. II Entwf. zu § 147.

2) Merkel a. a. O. S. 224. Berner S. 385. Wächter a. a. O. S. 467. Thomsen a. a. O. S. 429.

3) H. Meyer S. 617. Schütze S. 303. Oppenhoff § 128 Nr. 2. Schwarze § 148 Nr. 2. 4. Rüdorff § 148 Nr. 1. Olshausen § 148 Nr. 1. Puchelt 148. Selbst Thomsen betrachtet diese gewaltsame Auslegung des Gesetzes für unvermeidlich.

erhofften Vortheil einer strafbaren Handlung sich zu sichern, ein Münzdelict verübt.

Zur Vollendung ist auch hier das Ausgeben des falschen Geldes als echten erforderlich und ein bloßes Anbieten desselben zur Zahlung würde nur als Versuch erscheinen[1]), den das Gesetz für strafbar erklärt.

§ 172. Von der Münzverfälschung unterscheidet das Gesetz die herkömmlich als Kippen bezeichnete Thätigkeit desjenigen, welcher den Metallwerth echter, zum Umlaufe bestimmter Metallgeldstücke durch Beschneiden, Abfeilen oder auf andere Art verringert[2]). Zur Vollendung des Delictes genügt aber diese Thätigkeit, auch wenn sie in der Absicht so verringertes Geld als vollgültig in Verkehr zu bringen verübt wurde, nicht, vielmehr muß das Geld wirklich als vollgültig in Verkehr gebracht sein. Die Strafe ist Gefängniß, neben welchem auf Geldstrafe bis zu dreitausend Mark, sowie auf Verlust der bürgerlichen Ehrenrechte erkannt werden kann, eine Strafe, die der viel schwerern der Münzverfälschung gegenüber auffallend erscheint, weil ein wesentlicher Unterschied zwischen der Thätigkeit desjenigen, der dem echten Gelde durch Veränderung den Schein eines höheren Werthes beilegt, und der Thätigkeit dessen, der trotz der Werthverringerung dem Gelde den Schein ihres vollen Werthes beläßt, nicht stattfindet.

Die gleiche Strafe wie den Kipper trifft den s. g. Wipper, d. h. denjenigen, welcher das von einem Andern in seinem Werthe verringerte Metallgeld wissentlich als vollgiltig in Verkehr bringt. Vorausgesetzt wird aber in Betreff des Wippers, daß er solche verringerte Münzen entweder gewohnheitsmäßig[3]) als vollgültig in Verkehr gebracht habe, oder im Einverständnisse mit dem Kipper. Im letztern Falle erscheinen Kipper und Wipper als Mitthäter, und den ersteren trifft die Strafe des vollendeten Delictes auch dann, wenn er keine der verringerten Münzen ausgegeben hat.

Wer die verringerten Münzen nicht als vollgiltige, sondern

1) Olshausen § 148 Nr. 3 und 147 Nr. 1. Dagegen die, welche dem „In Verkehr bringen“ ein nicht in Verausgaben bestehendes Gebrauchen gleichstellen.

2) Strfgb. § 150. Hierher gehört auch das s. g. Ausschälen, denn ob die Verringerung des Metallwerthes durch Abfeilen am Rande oder an den auseinander gesägten geprägten Flächen geschieht, ist gleichgiltig. Dagegen Berner S. 383, der im letztern Fall Münzverfälschung annimmt.

3) Vgl. Bd. I S. 543 ff.

nach ihrem Metallwerthe, darum überhaupt nicht als Geld, sondern als Ware in Verkehr bringt, ist straflos. Wer die von einem Andern verringerten Münzen mit Kenntniß ihres verringerten Werthes als vollgiltig in Verkehr bringt, ohne dies gewohnheitsmäßig oder im Einverständnisse mit dem der sie verringert hat, zu thun, ist jedenfalls nicht nach § 150 zu strafen und ebenso findet auf ihn § 148 keine Anwendung, falls er sie als vollgiltig empfangen hatte, da solche Münzen weder nachgemachtes noch verfälschtes Geld sind. Eventuell würde er wegen Betruges zu strafen sein.

§ 173. Mit Gefängniß bis zu zwei Jahren wird bestraft, wer Stempel, Siegel, Stiche, Platten oder andere zur Anfertigung von Metallgeld, Papiergeld oder dem letzteren gleichgeachteten Papieren dienliche Formen zum Zwecke eines Münzverbrechens angeschafft oder angefertigt hat[1]).

Nur diejenigen Formen kommen hier in Betracht, welche zur Nachahmung des echten Geldes mittelst Druck, Prägung geeignet sind, indem sie die Schrift, bildliche Zeichen, Verzierungen des echten Geldes enthalten, nicht irgend welche andere Werkzeuge, die der Verübung eines Münzenverbrechens dienen sollen, insbesondere also nicht Werkzeuge zur Verübung des in § 150 bezeichneten Münzvergehens.

Ein solches Anschaffen, Anfertigen von Formen kann geschehen von demjenigen, welcher selbst sie zur Verübung des Münzverbrechens zu gebrauchen beabsichtigt. Ist aber festgestellt, daß die Formen zur Verübung des Verbrechens dienlich und von dem Beschuldigten in der Absicht das Verbrechen selbst zu verüben, angeschafft oder angefertigt sind, so ist damit jedenfalls Alles festgestellt, was zum Versuche des Münzverbrechens erforderlich ist, und in solchem Falle ist die That nicht nach § 151, sondern als versuchtes Verbrechen nach § 146 zu strafen[2]).

---

1) Strfgb. § 151.

2) Merkel a. a. O. S. 226. John in Strafrsztg. XII S. 71 fg. Dagegen Oppenhoff § 151 Nr. 2. Schwarze § 151 Nr. 1. Auch kann man nicht wie Olshausen § 151 Nr. 2 sagen, daß die Handlung regelmäßig einen Versuch enthalten werde, weil die Absicht meist die sein werde, das nachzumachende Geld als echtes in Verkehr zu bringen, denn eben diese Absicht ist die nothwendige Voraussetzung, da § 151 nicht von dem Zwecke echtes Geld nachzumachen, sondern von dem der Verübung eines Münzverbrechens spricht. Eben darum kann auch nicht davon die Rede sein, daß § 151,

Die Strafbestimmung kann hiernach nur Anwendung gegen denjenigen finden, welcher die Formen zum Zwecke eines von einem Andern zu verübenden Münzverbrechens angeschafft oder angefertigt hat. In solchem Falle handelt es sich um Beihilfe zu dem versuchten oder vollendeten Münzverbrechen des Andern, oder um den, in anderen Fällen straflosen Versuch einer Beihilfe, wenn der Andere das Verbrechen weder vollendet noch versucht, etwa nur vorbereitet hat. Vollendet ist das Vergehen erst dann, wenn das Anschaffen oder Anfertigen der Formen beendet ist, während vorher nur strafloser Versuch vorliegen würde.

Wegen einer Uebertretung ist aber auch derjenige strafbar, welcher ohne schriftlichen Auftrag einer Behörde die gedachten Formen anfertigt[1]), und nach der Fassung des Gesetzes auch dann, wenn die Anfertigung noch nicht beendet ist. Zu welchem Zwecke die Formen nach der Absicht des Thäters dienen sollen, kommt hier nicht in Betracht, und es muß deshalb, auch wenn festgestellt ist, daß die Formen zum Zwecke der Verübung eines Münzverbrechens dienen sollten, diese allgemeinere Strafbestimmung Anwendung finden, sofern ihre Anwendbarkeit nicht durch die speciellere des § 151 ausgeschlossen ist, was nicht der Fall ist, wenn die Anfertigung der Formen nicht beendet war[2]).

Hat der Thäter das Münzverbrechen, zu dessen Verübung er die Formen anschaffte oder anfertigte, vollendet, so findet selbstverständlich nicht eine Concurrenz des nach § 146 zu strafenden Verbrechens und des nach § 151 zu strafenden Vergehens statt, vielmehr ist nur das vollendete Verbrechen zu strafen. Stellt sich das Anschaffen oder Anfertigen der Formen als Beihilfe zu dem versuchten oder vollendeten Münzverbrechen eines Andern dar, so kann hier ebensowenig von einer Concurrenz zweier Delicte die Rede sein[3]). Ob dann die Strafe des § 151 oder die nach § 146 und § 49 zu ermessende Strafe der Beihilfe zu verhängen sei, hängt von den Umständen des concreten Falles ab, nach denen zu bestimmen sein wird, welche von ihnen die zu erkennende schwerere

---

wie Schwarze a. a. O. und Rüdorff § 151 Nr. 1 sagen, eine an sich straflose Vorbereitung mit Strafe bedrohe.

1) Strfgb. § 360 Nr. 4.

2) Schütze S. 304. Olshausen § 151 Nr. 3. Dagegen John a. a. O. S. 75. Oppenhoff § 151 Nr. 7.

3) Merkel a. a. O. Schwarze § 251 Nr. 1. Olshausen § 151 Nr. 2. Oppenhoff § 151 Nr. 5. Rüdorff § 151 Nr. 2. Berner S. 386.

Strafe sei. Das wesentlichste Interesse der Strafbestimmung des § 151 ist hiernach allerdings nur dies, eine Bestrafung auch für den Fall zu ermöglichen, daß es sich um einen sonst straflosen Versuch der Beihilfe handelt.

Auch wenn die Verfolgung oder Verurtheilung einer bestimmten Person wegen Münzdelictes nicht stattfindet, soll auf Einziehung des nachgemachten oder verfälschten Geldes, so wie der in § 151 bezeichneten Gegenstände, nicht aber des echten in seinem Werthe verringerten Geldes, erkannt werden[1]).

Es weicht diese Bestimmung von den allgemeinen Bestimmungen über die Einziehung in § 40—42 mehrfach ab, und zwar zunächst insofern, als die Voraussetzung der selbständig zu erkennenden Einziehung hier nur die ist, daß die Verfolgung oder Verurtheilung einer bestimmten Person, gleichviel aus welchem Grunde, nicht stattfindet, nach § 42 aber, daß sie nicht ausführbar ist[2]). Immerhin setzt aber auch § 152 voraus, daß die einzuziehenden Gegenstände Ergebniß einer als Münzdelict zu strafenden Thätigkeit waren, denn davon, daß die Verfolgung einer bestimmten Person nicht stattfindet, kann nur unter der Voraussetzung die Rede sein, daß irgend eine strafrechtlich zu verfolgende Person existirt[3]).

Eine fernere Abweichung ist die, daß nach § 42 auf Einziehung erkannt werden darf, nach § 152 aber erkannt werden muß, und endlich auch die, daß die Einziehung nach § 152 ohne Rücksicht darauf erfolgen muß, ob die einzuziehenden Gegenstände dem Thäter oder einem Theilnehmer gehören.

§ 174. Streitig ist die Frage, ob durch die Strafbestimmungen wider die Münzdelicte die Anwendbarkeit der Strafbestimmungen wider Urkundenfälschung und Betrug ausgeschlossen werde, oder ob betreffenden Falles eine Concurrenz des Münzdelictes mit Urkundenfälschung und Betrug anzunehmen sei[4]).

---

1) Strfgb. § 152.

2) Merkel a. a. O. S. 226. Oppenhoff § 152 Nr. 4. Olshausen § 152 Nr. 2.

3) Merkel, Olshausen a. a. O. Rüdorff § 152 Nr. 2. Schwarze § 152. John a. a. S. S. 59. von Buri im G. Saal 1878 S. 265. Goltd. Arch. XXIV S. 562. Dagegen Schütze S. 305. Oppenhoff § 152 Nr. 3, indem sie allein den Gesichtspunkt der Gemeingefährlichkeit als entscheidend betrachten.

4) Die Frage ist eingehend behandelt von Thomsen im G. Saal 1878 S. 413 fg., der sich für die letztere Ansicht entscheidet.

Was zunächst die Urkundenfälschung betrifft, so kann darüber kein Zweifel sein, daß, wenn ein nachgemachtes oder verfälschtes Werthpapier, sofern es zu den in § 149 bezeichneten gehört, mit Kenntniß seiner Unechtheit als echt in Verkehr gebracht, also von einer falschen Urkunde zum Zwecke der Täuschung Gebrauch gemacht wird, dieser Fall ebenso unter die §§ 149 und 147 oder 148 wie unter § 267 zu subsumiren ist, gleichwohl ein Fall der Concurrenz nicht vorliegt, weil hier durch die Strafbestimmung wider das Münzdelict als der speciellern, die Anwendbarkeit der allgemeinern wider die Urkundenfälschung ausgeschlossen wird[1]). Fraglich aber ist es, ob das Gleiche auch in anders gestalteten Fällen stattfindet.

Bedenklich erscheint namentlich das Verhältniß des § 146 zu § 267 und 268. Wer ein Werthpapier nachmacht oder verfälscht um es als echt in Verkehr zu bringen, hat eine Urkunde in rechtswidriger Absicht fälschlich angefertigt oder verfälscht und ist nach § 146, aber nicht nach § 267 oder 268 zu strafen, weil dazu noch der Gebrauch zum Zwecke der Täuschung erforderlich sein würde. Man könnte hiernach sagen § 267 sei das speciellere Gesetz, weil hier der von § 146 geforderte Thatbestand vorausgesetzt, weiter aber noch erfordert werde, daß ein Gebrauch zum Zwecke der Täuschung stattgefunden habe. Danach würde mit Ausschluß des § 146 falls das Werthpapier in Verkehr gebracht wurde, beziehungsweise mit der Absicht sich oder einem Andern einen Vermögensvortheil zu verschaffen oder einem Andern Schaden zuzufügen, § 267 oder 268 anzuwenden sein, wofür man sich auch noch darauf berufen könnte, daß nach § 146 der Versuch einer Urkundenfälschung strafbar sei, die Versuchsstrafe aber durch die des vollendeten Delicts ausgeschlossen werde. Andererseits könnte man die Strafbestimmung des § 146 als die speciellere insofern betrachten, als hier Gegenstand der Fälschung nicht eine jede Urkunde im Sinne des § 267 ist, sondern nur eine besondere Art derartiger Urkunden. Die Folge davon würde die sein, daß durch § 146 die Anwendbarkeit des § 267 und 268 ausgeschlossen und das Münzdelict zwar in der Regel eine schwerere Strafe als die der Urkundenfälschung treffen würde, dagegen im Falle mildernder Umstände eine mildere als die der Urkundenfälschung. Schon der Umstand, daß in der

---

1) Thomsen a. a. O. S. 417. Oppenhoff § 149 Nr. 3. Rüdorff § 149 Nr. 6. Merkel a. a. O. S. 225. Olshausen § 267 Nr. 51.

einen Beziehung § 146, in der andern § 267 als die speciellere Strafbestimmung erscheint, giebt zu erkennen, daß hier von einem Verhältnisse des specielleren und des allgemeineren Gesetzes überhaupt nicht die Rede sein kann.

Soll ein Gesetz als das speciellere ein anderes als das allgemeinere ausschließen, so ist es die unbestreitbare Voraussetzung, daß das erstere den durchaus gleichen Thatbestand erfordere wie das letztere, außerdem aber noch ein weiteres den allgemeineren Thatbestand specialisirendes Moment. Fordert das angeblich allgemeinere Gesetz ein Thatbestandsmoment das von dem angeblich speciellern nicht erfordert wird, so kann, trotz aller sonstigen Uebereinstimmung, das letztere sich unmöglich auf eine species des vom ersteren bezeichneten genus beziehen. Nur der Fall ist möglich, daß das speciellere Gesetz sich auf einen s. g. Mischthatbestand bezieht und daß es nur in Betreff der einen nicht der andern Begehungsform des Delictes als das speciellere einem andern gegenüber als dem allgemeineren erscheint, wie dies in Betreff des § 147 im Verhältnisse zu § 267 der Fall ist, indem es das speciellere nur ist, wenn das nachgemachte oder verfälschte Werthpapier als echt in Verkehr gebracht wird, nicht, wenn solche Papiere zum Zwecke der Verbreitung aus dem Auslande eingeführt werden. Ebenso kann der umgekehrte Fall eintreten, daß sich das allgemeinere Gesetz auf einen Mischthatbestand bezieht und daß ein anderes als das speciellere nur in Betreff des einen der hier in einer Strafbestimmung zusammengefaßten Thatbestände erscheint1). Wenn dagegen im concreten Falle der vorliegende Thatbestand sich unter zwei verschiedene Strafgesetze nur zufällig und nicht darum subsumiren läßt, weil das eine neben einem qualifizirenden nothwendig alle Thatbestandsmomente des andern voraussetzt, so liegt ein Fall der Concurrenz vor.

Weil, soweit es sich um nachgemachte oder verfälschte Werthpapiere handelt, § 146 nur fordert, daß die Fälschung in der Absicht das falsche Papier als echt in den Verkehr zu bringen verübt sei, aber nicht wie § 267 und 268 daß der Fälscher von der Urkunde zum Zwecke der Täuschung Gebrauch gemacht habe, beziehungsweise, daß dies in der Absicht einen Vermögensvortheil zu erlangen oder einen Andern zu beschädigen geschehen sei, so kann § 146 nicht als das speciellere die §§ 267, 268 als das allge-

---

1) In solchem Verhältnisse steht § 113 zu 114.

meinere ausschließende Gesetz betrachtet werden und darum liegt wenn das Münzdelict des § 146 zugleich die von § 267 oder 268 geforderten Thatbestandsmomente ergiebt, ein Fall der Concurrenz vor[1]). Da nach § 73 im Falle der idealen Concurrenz nur das Gesetz anzuwenden ist, welches die schwerste Strafe oder die schwerste Strafart androht, so wird freilich in der Regel die Strafe des § 146 zu verhängen sein, gleichviel ob man ideale Concurrenz annimmt, oder die § 267 und 268 ausgeschlossen betrachtet, wogegen im erstern Falle bei mildernden Umstande die Strafe des § 268 nicht die des § 146 zur Anwendung kommen müßte. Ein rationeller Grund dafür bei mildernden Umständen, wenn es sich um gefälschte Werthpapiere handelt, die mildere Strafe des § 268, wenn es sich um falsches Metall- oder Papiergeld handelt aber die strengere Strafe des § 146 zu verhängen, ist freilich nicht vorhanden, und anstößige Resultate in Betreff der Bestrafung ergeben sich nicht bloß dann, wenn man die Strafbestimmungen wider die Münzdelicte als die wider Urkundenfälschung und Betrug ausschließenden betrachtet, sondern sind auch unter der Voraussetzung idealer Concurrenz dieser Delicte nicht völlig ausgeschlossen. Eben darum wird auch dem vom Gesetzgeber offenbar nicht genügend erwogenen Verhältnisse, in welchem die betreffenden Strafsatzungen zu einander stehen, ein Argument für die eine oder andere Auffassung nicht entnommen werden können.

Mit dem Betruge kommen die Münzdelicte der §§ 146—150 insoweit überein, als sie die Absicht das unechte Geld als echt in Verkehr zu bringen, also einen Irrthum zu erregen, erfordern. Sie weichen vom Betruge darin ab, daß die Absicht einen Vermögensvortheil zu erlangen und die Zufügung einer Vermögensbeschädigung nicht vorausgesetzt wird, in manchen Fällen überdies auch nicht die verübte Täuschung eines Andern. Allerdings werden

---

1) Thomsen a. a. O. Olshausen § 267 Nr. 51. Eine Concurrenz des Münzdelictes mit Urkundenfälschung betrachten als ausgeschlossen Merkel a. a. O. S. 225. H. Meyer S. 618. Schütze S. 300. Rüdorff § 149 Nr. 6, weil durch die speciellere Strafbestimmung die Anwendbarkeit der allgemeineren ausgeschlossen werde. Oppenhoff § 149 Nr. 3 betrachtet durch § 146 und 147 vermöge ihrer strengeren Strafe die §§ 267, 268 auf Grund von § 73 als ausgeschlossen, nimmt also ideale Concurrenz an, übersieht aber, daß die Strafe des § 146 nicht in allen Fällen die strengere ist. Im Widerspruche hierzu betrachtet er § 148, weil er eine speciellere Strafbestimmung enthalte, als § 270 ausschließend.

die Münzdelicte sehr regelmäßig in der zum Betruge erforderlichen Absicht verübt werden und eine Vermögensbeschädigung zur Folge haben, aber, abgesehen von dem praktisch wohl kaum in Betracht kommenden Falle, daß das falsche Metallgeld den gleichen oder einen höheren Metallwerth hat wie das echte, wird die gewinnsüchtige Absicht wie die Vermögensbeschädigung auch dann mangeln, wenn das falsche Geld mittelst einer Liberalitätshandlung in Verkehr gebracht oder zu bringen beabsichtigt wurde. Es fehlen daher vollständig die Voraussetzungen, unter denen allein die Strafbestimmungen wider die Münzdelicte als die specielleren und darum die wider den Betrug als die allgemeineren ausschließenden betrachtet werden könnten, vielmehr wird betreffenden Falles ideale Concurrenz des Münzdelictes und Betruges anzunehmen sein [1]).

Gegen die Annahme einer solchen Concurrenz ist aber auch der Einwand erhoben worden, daß zum Thatbestande der Münzfälschung die Absicht eines rechtswidrigen Gebrauches der Falsificate, der sich die betrügerische Absicht subsumire, gehöre, und daß die Verwirklichung der zu einem Verbrechen gehörigen Absicht nicht als ein zweites selbständiges Verbrechen betrachtet werden könne, vielmehr zu den Modalitäten der Ausführung von jenem gehöre [2]). Die Voraussetzung ist also die, daß § 146, und wohl auch § 147 so weit er zur Vollendung nicht erfordert, daß das falsche Geld in Verkehr gebracht sei, einen Versuch des Betruges für strafbar erklären und als speciellere Gesetze den § 263 soweit er den Versuch des Betruges für strafbar erklärt, ausschließen [3]). Werde aber mittelst eines dieser Münzdelicte ein vollendeter Betrug verübt, so könne die Verwirklichung der zum Thatbestande des Münzdelictes erforderlichen Absicht nicht als Verübung eines weiteren Delictes betrachtet werden, sondern erscheine als eine nicht in Betracht kommende Modalität der Ausführung. Jene Voraussetzung aber ist eine offenbar falsche, denn das Münzdelict fordert zwar wie der Betrug die Absicht zu täuschen aber nicht betrügerische

1) Thomsen a. a. O. S. 418. H. Meyer S. 618. Oppenhoff § 147 Nr. 3. Olshausen § 263 Nr. 55. Dagegen Merkel a. a. O. S. 222. 224. Schwarze § 148 Nr. 4 § 149 Nr. 4. Schütze S. 300. Rüdorff § 149 Nr. 6. Blum § 148 Nr. 2. F. Meyer § 73 Nr. 2.

2) So Merkel a. a. O.

3) Damit stimmt überein, daß Merkel den § 148 als einen den § 263 ausschließenden betrachtet, doch wohl darum weil § 148 einen vollendeten Betrug für strafbar erkläre und § 263 gegenüber das speciellere Gesetz sei.

Absicht, nicht gewinnsüchtige Absicht. Der vollendete Betrug ist also nicht blos Modalität der Ausführung der zum Münzdelicte erforderlichen Absicht, sondern hat auch rücksichtlich der Absicht noch andere und weitere Voraussetzungen als das Münzdelict.

Aber auch in dem Falle, daß das Münzdelict wirklich in betrügerischer Absicht verübt wäre, würde die Vollendung des Betruges nicht blos als Modalität der Ausführung des Münzdelictes zu betrachten sein. Behandelt das Gesetz die Vorbereitung oder den Versuch eines Delictes als selbständiges, vollendetes Delict, so wird zwar in der Regel durch die Strafe des vollendeten Delicts die des vorbereiteten oder versuchten ausgeschlossen, aber nicht umgekehrt durch die letztere die erstere, denn das Gesetz das die Vollendung mit Strafe bedroht setzt nothwendig den vollen Thatbestand des als selbständiges, vollendetes Delict behandelten Versuches voraus, und schließt als das speciellere Gesetz das allgemeinere aus. Widersinnig würde es nun offenbar sein anzunehmen, daß, wenn das Münzdelict zugleich den Thatbestand eines vollendeten Betruges ergiebt, die schwerere Strafe der §§ 146 und 147 durch die des § 263 ausgeschlossen werde, und es kommt überdies in Betracht, daß keineswegs in allen Fällen eine Concurrenz von Versuch und Vollendung ausgeschlossen ist.

Als Vorbereitung oder Versuch erscheint eine jede Handlung, welche der Thäter als Mittel der Herbeiführung des von ihm beabsichtigten Erfolges verübt. Aber der Umstand, daß seine gesammte Thätigkeit von derselbigen Absicht bestimmt war, hat nicht nothwendig zur Folge, daß er nur eines Delictes schuldig erachtet werden dürfte. Nur eines vollendeten Delictes ist er schuldig, wenn sich die dem Versuche und der Vollendung gedrohte Strafe auf den strafrechtlichen Schutz des einen und selbigen Rechtsgutes, auf Verletzung der einen und selbigen Rechtsnorm bezieht, gleichviel ob das Gesetz den Versuch als solchen oder als selbständiges vollendetes Delict mit Strafe bedroht. Wenn aber der Thäter die Verübung verschiedener Delicte zugleich in seine Absicht aufnimmt, so kann der Umstand, das ihm das eine lediglich als Mittel zur Verübung des andern dient, daß seine gesammte Thätigkeit durch dieselbe auf den Enderfolg gerichtete Absicht bestimmt ist, darum das eine Delict als Versuch in Beziehung auf das zur Vollendung führende andere erscheint, nicht hindern, daß hier Versuch und Vollendung als concurrirende Delicte zu betrachten sind.

Daß die Strafbestimmungen wider die Münzdelicte dem Schutze eines wesentlich andern Rechtsgutes dienen als die wider den Betrug, es sich bei jenen um Verletzung einer wesentlich andern Rechtsnorm handelt, als bei diesen, kann nicht zweifelhaft sein und ist unbestritten. Wenn daher der Falschmünzer oder Münzverfälscher das falsche Geld betrügerisch verausgabt, so handelt es sich allerdings um ein dem verübten, gegen die fides publica gerichteten Münzdelicte nachfolgenden und von diesem verschiedenen Delicte, um die betrügerische Vermögensbeschädigung eines Andern, die ebensowenig nur eine Modalität der Ausführung des Münzdelictes ist, wie etwa der Mord eines Bundesfürsten Modalität der Ausführung des nach § 81 zu strafenden Hochverrathes.

Werden durch die Strafbestimmungen wider die Münzdelicte die wider den Betrug nicht ausgeschlossen, sondern ist betreffenden Falles Concurrenz des Münzdelictes und Betruges anzunehmen, so folgt, daß, wenn mittelst eines nach § 146 oder 147 zu strafenden Münzverbrechens Betrug verübt wurde, nach Maßgabe des § 73 allerdings die Betrugsstrafe durch die des Münzverbrechens ausgeschlossen wird. Unter solcher Voraussetzung wird freilich der praktische Werth des § 148 ein höchst beschränkter, denn die hier gedrohte Strafe wird nur in den sehr seltenen Fällen zu verhängen sein in denen bei Verübung dieses Vergehens nicht zugleich der Thatbestand des Betruges vorliegt, während andern Falles die schwerere Strafe des § 263 zu verhängen ist[1]).

---

1) Als irgend anstößig kann diese Consequenz gewiß nicht betrachtet werden, denn es ist nicht einzusehen warum ein mittelst des in § 148 bezeichneten Münzvergehens verübter Betrug so wesentlich milder als ein anderer Betrug gestraft werden soll, da der schuldmindernde Umstand, daß der Thäter den erlittenen Schaden von sich abwälzen will, dadurch aufgewogen wird, daß er zugleich ein Münzdelict verübt. Das Vorbild dem hier wie das preußische und deutsche so die meisten deutschen Strafgesetzbücher nachgefolgt sind, ist § 262 Th. II Tit. 20 des Preuß. A. L. R. Hier aber wird mit einer noch mildern Strafe als der des § 148 nur das Münzdelict dessen bedroht, der die ihm irgendwie zu Händen gekommenen falschen Münzen, statt sie festzuhalten und der Obrigkeit Anzeige zu machen, ausgiebt, wobei nicht vorausgesetzt ist, daß er sie als echt ausgiebt. Zweifellos war also daneben ein etwa verübter Betrug zu strafen. Das sächsische Strafgesetzbuch von 1838 (Altenburg) setzte aber bei der betreffenden Strafbestimmung voraus, daß der Thäter das als echt erhaltene falsche Geld mit Kenntniß der Unechtheit wieder als echt ausgegeben habe, und ihm folgten die weiteren Strafgesetzbücher, nur daß meistens der Thatbestand des Betruges oder der der Münzdelicte in einer Weise normirt

Auch das in § 150 bezeichnete Vergehen wird regelmäßig aber nicht nothwendig in allen Fällen zugleich den Thatbestand des Betruges ergeben. Die ordentliche Strafe dieses Münzvergehens ist zwar die gleiche wie die des Betruges, aber es wird im Falle der Concurrenz die Strafe des § 150 insofern als die strengere zu verhängen sein, als hier von § 263 abweichend die Annahme mildernder Umstände unzulässig ist.

---

war, nach welcher die Strafbestimmungen wider die Münzdelicte als die specielleren die wider den Betrug ausschlossen. Durchaus angemessen droht das bayerische Strfgb. von 1861 dem fraglichen Münzdelicte die Strafe des Betruges.

Drittes Kapitel.

Die gemeingefährlichen Delicte.

Literatur.

Siebenhaar Der Begriff der Gemeingefährlichkeit und die gemeingefährlichen Delicte in der Zeitschrift für Strafrechtswissenschaft IV S. 245 f. — von Rohland Die Gefahr im Strafrechte 1886. — Rotering Gefahr und Gefährdung im Strafgesetzbuche in Goltd. Arch. XXXI S. 266.

1. Die Gemeingefährlichkeit.

§ 175. Die Entwickelung der Lehre von den gemeingefährlichen Verbrechen hat sich angelehnt an das Verbrechen der Brandstiftung, bei welchem schon im römischen Rechte zweifellos der Gesichtspunkt der Gemeingefährlichkeit sich geltend machte. Nicht so im älteren germanischen Strafrechte, indem die Volksrechte die Brandstiftung regelmäßig nur als widerrechtliche Schadenszufügung behandeln[1]). Wenn aber zum Theil schon die Volksrechte die Brandstiftung bedingungsweise als Verbrechen betrachten, so ist dafür immerhin nicht der Gesichtspunkt einer gemeinen Gefahr, sondern der der Art der Begehung maßgebend, indem die heimliche, nächtliche Brandstiftung, die zugleich das Leben des Hausbewohners gefährdet, so wie die gewaltsame, in der Fehde verübte, und damit als Friedensbruch erscheinende Brandstiftung als Verbrechen behandelt wird. Späterhin ist es nicht mehr nur die in irgend einer Beziehung qualifizirte, sondern eine jede Brandstiftung, die als schweres, todeswürdiges Verbrechen erscheint, indem regelmäßig zwischen Mordbrand, der durch Heimlichkeit der Verübung oder auch durch ein anderes Moment qualifizirten Brandstiftung, und Brennen ohne Mordbrand, einfache Brandstiftung unterschieden

---

1) Wilda Strafr. der Germanen S. 940 f.

wird[1]). Die Carolina gedenkt in Art 125 dieses Unterschiedes nicht und begnügt sich, dem boshaftigen Brenner den Feuertod zu drohen, ohne den Thatbestand des Verbrechens irgend wie näher zu bezeichnen. Obwohl die Strafe die Vermuthung nahe legt, daß bei ihr Mordbrand vorausgesetzt sei, wurden doch in der Praxis und Doctrin alle Bedenken durch die Autorität Carpzow's abgeschnitten, der jede dolose Brandstiftung, mit Abweisung einer jeden Unterscheidung, sei es des römischen Rechts oder des Sachsenspiegels, als eine mit dem Feuertode zu strafende bezeichnet[2]). Insoweit er Milderungsgründe zuläßt, sind sie jedenfalls nicht der Rücksicht auf die größere oder geringere Gemeingefährlichkeit entnommen. Ihm folgte die Doctrin des 17. Jahrhunderts, während im 18. sich allmählich ein Umschwung in den Anschauungen vorbereitet. Es kam vor allem darauf an, der Nothwendigkeit unterschiedslos den Feuertod zu verhängen auszuweichen. Man kehrt, freilich ihn verschieden deutend, zu dem Unterschiede des Mordbrandes und der einfachen Brandstiftung, die nur mit dem Schwerte zu strafen sei, zurück, und legt hierbei namentlich auch darauf Gewicht, ob das Feuer mit Gefahr für Menschen und mit der Gefahr seiner Weiterverbreitung verbunden war oder nicht, und erachtet im letztern Falle, wenn es sich nicht um Brandstiftung an einem Gebäude handelt, sogar eine arbiträre Strafe für ausreichend[3]).

Blieb auch weiterhin die Auffassung der Brandstiftung und ihres Thatbestandes eine vielfach streitige, so war für die weitere Entwickelung in der Doctrin wie Gesetzgebung von entscheidender Bedeutung der Umstand, daß die Strafgesetzgebung des preußischen Landrechtes im siebzehnten Abschnitte die Brandstiftung mit einer Anzahl weiterer Delicte unter der Bezeichnung „Beschädigungen mit gemeiner Gefahr" zusammenfaßte. Außer der Brandstiftung werden hierher gerechnet: Verursachen einer Ueberschwemmung, Beschädigungen von Gebäuden, Wegen, Brücken, durch welche Menschen, Vieh und Gut in Gefahr gebracht werden, Verursachen eines Mangels an Lebensmitteln durch Verderben derselben, Verbreitung

---

1) Vgl. Osenbrüggen Die Brandstiftung S. 6 f.

2) Pract. I qu. 38 N. 28. 89.

3) Beyer ad art. 125. Theodoricus Judicium crim. pract. VII, 8 n. 7. Kress ad art. 125. Böhmer ad art. 25 und Elementa juris crim. § 267—269. Koch Instit. II c. 38. Quistorp I § 201.

von Viehseuchen, Vergiftung von Weiden, Wiesen, Hütungen und Teichen. Eine wissenschaftliche Rechtfertigung dieses Verfahrens unternahm Stübel in seiner Abhandlung: „Ueber gefährliche Handlungen als für sich bestehende Verbrechen“ [1]).

Seit Anfang dieses Jahrhunderts kehrt in der Doctrin überall die Kategorie der gefährlichen oder gemeingefährlichen Verbrechen wieder, theils in der Weise, daß man im Anschlusse an Feuerbach und in Rücksicht auf die gemeinrechtlichen Quellen Verursachen von Feuers- und Wassergefahr als gemeingefährliche Verletzungen des Rechtes an Sachen zusammenfaßt[2]), theils indem man von dem Gesichtspunkte der Gefährdung der öffentlichen Sicherheit ausgeht, darum auch Aufruhr, Landfriedensbruch und andere gemeingefährliche Angriffe auf die öffentliche Ordnung hierher rechnet[3]), theils indem man darauf Gewicht legt, daß es sich um Delicte handle, durch welche zugleich verschiedene Rechtsgüter, nicht nur Vermögen, sondern auch Leben und Gesundheit bedroht werden, darum auch den Raub als ein solches Delict betrachtet[4]), theils endlich, indem man, mit Ausschluß anderer Delicte bei denen die Rücksicht auf ihre Gefährlichkeit in Betracht kommt[5]), nur diejenigen Delicte als gemeingefährliche betrachtet, bei denen die Gefahr aus der Entfesselung elementarer Gewalten entspringt, darum neben Verursachung von Feuers- und Wassersgefahr, auch die von Pulverexplosionen, die Verbreitung von Seuchen, die Brunnen- und Warenvergiftung zu den gemeingefährlichen Delicten rechnet[6]).

Diese Unterschiede der Auffassung spiegelten sich auch in der Gesetzgebung wieder. Der Auffassung Feuerbach's entsprechend behandelte das bayerische Strafgesetzbuch von 1813 als Beschädigungen des Eigenthums neben der Brandstiftung das einen Mangel erzeugende Verderben von Lebensmitteln, die Verbreitung von Viehseuchen, die Verursachung von Ueberschwemmung, das Legen von Pulverminen, wobei es freilich mit der Ueberschrift nicht übereinstimmte, daß das Gesetz hierbei auch auf die Gefahr für Leben

---

1) N. Arch. VIII. 1825. S. 236 f.

2) Tittmann II S. 538. Martin § 177. Selchow § 376.

3) Roßhirt § 129. Henke III S. 628 f.

4) Marezoll § 151. Roßhirt § 129.

5) Grolman hatte die Münz- und Weinfälschung und den Bankerutt als gemeingefährliche Delicte behandelt.

6) Abegg § 405. Heffter § 373.

und Gesundheit Rücksicht nahm, und Delicte mit aufnahm, deren Thatbestand die Beschädigung fremden Eigenthums nicht erfordert. Diesem Beispiele folgte das Strafgesetzbuch von Braunschweig. Die Strafgesetzbücher von Würtemberg, Hessen und Baden verzichteten dagegen darauf, die gemeingefährlichen Verbrechen zusammen zu fassen, indem sie die Brandstiftung selbständig behandeln, und ebenso das Verursachen einer Ueberschwemmung oder auch gefährdende Beschädigungen der Eisenbahnen, weiter dann, in dem die Sachbeschädigungen behandelnden Abschnitte, auch der gemeingefährlichen Beschädigung gedenken. Das hannoversche Strafgesetzbuch behandelt als Verbrechen wider die öffentliche Sicherheit neben öffentlicher Gewaltthätigkeit, Landzwang und Hausfriedensbruch, Brandstiftung, Ueberschwemmung, Verursachen von Strandung, und gemeingefährliche Vergiftungen. Der Auffassung Stübel's folgend, war das sächsische Strafgesetzbuch von 1838 das erste das in einem besondern Abschnitte die gemeingefährlichen Handlungen zusammenfaßte. Ihm sind wie die späteren sächsischen und das thüringische, ebenso die Strafgesetzbücher von Preußen, Oldenburg 1858, Lübeck und Bayern 1861 gefolgt.

§ 176. Wenn auch das deutsche Strafgesetzbuch unter der Ueberschrift gemeingefährliche Verbrechen und Vergehen eine Anzahl verschiedener Delicte zusammenfaßt, so wird zuerst die Frage zu beantworten sein, welches Moment das diese Zusammenfassung rechtfertigende und alle hierher gehörigen Delicte gleich sehr charakterisirende sei. Das Verbrechen ist seiner Natur nach und in allen Fällen eine gefährliche Handlung, eine Handlung, welche in verschiedenen Richtungen und Beziehungen Gefahren für Rechtsgüter und für die rechtlich geordneten Zustände der Gesellschaft in sich trägt, und die Straffatzungen des Gesetzes wie die richterliche Strafzumessung werden unvermeidlich durch die Rücksicht auf die besondere Beschaffenheit und das Maß der Gefährlichkeit des Delicts mit bedingt werden[1]).

Von einer gefährlichen Handlung kann allerdings nur in dem Sinne die Rede sein, daß wir aus ihrer Beschaffenheit die Schlußfolgerung ziehen, sie enthalte die Bedingungen eines schädlichen Erfolges, und eben diese erweist sich, wenn der gefürchtete Erfolg ausbleibt, als eine irrige, ebenso wie der Eintritt eines schädlichen Erfolges der Handlung die Voraussetzung, daß sie eine ungefähr-

1) Vgl. von Rohland a. a. O.

liche sei, als irrig widerlegt. Ob eine Handlung wirklich alle Bedingungen eines schädlichen Erfolges enthielt oder nicht, darüber belehrt uns allerdings erst der Eintritt oder das Ausbleiben des schädlichen Erfolges, und wenn wir eine Handlung, abgesehen von ihrem Erfolge und vor demselben, als eine gefährliche bezeichnen, so legen wir damit zugleich das Bekenntniß ab, daß wir einen gewissen Erfolg des Handelns niemals als das nothwendige Ergebniß desselben zu bezeichnen, niemals es zu durchschauen vermögen, ob alle Bedingungen desselben gegeben sind oder nicht[1]). Ist aber die Gefahr freilich ein Kind unserer Unwissenheit, so ist es gleichwohl nicht richtig, daß das Dasein einer Gefahr sich lediglich nach der Subjectivität dessen bemesse, der sie annimmt. Wäre dies der Fall, und gäbe es für die Feststellung der Gefahr keinen von einem schwankenden und verschiedenen subjectiven Meinen unabhängigen Maßstab, so würde allerdings der Begriff der Gefahr strafrechtlich nicht zu verwerthen sein, aber es müßte dann auch der Begriff der Fahrlässigkeit fallen gelassen werden. Das Urtheil darüber, ob eine bestimmte Art der Thätigkeit unter den gegebenen Umständen geeignet sei einen gewissen Erfolg herbeizuführen, wird allerdings niemals vom Einflusse der Subjectivität völlig zu befreien sein, aber alles auf einen beabsichtigten Erfolg gerichtete Handeln hat zur Voraussetzung, daß wir im Stande sind aus der täglichen Erfahrung von der causalen Verknüpfung der Dinge uns Normen zu abstrahiren, nach denen wir mit annähernder Sicherheit den Erfolg unseres Thuns in voraus zu bestimmen vermögen. Wäre es nicht der Fall, so wäre es nicht nur völlig unzulässig Jemanden strafrechtlich für eine gefährliche Handlung die keinen rechtsverletzenden Erfolg hatte, verantwortlich zu machen, sondern ebenso auch Jemanden für eine fahrlässige Rechtsverletzung zu strafen, denn giebt es keine Gründe vermöge deren eine Handlung vor ihrem Erfolge und abgesehen von ihm als gefährlich bezeichnet werden kann, so giebt es auch keine Gründe dafür die Handlung die einen nicht gewollten verletzenden Erfolg hatte, hinter=

1) Vgl. Hertz Das Unrecht und die allgemeinen Lehren des Strafrechts I S. 73 f., der sich gegen die Gefahr und die strafbare Gefährdung als ein unfaßbares zwischen Verletzung und Nichtverletzung hin und herschwankendes Etwas ausspricht. Gegen ihn Siebenhaar a. a. O. S. 245 f. v. Liszt S. 101.

her als eine wegen ihrer Gefährlichkeit pflichtmäßig zu unterlassende zu betrachten[1]).

Weil wir einen bestimmten Erfolg niemals als das nothwendige Ergebniß unseres Handelns zu erkennen und zu bezeichnen vermögen, so enthält eine jede Handlung die Möglichkeit eines nicht gewollten, eventuell schädlichen Erfolges und eine unbedingte Pflicht solche mögliche Erfolge zu vermeiden würde uns nöthigen, auf alles Handeln zu verzichten. Als eine um ihrer Gefährlichkeit willen zu unterlassende Handlung kann darum nur diejenige betrachtet werden, welche die Wahrscheinlichkeit eines verletzenden Erfolges enthält[2]), d. h. diejenige, durch welche Bedingungen eines gewissen Erfolges gesetzt sind, die erfahrungsmäßig sich in der Regel als den Erfolg verursachende erweisen.

Wenn also das Gesetz eine Handlung als eine gefährliche verbietet, so geschieht dies in der Weise, daß es die, einen zu verhütenden schädlichen Erfolg bedingenden Umstände generell d. h. so bezeichnet, daß die weiteren Umstände die im concreten Falle hinzutreten müßten, wenn der Erfolg eintreten soll, unbestimmt bleiben, also eine Verschiedenheit der Gestaltung dieser weiteren Umstände offen bleibt, darum die Möglichkeit ebenso des Eintrittes wie des Ausbleibens des Erfolges gegeben ist. Es kann aber das Gesetz eine Handlungsweise nicht darum verbieten, weil mit ihr die Möglichkeit irgend welchen schädlichen Erfolges gegeben sei, sondern nur die Handlung, welche die Möglichkeit eines oder verschiedener bestimmter Erfolge mit sich bringt, denn nur in Beziehung auf bestimmte Erfolge lassen sich auf Grund der Erfahrung die sie bedingenden Umstände generell bestimmen. Daß aber im concreten Falle der Erfolg nicht eintrat, daß sich die Möglichkeit seines Eintrittes als ausgeschlossen erwies, kann der betreffenden Handlung den Charakter der Gefährlichkeit nicht entziehen, denn die Gestaltung des einen concreten Falles alterirt nicht die generelle Bedeutung derartiger Fälle[3]).

Um die Gefahr schädlicher Erfolge handelt es sich insbesondere

---

1) Vgl. Stübel a. a. O. S. 258. Siebenhaar a. a. O. S. 251 f.

2) Stübel a. a. O. S. 237. Siebenhaar a. a. O. S. 248. Daß eine nur mögliche Gefahr, wie früherhin mehrfach angenommen wurde, nicht genüge, wird jetzt wohl nicht mehr bezweifelt. Vgl. Rsprch. VI S. 190. Oppenhoff Rsprch. d. Ob. Trib. XV S. 606.

3) Vgl. v. Rohland a. a. O. S. 12 f.

bei den Ungehorsamsdelicten, bei dem Ungehorsam gegen polizeiliche Verbote und Gebote. Der Erfolg welcher durch solche Verbote und Gebote verhütet werden soll, ist in manchen Fällen ein solcher, der zwar als ein für das sociale Leben schädlicher aber nicht rechtsverletzender erscheint, so der Erfolg der durch das Gebot die schulpflichtigen Kinder zur Schule zu schicken, die Straße zu kehren, durch das Verbot des gewerbsmäßigen Glückspieles, verhütet werden soll. In den meisten Fällen ist aber der zu verhütende Erfolg ein solcher, der, wenn er eintritt, als eine strafbare Verletzung erscheinen würde. Man wird jedoch auch abgesehen von der Art wie das Gesetz nur in Rücksicht auf Art und Maß der Strafe die Uebertretungen von den Verbrechen und Vergehen unterscheidet, nicht sagen können, daß alle strafrechtlichen Verbote einer Gefährdung von dem polizeilichen Gesichtspunkte ausgehen und daß die verbotene Handlung stets den Charakter des polizeilichen Unrechtes an sich trage. Kommt es darauf an den wesentlichen Unterschied der Ungehorsamsdelicte und der nicht als solche zu betrachtenden Gefährdungsdelicte anzugeben, so wird er nicht in einem verschiedenen Verhältnisse gesucht werden können, in welchem die verbotene Handlung zu der Gefahr steht, nicht darin, daß die Ungehorsamsdelicte nur oft oder regelmäßig eine Gefahr in sich tragen, bei den Gefährdungsdelicten aber die Gefahr das constante Merkmal der Handlung sei[1]). Ungehorsams- wie Gefährdungsdelicte kommen darin überein generell gefährliche Handlungen zu sein, eine Gefährlichkeit die immer die Möglichkeit offen läßt, daß im einzelnen

1) Geyer a. a. O. I S. 87 und v. Rohland a. a. O. S. 6. 17 bezeichnen die Ungehorsamsdelicte als solche, die nicht immer, sondern nur meistens, regelmäßig eine Gefahr in sich tragen, die Gefährdungsdelicte als solche, bei denen die Gefahr das constante Merkmal der Handlung ist. Vgl. Binding Normen I S. 47. 48. Hdbch. I S. 170. H. Meyer S. 14. Auf die Unterscheidung der nahen und der entfernten, der constanten und der nur regelmäßigen Gefahr läuft es auch hinaus, wenn man die Ungehorsamsdelicte als solche bezeichnet, welche nicht direct, sondern mittelbar durch das Hinzutreten andrer Umstände zur Verletzung oder Gefährdung führen, die Rechtsordnung in mittelbarer Weise bedrohen, den Keim von Gefahren noch unerschlossen in sich tragen. Vgl. v. Bar Grundlagen S. 28. Köstlin Syst. S. 18. Schaper in Holtzdf. Hdbch. III S. 859. v. Liszt S. 102. Am wenigsten wird man sagen können, wie Rotering a. a. O. S. 267, daß hier die Norm nicht einem bestimmten Rechtsgute Schutz gewähre, sondern Veränderungen in der Außenwelt verhüte, die in verschiedener Richtung die Rechtsordnung leicht verletzen.

Falle die Handlung eine sehr wenig gefährliche oder ganz gefahrlose ist, und wenn die hierher gehörigen Delicte sich dadurch unterscheiden, daß bei dem einen die Gefahr eine nähere bei dem andern eine entferntere, die Wahrscheinlichkeit eines schädlichen Erfolges bei dem einen eine größere bei dem andern eine geringere ist, so gilt dies doch gleich sehr von den verschiedenen Ungehorsamsdelicten einerseits, wie von den Gefährdungsdelicten andrerseits. Es handelt sich also um einen quantitativen Unterschied der sich ebenso bei den Delicten der einen wie der andern Klasse geltend macht und darum nicht geeignet ist einen qualitativen Unterschied zwischen beiden Klassen zu ergeben[1]).

Den Ungehorsamsdelicten ist es jedenfalls wesentlich, daß sie lediglich gefährliche Handlungen sind, niemals solche sein können, bei denen die Gefahr durch ein Verletzungsdelict herbeigeführt wird, wie dies bei Gefährdungsdelicten vielfach der Fall ist, niemals auch solche, bei denen sich die Strafbestimmung nicht nur auf die Verursachung der Gefahr, sondern zugleich auch auf den aus der Gefahr entsprungenen verletzenden Erfolg bezieht. Aber wenn auch die meisten Gefährdungsdelicte solche sind, deren Thatbestand eine Verletzung voraussetzt oder doch einen verletzenden Erfolg mit umfaßt, so ist dies doch nicht immer der Fall, und dann wird der Gesetzgeber die höhere, das Maß der Polizeistrafe überschreitende, Strafe nur verhängen auf Grund der sehr nahe liegenden Gefahr und insbesondere auf die Möglichkeit eines sehr umfangreichen, in seiner Ausdehnung nicht zu beschränkenden Erfolges[2]).

Indem das Gesetz gefährliche Handlungen bei Strafe verbietet, verfährt es dabei aber in verschiedener Weise. Es verbietet eine näher bezeichnete Handlung unbedingt, weil es davon ausgeht, daß dieselbe, so wie sie vom Gesetze bezeichnet ist, die generelle Bedeu-

---

1) Ist die generelle Gefahr das constante Merkmal der Brandstiftung, so gewiß nicht weniger bei dem nach § 368 strafbaren Anzünden von Feuer in gefährlicher Nähe von Gebäuden. Ist das übermäßig schnelle Fahren auf öffentlichen Straßen der Stadt oder des Dorfes eine Handlung die nicht constant, sondern nur regelmäßig eine gefährliche ist, so gilt dies gewiß in gleichem Maße von der Handlung dessen, der ein zur Sicherung der Schifffahrt dienendes Zeichen unbrauchbar macht.

2) Man wird darum mit Recht sagen dürfen, daß hier das Gesetz vom polizeilichen Gesichtspunkte ausgehend, diesen, aus den angeführten Gründen, zu einem criminellen stempelt. Vgl. v. Buri Causalität und deren Verantwortung S. 56.

tung einer gefährlichen habe. In solchen Fällen hängt die Strafbarkeit der Handlung nicht davon ab, ob die Gefahr im concreten Falle eine große oder geringe, oder ob die Handlung eine völlig gefahrlose darum war, weil die vom Gesetze generell bezeichneten, den schädlichen Erfolg bedingenden Umstände in ihrer Wirksamkeit durch die weiteren Umstände des concreten Falles völlig paralysirt wurden. Das Aussetzen einer hilflosen Person, die Brandstiftung an einem der vom Gesetze bezeichneten Gegenstände, das übermäßig schnelle Fahren und Reiten auf öffentlichen Straßen in Städten oder Dörfern ist unbedingt strafbar, gleichviel wie es sich im concreten Falle mit der Gefährlichkeit der Handlung verhalten möge. Man bezeichnet in solchen Fällen die Gefahr herkömmlich als eine abstracte.

In anderen Fällen verbietet aber das Gesetz eine Handlung nicht unbedingt, sondern nur bedingungsweise als eine gefährliche und zwar darum, weil die betreffende Handlung nicht schon an sich, sondern erst dann die generelle Möglichkeit eines schädlichen Erfolges ergiebt, wenn weitere ihn bedingende Umstände hinzutreten. In solchem Falle giebt es das Gesetz dem Ermessen des Richters anheim im concreten Falle festzustellen, ob weitere den schädlichen Erfolg bedingende Umstände, vermöge deren die bezeichnete Handlung als eine gefährliche erschien, hinzugetreten waren, und man bezeichnet dann herkömmlich die Gefahr als eine concrete. Das Einfahren und Zureiten von Pferden auf öffentlichen Straßen oder Plätzen der Städte oder Dörfer ist unter der Bedingung verboten, daß es mit Gefahr verbunden war, ebenso das Herbeiführen einer Ueberschwemmung nur, wenn es mit einer Gefahr für Menschenleben oder Eigenthum verbunden war.

Der Unterschied derjenigen Delicte zu deren Thatbestand das Gesetz die abstracte, und derjenigen zu deren Thatbestand es die concrete Gefahr erfordert, darf aber nicht darin gesucht werden, daß das Gesetz denselben Rechtsgütern, wie Leben, Gesundheit und Eigenthum, im ersteren Falle einen stärkern, weil erleichterten Rechtsschutz, im letzteren Falle einen weniger starken gewähren wolle[1]), denn in beiden Fällen gewährt es denselben und gleich starken Schutz gegen eine generell gefährliche Handlung. Der Unterschied beider Fälle ist vielmehr nur der, daß in dem einen das

1) Dies die Auffassung Siebenhaar's a. a. O. S. 281. Dagegen v. Rohland S. 43.

Gesetz die Umstände in erschöpfender Weise bezeichnet, vermöge deren die Handlung als eine generell gefährliche zu betrachten ist, im andern aber dies in unvollständiger Weise thut und es dem Urtheile des Richters überläßt festzustellen, ob im concreten Falle noch diejenigen weiteren den schädlichen Erfolg bedingenden Umstände, vermöge deren die Handlung als eine generell gefährliche erscheint, vorlagen. Die Gefahr gegen welche das Gesetz Schutz verleiht ist also in dem ersteren Falle nicht eine entferntere und geringere, in dem letzteren eine nähere und größere, sie ist vielmehr in beiden Fällen dieselbe, eine generelle, und auch da, wo der Thatbestand des Delicts die s. g. concrete Gefahr erfordert, ist es nicht ausgeschlossen, daß die Handlung als eine generell gefährliche zu bezeichnen und dennoch eine solche ist, die sich als wenig gefährlich oder ungefährlich erwies.

Der Grund eines solchen verschiedenen Verfahrens des Gesetzgebers ist der, daß er bei manchen Delicten, wie z. B. bei der Brandstiftung, es für möglich und ausführbar erachtete diejenigen Umstände, welche die generelle Gefährlichkeit der Handlung bedingen, festzustellen und darum die so bezeichnete Handlung unbedingt zu verbieten[1]). Bei anderen Gefährdungsdelicten ist dies, um ihrer Eigenthümlichkeit willen, wie bei der Verursachung einer Ueberschwemmung, nicht möglich, weil das Ueberschwemmen sehr häufig, ja in den meisten Fällen in denen es vorkommt, eine erlaubte, berechtigte und ganz gefahrlose Handlung ist, und darum die Feststellung der generellen Gefährlichkeit der Handlung dem Richter überlassen werden muß. Verdient ein solches Verfahren darum den Vorzug, weil die Voraussetzung des Gesetzgebers, daß die von ihm bezeichnete Handlung in allen Fällen eine generell gefährliche sei, sich leicht als unzutreffend erweisen kann, so giebt es freilich doch auch Fälle in denen er so verfahren muß, weil es für den Richter oft unmöglich sein würde nachträglich festzustellen, ob die Handlung im concreten Falle eine gefährliche war oder nicht[2]). Ob das Auslöschen eines zur Sicherung der Schifffahrt dienenden Feuerzeichens Schiffe wirklich in Gefahr gebracht habe, ob es nicht

---

1) Es bleibt dabei die Frage offen, ob der Gesetzgeber in all denjenigen Fällen, in denen er sich mit der abstracten Gefahr begnügt, richtig verfahren sei, ob es nicht, wie namentlich bei der Brandstiftung, richtiger gewesen wäre, die concrete Gefahr zu fordern.

2) Rotering a. a. O. S. 273.

vielleicht den Untergang eines Schiffes verursacht habe, dies nachträglich festzustellen wird oft schwierig oder unausführbar sein.

§ 177. Das Gesetz fordert aber bei den hier in Betracht kommenden Delicten nicht nur eine gefährliche, sondern eine gemeingefährliche Handlung, das Verursachen einer gemeinen Gefahr. Wenn die herrschende Auffassung eine gemeine Gefahr nur dann annimmt, wenn eine unbestimmbare Menge von Personen in Gefahr gesetzt ist, wenn eine Gefahr von unabsehbarem Umfange, eine unbestimmt große Gefahr droht, so daß sie ausgeschlossen erscheint, wenn nur ein Einzelner gefährdet wird[1]), so ergiebt sich für die Auslegung der gesetzlichen Bestimmungen die Schwierigkeiten, daß das Gesetz zwar regelmäßig von der Gefahr für Andere, dagegen in § 323 nur von der Gefahr für das Leben eines Andern spricht. Allerdings ist es die Eigenthümlichkeit der meisten gemeingefährlichen Delicte, daß der Thäter die Wirksamkeit seiner gefährlichen Handlung nicht zu begrenzen vermag, daß durch dieselbe gleichzeitig oder nach einander Viele gefährdet erscheinen. Aber es liegt kein Grund vor das Moment, das in vielen, in den meisten Fällen die Gemeingefährlichkeit der Handlung charakterisirt, auch als dasjenige zu betrachten, das in allen Fällen ein nothwendiges im Begriffe der Gemeingefährlichkeit bilde[2]). Eine gemeine Gefahr ist diejenige, der bedingungsweise ein Jeder, ein nicht individuell bestimmter und begrenzter Kreis von Personen, ausgesetzt ist, und sie hört nicht auf eine solche zu sein, wenn sie eine begrenzte ist, und in der Verletzung nur einer Person erschöpft erscheint. Es ist als gemeingefährlich verboten einen Blumentopf unbefestigt vor das Fenster zu stellen, obwohl er nur einmal herabfallen und einen Vorübergehenden beschädigen kann. Es ist ebenso als gemeingefährlich verboten an bewohnten oder von Menschen besuchten Orten Selbstgeschosse zu legen, obwohl der Schuß nur einmal sich entladen und Jemand verletzen kann. Entscheidend für die Gemeingefährlichkeit der Handlung ist also der Umstand, daß eventuell Jeder, wer es auch sei, von ihr bedroht erscheint, und der Umstand, daß sie gleichzeitig oder successiv Mehrere, eine Vielheit von Menschen

---

1) Schaper in Holtzdf. Hdbch. III S. 861. Berner S. 600. Schütze S. 505. Wächter Deut. Strafr. S. 441. v. Rohland a. a. O. S. 45 und übereinstimmend die Commentare.

2) Gegen die herrschende Ansicht Rotering a. a. O. S. 272. Siebenhaar a. a. O. S. 255 f. Vgl. auch Schaper a. a. O. S. 902. Freilich nicht übereinstimmend mit S. 681. v. Liszt S. 453.

bedroht, wird zwar für das Maß der Schuld und Strafbarkeit, nicht aber für das Wesen der Gemeingefährlichkeit als entscheidend zu betrachten sein. Die angegebene Bedeutung der gemeingefährlichen Delicte rechtfertigt ihre Stellung zu den gegen die Gesellschaft gerichteten Delicten.

Das Gesetz hat aber nicht die gemeingefährliche Handlung an sich und als solche mit Strafe bedroht, sondern hat eine Anzahl nach ihrem Thatbestande verschiedene Delicte als gemeingefährliche zusammengefaßt. Daß der betreffende Abschnitt nicht alle vom Gesetz als gemeingefährlich betrachteten Delicte enthält, kann nicht auffallen, da er sich nur auf die gemeingefährlichen Verbrechen und Vergehen bezieht, die gemeingefährlichen Uebertretungen aber ausgeschieden sind. Wenn aber schließlich alle Verbrechen und Vergehen in der einen und andern Beziehung als gefährlich für das Allgemeine, für die rechtlich geordneten Zustände der Gesellschaft bezeichnet werden können, so fragt es sich weiter, in welcher engern Begrenzung das Gesetz die Verbrechen und Vergehen als gemeingefährlich aufgefaßt hat. Die Motive bezeichnen als strafbare Handlungen dieser Art diejenigen, mit deren Begehung die Wahrscheinlichkeit einer allgemeinen Gefahr für Menschen oder Sachen gegeben ist, und die herrschende Ansicht deutet gewiß mit Recht diese Worte dahin, daß es sich um eine gemeine Gefahr für Leben und Gesundheit, so wie für Eigenthum handelt[1]). Es erschienen also die anderweitigen Strafbestimmungen, welche den Schutz der genannten Rechtsgüter zum Zwecke haben, nicht als ausreichend, weil die Schuld eines rechtswidrigen Angriffes auf sie eine eigenthümliche Bedeutung gewinnt, wenn derselbe als ein gemeingefährlicher erscheint. Bei solcher Abgrenzung der gemeingefährlichen Verbrechen und Vergehen ist aber das Strafgesetzbuch offenbar nicht durchaus folgerecht verfahren. Von dem angegebenen Gesichtspunkte aus würde das in § 145 bezeichnete Vergehen als ein Leben und Gesundheit von Menschen und das Eigenthum gefährdendes

1) v. Liszt S. 447 f. stellt die gemeingefährlichen Delicte zu den durch das Mittel des Angriffes charakterisirten Delicten. Vgl. oben S. 485. So wesentlich aber auch für die gemeinfährlichen Delicte Art und Mittel des Angriffes sind, so werden sie doch nicht lediglich hierdurch zu Verbrechen gestempelt, sondern gleich wesentlich ist auch das Object des Angriffes, der Umstand daß sie gegen Leib, Leben und Vermögen gerichtet sind, denn davon abgesehen würde noch eine große Anzahl von Delicten als gemeingefährlich bezeichnet werden müssen.

zu den gemeingefährlichen zu stellen gewesen sein. Andrerseits entspricht das Vergehen dessen, der die Benutzung einer öffentlichen Zwecken dienenden Telegraphenanstalt hindert oder stört, jedenfalls nicht vollständig jenem Gesichtspunkte, denn jene Hinderung kann zwar, besonders dann, wenn es sich um einen den Eisenbahnbetrieb sichernden Telegraphen handelt, Leben, Gesundheit und Eigenthum gefährden, aber die §§ 317 und 318 haben sicher nicht bloß die Aufgabe diesen Rechtsgütern Schutz zu verleihen, sondern sollen gegen all die mannigfaltigen in voraus nicht bestimmbaren Beschädigungen von Rechten und berechtigten Interessen die sich aus der Behinderung des Telegraphenbetriebes ergeben können, Schutz gewähren. Es handelt sich hier um eine Gemeingefährlichkeit in anderem und weiterem Sinne, als in dem für die anderen gemeingefährlichen Delicte maßgebenden, in dem weiteren Sinne, in welchem das Gesetz vom 21. October 1878 von den gemeingefährlichen Bestrebungen der Socialdemokratie spricht. Zu den gemeingefährlichen Delicten ist die Behinderung des Telegraphenbetriebes offenbar darum gestellt worden, weil sie, wenn nicht rücksichtlich der gefährdeten Rechtsgüter, so doch rücksichtlich eines andern Momentes, das als leitender Gesichtspunkt diente, mit den übrigen gemeingefährlichen Delicten übereinstimmt. Weil es bei der Brandstiftung, welche der Ausgangspunkt für die Bildung der Klasse der gemeingefährlichen Delicte war, die elementare, und, wenn sie entfesselt wurde, nicht zu beherrschende Macht des Feuers ist, aus der sich die gemeine Gefahr ergiebt, so fügte man weiter als gemeingefährliche alle die Delicte hinzu, deren Eigenthümlichkeit darin besteht, daß Naturkräfte in eine vom Thäter nicht zu lenkende und in ihrem Maße nicht zu begrenzende Wirksamkeit gesetzt werden. Bei der Behinderung des Telegraphenbetriebes handelt es sich nun zwar regelmäßig auch um die Wirksamkeit einer Naturkraft, der Elektricität, aber nicht darum, daß sie einer ungeregelten, gefährlichen Wirksamkeit überlassen, sondern in ihrer geregelten Wirksamkeit gehemmt wird. Dies entspricht der gefahrdrohenden Entfesselung der Naturkräfte als dem typischen Momente der gemeingefährlichen Delicte nicht, vielmehr handelt es sich nur um eine für die Bedeutung des Delictes nicht maßgebende Aehnlichkeit des fraglichen Vergehens mit jenem Typus. Ebenso verhält es sich mit dem Vergehen desjenigen, der die mit einer Behörde geschlossenen Lieferungsverträge über Bedürfnisse des Heeres oder der Marine zur Zeit eines Krieges nicht rechtzeitig oder nicht in vorbedungener

Weise erfüllt. Handelt es sich um bedungene Lieferung von Lebensmitteln, so würde man sagen können, daß die Nichtlieferung die Naturkraft des Hungers und daraus entspringender Krankheiten entfesselt, nicht aber wenn die Lieferung von Waffen, Munition, Kleidungen unterbleibt, und dazu kommt, daß hier auch nicht die Rücksicht auf Gefährdung von Leben, Gesundheit und Eigenthum Anderer, sondern die auf die Gefährdung des Staates dem Feinde gegenüber entscheidend ist, so daß dieses Vergehen viel mehr Aehnlichkeit mit den Fällen des Landesverrathes als mit den gemeingefährlichen Delicten hat.

Hiernach wird man sagen dürfen, daß der Gesetzgeber bei der Bildung der Kategorie der gemeingefährlichen Verbrechen und Vergehen davon ausgegangen ist, ihr solche Delicte einzuordnen, durch welche Leben, Gesundheit und Eigenthum gefährdet werden, darum mit Ausschluß der Gefährdung anderer Rechtsgüter, und zwar gefährdet werden durch die entfesselte Wirksamkeit von Naturkräften, darum mit Ausschluß der Gefährdung jener Rechtsgüter in anderer Weise z. B. durch strafbare Gewaltthätigkeit, wie bei dem qualifizirten nach § 124 zu strafenden Hausfriedensbruche. Es handelt sich hierbei aber doch nur um mehr oder weniger streng festgehaltene Gesichtspunkte, welche zwar bei Erörterung des Thatbestandes der hierher gehörigen Delicte zu berücksichtigen, aber nicht als für denselben unbedingt maßgebende zu betrachten sein werden.

2. Die Brandstiftung.

Literatur.

Mittermaier im Archiv d. Crim. R. N. F. I S. 494. — Woringen ebenda 1843. S. 205. — Osenbrüggen Die Brandstiftung 1854. — Geßler in den Verhandlungen des 9. Juristentages I S. 61. — Schwarze in Schletter's Annalen XXXV S. 217. — John in Holtzdf. R. Lexikon I S. 159. — Wanjeck im Gerichts-Saal 1869 S. 1. — Ullmann ebenda 1878 S. 589. — Siebenhaar, von Rohland und Rotering a. a. O.

§ 178. Der Thatbestand der Brandstiftung, welche das Gesetz nicht näher definirt hat, fordert in allen Fällen, daß ein brennbarer Stoff in Brand gesetzt wurde. Unter der Voraussetzung, daß die in Brand gesetzte Sache eine fremde, wider Willen des Eigenthümers entzündete sei, würde sich daraus das Delict der Sachbeschädigung ergeben. Der gemeinrechtlichen Theorie und bisherigen Gesetzgebung folgend, geht aber auch das deutsche

Strafgesetzbuch davon aus, daß das Beschädigen und Zerstören von Sachen durch Feuer die eigenthümliche, strafrechtliche Behandlung als Brandstiftung nur unter der Voraussetzung erfordere, daß sich aus dem Brennen eine gemeine Gefahr für Menschen oder Eigenthum ergiebt. Den Thatbestand der Brandstiftung, wie es mitunter geschehen ist, dahin festzustellen, daß sich derselben schuldig mache wer mit Gefahr für andere Personen oder deren Eigenthum eine Sache in Brand setzt, konnte aber darum nicht genügen, weil sich aus so allgemein gefaßter Definition unhaltbare Consequenzen ergeben und mancherlei Fälle als Brandstiftung zu strafen sein würden, für welche die schwere Strafe der Brandstiftung durchaus unangemessen sein würde[1]. Um den Thatbestand fester zu begrenzen, hat sich daher die Gesetzgebung veranlaßt gesehen entweder jene allgemeine Definition durch weitere Bestimmungen in Betreff der möglichen Objecte der Brandstiftung zu ergänzen[2], oder, wie es auch das deutsche Strafgesetzbuch gethan hat, auf sie ganz zu verzichten und sich mit Angabe der möglichen Objecte der Brandstiftung zu begnügen.

Es hat das Gesetz aber ferner, ebenso wie z. B. bei der strafbaren Tödtung, auch nicht diejenigen Momente des Thatbestandes welche allen Fällen der Brandstiftung gemeinsam sind in einer allgemeinen Bestimmung zusammengefaßt, sondern hat sich begnügt, in Rücksicht auf das verschiedene Maß der Schuld und Strafbarkeit, den Thatbestand verschiedener Fälle der Brandstiftung festzustellen. Maßgebend für diese Unterscheidung ist in erster Linie der Unterschied der vorsätzlichen und der fahrlässigen Brandstiftung und weiter der Unterschied des Gegenstandes der Brandstiftung. Daneben kommen bei der vorsätzlichen wie fahrlässigen Brandstiftung noch besondere sie qualifizirende Momente in Betracht.

Die in allen Fällen der Brandstiftung erforderlichen Momente des Thatbestandes sind die schuldhafte Thätigkeit die in einem Inbrandsetzen besteht, und der zur Begehung des Delictes geeignete Gegenstand. Dagegen fordert das Gesetz nicht, daß sich aus dem Brennen eines solchen Gegenstandes eine gemeine Gefahr für Menschen und Eigenthum ergeben habe.

Abgesehen von der Ueberschrift des von den gemeingefährlichen Verbrechen und Vergehen handelnden Abschnittes, aus der freilich

---

1) Vgl. Osenbrüggen a. a. O. S. 35 f.

2) So das hannovsch. Strfgb.

keine Folgerungen für den Thatbestand der betreffenden Delicte abzuleiten sind, giebt jedenfalls die Auswahl der Gegenstände, welche das Gesetz als Objecte der Brandstiftung bezeichnet, genügend zu erkennen, daß das Gesetz die Leben und Gesundheit von Menschen und fremdes Eigenthum bedrohende Entfesselung der elementaren, vom Thäter in dem Umfange ihrer Wirksamkeit nicht zu begrenzende Macht des Feuers, die Gemeingefährlichkeit der That, als das die eigenthümliche strafrechtliche Behandlung der Brandstiftung motivirende Moment betrachtet. Auf die Erfahrung gestützt, daß das Brennen der genannten Gegenstände regelmäßig mit einer gemeinen Gefahr verknüpft sei, geht das Gesetz von der Voraussetzung einer solchen aus, und fordert darum nicht, daß sie auch im concreten Falle festgestellt werde, begnügt sich vielmehr, wie es herkömmlich bezeichnet wird, mit der abstracten Gefahr. Wenn also das Gesetz die Gemeingefahr nicht als festzustellendes Thatbestandsmerkmal der Brandstiftung bezeichnet hat, so nicht darum, weil es die Gemeingefahr als für die Brandstiftung unwesentlich, sondern darum, weil es dieselbe als mit dem Brennen der bezeichneten Gegenstände von selbst gegeben und festgestellt betrachtet[1]).

Die durch Feuer bewirkte Beschädigung oder Zerstörung einer vom Gesetze unter den Brandstiftungs-Objecten nicht genannten Sache kann demnach nicht als Brandstiftung bestraft werden, und wenn für eine angemessene Bestrafung derselben wohl in der Regel durch anderweitige Strafbestimmungen gesorgt sein wird, so ist doch der Fall, daß möglicherweise eine gemeingefährliche Brand-

1) Darüber lassen auch die Motive zum preuß. Strfgb. vgl. Goltd. Mat. II S. 640 f. wie zum deutschen keinen Zweifel und damit stimmt die in der Doctrin herrschende Ansicht überein. Gegen die von Osenbrüggen Abhandlg. S. 56 und Binding Normen II S. 582 f. vertretene Auffassung der Brandstiftung als qualifizirte Sachbeschädigung Wanjeck a. a. O. S. 14. Olshausen § 306 Nr. 10. Siebenhaar a. a. O. S. 271. Daß auch v. Buri Causalität S. 56 f. und Beilageheft zum G. Saal 1878 S. 214 f. der Brandstiftung in der Auffassung des Gesetzes den Charakter der Gemeingefährlichkeit abspreche, wie Siebenhaar und v. Liszt S. 454 behaupten, ist unrichtig, da er sich darauf beschränkt die bedenklichen Consequenzen hervorzuheben, die sich daraus ergeben, daß das Gesetz auf die Feststellung der Gemeingefahr im concreten Falle verzichtet, und darum Vorschläge zur Beseitigung derselben macht. Allerdings äußert er sich de lege ferenda dahin, daß es nicht geboten sei die gemeingefährlichen Verbrechen als besonders ausgezeichnete beizubehalten, der Nachweis ihrer Entbehrlichkeit wird aber schwerlich als erbracht angesehen werden können.

stiftung, z. B. an einer zwischen den Dorfhäusern liegenden hölzernen Brücke, nicht als Brandstiftung gestraft werden kann, nicht ausgeschlossen. Andrerseits wird es Fälle der Brandstiftung geben in denen der Mangel einer gemeinen Gefahr zweifellos ist[1]). Daraus kann kein Einwand gegen die gesetzlichen Bestimmungen entnommen werden, denn die Möglichkeit, daß die generell gefährliche Handlung sich in ihrem Erfolge als ungefährlich erweist, ist auch dann nicht ausgeschlossen, wenn der Thatbestand des Delictes die concrete Gefahr erfordert[2]). Schwerer wiegt dagegen allerdings das Bedenken, daß das Gesetz unter den Brandstiftungs-Objecten solche genannt hat, von denen man nicht sagen kann, daß ihr Brennen auch nur regelmäßig eine gemeine Gefahr mit sich bringe.

§ 179. Der Thatbestand der Brandstiftung erfordert in allen Fällen das Inbrandsetzen eines vom Gesetze als mögliches Object der Brandstiftung bezeichneten Gegenstandes.

Das Brennen, Verbrennen besteht in einer völligen oder theilweisen Zerstörung des brennbaren Stoffes durch Hitze, gleichviel ob es in heller Flamme oder durch Verglimmen, Verkohlen[3]) erfolgt. Eine Beschädigung des brennbaren Stoffes durch Hitze würde dagegen als ein Inbrandsetzen nicht zu betrachten sein, wenn sich die Hitze dem betreffenden Stoffe nicht in dem Maße mitgetheilt hat, daß er fortzubrennen vermag, auch nachdem die Quelle, von der ursprünglich die Mittheilung der Hitze ausging, versiegt ist[4]). In welcher Weise das Brennen verursacht wurde, ist gleichgiltig, und es ist namentlich nicht erforderlich, daß das Feuer, wie es bei der dolosen Brandstiftung meist der Fall sein wird, dem betreffenden Gegenstande durch einen brennenden Zündstoff unmittelbar mitgetheilt wurde[5]).

---

1) Derartige Fälle, wie v. Buri es thut, anzuführen, ist natürlich sehr leicht.

2) In dem von Binding angeführten Beispiele, daß Jemand das eigene Getreidefeld anzündet, das daran grenzende Getreidefeld aber vermöge der Windrichtung vom Feuer verschont bleibt, würde der Thäter auch dann, wenn das Gesetz für die Brandstiftung concrete Gefahr forderte, als gemeingefährlicher Brandstiftung schuldig zu erachten sein, denn die generell gefährliche Handlung hört dadurch nicht auf eine solche zu sein, daß die zufällige Windrichtung, die jeden Augenblick umschlagen konnte, die Gefahr abgewandt hat.

3) Motive z. II Entwf. § 305.

4) Schaper in Holtzdf. Hdbch. III S. 831. Schütze S. 512. v. Liszt S. 454. H. Meyer S. 598. Oppenhoff § 306 Nr. 2. Rsprch. I S. 270 IV S. 752.

5) Oppenhoff § 306 Nr. 1. Olshausen § 306 Nr. 2. Rsprch. IV S. 72. Osenbrüggen a. a. O. S. 110.

In Betreff der vom Gesetze bezeichneten Gegenstände, welche mögliche Objecte der Brandstiftung sind, ist allerdings die Unterscheidung wieder zu erkennen, von der andere deutsche Strafgesetzbücher ausgegangen sind, die Unterscheidung der Brandstiftung mit Gefahr für Menschen, der Brandstiftung an fremden Sachen ohne Gefahr für Menschen und der gemeingefährlichen Brandstiftung an der eignen Sache[1]), während das nicht gemeingefährliche Verbrennen der eignen Sache, wenn es in betrügerischer Absicht erfolgt, mit Recht von der Brandstiftung ausgeschieden und zum Betruge gestellt worden ist. Es ist diese Klassification aber weder mit gleicher Bestimmtheit wie in anderen Gesetzbüchern, so namentlich dem braunschweig'schen, ausgesprochen, noch auch consequent durchgeführt, wonach also auch aus ihr irgend welche Argumente für die Auslegung des Gesetzes nicht zu entnehmen sind.

Als mögliche Objecte einer Brandstiftung bezeichnet das Gesetz zunächst in § 306, 1) ein zu gottesdienstlichen Versammlungen bestimmtes Gebäude, 2) ein Gebäude, ein Schiff oder eine Hütte, welche zur Wohnung von Menschen dienen, 3) eine Räumlichkeit, welche zeitweise zum Aufenthalt von Menschen dient, und zwar zu einer Zeit, während welcher Menschen in derselben sich aufzuhalten pflegen. Offenbar handelt es sich in diesen Fällen um Brandstiftungen, bei denen das Gesetz eine Gefahr für Leben und Gesundheit von Menschen voraussetzt, immerhin aber sich mit der bloßen Möglichkeit einer solchen Gefahr begnügt, so daß der im concreten Falle festgestellte Mangel einer solchen Gefahr den Thatbestand des Verbrechens nicht ausschließt.

Das preußische Strafgesetzbuch hatte als Gegenstand der Brandstiftung ein zum Gottesdienst bestimmtes Gebäude bezeichnet, ohne Rücksicht auf den zeitweiligen Aufenthalt von Menschen in demselben, nicht um der besonderen Heiligkeit des Gebäudes willen, sondern wegen der für die übrigen Gebäude des Ortes aus dem Brande von Kirchen sich ergebenden Gefahr[2]), eine Gefahr, welche

---

1) Vgl. Osenbrüggen a. a. O. S. 37 f.

2) Goltd. Mat. II S. 643. Hätte man dem gottesdienstlichen Gebäude als solchem um seiner Zweckbestimmung willen einen besondern Schutz gewähren wollen, so wäre der große Unterschied der Strafe, je nachdem es durch Feuer oder in anderer Weise zerstört wurde, unverständlich. Gleichwohl wird regelmäßig die Heiligkeit, die Dignität des gottesdienstlichen Gebäudes als das entscheidende Moment angesehen. Schaper a. a. O. S. 877. Wanjeck a. a. O. S. 14. Schwarze § 306 Nr. 2.

bei abgelegen und einsam stehenden gottesdienstlichen Gebäuden nicht vorhanden ist. Abweichend vom preußischen, spricht das deutsche Strafgesetzbuch von einem zu gottesdienstlichen Versammlungen bestimmten Gebäude, und wenn darin eine Hindeutung auf die Gefährdung von Menschen gefunden werden könnte, so steht dem wieder entgegen, daß nicht ein Inbrandsetzen zu einer Zeit während welcher Menschen in dem Gebäude sich aufzuhalten pflegen, gefordert wird[1]). Dazu kommt, daß es kleine gottesdienstliche Gebäude giebt, die nicht zu gottesdienstlichen Versammlungen geeignet und bestimmt[2]), darum durch die Fassung des Gesetzes ausgeschlossen sind, und es erscheint somit die gesetzliche Bestimmung allerdings als eine anomale und irrationale[3]). Dient nur ein bestimmter Raum eines Gebäudes zu gottesdienstlichen Versammlungen, während andere Räumlichkeiten desselben anderen Zwecken dienen, so findet § 306 Nr. 1 auf das Inbrandsetzen dieses Gebäudes unbedingt Anwendung, und nicht nur dann, wenn der zu den gottesdienstlichen Versammlungen dienende Raum in Brand gesetzt wurde[4]).

Bei der Brandstiftung an Gebäuden, Schiffen, Hütten ist allein der Umstand entscheidend, daß sie thatsächlich zur Wohnung von Menschen dienen, nicht ihre nächste und bleibende Zweckbestimmung. Das noch unfertige, unbewohnte Wohngebäude ist daher hier ausgeschlossen, wogegen Stallgebäude, Scheunen, wenn sie zugleich zum Wohnen von Menschen dienen, hierhergehören[5]). Auch bei den Schiffen kommt nur das Bewohntsein, nicht Größe und Gestalt in Betracht, und auch ein Floß, das mit zur Woh-

---

1) Wanjeck a. a. O. S. 14 betrachtet durch die von der des preußischen abweichende Fassung des deut. Strfgb. die Rücksicht darauf, daß sich Menschen zeitweise in dem Gebäude aufhalten als zweifellos mit zum Ausdrucke gebracht.

2) Puchelt § 306 Nr. 4. Olshausen § 306 Nr. 4.

3) Temme Glossen z. preuß. Strfgb. S. 309. Osenbrüggen a. a. O. S. 47.

4) Oppenhoff § 306 Nr. 14. Dagegen Schaper a. a. O. S. 877. Schütze S. 513. Olshausen § 306 Nr. 4. Schwarze § 306 Nr. 2. Das Gebäude hört nicht auf gottesdienstlichen Versammlungen zu dienen, wenn es theilweise auch anderen Zwecken dient, und das Gesetz spricht von Gebäuden, nicht von Räumlichkeiten die solchen Zwecken dienen. Aus der angeblichen Tendenz des Gesetzes dem durch seinen Zweck geheiligten Gebäude einen besondern Schutz zu gewähren, dürfen keine Consequenzen gezogen werden.

5) Schwarze § 306 Nr. 4. Oppenhoff § 306 Nr 17. Olshausen § 306 Nr. 5. Osenbrüggen a. a. O. S. 44.

nung von Menscheu dienenden Einrichtungen versehen ist, wird als Schiff zu betrachten sein[1]). Als Hütte wird nicht nur die auf längern Bestand berechnete, sondern auch die nur für kurze Zeit, etwa aus Stangen und Stroh, zur Wohnung eines Hirten oder Wächters eingerichtete zu betrachten sein[2]). Der Thatbestand des Delictes erfordert nur, daß das Gebäude, das Schiff, die Hütte zur Wohnung von Menschen dient, nicht aber, daß sich zur Zeit der Brandstiftung Menschen darin befinden. Er wird also auch dadurch nicht ausgeschlossen, daß der Thäter die Brandstiftung zu einer Zeit beging, zu welcher, wie ihm bekannt, keine Menschen sich in den betreffenden Räumen befanden.

Neben den genannten bewohnten Räumlichkeiten nennt das Gesetz endlich solche, welche zeitweise zum Aufenthalte von Menschen dienen, wofern sie zu einer Zeit, während welcher Menschen in denselben sich aufzuhalten pflegen, in Brand gesetzt werden. Als Räumlichkeiten, in denen sich Menschen aufzuhalten pflegen, können nur solche betrachtet werden, die zwar nicht beständig, sondern nur zeitweise zum Aufenthalt von Menschen dienen, aber doch die erkennbare, dauernde Bestimmung haben zu gewissen Zeiten Menschen in sich aufzunehmen[3]). Ausgeschlossen ist darum die Räumlichkeit, in welcher sich Menschen nicht aufzuhalten pflegen, in der sich aber zufällig ein Mensch aufhält, und ebenso die Räumlichkeit in der sich zwar Menschen aufzuhalten pflegen, die aber,

1) Meves Strfrsztg. XIII S. 411. Schwarze § 306 Nr. 5. Oppenhoff § 306 Nr. 16.

2 Daß auch der alleinige Bewohner einer Hütte, der diese selbst anzündet, der Brandstiftung schuldig sei, wie Oppenhoff § 306 Nr. 18, Schwarze § 306 Nr. 4 annehmen, ist unrichtig, denn in solchem Falle hat die Hütte aufgehört eine bewohnte zu sein. Schaper a. a. O. S. 378. Olshausen § 306 Nr. 7. Dahin neigt auch Oppenhoff § 306 Nr. 21. Wenn Berner S. 580 in solchem Falle die Strafbarkeit nur darum für ausgeschlossen betrachtet, weil deren Annahme nur das Ergebniß einer mechanischen, den Grundgedanken der gesetzlichen Fiction verkennenden Auslegung sein könnte, so ist dagegen einzuwenden, daß, wenn in diesem Falle der evidente Mangel der Gefährdung von Menschen ausreichen könnte den Thatbestand der Brandstiftung auszuschließen, dies ebenso in allen anderen Fällen geschehen müßte, was im Widerspruche zu dem Grundgedanken des Gesetzes stehen würde, daß der Thatbestand der Brandstiftung unabhängig sein soll von der im concreten Falle festgestellten Gefährdung von Menschen.

3) Oppenhoff § 306 Nr. 20. Meves a. a. O. S. 411. Schaper a. a. O. S. 878.

weil wie ein Garten unter freiem Himmel liegend, als solche nicht in Brand gesetzt werden kann, sollte auch etwa ihre hölzerne Abgrenzung, der Gartenzaun, angezündet werden. Ist die Voraussetzung der Brandstiftung an solchen Räumlichkeiten die, daß sie zu einer Zeit erfolgte, zu welcher sich Menschen in ihnen aufzuhalten pflegen, so ergiebt sich damit, daß für den Thatbestand des Delictes der Umstand, daß zur Zeit der That sich kein Mensch in ihnen aufhielt, gleichgiltig ist[1]).

In allen bisher genannten Fällen der Brandstiftung ist es gleichgiltig ob sie an einer fremden oder an der eignen Sache des Thäters verübt wurde, womit sich ergiebt, daß sie nicht den Thatbestand der strafbaren Sachbeschädigung voraussetzt und nicht als eine qualifizirte Sachbeschädigung aufgefaßt werden kann.

Als mögliche Objecte der Brandstiftung bezeichnet das Gesetz[2]) aber ferner Gebäude, Schiffe, Hütten, Bergwerke, Magazine, Warenvorräthe, welche auf dazu bestimmten öffentlichen Plätzen lagern, Vorräthe von landwirthschaftlichen Erzeugnissen, von Bau- oder Brennmaterialien, Früchte auf dem Felde oder Torfmoore[3]), wenn diese Gegenstände fremdes Eigenthum sind. Gebäude, Schiffe, Hütten kommen hier selbstverständlich nur in Betracht, sofern sie nicht bewohnt sind, Bergwerke die zeitweise zum Aufenthalt von Menschen dienen, nur insoweit als sie zu einer Zeit in Brand gesetzt werden, während welcher sich Menschen nicht in denselben aufzuhalten pflegen. Der Umstand, daß möglicherweise das Brennen eines vom Gesetze nicht genannten Gegenstandes sich als gefährlich erweist, würde eine analoge Anwendung des Gesetzes nicht rechtfertigen.

Sofern es sich hier um ein Inbrandsetzen fremder Eigenthumsobjecte handelt, liegt allerdings auch eine Sachbeschädigung vor, gleichwohl nicht lediglich eine Sachbeschädigung durch das die

---

1) Ist der Schäfer der seinen Schäferkarren zur Nachtzeit, zu welcher er sich in demselben aufzuhalten pflegt, selbst anzündet, der Brandstiftung schuldig? Oppenhoff § 306 Nr. 21 verneint die Frage, und die Praxis wird das unvollkommene Gesetz wohl durch Nichtverfolgung des Schäfers corrigiren. Wie dies aber der Fassung des Gesetzes gegenüber zu rechtfertigen wäre, ist nicht einzusehen.

2) Strfgb. § 308.

3) Casuistische Fragen in Betreff der genannten Gegenstände bei Oppenhoff § 308 Nr. 2—10a. Schwarze § 308 Nr. 8—15. Olshausen § 308 Nr. 3.

That qualifizirende Mittel des Feuers, die man darum als Brandstiftung behandelt hätte, weil die Beschädigung und Zerstörung der vom Gesetze genannten bedeutenderen Gegenstände durch die Strafe der Sachbeschädigung nicht genügend geahndet werden würde[1]). Für die Behandlung solcher Sachbeschädigung als Brandstiftung ist nicht die Bedeutung und der Werth der Sache entscheidend, und ebensowenig das Feuer als Mittel der Beschädigung, denn wenn Gegenstände von höherem Werthe als die genannten mittelst Feuers im Ofen verbrannt werden, wird die Strafe der Sachbeschädigung immer als ausreichend erscheinen. Maßgebend für die Behandlung solcher Sachbeschädigung als Brandstiftung ist auch hier die Rücksicht, daß das Brennen der genannten Gegenstände ein generell gefährliches sei[2]). In erster Linie ist hier offenbar die Gefahr in Betracht gezogen welche fremdem Eigenthum droht, weiter aber auch die mögliche Gefährdung von Menschen.

Straflos ist das Inbrandsetzen der in § 308 bezeichneten Gegenstände sofern sie das Eigenthum des Thäters sind und nicht zu den in § 306 genannten Gegenständen gehören. Dagegen ist das Inbrandsetzen der gedachten dem Thäter eigenthümlich gehörenden Gegenstände als Brandstiftung strafbar, wofern sie ihrer Beschaffenheit und Lage nach geeignet sind einer der in § 306 genannten Räumlichkeiten oder einem der in § 308 bezeichneten fremden Gegenstände das Feuer mitzutheilen[3]). Herkömmlich bezeichnet

---

1) Dies die Ansicht Goltdammer's Mat. II S. 644. Vgl. auch Binding a. a. O. S. 582 f. Ullmann im G. Saal 1878 S. 604 f. Dagegen Olshausen § 308 Nr. 5. Wanjeck a. a. O. S. 25 f. v. Liszt S. 456. H. Meyer S. 596. Siebenhaar a. a. O. S. 274.

2) Die Motive z. II Entwf. § 305 rechtfertigen die Aufnahme der im preuß. Strfgb. nicht genannten Warenvorräthe, die auf dazu bestimmten Plätzen lagern, damit, daß dafür die Gleichheit des Grundes, der für die Aufnahme der Magazine spricht und die hohe Gefährlichkeit der That entscheidend sei.

3) Das preuß. Strfgb. hatte in § 287 in Betreff der s. g. mittelbaren Brandstiftung bestimmt, daß sich derselben der schuldig mache, der irgend eine beliebige eigne oder fremde Sache anzündet, die nach Beschaffenheit und Lage geeignet ist einem vom Gesetz bezeichneten Objecte der Brandstiftung das Feuer mitzutheilen. Mit Recht ist das deutsche Strfgb. hiervon abgewichen, indem es die s. g. mittelbare Brandstiftung auf die in § 308 bezeichneten Gegenstände beschränkt hat, da, wenn sie mittelst Anzündens anderer Sachen verübt wird, eine angemessene Ahndung durch die Strafbestimmung wider versuchte Brandstiftung gesichert ist. Vgl. Rüdorff § 308 Nr. 6.

man diesen Fall der Brandstiftung, im Unterschiede von dem andern als der unmittelbaren, als die mittelbare Brandstiftung, eine entbehrliche und unzutreffende Unterscheidung, denn wer das fremde Wohnhaus in Brand setzt indem er den ihm gehörenden unter die Dachsparren gelegten Zündstoff anzündet, setzt das Haus ebenso mittelbar oder auch ebenso unmittelbar in Brand, wie der, welcher das Haus in Brand setzt indem er seine an dasselbe sich anlehnende Strohhütte anzündet. Ob der in Brand gesetzte eigene Gegenstand nach Beschaffenheit und Lage geeignet war das Feuer einem andern zur Verübung der Brandstiftung geeigneten Objecte mitzutheilen, hat der Richter im concreten Falle festzustellen, wobei aber zu berücksichtigen bleibt, daß die Frage lediglich in Rücksicht auf Beschaffenheit und Lage, nicht aber in Rücksicht auf andere die Mittheilung des Feuers begünstigende oder verhindernde Umstände, z. B. die Windrichtung, zu beantworten ist[1]). Es darf also, da eine Mittheilung des Feuers zum Thatbestande des Delicts nicht erforderlich ist, aus dem Umstande, daß sie nicht stattgefunden hat, nicht ohne weiteres gefolgert werden, daß die brennende Sache zu solcher Mittheilung nicht geeignet gewesen sei.

Wer einen der in § 308 bezeichneten Gegenstände der fremdes Eigenthum ist mit Einwilligung des Eigenthümers in Brand setzt, wird durch diese Einwilligung von Strafe befreit, sofern der betreffende Gegenstand nach Beschaffenheit und Lage nicht geeignet ist, das Feuer einem andern jener Gegenstände mitzutheilen. Im andern Falle ist er trotz der Einwilligung des Eigenthümers strafbar, da es sich im § 308 nicht lediglich um eine Sachbeschädigung handelt, sondern um das strafbare Herbeiführen der bei dem Brennen jener Gegenstände vom Gesetze vorausgesetzten Gefahr[2]).

§ 180. Rücksichtlich der Strafbarkeit der vorsätzlichen Brandstiftung unterscheidet das Gesetz folgende Fälle derselben.

1) Die vorsätzliche Brandstiftung an einem zu gottesdienstlichen Versammlungen bestimmten Gebäude, an bewohnten Gebäuden,

---

1) Binding a. a. O. S. 583. Ullmann a. a. O. S. 605. Wanjeck a. a. O. S. 29. Schütze S. 511. Oppenhoff § 308 Nr. 13. Olshausen § 308 Nr. 6.

2) Olshausen § 308 Nr. 5. Oppenhoff § 308 Nr. 12. Goltd. Arch. IX S. 788. Schwarze § 308 Nr. 16. Dagegen Wanjeck a. a. O. S. 27.

Schiffen und Hütten, sowie an Räumlichkeiten die zeitweise zum Aufenthalt von Menschen dienen, wenn sie zu einer Zeit, während welcher Menschen in derselben sich aufzuhalten pflegen, verübt wird.

Hiernach ist in subjectiver Beziehung erforderlich eine vorsätzliche Thätigkeit die in der Absicht verübt wird, einen der genannten Gegenstände in Brand zu setzen. Dies setzt das Wissen und Wollen des Thäters voraus einen derjenigen Gegenstände in Brand zu setzen, welche das Gesetz in § 306 bezeichnet hat, und das irrthümliche Anzünden eines dieser Gegenstände, während der Thäter einen andern hier nicht genannten in Brand zu setzen glaubt, würde den hier erforderlichen Dolus und die Anwendbarkeit des § 306 ausschließen. Es könnte eine nach § 308 zu strafende vorsätzliche oder auch eine fahrlässige Brandstiftung eventuell eine nach § 305 zu strafende Sachbeschädigung vorliegen. Streitig ist dagegen die Frage ob das Gesetz in § 306 drei ihrem Thatbestande nach verschiedene Delicte in eine Strafsatzung zusammenfaßt[1]) darum für jedes der in den Nummern 1 bis 3 bezeichneten Delicte einen eigenthümlich gestalteten Dolus erfordert, oder ob es sich nur um ein und dasselbe Delict handelt, das darum in allen Fällen den gleichen Dolus fordert. Daß das Gesetz davon ausgegangen ist das Brennen aller in § 306 genannten Räumlichkeiten als mit einer Gefahr für Menschen und Eigenthum verbunden zu betrachten ist zweifellos und die Behauptung, daß für die Nennung der zu gottesdienstlichen Versammlungen dienenden Gebäude auch noch das Motiv der Heiligkeit des Ortes maßgebend gewesen sei, ist durchaus unerweislich. Der Anlaß zur Unterscheidung der drei Nummern in § 306 ist lediglich der, daß bei Nr. 1 weder das Bewohntsein noch der zeitweise Aufenthalt von Menschen, bei Nr. 2 das Bewohntsein, bei Nr. 3 der zeitweise Aufenthalt von Menschen in der bezeichneten Räumlichkeit in Betracht kommt, während in allen drei Fällen die Gefahr für Menschen das entscheidende Moment ist. Das Gesetz betrachtet also das Verbrechen der Brandstiftung als das

---

1) Es ist dies der im Strfgb. mehrfach vorkommende nach dem Vorgange Binding's gewöhnlich als Mischthatbestand bezeichnete Fall, eine allerdings unzutreffende Bezeichnung, da von einem gemischten Thatbestande oder einer Mischung der Thatbestände gar nicht die Rede sein kann. Es handelt sich vielmehr nur darum, daß in eine Strafsatzung mehrere Delicte mit verschiedenem Thatbestande deshalb zusammengefaßt werden, weil sie vermöge gewisser ihnen gemeinsamer Thatbestandsmomente einander nahe verwandt sind.

eine und selbige, gleichviel welche der in § 306 genannten Räumlichkeiten in Brand gesetzt sein mag, und darum ist auch der Dolus des Thäters in allen Fällen derselbe. Es genügt zu demselben, daß er einen der genannten Gegenstände wissentlich und vorsätzlich in Brand setzt, und so wenig dieser Dolus dadurch berührt wird, daß der Thäter statt der bewohnten Hütte, wie er beabsichtigte, ein bewohntes Gebäude in Brand setzt, ebenso wenig dadurch, daß er irrthümlich statt des bewohnten ein zu gottesdienstlichen Versammlungen bestimmtes Gebäude anzündet [1]).

Ist der Thatbestand der nach § 306 zu strafenden Brandstiftung und der zu ihm erforderliche Dolus gegeben, wenn der Thäter einen der vom Gesetz genannten Gegenstände anzünden wollte und in Brand gesetzt hat, gleichviel ob es derjenige ist, auf welchen seine Absicht gerichtet war, so ist damit nicht ausgeschlossen, daß bei der Strafzumessung Schuldmomente in Betracht gezogen werden, die für den Thatbestand des Verbrechens gleichgiltig sind. Der Richter wird es bei der Strafzumessung zu berücksichtigen haben, wenn im concreten Falle die Gefahr die das Gesetz voraussetzt nicht vorhanden war, wenn der Thäter das bewohnte Gebäude in Brand setzte nachdem er sich überzeugt hatte, daß keine Menschen sich in demselben aufhalten, und insbesondere wird er auch den Irrthum des Thäters in Betreff des Gegenstandes der Brandstiftung berücksichtigen müssen. Die Strafbarkeit dessen der zur Nachtzeit die menschenleere Kirche anzünden will und irrthümlich ein bewohntes Gebäude in Brand setzt, ist gewiß eine wesentlich andere als die Schuld dessen, der wissentlich das bewohnte Gebäude ansteckt, und ebenso in dem umgekehrten Falle, aber gewiß nicht darum, weil durch den Irrthum der für diese verschiedenen Fälle erforderliche Dolus ausgeschlossen würde, und darum nur eine

1) Daß die Brandstiftung nicht, wie Binding annimmt, nur eine qualifizirte Sachbeschädigung sei, kann nicht zweifelhaft sein, und gewiß handelt es sich, wie Wanjeck a. a. O. gegen ihn ausführt, bei der Brandstiftung um einen eigenthümlichen Dolus, der Gegenstand und Mittel der Brandstiftung als Delictsmerkmale umfaßt. Den Beweis aber, daß es sich in den drei Fällen des § 306 um drei verschiedene Delicte handle, welche einen verschieden gestalteten Dolus erfordern, hat Wanjeck nicht erbracht. Ihm schließen sich an H. Meyer S. 597. v. Liszt S. 455. Olshausen § 306 Nr. 10. Dagegen Binding a. a. O. v. Buri im G. Saal 1878 Beilage S. 219. Oppenhoff § 306 Nr. 7. Schwarze Absch. 27 Nr. 5. Schaper a. a. O. S. 882. Rüdorff § 306 Nr. 3.

fahrlässige Brandstiftung am bewohnten Gebäude, beziehungsweise an der Kirche vorliege [1]).

So wenig das Gesetz fordert, daß die Brandstiftung im concreten Falle sich als eine für Menschen und Eigenthum gefährliche erwiesen habe, so wenig fordert es die Absicht des Thäters im concreten Falle eine solche Gefahr herbeizuführen. Ist aber das Motiv der gesetzlichen Bestimmung die Voraussetzung, daß das Brennen der genannten Gegenstände mit solcher Gefahr regelmäßig verbunden sein werde, so geht dem entsprechend das Gesetz auch von der Voraussetzung aus, daß, wer wissentlich einen solchen Gegenstand in Brand setzt, regelmäßig sich auch der Gefahr bewußt sein und sie wollen werde.

Fordert das Gesetz, daß die genannten Gebäude, Räumlichkeiten in Brand gesetzt seien, so folgt, daß wenn der Thäter nur einen beschränkten Theil des Ganzen, unbeschadet des letzteren, in Brand setzen will, eine vorsätzliche Brandstiftung nicht vorliegt, die That vielmehr entweder straflos oder als Sachbeschädigung, eventuell als fahrlässige Brandstiftung zu strafen ist [2]).

Die Strafe der Brandstiftung in den von § 306 bezeichneten Fällen ist zeitiges Zuchthaus, dagegen Zuchthaus nicht unter zehn Jahren oder lebenslängliches Zuchthaus, wenn einer der im Gesetze bezeichneten straferhöhenden Umstände vorliegt. Als solche sind in § 307 genannt 1) der Umstand, daß der Brand den Tod eines Menschen dadurch verursacht hat, daß dieser zur Zeit der That in einer der in Brand gesetzten Räumlichkeiten sich befand.

Abweichend von dem preußischen Strafgesetzbuche, das erhöhte Strafe für den Fall anordnete, daß durch den Brand ein Mensch das Leben verloren hat, macht das deutsche die schwerere Strafe von zwei Bedingungen abhängig, davon daß der Tod eines Menschen verursacht wurde und zwar vermöge des Umstandes, daß dieser sich zur Zeit der That in der in Brand gesetzten Räumlichkeit befand [3]), um damit die Fälle auszuscheiden, in denen der Causalzusammenhang des Brandes und des Todes eines Menschen in anderer Weise vermittelt war [4]). Als Zeit der That kann hier

---

1) Dies die Ansicht Wanjeck's a. a. O. S. 18.

2) John a. a. O. Schwarze Abschn. 27 Nr. 5. Oppenhoff § 306 Nr. 7. Olshausen § 306 Nr. 10.

3) Ueber die vom Entwurfe abweichende Fassung vgl. Schütze S. 514 und in Goltd. Arch. XX S. 371.

4) In Betreff der anstößigen Consequenzen, die sich aus § 285 des

nicht lediglich der Zeitpunkt verstanden werden, in welchem die Thätigkeit des Anzündens stattfand, sondern es wird darunter der Zeitraum zu verstehen sein, der zwischen jenem Zeitpunkte und dem Brennen der betreffenden Räumlichkeit liegt[1]), so daß zur Zeit der That als in ihr befindlich auch der zu betrachten ist, der sich in dieselbe begab nachdem der Zündstoff bereits angezündet, aber bevor die Räumlichkeit selbst in Brand gerathen war. Sofern das ursächliche Verhältniß des Brandes und des Todes festgestellt ist, erscheint die besondere Art in welcher der Tod verursacht wurde gleichgiltig, und auch der Fall ist nicht ausgeschlossen, daß die eigene Unbesonnenheit des Getödteten dabei mitgewirkt hat[2]). In Brand gesetzt ist aber nicht nur die Räumlichkeit welche der Thäter zunächst anzündete, sondern auch diejenige weitere, der sich das Feuer mittheilte, selbst wenn der Thäter die weitere Ausbreitung des Feuers nicht wünschte, denn die Eigenthümlichkeit des Verbrechens liegt darin, daß der Thäter den Umfang des Brandes zwar wünschend auf die seinem Zwecke dienenden Grenzen beschränken kann, aber nicht wollend, wenn er mit dem Bewußtsein handelt, daß er der entfesselten Kraft des Feuers keine Grenzen zu ziehen vermag. Wird daher ein in § 306 bezeichneter Gegenstand in Brand gesetzt und ergreift das Feuer zugleich einen andern derartigen Gegenstand, so erscheint auch dieser letztere als vorsätzlich in Brand gesetzt und wenn ein hier zur Zeit der That sich aufhaltender Mensch durch den Brand das Leben verlor, so wird auch auf solchen Fall § 307 Nr. 1 Anwendung finden[3]).

Bildet der durch den Brand verursachte Tod eines Menschen einen die Strafe erhöhenden Umstand, so folgt hieraus in Rücksicht auf § 59 unvermeidlich, daß dieser Umstand dem Thäter nicht zugerechnet werden kann, wenn er in der Ueberzeugung handelte,

---

preuß. Strfgb. ergeben hatten vgl. Goltdammer in s. Arch. VI S. 306 f. Dalke ebenda XVI S. 13 f.

1) Schaper a. a. O. S. 885. Olshausen § 307 Nr. 3.

2) Schaper a. a. O. Schütze a. a. O. S. 371. Olshausen § 307 Nr. 4. Oppenhoff § 307 N. 6. Schwarze § 307 Nr. 2.

3) Dagegen Oppenhoff § 307 Nr. 5. Rüdorff § 307 Nr. 2, weil die mittelbare Brandstiftung als milderer Fall nach § 308 zu strafen sei. Aber bei § 308 wird vorausgesetzt, daß andere Gegenstände als die in § 306 bezeichneten unmittelbar in Brand gesetzt seien, und er kommt nicht zur Anwendung, wenn unmittelbar ein bewohntes Gebäude angezündet wurde und das Feuer das benachbarte bewohnte Gebäude ergreift.

daß sich zur Zeit der That ein Mensch in der in Brand gesetzten Räumlichkeit nicht aufhalte[1]). Die herrschende Meinung ist allerdings die, daß im Falle des § 307 Nr. 1 kein anderer Dolus gefordert werde als in den Fällen des § 306[2]), und dafür spricht freilich der Umstand, daß sich § 306 mit der abstracten Gefahr für Menschen begnügt, daß sie aber auch im Falle des § 307 Nr. 1 ausreichen solle, ist im Gesetze nicht zum entsprechenden Ausdrucke gekommen und es ist nicht einzusehen wie hier die Anwendbarkeit des § 59 als ausgeschlossen betrachtet werden könnte. Das Bewußtsein, daß sich ein Mensch in der in Brand gesetzten Räumlichkeit aufhält und gefährdet ist, bedingt selbstverständlich nicht zugleich den Willen, daß er das Leben verliere. Geht aber die Absicht des Thäters dahin, durch die Brandstiftung den Tod jenes Menschen zu verursachen, so ergiebt sich ideale Concurrenz der vorsätzlichen Tödtung und der nach § 306 zu strafenden Brandstiftung[3]). Wer die Brandstiftung mit dem Bewußtsein verübt das Leben eines in der Räumlichkeit sich aufhaltenden Menschen zu gefährden, ein Bewußtsein das nur durch die Ueberzeugung, daß sich kein Mensch in ihr aufhalte, ausgeschlossen wird, nicht aber durch den Zweifel ob es sich so verhalte, hat eben damit auch den durch den Brand verursachten Tod des Menschen durch Fahrlässigkeit verschuldet, und eben dies ist die Voraussetzung der erhöhten Strafbarkeit[4]).

Ein erschwerender Umstand ist 2) die Verübung der Brandstiftung in der Absicht, um unter Begünstigung derselben Mord oder Raub zu begehen oder einen Aufruhr zu erregen. Es genügt in diesem Falle die festgestellte Absicht, um der gedachten ander-

1) Rubo § 307 Nr. 6. Olshausen § 307 Nr. 3.

2) Oppenhoff § 307 Nr. 7. Rüdorff § 307 Nr. 2. Schwarze § 307 Nr. 4. Ullmann im G. Saal 1878 S. 592 f. Wahlberg Ztschrft. f. St. R. W. II S. 208.

3) Schütze S. 514 betrachtet auch bei vorsätzlicher Tödtung die Brandstiftung als einen nach § 307 Nr. 1 zu beurtheilenden nur bei der Strafzumessung in Betracht kommenden Fall.

4) Schaper a. a. O. S. 885. Schütze S. 514, dagegen hier wie in anderen derartigen Fällen die gemeine Meinung die lediglich den objectiven Erfolg als den straferhöhenden Umstand betrachtet, so selbst Olshausen § 307 Nr. 2, obwohl er das Wissen des Thäters vom Aufenthalt des Getödteten in der angezündeten Räumlichkeit fordert. Am wenigsten kann dafür das „Verursachen“ etwas beweisen, da dieses zwar die Voraussetzung der Verschuldung ist, über diese selbst aber gar nichts aussagt.

weitigen Delicte willen die Brandstiftung zu verüben, wogegen irgend welche weitere auf Verübung dieser Delicte gerichtete Handlungen nicht erforderlich sind. Wird eines dieser Delicte versucht oder vollendet, so liegt eine Realconcurrenz mit Brandstiftung vor[1]).

Erschwerend ist endlich 3) der Umstand, daß der Brandstifter, um das Löschen des Feuers zu verhindern oder zu erschweren, Löschgeräthschaften entfernt oder unbrauchbar gemacht hat. Ob diese Thätigkeit vor oder nach der Brandstiftung verübt wurde und ob sie bereits vorher beabsichtigt war, ist gleichgiltig. Der erschwerende Umstand hat hier seinen Grund in der Absicht des Thäters, die Gefahr des Brandes zu steigern, während es nicht darauf ankommt ob der Erfolg dieser Absicht entsprach[2]).

§ 181. Als eine mildere Form der Brandstiftung, die mit Zuchthaus bis zu zehn Jahren, bei mildernden Umständen mit Gefängniß nicht unter sechs Monaten zu strafen ist, behandelt das Gesetz das Inbrandsetzen der in § 308 genannten Gegenstände sofern sie fremdes Eigenthum sind oder zwar dem Brandstifter gehören, jedoch ihrer Lage und Beschaffenheit nach geeignet sind, einem der hier genannten fremden Gegenstände oder einer der in § 306 genannten Räumlichkeiten das Feuer mitzutheilen. Der Grund der milderen Strafsatzung ist der, daß es sich hier in erster Linie um Gefährdung fremden Eigenthums handelt, und daß, wenn zugleich um Gefährdung von Menschen, die Gefahr doch eine entferntere ist als in dem Falle, daß bewohnte oder solche Räumlichkeiten die zeitweise zum Aufenthalte von Menschen dienen, in Brand gesetzt werden.

Sofern die gedachten Gegenstände fremdes Eigenthum sind erscheint das Entzünden derselben allerdings als Sachbeschädigung, aber ihre Beschädigung durch Feuer ist vom Gesetze nicht als Sachbeschädigung, sondern als Brandstiftung behandelt, nicht in Rücksicht auf ihren Werth, sondern auf ihre Beschaffenheit, nach welcher ihr Brennen ein Gefahr drohendes Feuer bewirkt[3]). Der Dolus erfordert daher in diesem Falle, daß der Thäter einen der vom Gesetze genannten Gegenstände, ihn als solchen und als

---

1) Wanjeck a. a. O. S. 23. Schaper a. a. O. S. 886.

2) Schaper a. a. O. S. 886. Oppenhoff § 307 Nr. 12. Schütze S. 517.

3) Schaper a. a. O. S. 879. Wanjeck a. a. O. S. 25 f.

fremden kennend, vorsätzlich in Brand setzte. Aber auch hier handelt es sich nur um die abstracte Gefahr und die Feststellung, daß auch im concreten Falle eine Gefahr obgewaltet und der Thäter sie gekannt habe, ist nicht erforderlich. In dem Falle, daß der Thäter einen der genannten Gegenstände der sein Eigenthum ist in Brand setzt, erfordert der Dolus, daß er ihn als einen solchen kannte, der nach Lage und Beschaffenheit geeignet ist, das Feuer den in § 306 genannten Räumlichkeiten oder einem der in § 308 genannten Gegenstände die fremdes Eigenthum sind, mitzutheilen.

In beiden Fällen des § 308 kommt der Irrthum des Thäters vermöge dessen er den in Brand gesetzten für einen andern der hier genannten Gegenstände hält, rücksichtlich des Thatbestandes des Verbrechens nicht in Betracht[1]). Allerdings sind diese Gegenstände in räumlicher Ausdehnung und Lage so verschieden, daß nicht jeder beliebige rücksichtlich der aus dem Brennen sich ergebenden Gefahr als mit allen anderen gleichwerthig betrachtet werden kann, aber das verschiedene Maß der Gefahr kann nicht rücksichtlich des Thatbestandes, sondern nur der Strafzumessung in Betracht kommen[2]).

Der Thatbestand der nach § 306 wie nach § 308 strafbaren Brandstiftung ist in allen Fällen derselbe, denn er erfordert nur das Inbrandsetzen eines der genannten Gegenstände, bei dessen Brennen das Gesetz eine Gefahr für fremdes Eigenthum oder auch für Leben und Gesundheit von Menschen als gegeben voraussetzt. Es betrachtet die nach § 306 zu strafenden Fälle der Brandstiftung als die schwerer strafbaren, vermöge der hier näher liegenden Gefährdung von Menschen, so daß diese Fälle im Verhältnisse zu den nach § 308 zu strafenden, als qualifizirte erscheinen. Daraus folgt nicht nur selbstverständlich, daß der Thäter, wenn er irrthümlich ein bewohntes Gebäude in Brand setzt in der Meinung es sei unbewohnt, wegen Unkenntniß des straferhöhenden Umstandes nur nach § 308 zu strafen ist, sondern auch, daß der Thäter, der einen der in § 308 genannten Gegenstände in der Absicht anzündet, dadurch zugleich ein bewohntes Gebäude in Brand zu setzen, lediglich wegen Versuches oder Vollendung der nach § 306 strafbaren Brandstiftung zu strafen ist, wogegen nicht eine ideale Concurrenz zweier Brandstiftungen vorliegt[3]). Eben so wenig würde ein Fall

---

1) v. Buri a. a. O. S. 219. Binding Normen II S. 585.

2) Dagegen Wanjeck a. a. O. S. 28. Olshausen § 308 Nr. 7.

3) Binding a. a. O. S. 586. v. Buri a. a. O. S. 220. Dagegen

der Concurrenz vorliegen, wenn ein in § 308 genannter Gegenstand der fremdes Eigenthum ist in Brand gesetzt wird, in der Absicht einen weiteren derartigen Gegenstand in Brand zu setzen. Ist die Brandstiftung eine nach § 308 zu strafende, so kommen bei derselben die straferhöhenden Umstände des § 307 nicht in Betracht.

§ 182. Die fahrlässige Brandstiftung[1]) setzt voraus, daß unvorsätzlich aber schuldhaft ein Brand der in den §§ 306 und 308 bezeichneten Art herbeigeführt wurde. Sie wird bestraft mit Gefängniß bis zu einem Jahre oder mit Geldstrafe bis zu neunhundert Mark, und bei der Strafzumessung wird neben der Größe der Verschuldung, jenachdem es sich um größere oder geringere Unvorsichtigkeit oder um Frevelhaftigkeit handelt, auch die größere oder geringere Gefährlichkeit in Betracht kommen, insbesondere der Umstand, ob eine in § 306 bezeichnete Räumlichkeit oder ein in § 308 genannter Gegenstand in Brand gesetzt wurde. Als fahrlässige Brandstiftung wird namentlich auch der Fall in Betracht kommen, daß vorsätzlich ein Gegenstand der nicht zu den Brandstiftungs-Objecten gehört angezündet wird, und von ihm aus, gegen den Willen des Thäters, sofern diesem dabei eine Fahrlässigkeit zur Last fällt, das Feuer sich einem jener Objecte mittheilt[2]). Wird dagegen eine vorsätzliche Brandstiftung verübt und hat diese einen weiteren oder anderen als den vom Thäter beabsichtigten Erfolg, so wird dieser zwar für die Strafzumessung von Bedeutung sein, begründet aber nicht Concurrenz fahrlässiger und vorsätzlicher Brandstiftung[3]).

Ist durch den fahrlässig herbeigeführten Brand der Tod eines Menschen verursacht worden, so ist die Strafe Gefängniß von einem Monat bis zu drei Jahren. Voraussetzung der erhöhten Strafe ist auch hier die Culpa des Thäters die freilich nicht in jedem Falle einer besondern Feststellung bedürfen wird, weil sie oft mit dem fahrlässig verursachten Brande unter den obwaltenden Umständen von selbst gegeben erscheint, wohl aber wird die erhöhte Strafe keine Anwendung finden, wenn sich im concreten Falle der Tod als

---

Oppenhoff § 306 Nr. 9. § 308 Nr. 16. Rüdorff § 308 Nr. 5. Olshausen § 308 Nr. 9. Goltd. Arch. XXIII S. 547.

1) Strfgb. § 309.

2) Schaper a. a. O. S. 888. v. Buri a. a. O. S. 219.

3) Binding a. a. O. S. 545. Rüdorff § 307 Nr. 2. Dagegen H. Meyer S. 597. Olshausen § 309 Nr. 5.

unverschuldet und rein zufällig ergiebt[1]). Daran festzuhalten wird hier um so nothwendiger sein, als hier das Gesetz abweichend von § 307 Nr. 1 nur erfordert, daß der Tod durch den Brand verursacht sei, abgesehen von der beschränkenden Bestimmung, daß der Getödtete zur Zeit der That sich in der in Brand gesetzten Räumlichkeit befunden haben müsse, womit, wenn lediglich der Erfolg entschiede, alle möglichen völlig unabsehbaren Zufälligkeiten dem Thäter zur Last fallen würden.

Ausnahmsweise erklärt das Gesetz die Brandstiftung für straflos falls der Thäter den Brand, bevor derselbe entdeckt und ein weiterer Schade als der durch die bloße Inbrandsetzung bewirkte, entstanden war, wieder gelöscht hat[2]).

Es bezieht sich diese Bestimmung vermöge der Stellung des § 310 nach dem die fahrlässige Brandstiftung behandelnden § 309, und des Mangels jeder beschränkenden Bestimmung sowohl auf die vorsätzliche als fahrlässige Brandstiftung[3]). Die Voraussetzungen der Straflosigkeit sind hiernach die vollendete Brandstiftung, nicht der Rücktritt vom Versuche, und ferner, daß ein weiterer Schaden als der durch bloße Inbrandsetzung bewirkte, nicht entstanden war. Eine Beschädigung des betreffenden Brandstiftungs-Objectes muß also bereits stattgefunden haben, und wo hier die Grenze desselben gegen den weiteren Schaden zu ziehen sei, wird sich nur im concreten Falle entscheiden lassen. Einen Anhalt dafür wird immer der Umstand ergeben, daß der Brand nur einen so

---

1) Schütze S. 517. Schaper S. 888. Dagegen auch hier die herrschende Ansicht, Oppenhoff § 309 Nr. 4, Schwarze § 309 Nr. 6. Weil in Betreff des verursachten Todes Culpa nicht erfordert werde, nehmen v. Prittwitz in Goltd. Arch. XXX S. 160 und Olshausen § 309 Nr. 6 an, daß, wenn bei fahrlässiger Brandstiftung dem Thäter auch in Betreff des Todes eine Fahrlässigkeit zur Last fällt, Concurrenz der qualifizirten fahrlässigen Brandstiftung und der fahrlässigen Tödtung vorliege. Wäre es aber auch richtig, daß in Betreff des verursachten Todes eine Culpa nicht erforderlich sei, so folgt doch daraus nicht entfernt, daß die in § 309 erwähnte Tödtung eine zufällige sein müsse, eine culpose nicht sein dürfe.

2) Strfgb. § 130. Ueber die „thätige Reue" bei der Brandstiftung im älteren gemeinen Rechte und der Gesetzgebung Osenbrüggen a. a. O. S. 116 f.

3) Vgl. Motive z. II Entwf. § 307. Ein nach § 46 Nr. 2 strafloser Rücktritt vom Versuche würde stattfinden, wenn der brennende Zündstoff, bevor die Inbrandsetzung erfolgt war, wieder gelöscht wurde. Hier aber wird die erfolgte Inbrandsetzung gefordert, so daß § 310 nicht, wie Schwarze § 310 Nr. 3 annimmt, auch auf den Versuch sich bezieht.

geringen Umfang erreicht hatte, daß er durch die Thätigkeit eines oder einiger Menschen sofort wieder gelöscht werden konnte[1]). Es muß endlich der Brand noch nicht entdeckt sein. Entdeckt ist der Brand, wenn er wider Willen des Thäters von anderen Personen wahrgenommen wurde, nicht aber dann, wenn er von anderen Personen, die der Thäter selbst herbeirief, insbesondere etwa um mit ihrer Hilfe zu löschen, wahrgenommen wird[2]). Zu beachten bleibt, daß die Straflosigkeit nur durch Entdeckung des Brandes, nicht durch die der strafbaren Handlung wie in § 46 Nr. 2 ausgeschlossen wird.

Obwohl das Gesetz nur von dem Thäter spricht, wird doch unbedenklich angenommen werden müssen, daß auch der Theilnehmer, Anstifter, Gehilfe unter den angegebenen Voraussetzungen straflos bleibt, daß also hier Thäter in dem weiteren Sinne des Wortes genommen ist[3]). Damit ergiebt sich von selbst, daß von den mehreren Mitschuldigen nur der straflos bleibt, der gelöscht hat, nicht die anderen die es nicht gethan haben. Durch die vom Gesetze geforderte eigene Thätigkeit des Thäters wird zwar die Mitwirkung anderer Personen nicht ausgeschlossen, aber doch nur dann, wenn sie auf Veranlassung des Thäters thätig waren, und dies schon darum, weil im andern Falle, wenn sie den Brand wahrnehmen und bei dem Löschen helfen, der Brand bevor er gelöscht ist, als entdeckt erscheinen würde[4]). Daß aber der Thäter seine Absicht zu löschen durch freiwilligen Beginn seiner

1) Vgl. Meves im G. Saal 1872 S. 179 f. Schaper a. a. O. S. 833. Schwarze § 310 Nr. 10.

2) Geyer a. a. O. II S. 113. Oppenhoff § 310 Nr. 4. Schwarze § 310 Nr. 1. Olshausen § 310 Nr. 4. v. Liszt S. 455. Rsprch. I S. 720. Dagegen Meves a. a. O. S. 177.

3) Schütze S. 518. Herzog im G. Saal 1872 S. 457. Puchelt § 310 Nr. 2. Rüdorff § 310 Nr. 3. Olshausen § 310 Nr. 6. Rsprch. I S. 720. Dagegen Meves im G. Saal 1872 S. 175. Oppenhoff § 310 Nr. 3.

4) Das Gesetz fordert, daß der Thäter das Feuer freiwillig gelöscht habe. Wie er die Löschung bewirkte ist gleichgiltig, insbesondere auch dies, ob er die Löschung durch die Thätigkeit anderer herbeigerufener Personen bewirkte. Schütze S. 518. Rsprch. a. a. O. Es wird darum die Mitwirkung Anderer nicht nur nicht ausgeschlossen sein, Schwarze § 310 Nr. 1a. Olshausen § 310 Nr. 5, sondern weiter auch nicht gefordert werden dürfen, daß der Thäter bei dem Löschen selbst Hand angelegt oder, wie Schaper a. a. O. S. 883 fordert, mit dem Löschen begonnen haben müsse bevor Andere mitwirken.

Thätigkeit bereits kund gab, genügt nicht um ihn straflos zu machen, vielmehr ist dazu erforderlich, daß er den Brand, sei es allein oder mit der von ihm in Anspruch genommenen Hilfe Anderer, wirklich gelöscht habe.

Wenn in diesem wie in anderen derartigen Fällen zwar regelmäßig die thätige Reue als Strafausschließungsgrund bezeichnet wird, so bildet doch das Motiv der Reue keineswegs die nothwendige Voraussetzung der Straflosigkeit, die vielmehr, ohne Rücksicht auf die Beschaffenheit des Motives, in allen Fällen eintritt, in denen die angeführten gesetzlichen Bedingungen derselben gegeben sind.

§ 183. Obwohl von dem Unterschiede der vollendeten und versuchten Brandstiftung nur bei der vorsätzlichen die Rede sein kann, so ist doch die Frage nach Vollendung der Brandstiftung auch bei der fahrlässigen darum von Interesse, weil derjenige Erfolg, welcher entscheidend für die Vollendung der vorsätzlichen Brandstiftung ist, jedenfalls auch dann vorliegen muß, wenn eine fahrlässige Brandstiftung angenommen werden soll[1]). Das Gesetz fordert zum Thatbestande der Brandstiftung, daß einer der von ihm bezeichneten Gegenstände in Brand gesetzt sei. Daraus ergiebt sich zweifellos, daß eine Brandstiftung nicht vorliegt, so lange der betreffende Gegenstand vom Feuer überhaupt nicht ergriffen ist, daß also so lange nur der Zündstoff brennt, welcher nach der Absicht des Thäters das Feuer dem Brandstiftungsobjecte mittheilen soll, nur ein Versuch der Brandstiftung zu strafen sein würde[2]), und daß, wenn durch Unvorsichtigkeit Gegenstände entzündet wurden die geeignet waren das Feuer dem Brandstiftungsobjecte mit-

---

1) Ueber die Frage nach Vollendung der Brandstiftung vgl. Woringen a. a. O. S. 205 f. 412 f. Osenbrüggen a. a. O. S. 101 f. Geßler a. a. O. I S. 61. Goltd. Mat. II S. 646. Narf Eintritt der Vollendung bei dem Verbrechen der Brandstiftung. 1851. Motive z. II Entwf. zu § 303.

2) Berner S. 581. Wächter deut. Strafr. S. 447. v. Liszt S. 454. Oppenhoff § 306 Nr. 2, 3. Olshausen § 306 Nr. 2. Rsprch. IV S. 752. Wenn Woringen a. a. O. S. 219 von den römisch-rechtlichen Bestimmungen ausgehend, Vollendung des Verbrechens wegen Gefährlichkeit des Feuers für möglich hält, wenngleich der Hauptgegenstand vom Feuer noch nicht berührt sei, so ist dies jetzt durch die Fassung des Gesetzes ausgeschlossen. Anders verhielt es sich nach § 287 des preuß. Strfgb. bei der mittelbaren Brandstiftung.

zutheilen, aber nicht mitgetheilt haben, trotz der vorhandenen Gefahr eine fahrlässige Brandstiftung nicht verübt ist. Andererseits kann aber das Brennen des Brandstiftungsobjectes nicht unbedingt genügen die Brandstiftung als vollendet zu betrachten, denn sie ist im Sinne des Gesetzes nicht bloß eine durch das angewandte Mittel qualifizirte Sachbeschädigung, sondern ein gemeingefährliches Delict, mag auch immerhin das Gesetz, von den Umständen des concreten Falles absehend, die gemeine Gefahr als mit dem Brennen der bezeichneten Gegenstände gegeben betrachten. Die das Verbrechen der Brandstiftung charakterisirende Gefahr ist gegeben, sobald das Brandstiftungsobject in der Art und dem Maße vom Feuer ergriffen ist, daß dieses erfahrungsmäßig aus eigener Kraft sich weiter zu verbreiten und den betreffenden Gegenstand zu zerstören geeignet war, nicht aber dann, wenn das Brandstiftungsobject zwar vom Feuer ergriffen und irgendwie beschädigt wurde, aber in der Weise, daß das Feuer, weil durch den erloschenen oder weggenommenen Zündstoff nicht ferner unterstützt, sich nicht weiter zu verbreiten vermochte[1]). Ist das Brandstiftungs-

1) Bei der Redaction des preuß. Strfgb. Goltd. Mat. II S. 648 war man davon ausgegangen Vollendung anzunehmen, sobald das Brandstiftungsobject vom Feuer ergriffen sei. Dies würde auch die Consequenz der Auffassung Binding's sein. Ebenso Berner a. a. O., John a. a. O. Nach Schütze S. 512 ist erforderlich, daß das Zerstören des Objects durch Feuer begonnen habe, was sich in jedem Falle wird sagen lassen, in welchem das Object selbst brennt. Dagegen H. Meyer S. 598, der das Brennen eines Theiles nicht für genügend erachtet, sondern fordert, daß der Gegenstand als solcher in Brand gesetzt sei. Wie dieser Unterschied zu machen sei, ist nicht klar, wenn man nicht annehmen will, der Gegenstand als solcher sei erst dann in Brand gesetzt, wenn er in allen seinen Theilen brennt. Ist die Brandstiftung ein gemeingefährliches Delict, so kann auch von Vollendung erst mit Eintritt der Gefahr die Rede sein. Dies ist aber nicht erst dann der Fall, wenn das Feuer eine gefahrbringende Verbreitung erlangte, so Heffter § 377, oder das Feuer vom Einzelnen nicht mehr bezwingbar ist, so Wächter Deut. Strfr. S. 447. Es kann das Verbrechen vollendet sein, obwohl der Brand von sehr geringem Umfange und sehr leicht bezwingbar ist, wofern er nur insofern gefährlich ist, als der Gegenstand vom Feuer insoweit ergriffen ist, daß dieses, wenn es nicht sofort gelöscht wird, selbständig sich weiter verbreitend den Gegenstand zerstören würde. Mit der von Woringen für die Vollendung aufgestellten Norm stimmen überein Osenbrüggen a. a. O. Wanjeck a. a. O. S. 15. Oppenhoff § 306 Nr. 2. Olshausen § 306 Nr. 2. v. Liszt S. 454 und die Motive a. a. O. Entsch. VII S. 131, wogegen Rsprch. I S. 720 der Auffassung H. Meyer's folgte.

object in der angegebenen Weise vom Feuer ergriffen, so ist der vom Brandstifter beabsichtigte Erfolg eingetreten, wenngleich damit regelmäßig die Zerstörung den vom Thäter beabsichtigten und von der Ausbreitung des Feuers erwarteten Umfang noch nicht erreicht haben wird.

Eine fahrlässige Brandstiftung wird als verübt und strafbar hiernach auch nur dann betrachtet werden können, wenn der gleiche Erfolg eingetreten ist, den die Vollendung der vorsätzlichen Brandstiftung erfordert[1]). Insofern für die Strafzumessung auch bei der fahrlässigen Brandstiftung der Unterschied der in § 306 und der in § 308 genannten Gegenstände von Bedeutung ist, wird dem Thäter selbstverständlich ein das Maß seiner Schuld mit bestimmender Umstand nur zugerechnet werden dürfen, sofern er ihm bekannt war. Ob im concreten Falle eine Fahrlässigkeit vorliege, bleibt der richterlichen Entscheidung überlassen, daß aber hier, abweichend von anderen fahrlässigen Delicten, nicht eine jede Fahrlässigkeit und ein durch sie verursachter noch so unbedeutender Brand in Betracht kommen dürfe, ist unrichtig. Nur der Mangel der Fahrlässigkeit nicht ein geringes Maß derselben, schließt die Strafbarkeit aus, und ebenso nur der Mangel derjenigen Bedeutung des Brandes die zur Vollendung der vorsätzlichen erforderlich und genügend ist, nicht die Geringfügigkeit seiner Ausdehnung und des angerichteten Schadens[2]). Liegt der Thatbestand der fahr-

1) Schwarze § 309 Nr. 3. Oppenhoff § 309 Nr. 3.

2) Obwohl die Carolina art. 125 nur von der dolosen Brandstiftung spricht, so ist doch nach den gemeinrechtlichen Quellen zweifellos auch die fahrlässige Brandstiftung strafbar. Während aber die ältere Doctrin nach Carpzow's Vorgange jede culpa für strafbar erachtet, wurde von der neueren in Rücksicht auf l. 11 D. 47, 9, die Strafbarkeit auf die lata culpa beschränkt. Feuerbach § 367. Grolmann § 315. Wächter Lehrb. II S. 388. Es liegt kein ausreichender Grund vor, eine solche Beschränkung auch auf § 309 des deut. Strfgb. zu übertragen, wie dies von Berner S. 582 geschehen ist. Ebenso Schaper a. a. O. S. 887. Schwarze § 309 Nr. 3. Will man nur davor warnen allzuleicht ein jedes unvorsätzliche Verursachen schon als ein fahrlässiges anzusehen, so ist zu solcher Warnung bei der Brandstiftung nicht mehr Grund und Anlaß als bei jedem andern fahrlässigen Delicte. Am wenigsten kann in Betreff des Thatbestandes der geringe Umfang und Schaden des Brandes in Betracht kommen, denn mangelt der zur Vollendung des dolosen Delicts erforderliche Erfolg, so ist überhaupt keine Brandstiftung vorhanden, während im andern Falle der geringe Umfang des Brandes nur für die Strafzumessung von Bedeutung ist.

lässigen Brandstiftung vor, so giebt das gesetzliche Minimum der Strafe ausreichende Gelegenheit das geringe Maß der Schuld und der Gefährlichkeit des Brandes zu berücksichtigen. Ueberdies wird in derartigen geringfügigen Fällen die fahrlässige Brandstiftung wohl häufig darum straflos bleiben, weil es dem Thäter rechtzeitig gelungen ist, den Brand zu löschen.

§ 184. Der Inbrandsetzung stellt das Gesetz gleich die gänzliche oder theilweise Zerstörung einer Sache durch Gebrauch von Pulver oder anderen explodirenden Stoffen[1]).

Diese Gleichstellung des Inbrandsetzens und Zerstörens durch explodirende Stoffe bezieht sich zunächst auf alle Fälle der im 27. Abschnitte behandelten Brandstiftung, auch auf die fahrlässige[2]), obwohl der Ausdruck „Zerstörung durch Gebrauch explodirender Stoffe" darauf gedeutet werden könnte, daß ein vorsätzliches Gebrauchen zum Zwecke der Zerstörung gemeint sei. Es ist hiernach auch eine derartige Zerstörung beschränkt auf die Sachen, welche nach dem Gesetze Gegenstand der Brandstiftung sind, und es sind auch bei ihr die Straffatzungen über die Brandstiftung mit ihren nach den Gegenständen, der Zeit der That und den sonstigen Umständen gemachten Unterscheidungen zur Anwendung zu bringen. Vollendet ist das Delict so wie durch die Explosion die gänzliche oder theilweise Zerstörung stattgefunden hat, und ein aus ihr sich weiter ergebender Brand würde nur in Betreff der Strafzumessung in Betracht kommen, nicht als eine mit der Zerstörung concurrirende Brandstiftung. Ist der Gebrauch explodirender Stoffe das Mittel vorsätzlicher Brandstiftung, so würde hierbei auch der in § 307 Nr. 3 erwähnte erschwerende Umstand vorkommen können.

Unbedenklich wird die in § 311 angeordnete Gleichstellung auch auf die in § 254 erwähnte Brandstiftung zu beziehen sein, dagegen nicht in allen Fällen auf die Brandstiftung des § 265, denn das Inbrandsetzen hat hier nicht nothwendig den Thatbestand der Brandstiftung zur Voraussetzung[3]).

---

1) Strfgb. § 311.

2) Motive z. II Entwf. § 308. Es würde besser gewesen sein zu sagen „vermittelst" statt „durch Gebrauch". Vgl. Oppenhoff § 311 Nr. 2.

3) Meves in St. R. Ztg. XIII S. 407. Merkel in Holtzdf. Hdbch. III S. 780. Oppenhoff § 265 Nr. 5. Olshausen § 311 Nr. 1. Dagegen Rubo § 265 Nr. 3.

An die Bestimmung des § 311 werden sachgemäß die weiteren freilich sehr verschiedenartigen Strafsatzungen gegen den verbrecherischen und gemeingefährlichen Gebrauch von Sprengstoffen vom 9. Juni 1884 auszuschließen sein[1]).

Gegenüber den zahlreichen Fällen verbrecherischer Anwendung von Sprengstoffen, wie sie in neuerer Zeit im Inlande wie im Auslande vorgekommen sind, erwies sich die bestehende Gesetzgebung als unzulänglich, einerseits insofern, als es unentbehrlich erschien durch Controlvorschriften derartigen verbrecherischen Unternehmungen möglichst vorzubeugen, andererseits, weil die vorsätzlich verursachte, mit höchster Gefahr für Menschen und Eigenthum verbundene, Explosion, wenn dem Thäter die auf Tödtung und Zerstörung gerichtete Absicht nicht nachgewiesen werden kann, nur ganz unangemessen wegen Uebertretung polizeilicher Vorschriften (vgl. Strfgb. § 360 Nr. 11. § 367 Nr. 5. 8. § 368 Nr. 6. 7) gestraft werden könnte, und weil die Vorbereitungen und Veranstaltungen zur Ausführung derartiger schwerer Verbrechen, so lange nicht ein strafbarer Versuch vorliegt, ganz straflos bleiben würden.

Das Gesetz enthält demnach 1) in den §§ 1 bis 4 präventive Vorschriften zum Zwecke allgemeiner Ueberwachung der Herstellung, Innehabung und Verbreitung der gefährlichsten Sprengstoffe. Diejenigen Stoffe, auf welche als Sprengstoffe diese Bestimmungen Anwendung finden, hat das Gesetz nicht genannt, jedoch bestimmt, daß Sprengstoffe, welche vorzugsweise als Schießmittel gebraucht werden und deren Bezeichnung durch den Bundesrath erfolgen soll, vorbehaltlich abweichender landesrechtlicher Vorschriften, nicht dazu gehören sollen. Die Verletzung der polizeilichen Controlvorschriften, seien es die des Gesetzes oder die nach § 2 desselben von den Centralbehörden getroffenen Anordnungen, oder die bereits bestehenden oder noch zu erlassenden sonstigen polizeilichen Bestimmungen über den Verkehr mit Sprengstoffen, wird nach § 9 mit Gefängniß von drei Monaten bis zu zwei Jahren bestraft[2]).

---

1) Vgl. Reichsgesetz gegen den verbrecherischen und gemeingefährlichen Gebrauch von Sprengstoffen, herausgegeben und erläutert von Biberstein. Hälschner im G. Saal 1886 S. 161 f. A. Scheiff Das Dynamitgesetz v. 9. Juni 1884, Berlin 1886.

2) Es bieten diese Vorschriften zu mancherlei gewichtigen Bedenken Anlaß, und sind in Verbindung mit den Ausführungsbestimmungen der Bundesstaaten eingehend von Scheiff a. a. O. S. 5—32 behandelt.

Das Gesetz enthält 2) Strafbestimmungen gegen die mit Gefahr für Eigenthum, Gesundheit oder Leben verbundene vorsätzliche Anwendung von Sprengstoffen, sowie gegen hierauf sich beziehende Vorbereitungshandlungen.

Mit Zuchthaus soll bestraft werden (§ 5) wer vorsätzlich durch Anwendung von Sprengstoffen Gefahr für das Eigenthum, die Gesundheit oder das Leben eines Andern herbeiführt. Vorsätzlich führt eine solche Gefahr herbei, wer sich dieser aus der bewirkten Explosion entstehenden Gefahr bewußt ist und sie als solche will, und eben nur dies erfordert der Thatbestand des Verbrechens[1]). Wofern also im concreten Falle eine Gefährdung der genannten Güter in dem Sinne vorliegt, daß eine Schädigung derselben unter den gegebenen Umständen wahrscheinlich war, so ist ein schädigender Erfolg ebensowenig erforderlich wie die auf einen solchen gerichtete Absicht des Thäters. Ging die Absicht des Thäters auf Sachbeschädigung, Körperverletzung oder Tödtung, ohne daß ein derartiger Erfolg eintrat, so würde sich ideale Concurrenz des im ersten Absatze des § 5 bezeichneten Verbrechens mit dem Versuche des betreffenden anderweitigen Delictes ergeben. Die Folge davon würde sein, daß wohl in den meisten Fällen die Strafe des § 5, nicht die betreffende Versuchsstrafe zu verhängen sein würde, und es ist die Tendenz des Gesetzes für eine der Böswilligkeit und hohen Gefährlichkeit der That entsprechend schwere Strafe auch in den Fällen zu sorgen, in welchen die auf Sachbeschädigung oder Verletzung von Menschen gehende Absicht nicht erweislich ist, oder auch bei deren Erweislichkeit die gesetzliche Versuchsstrafe zu gering erscheinen würde.

Im Unterschiede von § 311 des Strafgesetzbuches wird hier, trotz der Ueberschrift des Gesetzes, nicht nothwendig eine gemeine Gefahr in dem oben angegebenen Sinne erfordert[2]), und eben sowenig dies, daß eine der Sachen gefährdet wurde, welche das Strafgesetzbuch als Brandstiftungsobjecte bezeichnet hat. Welcher Art der

---

1) Vgl. Motive zu § 5.

2) Die That wird gewiß regelmäßig eine gemeingefährliche sein, aber nothwendig ist dies nicht. Dafür wird man sich freilich nicht darauf berufen dürfen, daß das Gesetz von der Gefahr für Eigenthum, Gesundheit oder Leben eines Andern spricht. Aber die Möglichkeit, daß die Explosion nur für eine einzelne bestimmte Person oder Sache eine Gefahr mit sich bringt, ist nicht ausgeschlossen, und wie es zu rechtfertigen wäre, dann § 5 für unanwendbar zu betrachten, ist nicht einzusehen. Dagegen Scheiff a. a. O. S. 42.

angewandte Sprengstoff war, ist gleichgiltig und es ist namentlich nicht erforderlich, daß er zu denjenigen gehöre, welche das Gesetz seinen besondern Controlmaßregeln unterworfen hat, nur wird aus § 1 gefolgert werden dürfen, daß die Abfeuerung eines Schusses nicht als Anwendung von Sprengstoffen im Sinne des § 5 zu betrachten ist.

Im Unterschiede von den die Brandstiftung betreffenden Bestimmungen des Strafgesetzbuches kommt hier insbesondere noch in Betracht, daß sich § 5 nicht mit abstracter Gefahr begnügt, sondern die im concreten Falle festzustellende Gefahr für das Eigenthum, die Gesundheit oder das Leben eines Andern fordert. Von Gesundheit oder Leben spricht das Gesetz, weil lediglich die Gefahr für die körperliche Integrität eines Menschen entscheidend ist, und, wenn diese vorhanden war, der Richter nachträglich sicher nicht entscheiden kann, ob nur die Gesundheit oder auch das Leben in Gefahr war. Von Bedeutung ist aber weiter die Frage, ob die Worte des Gesetzes dahin zu deuten sind, daß § 5 auch dann anzuwenden sei, wenn im concreten Falle nur das Eigenthum, nicht aber Gesundheit oder Leben eines Andern, oder nur dann, wenn wenigstens Gesundheit und Leben von Menschen oder auch zugleich fremdes Eigenthum gefährdet war. Nimmt man das Erstere an, so wird ein Bedürfniß einer derartigen Strafbestimmung kaum anzuerkennen sein, weil, wenn eine Beschädigung nicht stattfand, die Strafbestimmung gegen versuchte Brandstiftung, versuchte Sachbeschädigung, und, wenn die Absicht zu beschädigen mangelte, die betreffenden polizeilichen Strafbestimmungen eine ausreichende Bestrafung sichern. Jedenfalls ergiebt sich damit die höchst bedenkliche Consequenz, daß für alle und selbst für die unbedeutendsten Fälle der Gefährdung fremden Eigenthums die bisher anwendbaren Uebertretungsstrafen in Zuchthaus bis zu fünfzehn Jahren verwandelt werden, eine Strafe die z. B. auch den treffen würde, der in seinem Steinbruche Sprengungen in der Art vornimmt, daß durch umherfliegende Steine Bäume und Feldfrüchte von Nachbargrundstücken Schaden erleiden könnten, und der sich dieser Möglichkeit bewußt ist. Gleichwohl nöthigt der weitere Inhalt des Gesetzes zur solcher Annahme.

Nach dem zweiten Absatze des § 5 tritt, wenn durch die Handlung eine schwere Körperverletzung verursacht worden, Zuchthaus nicht unter fünf Jahren, und wenn der Tod eines Menschen verursacht worden ist, Zuchthaus nicht unter zehn Jahren oder lebenslängliches ein.

Nach dem dritten Absatze ist auf Todesstrafe zu erkennen, wenn durch die Handlung der Tod eines Menschen herbeigeführt worden ist und der Thäter einen solchen Erfolg voraus sehen konnte[1]).

Im ersten Absatze wird für strafbar erklärt nicht derjenige der vorsätzlich eine Explosion verursacht und damit Eigenthum, Gesundheit oder Leben in Gefahr bringt, sondern der, welcher diese Gefahr vorsätzlich mittelst einer Explosion herbeiführt. Rücksichtlich der Gefahr ist also Dolus, das Wollen derselben erforderlich, rücksichtlich des möglichen Erfolges aber bewußte Fahrlässigkeit, das Handeln mit der Erkenntniß des Erfolges als eines möglichen, da bei dem Mangel dieser Erkenntniß von vorsätzlichem Herbeiführen der Gefahr nicht die Rede sein kann. Wenn nun aber im dritten Absatz die höhere Strafe davon abhängig gemacht wird, daß der Thäter die Verletzung eines Menschen, wenn auch nicht vorausgesehen hat, so doch voraussehen konnte, so folgt daraus, daß er dann mindestens die Eigenthumsbeschädigung als möglichen Erfolg vorausgesehen haben muß, weil sonst von vorsätzlichem Herbeiführen derjenigen Gefahr die § 5 fordert nicht die Rede sein könnte, und es folgt ebenso, daß der erste Absatz auch dann anwendbar ist, wenn der Thäter sich nur der Gefährdung fremden Eigenthums bewußt war, eine Gefahr für Menschen aber nicht voraussah oder auch nicht einmal voraussehen konnte. Die Motive erläutern den dritten Absatz dahin, daß er auch solche Fälle treffen soll, in welchen die in der Voraussicht der Tödtung von Menschen vorbereitete Explosion früher erfolgt, als sie der Thäter beabsichtigt. Wenn aber die Explosion gegen den Willen des Thäters erfolgt, so wird man, mag er immerhin an eine solche Möglichkeit gedacht haben, nicht sagen können, daß er vorsätzlich durch Anwendung von Sprengstoffen Gefahr für das Eigenthum, die Gesundheit oder das Leben eines Andern herbeigeführt habe, oder man müßte

---

1) v. Liszt S. 468 tadelt, daß das Gesetz Todesstrafe angeordnet habe einerseits für Fälle in denen ihre Anwendung selbstverständlich ist, andererseits für Fälle in denen nicht einmal Fahrlässigkeit vorliegt. Beides ist unrichtig. Wer vorsätzlich die Explosion verursacht mit dem Bewußtsein das Leben eines Menschen zu gefährden, hat darum noch nicht nothwendig die Absicht einen Menschen zu tödten, und es trifft ihn im Falle der Tödtung nicht selbstverständlich, abgesehen von § 5, die Todesstrafe. Fälle in denen nicht einmal Fahrlässigkeit vorliegt, sind ausgeschlossen, denn das Gesetz fordert, daß der Thäter die Möglichkeit einer Tödtung voraussehen konnte.

annehmen, daß der erste Absatz sich schon auf den Fall beziehe, daß die Explosion vorsätzlich vorbereitet war, und die gedachte Gefahr herbeigeführt haben würde, falls sie erfolgt wäre. Das aber widerspricht der Fassung des Gesetzes wie den Motiven, die eine aus der bewirkten und erfolgten Explosion sich ergebende Gefahr fordern. Trotz der Motive wird darum die Anwendung des dritten Absatzes erfordern, daß die erfolgte Explosion vorsätzlich, nicht durch irgend welche Unvorsichtigkeit, herbeigeführt war, und zwar mindestens auch in der Absicht fremdes Eigenthum in Gefahr zu bringen.

Es bleibt dann die Frage übrig, wie der zweite Absatz des § 5 zu deuten sei. Daß, wer eine auch für Menschen gefährliche Explosion verursacht niemals wird voraussehen und bestimmen können, ob nur der Gesundheit oder auch dem Leben Gefahr drohe, ist selbstverständlich und der Unterschied der Strafe, jenachdem eine schwere Körperverletzung oder der Tod eines Menschen bewirkt wurde, ist lediglich durch die Verschiedenheit des Erfolges, nicht durch einen Unterschied im Wissen und Wollen des Thäters bedingt. In Betreff desselben ergiebt sich aber aus dem dritten Absatze, der sich mit dem Voraussehenkönnen begnügt, daß der zweite Absatz um des Erfolges willen angewandt werden soll, auch wenn der Thäter diesen nicht einmal voraussehen konnte, vielweniger vorausgesehen hat. Dies bestätigen die Motive, indem sie sich auf die Analogie der §§ 312 und 315 beziehen, freilich mit Unrecht, denn daß diese Strafbestimmungen auch dann anzuwenden seien, wenn der Thäter den Erfolg nicht einmal vorauszusehen vermochte, ist entschieden unrichtig. Die in der Praxis herrschende Ansicht geht freilich dahin, daß, wo das Strafgesetzbuch eine erhöhte Strafe eines Delictes davon abhängig macht, daß es eine schwere Körperverletzung oder den Tod eines Menschen zur Folge hatte, es nur auf den Eintritt dieses Erfolges, nicht darauf ankomme, daß er dem Thäter als verschuldet zuzurechnen sei, aber es hat eine entgegengesetzte Auslegung überall zugelassen und niemals den Grundsatz ausgesprochen, daß wer etwas Strafbares thut auch für die nicht zurechenbaren, zufälligen Folgen verantwortlich zu machen sei, während § 5 des vorliegenden Gesetzes diesen gefährlichen und verwerflichen Satz zweifellos zur Geltung gebracht hat.

Das Gesetz enthält 3) in den §§ 6 bis 8 Strafbestimmungen, welche sich auf die Vorbereitung eines in § 5 bezeichneten Verbrechens beziehen. Hiernach sollen Mehrere, welche die Ausführung solcher Verbrechen verabredet oder sich zu fortgesetzter Begehung, wenn auch im einzelnen noch nicht bestimmter, derartiger Verbrechen verbunden haben, mit Zuchthaus nicht unter fünf Jahren bestraft werden, und zwar, wie das Gesetz vorsorglich noch hinzufügt, auch dann, wenn die Verabredung oder Verbindung noch nicht zu einem strafbaren Versuche des Verbrechens geführt hat. Auffällig bleibt hier, daß die Vorbereitung des Verbrechens mit wenigstens fünf Jahren Zuchthaus gestraft werden soll, während, wenn das Verbrechen vollendet wurde und nach Absatz 1 des § 5 zu strafen ist, das Strafminimum nur ein Jahr Zuchthaus beträgt, man müßte denn von der völlig unzulässigen Voraussetzung ausgehen, daß wenn das nach § 5 Absatz 1 zu strafende Verbrechen von Mehreren verabredet und ausgeführt war, diese dann wegen zweier concurrirender Delicte nach § 5 und § 6 gestraft werden sollen.

Es soll ferner mit Zuchthaus bis zu zehn Jahren bestraft werden wer Sprengstoffe herstellt, anschafft, bestellt oder in seinem Besitze hat, in der Absicht, durch Anwendung derselben Gefahr für das Eigenthum, die Gesundheit oder das Leben eines Andern entweder selbst herbeizuführen oder andere Personen zur Begehung des Verbrechens in den Stand zu setzen, so wie, wer Sprengstoffe, wissend daß dieselben zur Begehung des Verbrechens bestimmt sind, an andere Personen überläßt. Weil aber die Absicht das Verbrechen zu verüben, so lange sie sich noch nicht in einer Versuchshandlung kund gegeben hat, meist schwer erweislich sein wird, soll nach § 8 auch wer Sprengstoffe herstellt, anschafft, bestellt, wissentlich in seinem Besitze hat oder anderen Personen überläßt unter Umständen, welche nicht erweisen, daß dies zu einem erlaubten Zwecke geschieht[1]), mit Zuchthaus bis zu fünf Jahren oder mit Gefängniß nicht unter einem Jahre bestraft werden. Diese Strafbestimmung wird je nach den Umständen auch auf denjenigen Anwendung finden, welcher die Controlvorschriften des § 1 beobachtet hat.

Es soll 4) nach § 10 mit Zuchthaus bestraft werden, wer

1) Der Vorwurf der im Reichstage gemacht wurde, daß hiernach bestraft werde wer nicht seine Unschuld beweisen könne, ist unbegründet. Für strafbar ist nicht erklärt wer nicht nachweist, daß die Sprengstoffe zu einem erlaubten Zwecke bestimmt waren, sondern nur der, welcher sie anschafft u. s. w. unter Umständen, welche nicht erweisen, daß es zu einem erlaubten Zwecke geschah. Die Anklage wird also die unter verdächtigenden Umständen erfolgte Anschaffung u. s. w. zu erweisen haben. Vgl. Hälschner a. a. O. S. 175. Scheiff a. a. O. S. 58. Rsprch. VI S. 762.

öffentlich vor einer Menschenmenge oder durch Verbreitung oder öffentlichen Anschlag oder öffentliche Ausstellung von Schriften oder anderen Darstellungen zur Begehung eines der in § 5 und 6 bezeichneten Verbrechens oder zur Theilnahme an ihm auffordert, aber ebenso auch der Verfasser solcher Schriften oder Darstellungen, unabhängig davon, ob ihm deren Verbreitung zur Last fällt, weil ohne eine derartige besondere Bestimmung auf den Verfasser die Strafbestimmung des § 10 nur anwendbar sein würde, wofern er als Anstifter oder Gehilfe zur Verbreitung mitgewirkt hat. Der Aufforderung wird aber auch das Anreizen und Verleiten gleichgestellt sofern es dadurch geschieht, daß die gedachten Verbrechen angepriesen oder als etwas Rühmliches dargestellt werden.

5) Nach § 11 kann in den Fällen der §§ 5, 6, 7, 8 und 10 auf Zulässigkeit von Polizeiaufsicht erkannt werden. In den Fällen der §§ 5, 6, 7 und 8 und im Falle der Anwendung der Strafvorschriften des § 9 ist auf Einziehung der zur Zubereitung der Sprengstoffe gebrauchten oder bestimmten Gegenstände, so wie der im Besitze des Verurtheilten vorgefundenen Vorräthe von Sprengstoffen zu erkennen, ohne Unterschied ob dieselben dem Verurtheilten gehören oder nicht.

Es wird 6) durch § 13 die Strafbestimmung des § 139 des Strafgesetzbuches ausgedehnt auf denjenigen, der von dem Vorhaben eines in § 5 bezeichneten Verbrechens oder von einer in § 6 vorgesehenen Verabredung oder von dem Thatbestande eines in § 7 benannten Verbrechens in glaubhafter Weise Kenntniß erhält und es unterläßt, der durch das Verbrechen bedrohten Person oder der Behörde rechtzeitig Anzeige zu machen.

Es wird endlich 7) durch § 12 die Bestimmung des § 4 Absatz 2 No. 1 des Strafgesetzbuches auch auf die in den §§ 5, 6, 7, 8 und 10 bezeichneten Verbrechen ausgedehnt, wonach also diese Verbrechen im Inlande verfolgt und nach dem hier geltenden Gesetze gestraft werden können, auch wenn sie im Auslande von einem Deutschen oder einem Ausländer verübt wurden.

3. Die Ueberschwemmung.

§ 185. Abweichend von der Brandstiftung hat das Gesetz die Herbeiführung einer gemeingefährlichen Ueberschwemmung behandelt[1]).

---

1) Strfgb. § 312—314.

Eine Ueberschwemmung, deren Bedeutung das Gesetz nicht näher bestimmt hat, tritt ein, wenn das Wasser seine Ufer überschreitend das angrenzende Land überfluthet, und durch Menschen wird sie nur herbeigeführt werden können, indem die das Land schützenden Dämme oder Deiche beschädigt werden, indem durch Oeffnung einer Schleuse eine angesammelte große Wassermenge sich plötzlich überfluthend ergießt, oder indem durch Stauung, dadurch daß der regelmäßige Abfluß des Wassers mittelst eines Bauwerkes verhindert wird, das Wasser oberhalb über seine Ufer tritt. Aber abgesehen davon, daß die Handlung, durch welche trocknes Land unter Wasser gesetzt wird, eine völlig erlaubte und berechtigte sein kann, kommt hier auch nicht eine jede rechtswidrig verursachte Ueberschwemmung, nicht eine solche in Betracht, die lediglich als Sachbeschädigung erscheint.

Die Ueberschwemmung muß vielmehr eine gemeingefährliche sein und dazu genügt jedenfalls nicht jede rechtswidrige Ueberströmung trocknen Landes mit Wasser, wofern, wie z. B. bei der Stauung, der Thäter die Macht des Wassers und die Ausdehnung der Ueberschwemmung vollkommen beherrscht, oder wofern er sie doch im voraus zu bestimmen vermag, weil, wie etwa bei der Oeffnung einer Schleuse, die Wassermenge eine gegebene, ihre Ausbreitung durch Terrainverhältnisse fest begrenzte ist. Die Gemeingefährlichkeit fordert hier wie bei der Brandstiftung eine Entfesselung der Naturkraft, deren Wirksamkeit der Thäter nicht im voraus zu bestimmen, nicht zu beherrschen und zu begrenzen vermag [1]).

Der Thatbestand des Delictes erfordert also 1) daß der Thäter die Ueberschwemmung herbeigeführt, durch seine Thätigkeit verursacht habe und 2) daß die Ueberschwemmung mit gemeiner Gefahr für Menschenleben oder Eigenthum verbunden war, indem hier das Gesetz, abweichend von der Brandstiftung, fordert, daß nach den Umständen des concreten Falles die Ueberschwemmung sich als eine gemeingefährliche erwies. Diejenige Gefahr aber die hier allein in Betracht kommt, ist die für das Leben von Menschen und für das Eigenthum. 3) Als verübt kann das Delict nur betrachtet werden, wenn die mit gemeiner Gefahr verbundene Ueber-

---

1) Vgl. Schaper a. a. O. S. 891. Binding Normen II S. 580. Oppenhoff § 312 Nr. 3. Schwarze § 312—314 Nr. 1. Olshausen § 312 Nr. 2. Siebenhaar a. a. O. S. 289. v. Liszt S. 457. Rsprch. VII S. 577.

schwemmung wirklich eingetreten ist, womit sich für die vorsätzliche Verübung des Delictes ergiebt, daß für die Vollendung nicht schon die Beendigung der Thätigkeit genügt, durch welche dem Wasser der Weg gebahnt wird, um sich über das Land zu ergießen.

Das Verbrechen der vorsätzlichen Herbeiführung einer Ueberschwemmung erfordert rücksichtlich des Dolus eine vorsätzliche Thätigkeit, die in der Absicht eine Ueberschwemmung zu verursachen verübt wurde. Aber nicht die Ueberschwemmung an sich, sondern nur die gemeingefährliche erklärt das Gesetz für strafbar, und das Schuldmoment, welches allein die Schwere der Strafe zu erklären und zu rechtfertigen vermag, ist der Vorsatz mittelst der Ueberschwemmung eine gemeine Gefahr herbeizuführen.

Der Dolus erfordert also das vorsätzliche Herbeiführen nicht nur der Ueberschwemmung, sondern auch der gemeinen Gefahr [1]). Hiergegen wird eingewandt, daß das Wort vorsätzlich in § 312 wie 313 sich nur auf die nachfolgenden, nicht die vorausgehenden Worte beziehe, daß also der Vorsatz eine gemeine Gefahr herbeizuführen, nicht erfordert werde. Danach würde die schwere Strafe eines vorsätzlichen gemeingefährlichen Verbrechens denjenigen treffen, dem in Betreff des Thatbestandsmomentes, das für die Bedeutung des Verbrechens das entscheidende ist, in Betreff der Gemeingefährlichkeit, kein Vorsatz, sondern nur Fahrlässigkeit zur Last fällt, eine Consequenz, die auch denen anstößig erscheint, die das Gesetz in solcher Weise glauben auslegen zu müssen [2]). Aber die Fassung des Gesetzes nöthigt keineswegs zu solcher Auslegung und es steht sprachlich nichts entgegen anzunehmen, das Gesetz fordere das vorsätzliche Herbeiführen einer Ueberschwemmung von der näher bezeichneten Art, d. h. einer gemeingefährlichen. Eine vermittelnde Ansicht, nach welcher allerdings der Vorsatz nur auf das Herbeiführen der Ueberschwemmung bezogen zu sein brauche, aber mit dem Bewußtsein der daraus entstehenden Gefahr verbunden sein

---

1) Binding Normen II S. 580. Wanjeck im G. Saal 1879 S. 32. v. Kirchmann § 312—14. Geyer a. a. O. S. 115.

2) v. Buri, der früherhin, Causalität S. 61, gefordert hatte, daß der Thäter die Gefahr als bevorstehend vorausgesehen haben müsse, hat später im G. Saal 1877 Beilage S. 220 aus der Fassung des Gesetzes gefolgert, daß der Vorsatz nur auf die Ueberschwemmung, nicht auf die Gefahr bezogen werden dürfe. Ihm haben sich angeschlossen Rubo § 312 Nr. 4. Olshausen § 312 Nr. 5. Auch Schwarze § 312—314 Nr. 3 scheint dieser Ansicht zu sein.

müsse[1]), ist nur scheinbar eine vermittelnde, denn wer vorsätzlich einen Erfolg mit dem Bewußtsein herbeiführt, daß er mit einem weiteren Erfolge verbunden sein werde, der will auch diesen weiteren Erfolg und verursacht ihn vorsätzlich, obwohl er möglicherweise an ihm kein Interesse hat, es vorziehen würde, wenn er sich vermeiden ließe.

In Betreff der Bestrafung unterscheidet das Gesetz die Ueberschwemmung mit gemeiner Gefahr für Menschenleben und die Ueberschwemmung mit gemeiner Gefahr für das Eigenthum. Von einer Ueberschwemmung durch die zwar das Leben von Menschen, nicht aber auch das Eigenthum gefährdet werde, kann offenbar nicht die Rede sein, und es wird sich hiernach immer um eine das Eigenthum gefährdende Ueberschwemmung handeln, die entweder nur eine solche ist, oder eine solche, die zugleich das Leben von Menschen gefährdet[2]). Wofern die Ueberschwemmung nur mit gemeiner Gefahr für das Eigenthum verbunden war, ist die Strafe Zuchthaus, dagegen Zuchthaus nicht unter drei Jahren, wofern weiter auch eine gemeine Gefahr für Menschenleben herbeigeführt war, und Zuchthaus nicht unter zehn Jahren oder lebenslängliches, wenn durch die Ueberschwemmung der Tod eines Menschen verursacht worden ist. In Rücksicht auf das die Schuld mindernde Motiv der That soll aber, wer mit gemeiner Gefahr für das Eigenthum vorsätzlich die Ueberschwemmung herbeiführte nur mit Gefängniß nicht unter einem Jahre bestraft werden, wenn dabei seine Absicht nur auf Schutz seines Eigenthums gerichtet war, eine Strafmil-

---

1) So Oppenhoff § 312 Nr. 2. Fr. Meyer § 312 Nr. 2. Puchelt § 312—314 Nr. 1. Blum § 312 Nr. 2. Vgl. Meves in Strafztg. XIII S. 379. v. Liszt S. 458.

2) v. Buri Causalität S. 62. G. Saal a. a. O. S. 219 f. Damit erledigen sich die Streitfragen welche sich ergeben, wenn man annimmt, daß eine Ueberschwemmung mit gemeiner Gefahr für Menschenleben vorkommen kann, die nicht das Eigenthum gefährdet, die Fragen, ob es sich bei § 312 und 313 nur um die eine Norm: Verbot der Ueberschwemmung mit gemeiner Gefahr für Rechtsgüter handelt, so Binding a. a. O. S. 580 — oder um zwei verschiedene Normen — so Wanjeck a. a. O. S. 33, und Olshausen § 313 Nr. 4 — ob darum, wenn sowohl Menschenleben als auch Eigenthum gefährdet wurden, ideale Concurrenz zweier Verbrechen anzunehmen sei oder nicht; ob der welcher nur Eigenthum gefährden will, statt dessen aber nur Menschenleben gefährdet, wegen vorsätzlicher Ueberschwemmung nach § 312, oder wegen fahrlässiger Ueberschwemmung nach § 314 zu strafen sei.

derung, welche dem nicht zu gut kommt, der in solcher Absicht eine Ueberschwemmung mit gemeiner Gefahr für Menschenleben herbeiführt.

Wenn aus der vorsätzlich durch Ueberschwemmung herbeigeführten Gefährdung von Eigenthum oder auch Menschenleben sich eine Sachbeschädigung oder Tödtung ergiebt, so erscheint diese als eine durch bewußte Fahrlässigkeit verschuldete. In solchem Falle handelt es sich aber nicht um Concurrenz der vorsätzlichen Ueberschwemmung und der fahrlässigen Sachbeschädigung oder fahrlässigen Tödtung, sondern nur um das eine Delict der vorsätzlichen Ueberschwemmung, bei dessen Bestrafung der eingetretene verletzende Erfolg von Bedeutung für die zu erkennende Strafe ist. Darüber läßt das Gesetz keinen Zweifel vermöge des Umstandes, daß es den durch die Ueberschwemmung verursachten Tod eines Menschen nur als ein das Verbrechen der vorsätzlichen Ueberschwemmung qualifizirendes Moment behandelt.

Anders verhält es sich, wenn der Thäter die gemeingefährliche Ueberschwemmung in der Absicht herbeiführt, bestimmte Eigenthumsbeschädigungen oder den Tod eines oder mehrerer irgend wie näher bestimmter Menschen zu verursachen. Insofern der Thäter in solcher Absicht eine gemeingefährliche Ueberschwemmung herbeiführt, kann davon nicht die Rede sein, daß durch die Absicht zu verletzen die zu gefährden ausgeschlossen werde[1]), vielmehr bestehen hier neben einander die auf bestimmte Eigenthumsobjecte, auf bestimmte Menschen bezogene Absicht zu verletzen und die Absicht unbestimmte Eigenthumsobjecte oder auch Menschen zu gefährden[2]).

---

1) An sich ist der Grundsatz, daß die Schuld der Verletzung eines bestimmten Rechtsgutes größer ist als die seiner Gefährdung, daß darum die Strafe der Verletzung die der Gefährdung absorbire, vgl. Binding a. a. O. I S. 47, gewiß richtig. Hier wie bei anderen Gefährdungsdelicten verhält es sich nach den Bestimmungen des Gesetzes freilich anders, weil das Gesetz die Strafe so normirt hat, daß sie zugleich die eventuell eingetretene Verletzung mit umfassen soll. Vgl. Wanjeck a. a. O. S. 9. v. Buri Causalität S. 66.

2) Gegen Binding a. a. O. II S. 582, Hdbch. I S. 369, der hier mit Unrecht den Vorsatz zu gefährden als durch den Vorsatz zu verletzen ausgeschlossen betrachtet, Wanjeck a. a. O. S. 10. Für Ideal-Concurrenz Olshausen § 312 Nr. 8, § 313 Nr. 4, der aber mit Unrecht bei der vorsätzlichen Ueberschwemmung den Vorsatz zu gefährden leugnet. v. Buri G. Saal a. a. O. S. 221 bezieht die Strafen der vorsätzlichen Ueberschwemmung auch auf die vorsätzlichen Verletzungen, mit Ausnahme des Mordes.

Damit ergiebt sich also in solchem Falle Concurrenz der vorsätzlichen gemeingefährlichen Ueberschwemmung mit vorsätzlicher Sachbeschädigung beziehungsweise vorsätzlicher Tödtung.

Wer eine Ueberschwemmung mit gemeiner Gefahr für Menschenleben oder Eigenthum durch Fahrlässigkeit herbeiführt, wird mit Gefängniß bis zu einem Jahre, und, wenn durch die Ueberschwemmung der Tod eines Menschen verursacht worden ist, mit Gefängniß von einem Monat bis zu drei Jahren bestraft[1]). Selbstverständlich bezieht sich die Strafbestimmung auch auf den Fall, daß Eigenthum und Leben gefährdet wurden.

4. Gefährdung von Eisenbahntransport und Telegraphenbetrieb.

§ 186. Zu den gemeingefährlichen Delicten rechnet das Gesetz auch die Gefährdung des Transportes auf Eisenbahnen[2])

Da das Gesetz von Eisenbahnen ohne irgend welche nähere Begrenzung spricht, so kann es allerdings zweifelhaft erscheinen, auf welche Art von Eisenbahnen sich die Bestimmungen des Gesetzes beziehen. Von einer Eisenbahn kann jedenfalls nur die Rede sein, wenn es sich um eine mit Eisenschienen belegte Bahn handelt auf denen mit Rädern versehene Fahrzeuge bewegt werden sollen. Ausgeschlossen sind daher Drahtseilbahnen die zum Transport von Materialien in der Art dienen, daß die gefüllten Behältnisse am Drahtseil schwebend sich den Berg hinabbewegen und die geleerten Behältnisse hinaufziehen. Streitig ist aber die Frage, ob das Gesetz auf jede Eisenbahn im angegebenen Sinne, ohne Rücksicht auf die Art der bewegenden Kraft, zu beziehen sei.

Die Gefahr, welche das Gesetz im Auge hat, ist hier wie bei der Brandstiftung und Ueberschwemmung die für Menschen und Eigenthum, und eine solche kann durch Gefährdung des Transportes nicht nur auf einer Eisenbahn, sondern auch auf Straßen und Brücken herbeigeführt werden. Auf die letztere Art der Gefährdung bezieht sich die Strafbestimmung des § 321, und die

---

1) Strfgb. § 314.

2) Strfgb. § 315. 316. Vgl. Müller Das Verbrechen gegen die materielle Integrität der Eisenbahnen 1846. Beschorner Das deutsche Eisenbahnrecht 1858. Meves im G. Saal 1874 S. 167 f. 241 f. Fischer Die Post- und Telegraphen-Gesetzgebung 1876.

bedeutende Verschiedenheit der Strafbestimmungen des § 321 und des § 315 erklärt sich nur unter der Voraussetzung, von der das Gesetz ausgeht, daß die Gefahr, wenn es sich um eine Eisenbahn handelt, eine viel dringendere und schwerer zu vermeidende, die drohenden Beschädigungen in der Regel viel umfangreichere sein werden, als bei der Gefährdung des Transportes auf einer Straße. Diese Verschiedenheit der Gefahr hängt aber nicht lediglich davon ab, ob die gefährdeten Fahrzeuge sich auf einer Eisenbahn oder einer Straße bewegen, sondern vor allem von der Art der bewegenden Kraft, von dem größeren oder geringeren Maße der Lasten die sie zu bewegen vermag und von dem dadurch bedingten Maße der zerstörenden Kraft, welche diese Lasten stoßend und fallend ausüben, von dem größeren oder geringeren Maße der Möglichkeit die bewegende Kraft und die Bewegung zu beherrschen und in ihrer Wirksamkeit zu hemmen. Hieraus wird man folgern dürfen, daß Eisenbahnen auf denen die Fahrzeuge durch Menschen oder Thiere, besonders Pferde bewegt werden, hier nicht in Betracht kommen, weil die Gefährdung des Transportes auf ihnen keine andere und höhere Bedeutung hat als die Gefährdung des Transportes auf einer Straße[1]). Andererseits wird es keinem Zweifel unterliegen, daß als Eisenbahnen im Sinne der §§ 315 und 316 alle diejenigen zu betrachten sind, auf denen der Betrieb mittelst Dampfkraft stattfindet, gleichviel ob dazu Locomotiven oder stehende Dampfmaschinen benutzt werden. Daß aber das Gesetz, mit Ausschluß aller anderen, sich nur auf derartige Eisenbahnen beziehe, wird sich weder durch einen angeblich herrschenden Sprachgebrauch noch dadurch rechtfertigen lassen, daß das deutsche Strafgesetzbuch seine Bestimmungen wörtlich dem preußischen entnommen, und dieses zweifellos nur Eisenbahnen mit Dampfbetrieb im Auge gehabt habe[2]). Die Gefahr die sich bei einer Behinderung des ordnungsmäßigen Betriebes einer elektrischen Eisenbahn oder einer Bergeisenbahn ergiebt, auf welcher die schwereren hinabfahrenden Wagen die leichteren an einem Drahtseile hinaufziehen, wird kaum eine geringere

1) Berner S. 584. H. Meyer S. 599. v. Liszt S. 459. Rubo § 315 Nr. 4. Olshausen § 315 Nr. 3. Rüdorff § 315 Nr. 1 und die dort angeführten Entscheidungen. Dagegen Schaper a. a. O. S. 895. Schwarze § 315—320 Nr. 3. Oppenhoff § 315 Nr. 2. Puchelt § 315 Nr. 2. Meves a. a. O. S. 192.

2) Meves a. a. O. S. 191 f. v. Liszt S. 459. H. Meyer S. 599. Olshausen § 315 Nr. 3.

sein, als die bei einer Locomotiv-Eisenbahn sich ergebende. Jedenfalls kann aber die Beantwortung der Frage, auf welche Art von Eisenbahnen das Gesetz sich beziehe nur abhängig gemacht werden von dem bei einer Transportgefährdung in der Regel drohenden Umfange der Beschädigungen, nicht von dem im concreten Falle drohenden, denn gewiß kann der im concreten Falle zu besorgende Umfang der Beschädigung möglicherweise auch bei der Locomotiv-Eisenbahn kein größerer sein als bei der Pferde-Eisenbahn[1]). Jene Regel läßt freilich Ausnahmen auf der einen wie auf der andern Seite zu, aber am angemessensten wird ihr entsprochen werden, wenn das Gesetz, mit Ausschluß der Eisenbahnen bei denen Menschen oder Thiere als bewegende Kraft dienen, auf alle Eisenbahnen bezogen wird, auf denen andere Naturkräfte, Dampf, Elektricität, comprimirte Luft, Schwerkraft, zum Betriebe benutzt werden[2]).

Dafür, daß nur solche Eisenbahnen in Betracht kommen, welche öffentlichen Zwecken dienen, dem Publikum zur Benutzung zugänglich sind, gewährt das Gesetz durchaus keinen Anhalt[3]), denn die Gefährdung des Transportes auf der Eisenbahn hat die gleiche Bedeutung, mag es sich um eine dem öffentlichen Verkehre dienende Bahn, oder um eine solche handeln, die etwa dem Personen- und Gütertransport innerhalb eines großen Fabrik-Etablissements oder zwischen diesem und der öffentlichen Eisenbahn dient. Dazu kommt, daß in § 317 die an einer Telegraphenanstalt verübte

---

1) v. Kirchmann § 315 nimmt mit Recht Rücksicht auf das Maß der drohenden Beschädigung, schließt darum Pferdebahnen aus, wenn sie zum Personentransport in einzelnen Wagen dienen, nicht dann wenn etwa der Transport im Großen betrieben würde. Soll aber bei Pferdebahnen das im concreten Falle obwaltende Maß der Gefahr entscheiden, so müßte dies folgerecht auch bei jeder andern Eisenbahn geschehen. Gegen diese Consequenzen Meves a. a. O. S. 190.

2) So H. Meyer, v. Liszt, Rubo a. a. O.

3) H. Meyer S. 599. v. Liszt S. 459. Rubo § 315 Nr. 4. Olshausen § 315 Nr. 4. Dagegen Rüdorff § 315 Nr. 1. Oppenhoff § 315 Nr. 2. Schwarze § 315 Nr. 3, wobei es freilich für gleichgiltig erklärt wird, ob die Bahn bereits dem Verkehre übergeben ist oder nicht, ob der gefährdete Transport dem Interesse des öffentlichen Verkehrs oder dem von Bau- und Betriebszwecken diente, ob der betreffende Schienenstrang für den durchgehenden Verkehr oder nur für Betriebszwecke bestimmt ist. Welcher Unterschied zwischen dem Transport auf solchen Schienensträngen und denen die nur privaten Zwecken dienen, stattfinden soll, ist nicht einzusehen. Vgl. Goltdammer Arch. XXV S. 341. Rsprch. III S. 71.

Betriebsstörung ausdrücklich auf die zu öffentlichen Zwecken dienende Telegraphen beschränkt ist, während in § 315 eine solche Beschränkung mangelt.

Der Thatbestand des Delictes fordert, daß der Transport auf der Eisenbahn in Gefahr gesetzt wurde. Transport bezeichnet zunächst die Thätigkeit des Fortschaffens, des Ueberführens von einem Orte zum andern, die zwar gehemmt, verhindert aber nicht gefährdet werden kann, und von einer Gefährdung des Transportes kann nur die Rede sein, sofern unter Transport die Gegenstände verstanden werden, welche transportirt werden, und dies sind nicht bloß die Menschen und Güter welche nach einem andern Orte übergeführt werden, sondern auch die Fahrzeuge, auf denen sie sich zu diesem Zwecke befinden, so wie diejenigen, welche der Erzeugung der bewegenden Kraft dienen, insbesondere also Locomotive und Tender[1]). Daher ist eine allein fahrende Locomotive ohne Zweifel auch als ein Transport anzusehen. Aber nicht eine jede Gefährdung dieser Gegenstände kommt hier in Betracht, sondern nur diejenige, von der sie als in Bewegung begriffene betroffen werden[2]). Ob diese Bewegung den Zweck hat den Transport an seinen Bestimmungsort überzuführen, oder ob sie nur eine diese Ueberführung vorbereitende ist, in einem Rangiren des Eisenbahnzuges auf den Geleisen des Bahnhofes besteht, ist gleichgiltig.

Für strafbar als gemeingefährliches Delict erklärt das Gesetz die betreffende Handlung aber nicht schon dann, wenn sie an sich geeignet ist den Transport zu gefährden, denn dazu ist sicher die Zerstörung einer Eisenbahn geeignet, die an sich und als solche gleichwohl nur nach § 305 als qualifizirte Sachbeschädigung zu strafen ist. Der Thatbestand des gemeingefährlichen Delicts erfordert vielmehr, daß durch die Handlung unter den im concreten Falle gegebenen Umständen der Transport in Gefahr gesetzt, es also wahrscheinlich ist, daß bei der Benutzung der Eisenbahn der

---

1) Meves a. a. O. S. 198. Siebenhaar a. a. O. S. 285. Olshausen § 315 Nr. 8. Rsprch. III S. 71.

2) Daß als Transport nur der in Bewegung begriffene nicht der stillstehende angesehen werden könne, wie Meves a. a. O. S. 199 annimmt, ist unrichtig, denn nur darauf kommt es an, daß er gefährdet sei, wofern er sich bewegt. Vgl. Olshausen § 315 Nr. 8.

Transport Schaden erleiden werde[1]). Ob, wenn eine Beschädigung nicht erfolgte, gleichwohl eine solche Wahrscheinlichkeit als gegeben anzunehmen sei, bleibt der Beurtheilung des Richters im concreten Falle überlassen, jedenfalls aber reicht der Umstand, daß eine Beschädigung nicht erfolgte, daß durch rechtzeitiges menschliches Eingreifen, durch einen glücklichen Zufall, die Gefahr abgewendet wurde, an sich noch nicht hin die Gefährdung als ausgeschlossen zu betrachten[2]). Auch ist es nicht erforderlich, daß die Gefährdung sich auf einen bestimmten Transport beziehe, wie dem entsprechend das Gesetz nicht von der Gefährdung eines Transportes, sondern des Transportes spricht[3]).

Das Gesetz hat aber näher die Beschaffenheit der Handlung bestimmt durch welche der Transport gefährdet wird. Sie kann hiernach bestehen in der Beschädigung der Eisenbahnanlage, der Beförderungsmittel oder sonstigen Zubehörs. Als Zubehör werden namentlich in Betracht kommen die zur Sicherung des Betriebes dienenden Mittel, namentlich die Eisenbahntelegraphen[4]). Die Gefährdung kann ferner dadurch herbeigeführt werden, daß auf der Fahrbahn durch Aufstellen oder Hinlegen von Gegenständen Hindernisse bereitet werden, oder endlich auch dadurch, daß durch falsche Zeichen oder Signale der Transport auf ein Geleise geführt oder auf einem solchen belassen wird, auf welchem er auf ein vorhandenes Hinderniß stößt[5]).

§ 187. Rücksichtlich der Bestrafung unterscheidet das Gesetz die vorsätzliche und die fahrlässige Verübung des Delictes. Die vorsätzliche Verübung erfordert nicht nur, daß das Beschädigen

1) Siebenhaar a. a. O. S. 285. Oppenhoff § 315 Nr. 8. Olshausen § 315 Nr. 7. Rsprch. VI S. 663.

2) Vgl. v. Rohland a. a. O. S. 24 f. Rotering a. a. O. S. 275.

3) Oppenhoff § 315 Nr. 7. Rüdorff § 315 Nr. 3. Schwarze § 315 Nr. 2. Olshausen § 315 Nr. 7.

4) Meves a. a. O. S. 195. Schaper a. a. O. S. 899. Olshausen § 315 Nr. 9. Dagegen Oppenhoff § 315 Nr. 3a, weil die Telegraphen in §§ 317, 318 zum Gegenstand besonderer Vorschriften gemacht sind. Dies schließt aber die Anwendung der §§ 315. 316 nicht aus, wenn mittelst Beschädigung der Telegraphen der Eisenbahntransport gefährdet wurde.

5) Die Fassung des Gesetzes ist allerdings nicht correct, denn durch falsche Zeichen und Signale werden nicht Hindernisse bereitet, sondern es wird der Transport auf vorhandene Hindernisse geführt. Vgl. Meves a. a. O. S. 242 f.

oder Herbeiführen von Hindernissen ein vorsätzliches war, sondern weiter auch, daß es mit dem Bewußtsein einer Gefährdung des Transportes verübt wurde. Mit diesem Bewußtsein ist aber unvermeidlich auch das Wollen, Beabsichtigen der Gefahr gegeben, mag es sich dabei auch nur um eine eventuell bestimmte Absicht handeln[1]). Dagegen ist die Absicht eine Beschädigung zu verursachen nicht erforderlich, aber auch von dem Thatbestande des Delictes nicht ausgeschlossen. Wird der Transport vorsätzlich in der Absicht gefährdet, dadurch Beschädigungen von Menschen und Sachen zu verursachen, so erscheint die Gefährdung als Versuch der Verletzung, und es findet darum, wenn die beabsichtigte Beschädigung stattfand, nicht eine Concurrenz des Gefährdungs- und des Verletzungs-Delictes statt. Weil aber die Strafbestimmungen für das Gefährdungsdelict sich zugleich auch auf die vorsätzliche Verletzung beziehen, so ist nur dieses zu strafen und bei der Strafzumessung zu berücksichtigen, daß nicht bloß die Gefährdung sondern auch die Verletzung vorgesetzt war. Anders würde es sich verhalten, wenn die vorsätzliche Transportgefährdung in der Absicht verübt wurde, die Verletzung oder Tödtung eines oder mehrerer bestimmter Menschen zu verursachen, denn in solchem Falle war die vorsätzliche Thätigkeit ebensowohl in der Absicht unbestimmte Sachen und Menschen zu gefährden, wie in der, bestimmte Menschen zu verletzen verübt, womit sich Concurrenz der vorsätzlichen Gefährdung des Eisenbahntransportes und der vorsätzlichen Körperverletzung oder Tödtung ergiebt.

Daß die den Transport gefährdende Handlung in dem gleichen Sinne eine rechtswidrige und mit dem Bewußtsein der Rechtswidrigkeit verübte sei, wie dies bei der nach § 305 zu strafenden Zerstörung der Eisenbahn erforderlich ist, wird hier nicht vorausgesetzt, theils weil die gefährdende Handlung nicht nothwendig eine

1) Rubo § 315 Nr. 2. Olshausen § 315 Nr. 11. Wer sich wissentlich in Gefahr begiebt, hat damit sicher noch nicht die Absicht in der Gefahr umzukommen, ganz sicher aber die Absicht die Gefahr auf sich zu nehmen. Ebenso hat, wer mit Bewußtsein den Andern in Gefahr versetzt, wenn auch noch durchaus nicht die Absicht seine Beschädigung zu verursachen, doch sicher die Absicht ihn der Gefahr auszusetzen. Es ist daher Widerspruch in sich hier zwar das Bewußtsein der Gefährdung zu fordern, dagegen den Vorsatz der Gefährdung für nicht erforderlich zu erklären, wie dies hier und in anderen ähnlichen Fällen in der Regel geschieht, so bei Oppenhoff § 315 Nr. 1. Rüdorff § 315 Nr. 2. Rsprch. I S. 565.

beschädigende zu sein braucht, theils weil auch die beschädigende Handlung, obwohl sie insofern eine berechtigte ist, als sie der Eigenthümer an seiner eignen Eisenbahn verübt, nach § 315 zu strafen ist, wenn sie vorsätzlich mit dem Bewußtsein der Transportgefährdung verübt wurde. Dagegen versteht es sich von selbst, daß die Handlung eine bewußt schuldhafte sein muß und in diesem Sinne wird das Bewußtsein der Rechtswidrigkeit mit Recht zu fordern sein[1]).

Die Strafe der vorsätzlichen Transportgefährdung ist Zuchthaus bis zu zehn Jahren, dagegen Zuchthaus nicht unter fünf Jahren, wenn eine schwere Körperverletzung, und Zuchthaus nicht unter zehn Jahren oder lebenslängliches, wenn der Tod eines Menschen verursacht wurde. Neben der Zuchthausstrafe kann auf Zulässigkeit der Polizeiaufsicht erkannt werden[2]).

Wer fahrlässigerweise durch eine der in § 315 bezeichneten Handlungen den Transport auf einer Eisenbahn in Gefahr setzt, wird mit Gefängniß bis zu einem Jahre und, wenn durch die Handlung der Tod eines Menschen verursacht worden ist, mit Gefängniß von einem Monat bis zu drei Jahren bestraft.

Wenn in § 315 die betreffenden Handlungen als vorsätzliche

1) Insoweit Meves a. a. O. S. 201 und Oppenhoff § 315 Nr. 5 die Rechtswidrigkeit der Handlung im Gegensatze zu § 305 für nicht erforderlich erklären, ist dies richtig, aber nicht ausreichend, um das Bewußtsein der Rechtswidrigkeit als überhaupt nicht erforderlich zu erachten. Zum Dolus genügt an sich das Bewußtsein der Pflichtwidrigkeit des Handelns, gleichviel ob der Thäter sich der Norm gegen die er handelt als einer rechtlichen oder nur sittlichen bewußt ist. Allerdings wird ja ganz regelmäßig die Pflichtwidrigkeit auch als Rechtswidrigkeit gekannt sein, und darum ist, wenn man, von den seltenen Ausnahmen absehend, zum Dolus wie sonst, so auch hier Bewußtsein der Rechtswidrigkeit fordert, dagegen nichts einzuwenden. Vgl. Olshausen § 315 Nr. 11. Dagegen v. Liszt S. 459 in Folge seiner eigenthümlichen Schuldlehre. Wer einen Transport vorsätzlich gefährdet um ihn vor größerer Gefahr zu retten, bleibt nach Olshausen straflos wegen mangelnden Bewußtseins der Rechtswidrigkeit, nach v. Liszt, weil er objectiv nichts Rechtswidriges gethan hat. Wie die strafbare Transportgefährdung durch ein subjectives Moment, das Motiv der That, zu etwas objectiv nicht Rechtswidrigem wird, ist unverständlich. Daß durch das Motiv das Bewußtsein der Rechtswidrigkeit ausgeschlossen wird, ist unrichtig. Um das größere Uebel zu verhüten wird mit dem Bewußtsein der Rechtswidrigkeit das kleinere herbeigeführt, ein Handeln im Nothstande, das freilich nach § 54 nur bedingungsweise straflos sein würde.

2) Strfgb. § 325.

bezeichnet werden, so ist doch das für die Bedeutung des Verbrechens entscheidende Moment die vorsätzliche Gefährdung des Transportes, die es freilich nothwendig bedingt, daß auch die Handlung aus der sich die Gefahr ergiebt eine vorsätzliche sei. Abweichend von der Fassung des § 315 bezeichnet § 316 die Gefährdung des Transportes als eine fahrlässige, und eine solche kann sie sein, obwohl die betreffende Handlung eine vorsätzliche war, wofern nur bei deren Verübung der Thäter die Möglichkeit einer Transportgefährdung in schuldhafter Weise nicht erwogen und sich zum Bewußtsein gebracht hat. Es kann aber auch die Handlung selbst, die Beschädigung, das Bereiten eines Hindernisses, eine fahrlässige sein [1]).

Die Strafe der fahrlässigen Transportgefährdung trifft auch die zur Leitung der Eisenbahnfahrten und zur Aufsicht über die Bahn und den Beförderungsbetrieb angestellten Personen, wenn sie durch Vernachlässigung der ihnen obliegenden Pflichten einen Transport in Gefahr setzen.

Dieser Fall der Transportgefährdung unterscheidet sich von den anderen dadurch, daß hier nicht eine der in § 315 bezeichneten Handlungen als die Gefahr verursachend vorausgesetzt wird, sondern eine Vernachlässigung der jenen Personen obliegenden besonderen Pflichten, und eine solche besondere Strafbestimmung war darum erforderlich, weil diesen Personen gegenüber die Strafbestimmung des ersten Absatzes von § 316 unzulänglich sein würde.

Eine Vernachlässigung der Pflicht setzt eine Nachlässigkeit in deren Erfüllung voraus, und darum wird eine vorsätzliche Verletzung der Pflicht unmöglich als eine hier in Betracht kommende Vernachlässigung anzusehen sein [2]). Nicht eine jede Vernachlässigung der Pflicht, sondern nur diejenige, welche im concreten Falle den Transport in Gefahr setzte, ist nach § 316 strafbar und wenn zwar hier nicht wie im ersten Absatze die Gefährdung näher als eine fahrlässige bezeichnet wird, so setzt doch das Gesetz ohne Zweifel voraus, daß es sich auch hier um eine fahrlässige Transportgefährdung handelt. Allerdings wird regelmäßig, wenn die Vernachlässigung der Pflicht und die mit ihr im Causalzusammen-

---

1) Meves a. a. O. S. 245. Olshausen § 315 Nr. 1. Unrichtig Oppenhoff § 316 Nr. 1, wenn er Fahrlässigkeit der Handlung fordert.

2) Meves a. a. O. S. 246. Dagegen v. Prittwitz in Goltd. Arch. XXX S. 165. Olshausen § 316 Nr. 7.

hange stehende Transportgefährdung festgestellt ist, nicht weiter noch erforderlich sein, festzustellen, daß letztere fahrlässiger Weise verursacht sei, denn bei den betreffenden Personen ist die Kenntniß der ihnen in Betreff der Leitung der Eisenbahnfahrten und der Aufsicht über die Bahn und den Beförderungsbetrieb obliegenden Pflichten unvermeidlich mit der Kenntniß der aus der Pflichtversäumniß verbundenen Gefahren verbunden [1]).

Wird einer der gedachten Angestellten wegen einer der in § 315 und 316 bezeichneten Handlungen verurtheilt, so kann er zugleich für unfähig zu einer Beschäftigung im Eisenbahndienst oder in bestimmten Zweigen desselben erklärt werden [2]).

§ 188. Zur Sicherung der öffentlichen Zwecken dienenden Telegraphenanstalten ist für strafbar erklärt jede Handlung, welche die Benutzung dieser Anstalten verhindert oder stört [3]).

Dieser strafrechtliche Schutz ist hiernach, mit Ausschluß der nur privaten Zwecken dienenden Telegraphenanstalten [4]), nur den zu öffentlichen Zwecken dienenden gewährt. Dahin gehören jedenfalls alle der Benutzung des Publikums dienende Telegraphen, gleichviel ob dies Staatstelegraphen oder Eisenbahntelegraphen sind die zu einer Eisenbahn gehören die nicht Staatsbahn ist, oder auch Communaltelegraphen. Oeffentlichen Zwecken dienen aber nicht nur die der Benutzung durch das Publikum gewidmeten, sondern auch andere, welche in öffentlichen Angelegenheiten von

1) Meves a. a. O. S. 246 geht von der ganz unrichtigen Voraussetzung aus, daß, wenn es im zweiten Absatze des § 316 auf Bestrafung fahrlässiger Transportgefährdung ankäme, es neben der im ersten Absatze enthaltenen Bestimmung einer solchen besondern Vorschrift kaum bedurft hätte. Daraus folgert er, daß hier fahrlässige Gefährdung nicht erfordert werde, es sich hier vielmehr um eine abnorme Strafbestimmung handle, indem lediglich der eingetretene Erfolg ohne Rücksicht auf eine Verschuldung die Strafbarkeit bedinge. Damit stimmt die herrschende Ansicht überein. Vgl. Schaper a. a. O. S. 895. Oppenhoff § 316 Nr. 5. Rüdorff § 316 Nr. 2. Olshausen § 316 Nr. 5. Schwarze § 316 Nr. 4. Goltd. Arch. XX S. 561. XXII S. 130. Rsprch. II S. 511. Dagegen v. Liszt S. 460.

2) Strfgb. § 319. Weitere Strafbestimmungen zur Sicherung der Durchführung einer solchen Unfähigkeitserklärung enthält § 320.

3) Strfgb. §§ 317. 318. Vgl. Dambach Das Telegraphen-Strafrecht im G. Saal 1871 S. 241 f.

4) Damit ist nicht ausgeschlossen, daß eine Handlung, welche die Benutzung eines Eisenbahn-Telegraphen einer Privat-Eisenbahn hindert, als Gefährdung des Eisenbahntransportes gestraft werde.

den Behörden und Beamten des Staates und der Communen benutzt werden[1]). In welcher Weise die Telegraphenanstalt die Nachrichten übermittelt, ob durch Elektricität, Luftdruck u. s. w. ob durch sichtbare oder hörbare Zeichen, ist gleichgiltig, und es ist insbesondere kein Grund einzusehen, warum Fernsprechanstalten nicht als Telegraphen betrachtet werden dürften[2]).

Worin die Handlung besteht ist gleichgiltig und wenn sie zwar wohl in der Regel als Sachbeschädigung erscheinen wird, so ist dies doch nicht nothwendig der Fall[3]). Entscheidend ist lediglich, daß durch dieselbe die Benutzung der Anstalt völlig verhindert, oder in der Weise gestört wurde, daß der Telegraph nicht ordnungsmäßig zu fungiren vermochte. Die Handlung muß gegen die Telegraphenanstalt gerichtet sein, und zur Anstalt gehören nicht nur die sachlichen Einrichtungen, sondern auch die sachkundigen zum Betriebe der Anstalt erforderlichen und angestellten Personen, so daß die betreffende Handlung auch in der Behinderung dieser Personen in der Ausübung ihrer Functionen bestehen kann[4]). Die

---

1) Meves Strafgesetz-Novelle § 319 Nr. 2. Oppenhoff § 317 Nr. 2. Rubo § 317 Nr. 1. Olshausen § 317 Nr. 3. Dagegen Dambach a. a. O. S. 255. Schaper a. a. O. S. 894. Schwarze § 317 Nr. 4. Telegraphen, die dem Verkehre lediglich im Innern eines öffentlichen Gebäudes dienen, werden wohl darum als ausgeschlossen zu betrachten sein, weil die Verhinderung ihrer Benutzung eine Gefahr gewiß nicht mit sich bringt.

2) Anstalten, welche der eiligen Beförderung körperlicher Sachen, Briefe u. s. w. dienen, wie die Rohrpostanstalten, sind gewiß nicht Telegraphen. Rsprch. III S. 510. Wenn es hier als Wesen des Telegraphen bezeichnet wird, daß derselbe eine Mittheilung am Bestimmungsorte durch Zeichen reproduzirt, so kann es doch keinen Unterschied machen, ob diese Zeichen sichtbare, etwa auch in Buchstaben bestehende, oder hörbare sind, ob sie im letzteren Falle etwa in Glockensignalen oder gehörten Worten bestehen. v. Liszt S. 460. Olshausen § 317 Nr. 2. Scheffler im G. Saal 1884 S. 481. Dagegen Fuld im G. Saal 1884 S. 202 f. Oppenhoff § 317 Nr. 3.

3) Dürfte man auch jede den Telegraphenbetrieb hindernde Handlung schon eine Verletzung nennen, so ist doch das Delict nicht, wie Olshausen § 317 Nr. 1 annimmt, ein Verletzungs-, sondern ein Gefährdungsdelict, denn für die Bestrafung ist nicht die Verletzung, sondern wesentlich die aus ihr sich ergebende Gefährdung entscheidend.

4) Die in § 296 des preuß. Strfgb. beispielsweise angeführten Handlungen sind als entbehrliche Exemplification im deut. Strfgb. weggelassen worden. Unter ihnen war auch die Verhinderung der bei der Telegraphenanstalt angestellten Personen in ihrem Dienstberufe genannt. Vgl. Oppenhoff § 317 Nr. 5. Dambach a. a. O. S. 256. Schwarze § 317 Nr. 1.

Fassung des Gesetzes läßt darüber keinen Zweifel, daß die Handlung im concreten Falle die Benutzung der Anstalt wirklich gehindert oder gestört haben müsse, so daß also, wenn dieser Erfolg nicht eintrat, eine Handlung welche nur die Möglichkeit, die Gefahr einer Hinderung oder Störung nahe legte, nicht genügt[1]).

Als gemeingefährliches Delict erscheint die Verhinderung und Störung des Telegraphenbetriebes, weil mit ihr im concreten Falle die Wahrscheinlichkeit einer Verletzung der Interessen oder Rechte Anderer gegeben ist. Bei der ausgedehnten Benutzung der Telegraphen für die Zwecke des Handelsverkehrs liegt die Gefahr einer Vermögensbeschädigung zwar besonders nahe, und auch die Möglichkeit einer Gefährdung von Gesundheit und Leben ist nicht ausgeschlossen[2]), aber jedenfalls beschränkt sich hier die gemeine Gefahr nicht wie bei Brandstiftung, Ueberschwemmung und Gefährdung des Eisenbahntransportes auf die für Gesundheit, Leben und Eigenthum, und die Mannigfaltigkeit der Verletzungen die durch Verhinderung des Telegraphenverkehrs verursacht werden können, ist unübersehbar. Die besonderen Strafbestimmungen des preußischen Strafgesetzbuches für den Fall, daß in Folge der verhinderten Benutzung des Telegraphen ein Mensch eine Körperverletzung erlitt oder das Leben verlor, ist in das deutsche Strafgesetzbuch nicht aufgenommen worden, und wenn zwar ein derartiger Fall nicht undenkbar ist, so liegt doch gewiß eine solche Möglichkeit so fern, daß sich schwerlich wird annehmen lassen, der Thäter habe sie vorausgesehen oder voraussehen können.

In Betreff der Bestrafung unterscheidet das Gesetz die vorsätzliche und die fahrlässige Verübung des Delicts. Die vorsätzliche Verübung erfordert nicht nur, daß die betreffende Handlung vorsätzlich gegen die Telegraphenanstalt, sondern weiter auch, daß

---

1) Dambach a. a. O. S. 256 hält als genügend eine Handlung, die an sich geeignet ist den Betrieb zu hindern oder zu stören, wobei er sich besonders auf eine unrichtige Auslegung von § 296 des preuß. Strfgb. stützt. Ebenso Schaper a. a. O. S. 899. Oppenhoff Rsprch. XI S. 225. Dagegen Siebenhaar a. a. O. S. 282. Oppenhoff § 317 Nr. 4. Olshausen § 317 Nr. 4. Rsprch. VII S. 8.

2) Dambach a. a. O. S. 259. Das von ihm angeführte Beispiel ist wenig überzeugend. Näher liegt der Fall, daß durch Betriebsstörung eines zur Feuermeldung dienenden Telegraphen vermöge Verspätung der Hilfsleistung durch die Feuerwehr das Leben der im brennenden Hause wohnenden Menschen gefährdet ist.

sie in der Absicht verübt wurde, die Benutzung der Anstalt zu verhindern oder zu stören[1]). Die Strafe ist Gefängniß von einem Monat bis zu drei Jahren.

Die fahrlässige Verübung unterscheidet sich von der vorsätzlichen lediglich dadurch, daß die auf Hinderung oder Störung des Telegraphenbetriebes gerichtete Absicht ausgeschlossen ist, gleichviel ob die betreffende Handlung sich in schuldhafter Unkenntniß gegen die Telegraphenanstalt richtete, oder ob zwar vorsätzlich gegen die Telegraphenanstalt, aber in schuldhafter Unkenntniß ihrer den Betrieb hindernden oder störenden Wirkung. Die Strafe ist Gefängniß bis zu einem Jahre oder Geldstrafe bis zu neunhundert Mark.

Die gleiche Strafe trifft die zur Beaufsichtigung und Bedienung der Telegraphenanstalten und ihrer Zubehörungen angestellten Personen, wenn sie durch Vernachlässigung der ihnen obliegenden Pflichten die Benutzung der Anstalt verhindern oder stören. Es gilt in diesem Falle rücksichtlich des Thatbestandes das Gleiche wie von der in § 316 bezeichneten Pflichtvernachlässigung der Angestellten durch die der Eisenbahntransport gefährdet wird. Auch auf die zur Beaufsichtigung und Bedienung der Telegraphenanstalten angestellten Personen findet eventuell die in § 319 angeordnete Nebenstrafe Anwendung.

5. Delicte in Bezug auf Wasserbauten, Brücken, Wege u. s. w. sowie auf die Schifffahrt.

§ 189. Eine Reihe verschiedener, Leben und Gesundheit von Menschen gefährdender Handlungen hat das Gesetz in § 321 in eine Straffatzung zusammengefaßt. Es gehört dahin:

1. Die Zerstörnng oder Beschädigung von Wasserbauten, insbesondere von Wasserleitungen, Schleusen, Wehren, Deichen und Dämmen.

2. Die Zerstörung oder Beschädigung von Brücken, Fähren, Wegen oder Schutzwehren, sowie von dem Bergwerksbetriebe dienenden Vorrichtungen zur Wasserhaltung, zur Wetterführung oder

---

1) **Rubo** § 317 Nr. 3. **Olshausen** § 317 Nr. 6. v. **Liszt** S. 461. Dagegen **Dambach** a. a. O. S. 257. **Schaper** a. a. O. S. 899. **Oppenhoff** § 317 Nr. 1. **Rüdorff** § 317 Nr. 4, die den auf Hinderung oder Störung gerichteten Vorsatz für nicht erforderlich, das Bewußtsein einer möglichen Hinderung für genügend erklären.

zum Ein- und Ausfahren der Arbeiter. Da in beiden Fällen für die Strafbarkeit nicht die Sachbeschädigung, sondern die aus der Zerstörung oder Beschädigung sich ergebende Gefahr entscheidend ist, so ist es gleichgiltig, ob der betreffende Gegenstand Eigenthum eines Andern oder des Thäters selbst ist.

3. Die Störung des Fahrwassers in schiffbaren Strömen, Flüssen oder Canälen. Sie erfordert, daß der zur Schifffahrt geeignete und benutzte Theil des Gewässers eine Aenderung, sei es in seiner Tiefe oder Richtung erfahren habe.

Durch eine der gedachten Handlungen muß eine Gefahr für das Leben oder die Gesundheit Anderer herbeigeführt worden sein. Auch hier handelt es sich um eine gemeine Gefahr[1]) in dem oben angegebenen Sinne, um eine Gefahr die bedingungsweise einen Jeden treffen kann. Dem steht also nicht entgegen, daß das Gesetz von der Gefährdung Anderer spricht, und noch weniger wird daraus gefolgert werden können, daß die Gefährdung mehrerer Menschen erfordert werde, und die nur eines Menschen nicht genüge[2]).

Das Vergehen muß vorsätzlich verübt sein. Dazu ist nicht nur erforderlich, daß das Zerstören, Beschädigen, Stören des Fahrwassers ein vorsätzliches war, sondern weiter auch, daß es in der Absicht verübt wurde, eine Gefahr für Andere herbeizuführen. Dem widerspricht weder die Fassung des Gesetzes, noch auch der Umstand, daß die vorsätzliche Handlung, wofern sie nicht in solcher Absicht verübt wurde und auch eine Beschädigung nicht zur Folge hatte, weder nach § 321 noch nach § 326 gestraft werden kann[3]),

---

1) Vgl. Schaper a. a. O. S. 902. Siebenhaar a. a. O. S. 290. v. Liszt S. 462. Dagegen Schwarze § 321 Nr. 5. Oppenhoff § 321 Nr. 9. Olshausen § 321 Nr. 7, ausgehend von der Voraussetzung, daß die gemeine Gefahr die Gefährdung einer unbestimmten Vielheit von Menschen erfordere.

2) So Rubo § 321 Nr. 6. Olshausen § 321 Nr. 7. Dagegen Meves Strafrsztg. XIII S. 377. Schwarze a. a. O. Oppenhoff § 321 Nr. 9. Schaper a. a. O. Rüdorff § 321 Nr. 1.

3) Warum das „vorsätzlich" in § 321 nur auf das Zerstören, Beschädigen, Stören bezogen werden könnte und dürfte, nicht aber auf das Herbeiführen der Gefahr, wie Olshausen § 321 Nr. 8 behauptet, ist nicht einzusehen. Daß nach § 326 die Fahrlässigkeit nur bestraft werden soll, wenn sie eine Beschädigung zur Folge hatte, giebt nur die Absicht des Gesetzgebers zu erkennen, in den Fällen der §§ 321 bis 324 die Fahrlässigkeit an sich straflos zu lassen. Gegen die Auffassung Olshausen's Binding a. a. O. S. 480. v. Liszt S. 462. Wenn Oppenhoff § 321 Nr. 1, Schwarze § 321

denn es entspricht dies durchaus der Regel, von der das Gesetz nur ausnahmsweise abweicht, daß fahrlässige Gefährdungen die keine Beschädigung zur Folge haben, straflos bleiben. Daß das Zerstören, Beschädigen, Stören an sich ein rechtswidriges sei, ist nicht erforderlich, denn die Rechtswidrigkeit die hier allein entscheidend ist, besteht im vorsätzlichen Herbeiführen der Gefahr, und diese wird durch das Recht des Thäters zu zerstören u. s. w. nicht ausgeschlossen [1]).

Die Strafe des Vergehens ist Gefängniß nicht unter drei Monaten, dagegen Zuchthaus bis zu fünf Jahren, wenn durch die betreffende Handlung eine schwere Körperverletzung, und Zuchthaus nicht unter fünf Jahren, wenn der Tod eines Menschen verursacht worden ist. Neben der Zuchthausstrafe kann auf Zulässigkeit von Polizeiaufsicht erkannt werden.

Der Versuch des Vergehens ist nicht strafbar.

Strafbar ist nach § 326 derjenige, welcher eine der in § 321 bezeichneten Handlungen aus Fahrlässigkeit begangen hat. Der Thatbestand dieses Delictes hat also, abgesehen von der Vorsätzlichkeit der Handlung, den Thatbestand des in § 321 bezeichneten Delicts zur Voraussetzung, insbesondere also auch dies, daß durch die Handlung Gefahr für das Leben oder die Gesundheit Anderer herbeigeführt wurde. Wie aber in § 321 die Vorsätzlichkeit sich nicht bloß auf die betreffende Handlung, sondern zugleich auch auf das Wissen und Wollen der aus ihr sich ergebenden Gefahr bezieht, so bezieht sich hier auch die Fahrlässigkeit nicht nur auf die Handlung, sondern auch auf die Gefahr, die also eine solche sein muß, welche der Thäter voraussehen konnte und sollte.

Die Strafbarkeit des fahrlässigen Delicts hat aber zur weiteren Voraussetzung, daß durch die Handlung ein Schaden verursacht wurde. Welche Art von Schaden erfordert wird oder als genügend zu erachten sei, ist bisher streitig. Der Umstand, daß die Straffatzung des § 326 sich gleichsehr auf die fahrlässige Ver-

---

Nr. 7 auch hier das Bewußtsein der Gefährdung für ausreichend erachten, so gilt davon das in dieser Beziehung schon früher Bemerkte.

1) Schaper a. a. O. S. 902. Schwarze § 321 Nr. 7. Oppenhoff § 321 Nr. 2. Rsprch. IV S. 692. Die hiergegen und gegen eine angeführte Dresdener Entscheidung gerichtete Polemik Binding's a. a. O. S. 487 und Olshausen's § 321 Nr. 8 ist grundlos. Auch wer kraft amtlicher Pflicht das Fahrwasser stört, wird, um der Bestrafung zu entgehen, dafür sorgen müssen, daß dadurch nicht Leben oder Gesundheit gefährdet werde.

übung der verschiedenen Handlungen bezieht, für deren vorsätzliche Verübung die §§ 321 bis 324 die Strafen bestimmt haben, legt allerdings den Gedanken nahe, daß der Schaden ein der, in den gedachten Strafbestimmungen bezeichneten, Gefahr entsprechender sein, auf das gleiche Object wie die Gefahr sich beziehen müsse, bei anders gearteten Beschädigungen aber § 326 keine Anwendung finde[1]). Danach würde also bei fahrlässiger Verübung der in § 321 bezeichneten Handlungen § 326 nur Anwendung finden, falls durch die fahrlässige Handlung die Gesundheitsbeschädigung oder der Tod eines Menschen verursacht wurde, nicht wenn eine Sachbeschädigung die Folge war. Dafür wird man sich nicht darauf berufen können, daß § 321 die Gefährdung des Eigenthums nicht berücksichtige, denn es erklärt sich dies aus dem Gesichtspunkte, daß hier die Gefahr für das Eigenthum nicht eine gleich dringende und einen gleich umfangreichen, jeder Voraussicht sich entziehenden, Schaden drohende sein wird, wie bei der Brandstiftung und Ueberschwemmung. Ebensowenig kann man sich darauf berufen, daß das Strafgesetzbuch die fahrlässige Sachbeschädigung nicht als strafbar betrachte, denn es handelt sich hier nicht nur um eine solche, sondern um deren Bestrafung, sofern sie mit einer Gefahr für Leben und Gesundheit verbunden ist. Dazu kommt, daß § 323 nur Gefahr für das Leben eines Menschen voraussetzt, § 326 aber die Verursachung des Todes als einen qualifizirten Fall der Beschädigung behandelt, hier also doch vorausgesetzt werden muß, daß die einfache Strafe des § 326 bei einem anders gearteten Schaden Anwendung finden soll. Wenn also § 326 die Art des verursachten Schadens unbestimmt läßt, so wird, bei dem Mangel einer Beschränkung auf einen, der zum Thatbestande erforderlichen Gefahr entsprechenden Schaden, angenommen werden müssen, daß die fahrlässige Verübung der in den §§ 321 bis 324 bezeichneten Handlungen gestraft werden soll, wofern sie eine weitere materielle Rechtsverletzung zur Folge hatte[2]).

---

1) So Meves a. a. O. S. 414. Schaper a. a. O. S. 904. Rüdorff § 326 Nr. 1. Oppenhoff § 326 Nr. 2. Schwarze § 326. v. Prittwitz in Goltd. Arch. XXX S. 168. v. Liszt S. 462.

2) Puchelt § 326. Geyer a. a. O. S. 118. Olshausen § 326 Nr. 4. Rsprch. IV S. 569. Belmonte im G. Saal 1876 S. 499. Ausgehend von dem Satze, daß die culpa nicht an sich, sondern nur wenn sie eine Verletzung zur Folge hatte, zu strafen sei, erklärt Belmonte die Behandlung der culpa bei den gemeingefährlichen Delicten damit, daß wo eine materielle

Wie die Gefahr eine als möglich vorauszusehende und pflichtmäßig zu vermeidende sein muß, so auch der Schaden, und wer die Gefahr vorauszusehen vermochte, vermochte eben damit auch den Schaden vorauszusehen [1]).

Die Strafe der fahrlässigen, einen Schaden verursachenden Verübung des in § 321 bezeichneten Delicts ist Gefängniß bis zu einem Jahre, und wenn der Tod eines Menschen verursacht wurde, Gefängniß von einem Monat bis zu drei Jahren.

§ 190. Zur Sicherung der Schifffahrt gegen mögliche Gefahren erklärt das Gesetz in § 322 für strafbar denjenigen, der vorsätzlich ein für solchen Zweck bestimmtes Feuer- oder anderes aufgestelltes Zeichen zerstört, wegschafft oder unbrauchbar macht, oder ein solches Feuerzeichen auslöscht, oder seiner Dienstpflicht zuwider nicht aufstellt, oder ein falsches Zeichen, welches geeignet ist die Schifffahrt unsicher zu machen, aufstellt, insbesondere zur

---

Rechtsverletzung zum Thatbestande des dolosen Delicts gehöre, das Gesetz die culpa ohne weiteres für strafbar erkläre, da aber wo das dolose Delict ohne materielle Rechtsverletzung consumirt werden kann, für die Strafbarkeit der culpa ein Schaden gefordert werde. Dies ist nicht richtig, denn der Thatbestand der dolosen Brandstiftung fordert nicht nothwendig eine materielle Rechtsverletzung, und in manchen Fällen der dolosen Delicte, auf deren fahrlässige Verübung § 326 sich bezieht, wird sie erfordert. Wenn man bei einigen gemeingefährlichen Delicten von dem Grundsatz die culpa nur sofern sie eine Verletzung verursachte zu strafen, abgewichen ist, so scheint dabei nur die Rücksicht auf die Art der Gefahr entscheidend gewesen zu sein.

1) Der in der Praxis und bei den Commentatoren herrschenden Tendenz entsprechend wird auch hier die Fahrlässigkeit der Beschädigung für nicht erforderlich erklärt. Oppenhoff § 326 Nr. 1. Schwarze § 326. Meves a. a. O. S. 385, und es ist nur folgerecht, wenn Olshausen § 326 Nr. 4 auch fahrlässige Herbeiführung der Gefahr für nicht erforderlich erklärt. Aus dem Umstande, daß in den Fällen, in denen das Gesetz wie in den §§ 178. 220. 221. 226. 229 für die Verübung des dolosen Delicts eine höhere Strafe anordnet, wenn durch dasselbe der Tod eines Menschen verursacht wurde, vorausgesetzt wird, daß die Tödtung nicht vorgesetzt war, zieht er die ganz grundlose Schlußfolgerung, daß wo das Gesetz, wie auch in § 326, von „Verursachen" spricht, eben damit nur der Causalzusammenhang bezeichnet, jede Rücksicht auf Verschuldung, also auch auf culpa ausgeschlossen werden soll. Der hieraus sich ergebende Grundsatz, daß das Strafgesetzbuch sehr vielfach eine strafrechtliche Verantwortlichkeit für den casus aufgestellt habe, bedarf doch wohl einer andern und bessern Rechtfertigung.

Nachtzeit auf der Strandhöhe Feuer anzündet, welches die Schifffahrt zu gefährden geeignet ist[1]).

Geht das Gesetz in Betreff aller dieser Handlungen und Unterlassungen zwar von der Voraussetzung aus, daß mit ihnen Gefahren für die Schifffahrt verbunden sind, so unterscheidet es dabei doch näher zwei verschiedene Fälle. Es kommt zuerst in Betracht der Fall, daß vorsätzlich zur Sicherung der Schifffahrt bestimmte Zeichen entweder irgendwie beseitigt, unwirksam gemacht oder pflichtwidrig nicht hergestellt wurden[2]). In diesem Falle des Vergehens erfordert der Thatbestand nicht mehr als das vorsätzliche Handeln oder Unterlassen mit der Kenntniß, daß es sich um Beseitigung oder Herstellung eines derartigen Zeichens handelt und mit dem Bewußtsein der Rechts- beziehungsweise Pflichtwidrigkeit. Daß ein derartiges schuldhaftes Verhalten eine Gefahr für die Schifffahrt herbeiführt ist die stillschweigende Voraussetzung, aber es ist weder die Feststellung, daß eine Gefährdung stattgefunden habe, noch auch nur dies, daß jenes Verhalten geeignet sei die Schifffahrt zu gefährden, erforderlich. Eben darum wird ebensowenig das Bewußtsein des Thäters gefordert, daß er eine Gefährdung oder auch nur eine mögliche Gefahr herbeiführe, so gewiß es ihm an diesem Bewußtsein wohl nicht fehlen wird.

Der andere Fall ist der, daß der Thäter vorsätzlich ein falsches Zeichen, insbesondere etwa durch nächtliches Anzünden eines Feuers auf der Strandhöhe, giebt. Hier handelt es sich nicht um eine rechtswidrige Einwirkung auf vorhandene Schifffahrtszeichen, überhaupt nicht um eine an sich rechtswidrige Thätigkeit, sondern um eine solche, welche nur unter der Voraussetzung strafbar ist, daß durch sie etwas hergestellt wurde, das geeignet ist, als Schifffahrtszeichen angesehen zu werden und damit die Schifffahrt in Gefahr zu bringen. Daraus folgt in Betreff des Dolus, daß hier, wie keine an sich rechtswidrige Thätigkeit, so auch nicht das Bewußtsein ihrer Rechtswidrigkeit, wohl aber, abweichend von dem ersten

---

1) Ueber casuistische, die Beschaffenheit der Handlung betreffende, Fragen Meves in Strfrsztg. XIII S. 380 f. Olshausen § 322 Nr. 1. 2.

2) Ohne Zweifel wird es sich regelmäßig um Schifffahrtszeichen handeln die von der öffentlichen Autorität angeordnet sind, aber das Gesetz kennt eine derartige beschränkende Bestimmung nicht und andere Zeichen mit Meves a. a. O. S. 383 und Olshausen § 322 Nr. 1 bei der Strafbestimmung des § 322 als ausgeschlossen zu betrachten, liegt kein Grund vor. Vgl. Schwarze § 322 Nr. 3.

Falle, die Feststellung gefordert wird, daß der Thäter mit dem Bewußtsein handelte etwas herzustellen, was an sich geeignet ist als Schifffahrtszeichen angesehen zu werden und darum auch geeignet die Schifffahrt in Gefahr zu bringen. Das Gesetz begnügt sich also hier nicht nur in dem ersten Falle, in welchem ebenso wie bei der Brandstiftung von einer Gefahr überhaupt nicht die Rede ist, sondern auch in dem zweiten Falle, in welchem es nur darauf ankommt, daß die Handlung an sich geeignet ist eine Gefahr herbeizuführen, mit der abstracten Gefahr und fordert nicht, daß im concreten Falle eine Gefährdung stattgefunden habe[1]).

Die Strafe ist Zuchthaus bis zu zehn Jahren, und wenn durch die Handlung die Strandung eines Schiffes verursacht worden ist, Zuchthaus nicht unter fünf Jahren, wenn der Tod eines Menschen verursacht wurde, Zuchthaus nicht unter zehn Jahren oder lebenslängliches. Daneben kann auf Zulässigkeit von Polizei-Aufsicht erkannt werden.

§ 191. Wer vorsätzlich die Strandung oder das Sinken eines Schiffes bewirkt und dadurch Gefahr für das Leben eines Andern herbeiführt, wird mit Zuchthaus nicht unter fünf Jahren und, wenn durch die Handlung der Tod eines Menschen verursacht worden ist, mit Zuchthaus nicht unter zehn Jahren oder mit lebenslänglichem Zuchthause bestraft[2]).

Des hiernach strafbaren vorsätzlichen Bewirkens des Strandens eines Schiffes wird sich nur derjenige schuldig machen können, der sich auf dem Schiffe selbst befindet, und ihm die zur Strandung führende Richtung giebt, denn wer etwa durch falsche vom Lande ausgegebene Zeichen die Strandung verursacht, würde nach § 322 zu strafen sein. Anders verhält es sich mit dem Bewirken des Sinkens das auch vom Lande oder von einem andern Schiffe aus stattfinden kann. Die Thätigkeit selbst muß eine vorsätzliche, in der Absicht das Stranden oder Sinken des Schiffes zu bewirken, verübte sein, dagegen nicht nothwendig eine rechtswidrige in dem Sinne,

---

1) Weil man sich die Verschiedenheit der angeführten Fälle nicht klar macht, sind die Erfordernisse des Dolus streitig. Man fordert das Bewußtsein der Rechtswidrigkeit, Meves a. a. O. S. 384. H. Meyer S. 600. Olshausen § 322 Nr. 3 in einem Sinne, in welchem es nur im ersten Falle erforderlich ist; man fordert Bewußtsein der Möglichkeit einer Gefährdung, Meves a. a. O. Schaper a. a. O. S. 908. Schwarze § 322 Nr. 2, das nur im zweiten Falle der Feststellung bedarf. Oppenhoff § 322 Nr. 1.

2) Strfgb. § 323.

daß fremdes Eigenthum beschädigt wird[1]). Strafbar nach § 323 ist aber diese Thätigkeit nur, wofern sie im concreten Falle Gefahr für das Leben eines Andern herbeiführte, und der Thäter sich dieser Gefahr bewußt war, damit also auch, wenn zwar nicht den Tod eines Andern, so doch gewiß die Gefahr wollte[2]). Die Gefahr kann eine gemeine sein, ist dies aber nicht nothwendig[3]), denn sie ist es nicht, wenn der auf dem Schiffe selbst sich befindende Thäter das Leben der bestimmten, mit ihm auf dem Schiffe befindlichen Personen in Gefahr bringt. Ohne Zweifel hat das Gesetz insbesondere die Gefahr für die auf dem strandenden oder sinkenden Schiffe befindlichen Personen im Auge gehabt, hat aber auf eine der in § 307 Nr. 1 enthaltenen, entsprechende Bestimmung verzichtet. Ob also ein auf dem Schiffe befindlicher oder ein anderer Mensch gefährdet war, beziehungsweise das Leben verlor, ist gleichgiltig[4]), wofern nur auch im letzteren Falle der Thäter die Gefährdung zu erkennen und sich zu vergegenwärtigen vermochte[5]), denn daß der Tod eines Menschen irgendwie im Causalzusammenhange mit dem Stranden oder Sinken des Schiffes stehe, genügt jedenfalls für sich allein nicht.

---

1) Oppenhoff § 323 Nr. 2. Schwarze § 323 Nr. 3. Dagegen Olshausen § 323 Nr. 4, der auch hier die Rechtswidrigkeit der Thätigkeit an sich nicht unterscheidet von der Rechtswidrigkeit der Gefährdung, die sich als Folge einer möglicherweise an sich durchaus berechtigten Thätigkeit ergiebt.

2) Auch hier wird regelmäßig das Bewußtsein der Gefährdung für genügend, der Vorsatz zu gefährden nicht für erforderlich erklärt. Oppenhoff § 323 Nr. 1. John in Holtzdf. Rlexikon Art. Strandung. Schaper a. a. O. S. 904. Meves a. a. O. S. 410. Dagegen Olshausen § 323 Nr. 4. v. Liszt S. 463.

3) Geyer a. a. O. S. 118. Rotering a. a. O. S. 277. Olshausen § 323 Nr. 3. Dagegen Siebenhaar a. a. O. S. 287. v. Liszt S. 463.

4) Schwarze § 323 Nr. 4. Olshausen § 323 Nr. 3. Dagegen Kirchmann § 323. Meves a. a. O. S. 411 f.

5) Die Frage ob „unmittelbarer" Causalzusammenhang erfordert werde, oder „mittelbarer" genüge, vgl. Meves und Olshausen a. a. O., ist bedeutungslos, denn wo das Gesetz nicht eine besondere Art der Verursachung fordert, kommt es nur auf den Causalzusammenhang an, gleichviel ob er durch viele oder wenige Zwischenglieder vermittelt wird, und eine feste Grenzlinie zwischen unmittelbarer und mittelbarer Verursachung zu ziehen ist unmöglich. Nicht auf nähere und entferntere Verbindung von Ursache und Wirkung kommt es an, sondern nur darauf, daß sie vorhanden und eine solche ist, welche der Thäter als möglich zu erkennen, vorherzusehen vermochte.

Die Strafbarkeit der vorsätzlich bewirkten, Menschen gefährdenden Strandung des Schiffes wird ausgeschlossen, wenn sie im Nothstande, um die größere Gefahr durch die herbeigeführte geringere abzuwenden, verübt wurde, wofern nur die nach § 54 erforderlichen weiteren Voraussetzungen des straflosen Handelns im Nothstande gegeben sind.

§ 192. Zu den Delicten wider die öffentliche Ordnung hat das Strafgesetzbuch in § 145 ein solches gestellt, das richtiger zu den gemeingefährlichen zu stellen ist, denn der Umstand, daß es sich um Uebertretung einer kaiserlichen Verordnung handelt reicht nicht hin, um es als ein gegen den Staat gerichtetes Delict zu betrachten. Nicht die Verletzung der kaiserlichen Autorität, sondern die aus der Uebertretung der Verordnungen für die Schifffahrt sich möglicherweise ergebenden Gefahren bilden das für die Bedeutung des Delicts entscheidende Moment.

Es enthält § 145 eine Straffatzung die nicht unmittelbar, sondern nur unter der Voraussetzung anwendbar ist, daß vom Kaiser Verordnungen erlassen wurden, welche sich auf die in § 145 bezeichneten Materien beziehen, und daß die in diesen Verordnungen enthaltenen Bestimmungen durch Handlungen oder Unterlassungen übertreten wurden.

Die vom Gesetz bezeichneten Verordnungen sind

1) die zur Verhütung des Zusammenstoßes der Schiffe auf See erlassenen. Als solche kommen jetzt in Betracht die vom 7. Januar 1880, durch welche die frühere vom 23. Dezember 1871 aufgehoben wurde, und die Verordnung vom 16. Februar 1881.

2) Verordnungen über das Verhalten der Schiffer nach einem Zusammenstoße von Schiffen auf See. Eine solche ist ergangen am 15. August 1876.

3) Verordnungen in Betreff der Noth- und Lootsensignale für Schiffe auf See und auf den Küstengewässern, wie eine derartige am 14. August 1876 erlassen wurde.

Ob die Uebertretung eine vorsätzliche oder fahrlässige ist, kommt nicht für den Thatbestand sondern nur für die Strafzumessung in Betracht. Die Strafe ist Geldstrafe bis zu eintausend fünfhundert Mark.

6. Gefährdungen der Gesundheit.

§ 193. Auf die Gefährdung der Gesundheit von Menschen beziehen sich die Strafbestimmungen der §§ 324 und 327.

Die erstere Strafbestimmung hat den Zweck die Gesundheit von Menschen gegen die Beschädigung durch Gift zu schützen, indem in erster Linie die Vergiftung von Gegenständen verboten wird, bei denen die Gefahr obwaltet, daß mittelst derselben das Gift in den menschlichen Organismus gelange. Als solche Gegenstände bezeichnet das Gesetz Brunnen- und Wasserbehälter welche zum Gebrauche Anderer dienen, sowie Gegenstände die zum öffentlichen Verkaufe oder Verbrauche bestimmt sind. Die Handlung besteht in dem Vergiften dieser Gegenstände und der Umstand, daß eine Begriffsbestimmung des Giftes unmöglich ist, machte es auch hier wie in § 229 erforderlich dem Gifte andere Stoffe, welche die menschliche Gesundheit zu zerstören geeignet sind, gleichzustellen[1]).

Der beigemischte Stoff muß ein solcher sein, welcher gleich den herkömmlich als Gift bezeichneten Stoffen geeignet ist, die menschliche Gesundheit zu zerstören, also nicht nur zu beschädigen. Eine feste Grenzlinie zwischen die Gesundheit zerstörenden und beschädigenden Stoffen läßt sich freilich nicht ziehen, denn es handelt sich dabei nur um das größere oder geringere Maß der Beschädigung, das als die regelmäßige Wirkung des betreffenden Stoffes zu betrachten ist.

Das Gesetz verbietet ein solches Vergiften als gemeingefährlich, läßt es aber seiner Fassung nach zweifelhaft, ob zum Thatbestande des Delictes die abstracte Gemeingefahr genügt oder die concrete erfordert wird. Indem das Gesetz die Strafbarkeit der Handlung nur davon abhängig macht, daß einem der betreffenden Gegenstände Gift oder andere gefährliche Stoffe beigemischt wurden, ohne irgend welche weitere Erfordernisse aufzustellen, scheint es sich allerdings mit der abstracten Gefahr zu begnügen. Andrerseits wird man aber nicht sagen können, daß es sich bei der Vergiftung eines Brunnens, der zum Gebrauche Anderer dient, um eine abstracte Gefahr handelt, denn hier wird durch die Handlung ein Zustand geschaffen der im concreten Falle die Wahrscheinlichkeit einer Verletzung von irgend Jemandem oder unbestimmt vielen Menschen besorgen läßt. Hätte sich das Gesetz mit der abstracten Gefahr begnügen wollen, dann hätte es die Vergiftung eines Brunnens schlechthin für strafbar erklären müssen, also auch desjenigen der nicht zum Gebrauche Anderer dient, oder den der Thäter gegen jeden Gebrauch abgeschlossen hat. Indem es aber die Feststellung

---

1) Vgl. oben S. 103.

fordert, daß der vergiftete Brunnen ein solcher sei, der zum Gebrauche Anderer dient, fordert es die Feststellung der im concreten Falle obwaltenden Gefahr. Obwohl das Gesetz in Betreff anderer vergifteter Gegenstände die Voraussetzung einer concreten Gefahr nicht gleich unzweideutig ausgesprochen hat, wird man doch folgern müssen, daß auch bei ihnen eine concrete Gefahr vorausgesetzt wird, und dies umsomehr, als im andern Falle sich widersinnige Consequenzen ergeben würden. Soll der Apotheker der nach ärztlicher Vorschrift eine gifthaltige Arznei anfertigt und verkauft, soll der Fabrikant von phosphorhaltigen Zündhölzern nach § 324 gestraft werden, obwohl nur bei ordnungswidrigem Gebrauch dieser Gegenstände sich eine Gefahr für Gesundheit und Leben von Menschen ergeben kann? Ganz gewiß hat die Strafbarkeit wegen Beimischung von Gift oder anderen gefährlichen Stoffen wie bei dem Brunnenwasser, so auch bei anderen zum Verkaufe oder Verbrauche bestimmten Gegenständen eine Fälschung in dem Sinne zur Voraussetzung, daß der auf ihre Unschädlichkeit Vertrauende getäuscht und bei dem ordnungs- und bestimmungsmäßigen Gebrauche oder Verbrauche des Gegenstandes einer Gefahr für seine Gesundheit ausgesetzt ist[1]).

Strafbar ist ferner aber auch derjenige, welcher solche vergiftete oder mit gefährlichen Stoffen vermischte Sachen irgendwie in den Verkehr bringt, insbesondere verkauft oder feilhält. Da es sich um ein gemeingefährliches Delict handelt, so wird vorausgesetzt, daß die betreffende Sache in einer Weise in Verkehr gebracht sei, bei der es unbestimmt blieb, welche und wie viele Personen durch den Gebrauch oder Verbrauch der Sache der Gefahr einer Gesundheitsbeschädigung ausgesetzt wurden. Nicht jedes Ueberlassen der vergifteten Sache an einen Andern kann als ein „in Verkehr bringen" betrachtet werden, denn wenn es in einer Weise geschah, daß Gesundheit und Leben nur einer bestimmten Person gefährdet wurde, handelt es sich um ein nach § 229 zu strafendes vollendetes oder

---

1) Schaper a. a. O. S. 906. Siebenhaar a. a. O. S. 280. Olshausen § 324 Nr. 4 gehen davon aus, daß es sich bei § 324 nur um die abstracte Gefahr handle. Dagegen Oppenhoff § 324 Nr. 6. Schwarze § 324 Nr. 4. Puchelt § 324 Nr. 5. Berner S. 589, welche fordern, daß die Gefahr schon mit dem ordnungsmäßigen Gebrauche verbunden sei. Vgl. Zimmerle § 324 Nr 3. Das deutsche Strfgb. ist dem preußischen gefolgt, das sehr mit Unrecht die in den Entwürfen enthaltenen Worte: „ihrer Bestimmung gemäß" als überflüssig gestrichen hat. Goltd. Mat. II S. 660.

versuchtes Beibringen von Gift, eventuell um fahrlässige Körperverletzung[1]).

Wird das Delict vorsätzlich verübt, so erfordert der Dolus zunächst, daß das Vergiften oder Beimischen gefährlicher Stoffe vorsätzlich verübt sei, also mit Kenntniß der Stoffe als giftiger oder die menschliche Gesundheit gefährdender. Weiter wird aber erfordert, sofern es sich um Vergiftung von Brunnen oder Wasserbehältern handelt, daß der Thäter sie als solche kannte, welche zum Gebrauche Anderer dienen, sofern um die Vergiftung anderer Gegenstände, nicht nur die Kenntniß des Thäters, daß sie zum öffentlichen Verkaufe oder Verbrauche bestimmt sind, sondern weiter auch die Kenntniß, daß ihnen das Gift, die gefährlichen Stoffe in einer Weise beigemischt sind, vermöge deren sie auch bei ordnungsmäßigem Gebrauche die Gesundheit zu gefährden geeignet sind. Mit dieser zum Dolus erforderlichen Kenntniß ist unvermeidlich auch das Wissen und Wollen der Gefahr, nicht das Wollen der Beschädigung, verbunden.

Der Dolus desjenigen, welcher vergiftete oder mit gefährlichen Stoffen vermischte Sachen in Verkehr bringt, erfordert nicht nur das Wissen von dieser Beschaffenheit der Sachen, sondern weiter auch, daß sie mit Verschweigung ihrer Eigenschaft in Verkehr gebracht wurden, womit sich auch hier das Wissen und Wollen der Gefahr von selbst ergiebt[2]).

Die Strafe des vorsätzlichen Delictes ist Zuchthaus bis zu zehn Jahren und, wenn durch die Handlung der Tod eines Menschen verursacht worden ist, Zuchthaus nicht unter zehn Jahren oder lebenslängliches. Daneben kann auf Zulässigkeit von Polizeiaufsicht erkannt werden[3]).

Die fahrlässige Verübung des Delictes erfordert, soweit es sich um das Vergiften handelt, daß entweder das Beimischen des Giftes oder gefährlichen Stoffes fahrlässig erfolgte, oder zwar vorsätzlich, aber in schuldhafter Unkenntniß der Eigenschaften des

---

1) Vgl. das von Olshausen § 324 Nr. 5 citirte bayer. Urtheil. Dagegen Olshausen a. a. O., Bezug nehmend auf § 12 Nr. 1 des Gesetzes v. 14. Mai 1879 und Rsprch. II S. 633.

2) Vgl. Schaper a. a. O. S. 906. Oppenhoff Absch. 27 Nr. 2. Schwarze § 324 Nr. 10, welche das Bewußtsein der Gefahr, Siebenhaar a. a. O. S. 320 das der Gemeingefahr fordern, wogegen Olshausen § 324 Nr. 7 das Bewußtsein der Gefährdung für nicht erforderlich erklärt.

3) Strfgb. § 325.

Stoffes. Soweit es sich um das „in Verkehr bringen" vergifteter Sachen handelt, wird die fahrlässige Verübung entweder in der Weise stattfinden, daß der Thäter die ihm als vergiftet bekannten Sachen fahrlässig, etwa in Folge unvorsichtiger Verwechselung derselben mit anderen, in Verkehr bringt, oder in der, daß er die Sachen in schuldhafter Unkenntniß ihrer Eigenschaft in Verkehr bringt. Strafbar ist die fahrlässige Verübung nur, wenn durch die Handlung ein Schaden verursacht wurde. Die Strafe ist Gefängniß bis zu einem Jahre und wenn der Tod eines Menschen verursacht worden ist, Gefängniß von einem Monat bis zu drei Jahren[1]).

§ 194. Zu der Strafbestimmung des § 324 trat im Strafgesetzbuche die in § 367 Nr. 7 enthaltene ergänzend hinzu, nach welcher mit Geldstrafe bis zu einhundertfünfzig Mark oder mit Haft zu bestrafen ist, wer verfälschte oder verdorbene Getränke oder Eßwaren, insbesondere trichinenhaltiges Fleisch feilhält oder verkauft.

Es kommt diese Strafbestimmung mit der des § 324 darin überein, daß sie, wenn auch nicht ausschließlich, zum Schutze der menschlichen Gesundheit zu dienen bestimmt ist. Als eine Ergänzung des § 324 erscheint sie zunächst insofern, als hier zum Thatbestande eine jede Verfälschung, also nicht eine solche gefordert wird, die in der Beimischung von Gift oder anderen die Gesundheit zerstörenden Stoffen besteht. Insoweit diese Fälschung überhaupt eine solche ist, welche das gefälschte Genußmittel als gesundheitsschädlich erscheinen läßt, genügt hier also auch ein geringeres Maß der Schädlichkeit als das von § 324 geforderte. Beschränkt ist aber hier die Verfälschung auf Getränke und Eßwaaren, mit Ausschluß anderer zum Verkaufe oder Verbrauche bestimmter Gegenstände. Eine fernere wichtige Ergänzung liegt aber darin, daß hier das Feilhalten und Verkaufen nicht nur verfälschter, sondern auch verdorbener Getränke und Eßwaren für strafbar erklärt ist. Gegen Gesundheitsbeschädigung gewährt § 367 endlich einen weiter reichenden Schutz auch dadurch, daß, um jeden Genuß verfälschter oder verdorbener Getränke oder Eßwaren möglichst zu verhüten, das Feilhalten und Verkaufen, abweichend von § 324, ohne Rücksicht auf die Absicht zu täuschen, für strafbar erklärt wird, wonach also die Strafbarkeit dadurch nicht ausgeschlossen wird, daß der Käufer die Verfälschung oder den verdorbenen Zustand der Ware kannte.

---

1) Strfgb. § 326.

Die auf die Warenfälschung sich beziehende Strafbestimmung des § 367 hat aber freilich nicht lediglich den Zweck dem Schutze der menschlichen Gesundheit zu dienen, sondern bildet auch eine Ergänzung zu den Strafbestimmungen wider den Betrug, denn die Strafbarkeit ist nicht davon abhängig, daß die gefälschten Nahrungsmittel irgend geeignet seien einen nachtheiligen Einfluß auf die Gesundheit auszuüben. Wird die Warenfälschung gewiß am häufigsten in der Absicht verübt das Vermögen eines Andern mittelst Täuschung zu beschädigen, um sich einen Vermögensvortheil zu verschaffen, so erfordert doch der Thatbestand der nach § 367 strafbaren Uebertretung, da schon das Feilhalten der gefälschten Nahrungsmittel genügt, weder vollendeten noch versuchten Betrug, und selbst dann, wenn ein Verkauf stattgefunden hat, ist die Strafbarkeit ebensowenig durch die Feststellung einer Täuschung wie einer Vermögensbeschädigung bedingt. Gegenwärtig ist aber die Anwendbarkeit dieser Strafbestimmung, vermöge des Gesetzes betreffend den Verkehr mit Nahrungsmitteln, Genußmitteln und Gebrauchsgegenständen vom 14. Mai 1879 eine höchst beschränkte.

Hat es auch in früheren Jahrhunderten an Warenfälschungen aller Art nicht gemangelt und bieten darum die Quellen des ältern gemeinen wie Particularrechtes eine Fülle gegen die Warenfälschung gerichteter Strafbestimmungen[1]), so werden derartige Fälschungen doch kaum je in solchem Maße und Umfange wie in der Gegenwart vorgekommen sein. Die vielfachen dadurch hervorgerufenen Klagen[2]) über die Unzulänglichkeit der Gesetzgebung, die bald auch im Reichstage ihren Widerhall fanden, veranlaßten es, daß diesem im März 1878 der Entwurf eines Gesetzes über den Verkehr mit Nahrungs- und Genußmitteln und Gebrauchsgegen-

---

1) Vgl. Hälschner Syst. d. preuß. Strafr. II S. 539 f. Elben Zur Lehre von der Warenfälschung in geschichtlicher Hinsicht. 1881.

2) Vgl. Friedlieb Die Verfälschung der Lebensmittel. 1877.

Bresgen Der Handel mit verfälschten und verdorbenen Getränken, Eßwaren und Medicamenten. 1876.

Derselbe Das Fälschungswesen vor dem Forum des deutschen Gesetzgebers. 1877.

Derselbe Der Feldzug gegen die Lebensmittelfälscher ohne amtliche Controlstationen. 1878.

Löbner Maßregeln gegen die Verfälschung der Nahrungsmittel. 1877.

Derselbe Die Gesetzgebung des alten und neuen deutschen Reichs wider Verfälschung der Nahrungsmittel. 1878.

ständen zur Beschlußfassung vorgelegt wurde, und, da der Entwurf im Plenum nicht zur Berathung gelangte, wiederholt und in veränderter Fassung im Februar 1879. Nachdem der Entwurf, mit Abänderungen von untergeordneter Bedeutung, die Zustimmung des Reichstages erlangt hatte, und der Bundesrath dessen Beschlüssen beigetreten war, wurde das gedachte Gesetz am 22. Mai 1879 publizirt[1]).

Wenn das Gesetz allerdings nicht ausschließlich dem Schutze der menschlichen Gesundheit gegen gemeingefährliche Fälschungen zu dienen bestimmt ist, so erscheint dieser Schutz doch so sehr als der vorwiegende und wichtigste Zweck desselben, daß es gerechtfertigt erscheint seine Strafbestimmungen in Verbindung mit den gemeingefährlichen Delicten zu betrachten.

Ein erster wesentlicher Zweck des Gesetzes ist der präventive Schutz gegen Fälschung der Nahrungs- und Genußmittel so wie der Gebrauchsgegenstände[2]). Zu dem Zwecke wird der Verkehr mit Nahrungs- und Genußmitteln, sowie mit Spielwaren, Tapeten, Farben, Eß-, Trink- und Kochgeschirr und mit Petroleum der staatlichen Beaufsichtigung nach Maßgabe der näheren Bestimmungen des Gesetzes unterstellt und die Weigerung sich diesen Beaufsichtigungsmaßregeln zu fügen mit Geldstrafe von fünfzig bis einhundertfünfzig Mark oder Haft bedroht. Um in denjenigen Fällen, in denen die weitere Erfahrung hierzu Anlaß bietet gesundheitsschädlichen Fälschungen sofort durch Verbote begegnen zu können, wird dem Kaiser ein mit Zustimmung des Bundesrathes zu übendes und unter die Controle des Reichstages gestelltes Verordnungsrecht beigelegt, vermöge dessen er zum Schutze der Gesundheit Verbote mit der im Gesetze näher bezeichneten Zweckbestimmung erlassen kann. Das Zuwiderhandeln gegen diese Verbote wird mit Geldstrafe bis zu einhundertfünfzig Mark oder mit Haft bedroht.

---

1) Vgl. die Materialien zu dem Gesetze in Goltd. Arch. XXVII S. 316. 420. 481. Schwarze Die strafrechtlichen Bestimmungen in dem Reichsgesetze v. 14. Mai 1879 im G. Saal 1879 S. 81 f.

Das Reichsgesetz betreffend den Verkehr mit Nahrungsmitteln u. s. w. erläutert von K. E. Baer, in Bezold Die Gesetzgebung des deutschen Reichs mit Erläuterungen III Bd. 4 S. 69 f.

Das Gesetz betreffend den Verkehr mit Nahrungsmitteln u. s. w. Mit Erläuterungen von Meyer und Finkelnburg.

2) Vgl. § 1 bis 9.

Von dem Motive der Gesundheit Schutz zu gewähren gehen zwar auch die Strafbestimmungen der §§ 10 und 11 aus, aber der Thatbestand des Delictes erfordert nicht, daß die Handlung eine die Gesundheit beschädigende oder gefährdende sei, weil die Strafbestimmung zugleich den ferneren Zweck hat, dem Vermögen einen weiterreichenden Schutz als denjenigen zu gewähren, den die Strafbestimmungen wider den Betrug darbieten.

Für strafbar wird erklärt 1) wer zum Zwecke der Täuschung im Handel und Verkehre Nahrungs- oder Genußmittel nachmacht oder verfälscht, und 2) wer wissentlich Nahrungs- oder Genußmittel, welche verdorben oder nachgemacht oder verfälscht sind, unter Verschweigung dieses Umstandes verkauft oder unter einer zur Täuschung geeigneten Bezeichnung feil hält.

Als Handlung erfordert der Thatbestand des ersteren Vergehens das Nachmachen oder Verfälschen des Nahrungs- oder Genußmittels. Wie bei der Münz- und Urkundenfälschung unterscheidet das Gesetz auch hier zwei Arten des Fälschens, das Nachmachen und das Verfälschen, obwohl es sich hier nicht um eine Fälschung in dem besondern Sinne jener Delicte, sondern um eine Fälschung im Sinne des gewöhnlichen Sprachgebrauches handelt, der als Fälschung eine jede an einem körperlichen Gegenstande verübte Wahrheitsentstellung, durch welche ihm ein ihm nicht zukommender Schein beigelegt wird, bezeichnet, wie auch die älteren Rechtsquellen und so auch die **Carolina** das Wort „Falsch" und „Fälschung" gebrauchen, darum Münz- und Urkundenfälschung mit der Warenfälschung zusammenfassen.

Das Nachmachen erfordert die Anfertigung einer den Schein eines andern Gegenstandes an sich tragenden Sache, und deshalb kann von einem Nachmachen nicht die Rede sein, sofern der falsche Schein nicht durch Herstellung der Ware, sondern nur durch eine ihr nicht zukommende Bezeichnung, Etikette, hervorgerufen wird. Bei einem in solcher Weise hervorgerufenen Irrthume könnte es sich nur fragen, ob die weiteren Thatbestandsmomente des Betruges oder Betrugsversuches vorliegen. Das Verfälschen erfordert eine Veränderung der Ware durch die ihr ein ihrem Wesen nicht entsprechender Schein beigelegt wird, sei es, daß der Schein einer besseren Qualität derselben hervorgerufen oder eine, insbesondere auch durch Verderben, eingetretene Verschlechterung derselben verdeckt werden soll. Somit ist auch hier eine die Qualität der Ware nicht alterirende, auf Hervorbringung eines falschen Scheines gerichtete Handlung, wie dies etwa durch die Art der Verpackung, Bezeichnung, Etikettirung geschieht, ausgeschlossen[1]). Eine feste Grenze zwischen dem Nachmachen und dem Verfälschen zu ziehen wird kaum möglich, aber auch kein Bedürfniß sein. Gewiß wird ein Nachmachen nicht nur in dem Falle anzunehmen sein, daß die angefertigte Ware von alledem was der nachgeahmten wesentlich ist gar nichts enthält, sondern wohl auch schon dann, wenn dies nur in sehr geringfügigem Maße der Fall ist.

Aber nicht das Nachmachen und Verfälschen an sich ist strafbar, vielmehr wird es erst strafbar, sofern es zum Zwecke der Täuschung im Handel und Verkehr verübt wurde. Der Thatbestand des Vergehens erfordert also, daß das Nachmachen oder Verfälschen in der Absicht, die Abnehmer und Käufer der Ware über deren Natur und Beschaffenheit zu täuschen stattfand. In Ermangelung dieser Absicht ist das Nachmachen und Verfälschen selbst dann nicht strafbar, wenn es zum Zwecke des Verkaufens des Fabrikates geschah[2]), jedoch würde der Thäter, wenn er dem von der Beschaffenheit der Ware in Kenntniß gesetzten Käufer, sie mit dem Bewußtsein liefert, daß sie von diesem gekauft wird, um sie unter Verschweigung ihrer wahren Beschaffenheit feil zu halten und zu verkaufen, wegen Beihilfe zum Vergehen des letztern zu strafen sein.

Die Strafbestimmung in Nr. 2 des § 10 und in § 11 bezieht sich auf das Verkaufen und Feilhalten nicht nur nachgemachter oder verfälschter, sondern auch verdorbener Nahrungs- oder Genußmittel, und als verdorben wird auch das in § 367 Nr. 7 des Strafgesetzbuches erwähnte trichinenhaltige Fleisch zu betrachten sein. Gleichwohl ist damit die Anwendbarkeit der letztern Straf-

---

1) Die Feststellung, daß die verfälschte Ware gesundheitsschädlich sei, ist eben so wenig erforderlich wie die, daß sie geringern Werth als den angeblichen habe. Schwarze a. a. O. S. 85. Gleichwohl wird die Verfälschung der Nahrungs- und Genußmittel doch sicher immer in der Weise erfolgen, daß sie mittelst Entnehmens oder Zusetzens von Stoffen verschlechtert, oder daß ihr der Schein einer bessern Beschaffenheit beigelegt wird. Eine derartige im Entwurfe von 1879 enthaltene Definition des Verfälschens wurde beseitigt, namentlich in Rücksicht auf die Gefahr, daß dann auch eine jede Manipulation, durch welche die Qualität der Ware in keiner Weise alterirt, sondern dieser nur etwa ein schöneres Aussehen verschafft oder unrichtige Bezeichnung beigelegt wird, als Verfälschung betrachtet werden möchte. Vgl. Baer a. a. O. S. 162 f. Rsprch. IV S. 174. 484. 876. VI S. 170. 249.

2) Rsprch. V. S. 315. Schwarze a. a. O. S. 93.

bestimmung nicht völlig ausgeschlossen, weil nach derselben jedenfalls das Verkaufen und Feilhalten verdorbener Nahrungsmittel auch dann strafbar ist, wenn eine Täuschung nicht stattgefunden hat und nicht beabsichtigt war[1]). Ob der Thäter die Ware selbst nachgemacht oder verfälscht habe, kommt ebensowenig in Betracht, wie die Frage ob das Nachmachen oder Verfälschen an sich strafbar war. Als Feilhalten wird nicht jedes Anbieten zum Kaufe, sondern nur dasjenige zu verstehen sein, bei welchem der Kauf Jedermann offen steht.

In Betreff der Strafbarkeit unterscheidet das Gesetz das wissentliche und das fahrlässige Verkaufen oder Feilhalten der gedachten Waren. Wird das Vergehen wissentlich verübt, so wird nicht nur die Kenntniß des Thäters von der Beschaffenheit der Ware, sondern weiter auch dies erfordert, daß er im Falle des Verkaufes die wahre Beschaffenheit der Ware verschwiegen, im Falle des Feilhaltens sie unter einer zur Täuschung geeigneten Bezeichnung zum Kaufe angeboten habe. Die Absicht des Thäters muß also auf Täuschung des Käufers gerichtet sein, und wenn damit gewiß in der Regel auch die Absicht sich einen Vermögensvortheil zu verschaffen verbunden sein wird, so erfordert doch der Thatbestand ebensowenig eine solche Absicht, wie eine gesundheitsschädliche Beschaffenheit der Ware. Die fahrlässige Verübung setzt voraus, daß der Thäter in schuldhafter Unkenntniß dieser ihrer Beschaffenheit nachgemachte, verfälschte, verdorbene Nahrungs- oder Genußmittel verkauft oder feilgehalten habe. Das Gesetz geht also davon aus, daß, wer Lebensmittel feilhält oder verkauft, verpflichtet sei sich von ihrer Beschaffenheit zu unterrichten, und will, um „mit den allgemeinen Grundsätzen des Strafrechts nicht in Widerspruch zu treten", das Feilhalten und Verkaufen der gedachten Nahrungs- und Genußmittel nicht, wie es anderwärts geschehen ist, ohne Rücksicht auf irgend welche Verschuldung für strafbar erklären[2]).

Die Strafe der beiden in § 10 bezeichneten Vergehen ist Gefängniß bis zu sechs Monaten und Geldstrafe bis zu eintausendfünfhundert Mark oder auch eine dieser Strafen, wogegen das fahrlässige Verkaufen oder Feilhalten verdorbener, nachgemachter

---

1) Dagegen Schwarze a. a. O. S. 112, der § 367 Nr. 7 als beseitigt ansicht. Ebenso Baer a. a. O. S. 169.

2) Motive a. a. O.

oder verfälschter Nahrungs- oder Genußmittel als Uebertretung mit Geldstrafe bis zu einhundertfünfzig Mark oder Haft zu strafen ist. Neben der Strafe kann nach § 15 des Gesetzes auf Einziehung der betreffenden Nahrungs- oder Genußmittel, ohne Unterschied ob sie dem Verurtheilten gehören oder nicht, erkannt werden.

Beide nach § 10 strafbare Vergehen kommen mit dem Betruge darin überein, daß die Absicht des Thäters auf Täuschung Anderer gerichtet ist, und es werden darum nicht selten Fälle eintreten, in denen sie in Concurrenz mit dem Vergehen des Betruges verübt werden. Die Voraussetzung ist dann die, daß der Thäter nicht nur in der Absicht zu täuschen, sondern auch in der sich oder einem Dritten einen rechtswidrigen Vermögensvortheil zu verschaffen handelte und das Vermögen eines Andern beschädigte. Aber auch dann, wenn zum Thatbestande der in § 10 bezeichneten Vergehen die gewinnsüchtige Absicht und die Vermögensbeschädigung hinzutritt, wird nicht in allen Fällen sich der Thatbestand des Betruges ergeben. Der Thatbestand des Betruges erfordert, daß der Irrthum des Andern mit dem wahrheitswidrigen Benehmen des Betrügers im Causalzusammenhange stehe, der Irrthum vom Betrüger erregt oder unterhalten wurde, wogegen ein bloßes Geltenlassen der irrigen Annahme des Andern nicht genügt[1]). Jede Schwierigkeit in Beantwortung der Frage, ob im gegebenen Falle ein Unterdrücken der Wahrheit oder lediglich ein Geltenlassen des Irrthums anzunehmen sei, ist durch § 10 dadurch ausgeschlossen, daß dem welcher verdorbene, nachgemachte oder verfälschte Nahrungsmittel verkauft die Pflicht auferlegt ist, diese Beschaffenheit der Ware dem Käufer mitzutheilen, und daß darum, abweichend vom Thatbestande des Betruges, hier das bloße Verschweigen der Wahrheit zur Begründung der Strafbarkeit ausreicht.

Die wichtigeren in den §§ 12 bis 16 enthaltenen Strafbestimmungen des Gesetzes, welche dessen Behandlung in Verbindung mit den gemeingefährlichen Delicten rechtfertigen, schließen sich dem § 324 des Strafgesetzbuches, ihn in sehr wesentlichen Beziehungen ergänzend, an und haben also den Zweck dem Leben und der Gesundheit der Menschen einen ausreichenderen Schutz gegen die Gefahren zu gewähren, die ihnen aus der Verwendung von Nahrungs- und Genußmitteln sowie Gebrauchsgegenständen erwachsen können. Während in § 324 nur Stoffe berücksichtigt werden,

---

1) Vgl. oben S. 267.

welche die Gesundheit zu zerstören geeignet sind, kommen in § 12 auch solche in Betracht, welche die Gesundheit nur zu beschädigen geeignet sind. Fordert § 324 ein Beimischen gefährlicher Stoffe, so umfaßt § 12 zugleich auch den Fall, daß erst das aus verschiedenen Bestandtheilen hergestellte Ganze als gesundheitsgefährlich erscheint. Die Beschränkung der Strafbestimmung des § 324 auf Waren die zum öffentlichen Verbrauche oder Verkaufe bestimmt sind, ist in § 12 aufgegeben, und endlich auch die Beschränkung, daß nur derjenige strafbar ist, welcher die betreffenden Gegenstände mit Verschweigung ihrer Beschaffenheit verkauft, feil hält oder in Verkehr bringt.

Es sind vier verschiedene Delicte, welche § 12 mit der gleichen Strafe, nämlich mit Gefängniß, neben welchem auf Verlust der bürgerlichen Ehrenrechte erkannt werden kann, bedroht hat, und zwar

1) das Delict desjenigen der vorsätzlich Gegenstände, welche bestimmt sind Anderen als Nahrungs- oder Genußmittel zu dienen, derart herstellt, daß der Genuß derselben die menschliche Gesundheit zu beschädigen geeignet ist. Der Thatbestand des Vergehens erfordert also die Herstellung eines Gegenstandes, der bestimmt ist als Nahrungs- oder Genußmittel zu dienen, und der, vermöge der durch die Herstellung ihm gegebenen Beschaffenheit, geeignet ist die Gesundheit des Genießenden zu beschädigen. Wird hier nicht wie in § 10 ein Nachmachen oder Verfälschen, sondern nur ein Herstellen gefordert, so umfaßt doch selbstverständlich dieses auch jenes. In allen Fällen aber muß der Gegenstand mit der Bestimmung für Menschen als Nahrungs- oder Genußmittel zu dienen, hergestellt sein, wonach also Gegenstände, die zwar an sich ihrer äußern Erscheinung nach sich als Nahrungsmittel darstellen, aber zu anderer Zweckbestimmung hergestellt sind, nicht in Betracht kommen. Der Gegenstand muß ferner, wenn von Anderen als Nahrungs- oder Genußmittel verwandt, geeignet sein deren Gesundheit zu beschädigen. Hierbei wird vorausgesetzt, daß die Schädlichkeit schon bei ordnungsmäßiger Verwendung sich ergiebt, und die Schädlichkeit die nur in Folge eines ordnungswidrigen Verhaltens, eines schuldhaften Gebrauches Seitens des Genießenden eintreten könnte, kommt nicht in Betracht.

In subjectiver Beziehung wird vorsätzliches Handeln erfordert, also ein vorsätzliches Herstellen des Gegenstandes mit dem Bewußtsein seiner Bestimmung als Nahrungs- oder Genußmittel für Andere zu dienen, so wie mit dem Bewußtsein, daß er geeignet ist die Gesundheit zu beschädigen. Die bestimmte Absicht eine Gesundheitsbeschädigung zu verursachen wird nicht erfordert, und es werden derartige Handlungen wohl nicht selten in der leichtsinnigen Voraussetzung verübt werden, daß ein nachtheiliger Erfolg nicht eintreten werde. Jedenfalls ist von der Bestrafung nach § 12 der Fall ausgeschlossen, in welchem die Absicht auf die Beschädigung der Gesundheit einer bestimmten Person gerichtet war, denn es handelt sich hier um ein gemeingefährliches Delict, durch das die Gesundheit eines Jeden der etwa den Gegenstand genießen wird in Gefahr kommt.

Strafbar nach § 12 ist 2) derjenige, der wissentlich Gegenstände, deren Genuß die menschliche Gesundheit zu beschädigen geeignet ist, als Nahrungs- oder Genußmittel verkauft, feil hält oder sonst in Verkehr bringt.

In Betreff des Gegenstandes kommt hier nur seine der Gesundheit des Genießenden schädliche Beschaffenheit in Betracht, gleichviel ob sie ihren Grund in einem Nachmachen, Verfälschen, Verderben, Herstellen oder etwa in der Natur des Gegenstandes selbst hat, wie z. B. wenn giftige Pilze oder Beeren als eßbare verkauft werden. In subjectiver Beziehung wird erfordert, daß der Thäter derartige Gegenstände wissentlich, also mit Kenntniß ihrer gesundheitsschädlichen Beschaffenheit verkauft, feilgehalten oder in Verkehr gebracht habe. Wenn das Gesetz hierbei weder fordert, daß der Thäter einen Irrthum erregt oder unterhalten, noch auch nur dies, daß er die Eigenschaft des Gegenstandes verschwiegen habe, so folgt daraus, daß die Strafbarkeit nicht schon deshalb als unbedingt ausgeschlossen zu betrachten ist, weil der Thäter dem Erwerbenden Kenntniß von der Beschaffenheit des Gegenstandes gab, denn es ist auch in solchem Falle nicht unbedingt ausgeschlossen, daß er den Gegenstand, wie der Thatbestand es erfordert, als Nahrungs- oder Genußmittel verkaufte oder in Verkehr brachte, daß er es that mit dem Bewußtsein der Erwerbende wolle die Ware selbst als Nahrungsmittel verwenden oder sie an Andere als solches veräußern. Der Thatbestand erfordert also nicht nothwendig ein täuschendes Benehmen durch Erregen oder Unterhalten eines Irrthums oder durch Verschweigen der Beschaffenheit der Ware, sondern nur dies, daß sie als Nahrungs-[1]) oder Genußmittel in Verkehr gebracht wurde.

---

1) Rsprch. III S. 134. 373. IV S. 10. Dafür sprechen auch die

Es wird 3) für strafbar erklärt, wer vorsätzlich Bekleidungsgegenstände, Spielwaaren, Tapeten, Eß-, Trink- oder Kochgeschirre oder Petroleum derart herstellt, daß der bestimmungsgemäße oder vorauszusehende Gebrauch dieser Gegenstände die menschliche Gesundheit zu beschädigen geeignet ist. Es müssen hiernach die gedachten Gegenstände nicht nur vorsätzlich in der Weise hergestellt sein, daß sie an sich geeignet sind die Gesundheit zu beschädigen, sondern auch mit der Kenntniß des Thäters von dieser ihrer Eigenschaft. Abweichend von § 12 Nr. 1 kommt hierbei aber nicht nur die Schädlichkeit in Betracht, welche diese Gegenstände bei ihrem bestimmungsgemäßen, sondern auch die, welche sie bei ihrem vorauszusehenden Gebrauche auszuüben geeignet sind, eine Bestimmung die, wenn auch nicht hierauf beschränkt, insbesondere in Rücksicht auf Spielwaren, welche Kinder mit dem Munde zu berühren pflegen, aufgenommen worden ist. Soweit der bestimmungswidrige Gebrauch als ein vom Gebrauchenden verschuldeter erscheint, wird er auch nicht als ein vorauszusehender zu betrachten sein[1]).

Es ist endlich 4) strafbar, wer wissentlich solche Gegenstände verkauft, feilhält oder sonst in Verkehr bringt. Es bezieht sich die Strafbestimmung also nur auf die genannten, in der angegebenen Weise hergestellten Gegenstände und der Thäter muß sie als solche kennen, welche bei ihrem bestimmungsgemäßen oder vorauszusehenden Gebrauche die Gesundheit zu gefährden geeignet sind. Nur auf diese Kenntniß wird das „wissentlich" zu beziehen sein, nicht aber, obwohl es nach der Fassung des Gesetzes zweifelhaft erscheinen könnte, auch auf die Kenntniß davon, daß ein Anderer die Gegenstände vorsätzlich in der gedachten Weise hergestellt habe. Es würde der ratio legis widersprechen, wenn die Strafbarkeit auch von dieser Kenntniß abhängig wäre, und es wird der Verkäufer, vorausgesetzt, daß er die Gesundheitsschädlichkeit des Gegen-

---

Motive, wenn sie ausführen, daß nach § 324 des Strfgb. nur der strafbar sei, welcher die gesundheitsschädliche Eigenschaft der Ware verschweigt, während der Fabrikant und Grossist, der dem Zwischenhändler Kenntniß von jener Eigenschaft giebt, straflos bleibe, und daß, um diese Anomalie zu beseitigen, der Gesetzentwurf von jener Bedingung der Strafbarkeit absehe. Dagegen Baer a. a. O. S. 178. Schwarze a. a. O. S. 122, welche davon ausgehen, daß die Mittheilung der Beschaffenheit der Ware die Strafbarkeit ausschließe, weil diese in solchem Falle nicht als Nahrungs- oder Genußmittel in Verkehr gebracht werde.

1) Vgl. Schwarze a. a. O. S. 127. Baer a. a. O. S. 180.

standes kennt, auch dann strafbar sein, wenn der Hersteller desselben, in Folge seiner Unkenntniß von dessen Gesundheitsschädlichkeit, straflos ist[1]).

Bei allen nach § 12 strafbaren Vergehen ist der Versuch strafbar[2]).

Ist durch eines der genannten Vergehen eine schwere Körperverletzung oder der Tod eines Menschen verursacht worden, so wird dasselbe mit Zuchthaus bis zu fünf Jahren bestraft. Handelt es sich hier um Bestrafung einer durch Fahrlässigkeit verursachten schweren Körperverletzung oder Tödtung, so bedarf es doch nur der Feststellung des ursächlichen Zusammenhanges der That und des gedachten Erfolges, nicht auch der besondern Feststellung der Fahrlässigkeit, weil das Gesetz davon ausgeht, daß unter Voraussetzung des zum Thatbestande des Vergehens erforderlichen Dolus die fahrlässige Verursachung des Erfolges sich von selbst ergiebt.

War bei einem der in § 12 genannten Vergehen der betreffende Gegenstand geeignet die Gesundheit nicht nur zu beschädigen, sondern zu zerstören, so tritt nach § 13, wenn diese Eigenschaft des Gegenstandes dem Thäter bekannt war, Zuchthaus bis zu zehn Jahren, und wenn durch die Handlung der Tod eines Menschen verursacht worden ist, Zuchthaus nicht unter zehn Jahren oder lebenslängliches ein. Neben der Strafe kann auf Zulässigkeit von Polizeiaufsicht erkannt werden.

Ist dagegen eine der in § 12 und 13 bezeichneten Handlungen aus Fahrlässigkeit begangen, so ist die Strafe Geldstrafe bis zu eintausend Mark oder Gefängniß bis zu sechs Monaten, eine Strafe die hier um der Gemeingefährlichkeit der Handlung willen[3]), abweichend von der Strafbestimmung in § 326 des Strafgesetzbuches, einen schädlichen Erfolg nicht voraussetzt. Ist aber ein Schaden an der Gesundheit eines Menschen verursacht worden, so ist Gefängniß bis zu einem Jahre, und wenn der Tod eines Menschen verursacht wurde, Gefängniß von einem Monat bis zu drei Jahren zu verhängen.

In allen nach § 12 bis 14 zu strafenden Fällen muß nach § 15 neben der Strafe auf Einziehung der betreffenden Gegenstände erkannt werden, gleichviel ob sie dem Verurtheilten gehören

---

1) Baer a. a. O. S. 181.

2) Vgl. Rsprch. III S. 671. VI S. 334.

3) Vgl. Motive a. a. O.

oder nicht. Ist die Verfolgung oder Verurtheilung einer bestimmten Person nicht ausführbar, so kann auf die Einziehung selbständig erkannt werden.

In allen nach dem Gesetze vom 14. Mai 1879 strafbaren Fällen kann in dem Urtheile oder Strafbefehle angeordnet werden, daß die Verurtheilung auf Kosten des Schuldigen öffentlich bekannt gemacht werde, und andererseits hat das Gericht auf Antrag des freigesprochenen Angeschuldigten die öffentliche Bekanntmachung der Freisprechung anzuordnen.

§ 195. Auf die gemeine Gefahr die sich aus der Verbreitung ansteckender Krankheiten und Seuchen ergiebt, beziehen sich die Strafbestimmungen der §§ 327 und 328. Hiernach ist strafbar, wer die Absperrungs- oder Aufsichts-Maßregeln oder Einfuhrverbote, welche von der zuständigen Behörde zur Verhütung des Einführens oder Verbreitens einer ansteckenden Krankheit angeordnet worden sind, wissentlich verletzt.

Die Anwendbarkeit des § 327 hat also zur Voraussetzung, daß derartige Maßregeln oder Verbote von der zuständigen Behörde angeordnet sind. Ob die Behörde zu der betreffenden Anordnung zuständig war, ist im gegebenen Falle nach der Landes- beziehungsweise Reichsgesetzgebung zu beurtheilen. Gleichgiltig ist die nähere Beschaffenheit dieser Anordnung, ob sie von nur vorübergehender oder bleibender Bedeutung, ob eine unbedingt oder nur unter bestimmten Voraussetzungen geltende ist, ob eine für Alle innerhalb eines bestimmten Bezirkes oder nur für bestimmte Personen verbindliche [1]). Dagegen ist erforderlich, daß sich die Anordnungen auf den Schutz gegen ansteckende Krankheiten der Menschen be-

1) Als Anordnungen einer zuständigen Behörde können jedenfalls hier wie in § 328 gesetzliche Bestimmungen nicht betrachtet werden, denn Gesetze werden nie von einer Behörde erlassen, also namentlich auch nicht ältere die Sanitätspolizei betreffende Landesgesetze, deren Strafbestimmungen darum durch die §§ 327 und 328 an sich nicht berührt werden. Nur sofern auf Grund solcher Gesetze durch die Behörde Anordnungen der in § 327 und 328 bezeichneten Art getroffen werden, würde deren wissentliche Verletzung nicht nach den Strafbestimmungen des Gesetzes oder der Verordnung selbst, sondern nur nach § 327 oder 328 zu strafen sein. Schaper a. a. O. S. 908. Oppenhoff § 327 Nr. 2—4. Rüdorff § 327 Nr. 2. Dagegen Fr. Meyer § 327 Nr. 2. Olshausen § 327 Nr. 5. Geyer a. a. O. S. 118. Daß die Anordnung eine mit Rücksicht auf eine bereits ausgebrochene oder drohende Krankheit getroffene sei, wie v. Liszt S. 464 annimmt, ist nicht erforderlich, vgl. Oppenhoff Nr. 4.

ziehen, wie sich dies zweifellos aus dem straferhöhenden Umstande des § 327 ergiebt [1]).

Zum Thatbestande des Delictes wird erfordert, daß eine derartige Anordnung wissentlich durch das Thun des Verbotenen oder Unterlassen des Gebotenen verletzt worden sei. Die wissentliche Verletzung setzt nicht nur voraus die Kenntniß des Thäters von der betreffenden Anordnung, die im gegebenen Falle festzustellen ist und nicht als mit der ordnungsmäßigen Bekanntmachung gegeben vorausgesetzt werden darf [2]), sondern weiter auch dies, daß der Thäter im Momente seines der Anordnung widersprechenden Verhaltens sich dieses Widerspruches bewußt ist, mit anderen Worten die Vorsätzlichkeit der Verletzung.

Die Gefahr der Einführung oder Verbreitung einer ansteckenden Krankheit, der durch die Strafbestimmung begegnet werden soll, erscheint hier als abstracte, und so wenig die im concreten Falle aus dem Verhalten eines Menschen sich ergebende Gefahr genügt, wofern sie nicht mittelst einer wissentlichen Verletzung der bestehenden Anordnungen herbeigeführt wurde, ebensowenig erfordert die Strafbarkeit, wofern eine solche Verletzung stattgefunden hat, die Feststellung einer damit herbeigeführten Gefahr.

Die Strafe des Vergehens ist Gefängniß bis zu zwei Jahren, dagegen Gefängniß von drei Monaten bis zu drei Jahren, wenn in Folge dieser Verletzung ein Mensch von der ansteckenden Krankheit ergriffen wurde. Die Anwendung der letztern Straffatzung hat die jedenfalls sehr schwierige Feststellung des Causalzusammenhanges der Verletzung und der erfolgten Erkrankung zur Voraussetzung [3]).

Besteht die strafbare Verletzung in einer verbotswidrigen Ein-

---

1) Dagegen Rubo § 327 Nr. 1. Ausgeschlossen sind daher Krankheiten der Thiere, die nur bei diesen entstehen und ihnen eigenthümlich sind, aber durch Ansteckung auch bei Menschen gefährliche Krankheiten zu erzeugen vermögen.

2) Vgl. Goltd. Arch. XIX S. 691. Rsprch. I S. 132.

3) Oppenhoff § 327 Nr. 9. Schaper a. a. O. S. 907. Olshausen § 327 Nr. 9. Rubo § 327 Nr. 5 erklärt die Feststellung des Causalzusammenhanges für nicht erforderlich, sondern als genügend, daß die Verletzung zur Ansteckung beigetragen hat oder Veranlassung derselben gewesen ist. Ein solches Beitragen oder Veranlassen ist aber nichts Anderes als ein Verursachen, und ob der ursächliche Zusammenhang durch mehr oder weniger Zwischenglieder vermittelt war, ist gleichgiltig.

fuhr, so findet auf sie § 134 des Vereinszollgesetzes vom 1. Juli 1869 Anwendung, welcher jede solche Einfuhr, ohne zu unterscheiden ob das Verbot aus zollpolitischen, ob aus gesundheitspolizeilichen oder welchen sonstigen Gründen erlassen wurde, für Contrebande erklärt, und die Confiscation der Gegenstände anordnet, die außerdem angeordnete Geldstrafe aber als ausgeschlossen bezeichnet, sofern in besonderen Gesetzen eine höhere Strafe festgesetzt ist. In solchem Falle kommt also nach § 134 die Strafe der Confiscation in Verbindung mit der Gefängnißstrafe des § 327 zur Anwendung [1]).

Dem Zwecke die Verbreitung einer ansteckenden Krankheit zu verhüten, dient auch das Reichs-Impfgesetz vom 8. April 1874. Nach demselben werden Aeltern, Pflegeältern und Vormünder, welche den ihnen obliegenden Nachweis über erfolgte oder aus gesetzlichem Grunde unterbliebene Impfung ihrer Kinder und Pflegebefohlenen zu führen unterlassen, oder deren Kinder und Pflegebefohlenen ohne gesetzlichen Grund trotz erfolgter amtlicher Aufforderung der Impfung oder der ihr folgenden Gestellung entzogen geblieben sind, sowie Aerzte und Schulvorsteher, welche den ihnen in Betreff der Impfung durch das Gesetz auferlegten Verpflichtungen nicht nachkommen und endlich, wer unbefugter Weise Impfungen vornimmt, mit Uebertretungsstrafen bestraft.

Sofern die von der zuständigen Behörde angeordneten Absperrungs- oder Aufsichts-Maßregeln oder Einfuhrverbote sich auf die Verhütung des Einführens oder Verbreitens von Viehseuchen beziehen, ist die wissentliche Verletzung solcher Anordnungen mit Gefängniß bis zu einem Jahre, und mit Gefängniß von einem Monat bis zu zwei Jahren zu strafen, wenn in Folge der Verletzung Vieh von der Seuche ergriffen worden ist [2]). Auch in diesem Falle ist, wenn es sich um Verletzung eines Einfuhrverbotes handelt, mit der Gefängnißstrafe die Confiscation des eingeführten Gegenstandes zu verbinden.

Abweichend von den Strafbestimmungen des preußischen Straf-

---

1) Von idealer Concurrenz zweier Delicte, wie Olshausen § 327 Nr. 10 annimmt, ohne daraus die nach § 73 sich ergebende Consequenz zu ziehen, daß mit Ausschluß des § 134 nur § 327 des Strfgb. anzuwenden sei, kann demnach hier nicht die Rede sein, sondern nur von dem einen Delicte der verbotswidrigen Einfuhr, das nach den sich ergänzenden Strafbestimmungen jener beiden Paragraphen zu strafen ist. Vgl. Oppenhoff § 327 Nr. 10. Rubo § 327 Nr. 6. Rsprch. VI S. 679.

2) Strfgb. § 328.

gesetzbuches in den §§ 306 und 307, die sich ebenso auf die vorsätzliche wie fahrlässige Verletzung jener Anordnungen beziehen, hat das deutsche sie auf die vorsätzliche Verletzung beschränkt. Die unvorsätzlich aus Unachtsamkeit verübte Verletzung der bestehenden Anordnungen ist also nicht strafbar und nur insofern es sich um Verletzung eines Einfuhrverbotes handelt, würde auch im Falle der Fahrlässigkeit die Strafe des § 134 des Vereinszollgesetzes zur Anwendung kommen. Eine Ergänzung hat jedoch § 328 durch die §§ 65—67 des Viehseuchengesetzes vom 23. Juni 1880 insofern erfahren, als hiernach nicht nur die Uebertretung der von der Behörde, sondern auch der vom Gesetze angeordneten Absperrungs- oder Aufsichtsmaßregeln, oder Einfuhrverbote für strafbar erklärt ist, und ferner nicht nur die vorsätzliche, sondern auch die fahrlässige Verletzung[1]).

Auf eine besondere Art von Viehseuche bezieht sich das Gesetz betreffend Zuwiderhandlungen gegen die zur Abwehr der Rinderpest erlassenen Einfuhrverbote vom 21. Mai 1878. Nach demselben wird:

1) Die vorsätzliche Uebertretung der auf Grund des Gesetzes vom 7. April 1869 erlassenen Beschränkungen oder Verbote der Einfuhr lebender Wiederkäuer mit Gefängniß von einem Monat bis zu zwei Jahren bestraft. Der Versuch ist strafbar.

2) Wird die Zuwiderhandlung in der Absicht begangen, sich oder einem Andern einen Vermögensvortheil zu verschaffen, oder einem Andern Schaden zuzufügen, so ist die Strafe Zuchthaus bis zu fünf Jahren oder Gefängniß nicht unter sechs Monaten.

3) Abweichend von der Strafbestimmung des § 328 des Strafgesetzbuches wird hier auch die fahrlässige Uebertretung der betreffenden Beschränkungen oder Verbote der Einfuhr mit Geldstrafe bis zu sechshundert Mark oder Gefängniß bis zu drei Monaten bestraft.

Bei Personen, welche nicht weiter als fünfzehn Kilometer von der Grenze ihren Wohnsitz oder gewöhnlichen Aufenthalt haben, oder welche mit den betroffenen Thieren gewerbsmäßig Handel treiben, wird die Unkenntniß der Verbote als durch Fahrlässigkeit verschuldet präsumirt, wenn sie nicht den Nachweis führen, daß sie ohne ihr Verschulden verhindert waren, von denselben Kenntniß zu erlangen.

---

1) Vgl. Wengler Gesetz betreffend die Abwehr und Unterdrückung von Viehseuchen, in Bezold Gesetzgebung d. deut. Reichs. III, 4 S. 495 f.

4) Ist infolge der Zuwiderhandlung Vieh von der Seuche ergriffen worden, so ist die Strafe in dem erstern Falle Gefängniß nicht unter drei Monaten, in dem zweiten Zuchthaus bis zu zehn Jahren oder Gefängniß nicht unter einem Jahre, in dem dritten Geldstrafe bis zu zweitausend Mark oder Gefängniß bis zu einem Jahre.

Nach dem Gesetze betreffend Beseitigung von Ansteckungsstoffen bei Viehbeförderungen auf Eisenbahnen vom 25. Februar 1876 wird die Vernachlässigung der den Eisenbahnverwaltungen obliegenden Verpflichtung zur Desinfection bei Viehbeförderungen an den Personen, denen vermöge ihrer dienstlichen Stellung oder des ihnen ertheilten Auftrages die Anordnung, Ausführung oder Ueberwachung der Desinfection obliegt, mit Geldstrafe bis zu eintausend Mark, und wenn in Folge der Vernachlässigung Vieh von der Seuche ergriffen wurde, mit Geldstrafe bis zu dreitausend Mark oder Gefängniß bis zu einem Jahre bestraft.

7. Verletzung der Regeln der Baukunst.

§ 196. Ein Delict, welches das preußische Strafgesetzbuch dem von den Körperverletzungen handelnden Titel eingefügt hatte, ist von dem deutschen Strafgesetzbuche mit Recht zu den gemeingefährlichen Delicten gestellt worden, nämlich das Vergehen desjenigen, der bei der Leitung oder Ausführung eines Baues wider die allgemein anerkannten Regeln der Baukunst dergestalt handelt, daß hieraus für Andere Gefahr entsteht[1]).

Des Vergehens kann sich schuldig machen sowohl derjenige, welcher den Bau leitet, indem er die Anweisungen ertheilt nach denen die Ausführung des Baues erfolgt, und die Befolgung seiner Anordnungen überwacht, als auch derjenige, welcher bei der Ausführung des Baues betheiligt ist, also der Bauarbeiter. Sowohl in Betreff der Leitung als der Ausführung des Baues kommt nicht nur diejenige Thätigkeit in Betracht, die unmittelbar der Herstellung des Bauwerkes, sondern auch diejenige, welche ihr, wie die Herstellung von Baugerüsten, nur mittelbar dient, oder auch nur zum Schutze von Eigenthum und Menschen gegen mögliche aus dem Unternehmen sich ergebende Gefahren bestimmt ist[2]).

---

1) Strfgb. § 330.

2) Oppenhoff § 330 Nr. 1—4. Olshausen § 330 Nr. 3. Ein Bau ist nicht nur der Neubau, sondern auch Reparaturbau, denn nicht auf

Die Verübung des Vergehens erfordert ein die allgemein anerkannten Regeln der Baukunst verletzendes Verhalten, gleichviel ob dies in einem Thun oder Unterlassen besteht. Die Regeln der Baukunst sind Regeln der Technik, die als allgemein anerkannt zu betrachten sind, wofern ihnen im Kreise der betreffenden Techniker diese Anerkennung zu Theil geworden ist. Die Feststellung, daß dem Thäter die Regel welche er verletzte bekannt gewesen sei, ist nicht erforderlich, denn wenn zwar, vermöge der Gewerbefreiheit, ein Jeder, ohne Nachweis seiner besondern technischen Befähigung sich bei Leitung oder Ausführung eines Baues betheiligen kann, so liegt für ihn schon in der Uebernahme einer solchen Thätigkeit die Aufforderung, sich pflichtmäßig die Kenntnisse zu verschaffen, die erforderlich sind, um die Gefahren zu vermeiden, die sich aus seiner Thätigkeit für Andere ergeben können. Die Unkenntniß der allgemein anerkannten Regeln der Technik Seitens desjenigen, der sich einer solchen technischen Thätigkeit widmet, ist daher schon an sich eine schuldhafte[1]). Die Verletzung der Regel kann daher eine fahrlässige sein, indem der Thäter in Unkenntniß derselben handelte, oder die ihm bekannte Regel im concreten Falle aus Unachtsamkeit nicht befolgte, sie kann aber auch eine vorsätzliche sein, indem der Thäter wissentlich und in der leichtsinnigen Voraussetzung, daß sich daraus kein Schaden ergeben werde, gegen sie handelte. Die Strafsatzung bezieht sich auf beide Arten der Verübung des Vergehens[2]), so daß bei der Strafzumessung der Unterschied der vorsätzlichen und der fahrlässigen Begehung zu berücksichtigen sein wird.

Die Verletzung der Regeln der Baukunst muß eine solche sein, daß sich aus ihr Gefahr für Andere, d. h. für Gesundheit und Leben von Menschen[3]), ergiebt. Es muß daher im concreten Falle

---

das was durch die Bauthätigkeit geschaffen wird, sondern nur darauf kommt es an, ob diese Thätigkeit eine solche ist, aus der sich durch Verletzung der Regeln Gefahren für Andere ergeben können. Schaper a. a. O. S. 911. Schwarze § 330 Nr. 3. Dagegen Oppenhoff § 330 Nr. 1.

1) Berner im G. Saal 1867 S. 35. v. Prittwitz in Goltd. Arch. XXX S. 169. Dagegen Rubo § 330 Nr. 4.

2) Rsprch. V S. 8.

3) Gefahr für Eigenthum ist hier ausgeschlossen. Vgl. Motive z. II Entwf. § 228, denen auch die Fassung des Gesetzes entspricht, das sich im andern Falle nicht des Ausdruckes „für Andere" bedient haben würde. Rsprch. IV S. 160. Dagegen Blum § 330 Nr. 6. Siebenhaar a. a. O. S. 287.

das Vorhandensein der Gefahr festgestellt werden, und da hier die abstracte Gefahr nicht genügt, so ist für die Anwendung des Gesetzes die gegenwärtig nicht vorhandene, aber bei weiter hinzukommenden Umständen voraussichtlich in Zukunft eintretende unzureichend [1]).

Die Strafe ist Geldstrafe bis zu neunhundert Mark oder Gefängniß bis zu einem Jahre.

8. Nichterfüllung von Lieferungsverträgen.

§ 197. Vom Gesichtspunkte der Gemeingefährlichkeit aus hat das Gesetz auch einen Fall des Vertragsbruches für strafbar erklärt [2]).

Der Thatbestand des Vergehens erfordert, daß gewisse mit einer Behörde geschlossene Lieferungsverträge nicht zur bestimmten Zeit oder nicht in der vorbedungenen Weise erfüllt wurden. Der Lieferungsvertrag muß entweder über Bedürfnisse des Heeres oder der Marine zur Zeit eines Krieges, oder über Lebensmittel zur Abwendung oder Beseitigung eines Nothstandes geschlossen sein. Im ersteren Falle kommt es nicht darauf an, daß der Vertrag zur Zeit eines Krieges abgeschlossen wurde [3]), sondern nur darauf, daß während eines Krieges zu liefern war [4]), denn wenn es sich hier zwar nur um eine abstracte Gefahr handelt, so geht doch das Gesetz von der Voraussetzung aus, daß nur die dem Heere oder der Marine in ihren kriegerischen Operationen möglicherweise drohenden Gefahren es sind, welche die Strafbarkeit solchen Vertragsbruches rechtfertigen. Im letzteren Falle wird erfordert, daß Lebensmittel zu liefern sind, welche zur Abwendung eines zu befürchtenden oder Beseitigung eines bereits eingetretenen Nothstandes,

---

1) Schaper a. a. O. S. 911. Olshausen § 330 Nr. 5. Siebenhaar a. a. O. Rsprch. III S. 726. IV S. 160. Der die Gefahr für Leben und Gesundheit mit sich bringende Einsturz des Bauwerkes wird freilich immer noch von weiteren Eventualitäten bedingt sein, und allerdings braucht die Gefahr nicht eine so unmittelbar drohende, wie bei dem erfolgten Einsturze, zu sein, aber es ist unrichtig eine erst künftig entstehende, eine durch künftige Eventualitäten bedingte, mit Berner a. a. O. Oppenhoff § 330 Nr. 6. Schwarze § 330 Nr. 4 für ausreichend zu erklären.

2) Strfgb. § 329.

3) Dagegen H. Meyer S. 603.

4) Dagegen Rubo § 329 Nr. 2. Olshausen § 329 Nr. 3.

d. h. einer Hungersnoth dienen sollen[1]), gleichviel ob diese Noth durch Mißwachs, Arbeitslosigkeit, Ueberschwemmung, Epidemien herbeigeführt wurde.

Die Nichterfüllung kann eine vorsätzliche wie eine fahrlässige sein, und in beiden Fällen setzt die Strafbarkeit voraus, daß der Thäter den Zweck des Lieferungsvertrages gekannt habe[2]), denn nur diese Kenntniß und das mit ihr gegebene Bewußtsein des Thäters von den möglichen Folgen der Nichterfüllung, begründet die Schuld, welche hier die ausnahmsweise Strafbarkeit des Vertragsbruches rechtfertigt. Bei dem Mangel dieser Kenntniß kann eine fahrlässige Verübung des Delictes selbst dann nicht angenommen werden, wenn der Lieferant sie sich hätte verschaffen können[3]), da von einer Pflicht desselben von dem Motive des andern Contrahenten, und von der Zweckbestimmung der Lieferung sich Kenntniß zu verschaffen, und von schuldhafter Versäumniß derselben nicht die Rede sein kann.

Die Strafe der vorsätzlichen Verübung des Delicts ist Gefängniß nicht unter sechs Monaten, womit Verlust der Ehrenrechte verbunden werden kann. Die fahrlässige Nichterfüllung des Vertrages wird mit Gefängniß bis zu zwei Jahren bestraft, jedoch nur dann, wenn damit ein Schaden verursacht wurde, in Betreff dessen das Gleiche gilt, wie bei der Strafbestimmung des § 326.

Dieselben Strafen finden auch gegen die Unterlieferanten, Vermittler und Bevollmächtigten des Lieferanten Anwendung, wenn sie mit Kenntniß des Zweckes der Lieferung die Nichterfüllung derselben vorsätzlich oder aus Fahrlässigkeit verursachen.

---

1) Schaper a. a. O. S. 909. Oppenhoff § 329 Nr. 2. Welche andere Noth als die des Hungers, wie Olshausen § 329 Nr. 3 annimmt, hier noch in Betracht kommen und durch Lebensmittel beseitigt werden könnte, ist nicht einzusehen.

2) Schaper a. a. O. S. 910. Oppenhoff § 329 Nr. 3. Schwarze § 329 Nr. 4. Olshausen § 329 Nr. 6.

3) Geyer a. a. O. S. 120. v. Liszt S. 466. Olshausen § 329 Nr. 6. Dagegen v. Prittwitz a. a. O. S. 169, der bei „fahrlässiger“ Unkenntniß fahrlässige Verübung annimmt.

Viertes Kapitel.

Delicte gegen die öffentliche Sittlichkeit.

1. Einleitung.

§ 198. Zu denjenigen Delicten, welche das deutsche Strafgesetzbuch im dreizehnten Abschnitte als Verbrechen und Vergehen wider die Sittlichkeit zusammengefaßt hat, gehören einige, die in Rücksicht auf das Object des rechtswidrigen Angriffes nur hier ihre entsprechende Stellung finden können. Die Sittlichkeit, welche das Gesetz, dem herrschenden Sprachgebrauche folgend, hier in dem engeren Sinne der Züchtigkeit nimmt, kommt rechtlich als ein mögliches Object strafbaren Angriffes nicht nur insoweit in Betracht, als sie ein rechtlich geschütztes sittliches Gut der Person ist, sondern auch als nothwendiges, des strafrechtlichen Schutzes bedürftiges, Gut der sittlichen Gemeinschaft, der Familie und der bürgerlichen Gesellschaft[1]). Als öffentliche Sittlichkeit bezeichnen wir sie sofern sie als gesellschaftliches Gut in Betracht kommt, sofern es sich um die Anforderung handelt, daß auch im öffentlichen Leben der Gesellschaft die Züchtigkeit gewahrt, nicht durch Unzüchtigkeit das sittliche Gefühl Anderer verletzt, nicht durch die an die Oeffentlichkeit sich vordrängende Unzucht jenes Gefühl abgestumpft und eine immer weiter sich ausdehnende, das sittliche Leben des Volkes untergrabende Macht der Verführung ausgeübt werde.

Von dem Gesichtspunkte, daß es darauf ankomme im öffentlichen Interesse das sittliche Leben der Familie und der Gesellschaft durch Strafbestimmungen gegen den verderblichen Einfluß der Unzucht und Sittenlosigkeit zu schützen, ist schon das römische Recht in der lex Julia de adulteriis coercendis ausgegangen. Anders aber verhält es sich im ältern deutschen Rechte. Unter dem Einflusse des kirchlichen Rechtes stehend betrachtet es eine jede außereheliche Befriedigung des Geschlechtstriebes als strafbar, straft also

---

1) Vgl. oben S. 220 f. und S. 458.

die Unzüchtigkeit an sich und als solche. Auf dem gleichen Standpunkte steht auch die Carolina, deren Strafbestimmungen gegen widernatürliche Unzucht, Incest, Entführung, Nothzucht, Ehebruch, Bigamie und Kuppelei, durch weitere Strafbestimmungen der Reichs-Polizeiordnungen wider stuprum, fornicatio, Concubinat, und Halten von Bordellen ergänzt wurden. Die gemeinrechtliche Doctrin faßte daher alle Fälle strafbarer Unzucht unter dem Namen der Fleisches- oder Unzuchts-Verbrechen zusammen, und erst seit Ende des vorigen Jahrhunderts begann man mit einer nähern Unterscheidung dieser Delicte, und zwar indem man zunächst Nothzucht und Entführung ausschied und als gegen die persönliche Freiheit gerichtete Delicte zu den Fällen des crimen vis stellte[1]). Weiter aber wurden, von dem Gesichtspunkte aus, daß das Verbrechen die Verletzung einer subjectiven Berechtigung voraussetze, auch Ehebruch und Bigamie als eigenthümliche Verletzungen des andern Ehegatten ausgeschieden, so daß als Unzuchtsdelicte nur diejenigen übrig blieben, die, wie man meinte, überhaupt keine Rechtsverletzungen, sondern nur Unsittlichkeiten seien, welche das Gesetz allein aus polizeilichen Rücksichten für strafbar erklärt habe[2]).

Die neuere Gesetzgebung, und so auch das deutsche Strafgesetzbuch, erinnert an die frühere Auffassung des gemeinen Rechtes noch insofern, als regelmäßig alle Unzuchtsdelicte zusammengefaßt werden, weicht von derselben aber insofern wesentlich ab, als sie nicht davon ausgeht, die Unzucht an sich als strafbar zu betrachten, darum den Kreis der strafbaren Unzuchtsfälle wesentlich beschränkt hat. Sie erklärt für strafbar nur diejenigen, welche als rechtswidrige Angriffe auf die Züchtigkeit der Person, auf das sittliche Wesen der Familie[3]), oder auf die öffentliche Sittlichkeit erscheinen.

---

1) So Böhmer und Grolman.

2) So insbesondere Feuerbach, Grolman, Tittmann, Martin, Wächter, Abegg, wogegen noch Heffter und Marezoll alle Unzuchtsdelicte zusammenfassen.

3) Darüber, daß Ehebruch, Bigamie, Incest und strafbare Aenderungen des Personenstandes als gegen das sittliche Wesen der Familie gerichtete Delicte zu behandeln sind vgl. oben S. 458 f. Diese Delicte als gegen Rechtsgüter der Gesellschaft gerichtete zu betrachten, wie v. Liszt S. 524 f., scheint nicht geeignet, denn wenn es gewiß zwar auch im Interesse der Gesellschaft liegt, daß das Familienleben in seinem sittlichen Bestande strafrechtlich geschützt werde, so ist doch dies Interesse der Gesellschaft kein wesentlich anderes, als das was sie auch an der Bestrafung eines jeden gegen das Recht der Privatperson gerichteten Delictes hat,

Eine Ausnahme macht nur die strafbare widernatürliche Unzucht, welche in der Weise wie das Gesetz ihren Thatbestand festgestellt hat, in keiner dieser Beziehungen als rechtsverletzend erscheint[1]).

2. Die Kuppelei.

§ 199. Zu den Delicten wider die öffentliche Sittlichkeit gehört zunächst die Kuppelei. Das infamirende Gewerbe des leno wurde vom römischen Rechte erst in der späten Kaiserzeit mit Strafe, insbesondere mit schwerer Strafe bedroht, falls Mädchen wider ihren Willen festgehalten wurden um sie zum Gewerbsbetriebe zu benutzen. In viel frühere Zeit und wohl in die der lex Julia de adulteriis reicht dagegen die Strafbestimmung zurück, nach welcher der Ehemann wegen lenocinium zu strafen ist, falls er die Ehefrau zum Ehebruche verleitet, ihr dabei behilflich ist, oder aus dem Ehebruche der Frau einen Vortheil zieht, oder den ihm wohl bekannten Ehebruch ungerügt läßt. In solchem Falle trifft ihn die Strafe des adulterium, ebenso aber auch den, der das adulterium einer andern Person unterstützt oder begünstigt, sowie die Strafe des stuprum den, der das Gleiche in Betreff des stuprum einer andern Person thut.

Die Strafbestimmungen der Carolina Art. 122 und 123 wider die Kuppelei, für welche das ältere deutsche Recht keinen Anhalt bot, lehnen sich offenbar an das römische Recht an, wofür auch der Umstand spricht, daß Art. 122 auf die Strafe des gemeinen Rechts verweist. Sie unterscheidet das Delict desjenigen der unverleumdete Mädchen zu fleischlichen Werken verführt, und derjenigen die dazu ihre Häuser leihen, von dem Falle der qualifizirten Kuppelei desjenigen, der seine Ehefrau oder Kinder um eines Vortheils willen zur Unzucht gebrauchen läßt. Die meisten deutschen Strafgesetzbücher sind der Carolina in der Unterscheidung der einfachen und qualifizirten Kuppelei gefolgt, nur daß sie zum Thatbestande der erstern regelmäßig erfordern, daß sie gewerbsmäßig oder auch um eines Vortheils willen verübt sei, in Betreff der

---

1) Die widernatürliche Unzucht wird von Liszt zu den Delicten wider die öffentliche Sittlichkeit gestellt, und gewiß ist dies der einzige Gesichtspunkt, unter welchem deren Bestrafung zu rechtfertigen ist. Aber es ist nicht der des Gesetzes, das hiervon ausgehend dem § 175 eine wesentlich andere Fassung hätte geben müssen.

letztern meist weiter gehen als die Carolina, indem sie nicht nur die Verkuppelung der Ehefrau und Kinder, sondern auch noch anderer Personen, zu denen der Thäter in einem näheren sittlichen Verhältnisse steht, erwähnen. Den Bestimmungen des preußischen Strafgesetzbuches hat sich mit einigen Abweichungen von untergeordneter Bedeutung das deutsche angeschlossen.

Als Kuppelei bezeichnet das Gesetz den Vorschub, welcher der Unzucht durch Vermittelung oder durch Gewährung oder Verschaffung von Gelegenheit geleistet wird. Sie erscheint daher als eine Mitwirkung zur Unzucht anderer Personen, kommt aber an sich nicht als Theilnahme an einem Unzuchtsdelicte anderer Personen, sondern als ein selbständiges Delict in Betracht[1]). Sie ist daher strafbar auch wenn die Unzucht, zu welcher der Thäter mitwirkte, selbst nicht strafbar ist; sie ist strafbar, wenn es sich um Vorschub zu einem Unzuchtsdelicte handelt, ohne Rücksicht darauf, ob dieses Delict versucht oder vollendet wurde oder unterblieb, ob die verübte an sich strafbare Unzucht im concreten Falle strafbar oder, etwa wegen Unzurechnungsfähigkeit, straflos ist. Von der Theilnahme an einem Unzuchtsdelicte unterscheidet sich also die Kuppelei einerseits dadurch, daß sie nicht die Mitwirkung zu einer strafbaren Handlung erfordert, andererseits dadurch, daß nicht jede Mitwirkung zu einem Unzuchtsdelicte als Kuppelei erscheint. Wer sich selbst Gelegenheit zur Verübung eines Unzuchtsdelictes verschafft, ist in Betreff desselben Thäter oder Mitthäter aber niemals Kuppler. Die zum Thatbestande der Kuppelei erforderliche Art der Thätigkeit kann zugleich als Anstiftung oder Hilfsleistung erscheinen, aber es giebt Fälle der Anstiftung und Beihilfe zu einem Unzuchtsdelicte, welche nicht als Kuppelei strafbar sind. Wofern aber im gegebenen Falle die Kuppelei zugleich sich als Theilnahme an einem Unzuchtsdelicte darstellt, findet ideale Concurrenz der strafbaren Theilnahme und der Kuppelei statt[2]), denn der Kuppler macht sich dann nicht bloß der Theilnahme an einem gegen die Züchtigkeit der Person oder gegen die Familie gerichteten Delicte, sondern weiter auch eines davon verschiedenen die öffentliche Sittlichkeit verletzenden Delictes schuldig.

Als Unzucht ist im Sinne des Gesetzes jedenfalls jeder außer-

1) Schwarze in Holtzdf. Hdbch. III S. 317 und Comment. § 180 Nr. 1. v. Liszt S. 538. Oppenhoff § 180 Nr. 1. Olshausen § 180 Nr. 2.

2) Schwarze a. a. O. III S. 318.

eheliche Beischlaf, aber außerdem auch jede andere gegen die geschlechtliche Züchtigkeit verstoßende Handlung, gleichviel ob sie strafbar ist oder nicht, anzusehen, jedoch mit der Beschränkung, daß eine Unzüchtigkeit vorausgesetzt wird, zu deren Verübung mindestens zwei Personen mit einander in Verbindung treten[1]). Daß es auf eine solche Verbindung ankommt besagt schon das Wort Kuppelei, und außerdem ist nicht einzusehen, wie Jemand zur Verübung einer unzüchtigen Handlung an sich selbst, zur Selbstbefleckung der Vermittelung, des Gewährens oder Verschaffens von Gelegenheit durch einen Andern bedürfen könnte. Von der Carolina weicht das Gesetz insofern ab, als es keinen Unterschied macht ob unverleumdete Mädchen oder bescholtene Personen verkuppelt worden sind[2]).

Die Handlungen des Kupplers bestehen in einem Vorschubleisten, in einer die Verübung von Unzucht fördernden Thätigkeit die sich von der Beihilfe und Anstiftung aber dadurch unterscheidet, daß sie strafbar ist ohne Rücksicht darauf, ob sie die von Anderen verübte Unzucht zur Folge gehabt hat oder nicht. Die Verurtheilung wegen Kuppelei setzt hiernach nicht voraus, daß die von Anderen in Folge der Kuppelei verübte Unzucht festgestellt sei[3]), und hieraus folgt weiter, daß der im Inlande geleistete Vorschub hier strafbar ist, ohne Rücksicht darauf ob die betreffenden Unzuchtsfälle im Auslande verübt wurden oder nach der Absicht des Thäters nur dort verübt werden sollten, und ob die Kuppelei eben dort strafbar ist[4]).

Das Gesetz bestimmt aber näher die Art in welcher der Vor-

---

1) Schütze S. 343. Oppenhoff § 180 Nr. 1. Olshausen § 180 Nr. 2. Dagegen v. Liszt S. 538, der die Unzucht auf den außerehelichen Beischlaf und die strafbaren unzüchtigen Handlungen beschränkt, also widernatürliche unter Frauen ausschließt, obwohl nicht einzusehen ist, warum, abgesehen vom Beischlafe, nur strafbare Unzucht in Betracht kommen soll; Villnow im G. Saal 1878 S. 151. Rüdorff § 180 Nr. 3 nach denen auch Onanie und Bestialität hierher gehören.

2) Hiergegen Dalke in Goltd. Arch. XVII S. 398.

3) Schwarze a. a. O. S. 320. Oppenhoff § 180 Nr. 3. Olshausen § 180 Nr. 3. Rüdorff § 180 Nr. 3. Rsprch. I S. 782. III S. 389. VI S. 629. Pezold § 180 Nr. 2. Dagegen Villnow a. a. O. S. 151. Schütze S. 343 im Hinweis darauf, daß nach § 181 Nr. 2 die qualifizirte Kuppelei nur unter Voraussetzung verübter Unzucht strafbar ist. Vgl. auch Schwarze § 180 Nr. 10.

4) Schwarze a. a. O. Olshausen § 180 Nr. 3.

schub geleistet sein muß. Er muß geleistet sein durch Vermittelung oder durch Gewährung oder Verschaffung von Gelegenheit. Als Vermittelung erscheint diejenige Thätigkeit, welche darauf gerichtet ist verschiedene Personen zum Zwecke der Verübung von Unzucht zusammenzubringen, gleichviel ob die Vermittelung sich auf zwei oder mehrere bestimmte Personen bezieht, oder ob die Unzucht einer bestimmten Person mit noch unbestimmten anderen Personen vermittelt wird, wie es insbesondere geschieht, wenn der Eintritt einer Frauensperson in ein Bordell vermittelt wird. Da das Gesetz nur den für strafbar erklärt, welcher der Unzucht Vorschub leistet, nicht den welcher Vorschub zu leisten unternimmt, versucht, so wird auch das bloße Anbieten der Vermittelung nur als ein nach dem Gesetze strafloser Versuch zu betrachten sein. Verübte Vermittelung und damit vollendete Kuppelei setzt dagegen nothwendig den Erfolg voraus, daß für die Verübung von Unzucht günstigere als die bisher gegebenen Bedingungen geschaffen wurden. Daß aber von diesen Bedingungen der erwartete Gebrauch gemacht wurde und die Vermittelung insofern von Erfolg war, ist nicht erforderlich. Wer zwei Personen zum Zwecke der Verübung von Unzucht zusammenbringt, ist, ohne Rücksicht darauf ob Unzucht verübt wurde, der Kuppelei schuldig, und zwar nicht nur dann, wenn die Vermittelung von beiden Seiten angenommen war, sondern auch dann wenn sie im Einverständniß mit der einen Partei erfolgte, während sie von der andern abgewiesen wurde. Ebenso aber verhält es sich, wenn es sich bei der Vermittelung um Aufnahme von Frauenspersonen in Bordelle handelt, denn wer sie anwirbt um ihre Aufnahme in Bordelle zu bewirken, hat, indem er sie dem Bordellwirth zuführt und anbietet, bereits die Unzucht begünstigende Bedingungen geschaffen, und ist der Kuppelei schuldig, auch wenn von diesen gewährten Bedingungen kein Gebrauch gemacht wird, und die Aufnahme nicht erfolgt[1]).

1) Die Praxis ist in dieser Beziehung schwankend vgl. Goltd. Arch. XXI S. 199. 529. Rsprch. I S. 782. II S. 247. Das bloße von Niemandem angenommene Anbieten einer Vermittelung kann unmöglich als geleisteter Vorschub betrachtet werden. Wenn aber die Vollendung der Kuppelei nicht erfordert, daß Unzucht verübt worden sei, so wird sie gleich sehr als vollendet anzusehen sein, wenn der Thäter die zur Unzucht angeworbene Frauensperson erfolglos unmittelbar, indem er sie einem Manne zuführt, wie wenn er sie mittelbar durch Zuführung zu einem Bordell, zur Unzucht anbietet. Daß bei gleicher Auffassung des Begriffes der Vorschubleistung die der concreten Sach-

Durch Gewähren oder Verschaffen von Gelegenheit wird der Unzucht Vorschub geleistet, wenn ihrer Verübung in Betreff des Ortes derselben begünstigende Bedingungen geschaffen werden, wie dies insbesondere durch Vermiethen von Wohnräumen zum Zwecke der Verübung von Unzucht, so wie durch das Dulden von Unzucht in Räumen, über welche der Thäter zu verfügen berechtigt war, geschehen wird. Die Kuppelei wird hiernach auch durch ein Unterlassen der Verhinderung der Unzucht an Orten, an welchen der Thäter das Hausrecht zu üben berechtigt und berufen war, verübt werden können[1]).

Der Thatbestand der Kuppelei erfordert ferner, daß sie gewohnheitsmäßig oder aus Eigennutz verübt sei, weil das Gesetz davon ausgeht, daß nicht jeder Vorschub, welcher der Unzucht Anderer geleistet wird, als ein die öffentliche Sittlichkeit gefährdender oder verletzender zu betrachten sei[2]). Insoweit es sich um die gewohnheitsmäßige Verübung handelt, erscheint die Kuppelei als ein Collectivdelict das eine Mehrheit von Fällen zur Voraussetzung hat. Bei der Verübung aus Eigennutz wird vorausgesetzt, daß die Rücksicht auf den eigenen Nutzen, möge er unmittelbar oder mittelbar dem Thäter zu Gute kommen, das Motiv der Handlung war, und in solchem Falle genügt die einmalige Verübung der Kuppelei. Die mehrfache Verübung aus Eigennutz ergiebt ebenfalls nur ein Collectivdelict, wofern die mehreren Fälle ausreichen um die gewohnheitsmäßige Verübung festzustellen, wogegen im andern Falle s. g. reale Concurrenz vorliegen würde, und sich dann der Widerspruch ergiebt, daß mit der länger fortgesetzten Verübung die Strafbarkeit sich mindert. In der Regel wird die gewohnheitsmäßige Verübung wohl auch aus Eigennutz entspringen,

---

lage eine verschiedene sein könne, wie Olshausen § 180 Nr. 4 annimmt, ist nicht einzusehen.

1) Schwarze a. a. O. S. 318 und § 180 Nr. 9. Ein positives Thun, wie Schwarze fordert, ist allerdings insofern erforderlich, als das Unterlassen nur dann genügt, wenn es zugleich als ein Erlauben erscheint, und dies erfordert, daß Recht und Pflicht des Verhinderns vorhanden war. Vgl. Oppenhoff § 180 Nr. 5. Olshausen § 180 Nr. 7. Rsprch. I S. 402. 680. 828. II S. 448. 458. Zu weit geht in der Annahme eines Gewährens von Gelegenheit Rsprch. VI S. 629.

2) Als die öffentliche Sittlichkeit verletzend ist gewiß die gewohnheits- und gewerbsmäßige Kuppelei zu betrachten, aber bedenklich ist es, daß jeder einzelne Fall geleisteten Vorschubes, wenn dafür etwas gezahlt wurde, als Kuppelei gestraft werden soll. Vgl. Dalke in Goltd. Arch. XVII S. 398.

und unmöglich können die mehreren Fälle aus denen sich die gewohnheitsmäßige Verübung ergiebt nur darum, weil sie zugleich aus Eigennutz verübt wurden, zugleich als mehrere selbständige mit dem gewohnheitsmäßigen concurrirende Delicte betrachtet werden[1]).

Das Handeln aus Eigennutz erfordert, daß irgend welcher Vermögensvortheil erstrebt wurde, denn ohne diese Beschränkung würde jede Vorschubleistung strafbar sein, da Niemand je anders handelt, als indem er die Befriedigung eines individuellen Interesses, einen Nutzen für sich erstrebt, wäre es auch nur die Befriedigung die ein geleisteter Freundschaftsdienst gewährt[2]). Daß der erstrebte Vermögensvortheil ein ungewöhnlicher, übermäßiger oder rechtswidriger sei, ist nicht erforderlich[3]).

In subjectiver Beziehung wird erfordert der Dolus, das wissentliche, vorsätzliche Vorschubleisten, mit welchem von selbst auch das Bewußtsein eines pflichtwidrigen, schuldhaften Handelns verbunden sein wird, wogegen die Kenntniß der Strafbarkeit nicht erforderlich ist. Insofern also der Dolus dadurch nicht ausgeschlossen wird, daß der Thäter in Folge einer polizeilichen Concession seine Handlung als eine nicht rechtswidrige und strafbare, als rechtlich erlaubt ansieht, und insofern § 180 irgend welche Beschränkung der Strafbarkeit der Kuppelei nicht kennt, wird man allerdings mit der in der Doctrin und Praxis herrschenden Ansicht folgern dürfen, daß auch die Inhaber polizeilich concessionirter Bordelle von der Strafe des Gesetzes nicht ausgenommen sind. Es bleibt aber ein in allen Beziehungen höchst bedenklicher Widerspruch, daß das Strafgesetzbuch in § 180 die Kuppelei ohne jede Beschränkung für strafbar erklärt, dagegen in § 361 Nr. 6 die Landes-Polizeibehörden für befugt erklärt die Concession zur gewerbsmäßigen Unzucht unter der Bedingung zu ertheilen, daß die zur Sicherung der Gesundheit,

---

1) Rsprch. II S. 651. Goltd. Arch. XXVI S. 321. Schwarze § 180 Nr. 7. Binding Hdbch. I S. 354. Dagegen Olshausen § 180 Nr. 15. Oppenhoff § 180 Nr. 8. Rsprch. V S. 799.

2) Schwarze a. a. O. S. 319 und § 180 Nr. 7. Schütze S. 344. Oppenhoff § 180 Nr. 8. v. Liszt S. 540. Dagegen Villnow a. a. O. S. 152. Rubo § 180 Nr. 3. Olshausen § 180 Nr. 11. Auch damit ist keine Begrenzung des Eigennutzes zu gewinnen, daß man ihn als ein Streben bezeichnet, das den Geboten der Moral zuwider nicht gebührende Rücksicht auf die Interessen Anderer nimmt, denn dies gilt von jeder Beförderung der Unzucht, welches auch ihr Motiv sein möge.

3) Rsprch. I S. 828. Oppenhoff § 180 Nr. 8.

der öffentlichen Ordnung und des öffentlichen Anstandes erlassenen polizeilichen Vorschriften beachtet werden, denn derartige Vorschriften führen unvermeidlich dahin, daß die Unzucht, um sie aus der Oeffentlichkeit zu verbannen, an bestimmte Orte verwiesen wird und damit andere Personen die polizeiliche Erlaubniß erhalten, ihr durch Gewährung von Gelegenheit Vorschub zu leisten. Daß das Strafgericht einerseits und die Polizeibehörde andererseits, beide auf das Gesetz und die Autorität der Staatsgewalt sich berufend, mit einander in Conflict gebracht werden, ist ein unleidlicher, der Abhilfe dringend bedürftiger Zustand[1].

Die Theilnahme an der Kuppelei ist nach den allgemeinen Normen über Theilnahme zu beurtheilen, jedoch werden die verkuppelten Personen selbst nicht wegen Anstiftung oder Beihilfe zur Kuppelei zu bestrafen sein, da bei ihnen die Absicht einer Mitwirkung zur Kuppelei nicht angenommen, und die Förderung eigener Unzucht nicht als Mitwirkung zur Förderung fremder Unzucht angesehen werden kann[2].

Die Strafe der Kuppelei ist Gefängniß, womit Verlust der bürgerlichen Ehrenrechte sowie Zulässigkeit von Polizei-Aufsicht verbunden werden kann.

---

1) Irgend welche Bedenken über die Strafbarkeit der polizeilich concessionirten Kuppelei würden freilich nie entstanden sein, wenn es sich, wie v. Liszt S. 539 annimmt, hierbei nur darum handelte, daß Reichsrecht nicht durch Landesrecht, Gesetz nicht durch administrative Verfügung gebrochen werden kann. Aber alle Bedenken sind nur erwachsen aus dem Widerspruche der §§ 180 und 361 des Reichsstrafgesetzbuches. Durch die veränderte Fassung des § 361 Nr. 6 ist in dieser Beziehung nichts Wesentliches geändert, denn es ist dabei geblieben, daß die Polizeibehörde bedingungsweise die gewerbsmäßige Unzucht gestatten darf, und wie sie dann die öffentliche Ordnung und den öffentlichen Anstand wahren könnte, ohne zugleich ein nach § 180 strafbares Vorschubleisten zu gestatten, ist nicht einzusehen. Vgl. „Das Strafgesetzbuch und die polizeilich concessionirten Bordelle", Gutachten der deutschen Juristen-Facultäten enthaltend, die sich theils für, theils gegen die Strafbarkeit des concessionirten Bordellinhabers aussprechen, theils eine mittlere Meinung vertreten. Für die Strafbarkeit Berner S. 423. Kayser in Holtzdf. Hdbch. IV S. 58 f. Blum § 180 Nr. 4. Puchelt § 180 Nr. 2. Olshausen § 180 Nr. 12. Rsprch. I S. 291. Goltd. Arch. XXVIII S. 55. Schwarze § 180 Nr. 11, aber Bedenken gegen die Lage der Sache äußernd. Gegen die Strafbarkeit Fr. Meyer § 180 Nr. 7. H. Meyer S. 647. Schütze S. 344.

2) Schwarze § 180 Nr. 2. Rubo § 180 Nr. 6. Olshausen § 180 Nr. 14. Oppenhoff § 180 Nr. 11. Binding a. a. O. S. 361. Dagegen Rsprch. III S. 391. v. Liszt S. 539. H. Meyer S. 647.

§ 200. Von der einfachen Kuppelei unterscheidet das Gesetz Fälle einer schwerer strafbaren Kuppelei[1]) nicht in der Weise, daß die schwerere Strafe von einem zum Thatbestande der einfachen Kuppelei hinzutretenden, qualifizirenden Momente abhängig gemacht, sondern in der Weise, daß der Thatbestand der schwerer strafbaren Kuppelei abweichend von dem der einfachen normirt wird.

Die hierher gehörigen Fälle der Kuppelei erklärt das Gesetz für strafbar „selbst wenn diese weder gewohnheitsmäßig noch aus Eigennutz betrieben wird".

Damit ist nicht bloß ein Thatbestandsmoment der einfachen Kuppelei für nicht erforderlich, sondern weiter auch dies erklärt, daß wenn dasselbe im concreten Falle vorliegen sollte, gleichwohl nur das eine nach § 181 zu strafende Delict vorliegt, also nicht eine Concurrenz desselben mit der einfachen Kuppelei anzunehmen ist[2]). Dagegen wird auch hier vorausgesetzt, daß der Unzucht durch Vermittelung oder Gewährung oder Verschaffung von Gelegenheit Vorschub geleistet sei.

Die hierher gehörigen Fälle sind 1) der, daß um der Unzucht Vorschub zu leisten hinterlistige Kunstgriffe angewendet worden sind. Als hinterlistige Kunstgriffe sind alle besondere, nach dem vorgesetzten Zwecke berechnete, Veranstaltungen zu betrachten, die auf eine Täuschung insofern berechnet sind, als es darauf ankommt eine andere Person entweder, ohne daß sie es bemerkt, in eine Lage zu bringen, in welcher sie der Versuchung zur Unzucht leicht erliegt, oder durch trügerische Vorspiegelungen zur Verübung von Unzucht zu bestimmen. Daß damit eine Täuschung wirklich hervorgebracht oder weiter auch Unzucht verübt wurde, ist nicht erforderlich[3]). Jedenfalls ist Anwendung von Gewalt, um Jemand wider seinen Willen zur Unzucht zu bringen, hier ausgeschlossen.

Es gehört hierher 2) der Fall, daß der Schuldige zu den Personen, mit welchen Unzucht getrieben worden ist, in dem Verhältnisse wie Aeltern zu Kindern, von Vormündern zu Pflegebefohlenen, von Geistlichen, Lehrern oder Erziehern, zu den von

---

1) Strfgb. § 181.

2) Binding Hdbch. I S. 354. Dagegen Olshausen § 181 Nr. 7. Wenn mehrere Fälle der nach § 181 strafbaren Kuppelei vorliegen und eine gewohnheitsmäßige Verübung ergeben, so sind sie nicht als ein Collectivdelict, sondern als real concurrirende Fälle der Kuppelei zu betrachten. Rsprch. IV S. 220.

3) Oppenhoff § 181 Nr. 2. Schwarze § 181 Nr. 2.

ihnen zu unterrichtenden oder erziehenden Personen steht. Von den übrigen Fällen der Kuppelei weicht der Thatbestand dieses Delictes insofern ab, als seine Vollendung fordert, daß in Folge der Kuppelei Unzucht getrieben worden sei, so daß im andern Falle nur ein Versuch vorliegen könnte. Aus den Worten „mit welchen Unzucht getrieben worden ist" darf nicht gefolgert werden, daß die Strafbestimmung nur dann Anwendung finde, wenn eine der im Gesetze genannten Personen Object, nicht aber dann wenn sie Subject der getriebenen Unzucht war, denn lediglich Object der Unzucht ist eine Person nur dann, wenn, wie bei der Nothzucht, wider ihren Willen Unzucht mit ihr getrieben wird, und in solchen Fällen erscheint die Mitwirkung zum Delicte nicht als Kuppelei, sondern als Theilnahme an demselben. In allen Fällen der Unzucht die mit Zustimmung beider Theile verübt wird, kann es auf die Art des Verhaltens der einen oder andern Person nicht ankommen, denn auch derjenige treibt Unzucht, der sich freiwillig der unzüchtigen Thätigkeit eines Andern darbietet, und am wenigsten kann davon die Rede sein, daß bei Verübung des Beischlafes die Frauensperson nur Object der verübten Unzucht sei[1]).

Wenn es sich bei der schwereren Strafe der Verkuppelung der Kinder durch die Aeltern um die schwere Verletzung der eigenthümlichen, den Aeltern obliegenden sittlichen Pflicht handelt, so werden unter Aeltern nicht nur die leiblichen, sondern ebenso die ihnen in Betreff jener Pflicht gleichstehenden Stief-, Adoptiv- und Pflegeältern zu verstehen sein, dagegen nicht weitere Ascendenten und Schwiegerältern[2]).

In diesen Fällen ist die Strafe Zuchthaus bis zu fünf Jahren, womit Verlust der bürgerlichen Ehrenrechte zu verbinden ist; auch kann auf Zulässigkeit von Polizei-Aufsicht erkannt werden.

---

1) Oppenhoff § 181 Nr. 4. Dagegen Villnow a. a. O. S. 153. Olshausen § 181 Nr. 3. 4, der zu dem der ratio legis widersprechenden Resultate kommt, daß der Vater der den Sohn mit Lustdirnen verkuppelt nach § 181 nicht strafbar sei, weil dann der Sohn nicht Object der Unzucht sei.

2) Schütze S. 344. v. Liszt S. 540. Rubo § 181 Nr. 3. Olshausen § 181 Nr. 4. Rsprch. IV S. 440. Dagegen Schwarze § 181 Nr. 3 der auch Großältern, Villnow a. a. O. S. 154 der auch Schwiegerältern zu den Aeltern rechnet, Oppenhoff § 181 Nr. 5, der das Gesetz nur auf die leiblichen, Rüdorff § 181 Nr. 4, der es außerdem noch auf die Stiefältern bezieht.

3. Erregung eines öffentlichen Aergernisses und Verbreitung unzüchtiger Schriften.

§ 201. Eine fernere strafbare Verletzung der öffentlichen Sittlichkeit ist die unzüchtige Handlung durch welche Jemand ein öffentliches Aergerniß giebt[1]).

Dem Code pénal Art. 330 folgend hatte das preußische Strafgesetzbuch für strafbar erklärt das durch Verletzung der Schamhaftigkeit gegebene öffentliche Aergerniß, und die preußische Praxis hatte, wie man auch bei der Redaction davon ausgegangen war[2]), stets angenommen, daß eine solche Verletzung auch durch mündliche Aeußerungen verübt werden könne. Das deutsche Strafgesetzbuch hatte dagegen jene „zu allgemeine Begriffsbestimmung" beseitigt[3]) und unzüchtige Handlungen die öffentlich ein Aergerniß geben für strafbar erklärt. Um Zweifeln über die Bedeutung der „Handlung" zu begegnen, wollte der Entwurf der Strafgesetz-Novelle von 1876 die Worte „oder Aeußerungen" hinzufügen, was aber vom Reichstage, mit Zustimmung des Vertreters des Bundesrathes, abgelehnt wurde, wobei es freilich zweifelhaft bleibt, ob darum, weil die Strafbestimmung auf Handlungen im Unterschiede von Aeußerungen beschränkt werden sollte, oder ob darum, weil auch Aeußerungen als Handlungen zu betrachten seien[4]). Es kann freilich keinem Zweifel unterliegen, daß Aeußerungen die mit dem Vorsatze geschehen auf Andere eine bestimmte psychische Einwirkung auszuüben, ihrer Natur nach Handlungen sind[5]), und daß eine andere Auslegung des Wortes „Handlung" nur da zulässig ist, wo dafür besondere, hier mangelnde Gründe, vorliegen[6]).

---

1) Strfgb. § 183.

2) Goltd. Mat. II S. 312.

3) Motive z. II Entwf. § 181.

4) Olshausen § 183 Nr. 2 betrachtet daher mit Unrecht die Abstimmung als entscheidend für die letztere Auslegung des Wortes „Handlung".

5) Villnow a. a. O. S. 156. v. Liszt S. 536. H. Meyer S. 646. Olshausen § 183 Nr. 2. Schwarze § 183 Nr. 2 und in Goltd. Arch. XXI S. 57. Wahlberg in Ztschrft. f. St. R. W. II S. 180. Rsprch. III S. 373. Entsch. VII S. 168. Rsprch. VI S. 164. Dagegen Oppenhoff § 183 Nr. 1. Rüdorff § 183 Nr. 1. Meves § 183 Nr. 2. Rubo § 183 Nr. 2.

6) Darin daß die neue Fassung des § 183 auch Geldstrafe zuließ, wird umgekehrt und in Rücksicht auf die Motive zur Novelle eine Andeutung dafür

Die Handlung muß eine unzüchtige sein, und die unzüchtige Handlung hat hier eine Bedeutung, welche mit der unzüchtigen Handlung im Sinne der §§ 174 und 176 nicht völlig übereinstimmt. In den letzteren Strafbestimmungen wird vorausgesetzt, daß mit anderen Personen unzüchtige Handlungen vorgenommen wurden[1]), und diese erfordern in allen Fällen, daß sie gegen das die geschlechtlichen Verhältnisse normirende Sittengesetz verstoßen. Darum entscheidet über die Unzüchtigkeit der Handlung nicht lediglich deren äußere Beschaffenheit, vielmehr ist die in geschlechtlicher Beziehung unzüchtige Handlung nur die, welche aus sinnlicher Lust entspringt und zur Befriedigung derselben, wenn auch nicht nothwendig zur Befriedigung des Geschlechtstriebes, verübt wird. Die unzüchtigen Handlungen von denen § 183 spricht sind dagegen nicht nothwendig solche, welche mit anderen Personen verübt werden, da sie auch solche sein können die der Thäter selbst und allein verübt. Sie sind ferner nicht nothwendig unsittliche, denn die Entblößung des eigenen Körpers, die Ausübung des ehelichen Beischlafes sind an sich nicht unsittlich und können gleichwohl als unzüchtige im Sinne des § 183 erscheinen, nämlich unter der Voraussetzung, daß sie durch die Art ihrer Verübung als zuchtlos insofern erscheinen, als sie in der Absicht verübt werden das Schamgefühl Anderer zu verletzen oder deren Geschlechtstrieb zu erregen[2]).

Sie muß ferner öffentlich ein Aergerniß gegeben haben. Dazu ist nicht erforderlich, daß sie an einem öffentlichen Orte, sondern nur dies, daß sie in einer Weise verübt wurde, vermöge deren sie von anderen, aber unbestimmt von welchen und wie vielen Personen, wahrgenommen werden konnte, wonach die nur von gewissen Personen wahrnehmbare und nur für ihre Wahrnehmung bestimmte Handlung hier ausgeschlossen ist[3]). Unter jener Voraussetzung

---

gefunden werden können, daß es geschehen sei, weil man die Gefängnißstrafe für unzüchtige Aeußerungen zu hart fand.

1) Nur mit Ausnahme des Falles in § 176 Nr. 3, daß Kinder zur Verübung unzüchtiger Handlungen verleitet werden, sofern es solche sind, die sie an sich selbst vornehmen.

2) Vgl. Binding in Ztschrft. f. St. R. W. II S. 453 f. v. Liszt S. 536. Schwarze § 183 Nr. 1. Rüdorff § 183 Nr. 1a. Rsprch. I. S. 404. II S. 565. VI S. 164. Dagegen Olshausen § 183 Nr. 3.

3) Vgl. Schwarze § 85 Nr. 5. § 183 Nr. 5. Villnow a. a. O. S. 157. Oppenhoff § 85 Nr. 1. § 183 Nr. 4. Olshausen § 110 Nr. 7. Rsprch. II S. 449.

genügt es, wenn sie auch nur von einer andern Person wahrgenommen wurde. Sie muß nicht nur geeignet sein als eine unzüchtige dem Sittlichkeitsgefühle Anderer Anstoß zu geben, sondern muß auch im concreten Falle bei denen die sie wahrnahmen Aergerniß erregt haben[1]).

Die Handlung muß nicht nur vorsätzlich und mit dem Bewußtsein, daß sie geeignet sei als unzüchtige Aergerniß zu erregen verübt sein, sondern auch mit der Absicht Aergerniß zu erregen, gleichviel ob sie eine exclusiv oder nur eventuell bestimmte ist, denn sie mangelt auch dann nicht, wenn der Thäter mit jenem Bewußtsein auf die Gefahr hin, daß er Anstoß erregen werde, handelte[2]).

Die Strafe ist Gefängniß bis zu zwei Jahren oder Geldstrafe bis zu fünfhundert Mark. Neben der Gefängnißstrafe kann auf Verlust der bürgerlichen Ehrenrechte erkannt werden.

§ 202. Das Gesetz erklärt endlich für strafbar denjenigen, welcher unzüchtige Schriften, Abbildungen oder Darstellungen verkauft, vertheilt oder sonst verbreitet, oder an Orten, welche dem Publikum zugänglich sind ausstellt oder anschlägt[3]).

Von dem in § 183 bezeichneten unterscheidet sich dieses Delict vor allem dadurch, daß jenes eine Verletzung der öffentlichen Sittlichkeit durch Erregung eines Aergernisses erfordert, während § 184 von dem polizeilichen Gesichtspunkte ausgeht, daß der Gefahr einer Verletzung der öffentlichen Sittlichkeit, der Möglichkeit, daß in weiten Kreisen das Gefühl für Züchtigkeit und Anstand beschädigt wird, vorgebeugt werden soll. Der Thatbestand des Delictes erfordert also nicht, daß der Erfolg welchen das Gesetz verhüten will in irgend welchem Umfange eingetreten sei.

---

1) Schütze S. 341. Oppenhoff § 183 Nr. 3. Olshausen § 183 Nr. 8. Rsprch. II S. 273. III S. 499. Dagegen Schwarze § 183 Nr. 4. Fr. Meyer § 183 Nr. 4. Rüdorff § 183 Nr. 3, welche die zum Aergernißgeben geeignete Handlung für ausreichend ansehen, auch wenn Niemand ein Aergerniß nahm. Wäre dies die Meinung des Gesetzes, dann hätte es sich, entsprechend der Fassung des § 184, darauf beschränken können, die öffentliche Verübung unzüchtiger Handlungen für strafbar zu erklären.

2) Nicht Absicht, sondern nur das Bewußtsein, daß die Handlung öffentlich ein Aergerniß geben könne, fordern diejenigen welche das wirklich gegebene Aergerniß nicht für erforderlich achten. Wer aber sich dessen bewußt ist, daß die Handlung geeignet sei Aergerniß zu erregen und daß unter den gegebenen Umständen auch die Möglichkeit vorliege, daß Andere sie wahrnehmen und Aergerniß an ihr nehmen, der will auch, daß wenigstens eventuell dieser Erfolg eintrete.

3) Strfgb. § 184.

Die Schrift, Abbildung, Darstellung muß eine unzüchtige sein, und es wird allerdings kaum möglich sein eine feste Norm anzugeben, mittelst deren in jedem concreten Falle die züchtige von der unzüchtigen Schrift, Abbildung, Darstellung mit Sicherheit zu unterscheiden ist. Bei der Beurtheilung des concreten Falles wird der leitende Gesichtspunkt immer der sein müssen, daß hier die Unzüchtigkeit die gleiche Bedeutung hat wie in § 183 und daß darum die Unzüchtigkeit des Schrift- oder Bildwerkes bedingt wird durch seine Tendenz, den Leser oder Beschauer geschlechtlich aufzuregen, zur Unzucht zu verleiten, aufzufordern[1]). Es ist ferner zu berücksichtigen, daß dasselbe Schrift- oder Bildwerk eine verschiedene Wirkung auf verschiedene Kreise des Publikums hervorzubringen vermag, und daß darum über seine Unzüchtigkeit nicht lediglich sein Inhalt, sondern auch der Umstand entscheidet, daß es auf die Kenntnißnahme solcher Kreise berechnet ist, in denen es voraussichtlich die Wirkung, welche das Gesetz verhüten will, ausübt[2]). Was insbesondere die Schrift betrifft, so fordert das Gesetz, daß sie als solche und als Ganzes eine unzüchtige sei, und das ist sie, trotz einzelner in ihr enthaltener unzüchtiger Stellen nicht, wenn sie als Ganzes nicht eine unzüchtige Tendenz verfolgt[3]), obwohl auch solche Schriften als unzüchtige erscheinen können, wofern sich aus eigenthümlichen, bei der Ausgabe getroffenen Veranstaltungen oder der Art ihrer Verbreitung ergiebt, daß sie die Zweckbestimmung haben gerade durch die stellenweise in ihnen enthaltenen Unzüchtigkeiten eine Wirkung auf die Leser auszuüben[4]).

Strafbar ist nicht der Verfasser der unzüchtigen Schrift, der Anfertiger des unzüchtigen Bildwerkes, sondern nur derjenige, welcher das Schrift- oder Bildwerk verkauft, vertheilt oder sonst verbreitet, oder an Orten die dem Publikum zugänglich sind ausstellt oder anschlägt. Insofern das Gesetz von einem Verbreiten spricht und das Verkaufen und Vertheilen nur als besondere Arten des Verbreitens bezeichnet, setzt es hierbei offenbar voraus, daß eine Mehrheit von Exemplaren vertrieben werden soll, woraus nicht

---

1) Vgl. insbesondere **Villnow** a. a. O. S. 158. **Binding** a. a. O. S. 461 f. **Oppenhoff** § 184 Nr. 1. 2. **Rüdorff** § 184 Nr. 1. Rsprch. I S. 149. Entsch. VIII S. 128.

2) **Oppenhoff** § 184 Nr. 1. **Binding** a. a. O. S. 469.

3) **Villnow** a. a. O. **Binding** a. a. O. S. 461. **Oppenhoff** § 184 Nr. 2a. **Olshausen** § 184 Nr. 3.

4) Rsprch. III S. 52.

folgt, daß der Thatbestand des Delictes ein entgeltliches oder unentgeltliches Weggeben mehrerer Exemplare fordert, denn nur dies ist erforderlich, daß die Schrift, das Bild der Oeffentlichkeit zugänglich gemacht wurde, und dazu genügt schon das Weggeben eines Exemplares[1]). Dagegen ergiebt das Verbreiten einer Mehrheit von Exemplaren immer nur ein Delict, nicht eine Concurrenz mehrerer. Das Ausstellen oder Anschlagen muß an einem dem Publikum zugänglichen aber nicht nothwendig an einem öffentlichen Orte erfolgen.

Der Verfasser der unzüchtigen Schrift wie der Anfertiger des unzüchtigen Bildes können zwar nicht als solche, wohl aber wegen Anstiftung zum Delicte desjenigen der diese Gegenstände durch Verbreitung u. s. w. in die Oeffentlichkeit gebracht hat, gestraft werden, namentlich also dann, wenn sie mit dem Verbreiter einen Verlagsvertrag in Betreff des Schrift- oder Bildwerkes geschlossen hatten.

Obwohl das Gesetz sich darüber nicht ausdrücklich ausspricht, wird doch angenommen werden müssen, daß es den Dolus des Thäters voraussetzt, der nicht bloß das vorsätzliche Verkaufen u. s. w., sondern auch das Bewußtsein, daß die Schrift, das Bild unzüchtig sei, erfordert[2]).

Vollendet ist das Delict erst dann, wenn das Verbreiten, das Ausstellen, Anschlagen stattgefunden hat, nicht mit dem Haben des unzüchtigen Schrift- oder Bildwerkes, sollte damit auch die Absicht des Verbreitens u. s. w. verbunden sein, insbesondere also auch nicht das Feilhalten, Anbieten. Der Versuch der hierin erblickt werden könnte ist straflos.

Die Strafe ist Geldstrafe bis zu dreihundert Mark oder Gefängniß bis zu sechs Monaten.

Unzüchtige Schriften und Abbildungen, welche mittels Verbreitens, Ausstellens, Anschlagens zur Verübung des Delictes gedient haben oder zu fortgesetzter Verübung desselben bestimmt sind, können nach § 40, sofern sie dem Thäter oder einem Theilnehmer gehören, eingezogen werden. Dagegen kann ein Unbrauchbarmachen auf Grund der §§ 41 und 42 nicht angeordnet werden,

---

1) Olshausen § 184 Nr. 1. Dagegen Rüdorff § 184 Nr. 2. Rubo § 184 Nr. 6.

2) Villnow a. a. O. Oppenhoff § 184 Nr. 7. Binding a. a. O. S. 468. Olshausen § 184 Nr. 6. Rsprch. I S. 149.

denn dieses setzt voraus, daß der Inhalt der Schrift, Abbildung oder Darstellung ein strafbarer sei, und das ist er lediglich vermöge der Unzüchtigkeit nicht[1]). Hätte das Gesetz die Schrift oder Abbildung rücksichtlich ihres unzüchtigen Inhaltes für strafbar angesehen, so würde es ohne Zweifel in erster Linie den Verfasser, Hersteller für strafbar erklärt haben. Es betrachtet aber die Anfertigung unzüchtiger Schriften und Bilder für erlaubt, und verbietet nur im Interesse der öffentlichen Sittlichkeit deren Verbreitung, Ausstellung, Anschlagen[2]).

---

1) Von einem Thäter oder Theilnehmer eines vorsätzlichen Verbrechens oder Vergehens kann nicht die Rede sein, wenn der Angeschuldigte frei gesprochen wurde, hier z. B. weil der Verbreiter der unzüchtigen Schrift deren Inhalt nicht kannte. Es kann daher nicht mit Rüdorff § 184 Nr. 4 angenommen werden, daß die Einziehung auch dann auszusprechen sei, wenn der Thäter nicht strafbar ist.

2) Rüdorff a. a. O. Olshausen § 41 Nr. 4. Dagegen Schütze S. 344. Oppenhoff § 184 Nr. 10. Rsprch. III S. 52, wo nur die Anwendbarkeit der §§ 41. 42 auch in dem Falle gerechtfertigt wird, daß der Angeklagte freizusprechen ist, dagegen die Frage ob der Inhalt einer unzüchtigen Schrift ein strafbarer sei, nicht beantwortet ist. Schwarze § 184 Nr. 5 betrachtet § 41, dagegen nicht § 40, für anwendbar.

Fünftes Kapitel.

Delicte welche sich auf die Religion beziehen.

Literatur.

Wahlberg in Holtzendorff Handbuch III S. 263. — Derselbe in Strafrechtszeitung I S. 273. 289. — Meves im Gerichts=Saal 1875 S. 321. — Villnow ebenda 1879 S. 509. 579. — Haager Beitrag zur Lehre von den Religionsvergehen 1874.

1. Einleitung.

§ 203. Wie die gesammte neuere Strafgesetzgebung seit der Joseph's II. und der des preußischen Landrechtes ist auch das deutsche Strafgesetzbuch in der Auffassung und Behandlung der Religionsdelicte von dem ältern gemeinen Rechte völlig abgewichen. Die Voraussetzung von der dieses ausging, war der annähernd theokratische Staat, welcher eine bestimmte religiöse Ueberzeugung als Rechtspflicht und als Voraussetzung für die Vollberechtigung des Einzelnen in seinem Verhältnisse zum Staate betrachtete, darum auch sich als berufen ansah gewisse irreligiöse Handlungen an sich und als solche zu strafen. Jene theokratische Tendenz des Strafrechtes gab sich freilich auch darin kund, daß nicht nur die unmittelbar gegen die Religion gerichteten Delicte, wie Blasphemie, Zauberei, Ketzerei, als delicta mixta, bei denen wie das weltliche so auch das kirchliche Gericht competent ist, sondern als solche auch manche andere Delicte darum angesehen wurden, weil sie, obwohl unmittelbar gegen ein anderes Rechtsgut gerichtet, dennoch nach den Anschauungen der Zeit wie z. B. Wucher, Fälschung, Unzuchtsdelicte als schwere Versündigungen gegen Gebote der Religion und Kirche erschienen. Ein Einfluß veränderter Anschauungen und Zustände machte sich freilich schon in der Zeit der **Carolina** insofern geltend, als diese in Folge der Reformation den von der Ketzerei handelnden Artikel der **Bambergensis** nicht aufnahm, und ebenso wie die **Bambergensis**, im Widerspruche zu der bisher und noch lange nach ihr im Volke und in der gerichtlichen Praxis herrschenden Vorstellung, bei der Zauberei und Hexerei nicht mehr das vorausgesetzte Bündniß mit dem Teufel und das Abschwören des christlichen Glaubens als das allein entscheidende Moment betrachtete, sondern die Strafe des Feuertodes davon abhängig machte, daß die Zauberei als Mittel der Beschädigung Anderer gebraucht worden sei. Als eigentliche Religionsdelicte behandelt die **Carolina** die Gotteslästerung, den Meineid und die Zauberei, während sie im Uebrigen auf die besondere religiöse Bedeutung des Delictes nur noch hindeutet, wie bei der Bigamie und dem Kirchendiebstahl.

Die Aufklärungszeit brach vollständig mit dem Gedanken, daß Gott und die Religion selbst Object eines strafbaren Angriffes sein könnte sowie mit dem einer Staatsreligion. Die Strafgesetzgebung des preußischen Landrechtes kennt nur noch Beleidigungen der Religionsgesellschaften, sei es durch das alle treffende, durch öffentliche Gotteslästerung gegebene Aergerniß, sei es durch Lästerung einer besonderen der im Staate aufgenommenen Religionsgesellschaften, sei es durch Störung des Gottesdienstes, ein Schutz der allen im Staate bestehenden Religionsgesellschaften gewährt wird, und nur rücksichtlich des Strafmaßes wird unterschieden ob die Religionsgesellschaft eine vom Staate anerkannte oder nur geduldete sei. Daneben wird für strafbar erklärt der Mißbrauch der Religion zu Gaukeleien, die Verbitterung der Religionsparteien gegen einander, und das betrügliche Sectenstiften, während wer sich aus Unwissenheit oder Schwärmerei zum Sectenstifter aufwirft, in einer öffentlichen Anstalt belehrt, eventuell von seiner Gemüthskrankheit geheilt werden soll.

Auf dem gleichen Standpunkte steht die Doctrin der Aufklärungszeit, die, von dem Satze ausgehend, daß das Verbrechen Rechtsverletzung nur als Verletzung einer Berechtigung sein könne, die Religionsdelicte als an der kirchlichen Gesellschaft begangene Injurien betrachtete[1]). Wenn die spätere Doctrin diese Anschauung aufgab, so machten sich doch sehr verschiedene Gesichtspunkte geltend, indem man die Religionsdelicte als Verletzung der zur Erhaltung der Religiösität gegebenen Polizeigesetze, oder als

---

1) Vgl. Feuerbach § 303 f. Grolman § 307 f. Klein § 484 f. Werner § 630 f.

Delicte theils gegen die Religionsrechte der Staatsgenossen, theils gegen das Interesse des Staates an der Religion, oder auch theils als Rechtsverletzungen der Religionsgesellschaften, theils als Verletzung einer religiösen Pflicht gegenüber dem was im Staate heilig geachtet wird, bezeichnete[1]).

Der Auffassung Feuerbach's entsprechend kannte das bayerische Strafgesetzbuch von 1813 keine Religionsdelicte, stellte vielmehr die Störung des Gottesdienstes zu den Verbrechen wider den Rechtsfrieden, den früher als Religionsdelict betrachteten Meineid zu den Beeinträchtigungen fremder Rechte durch Betrug und überwies die Blasphemie den Polizeiübertretungen. Ihm folgten die Strafgesetzbücher von Würtemberg und Braunschweig insofern auch sie die Störung des Gottesdienstes, außerdem aber auch die Blasphemie als Friedensstörung oder Delicte wider die öffentliche Ordnung behandelten, wogegen den übrigen Strafgesetzbüchern das sächsische von 1838 insofern zum Vorbilde diente, als es in einem besondern Abschnitte als Verletzungen der Ehrerbietung gegen die Religion den Meineid, die Störung des Gottesdienstes, die Gotteslästerung und öffentliche Herabsetzung der Religion zusammenfaßte. Dagegen wichen sie von ihm insofern ab, als sie den Meineid von den Relgionsdelicten sonderten und neben der Herabwürdigung und Lästerung von Religionslehren und Gegenständen der religiösen Verehrung die Gotteslästerung nicht noch besonders nannten. Auch das preußische Strafgesetzbuch, dem im Wesentlichen das deutsche gefolgt ist, hat den Meineid von den Religionsdelicten ausgeschieden, hat aber neben der Beschimpfung der Religionsgesellschaften die Gotteslästerung wieder besonders für strafbar erklärt und außerdem den Leichenraub und die sepulcri violatio hinzugefügt.

Die heutige Gesetzgebung hat also mit dem Gedanken, daß Gott selbst Gegenstand einer Rechtsverletzung sein könnte wie mit den strafrechtlichen Consequenzen einer Staatsreligion gebrochen. Sie geht nicht von dem Gesichtspunkte aus, daß es sich bei den Delicten die sich auf die Religion beziehen, um eine Gefährdung des Rechtsfriedens, oder nur um eine Beleidigung der Religionsgesellschaften, oder um eine Verletzung des besonderen Interesses das der Staat an der Religion hat, handle. Ganz gewiß hat der

---

1) Vgl. Wächter II S. 536 f. Roßhirt § 103. Martin § 270 f. Heffter § 418 f. Abegg § 555 f.

Staat ein Interesse an der Wahrung des religiösen Lebens seines Volkes, aber es ist dies kein anderes Interesse als dasjenige, von dem er bei allen seinen Strafsatzungen ausgeht, das Interesse alle wesentlichen Güter des socialen Lebens, soweit dies mittelst der Strafgesetze geschehen kann, gegen Gefährdungen und Verletzungen zu schützen. Er schützt die religiösen Ueberzeugungen und Gefühle gegen absichtliche Kränkung in gleicher Weise, wie er die öffentliche Sittlichkeit gegen das ihr bereitete Aergerniß schützt, und er schützt die Religionsgesellschaften in der ungehinderten Ausübung ihres Gottesdienstes.

Daß das Strafgesetzbuch nicht alle Delicte, bei denen es auf die Verleugnung der religiösen Scheu Seitens des Thäters und die Verletzung der religiösen Gefühle Anderer Gewicht legt, zu den Delicten, welche sich auf die Religion beziehen, gestellt hat, wird insoweit nicht getadelt werden dürfen, als es sich dabei nur um ein für die Strafbarkeit eines anderweitigen Delictes mitbestimmendes Moment handelt, so bei dem Kirchendiebstahl und der Brandstiftung an einem gottesdienstlichen Gebäude. Dagegen ist es allerdings auffallend, daß der beschimpfende Unfug in einem gottesdienstlichen Gebäude, der eventuell auch in Sachbeschädigung bestehen kann, zu den Religionsdelicten, dagegen die Beschädigung von Gegenständen der Verehrung einer Religionsgesellschaft zu den Sachbeschädigungen, ebenso die Beschädigung eines Grabes zu den Religionsdelicten, die eines Grabmales zu den Sachbeschädigungen gestellt, daß der Leichenraub als Religionsdelict, das unbefugte Wegnehmen eines Theiles einer Leiche als Uebertretung erscheint[1]).

2. Die Gotteslästerung.

§ 204. Das Gesetz faßt in § 166 den Thatbestand dreier verschiedener Vergehen zusammen, und zu ihnen gehört 1) die Gotteslästerung, welche erfordert, daß der Thäter ein Aergerniß dadurch giebt, daß er öffentlich in beschimpfenden Aeußerungen Gott lästert.

Da das Gesetz die Gotteslästerung und die Beschimpfung von Religionsgesellschaften unter dieselbe Strafsatzung zusammenfaßt, so ist die Streitfrage ob das Gesetz von einem abstracten Gottes-

---

1) Vgl. John Entwurf eines Strfgb. S. 391. Meves a. a. O. S. 323.

begriffe oder dem eigenthümlichen der christlichen Kirchen und der übrigen mit Corporationsrechten im Reichsgebiete bestehenden Religionsgesellschaften ausgegangen sei, und in Folge dessen der Zweifel, ob eine bestimmte beschimpfende Aeußerung als Gotteslästerung oder als Beschimpfung einer Religionsgesellschaft zu betrachten sei ohne praktischen Werth. Eben deshalb würde es richtiger und folgerecht gewesen sein, wenn das Strafgesetzbuch, nach dem Vorgange anderer, die Gotteslästerung nicht als besonderes Delict behandelt, sondern, sie mit der Beschimpfung der Religionsgesellschaften zusammenfassend, die öffentliche Verspottung von Gegenständen der religiösen Verehrung für strafbar erklärt hätte[1]). Da aber das deutsche Strafgesetzbuch, dem preußischen folgend, die Gotteslästerung von der Beschimpfung der Religionsgesellschaften geschieden hat, und da man bei der Redaction des preußischen, trotz dagegen erhobener Einwendungen, hieran festhielt, weil der Begriff der Gottheit allen im Staate bestehenden Religionsgesellschaften so gemeinsam und ein so ursprünglicher sei, daß man ihn nicht als einen Gegenstand der Lehre oder als eigenthümliches Dogma dieser oder jener Religionspartei betrachten könne, das Vergehen darum nicht die einzelne Religionsgesellschaft, sondern sie alle zusammen treffe[2]), so kann darüber kein Zweifel sein, daß das Gesetz allerdings von einem abstracten Gottesbegriffe ausgeht, der nur insofern näher begrenzt ist, als der Monotheismus als das allen im Staate bestehenden Religionsgesellschaften Gemeinsame vorausgesetzt wird[3]).

---

1) Vgl. John a. a. O. S. 393.

2) Goltd. Mat. II S. 262 f.

3) Vgl. Villnow a. a. O. S. 528. H. Meyer S. 652. Wahlberg a. a. O. S. 267. Schwarze § 166 Nr. 4a. Fr. Meyer § 166 Nr. 4. Dagegen Meves a. a. O. S. 334. v. Liszt S. 521. Olshausen § 166 Nr. 2, der mit Unrecht behauptet, daß aus der Entstehungsgeschichte des § 137 des preuß. Strfgb. keine Folgerung für den Gottesbegriff des Gesetzes zu ziehen sei. Von entscheidender Bedeutung erscheinen aber hier die Materialien des preuß. Strfgb. darum, weil der abstracte Gottesbegriff, von dem man ausging, seinen entsprechenden Ausdruck im Gesetze dadurch gefunden hat, daß es die Gotteslästerung von der Beschimpfung der Religionsgesellschaften schied. Lästerungen Christi oder des heiligen Geistes, die nur vom christlichen Gottesbegriffe aus als Gotteslästerungen erscheinen können, sind hiernach nicht Gotteslästerungen im Sinne des Gesetzes. Dagegen die Praxis vgl. Pezold § 166 Nr. 4. 5. Oppenhoff § 166 Nr. 2. Rsprch. I S. 143. IV S. 225. Unzulässig ist es also insbesondere, nur den Gottesbegriff

Der Thatbestand der Gotteslästerung erfordert, daß Gott in beschimpfenden Aeußerungen gelästert worden sei. Daraus folgt zunächst dies, daß Aeußerungen, welche die Anerkennung Gottes verleugnen, Aeußerung atheistischer, pantheistischer, polytheistischer Ansichten, Aeußerungen die dem Gottesbegriffe dieser oder jener Religionsgemeinschaft widersprechen, ihn bekämpfen, an sich nicht strafbar sind, sollten sie auch bei Anderen Anstoß, Aergerniß erregt haben, denn das Gesetz will die volle Freiheit der Meinungsäußerung auch in religiösen Dingen nicht beschränken. Wenn das Gesetz von einem Lästern in beschimpfenden Ausdrücken spricht, so hat es dabei offenbar nicht zwei gleichbedeutende Ausdrücke gebrauchen wollen. Das Lästern besteht in Aeußerungen die das Laster, das Böse in dem Verhältnisse des Thäters zu dem Gelästerten zum Ausdrucke bringen, die Gotteslästerung also in Aeußerungen, die vom Standpunkte des Gottesfürchtigen aus als gottlos erscheinen, und eben solche Aeußerungen sind an sich nicht eine strafbare Gotteslästerung, denn diese erfordert weiter, daß die gottlose Aeußerung zugleich eine beschimpfende sei[1]). Beschimpfend aber ist sie, wenn sie nicht nur die der Heiligkeit Gottes entsprechende Gesinnung verleugnet, sondern auch in frecher Ueberhebung über das Heilige in rohen, verspottenden, verhöhnenden Ausdrücken dessen Verachtung kund giebt. Es wird daher bei Beantwortung der Frage ob die Aeußerungen beschimpfende seien, insbesondere darauf ankommen, ob der Thäter sich ihrer als solcher bewußt war, die nicht nur einen Mangel an Achtung des Heiligen ausdrücken, sondern einen activen, Verachtung kund gebenden Angriff auf die Ehre Gottes enthalten, und daß er sie in solchem Bewußtsein absichtlich that. Es sollte darum durch die Fassung des Gesetzes von der Gotteslästerung insbesondere auch der Fall ausgeschlossen werden, daß Aeußerungen, welche gotteslästerlich erscheinen könnten, ohne solchen Dolus geschehen sind, weil es sich um leichtfertige, unter rohen Menschen vielleicht herkömmliche, Redensarten

---

der christlichen Kirchen und anderer mit Corporationsrechten bestehender Religionsgesellschaften vorauszusetzen, den anderer monotheistischer Religionsgesellschaften auszuschließen.

1) Villnow a. a. O. S. 530, der mit Recht daran erinnert, daß der Hohepriester von seinem Standpunkte aus die Antwort Christi, die gewiß keine beschimpfende war, als eine Lästerung Gottes bezeichnen konnte. Olshausen § 166 Nr. 3. Meves a. a. O. S. 335. Rsprch. I S. 143.

handelt, deren Bedeutuug der Thäter sich nicht klar macht und bei denen ein böser Wille mangelt.

So gewiß aber beschimpfende Aeußerungen im Widerspruche stehen können zu der Gott gebührenden Ehre, so wenig ist, auch nach der Auffassung des Gesetzes, Gott selbst das Object des strafbaren Angriffes bei der Gotteslästerung[1]). Das Gesetz fordert darum, daß ein Aergerniß gegeben sei durch öffentlich in beschimpfenden Aeußerungen[2]) verübte Gotteslästerung. Die Bedeutung des „öffentlich" ist hier die gleiche wie in § 183[3]), und das preußische Strafgesetzbuch hatte sich mit der Oeffentlichkeit der Gotteslästerung begnügt, weil anzunehmen sei, daß sie als öffentliche auch Aergerniß erregen werde[4]). Das deutsche Strafgesetzbuch erfordert dagegen, daß wirklich ein Aergerniß gegeben worden sei, daß die Gotteslästerung Anderen zur Verletzung ihrer religiösen Ueberzeugungen und Gefühle gereicht habe[5]). Der Thäter muß hiernach auch in der Absicht ein Aergerniß zu geben gehandelt haben. Seine eigene Religion und Confession ist gleichgiltig und selbst der Umstand, ob seine Aeußerungen seinen eignen Ueberzeugungen entsprechen oder ob er sie, im Widerspruche zur eigenen religiösen Ueberzeugung, lediglich um des Aergernisses Anderer willen gethan hat.

3. Beschimpfung von Religionsgesellschaften.

§ 205. Ein zweites Delict, mit der Gotteslästerung unter dieselbe Strafsatzung gestellt, ist die Beschimpfung einer innerhalb

1) Es kann darum die Gotteslästerung nicht mit Villnow als Unfug gegen Gott, oder mit H. Meyer das als Persönlichkeit gedachte höchste Wesen als Gegenstand des Delicts bezeichnet werden. Vgl. dagegen Motive z. II Entwf. zu §§ 163—166.

2) Bildliche Darstellungen sind nicht Aeußerungen und können um so weniger in Betracht kommen als § 166 abweichend vom preuß. Strfgb. das von Gotteslästerung „in Worten, Schriften oder anderen Darstellungen" gesprochen hatte, nur von Aeußerungen spricht. Olshausen § 166 Nr. 4. Dagegen Meves a. a. O. S. 336. Oppenhoff § 166 Nr. 3. Schütze S. 346.

3) Vgl. oben S. 695.

4) Goltd. Mat. II S. 624.

5) Es genügt also auch hier wie bei § 184 nicht, daß die Handlung geeignet war Aergerniß zu erregen, vielmehr muß sie ein solches wirklich erregt haben. Meves a. a. O. S. 339. Oppenhoff § 166 Nr. 4. Rubo § 166 Nr. 3. 5. Olshausen § 166 Nr. 7. v. Liszt S. 521. Rsprch. II S. 183. Dagegen Rüdorff § 166 Nr. 3. Schwarze § 166 Nr. 6.

des Bundesgebietes mit Corporationsrechten bestehenden Religionsgesellschaft oder ihrer Einrichtungen oder Gebräuche.

Wenn das Gesetz an erster Stelle eine der christlichen Kirchen nennt, so ergiebt sich aus dem „oder eine andere“, daß auch jene hier nur insoweit in Betracht kommen, als sie innerhalb des Bundesgebietes mit Corporationsrechten bestehen[1]). Da aber die Verleihung von Corporationsrechten nicht vom Reiche, sondern von der Staatsgewalt der einzelnen Bundesstaaten ausgeht, so konnte nicht von im Bundesgebiete, sondern nur von irgendwo innerhalb des Bundesgebietes mit Corporationsrechten bestehenden Religionsgesellschaften die Rede sein, und hieraus folgt, daß die Verurtheilung wegen des Vergehens nicht davon abhängig ist, ob die beschimpfte Religionsgesellschaft in demjenigen deutschen Staate mit Corporationsrechten besteht, in welchem es verübt wurde oder zur Aburtheilung gelangt[2]).

Wenn das Gesetz den Schutz gegen Beschimpfungen auf die mit Corporationsrechten bestehenden Religionsgesellschaften beschränkt hat, so ist dies nach den Motiven darum geschehen, weil im andern Falle eine angeblich religiöse Vereinigung jenen Schutz in Anspruch nehmen könnte, bei der es an der Gewähr dafür fehlt, ob sie wirklich ein religiöser und nicht vielmehr ein nichtreligiöser Verein sei. Wenn aber der Forderung, daß einer jeden religiösen Ueberzeugung, und nicht blos der vom Staate gebilligten Schutz gegen Beschimpfung zu gewähren sei[3]), mit dem Einwande begegnet wird, daß es nicht dem Richter überlassen werden dürfe zu entscheiden, ob ein Verein als Religionsgesellschaft zu betrachten sei, so steht dem entgegen, daß der Richter gleichwohl in die Lage kommt, eine derartige Entscheidung treffen zu müssen, wenn es sich bei Anwen-

---

1) Wahlberg a. a. O. S. 267. Meves a. a. O. S. 345. Oppenhoff § 166 Nr. 5. Rüdorff § 166 Nr. 3. Olshausen § 166 Nr. 9. Dagegen Villnow a. a. O. S. 531, der bei den christl. Kirchen das Bestehen mit Corporationsrechten nicht für erforderlich erachtet. Berner S. 395 und Schwarze § 166 Nr. 7 beziehen § 166 auch auf die griechische Kirche.

2) Hiernach kann es nicht zweifelhaft sein, daß auch die Altkatholiken, weil sie in Preußen und anderen deutschen Staaten als zur römisch-katholischen Kirche gehörend anerkannt sind, als Gegenstand der Beschimpfung einer der christlichen Kirchen erscheinen. Vgl. Haager Sind die Altkatholiken in rechtlicher Hinsicht noch Mitglieder der katholischen Kirche? 1874. Meves a. a. O. S. 347. Schwarze § 166 Nr. 7. Olshausen § 166 Nr. 10. v. Liszt S. 521. Dagegen Oppenhoff § 166 Nr. 6.

3) Vgl. John a. a. O. S. 394 f. Wahlberg a. a. O. S. 265.

dung von § 167 darum handelt, ob die Störung sich auf eine wirklich als gottesdienstlich anzuerkennende Verrichtung beziehe.

Die Beschimpfung kann sich beziehen auf die Religionsgesellschaft als solche, oder auf ihre Einrichtungen oder Gebräuche, wogegen die im Entwurfe enthaltenen, dem preußischen Strafgesetzbuche entnommenen Worte: „die Gegenstände ihrer Verehrung, ihre Lehren" in Folge des Beschlusses des Reichstages gestrichen wurden. Zu den Einrichtungen und Gebräuchen sind hiernach, wie auch nach der Bedeutung dieser Worte, jedenfalls Lehren, Dogmen, nicht zu rechnen, vielmehr nur die von der kirchlichen Autorität ausgehenden oder gebilligten Satzungen, die sich auf die äußere und innere Organisation der Religionsgesellschaft und die Ordnung ihres Cultus beziehen[1]). Jedenfalls müssen die Einrichtungen und Gebräuche eigenthümliche der Religionsgesellschaft sein, und es gehören darum nicht hierher Einrichtungen und Gebräuche von nur lokaler Bedeutung.

Was die Beschimpfungen der Religionsgesellschaften an sich betrifft, so wird eine solche ohne Zweifel eine so allgemein gehaltene sein können, daß sie unmittelbar besondere Gegenstände der Verehrung oder Lehren der beschimpften Religionsgesellschaft nicht trifft. Daraus aber, daß das Gesetz Gegenstände der Verehrung und Lehren nicht nennt, kann unmöglich gefolgert werden, daß deren Beschimpfung in allen Fällen straflos sei, denn, abgesehen von ganz allgemein gehaltenen Beschimpfungen, die für eine jede Religionsgesellschaft den gleichen Werth haben, wird eine besondere Religionsgesellschaft als solche nur beschimpft werden können, wenn sich der Angriff gegen ihre Lehren oder die besonderen Gegenstände ihrer Verehrung richtet. Ueberdies wird es sehr schwierig sein in jedem Falle zwischen Lehren und Einrichtungen zu unterscheiden[2]).

---

1) Villnow a. a. O. S. 534. Meves a. a. O. S. 347 f. Schwarze § 166 Nr. 10. Olshausen § 166 Nr. 10.

2) Die Beschlüsse des vatikanischen Concils bilden eine Lehre der katholischen Kirche, aber es handelt sich dabei zugleich um eine Einrichtung insofern die verfassungsmäßige Stellung des Papstes in der Kirche normirt wird. Das viel angefochtene Urtheil des R. G. vom 28. Juni 1883, Rsprch. V S. 677, hätte sich allerdings dessen enthalten sollen die Lehre von der Unfehlbarkeit des Papstes und jedes Dogma der katholischen Kirche als eine „unbedingte Folge der ganzen kirchlichen Lehre" zu bezeichnen, daß aber eine Beschimpfung der Lehre von der Unfehlbarkeit als eine Beschimpfung der katholischen Kirche zu betrachten sei, wird sich schwerlich bestreiten lassen.

Die Absicht einer erlaubten Kritik kein Hinderniß zu bereiten war darum durch die Streichung der Lehren und der Gegenstände der Verehrung nicht zu erreichen, und wird nur durch Unterscheidung der erlaubten Kritik und der Beschimpfung zu erreichen sein[1]). Die Praxis wird darum nicht umhin können auch Beschimpfungen der Lehren und der Gegenstände der Verehrung zu strafen, insoweit sie als eine Beschimpfung der Religionsgesellschaft als solcher erscheinen[2]).

Die Beschimpfung muß eine öffentliche in dem schon erörterten Sinne[3]) sein, also jedenfalls eine solche, welche von Anderen oder wenigstens einem Andern wahrgenommen wurde, während es nicht erforderlich ist, daß die Wahrnehmenden der beschimpften Religionsgesellschaft angehören. Auch ist hier nicht gefordert, daß durch die Beschimpfung ein Aergerniß gegeben wurde. Das Beschimpfen erfordert auch hier eine bewußte, böswillige Verachtung kund gebende Herabwürdigung dessen was Anderen als heilig erscheint. Als eine Religionsgesellschaft, ihre Einrichtungen oder Gebräuche beschimpfend wird darum eine Aeußerung[4]) allerdings immer nur vermöge ihrer die schmähsüchtige Absicht kundgebenden Form, niemals lediglich vermöge ihres Inhaltes betrachtet werden können, denn es kann eine scharfe, wissenschaftliche Kritik von den Angehörigen der betreffenden Religionsgesellschaft als tief verletzend

---

1) Vgl. Meves a. a. O. S. 348 f. Billnow a. a. O. S. 534. Vgl. auch Haager Beitrag zur Lehre von den Religionsvergehen. Olshausen § 166 Nr. 14.

2) Die Praxis erkennt an, daß Beschimpfung der Lehren als eine Beschimpfung der Religionsgesellschaft angesehen werden kann, Oppenhoff § 166 Nr. 10, Olshausen § 166 Nr. 11, oder sie hilft sich damit, daß den Einrichtungen eine möglichst ausgedehnte, die Lehren mit umfassende Bedeutung, gegeben wird, wonach die Lehre von der Heiligenverehrung, die Ablaßlehre, sogar die Christusverehrung und das apostolische Glaubensbekenntniß als Einrichtung betrachtet wird. Rsprch. III S. 755. Oppenhoff § 166 Nr. 11—13. Olshausen § 166 Nr. 12. Rüdorff § 166 Nr. 6. 7. Vgl. Rsprch. II S. 477, wo sich die ganze Unhaltbarkeit der Unterscheidung von Lehre und Einrichtung dadurch kund giebt, daß man die Beschimpfung der Lehre an sich zwar für straflos erklärt, sie gleichwohl bestraft, insofern die im Cultus sich ergebenden Folgen der Lehre Einrichtungen seien.

3) Vgl. oben S. 695.

4) Da das Gesetz hier nicht wie bei der Gotteslästerung Aeußerungen fordert, werden auch bildliche Darstellungen in Betracht kommen. Rsprch. III S. 826.

und kränkend empfunden werden, ohne schon darum als beschimpfend zu erscheinen, und selbst der Umstand, daß sie sich als irrig, auf unwahren Voraussetzungen beruhend erweisen sollte, macht sie noch nicht zu einer beschimpfenden, so wie umgekehrt auch wahre Thatsachen zum Zweck der Beschimpfung mißbraucht werden können[1]).

§ 206. Als strafbar bezeichnet § 166 endlich 3) den beschimpfenden Unfug der in einer Kirche oder in einem andern zu religiösen Versammlungen bestimmten Orte verübt wird.

Der Unfug muß also in einem Kirchengebäude oder einem andern zu religiösen Versammlungen bestimmten Orte verübt sein, gleichviel ob er zu Versammlungen der Angehörigen einer mit oder ohne Corporationsrechte im Staate bestehenden, oder auch einer überhaupt nicht im Staate bestehenden Religionsgesellschaft bestimmt ist, ob er durch eine Religionsgesellschaft oder durch eine Privatperson seine Bestimmung erhalten hat. Streitig ist die Frage ob ein Friedhof als solcher Ort anzusehen sei. Daß seine nächste Bestimmung die ist zur Ruhestätte der Todten zu dienen schließt nicht aus, daß er daneben auch die Bestimmung habe, zu religiösen Versammlungen des Leichengefolges zu dienen[2]), auch davon wird seine Bestimmung zu religiösen Versammlungen nicht abhängig zu machen sein, daß er ein confessioneller, im Besitze einer bestimmten Religionsgesellschaft befindlicher sei[3]), denn es ist nicht einzusehen warum die bürgerliche Gemeinde den ihr gehörenden Friedhof nicht auch dazu bestimmen könnte, zu religiösen Versammlungen zu dienen, noch weniger wird er nur so lange als auf dem Friedhofe eine Leichenfeierlichkeit stattfindet, als ein zu religiösen Versammlungen bestimmter Ort zu betrachten sein[4]), denn auch das Kirchengebäude

---

1) Meves a. a. O. S. 340. Olshausen § 166 Nr. 14. Dagegen Oppenhoff § 166 Nr. 8 und die hier angeführte hessische Entscheidung, welche die Beschimpfung als ausgeschlossen betrachtete, wenn für die angeblich unwahren Behauptungen der Beweis der Wahrheit erbracht werde.

2) Willnow a. a. O. S. 536 und Schwarze § 166 Nr. 13 verneinen, daß der Friedhof ein zu religiösen Versammlungen bestimmter Ort sei.

3) Richter Kirchenrecht 7. Aufl. § 291. Olshausen § 166 Nr. 13 nehmen dies an.

4) Dies nimmt an Meves a. a. O. S. 352. Als unbedingt zu religiösen Versammlungen bestimmt betrachten den Friedhof Berner S. 396. Kirchmann § 167 und soweit er ortsüblich dazu dient Oppenhoff § 166 Nr. 18.

dient nicht beständig sondern nur zeitweise zu religiösen Versammlungen. Gleichwohl muß aus der Fassung des Gesetzes gefolgert werden, daß hier der Friedhof überhaupt nicht in Betracht kommt. Das Gesetz sagt: „in einer Kirche oder in einem andern zu religiösen Versammlungen bestimmten Orte", und dies kann nach dem Sprachgebrauche nur gesagt werden, wenn der andere Ort ebenso wie die Kirche ein geschlossenes Gebäude ist, denn wäre dies nicht der Fall und gehörte hierher auch der unter freiem Himmel gelegene Ort, so wäre zu sagen gewesen: „an einem andern Orte". Man kann von Verübung von Unfug auf einem Friedhofe, an einem unter freiem Himmel gelegenen, bei einem Heiligenbilde zu Gebetsversammlungen bestimmten, Orte reden, aber in solchem Falle nicht das Wort in gebrauchen.

Beschimpfender Unfug kann in sehr verschiedener Weise verübt werden, aber nicht eine jede Art desselben kommt hier in Betracht. Er kann in einem zu religiösen Versammlungen dienenden Orte verübt werden durch Erregung von Lärm oder Unordnung. Dieser kommt hier nicht in Betracht, denn er würde als Störung des Gottesdienstes oder einer gottesdienstlichen Verrichtung nach § 167 zu strafen sein. Er kann verübt werden durch beschimpfende Aeußerungen die von Anderen wahrgenommen wurden und die, sofern sie sich lediglich auf andere Privatpersonen beziehen, als solche nicht hierher gehören. Sollte sich zugleich eine Störung des Gottesdienstes ergeben, so würde diese zu strafen sein, und ebenso werden beschimpfende Aeußerungen die sich gegen die religiöse Versammlung richten, wohl in der Regel als Störung des Gottesdienstes, eventuell als Beschimpfung der Religionsgesellschaft, ihrer Einrichtungen oder Gebräuche zu strafen sein. Beschimpfende Aeußerungen gegen eine nicht mit Corporationsrechten im Staate bestehende Religionsgesellschaft sind straflos und würden, in einem zu religiösen Versammlungen bestimmten Orte verübt, zwar als grober Unfug nach § 360 Nr. 11, aber nicht nach § 166 zu strafen sein[1]). Dem preußischen Strafgesetzbuche folgend hatte der erste Entwurf den beschimpfenden Unfug an Gegenständen, welche dem Gottesdienste gewidmet sind, für strafbar erklärt, und wenn der zweite Entwurf die Bezeichnung dieser Gegenstände beseitigte,

---

1) Zu dem beschimpfenden Unfug im Sinne des § 166 rechnen beschimpfende Aeußerungen Oppenhoff § 166 Nr. 17. Olshausen § 166 Nr. 18.

so gewiß nur darum, weil ein solcher Unfug auch gestraft werden soll, wenn er an anderen Gegenständen verübt wird. Immer aber wird es sich hier nur um einen Unfug handeln der an körperlichen Gegenständen, an Sachen verübt wird. Ein solcher kann auf dem Friedhofe an Gräbern verübt werden, gehört dann aber nicht hierher, sondern ist nach § 168 zu strafen. Wird er in der Kirche oder in einem ihr gleichgestellten Orte verübt, so ist es gleichgiltig ob bei Gelegenheit einer religiösen Versammlung oder ob überhaupt in Gegenwart anderer Personen, ob dadurch ein Aergerniß gegeben wurde oder nicht. In den meisten Fällen wird ein solcher Unfug wohl auch als Sachbeschädigung erscheinen, aber es ist dies nicht nothwendig der Fall[1]). Handelt es sich um eine Sachbeschädigung, so kann sich bedingungsweise eine Ideal-Concurrenz des hier in Rede stehenden und des in § 304 bezeichneten Delictes ergeben.

Das Vergehen erfordert eine vorsätzliche Thätigkeit, deren sich der Thäter als eines, in einer Kirche oder in einem gleichstehenden Orte verübten, Unfugs bewußt ist, und weiter auch die Absicht zu beschimpfen, da das Beschimpfen nothwendig den Ausdruck eines animus iniuriandi erfordert[2]).

Die Strafen eines jeden der in § 166 zusammengefaßten Vergehen ist Gefängniß bis zu drei Jahren.

4. Religionsstörung.

§ 207. Zu den Vergehen, welche sich auf die Religion beziehen, gehört ferner die Hinderung der Ausübung des Gottesdienstes und die Störung desselben[3]).

Den Schutz, den das Gesetz gegen Hinderung oder Störung des Gottesdienstes gewährt, genießt jede im Staate bestehende Religionsgesellschaft, nicht aber der Einzelne oder die Mehreren die im Inlande gottesdienstliche Handlungen einer hier nicht bestehenden Religionsgesellschaft vornehmen. Eine Verhinderung oder Störung solcher gottesdienstlicher Handlungen könnte nur gestraft werden, sofern sich der Thatbestand eines anderweitigen Delictes, namentlich etwa der der Nöthigung, ergiebt.

---

1) Vgl. John Entwurf S. 391 f.

2) Die Entscheidung bei Oppenhoff Rechtsprechung XVII S. 223 erklärte die Absicht der Beschimpfung für nicht erforderlich.

3) Strfgb. § 167.

In Betreff der Hinderung des Gottesdienstes unterscheidet das Gesetz die Hinderung, welche Jemandem bereitet wird und diejenige, die in einer Kirche oder einem andern zu religiösen Versammlungen bestimmten Orte stattfindet. Im erstern Falle richtet sich der Angriff gegen eine bestimmte Person, womit selbstverständlich nicht ausgeschlossen ist, daß er sich gegen mehrere bestimmte Personen zugleich richten kann.

Der Ort wo diese Hinderung stattfindet ist gleichgiltig, dagegen fordert das Gesetz, daß die Hinderung mittelst einer Thätlichkeit oder Drohung verübt sei. Offenbar handelt es sich in diesem Falle darum, daß Jemand zu einem Dulden oder Unterlassen genöthigt wird, eine Nöthigung, die nur darin von der Nöthigung in § 240 abweicht, daß irgend welche sich wirksam erweisende Drohung genügt, nicht eine Bedrohung mit einem Verbrechen oder Vergehen gefordert wird [1]). Sofern von der als vis compulsiva wirkenden Drohung die Thätlichkeit unterschieden wird, kann unter Thätlichkeit nur eine als vis absoluta wirkende verstanden werden, und es erscheint dann allerdings als auffällig, daß von der Drohung nicht wie in § 240 die Gewalt unterschieden wird. Wo das Gesetz von Thätlichkeit, thätlichem Angriffe spricht ist stets ein gegen den Körper des Andern gerichteter Angriff zu verstehen. Hiernach würde die Hinderung entweder eine durch körperliche Ueberwältigung oder Drohung verübte sein müssen, während jeder andere als vis absoluta wirkende Zwang, z. B. das Einsperren, ausgeschlossen wäre. Mit einer solchen der ratio legis widersprechenden Beschränkung der Thätlichkeit steht im Widerspruch § 339, der auf § 167 Bezug nehmend von Gewalt oder Drohung spricht, die Thätlichkeit also als gleichbedeutend mit Gewalt behandelt. Liegt hiernach offenbar eine Incorrectheit in der Fassung des Gesetzes vor, so kann daraus nicht folgen, daß § 339 nach Maßgabe des § 167 corrigirt werden müßte, sondern es wird ebenso statthaft sein § 167 nach Maßgabe des § 339 zu corrigiren, und die Thätlichkeit als gleichbedeutend mit Gewalt zu betrachten [2]).

1) Dagegen Binding Normen II S. 527.

2) Die herrschende Meinung geht dahin, § 339 für incorrect zu erklären und Thätlichkeit in einem engern Sinne zu nehmen als Gewalt. So Meves a. a. O. S. 362. Billnow a. a. O. S. 580. Oppenhoff § 167 Nr. 1. Rubo § 167 Nr. 2. Olshausen § 167 Nr. 3. Letzterer weist darauf hin, daß trotz der Einwendung John's, Beurtheilung des Entwurfs S. 82, das Wort Thätlichkeit beibehalten wurde, Schütze S. 347 und Wahlberg

Zwischen Hindern, Behindern und Verhindern unterscheiden zu wollen ist unzulässig, denn eine bleibende Hinderung ist freilich nicht erforderlich, aber auch ein nur kurze Zeit dauerndes Hindern ist immerhin ein Verhindern [1]), und eine Erschwerung der Ausübung des Gottesdienstes die nicht ein Verhindern wäre, könnte nur als ein zum Thatbestande nicht genügender Versuch des Hinderns erscheinen. Daß die Thätigkeit des Hinderns eine vorsätzliche sein muß ist selbstverständlich, sie muß aber auch mit der Absicht die Ausübung des Gottesdienstes zu hindern verübt werden, und eine zu anderem Zwecke verübte Nöthigung die thatsächlich, und ohne daß dies beabsichtigt war, zugleich die Ausübung des Gottesdienstes verhindert, ist nicht nach § 167 strafbar. Die Hinderung muß endlich eine rechtswidrige sein, wonach die kraft besonderer Berechtigung verübte Hinderung ausgeschlossen ist [2]).

Von der Hinderung Jemandes in der Ausübung des Gottesdienstes unterscheidet das Gesetz die Hinderung und Störung des Gottesdienstes einer im Staate bestehenden Religionsgesellschaft. Im Unterschiede von dem ersteren Falle handelt es sich hier um Hinderung oder Störung des Gottesdienstes einer Gemeinde, und wenn hier das Gesetz von Gottesdienst oder einzelnen gottesdienstlichen Verrichtungen spricht, so sind letztere selbstverständlich auch Gottesdienst, wonach diese Unterscheidung nur die Bedeutung haben kann, daß unter Gottesdienst der regelmäßige der Gemeinde, unter einer gottesdienstlichen Verrichtung die nur bei besonderer Veranlassung vorkommende gottesdienstliche Handlung, wie etwa Taufe, Trauung, zu verstehen ist [3]). Die Verhinderung oder Störung muß in einer Kirche oder in einem andern zu religiösen Ver-

---

a. a. O. S. 269, darauf, daß „Thätlichkeit" dem französischen Strafrecht (voies de fait) entnommen sei. Der Zwang zur Ausübung der Religion, den das preuß. Strfgb. aus dem Code pénal aufgenommen hatte, ist beseitigt. Dagegen v. Liszt S 522.

1) Wahlberg a. a. O. S. 269. Schwarze § 167 Nr. 5. Dagegen Meves a. a. O. S. 361. Billnow a. a. O. S. 583. Schütze a. a. O. Oppenhoff § 267 Nr. 4. 5. Olshausen § 267 Nr. 3.

2) Olshausen § 167 Nr. 5. v. Liszt S. 523. Vgl. Strfgb. § 339.

3) Meves a. a. O. S. 358. Oppenhoff § 167 Nr. 5. Olshausen § 167 Nr. 2. Hierher gehören gewiß sacramentale Handlungen, aber nicht nur sie, wie bei der Redaction des preuß. Strafgb. allerdings angenommen wurde. Goltd. Mat. II S. 269. Auch daß bei der gottesdienstlichen Verrichtung ein Religionsdiener mitwirkte, ist nicht erforderlich. Rsprch. IV S. 847.

sammlungen bestimmten Orte stattgefunden haben. Hiernach ist die Verhinderung und Störung des an anderem Orte stattfindenden Gottesdienstes, z. B. des unter freiem Himmel stattfindenden Feldgottesdienstes der Soldaten, des auf öffentlicher Straße, etwa bei Gelegenheit einer Prozession, stattfindenden Gottesdienstes [1]), ebenso der in einem Privathause vorgenommenen gottesdienstlichen Verrichtung, wenn es sich in diesem Falle nicht etwa um eine Hinderung bestimmter Personen durch Nöthigung handelt, ausgeschlossen. Wenn das Gesetz die Verhinderung des Gottesdienstes der Hinderung Jemandes an der Ausübung des Gottesdienstes entgegenstellt, so wird im concreten Falle von jener Verhinderung nur die Rede sein können, wenn die versammelte Gemeinde am Gottesdienste, nicht wenn nur einzelne Glieder derselben an der ungestörten Theilnahme am Gottesdienste gehindert wurden [2]). Gleichwohl wird auch ein solcher Fall nach § 167 zu strafen sein, denn die Verhinderung ist jedenfalls auch Störung, und eine Störung des Gottesdienstes findet freilich auch dann statt, wenn von ihr nicht die ganze Gemeinde, sondern nur ein Theil derselben betroffen wird [3]).

Die Verhinderung oder Störung des Gottesdienstes muß durch Erregung von Lärm oder Unordnung erfolgen, eine Bestimmung die nicht gerechtfertigt ist, sofern durch sie eine anders geartete Verhinderung oder Störung ausgeschlossen werden soll, und die entbehrlich und praktisch werthlos ist, weil eine jede Verhinderung und Störung, wie sie auch geartet sein möge, sicher wider die Ordnung des Gottesdienstes ist, und darum immer als durch Erregung von Unordnung verursacht erscheinen wird.

In subjectiver Beziehung wird selbstverständlich erfordert, daß die eine Hinderung oder Störung verursachende Thätigkeit eine

---

1) Oppenhoff § 167 Nr. 6 will auch die s. g. Stationen der katholischen Kirchen, den Weg den öffentliche Prozessionen nehmen, die bei solcher Gelegenheit auf der Straße errichteten Altäre als zu religiösen Versammlungen bestimmte Orte betrachten. Was auf öffentlicher Straße geschieht, geht gewiß nicht in einem zu religiösen Versammlungen bestimmten Orte vor sich. Ein ausreichender Grund die strafbare Störung des Gottesdienstes auf die zu beschränken, die in einer Kirche oder einem ihr gleichgestellten Orte verübt wird, ist freilich nicht vorhanden. Vgl. Meves a. a. O. S. 351.

2) Schütze S. 347. Dagegen Meves a. a. O. S. 359. Olshausen § 167 Nr. 4.

3) Oppenhoff § 167 Nr. 8.

vorsätzliche sei, also die schuldlos, zufällig von Jemandem verursachte Störung nicht in Betracht kommt. Abweichend vom preußischen Strafgesetzbuche fordert aber § 167 ausdrücklich ein vorsätzliches Verhindern oder Stören, und damit ist die zwar schuldhaft aber nur fahrlässig verursachte Störung ausgeschlossen. Erfordert wird also eine vorsätzliche Thätigkeit die mit dem Vorsatze zu stören, d. h. in der Absicht eine Störung zu verursachen, verübt wird [1]). Ob dabei der Thäter lediglich den Zweck hat zu stören, oder die Störung nur als Mittel eines darüber hinausliegenden Zweckes verübt, ist an sich gleichgiltig. Der Zweck des Thäters wird aber allerdings in so weit in Betracht kommen, als je nach den Umständen der erlaubte, gerechtfertigte Zweck der vorsätzlichen Störung die Strafbarkeit der That ausschließen kann. Wer um eines solchen Zweckes willen den Gottesdienst vorsätzlich stört, wird, wenn er diesen Zweck füglich in anderer Weise und ohne Störung erreichen konnte, freilich nicht straflos sein, wer aber in der Ueberzeugung, daß um des gerechtfertigten Zweckes willen, z. B. um die versammelte Gemeinde aus einer ihr drohenden Gefahr zu retten, die Störung unvermeidlich sei, handelte, wird nicht als strafbar zu betrachten sein. Die Verschuldung des Thäters erfordert also nicht nur eine vorsätzliche auf die Absicht zu stören bezogene Thätigkeit, sondern auch das Bewußtsein, daß sein Handeln im gegebenen Falle ein unbefugtes, schuldhaftes sei.

Die Strafe ist in beiden Fällen des § 167 Gefängniß bis zu drei Jahren.

5. Störung des Gräberfriedens.

§ 208. Zu den Vergehen, welche sich auf die Religion beziehen, rechnet das Gesetz endlich noch die sepulcri violatio [2]), bei welcher es sich um den Schutz handelt, welcher der, eine religiöse Färbung an sich tragenden, Pietät der Ueberlebenden einem Verstorbenen und seiner Ruhestätte gegenüber gewährt werden soll. Das Verbot des Gesetzes richtet sich gegen die Störung des Friedens der Todten und ihrer Gräber und es sind drei Arten solcher Störung die das Gesetz unterscheidet.

---

1) Auch hier, wie so oft, wird die Absicht zu stören für nicht erforderlich erklärt, weil die vorsätzliche Thätigkeit mit dem Bewußtsein ihres Erfolges genüge. Meves a. a. O. und die angeführten Urtheile des Ob.-Trib. Oppenhoff § 167 Nr. 10. Schwarze § 167 Nr. 11.

2) Strfgb. § 168.

Hierher gehört 1) der s. g. Leichenraub; das unbefugte Wegnehmen einer Leiche aus dem Gewahrsam der dazu berechtigten Person. Das Gesetz spricht von einem Wegnehmen der Leiche aus dem Gewahrsam, nicht von einem Entwenden, weil die Leiche nicht Eigenthumsobject ist und an ihr deshalb kein Diebstahl begangen werden kann. Es kommen daher hier nicht in Betracht Leichen die zu einem Eigenthumsobject geworden sind, Leichen welche derjenige der über sie zu verfügen befugt war einem Andern zu freier Verfügung übergeben hat, Leichen die nach bestehenden gesetzlichen Bestimmungen an die Anatomie abzuliefern sind, an denen darum ein Diebstahl verübt werden kann[1]). Daß es Leichen giebt die in Niemandes Gewahrsam sind, wie die eines auf der Landstraße Verstorbenen, wird nicht anzunehmen sein, denn nach den bestehenden Einrichtungen giebt es jedenfalls Personen, welche befugt und verpflichtet sind über die Leiche zu verfügen, für ihre Beerdigung zu sorgen, und ihnen gegenüber bleibt das Wegnehmen ein unbefugtes[2]). Nur das Wegnehmen einer Leiche fällt unter § 168, da das Wegnehmen einzelner Theile einer Leiche nach § 367 No. 1 als Uebertretung zu strafen ist[3]). Von einer Leiche kann nicht mehr die Rede sein, wenn sie in dem Maße verwest ist, daß nur noch einzelne Knochen übrig sind, und ein Wegnehmen derselben würde nur strafbar sein, sofern es mittelst einer Zerstörung oder Beschädigung des Grabes verübt wurde. Das Wegnehmen von Sachen die sich an der Leiche, im Grabe oder Sarge befinden, ist als Diebstahl zu strafen. Welches die Absicht des Thäters bei Wegnahme der Leiche war ist gleichgiltig, jedenfalls aber muß er

---

1) Vgl. Wahlberg a. a. O. S. 271. Meves a. a. O. S. 369. Oppenhoff § 168 Nr. 3. Olshausen § 242 Nr. 7. Dagegen Merkel in Holtzdf. Hdbch. III S. 633.

2) Daß die Angehörigen eventuell die Polizeibehörde sich der Leiche des irgendwo unerwartet Gestorbenen erst bemächtigen müßten um den Gewahrsam zu erlangen, ist nicht anzunehmen. Oppenhoff § 168 Nr. 2 betrachtet die gefundene fremde Leiche als im Gewahrsam der Polizeibehörde befindlich, dagegen Olshausen § 168 Nr. 4, der in solchem Falle nicht § 168 sondern § 367 Nr. 1 für anwendbar erachtet. Hier aber handelt es sich nicht um unbefugtes Wegnehmen, sondern um das, in erster Linie gegen den der die Leiche mit Fug im Gewahrsam hat gerichtete, Verbot, die Leiche ohne Vorwissen der Behörde, und ohne Constatirung des Todes und der Todesursache, zu beerdigen oder bei Seite zu schaffen.

3) Vgl. Motive z. I Entwf. Anlage 3 S. 47.

mit dem Bewußtsein gehandelt haben, zur Wegnahme nicht befugt zu sein.

Es gehört hierher 2) die unbefugte Zerstörung oder Beschädigung eines Grabes. Das Grab setzt nothwendig voraus, daß es die Stätte sei, in welcher eine Leiche ihre Ruhe gefunden hat, gleichviel ob es die bleibende Stätte ist, oder diejenige, in welcher die Leiche nur vorläufig und um sie später anderswohin zu bringen, beigesetzt wurde. Grabstätten die noch keine Leichen enthalten gehören nicht hierher. Zum Grabe gehört aber nicht nur die den Leichnam deckende Erde, der Grabhügel, sondern ferner auch Alles was zur Sicherung oder Ausschmückung der Ruhestätte mechanisch oder organisch mit ihr verbunden ist, Mauerwerk und Decksteine eines Grabgewölbes, Einfriedigung des Grabes, Pflanzungen auf demselben[1]) und an sich ohne Zweifel auch Grabmäler. Die Beschädigung oder Zerstörung der letzteren kommt aber, soweit damit nicht eine weitere Beschädigung des Grabes verbunden ist, hier nicht in Betracht, da sie nach § 304 als Sachbeschädigung zu strafen ist[2]).

Von einer Verletzung der religiösen, der Ruhestätte der Todten schuldigen Scheu wird aber füglich nur die Rede sein können, sofern noch irgend eine Beziehung der lebenden Generation zu der Ruhestätte besteht. Dazu gehört freilich nicht, daß noch Familien-Angehörige des Verstorbenen leben, und die Gräber eines Friedhofes stehen unter dem Schutze des Gesetzes so lange dieser noch als solcher, gleichviel ob noch zu Beerdigungen benutzt oder nicht, existirt. Das Graben und Suchen nach Gräbern die als solche nicht mehr kenntlich sind, das Aufdecken von Grabstätten aus heidnischer Vorzeit ist kein strafbares Beschädigen oder Zerstören. Das Beschädigen oder Zerstören muß ein unbefugtes sein und der Dolus setzt das Bewußtsein der mangelnden Befugniß und daß

1) Olshausen § 168 Nr. 6. Dagegen die Praxis Pezold § 168 Nr. 2. Oppenhoff § 168 Nr. 5. Schwarze § 168 Nr. 5. Meves a. a. O. S. 370, wonach das Zerstören von Pflanzungen auf Gräbern nicht als Beschädigung zu strafen sei, selbst wenn es in der Absicht geschah, denen welche die Pflanzungen angelegt hatten ein Aergerniß zu bereiten, weil eine Verletzung der Pietät gegen die Todten erfordert werde. Wird damit die Pietät der Ueberlebenden gegen die Todten nicht verletzt?

2) Da das Gesetz das Grabmal als etwas vom Grabe Verschiedenes behandelt, so kann auch bei bloßer Beschädigung des Grabmals von Concurrenz dieses Vergehens und des nach § 168 zu strafenden nicht die Rede sein.

die vorsätzliche Thätigkeit sich gegen ein Grab richte voraus, während der über die Absicht zu beschädigen oder zu zerstören hinausreichende Zweck des Thäters gleichgiltig ist.

Es ist 3) strafbar die Verübung beschimpfenden Unfuges an einem Grabe, der wohl häufig mit einer Beschädigung zusammentreffen wird, aber nicht nothwendig in einer solchen besteht.

Die Strafe ist in jedem dieser drei Fälle Gefängniß bis zu zwei Jahren. Damit kann Verlust der bürgerlichen Ehrenrechte verbunden werden, wie dies im Sinne des Strafgesetzbuches insbesondere dann angemessen erscheinen wird, wenn die That in gewinnsüchtiger Absicht verübt wurde.

Vierter Abschnitt.

Delicte gegen den Staat.

Erstes Kapitel.

Hoch- und Landesverrath.

Literatur.

Ueber die ältere Literatur vgl. Wächter Lehrbuch II § 228. — Feuerbach Philosophisch-juridische Untersuchungen über das Verbrechen des Hochverraths. 1798. — Winter Das Majestätsverbrechen philosophisch und juridisch erklärt. 1815. — Diek Historische Versuche über das Criminalrecht der Römer. 1822. S. 1—180. — Escher Vier Abhandlungen über Gegenstände der Strafrechtswissenschaft. 1822. Abhdlg. Nr. 3. — Sintenis Von dem Majestätsverbrechen. 1825. — Weiske Hochverrath und Majestätsverbrechen, das crimen majestatis der Römer. 1836. — Hepp Beiträge zur Lehre vom Hochverrath. 1833. — Derselbe Die politischen und unpolitischen Staats-Verbrechen und Vergehen. 1846. — Zirkler Die gemeinrechtliche Lehre vom Majestätsverbrechen und Hochverrath. 1836. — Evertsen de Jonge Disputatio de delictis contra rem publicam admissis. 1845. — Feder Das Staatsverbrechen des Hochverraths. 1850. — Knitschky Das Verbrechen des Hochverrathes. 1874. — Roßhirt im N. Arch. IX S. 140 f. — Hepp im Arch. 1837. — Marquardsen im Arch. 1849 S. 252 f. — Brackenhoeft im Arch. 1850 S. 237. — von Schirach im Arch. 1851. Beilageheft. — Abegg im Arch. 1853 S. 205 f.

1. Der Hochverrath.

§ 209. Jede strafbare Handlung richtet sich gegen den Staat, insofern sie als ein Bruch der von ihm gesetzten und unter seinen Schutz gestellten rechtlichen Ordnung erscheint. Gleichwohl wird man von anderen die gegen den Staat gerichteten Delicte unterscheiden dürfen. Gewinnt der Staat als rechtliche Form selbst erst Bedeutung und Werth, indem er das Volksleben in der ganzen

Mannigfaltigkeit seiner Aeußerungen als seinen Inhalt umfaßt und rechtlich gestaltet, so gewährt er auch der Privatperson, der Familie, der Gesellschaft strafrechtlichen Schutz, freilich nicht bloß um ihretwillen, sondern zugleich um seiner selbst willen. Wie sehr er aber auch bei diesem Schutze selbst interessirt sein mag, so doch immer nur mittelbar, denn es handelt sich um den Schutz gegen strafbare Angriffe, die sich unmittelbar gegen die Privatpersonen und deren gesellschaftliche Vereinigungen richten. Unterscheiden wir von diesen die gegen den Staat gerichteten, so geschieht dies, indem wir den Staat im engern Sinne vom Staate im weitern Sinne, den Staat an sich und als Rechtsinstitution vom Staate als dem das gesammte Volk in allen seinen Gliedern und deren gesellschaftlichen Vereinigungen als seinen wesentlichen Inhalt umfassenden unterscheiden. Die gegen den Staat gerichteten Delicte sind also solche bei denen der strafbare Angriff unmittelbar gegen den Staat in seinem rechtlich bestimmten Dasein und die ihm zustehenden Rechte gerichtet ist.

Aber nicht jedes gegen den Staat gerichtete Delict ist ein Staatsverbrechen, denn der Staat ist nicht nur politischer Organismus, sondern auch juristische Person im Sinne des Privatrechts und die gegen ihn als eine solche, insbesondere also gegen sein Vermögensrecht, gerichteten Delicte sind regelmäßig rechtlich ebenso zu beurtheilen, wie die gegen eine andere Privatperson gerichteten. Staatsverbrechen oder politische Verbrechen sind nur diejenigen, welche den Staat als politischen Organismus, als persona publica, zum Objecte des strafbaren Angriffes machen.

Als die schwersten Staatsverbrechen erscheinen nach unserer heutigen Gesetzgebung der Hochverrath und der Landesverrath, und es liegt in der Natur der Sache, daß die Strafgesetzgebung aller Zeiten und Völker, um dem eignen Staate Schutz gegen verbrecherische Angriffe zu gewähren, ein solcher Bezeichnung entsprechendes Verbrechen mit den schwersten Strafen bedroht hat. Aber auf keinem andern Gebiete der Strafgesetzgebung macht sich die Verschiedenheit der Staatszustände in dem Maße geltend, wie bei dem Verbrechen des Hochverrathes, denn die Auffassung desselben und seine Abgrenzung gegen andere Staatsverbrechen wird unvermeidlich durch die jeweilige Auffassung des Staates und die Eigenthümlichkeit seiner Verfassungszustände bedingt. Hat die geschichtliche Entwickelung der Lehre vom Hochverrath in den betreffenden Satzungen des deutschen Strafgesetzbuches ihren vorläufigen Abschluß gefunden, so wird doch aus der Betrachtung dieser Entwickelung irgend ein wesentlicher Gewinn für die wissenschaftliche Erklärung dieser Lehre in ihrer heutigen Gestalt kaum zu erlangen sein. Die Geschichte selbst lehrt uns wie jedes Zeitalter seinen politischen Anschauungen und Zuständen entsprechend sich den Begriff des Hochverrathes gebildet hat, und wie diese Anschauungen sich regelmäßig mächtiger erwiesen, als die ihnen nicht entsprechenden Satzungen der gemeinrechtlichen Quellen, denen man, was das Bedürfniß der Zeit forderte, unterschob, nicht entnahm.

In dem Worte Hochverrath hat sich allerdings bis heut die Erinnerung an die den germanischen Völkern und dem Mittelalter eigenthümliche Auffassung des Verbrechens erhalten. Die Neigung alle Verbrechen möglichst als Verletzung einer andern Person zu betrachten, das Gefolgswesen, der Lehnsstaat brachten es mit sich, daß die politischen Verbrechen als Fälle der Treulosigkeit an den Volksgenossen, dem Fürsten, Könige, Lehnsherrn verübt, betrachtet und als Verrath bezeichnet wurden, wofern die Untreue sich darin kund gab, daß der Thäter in Verbindung trat mit einer dritten Person und sie in Verübung eines feindlichen Angriffes auf denjenigen unterstützte, dem er sittlich verbunden und zu Treue und Schutz verpflichtet war. Wenn auch durch die Strafe ausgezeichnet, blieben doch die politischen Verbrechen nur besondere Fälle des viel umfassenderen Begriffes der Treulosigkeit und Verrätherei.

Wenn schon seit dem 12. Jahrhunderte sich in Deutschland die Kenntniß des **crimen majestatis** des römischen Rechtes verbreitet hat, seit dem 14. Jahrhundert auch die Strafen desselben für anwendbar erachtet werden, so war es freilich doch nur der besondere Fall einer am Kaiser, oder auch, nach den Bestimmungen der goldenen Bulle, an den Kurfürsten verübten Treulosigkeit und Verrätherei der man den Namen **crimen majestatis** beilegte, ohne dasselbe in seiner römisch rechtlichen Bedeutung zu recipiren. Die **Bambergensis** gedenkt zwar ausdrücklich des **crimen majestatis**, aber während es im Sinne des römischen Rechts alle politischen Verbrechen umfaßt, beschränkt sie es auf die am Kaiser verübte Majestätsbeleidigung und auf feindselige gegen ihn gerichtete Verbindungen, und erwähnt daher neben dem **crimen majestatis** die Lästerung des eignen Herrn, also Landesherrn, Lehnsherrn u. s. w., die Fahnenflucht und den Kriegsverrath, den Aufruhr, die Verrätherei im Sinne des ältern deutschen Rechtes, besonders die am Lande, der Stadt, dem eignen Herrn, dem Ehegenossen und nahen Verwandten geübte, und endlich auch noch den verrätherischen Mord hoher trefflicher Personen, des eignen Herrn, Ehegenossen und naher Verwandter. Wenn die Carolina die Bestimmungen der Bambergensis über das crimen majestatis, die Lästerung des eignen Herrn, die Fahnenflucht und den Kriegsverrath fallen ließ, und nur die über Verrätherei, verrätherischen Mord und Aufruhr aufnahm, so konnte dadurch die Anschauung, daß den Bestimmungen des römischen Rechts über das crimen majestatis in Deutschland gemeinrechtliche Geltung zukomme, nicht alterirt werden. Nicht nur der Umstand, daß die Doctrin des 16. und 17. Jahrhunderts unter dem überwiegenden Einflusse der italienischen Criminalisten und des römischen Rechtes stand, sondern auch die Umbildung der staatlichen Zustände und politischen Anschauungen brachte es mit sich, daß der deutschrechtliche umfassende Begriff der Verrätherei mehr und mehr zurücktrat und man sich in der Zeit des Absolutismus und Polizei-Staates nur noch auf der Grundlage des römischen Rechtes mit dem Hochverrath beschäftigte. Das Andenken an die Treulosigkeit und Verrätherei lebte freilich fort in dem Grundsatze, daß das crimen majestatis nur vom Unterthan an dem Herrn verübt werden könne, dem er zur Treue verpflichtet ist. Aber nicht mehr jeder Herr dem man Treue schuldig ist, sondern nur derjenige, welchem die majestas zukommt, ist Gegenstand des als crimen majestatis bezeichneten Treubruches, und solche Herren sind jetzt nicht mehr nur der Kaiser und die Kurfürsten, sondern, der Entwickelung der Territorien zu Staaten entsprechend, auch die Landesherrn, wie dies theils durch deren verfassungsmäßige Stellung im Reiche, theils auch aus der lex quisquis zu rechtfertigen versucht wurde. Der Gedanke, daß es sich um ein Staatsverbrechen handle machte sich ferner dadurch geltend, daß, mit Ausscheidung anderer früherhin als Treulosigkeit betrachteter Fälle, jetzt als crimen majestatis nur noch die gegen den Kaiser oder Landesherrn in seiner Herrscherstellung gerichtete Handlung erschien. Der Thatbestand des crimen majestatis und die Abgrenzung desselben im Verhältnisse zu anderen gegen den Staat und die Staatsgewalt gerichteten Delicte blieb höchst zweifelhaft, jedenfalls aber wurde es viel enger gefaßt als im Sinne des römischen Rechtes. Beschäftigte man sich mehr mit der Frage nach dem Objecte und der Strafe des crimen majestatis als mit der nach dem Thatbestande desselben, so beginnt doch schon mit Carpzow das Streben, um eine Verschiedenheit der Strafe zu rechtfertigen, verschiedene Fälle des crimen majestatis zu sondern. Während Carpzow die maledictio in principem von dem crimen majestatis ganz ausscheiden will, bilden späterhin die in contemtum vel contumeliam principis vorgenommenen Handlungen das crimen majestatis in specie, unterschieden von dem andern als perduellio bezeichneten Falle des crimen majestatis in genere. Zu jenem gehörte vor allem die Beleidigung des princeps, und sie blieb schließlich allein übrig, nachdem man alle anderen, nicht als perduellio erscheinenden Fälle, die nach römischem Rechte zum crimen majestatis zu rechnen sein würden, als eigenthümliche Delicte ausgeschieden hatte. Als das die perduellio auszeichnende Moment erscheint der animus hostilis, mit welchem direct, unmittelbar gegen Kaiser oder Landesherrn etwas unternommen wird, namentlich das auf seine Tödtung gerichtete Unternehmen. Bezeichnend für die veränderten politischen Anschauungen ist es, daß im Laufe des 18. Jahrhunderts nicht mehr wie früher nur der Herrscher als Object der perduellio erscheint, sondern neben ihm auch der Staat, wofern feindselige Handlungen gegen die securitas reipublicae, den nexus civitatis verübt werden. Von jeder Rücksicht auf die gemeinrechtlichen Quellen sich lossagend suchten endlich Kleinschrod, Feuerbach, Tittmann den Thatbestand des Hochverrathes und der verschiedenen Formen seiner Verübung näher zu bestimmen. Das Ergebniß der fortschreitenden Entwickelung der gemeinrechtlichen Doctrin in Betreff der Auffassung der Staatsverbrechen läßt sich dahin zusammenfassen, daß, mit Ausscheidung der Majestätsbeleidigung und aller anderen gegen den Staat, die Staatsgewalt und ihre Organe gerichteten Delicte, als Hochverrath betrachtet wurde der rechtswidrige Angriff auf das Dasein des Staates, auf seine Verfassung und den Monarchen in seiner Herrscherstellung, ein Ergebniß, das freilich nicht die Autorität der gemeinrechtlichen Quellen, sondern nur die der modernen Staatszustände und politischen Anschauungen für sich hatte, und auch durch den erneuerten Versuch einer quellenmäßigen Begründung und Gestaltung der Lehre vom Hochverrathe nicht erschüttert werden konnte.

Der in der Doctrin herrschenden Auffassung folgte die Landesgesetzgebung. Nur das preußische Allg. Landrecht und das bayerische Strafgesetzbuch von 1813 hielten noch daran fest, daß die Treulosigkeit wesentliches Moment des Hochverrathes sei, darum nur der Inländer, der Unterthan Subject des Hochverrathes sein könne. Als Hochverrath betrachtet das preußische Landrecht nur den Angriff auf Leben und Freiheit des Königs sowie das auf Umwälzung der Staatsverfassung gerichtete Unternehmen, nicht aber den Angriff auf das selbständige Dasein des Staates und die Unverletzlichkeit seines Gebietes. Ein derartiger Angriff war aber allerdings in dem Falle für strafbar erklärt, daß er als Landesverrath erschien, der hier zum erstenmale als eigenthümliches Verbrechen vom Hochverrathe unterschieden wurde. Das bayerische Strafgesetzbuch folgte dieser Unterscheidung nicht, bezeichnete dagegen den gegen Leben oder Freiheit des Königs, das Staatsgebiet oder die Verfassung des Staates gerichteten Hochverrath als ersten Grad des Staatsverrathes, dem drei weitere vielumfassende Klassen des Staatsverrathes folgten. Die späteren deutschen Strafgesetzbücher stimmen darin überein, daß sie bei dem Hochverrathe nicht mehr einen Inländer als Subject desselben voraussetzen und das hochverrätherische Unternehmen gegen Leben und Freiheit des Landesherrn, gegen das Staatsgebiet uud gegen die Verfassung unterscheiden, den Landesverrath aber als eigenthümliches Verbrechen behandeln, dem die gegen das eigene Vaterland Seitens eines Inländers verübte Treulosigkeit oder Verrätherei wesentlich ist. Ausnahmsweise wird auch der im Inlande sich aufhaltende Ausländer für Landesverrath verantwortlich gemacht, und nur das braunschweigische Strafgesetzbuch hat auch bei dem Landesverrathe die Beschränkung auf den Inländer aufgegeben.

§ 210. Die neuere Gesetzgebung faßt unter dem herkömmlichen, sachlich nicht mehr entsprechenden, Namen Hochverrath eine Mehrheit von Verbrechen zusammen, und zwar nicht in der Art, daß sie, wie z. B. bei dem Diebstahle, den allgemeinen Begriff des Delictes voranschickt und ihn dann in einer Reihe weiterer Strafbestimmungen specialisirt, sondern in der Weise, daß nur der Thatbestand der verschiedenen Formen der Begehung des Hochverrathes angegeben wird. Dies würde an sich nicht hindern, daß die Wissenschaft es unternimmt, etwa ebenso wie bei den verschiedenen vom Gesetze bezeichneten Fällen der Tödtung eines Menschen, zunächst diejenigen Thatbestandsmomente die allen Fällen des Hochverrathes gemeinsam sind zusammenzufassen, um sodann die den verschiedenen Fällen eigenthümlichen anzugeben, und die Doctrin hat sich von jeher und bis in die Gegenwart, aber freilich ohne entsprechenden Erfolg, bemüht, in solcher Weise zu verfahren.

Ohne Zweifel kommen alle Fälle des Hochverrathes darin überein, daß der Staat das Object des verbrecherischen Angriffes ist. Aber der Hochverrath ist der übrig gebliebene Rest des crimen majestatis, nachdem von ihm eine große Zahl anderer, gleichfalls gegen den Staat gerichteter, Delicte ausgeschieden ist, und die Schwierigkeit den Thatbestand des Hochverrathes zu bestimmen beginnt, wo es darauf ankommt ihn im Unterschiede von dem anderer Staatsverbrechen festzustellen. Die Schwierigkeit wäre einfach zu lösen, wenn es zulässig wäre den Hochverrath als gegen das Dasein des Staates gerichtet zu bezeichnen, im Unterschiede von anderen Staatsverbrechen, die den Staat nur in dem einen oder andern seiner besonderen Rechte verletzen. Gegen das Dasein des Staates ist gewiß der hochverrätherische Angriff gerichtet, der darauf abzielt ihn seiner souveränen Selbständigkeit zu berauben und einer Fremdherrschaft zu unterwerfen, aber so wenig eine Verstümmelung das Dasein des Menschen vernichtet, so wenig ist die gewaltsame Losreißung eines Gebietstheiles des Staates gegen dessen Dasein gerichtet, und noch weniger wird durch eine illegitime Aenderung der Verfassung das Dasein des Staates aufgehoben. Man hat daher eine beschränkende Bestimmung hinzugefügt, indem man den Hochverrath als gegen das Dasein des Staates in seiner bestehenden rechtlichen Verfassung[1]), oder als gegen das Dasein des Staates als *diesen* Staat[2]) gerichtet bezeichnete. Will man aber auch von anderen hiergegen zu erhebenden Einwendungen absehen, so bleibt doch noch die Frage übrig, ob man mit dieser Formulirung den Angriff auf Leben oder Freiheit des Monarchen vom Hochverrath ausschließen wollte, was freilich nicht die Absicht war, obwohl der Staat doch gewiß nicht ein anderer und in seiner rechtlichen Verfassung nicht alterirt wird, wenn an die Stelle des gemordeten Monarchen der Thronfolger, an Stelle des gefangenen der Regent tritt. Völlig werthlos sind die Versuche einer allgemeinen Formulirung des Hochverrathes, wenn in die betreffende Formel sofort der Unterschied verschiedener Begehungsformen hineingetragen wird, indem man den Hochverrath bestimmt als Angriff auf das Bestehen des Staates als solchen oder in der durch die Grundgesetze bestimmten Form, als Angriff auf die Existenz des Staates überhaupt oder in seiner individuellen Gestaltung, auf das Dasein oder eine wesentliche Einrichtung des Staates u. s. w.[3]).

---

1) *Abegg* § 425.

2) *Martin* § 203.

3) Vgl. *Grolman* § 326. *Feuerbach* § 162. *Tittman* II § 214, *Selchow* § 408. *Bauer* § 341. *Henke* III S. 405. *Marezoll* S. 238.

wobei überdies der Angriff auf Leben und Freiheit des Monarchen einer solchen Formulirung nicht zu subsumiren ist. Wird dieser Fehler vermieden und der hochverrätherische Angriff auf den Monarchen berücksichtigt, so, wenn der Hochverrath definirt wird als verbrecherischer Angriff auf den innern Bestand des Staates, auf dessen Oberhaupt, Verfassung oder Gebiet[1]), oder als verbrechischer Eingriff in das Selbstbestimmungsrecht des Staates, durch welchen der Thäter entweder die bestehende Gestaltung des Staatswesens, Verfassung oder Gebietsumfang, abändert oder die Person des Staatsoberhauptes verletzt[2]), so ist damit nichts gewonnen, als daß man das den verschiedenen Fällen des Hochverrathes gemeinsame Object des Angriffes, den innern Bestand, das Selbstbestimmungsrecht des Staates, in einer völlig vagen, unfaßbaren Weise bezeichnet, und im Gefühle der Werthlosigkeit solcher Bestimmung des Objectes, die verschiedenen Arten des als hochverrätherisch zu betrachtenden Angriffes in ebenso vager Bezeichnung beschränkend hinzufügt.

Es liegt in der Natur der Sache, daß es niemals gelingen kann den Thatbestand des Hochverrathes in einer die verschiedenen Fälle desselben umfassenden Weise zu bestimmen, denn sie haben nichts miteinander gemein, als dies, daß sie Staatsverbrechen sind, welche einem alten Herkommen zu Liebe mit dem gemeinsamen Namen Hochverrath bezeichnet werden. Es würde daher völlig unbedenklich und entschieden vorzuziehen sein, wenn die Gesetzgebung auch den die verschiedenen Verbrechen zusammenfassenden Namen Hochverrath aufgeben wollte, und dies umsomehr, als diese verschiedenen Verbrechen nicht einmal in dieselbe Straffatzung zusammengefaßt sind, sondern verschieden bestraft werden. Darum erscheinen auch die Erörterungen der Frage: ob die Gesetzgebung die als Hochverrath zu bestrafenden Fälle in richtiger, den heutigen Verfassungszuständen entsprechender, Weise ausgewählt habe, werthlos. Die Frage ob die Tödtung des Monarchen als Hochverrath zu behandeln sei, obwohl das Leben des zeitweiligen Trägers der Krone im heutigen Staate mit dem Leben des Staates gar nicht so verwachsen sei, daß seine Tödtung mit dem Umsturze der fundamentalen Einrichtungen des Staates auf eine Linie gestellt werden

---

1) So Schütze S. 231.

2) So Knitschky: Das Verbrechen des Hochverrathes, in Anlehnung an von Feder: Das Staatsverbrechen des Hochverrathes.

könne, die Frage, ob nicht auch, wie in England, das Parlament, oder auch, wie in der nordamerikanischen Union, der höchste Gerichtshof als Object des hochverrätherischen Angriffes zu betrachten sei, die Frage welche Verletzungen der Verfassung zum Hochverrathe zu rechnen, welche davon auszuscheiden seien[1]), das sind Fragen deren Beantwortung nur möglich sein würde, wenn zuvor feststände, welches der wesentliche Unterschied des Verbrechens des Hochverrathes und anderer Staatsverbrechen sei. Nur auf Beantwortung der Frage kann es ankommen, ob die Gesetzgebung, gleichviel welchen Staatsverbrechen sie den Namen Hochverrath beilegt, dem Staate und der Staatsgewalt in ihren Rechten und Organen den erforderlichen strafrechtlichen Schutz gewähre, und ob die verschiedenen Strafsatzungen in dem entsprechenden Verhältnisse zu einander stehen. Für die Beantwortung dieser Frage können aber nur die gegebenen Verfassungszustände des Staates und die politische Werthschätzung der Rechtsgüter, um deren strafrechtlichen Schutz es sich handelt, maßgebend sein, und eben deshalb war es unmöglich das römische crimen majestatis, das auf ganz anderer Voraussetzung als den im Mittelalter und in den letzten Jahrhunderten in Deutschland gegebenen beruhte, in seiner den Quellen entsprechenden Gestalt auf das gemeine deutsche Strafrecht zu übertragen.

§ 211. Das deutsche Strafgesetzbuch mußte bei der Behandlung der Staatsverbrechen, insbesondere der als Hochverrath bezeichneten, davon ausgehen, daß es sich um den strafrechtlichen Schutz der zu einem Bundesstaate vereinigten deutschen Staaten handle. Zweifellos konnte der norddeutsche Bund und das deutsche Reich nicht bis dahin, daß es gelingen werde ein für das ganze Bundesgebiet geltendes Strafgesetzbuch zu Stande zu bringen, schutzlos gelassen werden, und die Verfassung des norddeutschen Bundes hatte in Art. 74 für solchen Schutz in provisorischer Weise Sorge getragen. Als Vorbild, dem Art. 74 zum Theil wörtlich entlehnt ist, diente in dieser Beziehung der Bundesbeschluß vom 18. August 1836, nach welchem ein Unternehmen gegen die Existenz, die Integrität, die Sicherheit oder die Verfassung des deutschen Bundes in den deutschen Staaten nach denjenigen Landes-

---

1) Vgl. in Betreff dieser Fragen Marquardsen Ueber den Begriff des Hochverraths, im Arch. 1849 S. 246. Brackenhoeft Ueber den Hochverrath in seiner Richtung gegen die bestehende Verfassung, im Arch. 1850 S. 287. von Schirach Ueber politische Verbrechen, Beilageheft zum Arch. 1851.

gesetzen gestraft werden soll, nach denen eine gleiche gegen den einzelnen Bundesstaat begangene Handlung als Hochverrath, Landesverrath oder unter einer andern Benennung zu strafen wäre[1]). Bei der wesentlich anders gestalteten Verfassung des norddeutschen Bundes handelte es sich in Art. 74 allerdings nicht mehr nur um einen Angriff auf die Existenz, die Integrität, die Sicherheit oder Verfassung des Bundes, sondern weiter auch um die Beleidigung des Bundesrathes, des Reichstages, eines Mitgliedes des Bundesrathes oder Reichstages, einer Behörde oder eines öffentlichen Beamten des Bundes in Ausübung ihres Berufes oder in Beziehung auf denselben, und alle diese Delicte sollten nach den entsprechenden zum Schutze des eigenen Staates und seiner Organe dienenden Landesgesetzen bestraft werden. War damit vorläufig dem unabweisbaren Bedürfnisse genügt, so konnte sich doch das deutsche Strafgesetzbuch nicht darauf beschränken ebenso wie Art. 74 die Angriffe auf Existenz, Integrität, Sicherheit und Verfassung des Reiches für hochverrätherisch zu erklären und unter eine gemeinrechtliche Strafsatzung zu stellen, vielmehr war in Betracht zu ziehen einerseits die wesentlich veränderte rechtliche Stellung der deutschen Staaten zu einander, vermöge deren das in dem einen Staate zu strafende, gegen den andern Staat gerichtete hochverrätherische Unternehmen unmöglich wie bisher nur als gegen einen fremden befreundeten Staat verübt betrachtet werden konnte, und andererseits, daß im deutschen Reiche, das selbst Staat ist und ein Reichsindigenat kennt, die rechtliche Stellung eines jeden Deutschen zu jedem andern deutschen Staate als demjenigen, in welchem er das Landesindigenat besitzt, eine wesentlich andere geworden ist, vermöge deren es unmöglich ist den von einem Deutschen verübten hochverrätherischen Angriff strafrechtlich verschieden zu würdigen je nachdem er sich gegen den Heimaths- oder einen andern deutschen Staat richtet. Einen bedeutsamen Schritt über Art. 74 der Bundesverfassung hinaus that das Strafgesetzbuch dadurch, daß es, auch

1) Diese Bestimmung war deshalb auch in die später erschienenen deutschen Strafgesetzbücher aufgenommen worden, nicht aber in das preußische, was offenbar seinen Grund in dem Verhältnisse hatte, in welchem zur Zeit des Abschlusses des preuß. Strafgesetzbuches Preußen zu dem restaurirten Bunde stand. Gleichwohl mußte auch späterhin der Bundesbeschluß von 1836 als in Preußen geltend betrachtet werden, da er hier durch Verordnung vom 28. October 1836 publicirt worden war.

abweichend von den Entwürfen, den Träger der Bundes-Präsidialgewalt, noch bevor er durch die Reichsverfassung als Kaiser anerkannt war, als Bundesoberhaupt bezeichnete, dem jeder Deutsche in gleicher Weise zu Treue verpflichtet sei wie dem eignen Landesherrn.

Als Objecte des hochverrätherischen Angriffes betrachtet das Gesetz[1]) 1) den Kaiser und die übrigen deutschen Bundesfürsten, 2) die Verfassung des deutschen Reiches wie die eines jeden einzelnen Bundesstaates, und 3) das Bundesgebiet wie das eines jeden einzelnen Bundesstaates.

§ 212. Als hochverrätherischer Angriff gegen einen Bundesfürsten kommt zuerst in Betracht das Unternehmen, das darauf gerichtet ist einen Bundesfürsten zu tödten. Von einem Unternehmen einen Bundesfürsten zu tödten, kann selbstverständlich nur die Rede sein, wenn es sich um vorsätzliche Tödtung handelt, so daß also die fahrlässige Tödtung eines Bundesfürsten ausgeschlossen ist. Es umfaßt ein solches Unternehmen die vollendete und die versuchte Tödtung[2]), nicht eine die Tödtung vorbereitende Handlung, da § 86 eine besondere Strafbestimmung für die Vorbereitung des Hochverrathes festgestellt hat.

Subject des Verbrechens kann ein Jeder sein, gleichviel ob ein Inländer oder ein Ausländer und gleichviel ob die That im Inlande und in welchem deutschen Staatsgebiete, oder ob im Auslande verübt wurde. Der zum Thatbestande erforderliche Dolus besteht in dem Vorsatze einen als solchen gekannten deutschen Bundesfürsten zu tödten, gleichviel ob der Vorsatz mit Ueberlegung oder nicht mit Ueberlegung gefaßt wurde, ob es sich um Mord oder Todtschlag handelt[3]). Dagegen erfordert hier, wie auch bei dem nach § 80 zu strafenden Verbrechen, der Dolus keineswegs noch ein weiter hinzukommendes, ihn als hochverrätherisch charakterisirendes Moment[4]), und die Ansicht, daß es sich hier um ein durchaus selbständiges und eigenthümliches Verbrechen neben den nach § 211 oder 212 zu strafenden, oder um einen Fall der Concurrenz von vorsätzlicher Tödtung und Hochverrath handle, beruht

---

1) Strfgb. 80. 81.

2) Ueber ein Unternehmen, durch welches das Verbrechen des Hochverrathes vollendet wird unten S. 743.

3) John a. a. O. S. 18. Knitschky a. a. O. S. 139. Oppenhoff § 81 Nr. 5. Olshausen § 81 Nr. 4. Dagegen Sontag Redactionsversehen S. 48, welcher den Todtschlag als ausgeschlossen betrachtet.

4) John a. a. O. S. 17. Schwarze § 81 Nr. 3.

auf der unrichtigen Voraussetzung[1]), daß es ein einheitliches, einen eigenthümlichen Dolus erforderndes Verbrechen des Hochverrathes gebe, welches allerdings durch verschiedene Mittel verübt werden könne, so auch durch vorsätzliche Tödtung, daß daher dieses Verbrechen die Uebertretung zweier Rechtsnormen enthalte, derjenigen, welche den Hochverrath und derjenigen, welche die vorsätzliche Tödtung verbiete. Aber es giebt kein Verbrechen des Hochverrathes, das von denjenigen Verbrechen die das Gesetz mit diesem Namen bezeichnet noch zu unterscheiden wäre, und es giebt keine Norm die das Verbrechen des Hochverrathes an sich und als solches verbietet. Es handelt sich bei dem Hochverrathe immer nur um verschiedene Verbrechen, die darin übereinkommen einen gegen den Staat gerichteten Angriff zu enthalten, und von anderen Staatsverbrechen sich dadurch unterscheiden, daß sie als die schwersten mit dem gemeinsamen Namen Hochverrath bezeichnet werden. Bei der Tödtung eines Bundesfürsten wie in anderen Fällen des gegen ihn gerichteten Hochverrathes liegt immer ein anderweitiges Delict vor, das durch ein hinzukommendes Moment, das Object des Angriffes, den beabsichtigten Erfolg, qualifizirt erscheint. Allerdings hat dieses qualifizirende Moment eine so hervorragende Bedeutung, daß es sich rechtfertigt, wenn das Gesetz diese Verbrechen in einem besondern Abschnitte und mit einem gemeinsamen Namen zusammenfaßt, sie aber nicht in den betreffenden anderweitigen Abschnitten nur als qualifizirte Fälle der Tödtung, Freiheitsberaubung, Nöthigung u. s. w. behandelt. Die Tödtung eines Bundesfürsten, des Trägers der Staatsgewalt, hat unvermeidlich eine politische Bedeutung und erscheint als Angriff auf den Staat, aber der zum Thatbestande des Verbrechens erforderliche Dolus ist kein anderer als in jedem andern Falle vorsätzlicher Tödtung[2]), und erfordert nicht etwa eine feindselig gegen den Staat gerichtete Absicht, nicht den Zweck mittelst der Tödtung in gewisser Richtung einen bestimmenden Einfluß auf die öffentlichen Angelegenheiten zu üben. Auch wenn der getödtete Bundesfürst für den Thäter, nach Motiv

---

1) Vertreten durch Binding Normen I S. 122. v. Liszt S. 498. Dagegen Knitschky a. a. O. S. 122. 143. Sontag Die Redactionsversehen S. 46. Oppenhoff § 80 Nr. 8.

2) Dagegen Binding a. a. O. II S. 483, der für alle Fälle des § 81 hochverrätherische Absicht fordert mit der sich Tödtungsvorsatz, Nöthigungsvorsatz u. s. w. verbinde.

und Zweck seiner That, nur als Privatperson in Betracht kam, bleibt die That eine hochverrätherische.

Wenn das Gesetz für das hochverrätherische Unternehmen einen Bundesfürsten zu tödten lebenslängliches Zuchthaus oder lebenslängliche Festungshaft, für den Fall, daß mildernde Umstände vorhanden sind Festungshaft nicht unter fünf Jahren anordnet, so ergiebt sich, daß die That, sofern sie sich als Versuch des Mordes oder Todtschlages oder auch als vollendeter Todtschlag darstellt, im Verhältnisse zu den Strafbestimmungen der §§ 211, 212 und 213 in Verbindung mit § 44 durch erhöhte Strafe ausgezeichnet ist. Dagegen kann nicht gefolgert werden, daß der vollendete Mord eines Bundesfürsten durch mildere Strafe als der Mord eines andern Menschen ausgezeichnet, weil nur mit lebenslänglicher Freiheitsstrafe, nicht mit dem Tode zu strafen sei [1]).

Die Verhängung der Todesstrafe für den vollendeten Mord eines Bundesfürsten auf Grund des § 211 kann freilich nicht damit gerechtfertigt werden, daß eine Idealconcurrenz vorliege [2]), denn diese erfordert eine Mehrheit zu strafender Delicte die hier mangelt, da nur das *eine* Delict eines qualifizirten Mordes vorliegt, bei welchem freilich, da schon der einfache Mord die schwerste Strafe nach sich zieht, das qualifizirende Moment einen entsprechenden Ausdruck in der Strafe nicht finden kann. Wenn aber das Unternehmen einen Bundesfürsten zu tödten allerdings den versuchten und vollendeten Todtschlag und Mord umfaßt, so wird doch die Frage beantwortet werden müssen, in wie weit der Gesetzgeber es beabsichtigte durch § 81 die Anwendbarkeit der Strafbestimmungen der §§ 211, 212 und 213 auszuschließen. Daß er sie um des qualifizirenden Momentes willen als unzulänglich aus-

---

1) Daß die Fassung des § 81 allerdings den Schein erweckt, als ob bei dem Morde eines Bundesfürsten die Todesstrafe ausgeschlossen sei, erklärt sich durch das vom Reichstage in dritter Lesung angenommene Amendement von *Kardorff*, aus welchem § 80 hervorging, und das die, durch die früheren Beschlüsse beseitigte, Todesstrafe für Mord und die Hochverrathsfälle des § 80 wieder herstellte, während es unberücksichtigt blieb, daß die Hochverrathsfälle des § 81 Nr. 1 auch den vollendeten Mord mit umfassen.

2) Nach *Binding* a. a. O. I S. 124 bezieht sich die Strafe des § 81 nur auf den Hochverrath, nicht auch auf den mit ihm concurrirenden Mord. Ebenso nehmen Ideal-Concurrenz an *Oppenhoff* § 81 Nr. 5. *Olshausen* § 82 Nr. 6. Dagegen *Sontag* Redactionsversehen S. 46. *Knitschky* a. a. O. S. 141.

schließen wollte, soweit es sich um versuchten und vollendeten Todtschlag und um Mordversuch handelt, ist an sich selbst klar und zweifellos, aber eben darum ist es unmöglich anzunehmen, daß er bei dem vollendeten Morde demselben qualifizirenden Momente die entgegengesetzte, strafmindernde Wirkung beilegen wollte, vielmehr muß angenommen werden, daß in solchem Falle die Strafbestimmung des § 81 durch die des § 211 ausgeschlossen wird[1]).

Als einen qualifizirten Fall des Unternehmens einen Bundesfürsten zu tödten behandelt das Gesetz aber den Mord und den Mordversuch, welcher an dem Kaiser, an dem eignen Landesherrn oder während des Aufenthaltes in einem Bundesstaate an dem Landesherrn dieses Staates verübt worden ist. Versuchter wie vollendeter Todtschlag des Kaisers oder eines der gedachten Landesherrn sind also nur nach § 81 Nr. 1 zu strafen. Ausgeschlossen ist ferner der gegen einen nichtdeutschen Landesherrn, sollte es auch der eigne des Thäters sein, gerichtete Mord oder Mordversuch, weil dieses Verbrechen nicht als Hochverrath, sondern nur als feindliche Handlung gegen einen befreundeten Staat nach § 102 gestraft werden könnte[2]).

Ob das Verbrechen im Inlande, ob im Gebiete dieses oder jenes deutschen Staates, oder im Auslande verübt wurde, ist gleichgiltig, wofern es gegen den Kaiser oder den eignen Landesherrn gerichtet ist, und nur dann muß es im Gebiete eines deutschen Staates verübt sein, wofern es gegen den Landesherrn des Staates

---

1) John a. a. O. S. 18. Wenn John zugleich annimmt, daß bei dem Todtschlage eines Bundesfürsten § 81 nur dann zur Anwendung kommen könne, wenn nach Beschaffenheit des Falles auf Zuchthausstrafe zu erkennen ist, und dann die Annahme mildernder Umstände ausgeschlossen sei, weil § 212 die Annahme mildernder Umstände nicht gestatte, so ist übersehen, daß zwar nicht § 212 wohl aber § 213 bei dem Todtschlage mildernde Umstände zuläßt.

2) Nach der klaren Fassung des Gesetzes kann darüber kein Zweifel sein, daß § 80 auf Mord und versuchten Mord des Regenten nicht anwendbar ist, ebenso wie auch im preuß., bayer. und bad. Strfgb. die entsprechende Bestimmung sich nur auf den Landesherrn bezog, während andere deutsche Strfgb. in Betreff hochverrätherischer Angriffe den Regenten dem Landesherrn gleichstellten. Daß der Regent die Staatsgewalt nur im Namen und anstatt des behinderten Landesherrn ausübt ist kein Grund den Werth seines Lebens für den Staat geringer anzuschlagen, als den des Lebens des Landesherrn. Vgl. John a. a. O. S. 12.

gerichtet ist, in welchem sich der Thäter bei Verübung der That aufhält.

In Betreff der Frage nach dem Subjecte des Verbrechens ist das deutsche Strafgesetzbuch den früheren deutschen Strafgesetzbüchern gefolgt und betrachtet, trotz des beibehaltenen Namens Hochverrath, nicht mehr die sittliche Beziehung des Unterthanen zum Landesherrn und zum Staate, und den verrätherischen Bruch der Treue als Voraussetzung des Verbrechens. Es kann demnach das Verbrechen am Kaiser und an dem Landesherrn des Staates in dessen Gebiet der Thäter sich aufhält, sowohl von einem jeden Deutschen wie von einem Ausländer verübt werden. Wenn § 4 des Strafgesetzbuches für strafbar nach den Gesetzen des deutschen Reiches den Ausländer erklärt, der im Auslande eine hochverrätherische Handlung gegen das deutsche Reich oder einen Bundesstaat verübte, so kann es keinem Zweifel unterliegen, daß damit keineswegs nur hochverrätherische Handlungen gegen Gebiet und Verfassung des Reiches oder eines Bundesstaates gemeint sind, zu jenen Handlungen vielmehr auch hochverrätherische Angriffe auf den Kaiser und auf deutsche Landesherren, sowie alle in den §§ 80—86 bezeichneten Delicte gehören[1]). Eine letzte Erinnerung an Verrath und Treulosigkeit hat das Gesetz nur insofern festgehalten, als es Mord und Mordversuch eines Deutschen an dem eignen Landesherrn gesetzlich auszeichnet und ebenso Mord und Mordversuch, den ein Deutscher oder Ausländer in dem Gebiete eines deutschen Staates an dem Landesherrn eben dieses Staates verübt, denn die Voraussetzung der Auszeichnung dieses Falles kann nur die sein, daß der rechtliche Schutz den der Staat dem Fremden während seines Aufenthaltes im Staatsgebiete gewährt, auch ihn als **subditus temporarius** zur Treue verpflichte[2]).

Der Umstand, daß § 80 rücksichtlich der Strafe den Versuch der Vollendung gleich stellt, schließt nicht aus, daß auch der hochverrätherische Mordversuch in Folge des Rücktrittes

---

1) John a. a. O. S. 15. Oppenhoff § 4 Nr. 17. Olshausen § 4 Nr. 8. Dagegen Rubo § 4 Nr. 6.

2) Puchelt § 80 Nr. 2. Wenn Olshausen § 80 Nr. 3 einwendet der Aufenthalt verlange nicht ein zeitweiliges Unterthanenverhältniß, so übersieht er, daß der Aufenthalt des Ausländers im Inlande immer ein solches begründet. Von der Rücksicht auf das zeitweilige Unterthanenverhältniß geht auch § 91 in Betreff des Landesverrathes aus.

nach § 46 straflos bleibt [1]). Sofern das Verbrechen an dem eignen Landesherrn oder dem Landesherrn des Staates verübt wurde, in welchem sich der Thäter zur Zeit der That aufhielt, kann der Theilnehmer in Rücksicht auf § 50, gleich dem Thäter nach § 80 nur dann gestraft werden, wenn er die zum Thatbestande erforderliche gleiche persönliche Eigenschaft besitzt.

Ist die Strafe des Gehilfen nach dem Gesetze festzusetzen, das auf die Handlung Anwendung findet, zu welcher er wissentlich Hilfe geleistet hat, so ergiebt sich, daß die nach § 49 vorzunehmende Ermäßigung der Gehilfenstrafe hier nicht stattfinden kann, weil die Strafe des Versuches, welche die Norm für die Strafe der Beihilfe bildet, hier der Strafe des vollendeten Delictes gleichgestellt ist [2]).

Die Strafe ist in diesem Falle des Hochverrathes die Todesstrafe.

Dem Unternehmen einen Bundesfürsten zu tödten stellt das Gesetz gleich das Unternehmen einen Bundesfürsten, und als solcher kommt selbstverständlich auch der Kaiser in Betracht, gefangen zu nehmen, in Feindesgewalt zu liefern oder zur Regierung unfähig zu machen.

Alle diese Handlungen sind auch dann strafbar, wenn sie gegen irgend eine Privatperson verübt werden. Das Gefangennehmen ist strafbar nach § 239, das Liefern in Feindesgewalt als Beraubung des Gebrauches der persönlichen Freiheit ebenfalls nach § 239 oder auch nach § 90 Nr. 1. Das Unfähigmachen zur Regierung wird nur mittelst einer Gesundheitsbeschädigung, namentlich etwa durch Herbeiführung einer Geisteskrankheit, verübt werden können. Es wird also in diesen Fällen des Hochverrathes der volle Thatbestand der genannten Delicte, namentlich auch der von demselben geforderte Dolus vorausgesetzt, sowie die Kenntniß des Thäters, daß sich seine That gegen einen Bundesfürsten richte. Wird ein Bundesfürst durch Gesundheitsbeschädigung zur Regierung unfähig gemacht, so würde, wenn die That als Hochverrath gestraft werden soll, allerdings der Thatbestand einer vorsätzlichen Körperverletzung,

---

1) Berner S. 334. Schütze S. 233. Oppenhoff § 80 Nr. 2. Rüdorff § 80 Nr. 3. Schwarze § 80 Nr. 2. Olshausen § 80 Nr. 6. Dagegen Puchelt § 80 Nr. 1. v. Liszt S. 498.

2) Olshausen § 80 Nr. 7. v. Liszt S. 498. Dagegen Oppenhoff § 80 Nr. 8. Rsprch. VI S. 840.

welche die Regierungsunfähigkeit zur Folge hatte nicht genügen, vielmehr würde auch die Absicht mittelst der Körperverletzung die Regierungsunfähigkeit herbeizuführen erforderlich sein. Immerhin handelt es sich auch in solchem Falle nicht um einen aus vorsätzlicher Körperverletzung und Hochverrath combinirten Thatbestand, sondern um eine durch den beabsichtigten Erfolg qualifizirte Körperverletzung, ganz entsprechend der nach § 225 zu strafenden qualifizirten Körperverletzung.

§ 213. Ein zweites Object des hochverrätherischen Angriffes ist die Verfassung des Reiches sowie die eines jeden einzelnen Bundesstaates, und das Gesetz bezeichnet als Hochverrath das Unternehmen, die Verfassung des Reiches oder eines Bundesstaates oder die in demselben bestehende Thronfolge gewaltsam zu ändern.

Die Frage was als eine Verfassungsänderung zu betrachten sei hat das Gesetz nicht beantwortet und damit dem Ermessen des Richters einen Spielraum von bedenklicher Weite gewährt. Man ist darüber einig, daß die Verfassung nicht zu beschränken sei auf den Inbegriff der im Verfassungsgesetze, in der Verfassungsurkunde enthaltenen Normen[1]), denn die Verfassung hat einen weitern Umfang und unsere Verfassungsurkunden enthalten mancherlei Bestimmungen die als indifferent für die Verfassung des Staates erscheinen. In einem weitern Sinne des Wortes umfaßt die Verfassung die gesammte Gesetzgebung des Staates und man ist wiederum darin einig, daß nicht jede Aenderung in der bestehenden Gesetzgebung des Staates als Verfassungsänderung zu betrachten sei. Daß die Umwandelung eines monarchischen Staates in einen republicanischen eine Verfassungsänderung sei, wird Niemand bezweifeln, aber sowohl die frühere Gesetzgebung wie die in der Doctrin herrschende Ansicht will eine Verfassungsänderung nicht blos in den extremsten Fällen der Umwandelung des Verfassungszustandes annehmen. Die früheren deutschen Strafgesetzbücher sprechen darum von dem Unternehmen die Verfassung ganz oder theilweise, ganz oder in ihren wesentlichen Theilen, in ihren hauptsächlichsten Bestandtheilen zu ändern, oder sie machen neben der Verfassungsänderung im Allgemeinen noch besondere Fälle derselben namhaft. Ebenso betrachtet die Doctrin die Aenderung eines Theiles der Verfassung, eines wesentlichen Theiles der Verfassung, der Fun-

---

1) Nur Rubo § 81 Nr. 3. 4 indentificirt Verfassung und Verfassungsurkunde, ebenso in Betreff des preuß. Strfgb. Beseler Comment. S. 224.

damentaleinrichtungen des Staates als genügend zur Verfassungsänderung [1]). Damit ist freilich für eine festere Begrenzung der Verfassungsänderung wenig gewonnen, denn es bleibt die Frage offen welche Theile der Verfassung als wesentliche, hauptsächliche, fundamentale zu erachten seien.

Der gesetzliche Thatbestand fordert eine Aenderung der Verfassung und daraus ergiebt sich zunächst dies, daß eine Handlung, durch welche die Verfassung im concreten Falle in ihrer Wirksamkeit behindert wird, eine Handlung die verfassungswidrig ist, die Verfassung verletzt, nicht hierher gehört, weil durch sie die Verfassung nicht geändert wird. Eine Verfassungsänderung fordert, daß die Verfassung eine andere geworden sei, als sie bisher war und es würde wiederum zu der durchaus unsichern Unterscheidung des Wesentlichen und Unwesentlichen führen, wollte man zwischen Aenderungen durch welche die Verfassung eine andere wird, und solchen durch welche sie keine andere wird, unterscheiden [2]). Der gewöhnliche Sprachgebrauch wird die Verfassung als eine andere freilich nur bezeichnen, wenn die Aenderungen sehr umfangreiche und bedeutsame sind, aber es handelt sich dann doch nur um ein Mehr oder Weniger das keine feste Grenzlinie zuläßt. Eine solche wird dagegen zu finden sein, wenn man berücksichtigt, daß das Gesetz eine gewaltsame Aenderung der Verfassung erfordert.

Die gewaltsame Aenderung bildet den Gegensatz zu der verfassungsmäßigen Aenderung, ist also jedenfalls eine rechtswidrige, verfassungswidrige [3]). Aber nicht jede rechtswidrige Aenderung ist eine gewaltsame und nach dem constanten Sprachgebrauche des Strafgesetzbuches ist gewaltsam im Unterschiede von der Drohung nur diejenige Handlung, durch welche ein unwiderstehlicher Zwang, eine vis absoluta, geübt wird [4]). Wesent-

1) H. Meyer S. 661. Schütze S. 234. Knitschky a. a. O. S. 147. Oppenhoff § 81 Nr. 8. Schwarze § 81 Nr. 5. Olshausen § 80 Nr. 6. v. Liszt S. 498.

2) So sucht John a. a. O. S. 12 zu unterscheiden.

3) In den Entwürfen des preuß. Strfgb. hatte man darum auch eine eigenmächtige statt einer gewaltsamen Verfassungsänderung gefordert. Goltd. Mat. II S. 10.

4) Vgl. Hälschner im G. Saal 1883 S. 1 f. Die herrschende Meinung bezieht das „gewaltsam“ sowohl auf den als vis absoluta wie als vis compulsiva wirkenden Zwang, oder man erklärt, Bezug nehmend auf die Materialien zum preuß. Strfgb. Goltdammer II S. 10, die Drohung als aus-

lich ist also der zum Thatbestande des Verbrechens erforderlichen Gewalt, daß eine Nöthigung geübt werde, der gegenüber der Genöthigte widerstandsunfähig sich nur duldend zu verhalten vermag[1]), nicht die Frage ob und in welchem Maße materielle Machtmittel zur Anwendung gebracht worden sind. Als ein Unternehmen die Verfassung gewaltsam zu ändern wird es demnach allerdings zu betrachten sein, wenn die verantwortlichen Minister durch ein Decret die bestehende Verfassung umstürzen im Vertrauen darauf, daß die ihnen zu Gebote stehenden Machtmittel die Möglichkeit eines Widerstandes ausschließen, und für die rechtliche Beurtheilung der Handlung kommt es nicht in Betracht, daß, wenn der Erfolg ihr Vertrauen rechtfertigt, eine Bestrafung wegen Hochverrathes freilich nicht stattfinden wird[2]).

Die gewaltsame Aenderung der Verfassung erfordert also jedenfalls eine Handlung die den Thatbestand der Nöthigung ergiebt und kommt es bei ihr auf eine Aenderung der bestehenden Gesetzgebung an, so muß die Nöthigung gegen die Organe der gesetzgebenden Gewalt des Staates gerichtet sein. Nun aber ergiebt sich aus § 105, daß die Nöthigung des Senats oder der Bürgerschaft einer der Hansestädte, so wie die einer gesetzgebenden Versammlung des Reiches oder eines Bundesstaates zur Fassung oder Unterlassung von Beschlüssen, nicht als Hochverrath erscheint, daß das Unternehmen mittelst Bedrohung der gedachten Organe der gesetzgebenden Gewalt rechtswidrig eine Aenderung der bestehenden Gesetzgebung herbeizuführen also nicht Hochverrath ist, und in dieser Beziehung kann auch der Umstand keinen Unterschied begründen, daß die Nöthigung darauf gerichtet ist eine Aenderung der Ver-

---

reichend, wo das Unternehmen auf eine, wenigstens im letzten Augenblicke der Entscheidung, durch physische Gewalt zu bewirkende Umwälzung gerichtet ist. Vgl. Beseler S. 224. Knitschky a. a. O. S. 152. H. Meyer S. 661. Berner S. 332. Oppenhoff § 181 Nr. 9. Olshausen § 81 Nr. 6. Schütze S. 235. Dagegen John a. a. O. S. 19. Schwarze § 81 Nr. 8. v. Liszt S. 498.

1) Vgl. oben S. 118 f.

2) In solchem Falle den Hochverrath für ausgeschlossen zu betrachten, weil die Verfassungsänderung keine gewaltsame sei, so Knitschky S. 153, ist unrichtig, denn es ist ein den Widerstand ausschließender Zwang geübt, und dies ist im Sinne des Gesetzes Gewalt, aber ebenso unrichtig ist es hier nur Drohung anzunehmen, denn der Zwang ist nicht darauf gerichtet Andere zu einem Thun oder Unterlassen zu bestimmen, sondern darauf ihnen ein Duldenmüssen aufzuerlegen.

fassungs-Urkunde, insbesondere etwa der verfassungsmäßigen Stellung der Organe der gesetzgebenden Gewalt herbeizuführen. Weil die Nöthigung zu einem Handeln oder Unterlassen kein geeignetes Mittel ist um den nach § 81 Nr. 2 zu strafenden Fall des Hochverrathes zu verüben, so wird geschlossen werden müssen, daß auch die Bedrohung des Kaisers oder eines deutschen Landesherrn, durch die er genöthigt werden soll einer Aenderung der bestehenden Gesetzgebung seine Zustimmung zu ertheilen oder zu versagen, ebensowenig als Hochverrath zu bestrafen ist, sofern nicht etwa anderweitige Momente, z. B. eine Gefangennehmung, hinzukommen, vermöge deren die That als Hochverrath zu strafen ist.

Eine von den verfassungsmäßigen Organen der gesetzgebenden Gewalt ausgehende, beschlossene Aenderung der Verfassung, sollte sie auch eine rechtswidrige, weil durch Bedrohung herbeigeführte sein, ist also nicht eine hochverrätherische und daraus folgt, daß eine Aenderung der Verfassung hochverrätherisch nur sein kann, wenn sie eine verfassungswidrige auch insofern ist, als sie nicht in der verfassungsmäßigen Form von den verfassungsmäßigen Organen der gesetzgebenden Gewalt, sondern von einer illegitimen sich an ihre Stelle setzenden Macht ausgeht. Entscheidend für das Unternehmen die Verfassung gewaltsam zu ändern ist also jedenfalls der Umstand, daß es darauf gerichtet ist die Organe oder eines der Organe der gesetzgebenden Gewalt gewaltsam zu beseitigen und eine gesetzgebende Gewalt herzustellen, welche, wie sie auch beschaffen sein möge, der bisherigen Verfassung gegenüber als eine verfassungswidrige erscheint. Ob und welche weitere Aenderungen der bestehenden Verfassung und Gesetzgebung des Staates beabsichtigt werden, ist gleichgiltig.

Die wesentlichen Theile, die hauptsächlichsten Bestandtheile, die Fundamental-Einrichtungen der Verfassung, welche den Gegenstand des hochverrätherischen Angriffes bilden, sind also lediglich diejenigen Bestimmungen der Verfassung, welche sich auf die Ausübung der gesetzgebenden Gewalt beziehen, indem sie die Organe, welche zur Wahrnehmung dieser staatlichen Function berufen sind, bezeichnen und ihre verfassungsmäßige Stellung und Berechtigung normiren. Andere Theile der Verfassung mögen, wie etwa die Gerichtsverfassung, für das Staatsleben gleich wesentlich sein, sind aber für sich allein nicht Gegenstand hochverrätherischen Angriffes und können es unmöglich sein, weil jede gewaltsame Aenderung derselben nur vermittelst hochverrätherischen Angriffes auf die Organe der Gesetzgebung verübt werden kann.

Hiernach ergiebt sich, daß ein hochverrätherischer Angriff auf die Verfassung 1) dasjenige Unternehmen ist, das die Umwandelung der monarchischen deutschen Staaten in republicanische, oder der republicanischen in monarchische zum Zwecke hat, und ebenso dasjenige, durch welche die Thronfolge gewaltsam geändert werden soll. Eine Aenderung der Thronfolge kann stattfinden mittelst Verdrängung der legitimen Dynastie durch eine illegitime, ferner durch Aenderung der Gesetze, welche für Thronfolgerecht und Thronfolgeordnung des regierenden Hauses maßgebend sind, endlich aber auch durch Entthronung des regierenden Landesherrn, sollte es auch nur geschehen um das thronfolgeberechtigte Glied des regierenden Hauses auf den Thron zu erheben [1]). Es würde 2) hierher gehören das Unternehmen den Landtag und seine Mitwirkung bei der Gesetzgebung, oder auch, wo der Landtag aus zwei Kammern besteht, eine der beiden Kammern zu beseitigen, gleichviel ob es geschieht um den Monarchen in der Gesetzgebung von der Mitwirkung einer Volksvertretung zu befreien, oder um eine anders gestaltete Volksvertretung an die Stelle der bisherigen zu setzen, oder um irgend welche sonstige Aenderung in der Verfassung herbeizuführen, denn entscheidend ist nur das Unternehmen die betreffenden Organe der Gesetzgebung aus ihrer verfassungsmäßigen Stellung zu verdrängen, nicht die Frage ob und welche weitere Aenderungen in der Gesetzgebung erstrebt werden. Das Gleiche gilt in Betreff des Senates und der Bürgerschaft der freien Städte. Einem solchen Unternehmen kann das in § 105 erwähnte Sprengen einer gesetzgebenden Versammlung als Mittel dienen, aber als hochverrätherisch würde es nur zu strafen sein, wenn es geschieht, um die Verfassung zu ändern, nicht wenn es nur darauf ankommt die Versammlung zur Zeit an der Ausübung ihrer Functionen zu hindern. 3) Ein Unternehmen die Reichsverfassung gewaltsam zu ändern würde hiernach darauf gerichtet sein müssen den Kaiser, den Bundesrath oder den Reichstag aus ihrer verfassungsmäßigen Stellung in Betreff der Ausübung der gesetzgebenden Gewalt des Reiches zu verdrängen.

§ 214. Ein drittes Object des hochverrätherischen Angriffes

---

1) Damit ist die Thronfolge geändert, wenn auch die bisherige Thronfolge-Ordnung für die Zukunft bestehen bleibt. Ueberdies würde eine solche Handlung wohl zugleich eine solche sein, die nach § 81 Nr. 1 als Hochverrath zu strafen ist.

ist das Bundesgebiet wie das Gebiet eines jeden einzelnen Bundesstaates. Der Thatbestand dieses Verbrechens erfordert, so weit es sich um das Bundesgebiet handelt, ein Unternehmen das darauf gerichtet ist, das Bundesgebiet ganz oder theilweise einem fremden Staate gewaltsam einzuverleiben oder einen Theil desselben vom Ganzen loszureißen, in welchem letztern Falle die Absicht dahin gehen wird, den losgerissenen Theil als selbständigen Staat zu constituiren. Der hochverrätherische Angriff auf das Bundesgebiet ist unvermeidlich zugleich Angriff auf das Gebiet eines Bundesstaates, denn wenn zwar das Reichsland Elsaß-Lothringen nach seiner verfassungsmäßigen Stellung im Reiche nicht ein Bundesstaat ist, und sein Gebiet gleichwohl Bundesgebiet bildet, so hat doch das Gesetz vom 30. August 1871 die Einführung des Strafgesetzbuches in Elsaß-Lothringen betreffend angeordnet, daß die Bestimmungen des Strafgesetzbuches, in denen von Bundesstaaten die Rede ist, auch auf Elsaß-Lothringen Anwendung finden.

Ein hochverrätherischer Angriff auf das Gebiet des einzelnen Bundesstaates der nicht zugleich gegen das Bundesgebiet gerichtet ist, wird verübt durch das Unternehmen einen Bundesstaat ganz oder theilweise einem andern Bundesstaate einzuverleiben oder einen Theil eines Bundesstaates von diesem loszureißen und als selbständigen Bundesstaat herzustellen.

Das Losreißen eines Gebietstheiles vom Ganzen kann, wie dies im Begriffe des Losreißens liegt, nur gewaltsam geschehen. Abweichend vom preußischen hat aber das deutsche Strafgesetzbuch es für erforderlich erachtet, das Einverleiben des ganzen Staatsgebietes oder eines Theils desselben in einen andern Staal ausdrücklich als gewaltsam zu bezeichnen, was, wenn man voraussetzt, daß es nur gewaltsam geschehen könne, entbehrlich war, aber verwerflich unter der Voraussetzung, daß das Einverleiben auch in nicht gewaltsamer Weise erfolgen könnte[1]).

Das Unternehmen einen deutschen Bundesstaat seiner Stellung als selbständigen Bundesstaates zu berauben um ihn in ein Reichsland zu verwandeln, würde als hochverrätherischer Angriff auf die Verfassung desselben zu betrachten sein[2]).

---

1) Vgl. John a. a. O. S. 19.

2) Oppenhoff § 81 Nr. 10. Olshausen § 81 Nr. 7. Dagegen Knitschky a. a. O. S. 149. v. Liszt S. 498, welcher einen solchen Fall überhaupt nicht als Hochverrath betrachtet.

Die Strafe ist in allen Fällen des Hochverrathes, mit Ausnahme der in § 80 bezeichneten, lebenslängliches Zuchthaus oder lebenslängliche Festungshaft. Die Verurtheilung zu Zuchthaus setzt voraus die Feststellung, daß das Verbrechen aus einer ehrlosen Gesinnung entsprungen sei[1]). Die richtige Consequenz hiervon kann nur die sein, mit der Zuchthausstrafe zugleich Verlust der Ehrenrechte zu verbinden, obwohl das Gesetz den Richter hierzu nicht nöthigt[2]).

Sind mildernde Umstände vorhanden, so tritt Festungshaft nicht unter fünf Jahren und von höchstens fünfzehn Jahren ein[3]). Neben der Festungshaft kann auf Verlust der bekleideten öffentlichen Aemter, so wie der aus öffentlichen Wahlen hervorgegangenen Rechte erkannt werden.

§ 215. Gestützt auf das römische Recht, insbesondere c. 5 C ad leg. Jul. majest. 9. 8 und die Wiederholung dieser Bestimmung in der goldenen Bulle ging die ältere gemeinrechtliche Doctrin von jeher von dem Grundsatze aus, daß bei dem Hochverrathe der Versuch der Vollendung gleich zu strafen sei. Weil dies als eine Ausnahme von der Regel erschien, daß der Versuch entweder, wie die italienischen Praktiker annahmen, überhaupt nicht, oder doch jedenfalls nicht gleich der Vollendung zu strafen sei, suchte man jenen Grundsatz als eine für die crimina atrociora maßgebende

1) Strfgb. § 20.

2) Oppenhoff § 32 Nr. 3. Rüdorff § 32 Nr. 4. Auch der als Gegner hiervon citirte Sontag Festungshaft S. 181, erkennt es an, daß der Richter die Aberkennung der Ehrenrechte unterlassen kann, hat aber Recht, wenn er sagt, daß kein Richter der bei gesunden Sinnen ist, den Geist des Gesetzes so völlig verleugnen könne.

3) Oppenhoff § 81 Nr. 11. Schwarze § 81 Nr. 11. H. Meyer S. 664. Ohne Zweifel liegt hier ein Redactionsversehen vor, denn die Fassung des § 81 war im Reichstage beschlossen zu einer Zeit, in welcher das allgemein bestimmte Maximum der Festungshaft 10 Jahre betrug, und als schließlich das Maximum der Festungshaft auf 15 Jahre erhöht wurde, war es sicher nicht die Absicht des Reichstages auch bei § 81 das Maximum auf 15 Jahre zu erhöhen. Es wäre daher darauf angekommen in allen Paragraphen die nur das Minimum der zeitigen Festungshaft bestimmten, das Maximum, soweit eine Steigerung nicht beabsichtigt war, ausdrücklich auf 10 Jahre zu beschränken. Dies geschah bei den §§ 89 und 98, nicht bei § 81 und 8 anderen Paragraphen die in Betracht zu ziehen waren. Aber hieraus wird nicht mit Sontag a. a. O. S. 172 f. und Schütze in Goltd. Arch. XX S. 364 gefolgert werden dürfen, daß der Absicht des Reichstages entsprechend, trotz des § 17, bei § 81 als Maximum der Festungshaft nur 10 Jahre anzunehmen seien.

Singularität zu rechtfertigen[1]). Obwohl der Einwand nahe lag, daß durch die Art wie die Carolina Versuch und Vollendung unterschieden hatte in dieser Beziehung die Grundsätze des römischen Rechtes und der goldenen Bulle nicht mehr anwendbar seien, hielt doch auch die spätere Doctrin an der Gleichstellung von Versuch und Vollendung bei dem Hochverrathe fest, indem man dies theils mit der Größe und Nähe der den Staat bedrohenden Gefahr, theils damit rechtfertigte, daß der vollendete Hochverrath thatsächlich nicht gestraft werden könne. Dem hat sich die neuere Gesetzgebung und so auch das deutsche Strafgesetzbuch angeschlossen, indem es in § 82 bestimmt, daß als ein Unternehmen, durch welches das Verbrechen des Hochverrathes vollendet wird, jede Handlung anzusehen sei, durch welche das Vorhaben unmittelbar zur Ausführung gebracht werden soll.

Das Gesetz bestimmt also, daß die für die verschiedenen Fälle des Hochverrathes angeordnete Strafe nicht nur bei dem vollendeten Verbrechen, sondern auch schon dann verhängt werden soll, wenn es noch nicht vollendet ist, indem es zugleich weiter die Grenzlinie zu ziehen sucht die überschritten sein muß, wenn das verbrecherische, noch nicht vollendete Vorhaben als in der Strafbarkeit der Vollendung gleichstehend betrachtet werden soll.

Da für die ein hochverrätherisches Unternehmen vorbereitende Handlung in § 86 eine besondere Strafe angeordnet ist, so kann es keinem Zweifel unterliegen, daß diejenige Handlung, welche, obwohl das Verbrechen nicht vollendet ist, dem vollendeten Verbrechen gleich gestraft werden soll, eine Versuchshandlung sein und allen Erfordernissen einer solchen entsprechen muß. Zweifelhaft aber ist es, ob § 82 auf alle Versuchshandlungen zu beziehen sei oder nicht.

Wollte man zur Auslegung des § 82 auf die Entstehungsgeschichte des entsprechenden § 62 des preußischen Strafgesetzbuches zurückgehen, so würde damit wenig gewonnen sein, denn auch in Betreff des § 62 blieb es zweifelhaft, ob er auf alle Versuchshandlungen zu beziehen sei, oder das Gebiet der dem vollendeten Verbrechen gleich zu strafenden Versuchshandlungen enger begrenzen wollte[2]), wofür die Materialien zu sprechen scheinen[3]). Für die

1) Vgl. Zachariä im Arch. 1838 S. 534 f.

2) Vgl. Goltd. Mat. II S. 20 f. Goltd. Arch. II S. 256. III S. 234. Schütze in Goltd. Arch. XXI S. 157 f. Beseler Comment. S. 218 f.

3) Dagegen Knitschky a. a. O. S. 157.

Auslegung des § 82 wird aber darauf Gewicht zu legen sein, daß der erste Entwurf in § 69 als ein Unternehmen, durch welches der Hochverrath vollendet wird, jede Handlung bezeichnete, welche einen Anfang der Ausführung des verbrecherischen Vorhabens enthält, und daß diese der Begriffsbestimmung des Versuches entsprechende Fassung unmöglich schon im revidirten Entwurfe durch die jetzige ersetzt werden konnte, wenn man eine jede Versuchshandlung der Vollendung gleichstellen wollte. Eine Handlung, durch welche das Vorhaben unmittelbar zur Ausführung gebracht werden soll ist etwas Anderes als die Handlung welche einen Anfang der Ausführung des Verbrechens enthält. Daraus ergiebt sich, daß zwar jene Handlung jedenfalls den Erfordernissen der Versuchshandlung entsprechen muß, daß aber nicht alle, sondern nur gewisse Versuchshandlungen der Vollendung gleichgestellt sind[1]).

Die Grenzlinie, welche die Versuchshandlungen die der Vollendung gleichzustellen sind von denjenigen scheidet, bei denen dies nicht der Fall ist, genau und fest zu bestimmen wird aber unmöglich sein, und sie wird im concreten Falle nach richterlichem Ermessen gezogen werden müssen. Den Gegensatz zu der Handlung, durch welche das Vorhaben unmittelbar zur Ausführung gebracht werden soll, bildet die Handlung die nur mittelbar auf die Ausführung bezogen ist[2]). Aber in der fortschreitenden Handlung bildet jeder

1) John a. a. O. S. 23. Schwarze § 82 Nr. 3. Olshausen § 82 Nr. 1. Schütze S. 236 und in Goltd. Arch. a. a. O. Dagegen Knitschky a. a. O. S. 160. Berner S. 334. Oppenhoff § 82 Nr. 2. Rüdorff § 82 Nr. 1, Binding Normen II S. 454, welche § 82 auf alle Versuchshandlungen beziehen und v. Liszt S. 499, welcher das „Unternehmen" des § 82 nicht auf die beginnende Ausführungshandlung, sondern schon auf die diesen Beginn unmittelbar vorbereitende Handlung bezieht, so daß es nicht nur alle Versuchs- sondern auch die Vorbereitungshandlungen die unmittelbar an den Versuch grenzen mit umfasse. Wenn man einen wesentlichen Unterschied der in § 82 bezeichneten Handlung und des Versuches darin finden will, daß der Versuch einen Anfang der Ausführung enthalten muß, die in § 82 bezeichnete Handlung aber nur eine solche zu sein braucht, die das Vorhaben unmittelbar zur Ausführung bringen soll, — so Rubo § 82 Nr. 1. 2. Olshausen a. a. O. — so ist dies unrichtig, wenn damit gemeint ist, daß letztere den Erfordernissen des Versuchs nicht zu entsprechen brauche, denn eine hochverrätherische Handlung die weder Vollendung, noch Versuch, noch Vorbereitung ist, ist undenkbar. Richtig ist nur, daß zu der von § 82 bezeichneten Handlung der Versuch nicht genügt, sondern noch ein weiteres Moment hinzukommen muß.

2) Darauf gestützt unternimmt es John die Grenze zu bestimmen, und

einzelne Act das Mittel, die nothwendige Voraussetzung für den folgenden, und derjenige Act der nicht mehr Mittel für einen nachfolgenden ist, kann nur derjenige sein, welcher nach der Vorstellung und dem Willen des Thäters das Verbrechen vollendet, der beendigte Versuch, das delictum perfectum. Daß aber § 82 nur den beendeten Versuch der Vollendung gleichstellen wollte, kann unmöglich angenommen werden, denn damit würde er fast werthlos erscheinen. Von einem beendeten Versuche kann nur die Rede sein, wenn der Thäter nach Beendigung seiner für erforderlich erachteten Thätigkeit den Eintritt des beabsichtigten Erfolges von der Wirksamkeit der in Bewegung gesetzten Kräfte erwartet, nicht in den Fällen, in denen die Thätigkeit bis zum Eintritte des Erfolges fortgesetzt werden muß, und geradeso wird es sich in den meisten Fällen des hochverrätherischen Unternehmens verhalten. Es handelt sich deshalb schließlich doch nur um einen graduellen Unterschied, indem der der Vollendung sich nähernde Versuch dieser gleichgestellt ist, der entferntere dagegen nicht.

Von entscheidender Bedeutung ist aber die Bestimmung des § 82 nur für die in § 81 bezeichneten Verbrechen, da in Betreff des nach § 80 zu strafenden Hochverrathes das Gesetz ausdrücklich eine jede Versuchshandlung der Vollendung gleichgestellt hat.

Bleiben nach § 82 Versuchshandlungen übrig die nicht dem vollendeten Verbrechen gleichgestellt sind, so ergiebt sich von selbst, daß auch strafbarer Versuch des Hochverrathes vorkommen kann. Als solcher erscheinen aber nur die nicht dem vollendeten Verbrechen gleichgestellten Versuchshandlungen, wogegen von einem Versuche des, gleich dem vollendeten Verbrechen zu strafenden, Versuches nicht die Rede sein kann[1]). Auch bei dem versuchten Hochverrathe tritt nach § 46 in Folge des Rücktrittes vom Versuche Straf-

---

bestreitet, daß der der Vollendung gleichgestellte Versuch mit dem beendigten Versuche zusammenfalle. Das angeführte Beispiel widerlegt diese Ansicht, denn wenn der Mörder mit der geladenen Pistole auf einen Bundesfürsten zielt, so ist auch dieses Zielen nur Mittel für die Handlung, durch welche das Vorhaben unmittelbar zur Ausführung kommen soll, nur Mittel für das Abfeuern des Schusses und erst das Schießen dient unmittelbar der Ausführung.

1) John a. a. O. S. 28. Schwarze § 82 Nr. 1. Schütze S. 236. Olshausen § 82 Nr. 3. Dagegen natürlich diejenigen, welche jeden Versuch als der Vollendung gleichgestellt betrachten.

losigkeit ein, was freilich nicht stattfindet soweit nach § 82 der versuchte Hochverrath als vollendetes Verbrechen zu strafen ist[1]).

§ 216. Weicht das Gesetz bei der strafrechtlichen Behandlung des Hochverrathes von der Regel insofern ab, als es gewisse Versuchshandlungen dem vollendeten Verbrechen gleichstellt, so ferner auch insofern, als es jede ein hochverrätherisches Unternehmen vorbereitende Handlung für strafbar erklärt und außerdem einige besonders bezeichnete Vorbereitungshandlungen als eigenthümliche, vollendete Delicte behandelt[2]).

Im Unterschiede von dem Versuche eines Verbrechens ist eine das Verbrechen vorbereitende Handlung eine solche, welche an sich betrachtet zwar wohl geeignet sein mag der Verübung eines gewissen Verbrechens zu dienen, aber ihrer objectiven Beschaffenheit nach den Willen eben dieses Verbrechen zu verüben nicht kund giebt. Zur Feststellung einer, ein hochverrätherisches Unternehmen vorbereitenden Handlung wird darum nicht nur die der Handlung selbst, sondern auch die der Absicht ein hochverrätherisches Verbrechen zu verüben und die Verübung durch jene Handlung vorzubereiten, erforderlich sein. Etwas beabsichtigen heißt aber den Erfolg bestimmen, der sich aus einer Handlung ergeben soll und ist „Hochverrath", „hochverrätherisches Unternehmen" nur der gemeinsame Name für eine Anzahl verschiedener vom Gesetze bezeichneter Verbrechen, so kann auch von der Absicht ein hochverrätherisches Unternehmen vorzubereiten nur die Rede sein, wofern sie auf Vorbereitung und Verübung eines individuell bestimmten Verbrechens, das dem Thatbestande einer der vom Gesetze bezeichneten Arten hochverrätherischer Verbrechen entspricht, gerichtet ist. Es wird darum vor allem das Object des Angriffes ein individuell bestimmtes sein müssen, ob Leben oder Freiheit dieses oder jenes Bundesfürsten, ob die Verfassung, das Gebiet des Reiches, dieses oder jenes bestimmten Bundesstaates, und wenn es allerdings in der Natur der Vorbereitungshandlung liegt, daß bei ihrer Vornahme noch nicht nothwendig alle Modalitäten der Verübung des Verbrechens festgestellt sind, so wird doch immerhin die Art der Verübung insoweit eine bestimmte und festzustellende sein

---

1) John a. a. O. Schütze a. a. O. Olshausen § 82 Nr. 4. Berner S. 335.

2) Strfgb. § 83—86. Ueber die criminalpolitischen Bedenken gegen die Bestrafung der Vorbereitungshandlungen vgl. John Entwurf mit Motiven zu einem Strafgb. f. d. norddeut. Bund. S. 326 f.

müssen, daß die betreffende Handlung als eine diese Art der Verübung vorbereitende erkannt werden kann[1]).

Die Strafe der Vorbereitung ist Zuchthaus bis zu drei Jahren oder Festungshaft von gleicher Dauer. Auf Zuchthaus darf in diesem Falle nur erkannt werden, wenn festgestellt ist, daß die strafbare Handlung aus einer ehrlosen Gesinnung entsprungen ist. Sind mildernde Umstände vorhanden, so tritt Festungshaft von sechs Monaten bis zu drei Jahren ein.

§ 217. Das Gesetz hat aber nicht nur eine jede, ein hochverrätherisches Unternehmen vorbereitende Handlung für strafbar erklärt, sondern auch in den §§ 83 bis 85 einzelne qualifizirte Fälle der Vorbereitung mit erhöhter Strafe bedroht. Dahin gehört

1) das hochverrätherische Komplott, die Verabredung Mehrerer ein hochverrätherisches Unternehmen auszuführen. Ein solches Unternehmen ist nicht nur das der Verübung eines im § 81 bezeichneten Verbrechens, sondern auch das auf Mord gerichtete und nach § 80 zu strafende, und dem steht auch nicht entgegen, der an sich überflüssige Zwischensatz des § 83, daß nämlich ein solches Komplott gestraft werden soll auch „ohne daß es zum Beginne einer nach § 82 strafbaren Handlung gekommen ist"[2]). Die Verabredung muß sich auf die Ausführung eines in dem angegebenen Sinne bestimmten Unternehmens beziehen.

Die Strafe ist in diesem Falle Zuchthaus nicht unter fünf Jahren oder Festungshaft von gleicher Dauer, bei mildernden Umständen Festungshaft nicht unter zwei Jahren. Neben der Festungshaft kann auf Verlust der bekleideten öffentlichen Aemter,

---

1) Vgl. insbesondere John a. a. O. S. 35 f. Knitschky S. 162 f. Oppenhoff § 86 Nr. 1. Schwarze § 86 Nr. 2—4. H. Meyer S. 663. Schütze S. 239. Olshausen § 86 Nr. 1. Entsch. V S. 60. Streitig ist die Frage ob der bedingte Entschluß zu einem hochverrätherischen Unternehmen, dessen Verübung vom Eintritt erwarteter, sie begünstigender Umstände abhängig gemacht wird, genüge. Dagegen John und Knitschky a. a. O. Daß aber Jemand ein bedingungsweise zu verübendes Verbrechen vorbereiten kann, unterliegt keinem Zweifel, und auch das Beabsichtigen eines individuell bestimmten Verbrechens ist dadurch nicht ausgeschlossen, daß die Verübung noch bedingt wird, sei es von dem Gelingen weiterer Vorbereitungen oder vom Eintritte begünstigender Umstände.

2) John a. a. O. Berner S. 335. Schwarze § 83 Nr. 1. Oppenhoff § 83 Nr. 2. Olshausen § 83 Nr. 3.

sowie der aus öffentlichen Wahlen hervorgegangenen Rechte erkannt werden.

2) Die gleiche Strafe findet Anwendung auf diejenige Vorbereitung eines Hochverrathes, welche in dem Einlassen mit einer auswärtigen Regierung, oder in dem Mißbrauche der vom Reiche oder einem Bundesstaate dem Thäter anvertrauten Macht, oder in dem Anwerben von Mannschaften und dem Einüben derselben in den Waffen besteht. Auch in diesen Fällen ist die Voraussetzung selbstverständlich die, daß die betreffende Handlung mit der auf ein individuell bestimmtes hochverrätherisches Unternehmen gerichteten Absicht verübt wurde.

Das Einlassen mit einer auswärtigen Regierung erfordert zwar nicht Verabredungen, jedenfalls aber Verhandlungen mit der Regierung, gleichviel von welcher Seite die Anregung hierzu ausgegangen ist, wogegen einseitige Anerbietungen oder Aufforderungen des Thäters einer Regierung gegenüber nicht als ein Einlassen mit ihr betrachtet werden kann[1]).

Eine auswärtige Regierung ist zunächst jedenfalls die ausländische, die eines nichtdeutschen Staates und dem Wortlaute nach würde nur diese als eine auswärtige zu betrachten sein, denn vom Standpunkte des deutschen Reiches und seiner Gesetzgebung aus ist auswärtig was außerhalb des Reichsgebietes liegt und in diesem Sinne spricht das Strafgesetzbuch selbst in § 102 und 103 von „auswärtiger Regierung"[2]). Da aber das Strafgesetzbuch bei seinen Bestimmungen über den Hochverrath nicht bloß vom Standpunkte des Reiches und des ihm gebührenden strafrechtlichen Schutzes, sondern auch von dem jedes einzelnen deutschen Bundesstaates, dem gegenüber die Regierung auch jedes andern deutschen Staates eine auswärtige ist, ausgehen mußte, so muß auch bei dem hochverrätherischen Unternehmen gegen den einzelnen deutschen Staat die Regierung jedes andern deutschen Staates als eine auswärtige angesehen werden[3]). Es bleibt dann allerdings noch

1) John a. a. O. S. 50. H. Meyer S. 663. Schütze S. 242. Schwarze § 84 Nr. 4. § 87 Nr. 2. Oppenhoff § 84 Nr. 2. Dagegen Rubo § 84 Nr. 4.

2) Als auswärtige betrachten Rubo § 84 Nr. 3 und Olshausen § 84 Nr. 3 nur die nicht deutsche Regierung. Am wenigsten kann mit Oppenhoff § 84 Nr. 3 das „auswärtig" als Gegensatz zu ausländisch in § 87 betrachtet werden.

3) John a. a. O. S. 42. Berner S. 335. Schütze S. 238. Schwarze § 84 Nr. 2. Oppenhoff § 84 Nr. 3. H. Meyer S. 663.

die Möglichkeit offen, daß Jemand, um ein hochverrätherisches Unternehmen gegen das Reich vorzubereiten, sich mit einer deutschen Staatsregierung einläßt, und diese, als eine dem Reiche ein- und untergeordnete, kann unmöglich als eine auswärtige betrachtet werden[1]).

Der Mißbrauch einer anvertrauten Macht ist zwar sicher nicht bloß auf den einer militärischen Macht zu beziehen, aber von einer anvertrauten Macht kann doch füglich nur die Rede sein, wenn es sich um eine Macht über andere Menschen handelt, auf die durch Mißbrauch „des Ansehens oder der Gewalt" ein sie bestimmender Einfluß ausgeübt werden kann[2]).

Es wird endlich 3) die öffentliche Aufforderung zur Ausführung einer nach § 82 strafbaren hochverrätherischen Handlung in § 85 für strafbar und zwar für höher strafbar erklärt, als die öffentliche, nach § 111 strafbare, Aufforderung zur Begehung einer anderweitigen strafbaren Handlung. Es erscheint also eine derartige Aufforderung als ein qualifizirter Fall der nach § 111 strafbaren. Aus der Fassung des § 86 ergiebt sich, daß das Gesetz auch eine solche Aufforderung als Vorbereitung eines hochverrätherischen Unternehmens betrachtet, während es in der Doctrin bestritten wird, daß eine derartige anstiftende Thätigkeit als Vorbereitung angesehen werden könne, weil Vorbereitungshandlungen solche Handlungen seien, welche vom Thäter vorgenommen werden und weil der Anstifter, so lange er ein solcher

---

1) Dagegen John und Schütze a. a. O. Daß, wie John sagt, dem Reichsunterthan, der gegen das Reich conspirirt, die Regierung des eignen Heimathsstaates eine fremde sei, ist nicht richtig, denn er ist Reichsunterthan nur als Unterthan seines Heimathsstaates. Wäre es aber richtig, so käme es doch gar nicht in Betracht, denn Subject des Hochverrathes ist nicht nur der Deutsche, sondern auch der Ausländer, und ob die Regierung mit der er sich einläßt eine auswärtige sei, ist nicht vom Standpunkte des Thäters, sondern von dem des Staates aus zu beurtheilen gegen den die That sich richtet. Der Deutsche der mit der Regierung seines Heimathsstaates sich einläßt um ein hochverrätherisches Unternehmen gegen einen andern deutschen Staat vorzubereiten, hat sich sicher mit einer auswärtigen Regierung eingelassen, aber nicht dann, wenn das Unternehmen gegen das Reich gerichtet ist, weil diesem gegenüber keine deutsche Staatsregierung eine auswärtige ist.

2) Berner a. a. O. Oppenhoff § 84 Nr. 4. Schütze S. 238. Dagegen Rubo § 84 Nr. 3, der die Macht auf die militairische beschränkt, Olshausen § 84 Nr. 4. Kirchmann § 84, welche sie auch auf die Macht über Gelder, Depeschen ausdehnen.

bleibt, Vorbereitungshandlungen nicht unternehme[1]). Wenn aber der Anstifter, sofern er sich auf Anstiftung beschränkt, gewiß nicht Thäter im Sinne des Gesetzes, obwohl gleich dem Thäter Urheber im Sinne der ältern gemeinrechtlichen Doctrin ist, so ist doch nicht ausgeschlossen, daß der Anstifter zugleich Thäter sei, welcher anstiftend Mitthäter oder Gehilfen zu dem von ihm beabsichtigten Verbrechen zu gewinnen sucht. Es ist ferner auch nicht einzusehen, warum nur der Thäter Vorbereitungshandlungen vornehmen könnte, warum nicht Jemand im Interesse des Thäters, um ihn in der Ausführung seines Verbrechens zu unterstützen, für die Vorbereitung desselben thätig sein könnte. Wer anstiftend für den Thäter Gehilfen oder Mitthäter zu gewinnen sucht, bereitet die Ausführung des Verbrechens vor. Und selbst dann, wenn der Anstifter nur darauf ausgeht Andere oder einen Andern zu bestimmen die Ausführung des Verbrechens als Thäter zu unternehmen, steht nichts entgegen dies als Vorbereitung zu betrachten, denn auch das Auffordern zu einem Verbrechen ist eine aus verbrecherischer Absicht entspringende Thätigkeit[2]).

Nur die Aufforderung zu einer nach § 82 strafbaren Handlung ist nach § 85 zu strafen, wogegen die Aufforderung zu einer nach § 80 zu strafenden Handlung, vermöge eines Redactionsfehlers nur nach § 111 gestraft werden könnte.

Die Aufforderung muß öffentlich vor einer Menschenmenge erfolgt sein[3]), oder durch Verbreitung oder öffentlichen Anschlag oder öffentliche Ausstellung von Schriften oder anderen Darstellungen. Die öffentliche Aufforderung muß ferner vor einer Menschenmenge erfolgt sein. Ob eine solche anzunehmen sei läßt sich nur im gegebenen Falle entscheiden. Jedenfalls genügt dazu nicht eine jede Mehrheit von Menschen und andererseits wird auch eine Vielheit von Menschen, wofern sie eine geordnete nach Zahl

---

1) So John a. a. O. S. 30 und ihm folgend Olshausen § 83 Nr. 1 und § 85 Nr. 1 und v. Liszt S. 501.

2) Wenn John sagt es könne Alles was § 85 sagt geschehen sein, ohne daß Jemand zur Vorbereitung nur einen Finger gerührt hätte, so ist zu erwidern, daß, wenn Jemand ohne einen Finger zu rühren sich eines vollendeten Delicts, einer Beleidigung schuldig machen kann, er wohl auch ohne die Finger zu gebrauchen ein Delict vorbereiten könne, und daß, wenn stets eine Bewegung der Finger nothwendig wäre, die Anstiftung überhaupt nicht gestraft werden könnte.

3) Ueber „öffentlich" vgl. oben S. 196. 490.

und Persönlichkeit der Einzelnen bestimmte ist, nicht als eine Menschenmenge zu betrachten sein. Wie die Oeffentlichkeit der Beleidigung oder Aufforderung voraussetzt, daß es unbestimmt und vom Thäter unbestimmbar bleibe von wem seine Aeußerungen vernommen werden, so setzt auch die Menschenmenge voraus, daß sie eine ungeordnete, nach Zahl und Individualität nicht bestimmte, Vielheit von Menschen sei[1]). Die Aufforderung vor einer Menschenmenge bedingt nicht, daß sie an dieselbe gerichtet war, wohl aber, daß sie an irgend welche Personen gerichtet und geeignet war von der Menge vernommen zu werden[2]).

Wenn einer derartigen Aufforderung diejenige gleichgestellt ist die durch Verbreitung, öffentlichen Anschlag oder Ausstellung von Schriften oder anderen Darstellungen erfolgte, so offenbar darum, weil sie auch in solchem Falle geeignet ist zur Kenntniß einer unbestimmten Vielheit, einer Menge von Menschen zu gelangen. Daß die Verbreitung eine öffentliche sei fordert das Gesetz nicht, und auch die Mittheilung der Schrift an eine Menge individuell bestimmter Personen wird als Verbreitung schon darum anzusehen sein, weil zwar nicht eine jede Mittheilung an eine Mehrheit, wohl aber die an hunderte und tausende bestimmter Personen einer Veröffentlichung gleich zu achten ist. Auch erfordert die Verbreitung nicht eine Mehrheit von Exemplaren der Schrift, denn das Auslegen eines Exemplars an einem öffentlichen Orte wodurch sie Jedem zugänglich wird, wie die Uebergabe desselben an eine bestimmte Person zu dem Zwecke, daß es einer unbegrenzten Zahl weiterer Personen mitgetheilt werde, würde auch als Verbreitung zu betrachten sein[3]). Am wenigsten ist erforderlich, daß die an einem öffentlichen Orte ausgelegte Schrift auch wirklich zur Kenntniß einer Menschenmenge gekommen sei[4]).

Im weiteren Sinne des Wortes könnte allerdings jede Art

---

1) Oppenhoff § 85 Nr. 11. Geyer a. a. O. II S. 26. Rubo § 85 Nr. 2. v. Liszt S. 437. Olshausen § 110 Nr. 7. Rsprch. V S. 632.

2) Oppenhoff § 85 Nr. 13. Rubo § 85 Nr. 3. Olshausen § 110 Nr. 8. Geyer a. a. O. S. 135. Entsch. V S. 60.

3) Schütze S. 239. Dochow in Holtzdf. Hdbch. III S. 352. Oppenhoff § 85 Nr. 14. Schwarze § 85 Nr. 8. Olshausen § 110 Nr. 10. 11. 14. Rsprch. I S. 485. III S. 6. 359. 570. Entsch. VII S. 113. IX S. 71. Dagegen John a. a. O. S. 99.

4) Wie dies John a. a. O. fordert.

anstiftender Thätigkeit als Aufforderung bezeichnet werden, denn wie sie auch beschaffen sein mag, so enthält sie doch unvermeidlich die an Andere gerichtete Forderung sich zu einer Handlung bestimmen zu lassen. Wenn aber das Gesetz eine Aufforderung verlangt und sich nicht damit begnügte der Fassung des § 48 entsprechend den für strafbar zu erklären der zur Verübung der betreffenden Verbrechen zu bestimmen sucht, wenn überdies im Entwurfe dem Auffordern zum Ungehorsam gegen Gesetz oder Obrigkeit das Anpreisen strafbarer Handlungen gleichgestellt wurde, so wird das Auffordern doch in einem engeren Sinne genommen werden müssen. Ein Anpreisen, Anreizen ist gewiß ebenso wie die Aufforderung ein geeignetes Mittel zur Anstiftung, wird aber nicht als ein Auffordern betrachtet werden dürfen, wenn auch andererseits die Aufforderung nicht mit ausdrücklich fordernden Worten zu geschehen braucht[1]). In allen Fällen muß die Aufforderung sich auf Ausführung, nicht etwa nur Vorbereitung einer bestimmten nach § 82 strafbaren Handlung beziehen[2]).

Die Strafe ist Zuchthaus bis zu zehn Jahren oder Festungshaft von gleicher Dauer, also von einem bis zu zehn Jahren, bei mildernden Umständen Festungshaft von einem bis zu fünf Jahren.

Wenn § 86 von jeder andern ein hochverrätherisches Unternehmen vorbereitenden Handlung spricht, so werden damit ausdrücklich die Handlungen, auf welche sich die §§ 83 bis 85 beziehen, als Vorbereitungshandlungen bezeichnet, und hören dadurch nicht auf solche zu sein, daß für sie das Gesetz eine eigenthümliche Strafe angedroht hat[3]). Daraus folgt, daß von einem strafbaren Versuche dieser Delicte nicht die Rede sein kann[4]), und daß auch

---

1) Daß nicht eine jede Art anstiftender Thätigkeit, wie das Urtheil des R. Gerichts Entsch. IV S. 106 dies annimmt, als ein Auffordern zu betrachten sei, kann kaum zweifelhaft sein, aber eine scharfe Unterscheidung des Aufforderns von anderen Arten der Anstiftung wird immer schwierig bleiben. Vgl. Schwarze § 85 Nr. 9. 10. Oppenhoff § 85 Nr. 20. 21, der auch ein Anpreisen für genügend hält. Olshausen § 110 Nr. 3. Geyer in Holtzdf. Hdbch. IV S. 150.

2) Dem entsprechend war § 85 nach dem Beschlusse des Reichstages gefaßt, während durch ein Versehen das Wort „bestimmten" später ausgefallen ist. F. Meyer § 85 Nr. 3. Olshausen § 85 Nr. 3. v. Liszt S. 501.

3) John a. a. O. S. 30 f. Knitschky a. a. O. S. 169. Olshausen § 83 Nr. 1.

4) John a. a. O., Olshausen § 83 Nr. 2. Oppenhoff § 83 Nr. 7. Dagegen Puchelt § 83—86 Nr. 2.

diese Vorbereitungshandlungen straflos bleiben müssen aus den Gründen, aus denen nach § 46 der Versuch des Hochverrathes, soweit er nicht durch § 82 der Vollendung gleichgestellt ist, straflos bleibt[1]).

2. Der Landesverrath.

§ 218. Vom Hochverrathe unterscheidet das Strafgesetzbuch den Landesverrath, der aber ebenso wie der Hochverrath nur der gemeinsame Name ist, mit welchem das Gesetz eine größere Zahl verschiedener Delicte zusammenfaßt. Es giebt also kein Verbrechen des Landesverrathes als solchen und im Allgemeinen, dessen Thatbestand die Voraussetzung bildete für weitere vom Gesetze ausgezeichnete Begehungsformen desselben, vielmehr bilden alle landesverrätherischen Delicte selbständige Verbrechen mit eigenthümlichem Thatbestande. Die Momente in denen sie übereinkommen und welche den Grund ihres Zusammenfassens unter dem gemeinsamen Namen Landesverrath bilden, sind einerseits die den Staat in seinem völkerrechtlichen Verhältnisse zum Auslande gefährdende Handlung und andererseits die in derselben sich kundgebende verrätherische Treulosigkeit, deren sich der Thäter demjenigen Staate gegenüber schuldig macht, dem er als Landesangehöriger sittlich verbunden ist und dessen Schutz er genießt. Darum kann Subject des Verbrechens regelmäßig nur ein Deutscher sein und nur ausnahmsweise auch ein Ausländer.

Herkömmlich unterscheidet man den militairischen Landesverrath, auf welchen sich die Strafbestimmungen der §§ 87 bis 91, und den s. g. diplomatischen Landesverrath, auf den sich § 92 bezieht.

Die gemeinsame Voraussetzung in den Fällen des militairischen Landesverrathes bildet ein Krieg, in welchem das deutsche Reich begriffen ist, oder der gegen das deutsche Reich veranlaßt werden sollte. Durch die Reichsverfassung ist das Recht des Krieges und Friedens den einzelnen Bundesstaaten entzogen und steht allein der Reichsgewalt zu. Object des Kriegsverrathes kann darum nur das Reich selbst sein, nicht ein Gliedstaat desselben, sollte sich auch der feindliche Angriff zunächst nur gegen das Gebiet des einen

1) John, Olshausen a. a. O. H. Meyer S. 226. Schwarze § 83 Nr. 2. Dagegen Goltd. Arch. III S. 230. Oppenhoff § 83 Nr. 7. Puchelt a. a. O.

oder andern Staates richten, denn das Reich ist berufen und verpflichtet und rechtlich auch allein in der Lage jeden Theil des Reichsgebietes gegen feindlichen Angriff zu schützen, da ein deutscher Landesherr weder über sein Militair-Contingent noch über die in seinem Lande stehende Truppenmacht zum Zwecke der Kriegsführung zu verfügen berechtigt ist[1]).

Subject des militairischen Landesverrathes ist regelmäßig nur ein Deutscher, der durch seine That die dem Vaterlande und dem deutschen Reiche als dessen Unterthan schuldige Treue bricht, und eben dies ist das die sittliche Würdigung der That bedingende, sie als eine in der Regel besonders verwerfliche und entehrende charakterisirende, Moment. Dem Ausländer liegt Deutschland gegenüber eine derartige Treuverpflichtung nicht nur nicht ob, sondern es können für ihn die an einem Deutschen als Kriegsverrath zu strafenden Handlungen solche sein, die als ihm durch staatsbürgerliche und patriotische Pflicht gebotene erscheinen. Sofern daher der Ausländer im Auslande eine derartige Handlung gegen das deutsche Reich verübt, kann er nach § 4 im Inlande nach den Strafgesetzen des deutschen Reiches überhaupt nicht verfolgt werden. Dagegen ist wegen einer der in den §§ 87, 89 und 90 bezeichneten Handlungen gegen den Ausländer nach Kriegsgebrauch zu verfahren[2]). Hierbei ist keineswegs vorausgesetzt, daß die betreffende Handlung, weil wenn im Auslande verübt straflos, eine im Inlande verübte sein müsse, wohl aber wird vorausgesetzt, daß sie, gleichviel ob im Auslande oder Inlande, jedenfalls auf dem Kriegsschauplatze verübt sei, denn nur hier gilt Kriegsgebrauch[3]). Nach Kriegsgebrauch wird verfahren gegen die Angehörigen der feindlichen Kriegsmacht, aber auch gegen die Ausländer, die als Privatpersonen unberufen auf dem Kriegsschauplatze feindliche Handlungen

---

1) John a. a. O. S. 67. v. Liszt S. 503. Olshausen § 87 Nr. 3. Dagegen Schütze S. 242. Oppenhoff § 88 Nr. 2. Schwarze § 87 Nr. 1, indem sie einen Krieg gegen das Reich als ausgebrochen bezeichnen auch dann wenn ein Bundesstaat mit dem Auslande in Krieg verwickelt wurde.

2) Strfgb. § 91.

3) John a. a. O. S. 48 setzt irrthümlich voraus, daß die in den §§ 87, 89 und 90 bezeichneten Verbrechen zu einem Verfahren nach Kriegsgebrauch gegen den Ausländer nur dann Veranlassung geben können, wenn sie im Inlande verübt wurden, wovon der § 91 im ersten Absatze durchaus nichts sagt. Es findet § 91 seine genügende Erklärung nur durch Berücksichtigung des Militairstrafgesetzbuches § 160, das John übersehen hat.

gegen die deutsche Heeresmacht verüben. Der Unterschied ist in dieser Beziehung aber der, daß die dem feindlichen Heere als Combattanten angehörigen und als solche kenntlichen Personen für die von ihnen verübten feindlichen Handlungen nicht gestraft werden dürfen, sondern nur den zu Abwehr und Angriff erforderlichen Gewaltmaßregeln unterliegen, wogegen der Ausländer der unberufen auf eigene Hand oder, wenn zwar von der feindlichen Macht dazu berufen, verrätherisch, weil seine Eigenschaft als Feind verbergend, z. B. als Spion, feindselige Handlungen verübt, gestraft wird. Die Reichsgesetzgebung hat die feindlichen Handlungen für die der Ausländer, wenn er sie auf dem Kriegsschauplatze verübt, zu strafen ist, so wie die Art der Bestrafung in § 160 des Militair-Strafgesetzbuches festgestellt, und es sind dies die in den §§ 57 bis 59 und 134 des Militair-Strafgesetzbuches bezeichneten, welche auch die § 90 des Strafgesetzbuches vorgesehenen mit umfassen.

Nach den Bestimmungen der §§ 87, 89 und 90 des Strafgesetzbuches wird der Ausländer wegen Landesverraths bestraft, wenn er eine der betreffenden Handlungen, während er sich unter dem Schutze des deutschen Reiches oder eines Bundesstaates innerhalb des Bundesgebietes aufhielt, verübte. Hierbei wird also vorausgesetzt, daß, sofern eine nach § 90 zu strafende Handlung vorliegt, diese zwar im Inlande, aber nicht auf dem Kriegsschauplatze verübt sei, weil im andern Falle § 58 des Militair-Strafgesetzbuchs zur Anwendung kommen müßte[1]). Unter dem Schutze des Reiches beziehungsweise eines Bundesstaates steht jeder im Inlande sich aufhaltende Mensch[2]), und Schutz gegen alles Unrecht hat er nicht erst dann zu fordern, wenn die Staatsgewalt ihren Willen ihm Schutz zu gewähren irgendwie kund gegeben hat.

§ 219. Die einzelnen Fälle des militairischen Landesverrathes sind folgende. Es macht sich desselben schuldig 1) ein Deutscher der sich mit einer ausländischen Regierung einläßt um dieselbe zu einem Kriege gegen das deutsche Reich zu veranlassen. Eine ausländische Regierung ist nur die eines nicht zum deutschen

---

1) Manche der in § 90 bezeichneten Handlungen werden freilich nur auf dem Kriegsschauplatze verübt werden können, so diejenigen bei denen es darauf ankommt etwas in feindliche Gewalt zu bringen.

2) Schütze S. 241. Oppenhoff § 91 Nr. 2. Schwarze § 91 Nr. 2. Rüdorff § 91. Goltd. Arch. XIX S. 396. Olshausen § 91 Nr. 1. Dagegen John a. a. O. S. 49, der Kenntniß der Behörde vom Aufenthalt des Fremden und Duldung seines Aufenthaltes fordert.

Reiche gehörigen Staates und das Einlassen mit ihr fordert auch hier, daß irgend welche Verhandlung beider Theile stattgefunden habe, wogegen das einseitige Unternehmen des Thäters mit der ausländischen Regierung sich einzulassen nur als Versuch des Landesverrathes zu strafen wäre. Die Thätigkeit muß von der Absicht bestimmt sein, einen Krieg gegen Deutschland zu veranlassen.

Der Ausbruch des Krieges ist ein die Strafbarkeit erhöhendes Moment. Die Feststellung, daß und in welchem Maße der Thäter zum Ausbruche des Krieges mitgewirkt habe, wird allerdings sehr schwierig oder unmöglich sein und das Gesetz fordert sie nicht, denn es verlangt nur die Thatsache, daß er ausgebrochen sei, nicht daß er in Folge jenes Einlassens zum Ausbruche kam[1]). Immerhin aber wird doch die Wahrscheinlichkeit oder Möglichkeit einer Mitwirkung angenommen werden müssen, weil nicht einzusehen ist, wie der vom Thäter nicht verschuldete Erfolg straferhöhend wirken könnte. Es wird daher die erhöhte Strafe wenigstens dann nicht zu verhängen sein, wenn eine Mitwirkung des Thäters undenkbar oder erwiesen ist, daß sie nicht stattgefunden habe[2]).

Die Strafe dieses Verbrechens ist Zuchthaus nicht unter fünf Jahren und, wenn der Krieg ausgebrochen ist, lebenslängliches Zuchthaus, bei mildernden Umständen Festungshaft von sechs Monaten bis zu fünf Jahren und, wenn der Krieg ausgebrochen ist, Festungshaft nicht unter fünf Jahren. Neben der Festungshaft kann auf Verlust der bekleideten öffentlichen Aemter und der aus öffentlichen Wahlen hervorgegangenen Rechte erkannt werden.

2) Wegen Landesverrathes wird bestraft ein Deutscher, welcher während eines gegen das deutsche Reich ausgebrochenen Krieges in der feindlichen Kriegsmacht Dienste nimmt oder die Waffen gegen das deutsche Reich oder dessen Bundesgenossen trägt[3]). Subject des Verbrechens kann in allen Fällen nur ein Deutscher, niemals ein Ausländer sein. Die Handlung besteht darin, daß der Thäter in der feindlichen Kriegsmacht Dienste nimmt oder die Waffen gegen das deutsche Reich oder dessen Bundesgenossen trägt, eine Fassung des Gesetzes, welche gegenüber der früheren:

1) H. Meyer S. 665. v. Liszt S. 503. Oppenhoff § 87 Nr. 6. Rüdorff § 87 Nr. 3. Dagegen fordern Causalzusammenhang John a. a. O. S. 50. Schütze S. 242. Schwarze § 87 Nr. 3.

2) Dem entsprechend fordert Olshausen § 87 Nr. 5 einen zeitlichen Zusammenhang des Einlassens und des ausgebrochenen Krieges.

3) Strfgb. § 88 in der durch die Novelle von 1876 veränderten Fassung.

„im feindlichen Heere Dienst nimmt und die Waffen“ u. s. w. nur die Bedeutung haben kann, daß es gleichgiltig sein soll ob im Landheere oder in der Kriegsmarine, ob als Combattant oder als zur Kriegsmacht gehörender Nichtcombattant Dienst genommen wurde. Wenn aber hinzugefügt wird: „oder die Waffen gegen das deutsche Reich trägt,“ so würde, da jede Art des Dienstnehmens strafbar ist, dies völlig überflüssig sein, wenn dabei vorausgesetzt würde, daß der Thäter als Combattant Dienst genommen und auf dem Kriegsschauplatze gegen Deutschland Verwendung gefunden hätte. Es können daher diese Worte nur dahin gedeutet werden, daß auch derjenige gestraft werden soll, welcher ohne Uebernahme einer Dienstpflicht sich der feindlichen Kriegsmacht anschließt und die Waffen gegen Deutschland trägt[1]).

Stand ein Deutscher schon vor Ausbruch des Krieges in fremden Kriegsdiensten und verbleibt er nach Ausbruch des Krieges in der feindlichen Kriegsmacht oder trägt er die Waffen gegen das deutsche Reich oder seine Bundesgenossen[2]), so ist er gleichfalls wegen Landesverrath strafbar aber in geringerem Maße als im ersten Falle. Die Strafbarkeit wird aber in solchem Falle auf Grund des § 52 ausgeschlossen, wenn der Thäter durch eine hier bezeichnete Nöthigung verhindert war den fremden Kriegsdienst zu verlassen[3]).

Die Strafe ist in dem ersteren Falle lebenslängliche Zuchthausstrafe oder Festungshaft, bei mildernden Umständen Festungshaft nicht unter fünf Jahren, im letzteren Falle Zuchthaus oder Festungshaft von zwei bis zu zehn Jahren, bei mildernden Umständen Festungshaft bis zu zehn Jahren, womit Verlust der bekleideten öffentlichen Aemter und der aus öffentlichen Wahlen hervorgegangenen Rechte verbunden werden kann.

Es ist 3) des Landesverrathes schuldig ein Deutscher, welcher

---

1) Olshausen § 88 Nr. 3. Dagegen Meves § 88 Nr. 2 und in Holtzdf. Hdbch. IV S. 297.

2) Indem auch im dritten Absatze des § 88 das „und“ in „oder“ verwandelt wurde, blieb unbeachtet, daß hier der ganze Satz von „oder“ bis „trägt“ überflüssig ist, weil auch das Waffentragen hier das Verbleiben im fremden Kriegsdienst voraussetzt.

3) John a. a. O. S. 52. Schütze S. 242. Meves a. a. O. Oppenhoff § 88 Nr. 8. Rüdorff § 88 Nr. 3 fordern freiwilliges Verbleiben im fremden Dienst. Schwarze § 88 Nr. 3 will den Nothstand nicht berücksichtigen, weil der Thäter seine Bundesangehörigkeit auflösen könne.

vorsätzlich während eines gegen das deutsche Reich ausgebrochenen Krieges einer feindlichen Macht Vorschub leistet oder den Truppen des deutschen Reiches oder der Bundesgenossen desselben Nachtheil zufügt.

Als die feindliche Macht, der Vorschub geleistet wurde, kann nur die feindliche Staatsgewalt betrachtet werden, und nicht nur die Truppenmacht des Feindes[1]), während allerdings von dem zugefügten Nachtheile die deutschen oder verbündete Truppen betroffen sein müssen. Der feindlichen Macht wird also Vorschub geleistet durch eine jede Handlung welche ihr für ihr kriegerisches Unternehmen förderlich ist. Das Vorschubleisten wie das Zufügen des Nachtheils muß vorsätzlich geschehen. Es muß sich also der Thäter seiner Handlung als einer solchen bewußt sein, welche Vorschub leistet oder Nachtheil zufügt, und muß sie als eine solche gewollt haben. Unter solcher Voraussetzung hat er auch den beförderten oder benachtheiligenden Erfolg der Handlung beabsichtigt, wogegen der Zweck des Thäters nicht in Betracht kommt, und der Umstand, daß er um seinen Zweck, z. B. den eines Geldgewinnes, zu erreichen, den ihm vielleicht sehr unerwünschten Erfolg eines der feindlichen Macht geleisteten Vorschubes mit in den Kauf nahm, befreit ihn nicht von der Schuld des vorsätzlich verübten Landesverrathes[2]). Die Vollendung erfordert, daß Vorschub geleistet oder Nachtheil zugefügt sei, und es wird hiernach auch strafbarer Versuch des Verbrechens vorkommen können.

Die Strafe ist Zuchthaus bis zu zehn Jahren oder Festungshaft von gleicher Dauer, d. h. von einem bis zu zehn Jahren, bei mildernden Umständen Festungshaft bis zu zehn Jahren. Mit der Festungshaft kann Verlust der bekleideten öffentlichen Aemter und der aus öffentlichen Wahlen hervorgegangenen Rechte verbunden werden.

---

1) Goltd. Mat. II S. 62. Arch. XIX S. 396. H. Meyer S. 666. Oppenhoff § 89 Nr. 4. Olshausen § 89 Nr. 1.

2) H. Meyer S. 666. Schütze S. 242. Olshausen § 89 Nr. 2. v. Liszt S. 504. Dagegen Schwarze § 89 Nr. 1. Oppenhoff § 89 Nr. 2. Rüdorff § 89 Nr. 1, welche das Bewußtsein von der Beschaffenheit der Handlung für genügend, das Beabsichtigen des Erfolges nicht für erforderlich halten. John a. a. O. S. 52 fordert, daß der Thäter die That deshalb verübte um Vorschub zu leisten oder Nachtheil zuzufügen, womit es zweifelhaft ist, ob damit die formale Absicht oder der Zweck gemeint ist. Vgl. Prozeß und Urtheil wider Güterbock in Goltd. Arch. XIX S. 396 f.

Das Strafgesetzbuch hat endlich 4) in § 90 eine Anzahl von Verbrechen angeführt, die an sich qualifizirte Fälle des in § 89 bezeichneten Vorschubleistens oder Nachtheilzufügens sind, hat sich aber nicht darauf beschränkt, unter Voraussetzung des Thatbestandes dieses Verbrechens, die dasselbe qualifizirenden Momente anzuführen, sondern hat den Thatbestand dieser qualifizirten Fälle durchaus selbständig bestimmt, so daß, wenn dieser gegeben ist, es der weiteren Feststellung, daß damit Vorschub geleistet oder Nachtheil zugefügt sei, nicht bedarf[1]). Der Thatbestand erfordert vorsätzliche Verübung dieser Verbrechen, also nicht nur eine vorsätzliche Thätigkeit, welche den im Gesetze bezeichneten Erfolg, daß Festungen, Pässe, Soldaten, Schiffe, Kassen in feindliche Gewalt gebracht sind zur Folge hat, sondern eine solche, die in diesem ihrem Erfolge gekannt und gewollt war, während auch hier der Zweck des Thäters nicht in Betracht kommt. Die hierher gehörigen Verbrechen bestehen darin, daß während eines gegen das deutsche Reich ausgebrochenen Krieges der Thäter

1) Festungen, Pässe, besetzte Plätze oder andere Vertheidigungsposten, ingleichen deutsche oder verbündete Truppen oder einzelne Offiziere oder Soldaten in feindliche Gewalt bringt;

2) Festungswerke, Schiffe oder andere Fahrzeuge der Kriegsmarine, Kassen, Zeughäuser, Magazine oder andere Vorräthe von Waffen, Schießbedarf oder andere Kriegsbedürfnisse in feindliche Gewalt bringt oder dieselben, sowie Brücken und Eisenbahnen zum Vortheile des Feindes zerstört oder unbrauchbar macht;

3) dem Feinde Mannschaften zuführt oder Soldaten des deutschen oder verbündeten Heeres verleitet zum Feinde überzugehen;

4) Operationspläne oder Pläne von Festungen oder festen Stellungen dem Feinde mittheilt;

5) dem Feinde als Spion dient oder feindliche Spione aufnimmt, verbirgt oder ihnen Beistand leistet;

6) einen Aufstand unter den deutschen oder verbündeten Truppen erregt.

Die Strafe ist lebenslängliches Zuchthaus, bei mildernden Umständen Festungshaft nicht unter fünf Jahren. Mit dieser kann auch hier die in anderen Fällen des Hoch- und Landesverrathes angeordnete Nebenstrafe verbunden werden.

Im Militair-Strafgesetzbuche § 57 und 58 werden die ange-

---

1) John a. a. O. S. 49.

führten Handlungen, was im Strafgesetzbuche § 90 nicht geschehen ist, ausdrücklich als Landesverrath bezeichnet, und sofern sie im Felde, auf dem Kriegsschauplatze, verübt werden als Kriegsverrath der mit dem Tode bestraft wird. Sofern die Verbrechen des § 90 als Kriegsverrath zu strafen sind, wird aber vorausgesetzt, daß sie mit dem Vorsatze einer feindlichen Macht Vorschub zu leisten oder den deutschen oder verbündeten Truppen Nachtheil zuzufügen, verübt wurden.

Ergänzend zu den Strafbestimmungen des § 90 treten die weiteren in § 58 des Militair-Strafgesetzbuches unter Nr 2 bis 12 bezeichneten Fälle des Kriegsverrathes hinzu.

§ 220. Wenn vermöge der Reichsverfassung vor allem das Reich selbst als völkerrechtliches Subject in Betracht kommt, so haben doch damit die einzelnen Bundesstaaten die Stellung selbständiger völkerrechtlicher Subjecte keineswegs verloren, wenn sie auch in der Ausübung der aus dieser Stellung sich ergebenden Rechte durch die Reichsgewalt beschränkt sind. Die Folge davon ist, daß im Unterschiede von dem militairischen Landesverrathe, der einen ausgebrochenen oder zu veranlassenden Krieg, der immer nur gegen das Reich gerichtet sein kann, voraussetzt, der s. g. diplomatische Landesverrath[1]) sich nicht nur gegen das Reich, sondern auch gegen den einzelnen Bundesstaat richten kann. Es unterscheiden sich ferner beide Arten des Landesverrathes dadurch, daß der diplomatische nicht wie der militairische als Subject einen Inländer voraussetzt, daß vielmehr ein Jeder, Inländer wie Ausländer Subject desselben sein kann[2]). Jedoch würde nach § 4 Nr. 2 der Ausländer nur dann verfolgt und bestraft werden können, wenn er das Verbrechen im Inlande verübte.

Das Gesetz unterscheidet drei Fälle des diplomatischen Landesverrathes nämlich

1) den, daß der Thäter Staatsgeheimnisse oder Festungspläne, oder solche Urkunden, Aktenstücke oder Nachrichten, von denen er weiß, daß ihre Geheimhaltung einer andern Regierung gegenüber für das Wohl des deutschen Reichs oder eines Bundesstaates erforderlich ist, dieser Regierung mittheilt oder öffentlich bekannt macht. Die Regierung, welcher Mittheilung gemacht wird, kann nicht nur eine auswärtige, sondern auch die eines

---

1) Strfgb. § 92.

2) **Schütze** S. 244. **H. Meyer** S. 668. **Berner** S. 341. **F. Meyer** § 92 Nr. 1. **Oppenhoff** § 92 Nr. 2. Dagegen **John** a. a. O. S. 53.

deutschen Staates oder die des deutschen Reiches sein[1]), obwohl man in Rücksicht auf das Verhältniß, in welchem die deutschen Staaten als Glieder des Reiches zu einander und zum Reiche stehen, sollte annehmen dürfen, daß es keine Staatsgeheimnisse giebt, deren Mittheilung an eine andere deutsche Landes- oder die Reichsregierung das Wohl des Staates gefährden könnte. Der erforderliche Dolus setzt voraus, daß die betreffende Handlung vorsätzlich mit dem Bewußtsein verübt sei, daß das Wohl des Reiches oder eines Bundesstaates die Geheimhaltung gebiete, während der Zweck das Reich oder einen Bundesstaat zu schädigen nicht erforderlich ist, und ebensowenig, daß eine Gefährdung oder Schädigung erfolgt sei;

2) den Fall, daß der Thäter zur Gefährdung der Rechte des deutschen Reiches oder eines Bundesstaates im Verhältnisse zu einer andern Regierung die über solche Rechte sprechenden Urkunden oder Beweismittel vernichtet, verfälscht oder unterdrückt, und

3) den Fall, daß er ein ihm von Seiten des deutschen Reiches oder von einem Bundesstaate aufgetragenes Staatsgeschäft mit einer andern Regierung zum Nachtheile dessen führt, der ihm den Auftrag ertheilt hat.

Im zweiten Falle wird zwar nicht erfordert, daß in Folge der Handlung eine wirkliche Gefahr eingetreten sei, wohl aber, daß der Thäter mit dem Bewußtsein einer möglichen Gefährdung, also auch mit der Absicht eventuell eine Gefahr herbeizuführen handelte[2]), wogegen auch hier der Zweck des Thäters nicht in Betracht kommt.

Im dritten Falle ist die Feststellung erforderlich, daß die Geschäftsführung zum Nachtheile der den Auftrag gebenden Regierung stattfand, ferner aber auch, daß der Thäter mit dem Bewußtsein handelte sie zu benachtheiligen, da sonst nicht davon

1) Schütze S. 245. Schwarze § 92 Nr. 1. Olshausen § 92 Nr. 3.

2) John a. a. O. S. 54. Dagegen Schütze S. 245. Oppenhoff § 92 Nr. 6. Olshausen § 92 Nr. 4. Dafür, daß die „Gefährdung" nur objectiv zu verstehen, nicht auf die Absicht zu beziehen sei, beruft man sich auf Goltd. Mat. II S. 70, aus denen sich dies keineswegs ergiebt, sondern nur dies, daß die Gefährdung der Rechte nicht Zweck des Thäters zu sein braucht. Dagegen wird hier, so auch von Oppenhoff, das Bewußtsein möglicher Gefährdung gefordert, und wer mit dem Bewußtsein dieses Erfolges handelt, der will auch die Gefährdung.

die Rede sein könnte, daß er vorsätzlich die Geschäfte zum Nachtheile der Regierung geführt habe[1]). Aber auch hier darf der Wille, die Absicht zu benachtheiligen mit dem Zwecke des Thäters nicht verwechselt werden. Der Zweck des Thäters eine Bestechungssumme zu gewinnen schließt nicht aus, daß er den ihm unerwünschten Erfolg einer Benachtheiligung der Regierung beabsichtigte.

Die Strafe ist Zuchthaus nicht unter zwei Jahren, bei mildernden Umständen Festungshaft nicht unter sechs Monaten.

Wenn in den nach den §§ 80, 81, 83, 84, 87 bis 92 zu beurtheilenden Fällen des Hoch- und des Landesverrathes die Untersuchung eröffnet wird, so kann bis zu deren rechtskräftigen Beendigung das Vermögen, welches der Angeschuldigte besitzt, oder welches ihm später anfällt, mit Beschlag belegt werden[2]).

Es unterscheidet sich diese Bestimmung von der entsprechenden des § 73 des preußischen Strafgesetzbuches dadurch, daß sie facultativ gefaßt ist, während jene die Beschlagnahme obligatorisch anordnete. Weiter aber findet auch der Unterschied statt, daß der zweite Absatz des § 73, nach welchem der wegen Hoch- oder Landesverrathes zum Tode oder zu lebenslänglichem Zuchthaus rechtskräftig Verurtheilte die Fähigkeit verliert, über sein Vermögen unter Lebenden und von Todeswegen zu verfügen, in das deutsche Strafgesetzbuch nicht aufgenommen wurde, und ebensowenig die Bestimmung des § 11, daß während der Strafzeit die zur Zuchthausstrafe Verurtheilten unfähig sind ihr Vermögen zu verwalten und unter Lebenden darüber zu verfügen. Damit hat § 93 die Zweckbestimmung verloren der die entsprechende Bestimmung des preußischen Strafgesetzbuches diente, nämlich die eines Arrestes, durch welchen für den Fall der Verurtheilung die Strafvollstreckung gesichert werden sollte, und erscheint als entbehrlich und zwecklos[3]).

Voraussetzung der Beschlagnahme ist die Eröffnung der förmlichen Voruntersuchung[4]). Sie ist durch einen gerichtlichen Beschluß anzuordnen, und das Verfahren bei derselben ist durch die Strafprozeß-Ordnung § 480 und §§ 333 bis 335 geordnet.

---

1) John a. a. O. Dagegen Oppenhoff, Olshausen a. a. O.

2) Strfgb. § 93.

3) F. Meyer § 93 Nr. 5. John a. a. O. S. 56. Dagegen Oppenhoff § 93 Nr. 1. Olshausen § 93 Nr. 1.

4) Strf. P. O. § 182.

Sie kann jederzeit durch Beschluß des Gerichtes wieder aufgehoben werden, und es muß dies jedenfalls mit der rechtskräftigen Beendigung der Untersuchung geschehen.

Nach § 4 des Einführungs-Gesetzes zum Strafgesetzbuche sollen bis zum Erlasse der in den Artikeln 61 und 68 der Reichsverfassung vorbehaltenen Gesetze die in den §§ 81, 88 und 90 mit lebenslänglichem Zuchthause bedrohten Verbrechen mit dem Tode bestraft werden, wenn sie in einem Theile des Bundesgebietes, welchen der Kaiser in Kriegszustand erklärt hat, begangen werden [1]). Hierbei kommt in Betracht, daß die für die gedachten Verbrechen im Entwurfe angedrohten Strafen durch die Beschlüsse des Reichstages wesentliche Aenderungen erfahren haben, indem nur die in § 87, zweiter Satz, und in § 90 bezeichneten Fälle des Landesverrathes ausschließlich mit lebenslänglicher Zuchthausstrafe bedroht sind, während für alle anderen in den gedachten Paragraphen bezeichneten Verbrechen die lebenslängliche Zuchthausstrafe nur wahlweise angedroht ist. Angedroht ist aber auch in diesen letzteren Fällen die lebenslängliche Zuchthausstrafe, so daß statt derselben nach § 4 des Einführungs-Gesetzes, falls die dort angeführten Voraussetzungen gegeben sind, stets auf Todesstrafe zu erkennen ist, und nicht nur dann, wenn im concreten Falle auf lebenslängliches Zuchthaus zu erkennen gewesen wäre [2]). Soweit aber die Annahme mildernder Umstände zulässig ist, kann, wenn solche vorliegen, nicht auf Todesstrafe erkannt werden, weil für solchen Fall die lebenslängliche Zuchthausstrafe nicht angedroht ist.

---

1) Ueber den andern in § 4 erwähnten Fall, daß diese Verbrechen während eines gegen das deutsche Reich ausgebrochenen Krieges auf dem Kriegsschauplatze verübt werden vgl. oben S. 760.

2) Kirchmann Einführ. G. § 4 Nr. 1. Rubo Einführ. G. § 4 Nr. 9. Olshausen Einführ. G. § 4 Nr. 9. Dagegen Oppenhoff Einführ. G. § 4 Nr. 7. John a. a. O. S. 58.

Zweites Kapitel.

Die Majestäts-Beleidigung.

§ 221. Als zu den Staatsverbrechen gehörend behandelt das Strafgesetzbuch im zweiten und dritten Abschnitte die „Beleidigung des Landesherrn" und die „Beleidigung von Bundesfürsten", Ueberschriften die dem Inhalte dieser Abschnitte nicht durchaus entsprechen. Es handelt sich hier in erster Linie um das crimen majestatis in specie der ältern gemeinrechtlichen Doctrin im Unterschiede von dem als perduellio bezeichneten andern Falle des crimen majestatis in genere, oder um die Majestätsbeleidigung. Daß in der Verletzung der Majestät des Monarchen zugleich die des Staates getroffen wird, darum die Majestätsbeleidigung die Bedeutung eines Staatsverbrechens hat, kann keinem Bedenken unterliegen, und ebensowenig dies, daß sich in dem Monarchen die Privatperson von der Staatsperson nicht scheiden läßt, darum die Unterscheidung eines crimen laesae venerationis und eines crimen laesae majestatis, ein Nothbehelf der frühern Doctrin und Praxis um der Nothwendigkeit zu entgehen in allen Fällen der Majestätsbeleidigung die Strafe des crimen majestatis verhängen zu müssen, verwerflich ist.

Nur in dem die Staatsherrschaft übenden Monarchen kann die Majestät beleidigt werden, nicht in den von der Herrschaft ausgeschlossenen Mitgliedern des regierenden Hauses, und eine Ausnahme hiervon würde nur etwa in Betreff des Regenten zu machen sein, der die Staatsherrschaft ausübt, wenn auch im Namen und in Vertretung des Monarchen.

Das Strafgesetzbuch hat sich des Wortes Majestätsbeleidigung nicht bedient, behandelt aber in den gedachten Abschnitten nicht nur die Thätlichkeiten und Beleidigungen, welche an einem deutschen Monarchen verübt wurden, sondern auch die gegen Mitglieder eines deutschen landesherrlichen Hauses oder den Regenten eines Bundesstaates gerichteten, und wenn die äußerliche Verbindung dieser Delicte mit der Majestätsbeleidigung unbedenklich ist, so handelt es sich bei ihnen doch offenbar nicht um solche, welche gegen den Staat gerichtet sind. Abweichend von dem ersten Entwurfe der allen Bundesfürsten und allen Familiengliedern der regierenden bundesfürstlichen Häusern in dieser Beziehung den gleichen strafrechtlichen Schutz gewährte, hat das Strafgesetzbuch hier in analoger Weise wie bei dem an einem deutschen Landesherrn verübten Hochverrathe, in Rücksicht auf das besondere Pflichtverhältniß des Thäters zu dem Angegriffenen, Unterschiede der Strafbarkeit festgestellt, weil durch die Rechtseinheit nicht jeder Rechtsunterschied zwischen einer Beleidigung des eigenen Landesherrn und der eines andern Bundesfürsten weggefallen sei. Es unterscheidet ferner in Betreff der Strafbarkeit in allen Fällen die Verübung einer Thätlichkeit und die einer Beleidigung.

Als strafbar bezeichnet das Gesetz die gegen eine der hier in Betracht kommenden Personen gerichtete Thätlichkeit und eine solche erfordert jedenfalls eine physische Einwirkung auf den Körper des Andern[1]). Können nun zwar mittelst einer Thätlichkeit verschiedene Delicte verübt werden, insbesondere auch eine Beleidigung, so kommt doch rücksichtlich des Thatbestandes der nach den §§ 94, 96, 98 und 100 zu strafenden Delicte die Frage welches besondere Delict in der Form der Thätlichkeit verübt wurde, nicht in Betracht, vielmehr genügt die Feststellung, daß eine Thätlichkeit vorsätzlich verübt sei[2]), und eine Berücksichtigung wird sie nur etwa bei der Strafzumessung finden können.

Aber nicht eine jede an den in den §§ 94, 96, 98, 100 be-

---

1) John a. a. O. S. 60. Schütze S. 249. Rüdorff § 94 Nr. 2. Olshausen § 94 Nr. 2. Vgl. oben II S. 188. Dagegen Schwarze § 94 Nr. 1, der auch die Thätlichkeit welche den Körper nicht berührt hierher rechnet. Als thätliche Beleidigung würde an sich auch die betrachtet werden dürfen, die in einer Sachbeschädigung besteht, hier aber handelt es sich um Thätlichkeiten gegen den Kaiser, den Landesherrn, die nicht nothwendig thätliche Beleidigungen sind.

2) John a. a. O. S. 60. Olshausen § 94 Nr. 1. Binding Handbch. I S. 351. Normen I S. 101. II S. 483, der davor warnt bei „Mischthatbeständen" wie in § 94 die Verschiedenheit der Vorsätze zu verwischen und einen Generalvorsatz aufzustellen. Aber es wird sich bei Anwendung der §§ 94, 96, 98, 100 der Richter entschieden darauf beschränken müssen den „Generalvorsatz" Thätlichkeit zu verüben, nicht aber den Specialvorsatz zu beleidigen, zu mißhandeln u. s. w. festzustellen. v. Liszt S. 507 betrachtet die Thätlichkeit nur als Realinjurie.

zeichneten Personen verübte Thätlichkeit ist lediglich als eine solche nach diesen gesetzlichen Bestimmungen zu strafen, denn sofern mittelst der Thätlichkeit ein Delict verübt wird das schwerer strafbar ist als die hier für strafbar bezeichnete Thätlichkeit, so ist die Anwendung der gedachten Paragraphen ausgeschlossen. Die Anwendung des § 94 ist also ausgeschlossen, wenn die Thätlichkeit als ein nach § 80 zu strafender Mordversuch erscheint, ebenso die des § 98, wenn die Thätlichkeit unter die Strafbestimmung des § 81 Nr. 1 fällt, die des § 100, wenn die Thätlichkeit den Thatbestand der nach § 225 oder 226 zu strafenden Verbrechen ergiebt. Umgekehrt ist aber auch die thätliche Beleidigung nicht nach § 95, 97, 99 oder 101, sondern nach § 94, 96, 98 oder 100 als Thätlichkeit zu strafen[1]), indem auch hier die speciellere Strafbestimmung die Anwendbarkeit der allgemeineren ausschließt. Wird die Thätlichkeit durch ein anderweitiges gemeines Delict verübt, dessen Thatbestand außer dem Angriffe auf den Körper noch ein weiteres Moment erfordert, wie mit Gewalt an der Person verübte Nöthigung, Raub, so findet ideelle Concurrenz statt[2]).

Von der Thätlichkeit unterscheidet das Gesetz die Beleidigung eines deutschen Monarchen oder eines Mitgliedes eines regierenden deutschen Hauses und giebt hier ebensowenig wie im 14. Abschnitt den Thatbestand der Beleidigung näher an. Es kann daher keinem Zweifel unterliegen, daß hier der gleiche Thatbestand der Beleidigung wie im § 185 vorausgesetzt wird und daß es sich in den §§ 95, 97, 99 und 101 nur um Fälle einer qualifizirten Beleidigung handelt.

Ist das Object der Beleidigung in allen Fällen nicht ein durchschnittliches, Allen gleichmäßig zukommendes Maß von Ehre, sondern die Ehre in ihrer individuell verschiedenen, concreten Erscheinungsform, so folgt, daß auch die Frage ob eine Handlung als beleidigend anzusehen sei immer nur zu beantworten ist, indem nicht nur die Beschaffenheit der Handlung, sondern zugleich die eigenthümliche Ehre und Würde der angegriffenen Person in Betracht gezogen wird, so daß die gleiche Handlung in dem einem Falle als beleidigend, in dem andern nicht als beleidigend, in dem

---

1) **John** a. a. O. S. 61. **Schütze** S. 249. **Meves** § 95 Nr. 4. **Olshausen** § 94 Nr. 6. **Berner** S. 347.

2) **Berner, John, Olshausen** a. a. O. Dagegen **Binding** Hdbch. I S. 351.

einen als schwere, in dem andern als geringfügige Beleidigung erscheinen kann. Daß den Mitgliedern der regierenden Häuser als solchen ein höherer sittlicher Werth zukomme als allen anderen Menschen wird sich nun freilich nicht behaupten lassen, aber es handelt sich bei der Beleidigung der Landesherrn und der Mitglieder der regierenden Häuser in erster Linie, in gleicher Weise wie bei der Verletzung der Amtsehre, um die von dem persönlichen sittlichen Werthe verschiedene, ihnen vermöge ihrer staatsrechtlichen Stellung zukommende Ehrenstellung, an welche sich zugleich ein öffentliches Interesse knüpft. Hier wie in anderen Fällen der Beleidigung bleibt es also dem Ermessen des Richters überlassen in Rücksicht auf die persönliche Stellung des Angegriffenen zu entscheiden, ob und in welchem Maße eine Handlung als beleidigend zu betrachten sei, und der einzige Unterschied von anderen Beleidigungen ist nur der, daß die Beleidigung der deutschen Monarchen und der Mitglieder ihres Hauses eine erhöhte Strafe nach sich zieht.

Der Umstand, daß das Gesetz die in den §§ 95, 97, 99 und 101 bezeichneten Beleidigungen nicht im 14. Abschnitte als qualifizirte Fälle der Beleidigung, sondern im 2. und 3. Abschnitte in Verbindung mit den Staatsverbrechen behandelt hat, ist kein ausreichender Grund anzunehmen, daß hier der Thatbestand der Beleidigung in irgend einem Momente ein anderer als der der Beleidigung im Sinne des § 185 wäre, und alle den Thatbestand der Beleidigung betreffenden Bestimmungen des 14. Abschnittes werden daher auch hier zu berücksichtigen sein[1]).

Hieraus folgt, daß auch hier wie immer eine Handlung nicht lediglich vermöge ihrer objectiven Beschaffenheit als beleidigend betrachtet werden kann, vielmehr auch hier die Absicht zu beleidigen

1) John a. a. O. S. 61. 67. 69. Rubo § 95 Nr. 5. 6. Oppenhoff § 95 Nr. 4. Rüdorff § 95 Nr. 2. Olshausen § 95 Nr. 2. 3. v. Liszt S. 506. H. Meyer S. 669. Es ist unrichtig zu sagen, daß die Majestätsbeleidigung einen andern Begriff der Beleidigung als den des 14. Abschnittes voraussetze, wenn man damit, wie Schütze S. 250 und Meves § 95 Nr. 2, mehr nicht ausdrücken will als dies, daß bei der Majestätsbeleidigung, das besondere, höhere Maß der Ehre des Beleidigten in Betracht komme. Einen wirklich begrifflichen Unterschied der Majestätsbeleidigung und anderer Beleidigungen nimmt Puchelt § 95 Nr. 6 an, und betrachtet deshalb die §§ 190—193 bei der Majestätsbeleidigung für unanwendbar.

festgestellt sein muß. Weiter aber erfordert der festzustellende Dolus hier auch dies, daß der Thäter den Beleidigten als den Kaiser, Landesherrn, als Mitglied eines regierenden Hauses gekannt haben müsse, da im Falle der Unkenntniß nur eine nichtqualifizirte Beleidigung vorliegen würde, eventuell sogar der Thatbestand einer Beleidigung ausgeschlossen erscheinen könnte[1]).

Es folgt ferner, daß der Richter bei der Strafzumessung die Unterschiede zu berücksichtigen haben wird, welche in Betreff der Strafbarkeit in den §§ 185 bis 187 gemacht sind. Auch hier fordert der Thatbestand der Beleidigung die Rechtswidrigkeit der Handlung, wonach er ausgeschlossen erscheint, wenn die Handlung nach der Bestimmung des § 193 als eine erlaubte, berechtigte zu betrachten ist. Handelt es sich um eine angebliche Beleidigung, die mittelst der Behauptung oder Verbreitung von Thatsachen die unwahr oder nicht erweislich wahr sind, verübt wurde, so ist der Thatbestand der Beleidigung ausgeschlossen, falls der Beweis der Wahrheit der Thatsachen erbracht wird. Darum wird auch, wenn es sich um eine derartige, an einem deutschen Landesherrn oder dem Mitgliede eines regierenden Hauses verübte, Beleidigung handelt, der Beweis der Wahrheit zugelassen werden müssen[2]).

Insoweit es sich aber um Bestimmungen des 14. Abschnittes

---

1) John a. a. O. S. 67. Oppenhoff § 95 Nr. 5. Meves in Holtzdf. Hdbch. IV S. 299. Schwarze § 95 Nr. 6. Olshausen § 95 Nr. 6. Rsprch. I S. 485. Entsch. II S. 213. Dagegen Binding Normen II S. 603.

2) Wenn zwar das Strfgb. den Thatbestand der Beleidigung nicht in allgemeiner Weise normirt hat, so doch in den §§ 186. 187. 189 den besonderer Arten der Beleidigung, sowie es auch in § 192 und 193 besondere Vorschriften giebt, die sich auf wesentliche Momente im Begriffe der Beleidigung beziehen. Diese Bestimmungen werden daher auch für die Beleidigungen des 2. und 3. Abschnitts als maßgebend zu betrachten sein, wenn man nicht behaupten will, daß Abschn. 2 und 3 von einem wesentlich andern Begriffe der Beleidigung ausgehe als Abschn. 14. Vgl. John a. a. O. S. 69 f. v. Liszt S. 507. Dagegen Entsch. VIII S. 338. Olshausen § 95 Nr. 7, welche annehmen, daß zwar die allgemeinen Grundsätze über den Dolus, soweit sie § 193 zum Ausdrucke bringt, auch bei der Majestätsbeleidigung Anwendung finden, aber nur als solche, nicht in Anwendung des § 193. Vgl. Oppenhoff § 95 Nr. 5. Den Beweis der Wahrheit betrachten als ausgeschlossen Oppenhoff § 95 Nr. 11. Rüdorff § 95 Nr. 2. Gertschen in Goltd. Arch. XXXII S. 53 f. Olshausen § 95 Nr. 7. Entsch. II S. 113. Dagegen John a. a. O. S. 70. Zimmermann in Goltd. Arch. XXXI S. 193. H. Meyer S. 669.

handelt, die sich nicht auf ein Thatbestandsmoment der Beleidigung beziehen, wird allerdings der Unterschied der im 2. und 3. Abschnitte bezeichneten Beleidigungen und der aller anderen in Betracht kommen müssen. Schon im 14. Abschnitte macht sich der Unterschied der gegen eine Privatperson gerichteten Beleidigung und derjenigen geltend, an welche sich ein besonderes öffentliches Interesse darum knüpft, weil es sich um eine Verletzung der Amtsehre handelt. In erhöhtem Maße gilt dies aber von den im 2. und 3. Abschnitte bezeichneten Beleidigungen, wie dies nicht nur in den erhöhten Strafen, sondern auch in der Stellung derselben zu den gegen den Staat gerichteten Delicten Ausdruck gefunden hat. Hiernach ist die Anwendbarkeit der besonderen auf die Beleidigungen des 14. Abschnittes sich beziehenden Bestimmungen der §§ 194 bis 200 bei den selbständig als eigenthümlichen Delicten behandelten Beleidigungen des 2. und 3. Abschnittes ausgeschlossen[1]).

§ 222. In Betreff der Bestrafungen unterscheidet das Gesetz folgende Fälle:

1) Thätlichkeiten und Beleidigungen gegen den Kaiser, den eigenen Landesherrn und den Landesherrn desjenigen deutschen Staates, in welchem sich der Thäter zur Zeit der That aufhält[2]). Subject des Delictes kann ein Deutscher sein, gleichviel ob er es im Inlande oder Auslande verübte, ein Ausländer nur sofern er es im Inlande beging. Da das Gesetz die frühere Unterscheidung der Beleidigung des Souverains als Privatperson und als Staatsperson nicht kennt, so ist es gleichgiltig, ob ihn die Beleidigung in dieser oder jener seiner Stellungen trifft, ob sie sich auf eine Handlung bezieht, die er vor oder nach seiner Thronbesteigung vorgenommen hat[3]). Die Strafe der Thätlichkeit ist lebenslängliches Zuchthaus oder lebenslängliche Festungshaft, in minderschweren Fällen Zucht-

---

1) John a. a. O. S. 71. Oppenhoff § 95 Nr. 11. Rsprch. IV S. 333. Das R. Gericht Rsprch. III S. 580 stellt den allgemeinen Grundsatz auf, daß ein Hinüberziehen der für die gemeinen Beleidigungen geltenden Sondervorschriften des 14. Abschn. auf das Gebiet der Beleidigung des Landesherrn ausgeschlossen sei. Ebenso H. Meyer S. 669. Oppenhoff § 95 Nr. 11. Rüdorff § 95 Nr. 2. Olshausen § 95 Nr. 7. Der Grundsatz ist richtig, soweit es sich um wirkliche Sondervorschriften handelt, nicht aber soweit es sich um solche handelt, die sich auf den Thatbestand der Beleidigung beziehen, der in Abschn. 2 und 3 derselbe ist wie in Abschn. 14.

2) Strfgb. § 94 und 95.

3) John a. a. O. S. 62. Oppenhoff § 95 Nr. 8. Olshausen

haus oder Festungshaft nicht unter fünf Jahren. Neben der Festungshaft kann auf Verlust der bekleideten öffentlichen Aemter, sowie der aus öffentlichen Wahlen hervorgegangenen Rechte erkannt werden. Bei mildernden Umständen ist die Strafe Festungshaft nicht unter fünf Jahren. Die Strafe der Beleidigung ist Gefängniß nicht unter zwei Monaten oder Festungshaft von zwei Monaten bis zu fünf Jahren. Neben der Gefängnißstrafe kann auf Verlust der bekleideten öffentlichen Aemter, sowie der aus öffentlichen Wahlen hervorgegangenen Rechte erkannt werden.

2) Thätlichkeit und Beleidigung an einem andern als den in § 95 genannten Bundesfürsten verübt[1]). Die Thätlichkeit wird mit Zuchthaus oder Festungshaft von zwei bis zu zehn Jahren, bei mildernden Umständen mit Festungshaft von sechs Monaten bis zu zehn Jahren bestraft, die Beleidigung mit Gefängniß von einem Monat bis zu drei Jahren oder mit Festungshaft von gleicher Dauer. Die Verfolgung der Beleidigung tritt nur mit Ermächtigung des Beleidigten ein.

3) Thätlichkeit oder Beleidigung verübt gegen ein Mitglied des landesherrlichen Hauses oder des Regenten des Staates dem der Thäter angehört, oder des Staates in welchem er sich zur Zeit der That aufhält[2]). Die Thätlichkeit wird mit Zuchthaus oder Festungshaft nicht unter fünf Jahren, in minder schweren Fällen mit Zuchthaus oder Festungshaft bis zu fünf Jahren, bei mildernden Umständen mit Festungshaft von einem bis zu fünf Jahren bestraft.

4) Thätlichkeit gegen ein Mitglied des bundesfürstlichen Hauses oder den Regenten eines andern deutschen Staates als der in § 96 genannten[3]), wird mit Zuchthaus oder Festungshaft bis zu fünf Jahren, bei mildernden Umständen mit Festungshaft von einem Monat bis zu drei Jahren bestraft.

5) Die Beleidigung des Regenten eines andern deutschen Staates als der in § 97 genannten wird mit Gefängniß oder Festunghaft von einer Woche bis zu zwei Jahren bestraft[4]). Die Verfolgung tritt nur mit Ermächtigung des Beleidigten ein.

---

§ 95 Nr. 4. Entsch. II S. 213. VIII S. 338. Dagegen F. Meyer § 95 Nr. 2. Schwarze § 95 Nr. 2.

1) Strfgb. § 98. 99.

2) Strfgb. § 96. 97.

3) Strfgb. § 100.

4) Strfgb. § 101.

Die Beleidigung von Mitgliedern eines bundesfürstlichen Hauses, das nicht zu den in § 97 genannten gehört, ist lediglich nach den Bestimmungen des 14. Abschnittes zu bestrafen.

Es kann der Fall eintreten, daß eine der vorstehend bezeichneten Beleidigungen nach den Bestimmungen des 14. Abschnittes beurtheilt eine schwerere als die hier gedrohte Strafe nach sich ziehen würde, so wenn eine der in den §§ 97 und 99 bezeichneten Beleidigungen den Thatbestand einer nach § 187 zu strafenden öffentlichen Verleumdung ergeben sollte. Es kann dann von dem Falle einer idealen Concurrenz, für den § 73 maßgebend wäre, nicht die Rede sein[1]), denn es liegen nicht zwei concurrirende Delicte vor, sondern nur zwei Gesetze, unter welche die eine verübte Beleidigung gleich sehr zu subsumiren ist. Gegenüber der allgemeineren auf alle Arten von Beleidigungen bezüglichen Bestimmung der §§ 97 und 99 erscheint aber die Strafbestimmung des § 187 als die speciellere, welche betreffenden Falls die Anwendung der allgemeineren ausschließt[2]).

---

1) Dagegen Olshausen § 99 Nr. 1.

2) Binding Hdbch. I S. 352 nimmt in diesem Falle Alternativität der Strafgesetze an, bei der, wenn ihre Strafe eine verschiedene ist, das dem Angeklagten ungünstigere Gesetz anzuwenden sei.

Drittes Kapitel.

Feindliche Handlungen gegen befreundete Staaten.

§ 223. Das völkerrechtliche Verhältniß der auf europäischer Gesittung beruhenden Staaten, das sie zu einer geordneten Rechtsgemeinschaft verbindet, legt einem jeden ihr angehörenden Staate die Pflicht auf nicht nur sich selbst, sondern, soweit es sich um verbrecherische, von dem eignen Staatsangehörigen oder dem Ausländer innerhalb des eignen Staatsgebietes gegen fremde Staaten verübte Angriffe handelt, auch diesen strafrechtlichen Schutz, insbesondere gegen hochverrätherische Angriffe, zu gewähren, und dies umsomehr, wenn die Gesetzgebung es anerkennt, daß das Wesen des Hochverrathes nicht in der Treulosigkeit und dem Verrathe besteht, dessen der Thäter dem eignen Heimathsstaate gegenüber sich schuldig macht. Dazu kam für die deutschen Staaten schon früherhin noch die Rücksicht, daß ihnen das Bundesverhältniß mit den übrigen deutschen Staaten diesen gegenüber eine solche Pflicht in erhöhtem Maße auferlege. Gleichwohl ist eine solche Pflicht von der Gesetzgebung bisher nur ausnahmsweise anerkannt worden, und selbst nicht einmal von allen deutschen Strafgesetzbüchern den verbündeten deutschen Staaten gegenüber.

Unter der Ueberschrift „Feindliche Handlungen gegen befreundete Staaten“ hatte das preußische Strafgesetzbuch den deutschen Staaten unbedingt, anderen Staaten bedingungsweise einen solchen strafrechtlichen Schutz gewährt[1]). Dem folgte das norddeutsche Strafgesetzbuch indem es den deutschen nicht zum norddeutschen Bunde gehörenden Staaten einen solchen Schutz unbedingt, anderen Staaten bedingungsweise zuerkannte, während das Reichsstrafgesetzbuch die Unterscheidung deutscher und anderer Staaten in dieser Beziehung aufgegeben hat[2]).

---

1) Vgl. Strfgb. von Braunschwg. 86. Baden 596. Sachsen 124. Bayern 114.

2) Im Sinne des norddeutschen Strfgb. mußten zu den deutschen nicht

Das Gesetz[1]) gewährt den befreundeten Staaten Schutz gegen hochverrätherische, von einem Inländer, oder innerhalb des Reichsgebietes von einem Ausländer verübte Angriffe, bezeichnet die hier in Betracht kommenden Delicte aber nicht als Hochverrath, sondern als feindliche Handlungen gegen einen nicht zum deutschen Reiche gehörenden Staat oder dessen Landesherrn, die, wenn gegen einen Bundesstaat oder einen Bundesfürsten verübt, nach Vorschrift der §§ 81 bis 86 zu bestrafen sein würden. Die Strafbarkeit eines solchen feindlichen Angriffes setzt also voraus, daß der Thatbestand eines der in den §§ 81 bis 86 bezeichneten Delicte, abgesehen von dem Objecte des Angriffes, vorliege, und ist nicht dadurch bedingt, daß der betreffende Thatbestand am Orte der That als strafbar erscheint[2]), kann aber auch umgekehrt dadurch nicht begründet werden, daß die Handlung zwar einem am Orte der That, oder durch die Gesetze des angegriffenen Staates als hochverrätherisch bezeichneten Thatbestande, aber nicht einem der in den §§ 81 bis 86 bezeichneten entspricht[3]).

Subject eines solchen Delictes kann sowohl ein Inländer, gleichviel ob er die That im Inlande oder Auslande verübte, als auch ein Ausländer sein, dieser aber nur sofern er das Delict im Inlande beging. Von den Regeln, welche § 4 in Betreff der strafrechtlichen Verfolgung der im Auslande begangenen Verbrechen und Vergehen aufstellt, bildet also § 102 eine Ausnahme und die Verfolgung des Inländers ist darum nicht von den in § 4 Nr. 3 angegebenen Bedingungen abhängig, und wird auch unter den in § 5 angegebenen Voraussetzungen nicht ausgeschlossen. Dagegen würde, wenn die That im Auslande bereits bestraft ist, die Bestimmung des § 7 Anwendung finden. Sofern die

---

zum norddeutschen Bunde gehörenden Staaten offenbar alle zum frühern deutschen Bunde gehörenden Staaten, also auch Oesterreich, Luxemburg, Lichtenstein gerechnet werden, die jetzt allen anderen nicht deutschen Staaten gleichgestellt sind.

1) Strfgb. § 102. Die Novelle von 1876 hat die frühere Fassung des § 102 insofern geändert als die Redactionsfehler, das Citat des § 80 und die unbegrenzte Androhung zeitiger Festungshaft beim Vorhandensein mildernder Umstände, beseitigt und die Bedingung aufgehoben wurde, unter der die Gegenseitigkeit als verbürgt angesehen werden sollte.

2) Schütze S. 253. Meves § 102 Nr. 3. Oppenhoff § 102 Nr. 2. Schwarze § 102 Nr. 1.

3) Meves § 102 N. 4.

weiteren von § 102 geforderten Bedingungen der strafrechtlichen Verfolgung gegeben sind, muß dieselbe erfolgen, und ist nicht, wie nach § 4, von dem Ermessen der verfolgenden Behörde abhängig[1]).

Die weiteren Bedingungen von denen die Strafverfolgung abhängig gemacht ist bestehen darin, daß dem deutschen Reiche seitens des angegriffenen Staates die Gegenseitigkeit verbürgt sei und daß die betreffende auswärtige Regierung den Antrag auf Strafverfolgung gestellt habe.

Die Gegenseitigkeit ist verbürgt, falls Bürgschaft dafür gegeben ist, daß eine der zu strafenden gleiche That, falls sie gegen das deutsche Reich oder einen deutschen Staat gerichtet wäre, auch in dem betreffenden fremden Staate verfolgt und bestraft werden würde. Daß das ausländische Gesetz den Thatbestand des Delictes ebenso normirt und mit der gleichen Strafe bedroht habe, wie das deutsche Strafgesetzbuch ist nicht erforderlich, sofern es sich aber um vorsätzliche Tödtung oder Gefangennehmung des Monarchen handelt, würde Gegenseitigkeit nicht als verbürgt anzunehmen sein, falls die gleiche gegen einen deutschen Bundesfürsten gerichtete That in dem fremden Staate nicht durch erhöhte Strafe ausgezeichnet, sondern nur als eine gegen eine Privatperson gerichtete strafbare wäre[2]). Für das Verbürgtsein der Gegenseitigkeit kommt aber jedenfalls auch der Umstand in Betracht, daß der 4. Abschnitt nur befreundeten Staaten, nicht anderen, strafrechtlichen Schutz gewähren will. Ausgeschlossen ist daher jedenfalls ein jeder Staat, mit dem sich das deutsche Reich im Kriege befindet und ebenso jeder Staat, mit welchem Deutschland bisher noch überhaupt nicht in irgend eine völkerrechtliche Beziehung getreten ist, denen es seinerseits noch nicht eine völkerrechtliche Anerkennung ertheilt, wie auch von ihnen eine solche noch nicht empfangen hat. Daß Deutschland mit dem betref-

---

1) John a. a. O. S. 44. Meves § 102 Nr. 3. F. Meyer § 102 Nr. 1. Schwarze § 102 Nr. 1. Olshausen § 102 Nr. 7. Dagegen Oppenhoff § 102 Nr. 4.

2) Oppenhoff § 102 Nr. 9. Olshausen § 102 Nr. 2. Dagegen Fuchs Antragsdelicte S. 88. Vgl. Rsprch. III S. 457. Die Bestimmung, daß die Gegenseitigkeit nach veröffentlichten Staatsverträgen oder nach Gesetzen verbürgt sein müsse, ist durch die Novelle von 1876 beseitigt, und worauf sich die Ueberzeugung des Richters von der Verbürgung stützt, ist gleichgiltig. Meves in Holtzdf. Hdbch. IV S. 291. Oppenhoff § 102 Nr. 7. Olshausen § 102 Nr. 5.

fenden Staate in diplomatischem Verkehr stehe, ist nicht erforderlich [1]).

Der erforderliche Antrag auf Strafverfolgung muß von der Regierung desjenigen Staates ausgehen, gegen welchen die That gerichtet war, und wird also von den Organen des Staates gestellt werden müssen, denen die Vertretung desselben in den äußeren Angelegenheiten obliegt. Die Zurücknahme des Antrages ist zulässig.

Daß der Werth der in den §§ 81 bis 86 bezeichneten Verbrechen für Deutschland ein anderer und höherer ist, wenn sie sich gegen das deutsche Reich oder einen Bundesstaat richten, als wenn sie gegen einen fremden Staat gerichtet sind, liegt in der Natur der Sache und darum sind für den letztern Fall bedeutend geringere Strafen angedroht, nämlich in den Fällen der §§ 81 bis 84 Festungshaft von einem bis zu zehn Jahren, bei mildernden Umständen Festungshaft von sechs Monaten bis zu zehn Jahren, in den Fällen der §§ 85 und 86 Festungshaft von einem Monat bis zu drei Jahren.

§ 224. Das Gesetz [2]) bezeichnet als feindliche Handlung gegen befreundete Staaten ferner die Beleidigung des Landesherrn oder Regenten eines nicht zum deutschen Reiche gehörenden Staates, sowie die Beleidigung eines bei dem Reiche, einem bundesfürstlichen Hofe oder bei dem Senate einer der freien Hansestädte beglaubigten Gesandten oder Geschäftsträgers.

Das Verhältniß dieser Strafbestimmungen zu denen des 14. Abschnittes ist dasselbe wie das der Bestimmungen der §§ 95, 97, 99. Die Beleidigung umfaßt hier alle Arten derselben, also auch die thätliche, wogegen anders geartete Thätlichkeiten nur nach den betreffenden allgemeinen Bestimmungen zu beurtheilen sind.

Im ersteren Falle ist die Strafverfolgung dadurch bedingt, daß von dem betreffenden fremden Staate dem deutschen Reiche die Gegenseitigkeit verbürgt sei, und die auswärtige Regierung den Antrag auf Verfolgung, dessen Zurücknahme zulässig ist, gestellt habe. Die Strafe ist Gefängniß oder Festungshaft von einer Woche bis zu zwei Jahren.

---

1) H. Meyer S. 644. Schwarze § 102 Nr. 4. Olshausen § 102 Nr. 3. Nicht nur Friedensstand sondern auch diplomatische Beziehungen fordern Oppenhoff Abschn. 4 Nr. 1. Rüdorff Abschn. 4 Nr. 1.

2) Strfgb. § 103. 104.

Im letzteren Falle ist die Verfolgung von der dem Reiche verbürgten Gegenseitigkeit nicht abhängig, weil dem in Deutschland beglaubigten Gesandten oder Geschäftsträger eines fremden Staates vermöge seiner völkerrechtlichen Stellung ein besonderer Schutz gebührt, ohne Rücksicht darauf ob der fremde Staat ein befreundeter sei und durch Verbürgung der Gegenseitigkeit sich als solcher erwiesen habe[1]). Dagegen setzt die Verfolgung den Antrag des Beleidigten voraus. Die Zurücknahme des Antrages ist zulässig. Die Strafe ist Gefängniß oder Festungshaft bis zu einem Jahre.

§ 225. Durch die Novelle von 1876 ist endlich dem 4. Abschnitte noch der § 103 a eingefügt worden, indem es für erforderlich erachtet wurde auch fremden Staaten gegen Mißachtung der staatlichen Autorität denjenigen Schutz zu gewähren, welchen § 135 dem Reiche und den Bundesstaaten bietet. Hiernach wird mit Geldstrafe bis zu sechshundert Mark oder mit Gefängniß bis zu zwei Jahren bestraft wer ein öffentliches Zeichen der Autorität eines nicht zum deutschen Reiche gehörenden Staates oder ein Hoheitszeichen eines solchen Staates böswillig wegnimmt, zerstört oder beschimpfenden Unfug daran verübt.

Ohne Zweifel ist es der wesentlichste Zweck des Gesetzes ebenso wie den in Deutschland beglaubigten Gesandten fremder Staaten, auch den im Inlande, z. B. an Gesandtschafts- und Consulats-Gebäuden, angebrachten Autoritäts- und Hoheitszeichen derselben Schutz zu gewähren, aber die Fassung des Gesetzes schließt es nicht aus, daß der Inländer auch wenn er die That im Auslande beging nach § 103 a gestraft werde[2]). Auch ein Unterschied zwischen befreundeten und anderen Staaten wird nicht gemacht, so daß selbst in Kriegszeiten die im Inlande vorhandenen Hoheitszeichen des feindlichen Staates unter dem Schutze des Gesetzes stehen würden[3]).

---

1) Olshausen § 104 Nr. 1. Meves in Holtzdf. Handbch. IV S. 300 setzt voraus, daß auch hier nur die Vertreter befreundeter Staaten in Betracht kommen, weil unter nicht befreundeten Staaten der diplomatische Verkehr abgebrochen wird. Aber auch der Vertreter des feindlichen Staates behält seine völkerrechtliche Stellung bis er das Staatsgebiet verlassen hat, und auch seine Beleidigung würde nach § 104 zu strafen sein.

2) Oppenhoff § 103a. Nr. 2. Meves a. a. O. S. 305. Dagegen Olshausen § 103a Nr. 1.

3) Olshausen § 103a Nr. 1. Dagegen Meves a. a. O. S. 303. Oppenhoff § 103a Nr. 3.

Das Wegnehmen, Zerstören oder Beschädigen muß ein böswilliges sein, und dazu wird allerdings die Feststellung der Vorsätzlichkeit nicht genügen, vielmehr wird weiter noch die Absicht erforderlich sein die Würde des in seinem Zeichen angegriffenen Staates zu verletzen[4]), wie die gleiche Absicht sich auch in dem beschimpfenden Unfuge kundgeben wird.

---

1) Meves a. a. O. S. 306. John a. a. O. S. 187. Oppenhoff § 134 Nr. 4. Olshausen § 135 Nr. 2.

Viertes Kapitel.

Delicte in Beziehung auf die Ausübung staatsbürgerlicher Rechte.

1. Delicte gegen gesetzgebende Versammlungen.

§ 226. Der Entwurf des preußischen Strafgesetzbuches von 1828 hatte Strafbestimmungen zum Schutze der provinzialständischen Versammlungen aufgenommen, die jedoch als entbehrlich wieder aufgegeben wurden. In Folge der Verfassungs-Aenderungen seit 1848 erachtete aber der Entwurf von 1850 Bestimmungen zum Schutze des Landtages und seiner Mitglieder für unentbehrlich und da die übrigen deutschen Strafgesetzbücher derartige Bestimmungen nicht enthielten[1]), nahm man die Artikel 109 bis 113 des Code pénal zum Vorbilde. Diese Artikel stehen unter der, vom preußischen wie deutschen Strafgesetzbuche beibehaltenen, Ueberschrift: „Verbrechen und Vergehen in Beziehung auf die Ausübung staatsbürgerlicher Rechte", und enthalten Strafbestimmungen gegen die Behinderung der Bürger in der Ausübung ihrer staatsbürgerlichen Rechte, sowie gegen Wahl-Fälschungen. Das preußische Strafgesetzbuch beschränkte aber die Bestimmung des Art. 109 auf die Behinderung in der Ausübung des staatsbürgerlichen Rechtes zu wählen und zu stimmen, und fügte in den §§ 82 und 83 die Bestimmungen zum Schutze des Landtages gegen Vergewaltigung und zum Schutze seiner Mitglieder gegen Behinderung in der Ausübung ihrer verfassungsmäßigen Functionen hinzu. Dem preußischen ist in allem Wesentlichen das deutsche Strafgesetzbuch gefolgt.

Im 5. Abschnitte des letztern sind hiernach mehrere Delicte zusammengefaßt, welche allerdings darin übereinkommen, daß sie sich auf die Ausübung staatsbürgerlicher Rechte beziehen, in diesem Punkte aber zugleich mit nicht wenigen anderen, an anderm Orte

---

1) Das würtembg. Strafgb. 140 zählt Aufhebung der Landstände unter die Fälle des Hochverrathes.

behandelten Delicten übereinstimmen. Die Zusammenfassung der hier behandelten Delicte erklärt sich daher daraus, daß es in erster Linie darauf ankam den gesetzgebenden Versammlungen strafrechtlichen Schutz auch gegen solche Angriffe zu gewähren, die nicht als hochverrätherische zu strafen sind, und daß man damit Strafbestimmungen gegen die Behinderung in der Ausübung des Wahl- und Stimmrechtes, sowie gegen Wahlfälschungen verband, weil durch derartige Handlungen die verfassungsmäßige Zusammensetzung der gesetzgebenden Versammlungen alterirt wird. Diesen letzteren Delicten gab man aber freilich eine weiter reichende Bedeutung, indem es sich bei denselben um Behinderung und Fälschung der Wahl nicht nur insoweit handelt, als es auf Wahl der Mitglieder einer gesetzgebenden Versammlung ankommt.

Der rechtswidrige Angriff auf eine gesetzgebende Versammlung des Reiches oder eines Bundesstaates, sowie auf den Senat oder die Bürgerschaft einer der freien Hansestädte kann als Hochverrath nach § 81 strafbar sein, sofern es sich bei dem Angriffe um das Unternehmen handelt die Verfassung des Reiches oder eines Bundesstaates gewaltsam zu ändern. Derartige Angriffe, obwohl sie in allen übrigen Beziehungen dem Thatbestande des in § 105 bezeichneten Verbrechens entsprechen können, sind, vermöge der auf gewaltsame Verfassungsänderung gerichteten Absicht, von der Bestrafung nach § 105 ausgeschlossen.

Als Object des Verbrechens bezeichnet das Gesetz eine gesetzgebende Versammlung des Reiches oder eines Bundesstaates und zu ihnen gehören auch Senat und Bürgerschaft der Hansestädte. Der dem herrschenden Sprachgebrauche entsprechende Ausdruck „gesetzgebende Versammlung" ist allerdings nicht correct, wird aber zu Zweifeln wohl kaum Anlaß geben. Gesetzgeber ist nur derjenige, welcher den Befehl ertheilt, daß ein Gesetzentwurf fortan als Gesetz gelten solle, der das Gesetz sanctionirt, d. h. der Staatsherrscher, der Träger der Staatsgewalt, nicht aber derjenige oder die Versammlung, deren Mitwirkung verfassungsmäßig erforderlich ist, damit das Gesetz zu Stande komme. In den monarchischen deutschen Staaten ist Gesetzgeber nur der Landesherr der unter Mitwirkung des Landtages die Gesetzgebung ausübt. Der Landtag oder die einzelne Kammer des Landtages ist daher keine gesetzgebende Versammlung, aber zweifellos im Sinne des § 105 als solche zu betrachten, weil nur mit ihrer Zustimmung etwas zum Gesetze werden kann. Dagegen werden andere politische Körperschaften, auch wenn ihnen eine Mitwirkung bei der Gesetzgebung zusteht, wie z. B. Provinziallandtage deren Rath bei gewissen Gesetzentwürfen gehört werden muß, oder die innerhalb gewisser Grenzen ein Recht der Autonomie ausüben, gewiß nicht als gesetzgebende Versammlungen im Sinne des § 105 zu betrachten sein. In Rücksicht auf § 1 des Reichs-Gesetzes vom 2. Mai 1877 wird unbedenklich auch der Landesausschuß von Elsaß-Lothringen gleich den deutschen Landtagen als eine gesetzgebende Versammlung anzusehen sein. Von den deutschen Landtagen unterscheiden sich dagegen Senat und Bürgerschaft der Hansestädte wesentlich dadurch, daß sie im strengen Sinne des Wortes gesetzgebende Versammlungen sind, denn „die Staatsgewalt steht dem Senate und der Bürgerschaft gemeinschaftlich zu", und sie üben die gesetzgebende Gewalt gemeinsam aus. Als gesetzgebende Versammlungen des Reiches kommen in Betracht der Bundesrath und der Reichstag, obschon der letztere ebenso wie der Landtag eine solche im eigentlichen Sinne nicht ist, wohl aber der erstere, weil er das Organ ist, durch welches der Träger der Reichsgewalt, die Gesammtheit der Bundesstaaten in ihrer verfassungsmäßigen Einheit, die Sanction des Gesetzes ausspricht [1]).

Die strafbare Handlung besteht in dem Unternehmen eine der gedachten Versammlungen auseinander zu sprengen, oder zur Fassung oder Unterlassung von Beschlüssen zu nöthigen, oder Mitglieder aus ihnen gewaltsam zu entfernen. Hiernach genügt es, daß es unternommen sei einen dieser beabsichtigten Erfolge herbeizuführen, und dies ist der Fall, wenn die, auf den einen oder andern dieser Erfolge gerichtete Absicht sich in der Art bethätigt hat, daß sie als solche erkennbar in die Erscheinung getreten ist. Hiernach ist in § 105 der Versuch der Vollendung gleichgestellt und jede Handlung die einen Anfang der Ausführung des Verbrechens enthält, ist als ein nach § 105 zu bestrafendes Unternehmen zu betrachten, abweichend von dem hochverrätherischen Unternehmen, das durch den hier nicht maßgebenden § 82 enger

---

1) Wenn die gesetzgebenden Versammlungen zur verfassungsmäßigen Erledigung ihrer Arbeiten allerdings auch der Berathungen und Beschlüsse von Abtheilungen und Commissionen bedürfen, so können doch diese unmöglich, wie John annimmt, auch als gesetzgebende Versammlungen angesehen werden. Schwarze § 105 Nr. 1. Olshausen § 105 Nr. 4.

begrenzt ist. Hieraus folgt, daß hier die Möglichkeit eines strafbaren Versuches ausgeschlossen ist[1]).

Das Auseinandersprengen der Versammlung setzt voraus, daß deren Mitglieder verfassungsmäßig zur Erledigung ihrer Arbeiten versammelt sind und durch Anwendung einer als vis absoluta wirkenden Gewalt auseinander getrieben werden. Die Anwendung ebensolcher Gewalt ist auch erforderlich, wenn es darauf ankommt Mitglieder aus der Versammlung zu entfernen. Die Nöthigung zum Fassen oder Unterlassen von Beschlüssen kann dagegen nur mittelst einer vis compulsiva geübt werden, wobei aber zu berücksichtigen ist, daß hier das Gesetz die in § 52 und 240 bezeichneten Mittel der Nöthigung nicht erfordert, wonach es dem Ermessen des Richters überlassen bleibt zu entscheiden ob eine Nöthigung oder der Versuch einer solchen stattgefunden habe.

Die Strafe ist Zuchthaus oder Festungshaft nicht unter fünf Jahren, bei mildernden Umständen Festungshaft nicht unter einem Jahre.

Wie die gewaltsame Entfernung eines Mitgliedes einer gesetzgebenden Versammlung aus derselben, so erklärt das Gesetz[2]) ferner auch die Behinderung eines Mitgliedes sich in die Versammlung zu begeben oder in ihr sein Stimmrecht auszuüben für strafbar. Strafbar ist hiernach wer ein Mitglied der gedachten Versammlung durch Gewalt oder durch Bedrohung mit einer strafbaren Handlung verhindert, sich an den Ort der Versammlung zu begeben. Ort der Versammlung ist selbstverständlich nicht nur die Stadt, in welcher sich das Sitzungslocal der Versammlung befindet, sondern auch dieses selbst, jedenfalls wird aber vorausgesetzt, daß es sich dabei um die beabsichtigte Behinderung des Mitgliedes in der Ausübung seiner verfassungsmäßigen Functionen handelt. Die Verhinderung sich an den Ort zu begeben, an welchem

---

1) John a. a. O. S. 80. Schwarze § 105 Nr. 8. Rubo § 105 Nr. 1. Olshausen § 105 Nr. 2. Vgl. Rsprch. II S. 481. Dagegen Schütze S. 256. F. Meyer § 105 Nr. 2. Vgl. Meves § 114 Nr. 2, welche § 82 hier wie auch in anderen Fällen eines strafbaren Unternehmens als maßgebend betrachten. Oppenhoff § 105 Nr. 1 nimmt an, daß der Versuch in den Thatbestand des vollendeten Delicts gezogen ist, betrachtet aber § 82 als maßgebend, weil er annimmt, daß eine Handlung durch welche das Verbrechen unmittelbar zur Ausführung gebracht werden soll, auch das ganze Gebiet des Versuchs umfasse.

2) Strfgb. § 106.

die Versammlung verfassungsmäßig ihren Sitz hat, würde also nicht in Betracht kommen, wenn sie zu einer Zeit geschieht, in welcher die betreffende politische Körperschaft verfassungsmäßig nicht versammelt, und das Mitglied nicht in der Lage ist als solches seine Functionen auszuüben. Darauf aber kann es nicht ankommen ob das Mitglied verhindert wurde sich zum Zwecke der Theilnahme an einer Plenarsitzung oder zu irgend einem andern berufsmäßigen Zwecke an den Ort der Versammlung zu begeben. Ebenso ist es gleichgiltig ob das Stimmen im Plenum der Versammlung oder ob in einer Abtheilung oder Commission verhindert wurde[1]).

Die Verhinderung muß mittelst Gewalt, und als solche kann auch hier nur die vis absoluta betrachtet werden[2]), oder mittelst Bedrohung mit einer strafbaren Handlung verübt sein[3]). Vollendet ist das Verbrechen, wenn die beabsichtigte Verhinderung stattgefunden hat, wonach also hier ein auf Verhinderung gerichtetes Unternehmen nicht genügt und ein strafbarer Versuch des Verbrechens vorkommen kann.

Die Strafe ist Zuchthaus bis zu fünf Jahren oder Festungshaft von gleicher Dauer, bei mildernden Umständen Festungshaft bis zu zwei Jahren.

2. Delicte gegen das Wahl- und Stimmrecht[4]).

§ 227. Wenn das Strafgesetzbuch im 5. Abschnitte mit den zum Schutze gesetzgebender Versammlungen und ihrer Mitglieder dienenden Bestimmungen weitere gegen Behinderung des Wahl- und Stimmrechtes, gegen Wahlfälschung und Wahlbestechung zu-

1) John a. a. O. S. 83. H. Meyer S. 671. Rubo § 106 Nr. 5. Geyer a. a. O. S. 133. Olshausen § 106 Nr. 2. Dagegen Schütze S. 257. Oppenhoff § 106 Nr. 6.

2) Vgl. Hälschner im G. Saal 1883 S. 1 f. und oben S. 119 f. wogegen die herrschende Meinung auch hier zur Gewalt die mittelst physischer Gewalt verübte Drohung rechnet.

3) Für den Bedrohten kommt es natürlich nur darauf an, daß das gedrohte Uebel geeignet war ihn zu einem Unterlassen zu bestimmen, nicht darauf, daß er das Gedrohte als strafbare Handlung kennt. John a. a. O. S. 82. Dagegen Oppenhoff § 106 Nr. 2.

4) Vgl. Drenkmann Ueber die Wahlvergehen in Goltd. Arch. XVII S. 163 f.

sammengefaßt hat, so haben dieselben freilich auch die Aufgabe zum Schutze der ordnungsmäßigen Wahl der Mitglieder gesetzgebender Versammlungen zu dienen, aber nicht ausschließlich, vielmehr haben sie eine viel weiter reichende Bedeutung.

Das Gesetz unterscheidet das Wählen in Ausübung staatsbürgerlicher Rechte und das Wählen in öffentlichen Angelegenheiten. Schon diese verschiedene Bezeichnung läßt es nicht zweifelhaft, daß die in den §§ 108 und 109 bezeichneten Wahlen nicht identisch sind mit den in § 107 genannten, und dafür spricht insbesondere noch der Umstand, daß die den §§ 108 und 109 entsprechenden §§ 85 und 86 des preußischen Strafgesetzbuches von Wahlen ohne nähere Bezeichnung derselben handelten, was unvermeidlich dahin führte als solche Wahlen nur die in § 84 angeführten Wahlen, die in Ausübung staatsbürgerlicher Rechte stattfinden, zu betrachten[1]), während das deutsche Strafgesetzbuch sie ausdrücklich als Wahlen in öffentlichen Angelegenheiten bezeichnet, was nur aus der Absicht sie von den in § 107 bezeichneten zu unterscheiden sich erklären läßt[2]).

Wahlen in Ausübung staatsbürgerlicher Rechte sind sicher auch Wahlen in öffentlichen Angelegenheiten, aber nicht umgekehrt, denn es giebt öffentliche Angelegenheiten die nicht Angelegenheiten des Staates sind. Das staatsbürgerliche Recht setzt voraus, daß es dem Berechtigten vermöge seiner Eigenschaft als Staatsbürger zusteht, und Staatsbürger ist nicht jeder Angehörige des Staates, jeder der das Indigenat besitzt, sondern nur derjenige Staatsgenosse, welcher die Eigenschaften besitzt und den Bedingungen entspricht, von denen das Gesetz das Recht der Mitwirkung in den öffentlichen Angelegenheiten des Staates und der ihm untergeordneten politischen Corporationen, größeren und kleineren Communen, abhängig macht.

In Ausübung staatsbürgerlicher Rechte finden die Wahlen für Reichstag und Landtag, die Wahlen in den Angelegenheiten der Provinzial-, Kreis-, Bezirks-Commune und Ortsgemeinde statt[3]).

---

1) Drenkmann a. a. O. S. 170.

2) John a. a. O. S. 85 f. Berner S. 354. H. Meyer S. 681. Olshausen § 107 Nr. 1. Dagegen Schütze S. 257. Schwarze § 107 Nr. 1a. Oppenhoff § 107 Nr. 2. § 108 Nr. 1, welche eine Verschiedenheit der Wahlen in § 107 und in §§ 108, 109 nicht annehmen.

3) Berner a. a. O. Geyer a. a. O. v. Liszt S. 511. H. Meyer S. 681. Rsprch. IV S. 792. Olshausen § 107 Nr. 2 will, ohne einen

Freilich wird vom gewöhnlichen incorrecten Sprachgebrauche, und selbst von den deutschen Verfassungsurkunden, den staatsbürgerlichen Rechten oft eine viel weiter reichende Bedeutung gegeben, indem man dahin Rechte zählt, die nicht das Staatsbürgerthum sondern nur das Indigenat, oder selbst nicht einmal dieses zur Voraussetzung haben, indem sie auch dem Ausländer zustehen, so wenn man das Vereins- und Versammlungsrecht, das Recht der freien Meinungsäußerung als staatsbürgerliche Rechte bezeichnet. Wahlen in Vereinen und auch solchen die sich mit politischen Angelegenheiten beschäftigen, kommen also hier als in Ausübung staatsbürgerlicher Rechte vorgenommene nicht in Betracht.

Wahlen in öffentlichen Angelegenheiten die nicht in Ausübung staatsbürgerlicher Rechte stattfinden, sind solche, welche nicht die staatsbürgerliche Qualität der Wähler zur Voraussetzung haben und sich auf Angelegenheiten beziehen die gesetzlich als öffentliche anerkannt und gesetzlich geordnete sind, so daß hier Wahlen eines mit Angelegenheiten des öffentlichen Lebens sich beschäftigenden Vereins von Privatpersonen, Wahlen von Actiengesellschaften, Gewerbsgesellschaften, nicht in Betracht kommen. Als Wahlen in öffentlichen Angelegenheiten im Sinne der §§ 108 und 109 werden vor allem anzusehen sein kirchliche Wahlen und Wahlen aller im Staate mit Corporationsrechten bestehenden Religionsgesellschaften, weiter z. B. die Wahlen der Handelskammern nach dem preußischen Gesetze von 1876, die auf Grund des Unfall-Versicherungsgesetzes von 1884 vorzunehmenden Wahlen.

Wenn § 107 nicht nur von dem Rechte zu wählen, sondern auch von dem zu stimmen spricht, so kann es zweifelhaft erscheinen was hier als Stimmrecht zu betrachten sei. Obwohl es ein Pleonasmus ist vom Rechte zu wählen oder zu stimmen zu sprechen, wenn auch das letztere nur das der Stimmabgabe bei einer Wahl bezeichnen soll, so wird man sich doch dafür entscheiden müssen, daß das Stimmen gleichbedeutend ist mit Wählen, weil nicht angenommen werden kann, daß das Gesetz das gleiche Wort in § 107 in einem andern Sinne sollte gebraucht haben als in § 108, wo der Stimmzettel zweifellos mit dem Wahlzettel identisch ist[1]).

Strafbar ist wer einen Deutschen durch Gewalt oder Be-

Grund dafür anzuführen, wie schon früher Temme Lehrb. § 215, Communalwahlen ausschließen.

1) John a. a. O. S. 84. Dagegen Olshausen § 107 Nr. 4.

drohung mit einer strafbaren Handlung verhindert in Ausübung seiner staatsbürgerlichen Rechte zu wählen oder zu stimmen. Gehindert zu wählen wird nicht nur derjenige, welcher davon abgehalten wird an der Wahl Theil zu nehmen, sondern auch derjenige, welcher durch Drohung genöthigt wird anders zu wählen als er will [1]). Eine Nöthigung überhaupt zu wählen, wobei dem Genöthigten frei gelassen wird zu wählen wie er will, würde nicht nach § 107 zu strafen sein, wohl aber eventuell als Nöthigung nach § 240.

Die Strafe ist Gefängniß nicht unter sechs Monaten oder Festungshaft bis zu fünf Jahren. Das Minimum der letzteren ist hier nicht wie das der Gefängnißstrafe sechs Monate, sondern nur ein Tag [2]). Der Versuch des Vergehens ist strafbar.

§ 228. In Betreff der Wahlfälschung unterscheidet das Gesetz [3]) zwischen den Personen die in einer öffentlichen Angelegenheit mit der Sammlung von Wahl- oder Stimm-Zetteln oder -Zeichen, oder mit der Führung der Beurkundungsverhandlung beauftragt sind und denjenigen die nicht mit der Sammlung der Zettel oder Zeichen oder einer andern Verrichtung bei dem Wahlgeschäfte beauftragt sind. Giebt es bei einer Wahl außer den mit der Sammlung der Wahl- oder Stimm-Zettel oder -Zeichen oder der Führung der Beurkundungsverhandlung Beauftragten noch weitere mit anderen Verrichtungen Beauftragte, so würde folgen, daß diese Letzteren wegen einer Wahlfälschung weder nach dem ersten noch nach dem zweiten Absatze des § 108 gestraft werden könnten. Daß dies der Absicht des Gesetzes entspreche wird um so weniger anzunehmen sein, als dem § 108 eine von der zu engen und Bedenken erregenden des § 85 des preußischen Strafgesetzbuches abweichende Fassung gegeben worden ist. Man wird aber behaupten dürfen, daß, wenn auch der Protokollführer ebenso wie der Vorsitzende eines Wahl-Vorstandes mit besondern Functionen beauftragt ist, schließlich doch alle Mitglieder eines Wahlvorstandes mit der ordnungsmäßigen Sammlung der Wahl- oder Stimm-Zettel oder -Zeichen beauftragt sind, und daß es darum keine mit

---

1) **John** a. a. O. S. 83. **Schütze** S. 258. **Oppenhoff** § 107 Nr. 3. **Drenkmann** a. a. O. S. 172. **Rspr**ch. IV S. 266. **Dagegen** **Schwarze** § 107 Nr. 3.

2) **Sontag** Festungshaft S. 184. **Schwarze** § 107 Nr. 7. **Oppenhoff** § 107 Nr. 6. **Dagegen** **Schütze** S. 259.

3) Strfgb. § 108.

einer Verrichtung bei dem Wahlgeschäfte beauftragte Person geben wird, welche nicht zu den im ersten Absatze genannten gehört[1]).

Die Handlung besteht darin, daß ein unrichtiges Ergebniß der Wahlhandlung herbeigeführt oder das Ergebniß verfälscht wird. In welcher Weise das unrichtige Ergebniß herbeigeführt oder das Ergebniß gefälscht wurde ist gleichgiltig, wofern nur festgestellt ist, daß das Eine oder Andere geschehen sei[2]). Die Handlung muß eine vorsätzliche, in der Absicht ein unrichtiges Ergebniß herbeizuführen oder das Ergebniß zu verfälschen verübte sein.

Wird das Vergehen von dem mit einer Verrichtung bei der Wahlhandlung Beauftragten verübt, so ist die Strafe Gefängniß von einer Woche bis zu drei Jahren, wird es von einem Nichtbeauftragten verübt, Gefängniß bis zu zwei Jahren. In beiden Fällen kann auf Verlust der bürgerlichen Ehrenrechte erkannt werden.

Das Recht in öffentlichen Angelegenheiten zu wählen ist nicht lediglich Berechtigung, sondern ein pflichtmäßig zu übendes, wenn auch regelmäßig das pflichtwidrige Nichtausüben des Rechtes für den Berechtigten keine rechtlichen Nachtheile mit sich bringt. Noch weniger ist daran zu denken rechtliche Nachtheile für den Wähler eintreten zu lassen, welcher sein Wahlrecht pflichtwidrig insofern ausübt, als er sich dabei von sittlich verwerflichen Motiven bestimmen läßt. Das Rechtsgesetz kann nur die Freiheit in der Ausübung des Wahlrechtes schützen und erklärt darum für strafbar den, welcher den Wahlberechtigten in der freien Ausübung seines Rechtes behindert, aber auch den Wahlberechtigten selbst, sofern er sich einem Andern gegenüber der freien Ausübung seines Rechtes begiebt.

Wenn das Gesetz[3]) den für strafbar erklärt, welcher in einer öffentlichen Angelegenheit eine Wahlstimme kauft oder verkauft, so

---

1) So hatte schon nach § 85 des preuß. Strfgb. das Ob.-Trib. entschieden. Goltd. Arch. XVI S. 864. Vgl. Drenkmann a. a. O. S. 177, der eine dieser Entscheidung entsprechende, verbesserte Fassung des § 85 vorschlug. John a. a. O. S. 87. 88. Dagegen Olshausen § 108 Nr. 5.

2) Auch in dieser Beziehung ist in § 108 die Fassung des § 85 des preuß. Strfgb., welcher die Fälschungshandlungen specialisirte, verbessert worden. Vgl. Oppenhoff § 108 Nr. 6. Olshausen § 108 Nr. 1—3. Schwarze § 108 Nr. 4—6a. Rsprch. III S. 604. VII S. 168. Entsch. VII S. 144.

3) Strfgb. § 109.

ist dies eine dem gewöhnlichen Leben entnommene Ausdrucksweise, und der Thatbestand des Vergehens hat keineswegs einen Kauf im civilrechtlichen Sinne des Wortes zur Voraussetzung. So viel aber ergiebt sich aus der Fassung des Gesetzes, daß der Thatbestand ein Uebereinkommen eines Wählers mit einer andern Person erfordert[1]), wonach also das einseitige Erbieten oder Auffordern zu verkaufen nur als Versuch erscheinen würde, welchen das Gesetz straflos läßt. Die Uebereinkunft muß dahin gehen, daß der Wähler auf sein Recht frei zu wählen zu Gunsten eines Andern verzichtet, indem er diesem die Befugniß einräumt über seine Stimme zu verfügen. Ausgeschlossen ist hiernach der Fall, daß der Wähler sich dem Andern gegenüber verpflichtet der Wahl sich zu enthalten[2]), ebenso der Fall, daß der Wähler entschlossen ist und bleibt frei zu wählen und den Käufer seiner Stimme betrügt, weil hier eine wirkliche Uebereinkunft nicht stattgefunden hat. Dagegen erfordert der Thatbestand des Vergehens nicht die Feststellung, daß der Wähler ohne Verkauf seiner Stimme anders gestimmt haben würde, als geschehen ist, wofern er nur die Verbindlichkeit nach dem Willen des Käufers zu stimmen übernahm und ihr entsprechend gestimmt hat. Selbst dadurch wird der Thatbestand des Vergehens nicht ausgeschlossen, daß der Wähler anders stimmte als er nach dem Willen des Käufers sollte, wofern nur darüber kein Zweifel besteht, daß er bei Uebernahme der Verpflichtung ernstlich entschlossen war ihr zu entsprechen[3]).

Der Thatbestand des Vergehens erfordert weiter, daß der Wähler seine Stimme der andern Partei gegen Entgelt zur Verfügung stellte, gleichviel ob dieser Entgelt in dem was civilrechtlich als Kaufpreis dienen kann, oder in irgend einem sonstigen Vortheil besteht, ob der Vortheil gewährt oder nur versprochen wurde[4]). Wohl aber ist erforderlich, daß der Vortheil ein dem Wähler zu

---

1) Drenkmann a. a. O. S. 178. v. Liszt S. 512. Schwarze § 109 Nr. 5. Oppenhoff § 109 Nr. 4. Olshausen § 109 Nr. 2. Unbedenklich wird man das Vergehen mit John und Schwarze auch als Wahlbestechung bezeichnen dürfen, wenn auch andere Fälle der Bestechung eine Uebereinkunft nicht erfordern.

2) Schütze S. 258. Schwarze § 109 Nr. 4. Oppenhoff § 109 Nr. 6. Olshausen § 109 Nr. 4. Entsch. VI S. 194.

3) Entsch. IX S. 197. Oppenhoff a. a. O.

4) John a. a. O. S. 89. Berner S. 354. Drenkmann a. a. O. S. 178. Schwarze § 109 Nr. 3. Olshausen § 109 Nr. 4.

Gute kommender, seinen persönlichen und privaten Interessen dienender sei. Vortheile welche den Wählern als solche, die dem öffentlichen Wohle zu Gute kommen, von einem Wahl-Candidaten verheißen werden, sind hier ausgeschlossen, sollten sie auch zugleich den Interessen der Wähler entsprechen, weil derartige Vortheile zu erstreben zum Berufe und den Befugnissen des Gewählten gehört.

Vollendet ist das Vergehen mit der abgeschlossenen Uebereinkunft der Parteien, nicht erst mit der Stimmabgabe Seitens des Wählers[1]). Der Versuch ist nicht strafbar.

Die Strafe sowohl des seine Stimme verkaufenden Wählers wie die des Käufers ist Gefängniß von einem Monat bis zu zwei Jahren, womit Verlust der bürgerlichen Ehrenrechte verbunden werden kann.

---

1) Schwarze § 109 Nr. 6. Olshausen § 109 Nr. 6. Dagegen John a. a. O.

Fünftes Kapitel.

Widerstand gegen die Staatsgewalt und Verletzung ihrer Autorität.

Literatur.

Zachariä im Arch. 1843 S. 355. — Seeger Abhandlungen aus dem Strafrechte S. 307. — Dochhorn in Goltd. Arch. XII S. 97 f. 196 f. — Goltdammer ebenda XV S. 801. — Heinze ebenda XVII S. 556 f. 673 f. 737 f. — v. Bar Internat. Privat- und Strafr. S. 544. — Hiller Die Rechtmäßigkeit der Amtsausübung im Begriffe des Vergehens der Widersetzlichkeit 1873. — Derselbe im Gerichts-Saal 1875 S. 1. — Neumann in Goltd. Archiv XXII S. 216. — Bolze ebenda XXIII S. 389. — Schultz Widerstand gegen die auswärtige Staatsgewalt 1881.

1. Einleitung.

§ 229. In naher Beziehung zu denjenigen Delicten, welche den Rechtsfrieden gefährden oder verletzen, stehen diejenigen, welche das Strafgesetzbuch als Widerstand gegen die Staatsgewalt bezeichnet. Die Bewahrung des Rechtsfriedens hat die ihn schützende Staatsgewalt zur Voraussetzung, aber ein Angriff auf denselben richtet sich nicht nothwendig und in jedem Falle unmittelbar gegen die Staatsgewalt und ihre Organe. Insoweit daher solche Angriffe sich nur gegen den Rechtsfrieden der Privatperson und ihres Besitzthums, oder gegen den öffentlichen Frieden der Gesellschaft richten, hat das Strafgesetzbuch sie im siebenten Abschnitte, in Verbindung mit einigen anderen von ihnen verschiedenen Delicten, als Verbrechen und Vergehen wider die öffentliche Ordnung zusammengefaßt. Sofern aber solchen Friedensstörungen die obrigkeitliche Gewalt hindernd entgegentritt und der Angriff sich nunmehr zugleich gegen diese richtet, gehen sie über in einen Widerstand gegen die Staatsgewalt, wie andererseits auch Fälle solchen Widerstandes zugleich als Verletzungen des Rechtsfriedens erscheinen werden. Eine scharfe Sonderung beider Klassen von Delicten ist gleichwohl nicht durchführbar, denn wenn das Gesetz die öffentliche Aufforderung zur Verübung strafbarer Handlungen als Widerstand gegen die Staatsgewalt auffaßt, so wird, ebenso wenig wie eine jede strafbare Handlung, auch eine jede Aufforderung zu ihrer Verübung als Widerstand gegen die obrigkeitliche Gewalt zu betrachten sein, und andererseits kann das als Vergehen wider die öffentliche Ordnung behandelte Delict des nach § 130a zu strafenden Geistlichen ein solches sein, durch das nicht nur eine Verletzung des öffentlichen Friedens, sondern zugleich auch Widerstand gegen die Staatsgewalt provocirt wird.

Als Widerstand gegen die Staatsgewalt behandelt das Gesetz die Aufforderung zu solchem Widerstand, den einem Beamten in Ausübung seines Amtes oder einem Forst- oder Jagdberechtigten in Ausübung seines Rechtes geleisteten Widerstand, die gegen eine Behörde oder einen Beamten verübte Nöthigung, den Aufruhr und den Auflauf, sowie endlich die Befreiung von Gefangenen und die Meuterei derselben. Letztere beide Delicte sind hier darum auszuscheiden, weil sie sich gegen ein bestimmtes Hoheitsrecht des Staates, die Justizhoheit, richten, während die übrigen unter der gemeinsamen Bezeichnung „Widerstand gegen die Staatsgewalt" deshalb zusammenzufassen sind, weil es für ihren Thatbestand gleichgiltig ist, welche Hoheitsrechte des Staates und welche Organe der Staatsgewalt den Gegenstand des Angriffes bilden.

Zu den Verletzungen der öffentlichen Ordnung rechnet das Gesetz noch eine Anzahl von Delicten, welche als Verletzungen der Autorität der Staatsgewalt am zweckmäßigsten mit den Fällen des Widerstandes gegen dieselbe zu verbinden sein werden.

§ 230. Die eng an die des preußischen sich anschließenden, den Widerstand gegen die Staatsgewalt betreffenden Strafbestimmungen des deutschen Strafgesetzbuches haben wie jene die Streitfrage offen gelassen, ob als Object des Angriffes nur die deutsche oder auch die nicht deutsche Staatsgewalt in Betracht komme. So wenig wie die Materialien zum preußischen geben die Motive zum deutschen Strafgesetzbuche und die Reichstagsverhandlungen einen genügenden Anhalt zur Beantwortung der Frage, von welcher Auffassung in dieser Beziehung der Gesetzgeber ausgegangen sei[1]),

---

1) Nach einer Mittheilung Rubo's S. 96 ist diese Frage allerdings bei Abfassung des ersten Entwurfs in Betracht gezogen worden, indem der

und man wird unbedenklich behaupten dürfen, daß die Organe der gesetzgebenden Gewalt jene Frage überhaupt nicht mit vollem Bewußtsein sich vergegenwärtigt haben. Selbstverständlich hat man vor allem den Schutz der deutschen Staatsgewalt im Auge gehabt, daraus aber, so wie aus Aeußerungen und Andeutungen welche dafür sprachen[1]), folgt ebenso selbstverständlich noch nicht die Absicht sich hierauf zu beschränken und der ausländischen Staatsgewalt den Schutz zu versagen. Eine solche Absicht könnte nur gefolgert werden, wenn vorher feststände, daß bei den entscheidenden Verhandlungen des Reichstages und Bundesrathes jene Frage erwogen und erörtert worden sei. Man wird sich hiernach darauf beschränken müssen die Frage lediglich nach Maßgabe der vorliegenden gesetzlichen Bestimmungen ohne Rücksicht auf das zu entscheiden, was nach Maßgabe einer angeblichen Absicht zu deren Auslegung dienen könnte.

Die Annahme, daß die Strafbestimmungen des 6. Abschnittes sich auch auf den Widerstand beziehen, welcher einer nicht deutschen Staatsgewalt geleistet wird, steht jedenfalls nicht im Widerspruche zu dem Standpunkte, von welchem das deutsche Strafgesetzbuch in Betreff der Frage ausgeht, wie weit es seinen strafrechtlichen Schutz zu erstrecken habe. Abweichend von der Strafgesetzgebung mancher anderen Staaten, welche einen dem fremden Staate gewährten strafrechtlichen Schutze nicht kennen, hat das deutsche Strafgesetzbuch auch den fremden Staat als das Object eines strafbaren Angriffes anerkannt, und zwar nicht nur von dem Gesichtspunkte aus, daß es im eigenen Interesse Deutschlands den politischen Verwickelungen vorbeugen will, welche sich ergeben können, wenn auf

---

Vorschlag den Worten: „Widerstand gegen die Staatsgewalt" hinzuzufügen: „des norddeutschen Bundes oder eines Bundesstaates" als selbstverständlich verworfen wurde. Da man aber in allen weiteren Stadien der Berathung auf die Frage nicht zurückgekommen ist, so kann dies allein nicht von entscheidender Bedeutung sein. Schwarze, der an all diesen Berathungen in hervorragender Weise betheiligt war, weiß von der beabsichtigten Beschränkung auf die deutsche Staatsgewalt nichts und leugnet sie.

1) So der Umstand, daß man bei Redaction des preuß. Strafgesetzbuches die Absicht hatte in § 89 die einzelnen preußischen Vollstreckungsbeamten zu nennen, sowie der Umstand, daß § 112 des deut. Strfgb. nur von Personen des Soldatenstandes des deutschen Heeres oder der Marine spricht, woraus mit Unrecht nach der einen wie der andern Richtung Folgerungen gezogen werden.

deutschem Gebiete ungestraft feindliche Handlungen gegen fremde Staaten verübt werden, sondern weiter auch von dem Gesichtspunkte aus, daß es eine Consequenz der Cultur- und Rechtsgemeinschaft der europäischen Staaten ist, den feindlichen Angriff auf den befreundeten Staat als strafbar zu behandeln, wonach also der Inländer auch für den im Auslande gegen den fremden Staat verübten Angriff gestraft wird[1]). Diesem Standpunkte des deutschen Strafgesetzbuches entspricht es durchaus, wenn nicht nur die in den §§ 102 bis 103a als feindliche Handlungen gegen befreundete Staaten bezeichneten Delicte, sondern auch andere gegen den fremden Staat gerichtete Angriffe als strafbar behandelt werden, so weit nicht das Gesetz ihre Strafbarkeit unzweideutig davon abhängig macht, daß sie sich gegen das deutsche Reich oder einen deutschen Staat richten.

Haltbare Gründe dafür anzuführen, warum zwar Hochverrath und Majestätsbeleidigung, nicht aber andere gegen den fremden Staat gerichtete Delicte im Inlande zu strafen seien, ist bisher nicht gelungen[2]), und das Bedürfniß die Strafbarkeit der gegen den fremden Staat gerichteten öffentlichen Delicte nicht auf Hochverrath und Majestätsbeleidigung zu beschränken, wird vielfach, zum Theil selbst von denen anerkannt[3]), welche in Betreff des deutschen Strafgesetzbuches an der Beschränkung der Strafbarkeit auf die im vierten Abschnitte bezeichneten feindlichen Handlungen festhalten.

Wenn man sich darauf beruft, daß der am fremden Staate verübte Hochverrath, die gegen den nicht deutschen Landesherrn oder Regenten gerichtete Beleidigung nur unter der Voraussetzung

---

1) Vgl. oben Bd. I S. 162.

2) Ueber die Unterscheidung Heinze's zwischen den Delicten gegen fremde Staaten die sich auf die völkerrechtliche und denen die sich auf die staatsrechtliche Sphäre beziehen vgl. oben Bd. I S. 164. Der von John in Holtzdf. Hdbch. III S. 94 aufgestellte Grundsatz, daß es die Aufgabe keines Staates sei die Staatsgewalt eines andern zu schützen, mag als Regel anzuerkennen sein, aber, abgesehen von anderen Ausnahmen, wird eine solche doch wohl auch zu machen sein, wenn man dem fremden Staate die Möglichkeit sich selbst zu schützen dadurch abschneidet, daß man den Schuldigen gegen die Strafverfolgung schützt. Vgl. ferner Geyer a. a. O. II S. 137. Roland internat. Strafr. S. 53.

3) Köstlin Syst. S. 30. v. Bar Internat. Pr. u. Strfr. S. 545. Rüdorff Sechster Abschn. Nr. 1. Schultz a. a. O. S. 61 f.

verbürgter Gegenseitigkeit gestraft wird und zwar mit milderen Strafen als den im ersten bis dritten Abschnitte normirten, wogegen bei den öffentlichen Delicten eine solche Unterscheidung nicht gemacht sei, so kann unbedenklich zugestanden werden, daß es folgerichtig gewesen sein würde auch die Strafbarkeit anderer gegen den fremden Staat gerichteter Delicte von der gleichen Bedingung abhängig zu machen und in gleicher Weise die Strafen zu ermäßigen. Der Umstand aber, daß in dieser Beziehung das Gesetz inconsequent erscheint reicht nicht aus es zu rechtfertigen, daß die Anwendbarkeit der betreffenden Strafbestimmungen auf den Widerstand gegen die deutsche Staatsgewalt beschränkt werde, und dies um so weniger als jene Inconsequenz zu irgend welchen Bedenken keinen Anlaß giebt. Gegen das absurde Ergebniß, auf welches man sich berufen hat, daß ohne jene Schranke der Deutsche zu strafen sein würde, der sich dem Beamten eines Kanibalenhäuptlings widersetzt, gewährt der Umstand genügenden Schutz, daß nach § 4 Nr. 3 der Deutsche für das im Auslande verübte Delict zwar gestraft werden kann aber nicht muß, daß hiernach also im einzelnen Falle die Strafverfolgung von der Erwägung abhängig gemacht werden kann, ob der betreffende fremde Staat ein befreundeter sei. Daß aber das gegen den fremden Staat gerichtete Delict mit Recht als weniger strafbar anzusehen ist, als das gegen den deutschen gerichtete, kann vermöge der relativ bestimmten Strafen bei der Strafzumessung seine genügende Berücksichtigung finden.

Die meisten der Gründe, welche man für die Beschränkung der Strafbestimmungen des sechsten Abschnittes auf den Widerstand gegen die deutsche Staatsgewalt angeführt hat[1]), können hiernach als stichhaltig nicht angesehen werden und am wenigsten ist eine solche Beschränkung als eine in der Natur der Sache liegende und rationell gerechtfertigte anzusehen. Andererseits können aber auch die Gründe, welche gegen jene Beschränkung angeführt werden[2]),

1) Für diese Beschränkung: In Betreff des preuß. Strfgb. Dockhorn in Goltd. Arch. XII S. 198. Heinze XVII S. 737, wobei zu bemerken ist, daß die Definition des Beamten in § 331 des preuß. Strfgbs. für eine solche Beschränkung nicht spricht. In Betreff des deutsch. Strfgbs. John, Rüdorff, Geyer, Rubo, Schultz a. a. O. v. Liszt S. 541. Blum § 110 Nr. 2. v. Kirchmann Abschn. 6. F. Meyer § 4 Nr. 3. Wächter deutsch. Strfr. S. 505. Olshausen Abschn. 6 Nr. 1.

2) Gegen die Beschränkung Berner S. 355. H. Meyer S. 657. Schütze S. 260. Schwarze S. 52. Oppenhoff Abschn. 6 Nr. 1. 2. Meves § 113 Nr. 2. Puchelt zu § 110. 111.

welchen Werth sie an sich haben mögen, nicht entscheiden, sofern ihnen eine durch sie nicht zu beseitigende ausdrückliche Bestimmung des Gesetzes entgegensteht, wie dies allerdings der Fall ist. Die wichtigsten Strafbestimmungen des sechsten Abschnittes sind die in den §§ 113 bis 116 enthaltenen, bei denen vorausgesetzt wird, daß es sich um Widerstand oder Zwang gegen Beamte handelt. Wenn nun in § 359 als Beamte diejenigen Personen bezeichnet werden, welche im Dienste des Reiches oder in unmittelbarem oder mittelbarem Dienste eines Bundesstaates angestellt sind, so erklärt sich die Stellung dieser Bestimmung genügend daraus, daß der von den Verbrechen und Vergehen im Amte handelnde Abschnitt zu ihr besondere Veranlassung gab, wogegen sie nach den Worten des Gesetzes nicht blos auf jene Delicte bezogen werden kann, denn sie giebt an, wer im Sinne „dieses Strafgesetzes" d. h. des Strafgesetzbuches, nicht aber wer im Sinne des acht und zwanzigsten Abschnittes als Beamter zu betrachten sei[1]). Der Einwand, daß in § 174 Nr. 3 der Beamte in einem weiteren Sinne genommen sei als in § 359 kann nicht in Betracht kommen, da hier das Gesetz, in einer keiner Mißdeutung fähigen Weise, eine Ausnahme von der Regel gemacht hat, wogegen die Behauptung, daß auch in § 117 und § 155 Nr. 3 der Beamte in einem andern Sinne als dem des § 359 zu nehmen sei, nicht zu rechtfertigen ist.

Die Aufgabe des norddeutschen Strafgesetzbuches brachte es mit sich, daß man die Definition des Beamten in § 331 des preußischen Strafgesetzbuches erweitern mußte um den Landesbeamten die Beamten des Bundes gleich zu stellen, unmöglich kann aber hieraus gefolgert werden, daß § 359 lediglich und allein die Aufgabe habe, diese Gleichstellung auszusprechen, denn seiner Fassung nach schließt er auch von den Beamten im Sinne des Strafgesetzbuches alle deutsche Beamte aus, welche der aufgestellten Definition nicht entsprechen, wie auch alle nichtdeutsche, ausländische Beamte, und hätte eine ganz andere Fassung erhalten müssen, wenn dies nicht der Fall sein sollte. Die Definition des § 359 in den Fällen der §§ 113 bis 117 darum für unanwendbar zu erklären, weil unter den in § 4 Nr. 3 bezeichneten Voraussetzungen der Straf-

1) Hierbei ist zu beachten, daß § 331 des preuß. Strfgbs. auch insoweit geändert wurde, als er seine Definition auf die Delicte des betreffenden Titels beschränkte, während § 359 die Geltung der Definition auf das ganze Strafgesetzbuch ausdehnt.

schutz der deutschen Strafgesetze sich auch auf die ausländische Staatsgewalt in deren durch ihre Beamten ausgeübten Functionen erstrecke[1]), ist unmöglich. Allerdings macht § 4 Nr. 3 keinen Unterschied ob das zu schützende Rechtsgut dem Inlande oder Auslande angehöre, wohl aber machen die einzelnen Strafbestimmungen des Strafgesetzbuches einen derartigen Unterschied, und so wenig die §§ 81 bis 86 dem nichtdeutschen Staate einen Schutz gewähren, so wenig die §§ 113 bis 117, wofern auch sie, wie jene nach ausdrücklicher gesetzlicher Bestimmung, nur der deutschen Staatsgewalt Schutz verleihen. Die Frage ob dies der Fall sei oder nicht, kann daher nur nach Maßgabe ihres eignen Inhaltes, nicht aber lediglich auf Grund von § 4 Nr. 3 beantwortet werden, und ist in Rücksicht auf § 359 dahin zu beantworten, daß unter den hier genannten Beamten nur deutsche verstanden werden können, deshalb hier auch nur der deutschen Staatsgewalt Schutz gewährt wird. Selbstverständlich ist allerdings auch der gegen den ausländischen Beamten gerichtete Widerstand und die Nöthigung desselben strafbar, sofern er befugt ist auf deutschem Gebiete eine Amtsgewalt auszuüben, denn in solchem Falle vertritt er die Autorität der deutschen Staatsgewalt.

Müssen hiernach die wichtigsten Strafbestimmungen des sechsten Abschnittes als solche angesehen werden, welche sich nur auf den Widerstand gegen die deutsche Staatsgewalt beziehen, so ist es unmöglich die übrigen Strafbestimmungen des Abschnittes auf den Schutz auch der nichtdeutschen Staatsgewalt auszudehnen. Daß aber mit solcher Auslegung des Gesetzes ein befriedigendes Ergebniß erreicht wäre, läßt sich freilich nicht behaupten. Abgesehen von den gewichtigen Gründen, welche, wenn nicht für eine ganz schrankenlose, so doch für eine viel weiter gehende Ausdehnung des strafrechtlichen Schutzes der fremden Staatsgewalt als ihn der vierte Abschnitt gewährt, sprechen[2]), so bleibt insbesondere auch noch die bedenkliche Frage offen, ob und in wie weit die Delicte wider die öffentliche Ordnung nur als gegen die öffentliche Ordnung des Inlandes oder auch des Auslandes gerichtet zu betrachten seien. Es wird sich unmöglich rechtfertigen lassen, daß der Deutsche der sich im Auslande des Landfriedensbruches schuldig gemacht hat, dafür in Deutschland nicht zu strafen sei, und doch muß es

---

1) Dies die Ansicht des Reichs-Gerichts Rsprch. V S. 114.
2) Vgl. besonders Schultz a. a. O. S. 61 f.

als ein wunderlicher Widerspruch erscheinen, wenn er gleichwohl für den im Auslande verübten Aufruhr im Inlande nicht gestraft werden kann.

2. Strafbare Aufforderungen.

§ 231. Zum Widerstande gegen die Staatsgewalt rechnet das Gesetz verschiedene die Staatsgewalt in ihrer Autorität und Machtstellung gefährdende Aufforderungen. In Betreff der vorausgesetzten formalen Beschaffenheit der strafbaren Aufforderung kommen mit einander überein die nach § 110 strafbare Aufforderung zum Ungehorsam gegen Gesetz oder Obrigkeit und die nach § 111 strafbare zur Begehung einer strafbaren Handlung, wogegen die nach § 112 strafbare Aufforderung einer Person des Soldatenstandes zum Ungehorsam auch in so weit von einer abweichenden Voraussetzung ausgeht.

Die nach § 110 oder 111 strafbare Aufforderung muß entweder öffentlich vor einer Menschenmenge, oder durch Verbreitung oder öffentlichen Anschlag oder öffentliche Ausstellung von Schriften oder anderen Darstellungen erfolgt sein. Von solcher Aufforderung gilt in allen Beziehungen das Gleiche wie von der nach § 85 strafbaren Aufforderung zu einem hochverrätherischen Unternehmen.

Ihrem Inhalte nach muß im Falle des § 110 die Aufforderung auf Ungehorsam gegen Gesetze oder rechtsgiltige Verordnungen, oder gegen die von der Obrigkeit innerhalb ihrer Zuständigkeit getroffenen Anordnungen gerichtet sein, im Falle des § 111 auf Begehung einer strafbaren Handlung.

Die Aufforderung zum Ungehorsam gegen Gesetze, Verordnungen oder obrigkeitliche Anordnungen setzt voraus, daß zur Nichtbefolgung solcher verpflichtender Bestimmungen, gleichviel ob es verbietende oder gebietende sind, zu einer vollständigen Nichtbeachtung derselben aufgefordert werde, und eine Aufforderung die nur auf eine einzelne, mit derartigen Bestimmungen im Widerspruche stehende Handlung oder Unterlassung gerichtet ist, fällt nicht unter die Strafbestimmung des § 110, würde vielmehr, wenn das betreffende Handeln oder Unterlassen strafbar wäre, was im Falle des § 110 nicht erforderlich ist, nach § 111 zu strafen sein [1]). Soweit also die Aufforderung sich auf ein Strafgesetz bezieht ist der

---

1) Oppenhoff § 110 Nr. 7. Puchelt § 110. 111. Nr. 4. 5. v. Liszt S. 551. Olshausen § 110 Nr. 16. Entsch. X S. 296.

Thatbestand des nach § 110 und des nach § 111 strafbaren Delictes insofern ein wesentlich verschiedener, als bei ersterem die allgemein gehaltene Forderung sich durch das Gesetz in seinem Verhalten überhaupt nicht bestimmen zu lassen, bei letzterem die Forderung eine concrete mit dem Gesetze im Widerspruche stehende Handlung zu verüben vorausgesetzt wird. Der nach § 111 strafbare Thatbestand ist hiernach nicht als der speciellere, den allgemeineren des § 110 ausschließende zu betrachten [1]), wohl aber kann die nach § 110 strafbare Aufforderung so beschaffen sein, daß sie zugleich den Thatbestand des § 111 ergiebt, womit sich Concurrenz des nach § 110 und des nach § 111 strafbaren Delictes ergeben würde.

Die Aufforderung zum Ungehorsam gegen eine Verordnung ist nach § 110 nur strafbar wofern sie eine rechtsgiltige ist. Als Verordnungen im Sinne des Gesetzes und im Unterschiede von obrigkeitlichen Anordnungen, Verfügungen die, wenn sie allgemein gefaßt sind, im gewöhnlichen Leben nicht selten auch Verordnungen genannt werden, sind diejenigen Rechtsvorschriften zu betrachten, welche nicht von den Organen der gesetzgebenden, sondern denen der Regierungsgewalt ausgehen, seien es solche welche zum Zwecke der Ausführung und Ergänzung der Gesetze, oder solche welche mit interimistischer Gesetzeskraft erlassen sind. Von einem Ungehorsam gegen Verordnungen kann selbstverständlich nur die Rede sein unter der Voraussetzung ihrer Verbindlichkeit und es bedurfte keiner Anweisung, daß der Richter zu prüfen habe ob eine verbindliche Verordnung vorliege, wie sie darum auch in § 87 des preuß. Strafgesetzbuches nicht enthalten war. Schon damit ergiebt sich, daß die geforderte Rechtsgiltigkeit etwas Anderes und Weiteres zu bedeuten hat als die Verbindlichkeit, wie sich dies ferner auch daraus ergiebt, daß der vom Reichstage angenommene Antrag das Wort „rechtsgiltige" einzufügen mit ausdrücklicher Bezugnahme auf den Unterschied einer formell als solcher erlassenen Verordnung und einer rechtsgiltigen gestellt wurde [2]). In so weit also die

---

1) Dies nehmen an John a. a. O. S. 102. Geyer a. a. O. II S. 136. F. Meyer § 111 Nr. 2. Rsprch. III S. 235. Dagegen v. Liszt a. a. O. Olshausen § 111 Nr. 9. Entsch. X S. 296.

2) Es geschah dies offenbar in Anlehnung an Art. 106 der preuß. Verfassung, der die Verbindlichkeit der Verordnungen von der in gesetzlicher Form erfolgten Bekanntmachung abhängig macht, die Prüfung der Rechtsgiltigkeit ausschließlich den Kammern vorbehält. Gegen Oppenhoff § 110 Nr. 3. Rüdorff § 110 Nr. 3. Schütze S. 263, welche den Richter auf

Landesgesetzgebung die Verbindlichkeit der Verordnung nur von ihrer in gesetzlicher Form erfolgten Bekanntmachung abhängig macht, genügt es nicht festzustellen, daß sie in solcher Weise publicirt und darum verbindlich war, sondern es wird der Richter weiter auch ihre Rechtsgiltigkeit ebenso zu prüfen haben, wie er die eines in verfassungsmäßiger Form ergangenen und publicirten Landesgesetzes in Rücksicht auf sein Verhältniß zur Reichsgesetzgebung zu prüfen hat.

Nach deutschem Staatsrechte steht das Recht die zur Ausführung, Handhabung der Gesetze erforderlichen Verordnungen zu erlassen, zwar regelmäßig dem Landesherrn zu, aber innerhalb bestimmter gesetzlicher Grenzen auch den Staats- und Communal-Behörden. Wenn daher das Gesetz von den Verordnungen die von der Obrigkeit getroffenen Anordnungen unterscheidet [1]), so können darunter nur solche Verfügungen der Behörden verstanden werden, welche nicht einen verbindlichen Rechtssatz feststellen, sondern nach Maßgabe von Gesetz und Verordnung anordnen, was geschehen solle. Solche Anordnungen können eine allgemeinere Bedeutung haben, indem sie etwa allen der anordnenden Behörde untergebenen Beamten in gewisser Richtung ihr Verhalten vorschreiben, oder allen Privatpersonen die Pflicht eines bestimmten Thuns oder Unterlassens auferlegen, aber es gehört hierher auch diejenige Anordnung, die sich auf den concreten Fall und das Verhalten einer bestimmten Person bezieht [2]). Nur die von der Obrigkeit innerhalb ihrer Zu-

---

die Prüfung der Verbindlichkeit beschränken John a. a. O. S. 105 f. F. Meyer § 110 Nr. 4. Rubo § 110 Nr. 11. H. Meyer S. 684. Olshausen § 110 Nr. 17.

1) Den Gesetzen und Verordnungen sind in § 110 allerdings die obrigkeitlichen Anordnungen gleich gestellt, nämlich rücksichtlich ihrer Verbindlichkeit, aber durchaus nicht in dem Sinne, daß als Anordnungen der Obrigkeit nur solche generell verpflichtende zu verstehen seien, welche Ausflüsse der gesetzgebenden Gewalt, also auch Verordnungen sind, wie dies mehrfach angenommen wird, vgl. Goltd. Arch. VI S. 107. VIII S. 559. XXV S. 519. Oppenhoff § 110 Nr. 4. Rüdorff § 110 Nr. 5. F. Meyer § 110 Nr. 5. Dagegen John a. a. O. S. 107. Schwarze § 110 Nr. 11. Schütze S. 263. Olshausen § 110 Nr. 18. Rsprch. V S. 390. Entsch. X S. 396.

2) John a. a. O. Geyer a. a. O. S. 135. H. Meyer S. 684. Olshausen § 110 Nr. 18. Dagegen verlangen Schwarze a. a. O. Puchelt § 110 Nr. 3 eine generelle Anordnung, während Rubo § 110 Nr. 10 nur die für den einzelnen Fall oder an bestimmte Personen erlassenen Anordnungen hierher rechnet.

ständigkeit getroffenen Anordnungen kommen in Betracht und welche Behörden oder Beamte als eine zu solchen Anordnungen zuständige Obrigkeit zu betrachten sei, ist nach Reichs- und Landesgesetzen zu beurtheilen [1]. Daß die Befolgung der Anordnung erzwingbar sei, ist nicht erforderlich.

Von einer Aufforderung zum Ungehorsam kann nur die Rede sein, wenn der Thäter in der Absicht handelte, den Aufgeforderten zum Ungehorsam zu bestimmen, und in Ermangelung dieser Absicht können Aeußerungen, die an sich geeignet sind von Anderen als Aufforderung angesehen zu werden, nicht als strafbare Aufforderung in Betracht kommen. Auch die vorsätzliche Verbreitung einer Schrift, welche eine strafbare Aufforderung zum Ungehorsam enthält, ist an sich nicht genügend um den Verbreiter nach § 110 zu strafen, vielmehr bedarf es dazu der weitern Feststellung, daß die vorsätzliche Verbreitung in der Absicht aufzufordern, verübt wurde [2].

Die Strafe der Aufforderung zum Ungehorsam ist Geldstrafe bis zu sechshundert Mark oder Gefängniß bis zu zwei Jahren. Bei der Strafzumessung ist zu berücksichtigen, daß sich die Strafsatzung nicht nur auf die erfolglose Aufforderung, sondern auch auf die bezicht, welche den Ungehorsam zur Folge hatte.

Im Falle des § 111 muß die Aufforderung ihrem Inhalte nach auf Begehung einer strafbaren Handlung gerichtet sein, und als eine solche kann nur die im Sinne des Strafgesetzbuches strafbare Handlung, also nur eine solche betrachtet werden, der eine criminelle Strafe gedroht ist [3], gleichviel ob sie als Verbrechen, Vergehen oder Uebertretung erscheint, ob sie nach Reichs- oder Landesgesetz oder auch nach einer Verordnung zu strafen ist. Ausgeschlossen sind also Handlungen, denen nur eine Disciplinar- oder Ordnungsstrafe gedroht ist. Die Aufforderung muß nothwendig auf die Begehung einer bestimmten strafbaren Handlung gerichtet

---

1) Es wird eine staatliche Behörde vorausgesetzt, die befugt ist allgemein verbindliche Verfügungen zu treffen, und eine solche ist jedenfalls der nur im gegebenen Falle verfügende, befehlende Vollzugsbeamte nicht. Rsprch. VI S. 605.

2) Dagegen die Praxis des preuß. Ob.-Tribunals Oppenhoff § 85 Nr. 20 und Entsch. VII S. 113, wonach zum Dolus das Bewußtsein genügen soll, daß die Schrift geeignet sei Andere zum Ungehorsam zu bestimmen.

3) v. Liszt S. 551. Oppenhoff § 111 Nr. 3. Olshausen § 111 Nr. 3. Dagegen Schwarze § 111 Nr. 4.

sein, da die zu verhängende Strafe durch die Feststellung der Handlung welche verübt werden sollte, bedingt ist[1]).

Hat die Aufforderung die strafbare Handlung zu welcher aufgefordert war oder einen strafbaren Versuch derselben zur Folge gehabt, so ist der Auffordernde „gleich dem Anstifter" zu bestrafen. Obwohl die Fassung des Gesetzes darauf hindeutet, daß dieses den Thäter nicht als Anstifter betrachte, sondern nur in der Strafbarkeit ihm gleichstelle, so liegt dennoch, wenn die Aufforderung den beabsichtigten Erfolg hatte, nur eine mittelst Aufforderung verübte Anstiftung vor[2]), und nur die Frage wird zu entscheiden sein, ob die anstiftende Thätigkeit als Aufforderung zu betrachten sei oder nicht. Hiernach erscheint der erste Absatz des § 111 allerdings als entbehrlich, weil in Ermangelung desselben der Auffordernde nach § 48 als Anstifter zu strafen sein würde. Der Umstand, daß die von Erfolg gewesene Aufforderung eine Anstiftung ist, schließt selbstverständlich die Möglichkeit einer strafbaren Anstiftung oder Hilfsleistung zur Aufforderung nicht aus[3]). Sind

---

1) F. Meyer § 111 Nr. 1. Oppenhoff § 111 Nr. 5. Dagegen John a. a. O. S. 109.

2) Die Motive zum I. Entwf. § 42 suchen mit Unrecht einen Unterschied darin, daß die Aufforderung nur dann Anstiftung sei, wenn sie sich an eine bestimmte Person richte, nicht aber wenn irgend eine Person unter der nachweisbaren Wirkung der Aufforderung handelte. Ebenso Oppenhoff § 111 Nr. 4. F. Meyer § 111 Nr. 1. Rüdorff § 111 Nr. 3. Schütze S. 273. Rsprch. II S. 656. Dagegen Schwarze § 111 Nr. 5. Geyer in Holtzdf. Hdbch. II S. 135, IV S. 151 und Grundriß II S. 135. Binding Hdbch. I S. 590. Olshausen § 111 Nr. 6. Unhaltbar ist ebenso die Unterscheidung welche v. Liszt S. 551 machen will, ferner die von John a. a. O. S. 110 ohne nähere Begründung gemachte Unterscheidung von Anstiftung und Aufforderung. Selbstverständlich ist der Causalzusammenhang der Aufforderung und der verübten Handlung erforderlich und festzustellen, gleichviel ob er ein unmittelbarer oder nur mittelbarer ist, und das Wesen der Anstiftung wird dadurch nicht ausgeschlossen, daß die auffordernde Schrift dem Thäter nicht unmittelbar, sondern erst durch die zweite oder dritte Hand zuging. Dagegen kann von Anstiftung aber auch von einer nach § 111 Abs. 1 strafbaren Aufforderung freilich nicht die Rede sein, wenn der Thäter von der Aufforderung nicht einmal Kenntniß hatte, sondern nur in Folge der hervorgerufenen allgemeinen Aufregung handelt, wie Oppenhoff a. a. O. oder, wenn, wie John a. a. O. annimmt, in Folge der Aufforderung zu einer bestimmten Handlung überhaupt irgend eine strafbare Handlung begangen wurde.

3) Vgl. Oppenhoff § 111 Nr. 11. F. Meyer § 111 Nr. 3. Schütze a. a. O. betrachten die Theilnahme an der Aufforderung nur darum

in Folge der Aufforderung mehrere strafbare Handlungen begangen worden, so ist der Thäter in Beziehung auf jede derselben als Anstifter zu bestrafen, und selbst dann, wenn man die Aufforderung nicht als Anstiftung, sondern als ein von ihr verschiedenes, selbständiges Delict betrachtet, ist es nicht zu rechtfertigen, daß der Thäter in solchem Falle nur wegen eines Vergehens zu strafen sei[1]), da er gleich dem Anstifter, also ebenso wie derjenige gestraft werden soll, der zu mehreren Delicten angestiftet hat.

Ist die Aufforderung ohne Erfolg geblieben, so ist die Strafe derselben Geldstrafe bis zu sechshundert Mark oder Gefängnißstrafe bis zu einem Jahre, jedoch darf die Strafe der Art oder dem Maße nach keine schwerere sein, als die auf die Handlung zu welcher aufgefordert war angedrohte. Die Strafe des § 111 ist also mit dem Höchstbetrage der auf die Handlung selbst gedrohten Strafe zu vergleichen und darf diesen nicht überschreiten.

Ist diese letztere nur Geldstrafe, so darf also nur auf Geldstrafe bis zum Höchstbetrage jener erkannt werden, und ebenso nur auf Geldstrafe wofern auf die Handlung selbst Festungshaft oder Haft gedroht ist[2]).

§ 232. Als strafbar bezeichnet das Gesetz[3]) ferner denjenigen, welcher eine Person des Soldatenstandes, es sei des deutschen Heeres oder der kaiserlichen Marine, auffordert oder anreizt, dem Befehle des Obern nicht Gehorsam zu leisten, insbesondere auch den, der eine zum Beurlaubtenstande gehörende Person auffordert oder anreizt, der Einberufung zum Dienste nicht Folge zu leisten.

In Betreff des Thäters wird vorausgesetzt, daß er nicht selbst eine Militairperson sei, da gegen eine solche § 99 des Militair-Strafgesetzbuches zur Anwendung kommen würde. Die Aufforderung muß sich an bestimmte, wenn auch nicht individuell bezeichnete

---

für strafbar, weil sie nicht Anstiftung sei. Dagegen John a. a. O. S. 111. Voigt in Goltd. Arch. XXVIII S. 237. Olshausen § 111 Nr. 7.

1) So das Urtheil Rsprch. II 656. Dagegen Geyer Grundriß II S. 136.

2) Nach der Fassung des Gesetzes wird man annehmen müssen, daß in allen Fällen nur auf Gefängniß oder Geldstrafe bis zu dem angegebenen Betrage erkannt werden kann, vgl. Oppenhoff § 111 Nr. 7, nicht aber, wie Schwarze § 111 Nr. 7 und Olshausen § 111 Nr. 12 annehmen, auch auf Festung oder Haft, falls die Handlung selbst mit Festung oder Haft bedroht ist.

3) Strfgb. § 112.

Personen des Soldatenstandes richten, und eine völlig allgemein gehaltene Aufforderung die, sofern sie zur Kenntniß von Personen des Soldatenstandes gelangt, geeignet sein würde Ungehorsam hervorzurufen, kommt hier nicht in Betracht[1]). Eventuell würde aber eine solche Aufforderung nach § 110 oder 111 zu strafen sein.

Abweichend von § 110 und 111 wird hier dem Auffordern das Anreizen gleichgestellt, das ebenso wie jenes in einer anstiftenden Thätigkeit besteht, aber jedenfalls hinzugefügt ist um hier die anstiftende Thätigkeit in einem weiteren Umfange für strafbar zu erklären als dies in § 110 und 111 durch deren Beschränkung auf die Aufforderung geschehen ist. Als ein Anreizen wird namentlich der Fall zu betrachten sein, daß dem Andern, ohne eine Forderung auszusprechen, die ihn zum Ungehorsam bestimmenden Motive nahe gelegt werden[2]). Jedenfalls setzt auch das Anreizen die Absicht anzustiften voraus.

Die Strafe ist Gefängniß bis zu zwei Jahren, und es bezieht sich auch hier die Strafsatzung wie in § 110 ebenso auf den Fall, daß die Anstiftung erfolglos war, wie auf den, daß sie den beabsichtigten Erfolg hatte.

Es gehört endlich hierher die nach § 88 der Seemanns-Ordnung von 1872 strafbare Aufforderung. Sie setzt voraus, daß ein Schiffsmann zwei oder mehrere zur Schiffsmannschaft gehörige Personen aufgefordert habe, eine nach den §§ 87 und 91 strafbare Handlung zu verüben, nämlich dazu, auf Verabredung gemeinschaftlich dem Vorgesetzten den schuldigen Gehorsam zu verweigern oder ihm durch Gewalt oder Bedrohung mit Gewalt Widerstand zu leisten. Hat die Aufforderung die strafbare Handlung oder einen strafbaren Versuch derselben zur Folge gehabt, so ist der Thäter gleich dem Anstifter zu bestrafen, blieb sie aber erfolglos, so ist die Strafe Geldstrafe bis zu dreihundert Mark falls zum Ungehorsam, und Geldstrafe bis zu sechshundert Mark oder Gefängnißstrafe bis zu einem Jahre, falls zum Widerstande aufgefordert wurde.

---

1) Rsprch. I S. 201. Schwarze § 112 Nr. 2. Olshausen § 112 Nr. 2.

2) Vgl. Oppenhoff § 112 Nr. 2. Schwarze § 112 Nr. 3. Olshausen § 112 Nr. 1. John a. a. O. S. 168.

3. Widerstand gegen Vollstreckungsbeamte und gegen Forst- oder Jagdberechtigte.

§ 233. Während es sich bei den strafbaren Aufforderungen um eine Gefährdung der Autorität und Machtstellung der obrigkeitlichen Gewalt handelt, kommen als Widerstand gegen die Staatsgewalt weiter in Betracht die Fälle eines verletzenden Angriffes auf die Obrigkeit und ihre Organe. Als solchen behandelt das Strafgesetzbuch zunächst den Widerstand gegen Vollzugsbeamte in Ausübung ihres Amtes [1]).

Wo es sich um Vollzug, Vollstreckung d. h. nöthigenfalls zwangsweise Ausführung dessen handelt, was die obrigkeitliche Gewalt zu thun befugt und berufen ist, kann der Natur der Sache nach diese Thätigkeit nur von den dazu autorisirten Personen ausgeübt werden, und nur sie, d. h. Vollstreckungsbeamte, nicht Behörden, sind es, denen durch die Strafbestimmung gegen den Widerstand der besondere strafrechtliche Schutz gewährt werden soll, selbstverständlich nicht nur im Interesse ihrer Person, sondern zugleich auch in dem des Staates und der Staatsgewalt selbst.

Als Beamte im Sinne des § 113 kommen zunächst diejenigen Personen in Betracht, welche im § 359 als solche bezeichnet werden, also alle im Dienste des Reiches oder in unmittelbarem oder mittelbarem Dienste eines Bundesstaates angestellte Personen, soweit sie zur Vollstreckung berufen sind, insbesondere also nicht nur Reichs- und Staats- sondern auch Communalbeamte. Als Vollstreckungsbeamte sind aber weiter auch Beamte und Bedienstete von Privatpersonen, Gesellschaften, Vereinen zu betrachten, sofern sie, wie Privatforstbeamte, Beamte einer Eisenbahngesellschaft, berufen und staatlich autorisirt sind Acte der öffentlichen Gewalt, namentlich der Polizeigewalt, vorzunehmen. Soweit dies nicht der Fall ist, können Beamte von Privatvereinen, selbst wenn diese einem öffentlichen Interesse dienen und durch Verleihung von Corporationsrechten eine staatliche Anerkennung erlangt haben, nicht als Vollstreckungsbeamte betrachtet werden [2]). Vollstreckungsbeamter ist aber nicht nur derjenige Beamte, dessen eigenthümlicher und wesentlicher Beruf es ist Vollstreckungshandlungen vorzunehmen,

---

1) Strfgb. § 113.

2) John a. a. O. 116 gegen ein Urtheil des O. A. Gs. in Dresden. Strafrsztg. 1872 S. 168.

vielmehr ist jeder Beamte der in dem gegebenen Falle, in welchem ihm Widerstand geleistet wurde, zur Vollstreckung berufen war, wie dies insbesondere auch bei dem richterlichen Beamten der Fall sein kann, als solcher anzusehen [1]).

In Betreff der Vollstreckungsbeamten unterscheidet das Gesetz diejenigen, welche zur Vollstreckung von Gesetzen, und diejenigen, welche zur Vollstreckung von Befehlen und Anordnungen der Verwaltungsbehörden oder von Urtheilen und Verfügungen der Gerichte berufen sind. Die ersteren sind also solche, welche nach Maßgabe des Gesetzes, und zwar des Gesetzes im weiteren Sinne, also auch der mit Gesetzeskraft oder zur Ausführung der Gesetze erlassenen Verordnungen, selbst zu entscheiden haben, daß und was im gegebenen Falle zu vollstrecken sei, während die letzteren nur auf Grund eines generellen oder speciellen Auftrages zur Vollstreckung berufen sind.

Den Vollstreckungsbeamten sind gleichgestellt diejenigen Personen, welche zur Unterstützung der Beamten zugezogen waren, sowie Mannschaften der bewaffneten Macht oder die einer Gemeinde-, Schutz- oder Bürgerwehr.

Wer die zugezogenen Personen sind, ob Privatpersonen oder andere zur Vollstreckung nicht berufene Beamte, ist gleichgiltig, als zugezogen kann aber nur derjenige betrachtet werden, welcher, sei es von dem Vollstreckungsbeamten selbst oder von seiner vorgesetzten Behörde, zur Unterstützung des Beamten beauftragt war [2]), nicht der unberufen und freiwillig ihn Unterstützende, und ebensowenig die Privatperson, der im einzelnen Falle die selbständige Vollziehung einer Verfügung aufgetragen war [3]). Die vom Gesetze bezeichneten Mannschaften kommen nicht als zur Unterstützung zugezogene in Betracht, sondern stehen unter dem Schutze des § 113 insoweit sie selbständig mit der Vollstreckung beauftragt sind, was also von der Mannschaft einer Gemeinde-, Schutz- oder Bürgerwehr nur insoweit gilt, als dieselbe mit obrigkeitlicher Genehmigung organisirt und im

---

1) John a. a. O. Berner S. 359. Schwarze § 113 Nr. 4. H. Meyer S. 673. Olshausen § 113 Nr. 5.

2) Oppenhoff § 113 Nr. 45—47. Schwarze § 113 Nr. 21. Olshausen § 113 Nr. 9, will auch die vom Beamten zugezogene Person für befugt erachten weitere Personen zuzuziehen. Rüdorff § 113 Nr. 10.

3) Schwarze § 113 Nr. 1. 21. Oppenhoff § 112 Nr. 45. Olshausen § 113 Nr. 9. Goltd. Arch. II S. 828. Dagegen John a. a. O. S. 117.

Dienste der Behörde zum Schutze der öffentlichen Ordnung berufen ist[1]).

§ 234. Der Widerstand gegen den Vollstreckungsbeamten ist nur strafbar, wofern der Beamte in der rechtmäßigen Ausübung seines Amtes begriffen war.

Daß es nicht rechtswidrig und nicht strafbar sei, dem rechtswidrig handelnden Beamten Widerstand zu leisten, haben schon die älteren gemeinrechtlichen Quellen zweifellos anerkannt[2]), und auch die gemeinrechtliche Doctrin hat an diesem Grundsatze, wenn auch mitunter mit nicht zutreffenden Beschränkungen, festgehalten. Erst in der neuern Zeit machte sich bei der eingehendern Behandlung der Frage, unter welchen Voraussetzungen der Widerstand gegen die obrigkeitliche Gewalt als berechtigt anzuerkennen sei, der Standpunkt des Absolutismus und des Polizeistaates darin geltend, daß jeder solche Widerstand als unzulässig und strafbar bezeichnet und ein Recht der Nothwehr gegen Acte der Staatsgewalt geleugnet wurde[3]), obwohl selbst die Vertheidiger dieser Ansicht sich dem nicht völlig entziehen konnten in gewissen äußersten Fällen auch gegen Beamte die Nothwehr zuzulassen. Einen Schritt weiter gingen diejenigen Criminalisten, welche den Widerstand gegen Handlungen der Obrigkeit für erlaubt erklärten, wenn dieselben schlechthin und offenbar oder formell ungerecht sind[4]), während andererseits auch die Straflosigkeit des Widerstandes und der Zulässigkeit der Nothwehr gegen jede ungesetzliche und rechtswidrige Handlung der Beamten ihre entschiedenen Vertreter fand[5]).

Sehr schwankend hatte sich die strafrechtliche Praxis auf Grund der neueren Landes-Strafgesetzbücher gestaltet. Wenn manche derselben den Widerstand nur für strafbar erklärten, wofern die obrigkeitliche Anordnung eine bestimmte rechtliche Qualification habe,

---

1) Vgl. über die Mannschaften Oppenhoff § 113 N. 48. 49. Olshausen § 113 Nr. 10. 11.

2) Seeger a. a. O. Hiller a. a. O. S. 29. f.

3) Gönner Anmerk. z. bayer. Strafgb. III S. 52. Luden Abhandlungen II S. 494. Jagemann im Arch. 1842 S. 593 f.

4) Jarcke I S. 146. II S. 209. Henke III S. 202 f. Arnold im Arch. 1843 S. 396 f. Kitz im Arch. 1846 S. 525 f.

5) Wächter II § 149. Tittmann II § 260. Zachariä im Arch. 1843 S. 355 f. Köstlin Neue Revision S. 722. Seeger a. a. O. Levita Nothwehr S. 192. Abegg § 471. Mittermaier z. Feuerbach § 201.

so blieben mannigfache Zweifel offen, wo die Strafbarkeit dadurch bedingt war, daß der Widerstand gegen den Vollzug einer von der Behörde „in ihrem Wirkungskreise“ erlassenen Anordnung, gegen den Beamten in Ausübung des Dienstes innerhalb der Grenzen seiner Zuständigkeit, gerichtet sei[1]). Wenn das Strafgesetzbuch von Hannover gegen einen unrechtmäßigen Angriff des Beamten ausdrücklich Nothwehr gestattet, zugleich aber die Ueberschreitung seiner Befugnisse Seitens des Beamten nur als Milderungsgrund des auch in solchem Falle strafbaren Widerstandes behandelt, so blieb die Grenze zwischen Strafbarkeit und Straflosigkeit völlig zweifelhaft[2]). Aber selbst da, wo der Widerstand nur gegen rechtmäßige Befehle und Anordnungen der Obrigkeit für strafbar erklärt war[3]), wurde dies dahin gedeutet, daß es sich nur um die formelle Rechtmäßigkeit handeln könne.

Nicht weniger zweifelhaft war die Frage in wie weit der Widerstand gegen die obrigkeitliche Gewalt als ein berechtigter und strafloser anzuerkennen sei, da, wo das Gesetz ihn unbeschränkt und ohne eine bestimmte rechtliche Qualification der obrigkeitlichen Gewaltübung vorauszusetzen für strafbar erklärte, wie dies in den Strafgesetzbüchern von Bayern 1813 und 1861, von Sachsen 1855 und 1868 und insbesondere auch von Preußen geschehen war. Einerseits konnte hieraus nicht gefolgert werden, daß dem Vollstreckungsbeamten gegenüber das Recht der Nothwehr unbedingt ausgeschlossen sei, und andererseits fehlte ein gesetzlicher Anhalt für Beantwortung der Frage, in welchem Falle die Gewaltübung der obrigkeitlichen Person als ein rechtswidriger, die Nothwehr rechtfertigender Angriff zu betrachten sei. Daß Resultat war, daß man zwar die Nothwehr nicht als unbedingt ausgeschlossen, aber

---

1) Strfgb. v. Sachsen 1838, Altenburg 1841, Thüringen, badisches Gesetz v. 28. Dezbr. 1831. Vgl. dazu die verschiedene Auslegung von Jagemann und Zachariä a. a. O.

2) Vgl. Leonhardt Comment. II S. 77, dem eine Auslegung des Art. 160 unmöglich erscheint.

3) Braunschwg. Strfgb. § 107. 108. Die Strfgb. von Würtemberg und Baden lassen Straflosigkeit nur eintreten, wenn der Betheiligte mit einem unersetzlichen Nachtheile unmittelbar bedroht war, während sonst das gesetz- und ordnungswidrige Verfahren des Beamten nur Milderungsgrund ist. Nach dem Strfgb. von Hessen ist das gesetzwidrige Verfahren nur Grund einer Strafminderung.

doch, mit unsicherer und viel bestrittener Grenzbestimmung, in möglichst beschränktem Maße als zulässig betrachtete[1]).

Die Rücksicht auf diese so vielfach streitige Frage und auf die bisherige preußische Praxis war es, welche den Reichstag bestimmte den, mit geringen redactionellen Aenderungen, in den Entwurf aufgenommenen § 89 des preußischen Strafgesetzbuches dahin abzuändern, daß, nach dem Vorbilde von § 161 des Vereins-Zollgesetzes, der Widerstand nur gegen den in der „rechtmäßigen" Ausübung seines Amtes begriffenen Vollstreckungsbeamten für strafbar erklärt wurde.

Hat die Strafbestimmung des § 113 den Zweck, die Vollstreckungsbeamten nicht sowohl in ihrem persönlichen Interesse, das durch die Strafbestimmungen wider Beleidigung, Körperverletzung u. s. w. genügend gewahrt ist, als vielmehr im Interesse ihrer Amtshandlungen und damit in dem der Staatsgewalt den erforderlichen Schutz zu gewähren, so soll sie andererseits zugleich den Privatpersonen gegen rechtswidrige Acte der obrigkeitlichen Gewalt insoweit Schutz gewähren, als sie die Bestrafung des Widerstandes gegen sie ausschließt. Damit ist selbstverständlich nicht ausgesprochen, daß der Widerstand gegen den Beamten der sich nicht in der rechtmäßigen Ausübung seines Amtes befand, erlaubt und unbedingt straflos sei, sondern es ist dem der Widerstand leistete nur offen gelassen sich auf den allgemeinen Strafausschließungsgrund berechtigter Nothwehrübung zu berufen.

Das Gesetz stellt aber der Privatperson gegenüber nicht die Staatsgewalt an sich und als solche, sondern nur den in der Ausübung seines Amtes begriffenen Beamten, und zu prüfen ist darum nur die Frage, unter welchen Bedingungen diese Ausübung als eine rechtmäßige zu betrachten sei, weshalb also die Rechtmäßigkeit der Amtshandlung dadurch noch nicht unbedingt ausgeschlossen ist, daß sie einen rechtsungiltigen Act der Staatsgewalt zur Voraussetzung hat.

Weil es sich in Betreff der rechtmäßigen Amtshandlung nur

---

1) Vgl. Dollmann-Risch Comment. I S. 521. II S. 194 f. Stenglein Comment. II S. 73 f. Weis Comment. I S. 351. Krug Comment. II S. 32. Temme Glossen S. 162. Lehrbuch S. 621. Gräff und Rönne Comment. S. 87. Goltd. Mat. II S. 122 f. und Arch. V S. 35 f. Beseler Comment. S. 256. Oppenhoff Comment. z. preuß. Strfgb. § 89. Wallmann preuß. Strfgb. S. 56 f. Ueber die Praxis des preuß. Ob.-Trib. vgl. F. Meyer S. 95. Anmerk.

um das Verhältniß des Beamten zu der betreffenden Privatperson, nicht um das zu seiner vorgesetzten Behörde handelt, so ist die Frage nach der Rechtmäßigkeit der Amtshandlung auch durchaus unabhängig von der Frage zu beantworten, ob der Beamte durch seine Amtshandlung sich der vorgesetzten Behörde gegenüber dienstlich verantwortlich gemacht habe.

Weiter ist aber in Betreff der Rechtmäßigkeit der Amtshandlungen zu unterscheiden die Handlung des Beamten, welcher zur Vollstreckung von Gesetzen berufen ist und die Handlung desjenigen, welcher Befehle, Anordnungen, Urtheile, Verfügungen zu vollstrecken hat.

Die Rechtmäßigkeit der ersteren wird vor allem dadurch bedingt, daß sie in der Vollstreckung eines verbindlichen Gesetzes, einer verbindlichen Verordnung besteht, wogegen sie nicht durch die Rechtsgiltigkeit des Gesetzes oder der Verordnung bedingt wird. Der Vollstreckungsbeamte hat also zwar zu prüfen ob das Gesetz, die Verordnung für ihn rechtsverbindlich sei, nicht aber, wenn dies der Fall ist, ob das Gesetz in verfassungsmäßiger Weise zu Stande gekommen, ob die Verordnung rechtsgiltig sei[1]). Entspricht die Handlung dem was das Gesetz fordert, so wird ihre Rechtmäßigkeit nicht dadurch beeinträchtigt, daß der Beamte sich gegen Instructionen und Weisungen verfehlte, die, ohne rechtliche Bedeutung für Andere, nur für ihn in seinem Verhältnisse zu den Vorgesetzten maßgebend sind, und ihn disciplinarisch verantwortlich machen[2]).

Es muß der Beamte ferner sachlich und örtlich zu der Amtshandlung berufen, zuständig sein, und die Rechtmäßigkeit der Amtsausübung des angestellten Beamten wird dadurch nicht beeinträchtigt, daß bei seiner Anstellung erforderliche Eigenschaften und Qualificationen desselben unbeachtet geblieben sind[3]).

Die Amtshandlung muß unter Beobachtung aller durch Gesetz

---

1) Bolze a. a. O. S. 391. Olshausen § 113 Nr. 14. Dagegen John a. a. O. S. 122, der auf die Rechtsgiltigkeit der Verordnung in § 110 Bezug nimmt, aber hierbei, wie die Beispiele zeigen, nicht unterscheidet ob es sich um Vollstreckung von Gesetzen oder von Verfügungen, Anordnungen handelt.

2) Oppenhoff § 113 Nr. 15. Neumann a. a. O. S. 219. Olshausen § 113 Nr. 14. Dagegen ein Urtheil des preuß. Ob.-Trib. in Goltd. Arch. XX S. 198.

3) Rspr. II S. 24.

oder Verordnung vorgeschriebener Formen vorgenommen sein[1]), aber auch die in formeller Beziehung gesetzliche, von dem zuständigen Beamten vorgenommene Amtshandlung ist nicht damit schon, ohne daß es einer Prüfung ihrer materiellen Richtigkeit bedürfte, eine in rechtmäßiger Amtsausübung vorgenommene[2]). Die Handhabung des Gesetzes fordert von dem Beamten einerseits die pflichtmäßige Prüfung der gegebenen Umstände und andererseits die Prüfung und Auslegung des Gesetzes um die Frage zu entscheiden, ob im concreten Falle die Anwendung des Gesetzes auf den gegebenen Thatbestand gerechtfertigt erscheine und damit seine Amtsausübung eine rechtmäßige sei. Hat er auf Grund solch pflichtmäßiger Prüfung gehandelt, so wird die Rechtmäßigkeit seines Verfahrens dadurch nicht ausgeschlossen, daß sich nachträglich das Ergebniß seiner Prüfung als ein unrichtiges und irrthümliches erweist. Allerdings kann die Rechtmäßigkeit nicht lediglich von dem guten Glauben des Beamten abhängig gemacht werden, denn der Beamte befindet sich in rechtswidriger Ausübung des Amtes nicht nur dann, wenn er in bewußter, vorsätzlicher Weise wider das Gesetz handelt, sondern auch dann, wenn er in schuldhaftem Irrthume handelte, die Prüfung des Gesetzes und der gegebenen Umstände eben deshalb nicht eine pflichtmäßige war[3]). Umgekehrt

1) Oppenhoff § 113 Nr. 15. Rüdorff § 113 Nr. 3. Neumann a. a. O. S. 218. Olshausen § 113 Nr. 14.

2) John a. a. O. S. 120. Neumann a. a. O. S. 219. Hiller a. a. O. S. 47. 52.

3) Oppenhoff § 113 Nr. 12. Meves in Holtzdf. Hdbch. IV S. 308. Hiller a. a. O. S. 71. Bolze a. a. O. S. 396. Olshausen § 113 Nr. 14. Rsprch. VI S. 366. Wenn behauptet wird, weil die Rechtmäßigkeit der Amtsausübung objectiv zum Thatbestande des Delicts gehöre, könne selbst der entschuldbare Irrthum die unrechtmäßige Handlung nicht zu einer rechtmäßigen machen, F. Meyer S. 95. Neumann a. a. O. S. 219, so ist Letzteres gewiß richtig aber übersehen, daß es nicht auf die Rechtmäßigkeit der Amtshandlung, sondern die der Amtsausübung ankommt. Diese nur objectiv feststellen zu wollen ist unmöglich, denn sie wird unvermeidlich bedingt durch die Subjectivität des Beamten, seine Auffassung von Gesetz und Thatsachen. Bolze a. a. O. S. 394. Urtheil des preuß. Ob.-Trib. in Goltd. Arch. XXII S. 582. Der schuldlose Irrthum wird hiernach die Rechtmäßigkeit der Amtsausübung nicht nur dann nicht ausschließen, wenn er sich auf die thatsächlichen Voraussetzungen der Amtshandlung, sondern auch dann, wenn er sich auf die Auffassung und Auslegung des Gesetzes bezieht. Zachariä a. a. O. S. 371. Bolze a. a. O. S. 395. Der Beamte ist also in recht-

kann die rechtmäßige Handlung des Beamten durch dessen bösen Glauben nicht zu einer rechtswidrigen werden.

Die Frage ob der Beamte in rechtmäßiger Ausübung des Amtes begriffen war, kann also zwar nicht ohne Berücksichtigung des materiellen Inhaltes der Handlung beantwortet werden, ist aber nicht von der Richtigkeit und Rechtmäßigkeit, noch weniger von der Zweckmäßigkeit und Angemessenheit der Handlung selbst abhängig.

Auch derjenige Vollstreckungsbeamte der eine Amtshandlung nicht kraft eigenen Rechtes auf Grund des Gesetzes vornimmt, sondern nur auf Grund des ihm ertheilten Auftrages handelt, ist der selbständigen Prüfung der Rechtmäßigkeit seiner Amtsausübung nicht völlig überhoben. Er hat einerseits zu prüfen ob ihm der Auftrag in der gesetzlich erforderlichen Form ertheilt sei und andererseits ob der Auftrag seinem Inhalte nach ein solcher ist, den er auszuführen berufen und zuständig sei. Seine eigene Zuständigkeit wird unvermeidlich dadurch bedingt, daß die ihn beauftragende vorgesetzte Behörde zuständig sei Anordnungen der betreffenden Art zu treffen, wogegen er nicht zu prüfen hat, ob die vorgesetzte Behörde auch im concreten Falle die zuständige sei[1]).

Ebenso wie der das Gesetz vollstreckende, wird auch der beauftragte Vollstreckungsbeamte alle für seine Amtsführung maßgebenden gesetzlichen Vorschriften zu beachten haben, wogegen eine Verfehlung gegen Dienstinstructionen seine Amtsausübung noch nicht zur rechtswidrigen macht, und er wird ferner ebenso wie jener, soweit der erhaltene Auftrag seinem Ermessen einen Spielraum offen läßt, sein Verfahren nach pflichtmäßigem Ermessen einzurichten haben, wonach ein nicht schuldhafter Irrthum der Rechtmäßigkeit seiner Amtsausübung nicht entgegensteht[2]).

---

mäßiger Ausübung des Amtes, wenn er in Rücksicht auf das Gesetz wie auf die thatsächlichen Voraussetzungen nach pflichtmäßigem Ermessen handelt. Geyer Grundriß II S. 138. v. Liszt S. 542. Olshausen § 113 Nr. 14. Rsprch. III S. 228. VI S. 366. 807.

1) Meves a. a. O. S. 309. Geyer a. a. O. S. 138. Neumann a. a. O. S. 223. Bolze a. a. O. S. 393. Goltd. Arch. XIX S. 808. XX S. 94. 95. Entsch. I S. 26. XI S. 175. Mit Unrecht fordert Hiller a. a. O. S. 82, daß der Beamte bei Anordnungen der Verwaltungsbehörden auch die concrete Zuständigkeit prüfe.

2) Meves a. a. O. S. 308. 311. Rüdorff § 113 Nr. 3. Olshausen § 113 Nr. 15. Rsprch. I S. 202. 282. V S. 4. VIII S. 238. Entsch. V S. 295.

Streitig ist aber die Frage ob die Amtsausübung des Vollstreckungsbeamten schon dann als eine rechtmäßige zu betrachten sei, wenn sie allen den Anforderungen entspricht, welche der Beamte rücksichtlich ihrer Rechtmäßigkeit selbst zu prüfen hat, oder ob ihre Rechtmäßigkeit weiter noch dadurch bedingt sei, daß auch der Vorgesetzte den Auftrag in rechtmäßiger Ausübung seines Amtes ertheilt habe. Ohne Zweifel ist die Amtshandlung des Vollstreckungsbeamten eine nicht rechtmäßige, wenn sie in Ausführung eines Auftrages besteht, den der Vorgesetzte in nicht rechtmäßiger Ausübung seines Amtes ertheilte, und die Unrechtmäßigkeit des Befehles überträgt ihren Fehler unvermeidlich auch auf die Ausführungshandlung. Weil aber § 113 die Strafbarkeit des Widerstandes von der rechtmäßigen Amtsausübung abhängig mache, nicht um den Beamten, sondern um die von ihm angegriffenen Personen zu schützen, so würde es, wie man folgert, der Tendenz des Gesetzes widersprechen, wenn die unrechtmäßige Amtsausübung durch Uebertragung der Ausführung an einen andern Beamten zu einer rechtmäßigen werden könnte[1]).

Eine solche Auffassung ist aber mit den Worten des Gesetzes unvereinbar, denn die Strafbarkeit des Widerstandes ist nicht von der Rechtmäßigkeit der Amtshandlung, sondern von der der Amtsausübung abhängig gemacht, und wenn sich der Fehler des nicht rechtmäßigen Auftrages allerdings auf die Amtshandlung des Vollstreckungsbeamten überträgt, so doch sicher nicht auf die Ausübung seines Amtes, die durch jenen Fehler nicht zu einer rechtswidrigen wird. Hat der Vollstreckungsbeamte gethan was seines Amtes und was er nach Gesetz und Dienstpflicht zu thun berufen und verpflichtet ist, so war er in rechtmäßiger Ausübung seines Amtes, und nur dies, nicht die Rechtmäßigkeit der Amtshandlung, ist die Voraussetzung, von welcher das Gesetz die Strafbarkeit des Widerstandes abhängig macht[2]). Die Folge davon wird allerdings die sein, daß der Amtshandlung des in rechtmäßiger Aus-

---

1) So John a. a. O. S. 119. Geyer a. a. O. II S. 138. H. Meyer S. 674. Neumann a. a. O. S. 223. v. Kirchenheim im G.-Saal 1878. S. 191. Rubo § 113 Nr. 5. Oppenhoff § 113 Nr. 13. Schwarze § 113 Nr. 5.

2) Hiller a. a. O. S. 81. Meves a. a. O. S. 309. F. Meyer § 113 Nr. 3. Bolze a. a. O. S. 392. Olshausen § 113 Nr. 15. Goltd. Arch. XIX S. 809. XX S. 95. 197. XXII S. 581. Pezold § 113 Nr. 12. Rsprch. II S. 423. 559. IV S. 418. VII S. 280.

übung seines Amtes begriffenen Vollstreckungsbeamten der von ihr Betroffene sich widerstandslos selbst dann wird zu fügen haben, wenn sie eine nicht rechtmäßige ist, und die Tendenz des Gesetzes ist am wenigsten die, den Widerstand gegen eine jede nicht rechtmäßige Amtshandlung zu provociren. Wäre es richtig, daß § 113 der Privatperson nicht den Vollstreckungsbeamten, sondern die Staatsgewalt selbst, die Staatsgewalt als Ganzes gegenüberstelle[1]), so würde auch die Strafbarkeit des Widerstandes nicht mehr nur von der rechtmäßigen Amtsausübung sowohl des Vollstreckungsbeamten wie seines Vorgesetzten abhängig sein, sondern auch davon, daß die Amtshandlung selbst, der Act der Staatsgewalt, sich nicht in irgend einer Beziehung als nicht rechtmäßig anfechten lasse, und der erforderliche Schutz der Staatsangehörigen gegen rechtswidrige Amtshandlungen ist damit noch nicht gefährdet oder versagt, daß ihnen nicht gestattet wird eine jede solche Handlung mittelst Nothwehr gegen den Beamten von sich abzuwenden.

Wenn die zur Unterstützung des Beamten zugezogenen Personen zwar auch den Schutz des § 113 genießen, so kann bei ihnen doch niemals von einer Amtsausübung die Rede sein, aber die Strafbarkeit des Widerstandes gegen sie setzt unbedenklich voraus, daß die Amtsausübung des Beamten den sie unterstützen eine rechtmäßige war, und ihr Glaube an die Rechtmäßigkeit kann, wenn diese mangelte, den ihnen geleisteten Widerstand nicht strafbar machen. Ebensowenig kann es zweifelhaft sein, daß der Widerstand gegen die im Gesetze bezeichneten Mannschaften ein strafbarer nur ist, wenn sie in rechtmäßiger Ausübung ihres Dienstes handelten[2]).

§ 235. Die nach § 113 strafbare Handlung besteht entweder darin, daß dem Beamten in der Ausübung seines Amtes Widerstand geleistet, oder daß er während der Ausübung des Amtes thätlich angegriffen wird. Im ersteren Falle ist also vorausgesetzt, daß sich der Widerstand gegen die Vornahme der Amtshandlung zum Zwecke ihrer Behinderung richtete, im letzteren Falle nur dies, daß der thätliche Angriff gegen den Beamten zu einer Zeit gerichtet wurde, zu welcher er sich in Ausübung seines Amtes

1) v. Kirchenheim a. a. O.

2) John a. a. O. S. 120. Oppenhoff § 113 Nr. 48. Rüdorff § 113 Nr. 10. Meves § 113 Nr. 11. Olshausen § 113 Nr. 17. Rsprch. I S. 305. Entsch. XI S. 175.

befand[1]). Auch in diesem letzteren Falle wird der Beamte thatsächlich an der Ausübung seines Amtes gehindert, und eben dies betrachtet das Gesetz als entscheidend, gleichviel was bei dem Angriffe Absicht und Zweck des Thäters war.

Der Widerstand gegen den Beamten setzt voraus, daß gegen ihn ein Zwang geübt werde um ihn in der Ausübung seines Amtes zu behindern. Hiernach erscheint ein Hinderniß das dem Beamten bereitet wird nur als Ungehorsam, nicht als Widerstand, sofern kein Zwang gegen ihn geübt, sondern ihm freigelassen wird, das zur Ausführung seiner Amtshandlung Erforderliche vorzunehmen[2]). Daß der Widerstand von Erfolg gewesen sei und die Vollstreckungshandlung verhindert habe ist nicht erforderlich, nicht einmal dies, daß dieser Erfolg beabsichtigt war, denn es genügt, wenn dem Beamten, nur um ihm die Ausführung zu erschweren, ein Zwang durch eine active Gegenwirkung gegen seine Thätigkeit angethan wird.

Der gegen den Beamten geübte Zwang muß entweder mittelst Gewalt oder mittelst Bedrohung mit Gewalt verübt sein. Eine Gewalt, welche sich unmittelbar gegen die Person des Beamten richtet, erscheint jedenfalls zugleich als ein thätlicher Angriff auf ihn während der Ausübung seines Amtes, und da ein solcher nach § 113 zwar den Zweck dem Beamten in Ausübung des Amtes Widerstand zu leisten nicht fordert aber auch nicht ausschließt[3]), so würde eine derartige in der Absicht Widerstand zu leisten geübte, als vis absoluta wirkende Gewalt als thätlicher Angriff zu betrachten sein[4]), so daß für den durch Gewalt geübten Wider-

---

1) Hälschner im G.-Saal 1883 S. 11. John a. a. O. S. 125. Geyer a. a. O. II S. 139. v. Liszt S. 542. H. Meyer S. 676. Schwarze § 113 Nr. 8. 14. Oppenhoff § 113, Nr. 22. 28. 44. Dagegen Schütze S. 266. Neumann a. a. O. S. 218. Rubo § 113 Nr. 6.

2) Die Weigerung den Ort der vom Beamten gesuchten Sache anzugeben, die verschlossene Thür zu öffnen, die Weigerung des Verhafteten zu folgen, so daß er mit Gewalt fortgezogen oder getragen werden muß, ist nicht Widerstand, sondern Ungehorsam, s. g. passiver Widerstand, weil der Thäter das was gefordert wird, nicht thut. Schwarze § 113 Nr. 10. 11. Oppenhoff § 113 Nr. 38. 39. Olshausen § 113 Nr. 22. 24. Geyer a. a. O. S. 139. Schütze S. 266. Rsprch. III S. 11. V S. 24. VII S. 85.

3) Schwarze § 113 Nr. 14. Ohne Grund nehmen John a. a. O. und Berner S. 359 an, daß sich der Angriff nicht gegen die Amtsausübung richten dürfe.

4) Dagegen Binding Normen II S. 526. John a. a. O. S. 140. Olshausen § 113 Nr. 22, weil sie mit Unrecht annehmen, daß vis absoluta

stand nur die Fälle anders gearteter Gewaltübung übrig bleiben, also die Fälle, in denen die Gewaltübung sich gegen Sachen richtet[1]) und damit gegen den Beamten ein Zwang zu dem Zwecke geübt wird, ihm die Ausführung seiner Amtshandlung unmöglich zu machen.

Wird der Widerstand durch Bedrohung geübt, so genügt dazu nicht eine jede Drohung, sondern es muß dem Beamten mit Gewalt gedroht werden. Als Drohung erscheint an sich eine jede vis compulsiva, durch welche der Bedrohte zu einer Entschließung, zu einem Thun oder Unterlassen bestimmt werden soll, darum nicht bloß die durch Worte, sondern auch die durch concludente Handlungen, insbesondere auch durch Gewaltanwendung kundgegebene, wenn die Gewalt geübt wird um durch die drohende Fortsetzung der Gewaltübung den Bedrohten zum Thun oder Unterlassen zu bestimmen[2]). Im Falle des § 113 würde aber eine durch Gewalt gegen die Person des Beamten geübte vis compulsiva als thätlicher Angriff erscheinen, und von der Drohung mit Gewalt ausgeschlossen sein. Die Drohung mit Gewalt wird zwar regelmäßig, muß aber nicht nothwendig eine Gewalthätigkeit gegen die Person des Beamten in Aussicht stellen[3]).

Zum thätlichen Angriffe gegen den Beamten genügt niemals die Bedrohung mit einem solchen[4]), vielmehr erfordert er, daß eine gegen die Person gerichtete Gewaltübung stattgefunden habe, wo-

---

auf Nöthigung zum Unterlassen gerichtet sei, während sie immer nur darauf gerichtet sein kann ein Duldenmüssen aufzuerlegen. Vgl. Hälschner im G.-Saal 1883 S. 1 f. Praktisch ist es freilich gleichgiltig ob die als vis absoluta wirkende, gegen den Beamten gerichtete Gewalt als gewaltsamer Widerstand oder thätlicher Angriff angesehen wird.

1) Gegen die Ansicht Wächter's im G.-Saal 1875 S. 165, daß als Gewalt nur die gegen die Person gerichtete anzusehen sei. Hälschner a. a. O. und die dort angeführte Literatur. Vgl. Oppenhoff § 113 Nr. 29—37 und die dort angeführten Entscheidungen. Auch hier bleibt zu berücksichtigen, daß die Annahme der Anwendung einer vis absoluta nicht abhängig ist von dem Eintritte des beabsichtigten Erfolges, denn es genügt eine jede Anwendung von Gewalt zu dem Zwecke dem Beamten die Ausführung thatsächlich unmöglich zu machen, so z. B. das gewaltsame, wenn auch vergebliche, Festhalten der Sache die der Beamte wegnehmen will.

2) Hälschner a. a. O. Schwarze § 113 Nr. 13.

3) Blum § 113 Nr. 10. Olshausen § 113 Nr. 22. Dagegen John a. a. O. S. 124. Oppenhoff § 113 Nr. 40.

4) Dagegen H. Meyer S. 676 Note 22.

mit nicht ausgeschlossen ist, daß eine mißlungene Gewaltübung als thätlicher Angriff anzusehen sei[1]).

§ 236. In subjectiver Beziehung erfordert der Thatbestand des nach § 113 strafbaren Delictes, daß es vorsätzlich verübt sei. Dies setzt voraus die Kenntniß, daß die Handlung sich gegen einen Beamten, oder gegen Personen die zu seiner Unterstützung zugezogen sind, oder gegen die vom Gesetze bezeichneten Mannschaften richte, ferner das Bewußtsein, daß die gedachten Personen sich in Ausübung des Amtes, der Hilfsleistung hierzu, in Ausübung des Dienstes befinden. Es wird weiter aber auch erfordert das Bewußtsein des Thäters, daß der Beamte sich in rechtmäßiger Ausübung des Amtes, die Mannschaften sich in rechtmäßiger Ausübung des Dienstes befinden. Mangelte dieses Bewußtsein, indem der Thäter irrthümlich annahm, daß die Ausübung des Amtes oder Dienstes nicht rechtmäßig sei, so ist der Widerstand straflos, denn es liegt kein Grund vor hier im Widerspruche zu § 59 eine nach § 113 strafbare Schuld da anzunehmen, wo der Thäter das Vorhandensein eines zum gesetzlichen Thatbestande des Delictes gehörigen Umstandes nicht kannte[2]). Ob der geleistete Widerstand, wenn nicht nach § 113 so in anderer Beziehung strafbar sei oder

---

1) Geyer a. a. O. S. 139. Oppenhoff § 113 Nr. 44. Schwarze § 113 Nr. 14. Olshausen § 113 Nr. 25. Rsprch. IV S. 818.

2) H. Meyer S. 675. v. Liszt S. 543. Geyer a. a. O. S. 139. Oppenhoff § 113 Nr. 24. Rubo § 113 Nr. 13. Binding Normen II S. 589. Guggenheimer Irrthum des Thäters in Bezug auf die Rechtmäßigkeit der Amtsausübung S. 38 f. Olshausen § 113 Nr. 28. Hiller im G.-Saal 1875 S. 9 f. der aber nur den factischen nicht den Rechtsirrthum als strafausschließend betrachtet. Urtheil d. preuß. Ob.-Trib. in Goltd. Arch. XXIII S. 508. Dagegen John a. a. O. S. 118. 124. Rüdorff § 113 Nr. 4. F. Meyer § 113 Nr. 3. Schwarze § 113 Nr. 16. Neumann a. a. O. S. 224. Pezold § 113 Nr. 12. Rsprch. I S. 642. II S. 409. 453. IV S. 132. VI S. 478. VII S. 280. Das R.-Gericht erkennt ausdrücklich an, daß die allgemeinen Grundsätze über Zurechnung doloser Delicte dahin führen würden, daß der Thäter das Bewußtsein von der Rechtmäßigkeit der Amtsausübung gehabt haben müsse, sucht aber aus der Entstehungsgeschichte des § 113, namentlich den Reichstagsverhandlungen, zu beweisen, daß es bei dem „rechtmäßig" sich nicht um ein Thatbestandsmerkmal handle, auf welches das Wissen und Wollen des Thäters, wenn er strafbar sein solle, sich zu erstrecken hätte. Vorausgesetzt, daß dies wirklich die Meinung des Reichstages war, so hat sie jedenfalls in § 113 und 117 nicht den entsprechenden Ausdruck gefunden.

nicht, wird davon abhängen ob er ein solcher war, welcher allen Erfordernissen berechtigter Nothwehr entsprach[1]). Selbstverständlich kann auch nur unter dieser Bedingung der thätliche Angriff des Beamten während er in Ausübung des Amtes war straflos sein.

Der irrigen Annahme der nicht rechtmäßigen Amtsausübung kann der Zweifel an ihrer Rechtmäßigkeit nie gleichgestellt werden, und wer in solchem Zweifel Widerstand leistet, handelt mit dem auch hier zur Strafbarkeit genügenden dolus eventualis.

Die Strafe ist Gefängniß von vierzehn Tagen bis zu einem Jahre, im Falle mildernder Umstände Gefängniß von einem Tage bis zu einem Jahre oder Geldstrafe bis zu eintausend Mark.

§ 237. Nahe verwandt mit dem Widerstande gegen Vollstreckungsbeamte in Ausübung ihres Amtes ist der Widerstand gegen solche Personen, welche den polizeilichen Schutz von Forst- und Jagdrecht gegen Forst- und Jagdfrevel zu üben berufen sind, und das Strafgesetzbuch hat darum die auf solchen Widerstand bezüglichen Strafbestimmungen[2]) in den sechsten Abschnitt aufgenommen, obwohl es sich hier nicht in allen Fällen um einen Widerstand gegen die Staatsgewalt handelt.

Als diejenigen Personen, gegen welche sich der strafbare Widerstand richtet, bezeichnet das Gesetz 1) die Forst- oder Jagdbeamten, und als solche können nur diejenigen betrachtet werden, welche im Sinne des § 359 Beamte sind. 2) Die Waldeigenthümer, und als solcher ist auch der Eigenthümer der den Wald bildenden Bäume, wenn er auch nicht zugleich Eigenthümer des Grund und Bodens ist, anzusehen[3]). 3) Die Forst- oder Jagdberechtigten und 4) die von den gedachten Personen bestellten Aufseher[4]).

---

1) John a. a. O. S. 124. Meves a. a. O. S. 312. Hiller a. a. O. S. 63 f. Bolze a. a. O. S. 390.

2) Strfgb. § 117—119.

3) Goltd. Arch. VIII S. 847. Schwarze § 117 Nr. 4. Schütze S. 271. Meves § 117 Nr. 4. Olshausen § 113 Nr. 2.

4) In wie weit Forst- oder Jagdbeamte befugt sind, Aufseher zu bestellen hängt von der Landesgesetzgebung ab. Insoweit dies aber der Fall ist, sind auch solche Aufseher nicht ausgeschlossen und es liegt kein Grund vor die Bestimmung des Gesetzes auf die von den Waldeigenthümern, Forst- oder Jagdberechtigten bestellten Aufseher zu beschränken. Schwarze § 117 Nr. 6. Rüdorff § 117 Nr. 5. Dagegen Goltd. Arch. XX S. 519. Meves § 117 Nr. 6. Oppenhoff § 117 Nr. 7. Olshausen § 117 Nr. 2.

Vorausgesetzt wird, daß jenen Personen in der rechtmäßigen Ausübung ihres Amtes oder Rechtes Widerstand geleistet wurde. Für die rechtmäßige Amtsausübung der Forst- und Jagdbeamten gelten die gleichen Grundsätze wie für die der Vollstreckungsbeamten nach § 113. In wie weit die Ausübung des Rechtes der Waldeigenthümer, der Forst- und Jagdberechtigten, eine rechtmäßige sei, ist nach den betreffenden Landesgesetzen zu beurtheilen[1]). In Betreff der von ihnen bestellten Aufseher ist zu unterscheiden, ob ihnen nach landesgesetzlichen Bestimmungen forstpolizeiliche Befugnisse übertragen sind, oder nicht, in welchem letzteren Falle sie nur die dem Berechtigten, der sie bestellte, zustehenden Rechte zu üben befugt sind[2]).

Wenn nach den Motiven wie nach den Verhandlungen des Reichstages die Absicht die war, einen ausreichenden strafrechtlichen Schutz gegen den Widerstand zu gewähren der bei Forst- und Jagdfreveln vorkommt, und die Strenge der dem preußischen Gesetze vom 31. März 1837 nachgebildeten Strafbestimmungen durch den schweren Charakter den solche strafbare Handlungen regelmäßig an sich tragen, gerechtfertigt wurde, so ist es allerdings in dem Gesetze nicht zu genügend klarem Ausdrucke gekommen, daß hier der strafbare Widerstand auf die Fälle beschränkt ist, in denen er gegen die Ausübung des Forst- oder Jagdschutzes gerichtet ist, wie dies der Tendenz des Gesetzes und der frühern preußischen Praxis entsprechend unbedenklich um so mehr anzunehmen sein wird, als im andren Falle die Härte der Strafsatzungen unerklärlich sein würde[3]). Damit ergiebt sich zugleich, daß

---

1) Vorausgesetzt wird selbstverständlich, daß die betreffenden Personen innerhalb ihrer örtlichen und sachlichen Zuständigkeit handelten, wogegen der Grundsatz der preuß. Praxis, daß die Ausübung des Amtes oder Rechtes innerhalb des Forstreviers stattfinden müsse, nicht gerechtfertigt ist. Rsprch. I S. 288. III S. 62. VI S. 478. Meves a. a. O. S. 320. Schwarze § 117 Nr. 1. H. Meyer S. 677. Olshausen § 117 Nr. 9.

2) Goltd. Arch. XXVI S. 203. Rsprch. III S. 624. VI S. 742. Eine wichtige Unterscheidung in Betreff der Frage, in wie weit ein thatsächlicher Irrthum die Rechtmäßigkeit ausschließe, macht zwischen den Beamten und Privataufsehern das R.-Gericht in den Urtheilen Entsch. I S. 112. Rsprch. IV S. 605. V S. 377.

3) Goltd. Arch. IV S. 823. 834. John a. a. O. S. 140. Meves in Holtzdf. Hdbch. IV S. 320. Geyer a. a. O. S. 143. Oppenhoff § 117 Nr. 9. Olshausen § 117 Nr. 8. Vgl. F. Meyer § 117 Nr. 8. Rsprch. I S. 835. VI S. 641. Dagegen Schwarze § 117 Nr. 2. v. Liszt S. 546.

wenn zwar die rechtmäßige Ausübung nicht nothwendig auf das Forstrevier beschränkt ist, sie doch immer in einer räumlichen Beziehung zu dem Reviere des Beamten, Berechtigten wird stehen müssen[1]).

Die Handlung besteht hier wie im Falle des § 113 darin, daß den betreffenden Personen in der Ausübung des Amtes oder Rechtes durch Gewalt oder Bedrohung mit Gewalt Widerstand geleistet, oder daß eine dieser Personen während der Ausübung ihres Amtes oder Rechtes thätlich angegriffen wird. In dieser Beziehung wie in Betreff des Dolus gilt hier das Gleiche wie bei § 113.

Die Strafe ist Gefängniß von vierzehn Tagen bis zu drei Jahren und wenn mildernde Umstände vorhanden sind, Gefängniß bis zu einem Jahr.

Als einen straferhöhenden Umstand bezeichnet es das Gesetz, wenn der Widerstand oder der Angriff unter Drohung mit Schießgewehr, Aexten oder anderen gefährlichen Werkzeugen erfolgte, oder mit Gewalt an der Person begangen wurde. Die Bedeutung des gefährlichen Werkzeuges ist hier durchaus dieselbe, wie die oben in Beziehung auf § 223a erörterte[2]).

Gewalt an der Person ist gleichbedeutend mit der in den §§ 249, 252, 255 vorkommenden Gewalt gegen eine Person[3]), und erfordert, daß sich die Gewalt übende Thätigkeit unmittelbar gegen den Körper der Person richte, gleichviel ob es sich um eine als vis absoluta oder vis compulsiva wirkende Gewalt handelt. Bildet diese Gewalt einen erschwerenden Umstand, so bleibt für die Gewalt im ersten Absatze des § 117 nur die einen Zwang gegen die Person übende, unmittelbar aber gegen Sachen geübte Gewalt übrig[4]). Von dem thätlichen Angriffe des ersten Absatzes unter-

---

1) Schwarze § 117 Nr. 1. H. Meyer S. 677. Meves § 117 Nr. 7 und in Holtzdf. Hdbch. IV S. 320. Olshausen § 117 Nr. 9. Oppenhoff § 117 Nr. 10. Rüdorff § 117 Nr. 6. In Betreff d. Praxis vgl. Pezold § 117 Nr. 8. Rsprch. VI S. 478.

2) Vgl. oben S. 94 f.

3) Merkel in Holtzdf. Hdbch. IV S. 417. v. Buri im G.-Saal 1877 Beilage 13. Hälschner ebenda 1883 S. 22. Dagegen v. Liszt S. 426. 546.

4) Hälschner a. a. O. Oppenhoff § 117 Nr. 12. Olshausen § 117 Nr. 14. Dagegen Meves § 117 Nr. 11 und Wanjeck in Goltd. Arch. XXVII S. 200, die eine klare Unterscheidung von Gewalt und Gewalt an der Person für unmöglich erklären.

scheidet sich die Gewalt an der Person dadurch, daß die letztere zwar auch als thätlicher Angriff erscheint, daß aber der thätliche Angriff nicht nothwendig in einer solchen Gewalt besteht, sondern auch in einem unmittelbar bevorstehenden, drohenden Angriffe bestehen kann [1]).

Die Strafe ist in den angegebenen Fällen Gefängniß nicht unter drei Monaten und bei mildernden Umständen Gefängniß nicht unter einem Monat.

Als einen weiteren erschwerenden Umstand behandelt das Gesetz [2]) den Fall, daß durch den Widerstand oder Angriff eine Körperverletzung dessen, gegen welchen die Handlung begangen ist, verursacht wurde. Wenn im Anschlusse an § 4 des preußischen Gesetzes vom 31. März 1837 noch im ersten Entwurfe die erhöhte Strafe davon abhängig gemacht wurde, daß eine körperliche Beschädigung erfolgt sei, im zweiten Entwurfe aber um des übereinstimmenden Sprachgebrauches und der Verwerthung der gesetzlichen Bestimmungen über die Körperverletzung willen [3]), statt dessen „Körperverletzung" gesagt wurde, so kann darüber kein Zweifel sein, daß hier die Körperverletzung im Sinne des § 223 gemeint sei. Diese umfaßt aber ebenso die Mißhandlung wie die Gesundheitsbeschädigung und der Umstand, daß die Gewalt an der Person zwar regelmäßig, aber doch nicht nothwendig als Gesundheitsbeschädigung, wenigstens zugleich auch als solche erscheinen wird, kann es nicht rechtfertigen hier die Körperverletzung auf die Gesundheitsbeschädigung zu beschränken [4]). Wenn zwar der Widerstand oder Angriff ein vorsätzlicher sein muß, so ist doch nicht erforderlich, daß die durch ihn verursachte Körperverletzung beabsichtigt war, und § 118 findet auch bei einer fahrlässigen Körperverletzung Anwendung [5]).

Die Strafe ist Zuchthaus bis zu zehn Jahren, bei mildernden Umständen Gefängniß nicht unter drei Monaten.

---

1) Hälschner a. a. O. S. 23. Schwarze § 117 Nr. 10. Olshausen § 117 Nr. 14. Rsprch. IV S. 818.

2) Strfgb. § 118.

3) Schwarze 118 Nr. 1.

4) Rsprch. V S. 489. Dagegen Meves in Strafrsztg. XII S. 289. Herbst in Goltd. Arch. XXVI S. 31.

5) Auch hier kehrt die herrschende Auffassung wieder, daß es nur auf den Causalzusammenhang ankomme, und die Strafe des § 118 eine zur Schuld zuzurechnende Körperverletzung nicht fordere. Vgl. dagegen oben Bd. I S. 327. Bd. 2 S. 28 f.

Alle die verschiedenen in § 117 und 118 angegebenen Strafsatzungen können bis um die Hälfte des angedrohten Höchstbetrages, jedoch die Gefängnißstrafe nicht über fünf Jahre erhöht werden, wenn eine der in jenen §§ bezeichneten Handlungen von Mehreren gemeinschaftlich begangen worden ist [1]). Der Grund der erhöhten Strafbarkeit ist offenbar die höhere Gefährlichkeit des Widerstandes oder Angriffes, bei welchem eine Mitwirkung Mehrerer stattfindet.

Gemeinschaftlich begangen ist aber die That nur, wenn die Mehreren im Verhältniß der Mitthäterschaft zu einander stehen, wenn sie also nach vorheriger Verabredung oder in Folge eines im Momente der That stillschweigend sich bildenden Einverständnisses gemeinsam mit dem zur Thäterschaft erforderlichen Willen handeln [2]).

4. Nöthigung einer Behörde oder eines Beamten.

§ 238. Von der Nöthigung im Sinne des § 240 wesentlich verschieden ist die nach § 114 strafbare Nöthigung einer Behörde oder eines Beamten zur Vornahme oder Unterlassung einer Amtshandlung. Die Nöthigung des § 240 richtet sich gegen die Bethätigung der persönlichen Freiheit, wogegen hier die Staatsgewalt das Object des Angriffes bildet, indem gegen eines ihrer Organe ein Zwang ausgeübt wird um einen Act der Staatsgewalt zu verhindern oder herbeizuführen. Ein weiterer Unterschied liegt darin, daß hier nur von einer Nöthigung zu einem Thun oder Unterlassen die Rede ist, die im § 240 erwähnte Nöthigung zu einem Dulden hier also nicht in Betracht kommt. Allerdings kommen beide Delicte darin überein, daß sie einen Zwang gegen die Willensbethätigung erfordern, da aber das Object des Angriffes ein wesentlich verschiedenes ist, auch der Thatbestand des nach § 114 strafbaren Delictes in erschöpfender und von dem des § 240 abweichender Weise normirt ist, so kann die gegen Behörden oder Beamte gerichtete Nöthigung nicht als qualifizirter Fall der nach § 240 strafbaren Nöthigung betrachtet werden [3]), und am wenigsten kann von einer Idealconcurrenz beider Delicte die Rede sein.

---

1) Strfgb. § 119.

2) Dagegen Olshausen § 119 Nr. 2, welcher annimmt, daß hier nicht Mitthäterschaft im eigentlichen Sinne erfordert werde.

3) John a. a. O. S. 126. Dagegen F. Meyer § 114 Nr. 1.

Der Thatbestand des Vergehens erfordert 1) daß die Nöthigung gegen eine Behörde oder einen Beamten gerichtet sei. Als Behörde ist jedes Organ der Staatsgewalt zu betrachten das einen Bestandtheil der gesetzlich geordneten Behördenverfassung bildet und berufen ist unter staatlicher Autorität nach eigenem Ermessen öffentlich-rechtliche Functionen auszuüben[1]. Ob die Behörde ein unmittelbares oder, wie die Communalbehörde, nur mittelbares Organ der Staatsgewalt, ob sie eine collegialische oder büreaukratische ist, kommt nicht in Betracht. Dagegen sind Kirchenbehörden hier ausgeschlossen, obwohl sie das Strafgesetzbuch in anderer Beziehung auch zu den Behörden im weiteren Sinne des Wortes rechnet. Als Beamte erscheinen hier ohne irgend welche Beschränkung alle als solche in § 359 bezeichnete Personen.

2) Die Nöthigung muß sich richten auf die Vornahme oder Unterlassung einer Amtshandlung. Diese setzt voraus, daß es eine Handlung sei, die innerhalb der sachlichen und örtlichen Zuständigkeit der Behörde oder des Beamten liegt, wogegen die weitere Beschaffenheit der Handlung, ob sie eine rechtmäßige, pflichtmäßige, zweckmäßige oder rechtswidrige sei, nicht in Betracht kommt[2].

3) Die Mittel der Nöthigung sind Gewalt oder Drohung. Da es sich hier nur um eine Nöthigung zum Thun oder Unterlassen handelt, so kann auch die Gewalt in allen Fällen nur als vis compulsiva in Betracht kommen, da die vis absoluta nicht ein Unterlassen sondern nur ein Dulden verursacht[3]. Die Anwendung einer vis absoluta um eine Amtshandlung zu verhindern würde also nur nach § 113 oder § 239 zu strafen sein. Bei der Drohung ist es hier, abweichend von anderen Fällen strafbarer Drohung, gleichgiltig worin das gedrohte Uebel besteht, und auch die Drohung einer erlaubten Handlung ist strafbar, wofern sie nur geeignet ist durch Erregung von Furcht einen Zwang zu üben[4].

4) In subjectiver Beziehung erfordert das Vergehen das

---

1) Oppenhoff § 114 Nr. 7. Schwarze § 114 Nr. 4 Olshausen § 114 Nr. 1. Geyer a. a. O. S. 140. Rsprch. I S. 770. IV S. 135. Entsch. VIII S. 5.

2) Rsprch. I S. 770.

3) Hälschner im G.-Saal 1883 S. 11. Oppenhoff § 114 Nr. 5. Schwarze § 114 Nr. 6. Dagegen Olshausen § 114 Nr. 3.

4) Geyer a. a. O. S. 141. H. Meyer S. 676. Oppenhoff § 114 Nr. 4. Olshausen § 114 Nr. 3. Rsprch. VI S. 358. Dagegen Binding Normen II S. 527.

Bewußtsein des Thäters sich gegen eine Behörde oder einen Beamten zu richten und eine vorsätzliche Thätigkeit die in der Absicht verübt wird eine Amtshandlung zu verhindern oder zu erzwingen.

5) Die Vollendung erfordert, abweichend von der Nöthigung des § 240, nicht, daß der geübte Zwang den beabsichtigten Erfolg hatte, denn es genügt, daß er unternommen worden sei.

Die Strafe ist Gefängniß nicht unter drei Monaten und bei mildernden Umständen Gefängniß bis zu zwei Jahren.

Die Strafbestimmung des § 114 tritt zu der des § 113 insofern ergänzend hinzu, als hier die Nöthigung für strafbar erklärt wird, durch welche die Vornahme einer Amtshandlung erzwungen werden soll. Wer aber nach § 113 strafbar ist, weil er einem Vollstreckungsbeamten in Ausübung seines Amtes Widerstand leistet, übt auch gegen einen Beamten eine durch § 114 für strafbar erklärte Nöthigung aus um die Amtshandlung zu verhindern. Was in dieser Beziehung das Verhältniß beider Strafbestimmungen betrifft, so ist die Anwendung des § 114 ausgeschlossen, wenn die Nöthigung durch Anwendung von vis absoluta verübt wurde, und es ist andererseits die von § 113 ausgeschlossen, wenn die angewandte vis compulsiva nicht in einer Bedrohung mit Gewalt bestand. Es ist ferner § 113 nicht anwendbar, wenn die Nöthigung gegen einen Beamten gerichtet ist, dessen Amtsthätigkeit nicht in der Vollstreckung, sondern nur darin besteht zu beschließen und festzustellen, daß etwas und was geschehen und vollstreckt werden soll. Ohne Zweifel handelt es sich bei § 114 in erster Linie um den Schutz der Staatsgewalt insofern sie sich als entscheidende, beschließende, anordnende bethätigt, dagegen bei § 113 um den der Staatsgewalt als vollziehender[1]), und eben deshalb mußten in § 114 neben den Beamten auch die Behörden erwähnt werden. Damit allein ist aber die Frage nach dem Verhältnisse beider Strafbestimmungen nicht zu erledigen, denn es ist die beschließende und die vollziehende Thätigkeit nicht in allen Fällen eine gesonderte, so daß sich stets sagen ließe ob die Nöthigung gegen diese oder jene Art der Amtsthätigkeit gerichtet sei. Derjenige Beamte, welcher zur Vollstreckung von Gesetzen berufen ist, vereinigt in sich beiderlei Amtsfunctionen, und wenn er genö-

---

1) Goltdammer Mat. II S. 126 und Arch. X S. 256 und ihm folgend John a. a. O. S. 127, welche diesen Unterschied als entscheidend, für das Verhältniß beider Strafbestimmungen betrachten.

thigt wird die Amtshandlung zu unterlassen die er vorzunehmen beschlossen hat und in deren Vollstreckung er begriffen ist, so richtet sich die Nöthigung gegen die Staatsgewalt als beschließende wie als vollziehende. Dazu kommt aber, daß durch die Fassung des § 114 von dem Schutze desselben auch diejenigen Beamten keineswegs ausgeschlossen sind, welche lediglich nach Maßgabe von Befehlen und Anordnungen der vorgesetzten Behörde zu handeln haben. Entscheidend für das fragliche Verhältniß ist allein der Umstand, daß der Thatbestand der nach § 113 strafbaren Nöthigung, sowohl in Rücksicht auf die Beamten gegen welche sie sich richtet, wie in der auf die Beschaffenheit der Handlung, enger begrenzt ist, als der Thatbestand der in § 114 bezeichneten Nöthigung, und daß darum die Anwendung des § 114 ausgeschlossen ist, wenn im gegebenen Falle der Thatbestand des § 113 vorliegt[1]). Zu der Unterscheidung, daß § 113 eine bereits begonnene, § 114 eine erst bevorstehende Amtshandlung voraussetze[2]) giebt die Fassung des Gesetzes keinen genügenden Anhalt.

Das angegebene Verhältniß der §§ 113 und 114 hat allerdings die durchaus irrationale Folge, daß der dem Vollstreckungsbeamten geleistete Widerstand milder zu strafen ist, als die Nöthigung eines andern Beamten zur Unterlassung einer Amtshandlung.

5. Auflauf und Aufruhr.

§ 239. Als Aufruhr[3]) bezeichnet das Gesetz in § 115 die öffentliche Zusammenrottung, bei welcher eine der in den §§ 113 und 114 bezeichneten Handlungen mit vereinten Kräften begangen wird.

Damit eine solche Zusammenrottung als Aufruhr beurtheilt werden kann, muß hiernach zuvor festgestellt sein, daß einem Vollstreckungsbeamten in rechtmäßiger Ausübung seines Amtes durch

1) Merkel in Holtzdf. Hdbch. IV S. 226. Geyer a. a. O. S. 141. H. Meyer S. 676. Oppenhoff § 114 Nr. 17. Schwarze § 114 Nr. 7. Olshausen § 114 Nr. 7. Rsprch. III S. 10. VI S. 178. Entsch. IV S. 143. Dagegen v. Liszt S. 544.

2) So Rüdorff § 114 Nr. 5. 6 und preuß. O.-Trib. Goltd. Arch. XXV S. 213. XXVII S. 367. Dagegen ebenda XXIV S. 551.

3) Vgl. Wächter im Arch. 1835 S. 469 f. und in Weiske Rslexikon I S. 466. Abegg im Arch. 1835 S. 205. Teichmann in Holtzdf. Rslexikon s. v. Aufruhr. Schütze Nothwendige Theilnahme § 62.

Gewalt oder Bedrohung mit Gewalt Widerstand geleistet, oder daß gegen ihn während der rechtmäßigen Ausübung seines Amtes ein thätlicher Angriff verübt wurde, oder daß eine Behörde oder ein Beamter durch Gewalt oder Drohung zur Vornahme oder Unterlassung einer Amtshandlung genöthigt worden sei.

Zum Aufruhr gestaltet sich die Begehung eines oder mehrerer dieser Delicte durch die besondere Art derselben, nämlich dadurch, daß sie mit vereinten Kräften bei einer öffentlichen Zusammenrottung stattfindet. Die Begehung mit vereinten Kräften erfordert ein Zusammenwirken mehrerer Personen und als mehrere sind unbedenklich auch schon zwei Personen zu betrachten[1]). Das Gesetz fordert aber nicht mehr als eine Vereinigung der Kräfte ohne das Verhältniß der Theilnahme näher zu bestimmen, wonach also nicht erforderlich ist, daß die Mehreren als Mitthäter handelten, es vielmehr genügen würde wenn nur ein Thäter seine Kräfte mit denen von Gehilfen vereinigte[2]).

Die Begehung eines der bezeichneten Delicte muß ferner bei einer öffentlichen Zusammenrottung stattgefunden haben und gerade dieser Umstand, nicht die Begehung mit vereinten Kräften, ist der das Wesen des Aufruhrs bestimmende. Wenn § 115 abweichend von § 91 des preußischen Strafgesetzbuches, welcher forderte, daß mehrere Personen sich zusammenrotteten und mit vereinten Kräften handelten, nur dies voraussetzt, daß bei einer öffentlichen Zusammenrottung mit vereinten Kräften die Begehung der gedachten Delicte stattgefunden habe, so ergiebt sich daraus, daß hier Zusammenrottung und Begehung insofern von einander geschieden sind, als nicht gefordert wird, daß die Zusammengerotteten eins seien mit denen, welche das zum Thatbestande des Aufruhrs erforderliche Delict begingen, es vielmehr genüge wenn Einige der zusammengerotteten Vielen sich der Begehung schuldig machten. Dagegen hat das Gesetz Zusammenrottung und Begehung nicht in dem Sinne von einander geschieden, daß beide, zwar zeitlich und räumlich zu einander gehörend, doch nur äußerlich neben einander ständen.

Der Grund der gesetzlichen Auszeichnung des Aufruhrs ist allein der, daß der, dem oder den Beamten geleistete, Widerstand,

---

1) John a. a. O. S. 130. Olshausen § 115 Nr. 3.

2) Olshausen § 115 Nr. 3. John a. a. O. S. 131 spricht nur von Thätern.

die Nöthigung derselben, der Angriff auf sie bei weitem gefährlicher erscheint, wenn denjenigen die ein solches Delict verüben eine Menge Gleichgesinnter zur Seite steht, von denen sie eventuell Unterstützung und Förderung ihres Unternehmens zu erwarten haben. Zum Aufruhr genügt darum nicht eine an sich nicht strafbare Ansammlung, Zusammenrottung vieler Menschen und die bei Gelegenheit derselben stattgehabte Begehung eines jener Delicte, vielmehr wird ein innerer Zusammenhang der Zusammenrottung und der Begehung insofern erfordert, als vorausgesetzt wird, daß diejenigen, welche das Delict begehen in dem Bewußtsein viele andere Gleichgesinnte zur Seite zu haben und in der Erwartung bei ihnen Unterstützung zu finden, handeln, und daß die Zusammengerotteten sich in dem Bewußtsein angesammelt haben, daß es sich um die Verübung eines jener Delicte handelt und mit dem Willen, daß es verübt werde[1]).

Hieraus folgt einerseits, daß die Mehreren, welche mit vereinten Kräften das Delict verüben nicht schon an sich und von Anderen abgesehen als eine Zusammenrottung erscheinen müssen[2]), und andererseits, daß die geforderte Vereinigung der Kräfte sich nur auf die Personen bezieht, welche das betreffende Delict verüben, nicht aber als eine schon mit der Zusammenrottung selbst gegebene zu betrachten ist, in welchem Falle es genügen würde, wenn das Delict auch nur durch Einen verübt wäre[3]). Die nahe liegende Gefahr, daß alle an der Zusammenrottung Betheiligten ihre Kräfte zu gemeinsamem Angriffe vereinigen könnten, ist das Motiv zur gesetzlichen Auszeichnung des Aufruhrs, aber von einem

---

1) John a. a. O. S. 132. Rüdorff § 115 Nr. 3. Schütze S. 268. Schwarze § 115 Nr. 6. Rsprch. II S. 150. Dagegen Olshausen § 115 Nr. 3, nach welchem das Gesetz nur verlange, daß gelegentlich einer Zusammenrottung von einzelnen ihrer Theilnehmer das Delict verübt sei. Er stützt seine Ansicht darauf, daß im andern Falle das Gesetz lauten müßte: Wer an einer öffentlichen, auf Begehung einer der bezeichneten Handlungen gerichteten Zusammenrottung, bei welcher demnächst eine solche Handlung mit vereinten Kräften begangen wird, Theil nimmt u. s. w. Solcher Fassung entsprechend wird § 115 allerdings auszulegen sein, und dem entspricht auch das, was Olshausen selbst in Betreff des Begriffes der Zusammenrottung und des Dolus anführt.

2) Dies fordert Rubo § 115 Nr. 3.

3) Die Vereinigung der Kräfte betrachten als in der Zusammenrottung liegend Schütze a. a. O. Oppenhoff § 115 Nr. 8. Schwarze § 115 Nr. 8. Dagegen John a. a. O. S. 130. Olshausen § 115 Nr. 3.

Begehen mit vereinten Kräften kann in Betreff derer unmöglich die Rede sein, welche, obwohl vielleicht zu einer Mitwirkung bereit, an der Begehung nicht Theil genommen haben.

Es ergiebt sich damit ferner die Bedeutung der öffentlichen Zusammenrottung. Sie erfordert die Ansammlung einer Vielheit von Menschen, die, örtlich vereinigt und zugleich innerlich durch gleiche Gesinnung und Willensrichtung verbunden, bereit sind zur Verübung strafbarer Handlungen, hier zu der des Widerstandes und Angriffes auf die staatliche Gewalt, überzugehen[1]). Ob die Ansammlung verabredet war oder sich zufällig bildete, ob sie durch die gleiche und gemeinsame Willensrichtung der Vielen hervorgerufen wurde, oder ob diese erst nach der Ansammlung entstand, ist gleichgiltig. Die Oeffentlichkeit der Zusammenrottung fordert nicht, daß sie an einem öffentlichen Orte stattfinde, sondern nur dies, daß sie unter Umständen erfolgte, welche den Anschluß einer weiteren, unbestimmten Anzahl von Menschen möglich machte[2]). In Betreff der schon im älteren gemeinen Rechte viel erörterten Frage, wie viele Personen zu einer Zusammenrottung erforderlich seien, kann daraus, daß nicht wie im ersten Entwurfe eine Menschenmenge gefordert wird, daß das Militair-Strafgesetzbuch von einer Zusammenrottung Mehrerer spricht und nach militairischem Sprachgebrauch zwei hintereinander stehende Soldaten eine Rotte bilden[3]), sicher nicht gefolgert werden, daß im Sinne des Gesetzes schon zwei Menschen zu einer Zusammenrottung genügen[4]). Die Beantwortung der Frage ob eine öffentliche Zusammenrottung anzunehmen sei kann nur unter Berücksichtigung der Umstände des concreten Falles erfolgen[5]), wobei insbesondere darauf Rücksicht zu nehmen sein wird, ob aus dem Verhältnisse der den Zusammengerotteten zur Verfügung stehenden Kräfte zur Widerstandskraft der Obrigkeit sich die bei dem Aufruhr vorausgesetzte Gefahr ergiebt.

---

1) Berner S. 362. John a. a. O. S. 132. Oppenhoff § 115 Nr. 1. v. Liszt S. 437. Rsprch. II S. 5. 257.

2) Dagegen Rubo § 115 Nr. 1, welcher Zusammenrottung an einem öffentlichen Orte fordert.

3) Nach dem preuß. Militair-Strfgb. genügten zur Meuterei zwei oder mehrere, zum Aufruhr drei oder mehrere Personen, wogegen das deutsche Militair-Strfgb. bei Meuterei § 103 und Aufruhr § 106 nur von Mehreren spricht.

4) Dies folgert Olshausen § 115 Nr. 2. Auch noch Feuerbach § 261 und Wächter im Rslexikon wollen die erforderliche Zahl absolut feststellen.

5) Schütze Nothwendige Theilnahme S. 374. Schwarze § 115 Nr. 7.

Als Aufrührer ist strafbar jeder, welcher an der Zusammenrottung Theil nahm, wozu selbstverständlich die Anwesenheit am Orte der Zusammenrottung nicht genügt, sondern eine Betheiligung mit dem bereits bezeichneten Bewußtsein und Willen erfordert wird. Seine Strafbarkeit setzt weiter voraus die Feststellung, daß bei dieser Zusammenrottung ein nach § 113 oder 114 strafbares Delict verübt wurde, ist aber nur von der Feststellung dieser Thatsache, nicht davon abhängig, daß auch festgestellt sei wer jenes Delict verübte[1]).

In Betreff der Strafbarkeit unterscheidet aber das Gesetz diejenigen Aufrührer, welche sich nur der Theilnahme an der Zusammenrottung schuldig gemacht haben und diejenigen welche eines der in § 113 und 114 bezeichneten Delicte verübten. Die Strafe der ersteren Aufrührer ist Gefängniß nicht unter sechs Monaten, die der letzteren Zuchthaus bis zu zehn Jahren, bei mildernden Umständen Gefängniß nicht unter sechs Monaten. Neben Zuchthaus darf auf Zulässigkeit von Polizeiaufsicht erkannt werden.

Den letzteren Aufrührern werden in der Strafbarkeit aber auch noch gleich gestellt die Rädelsführer[2]), die sowohl solche Aufrührer sein können, welche eines der betreffenden Delicte verübten, als auch solche die sich nur an der Zusammenrottung betheiligten.

Von einem strafbaren Versuche des Aufruhrs kann nicht die Rede sein[3]). Gegen die nach dem ersten Absatz wegen Vergehens strafbaren Aufrührer ist die Versuchsstrafe ausgeschlossen und wäre also nur denkbar gegen die nach dem zweiten Absatze wegen Verbrechens strafbaren Aufrührer. Es wäre dann also vorauszusetzen, daß diese den Versuch eines der betreffenden Delicte verübt hätten, der an sich straflos als versuchter Aufruhr zu strafen wäre, wenn er bei einer Zusammenrottung stattfand. Aber § 115 handelt nicht von zwei verschiedenen Delicten, sondern im ersten wie zweiten Absatze von dem einen und selbigen des Aufruhrs und es ist unmöglich einen gegebenen Thatbestand in Betreff einiger der betheiligten Personen als versuchten Aufruhr, in Betreff der anderen als straflose Handlung zu betrachten, und ebenso unmöglich im Widerspruche zum Gesetze etwa auch die letzteren wegen versuchten Vergehens strafen zu wollen.

1) John a. a. O. S. 131. Olshausen § 115 Nr. 3.

2) Ueber den Rädelsführer vgl. oben Band 1 S. 433.

3) John a. a. O. S. 134. Oppenhoff § 115 Nr. 16. Schwarze § 115 Nr. 14. Dagegen Olshausen § 115 Nr. 7.

Eine Theilnahme am Aufruhr durch Anstiftung oder Beihilfe würde als solche an denjenigen zu strafen sein, welche nicht an der Zusammenrottung Theil genommen haben[1]).

§ 240. Als Auflauf bezeichnet das Gesetz[2]) die Ansammlung einer Menschenmenge auf öffentlichen Wegen, Straßen oder Plätzen, die als solche nicht strafbar ist, sondern nur strafbar wird, wofern die Versammelten der obrigkeitlichen Aufforderung sich zu entfernen nicht gehorchen. Der Anlaß zu solcher Ansammlung, ob sie verabredet war oder nicht, ob die Versammelten einen gemeinsamen Zweck haben oder nicht, ob der Zweck den alle oder einige der Versammelten verfolgen ein erlaubter oder rechtswidriger und strafbarer ist, kommt nicht in Betracht und selbst eine Zusammenrottung zum Zwecke der Begehung einer in § 113 und 114 bezeichneten Handlung ist, so lange die Begehung nicht stattgefunden hat, nur ein strafloser Auflauf[3]).

Im strafrechtlichen Sinne wird also die Ansammlung der Menschenmenge zum Auflaufe erst dann, wenn sich mit ihr der Ungehorsam gegen die obrigkeitliche Anordnung verbindet. Dies setzt voraus, daß der zuständige Beamte oder Befehlshaber der bewaffneten Macht die Versammelten aufgefordert habe sich zu entfernen, eine Aufforderung, welche, wie sie sonst beschaffen sein möge, sich jedenfalls in vernehmlicher Weise an die Versammelten richten muß, nicht nur an einen oder einige derselben. Der Ungehorsam gegen diese Aufforderung wird aber zu einem strafbaren erst dann, wenn nach dreimaliger Aufforderung nicht Folge geleistet wurde. Strafbar wegen Auflaufes ist also derjenige, welcher, nachdem er die dreimalige Aufforderung in Erfahrung gebracht hat, sich nicht entfernt. Die Strafbarkeit setzt hiernach voraus das Wissen von der erfolgten Aufforderung und das vorsätzliche Sichnichtentfernen. Straflos ist trotz seines Verbleibens derjenige,

---

1) John a. a. O. S. 134. Schütze Nothw. Theilnahme S. 375. Oppenhoff § 115 Nr. 18. Olshausen § 115 Nr. 8. Letztere beiden nehmen ideale Concurrenz von Aufruhr und Anstiftung zu einem nach § 113 oder 114 strafbaren Delicte an, wenn einer der Aufrührer den andern zu solchem Delicte anstiftete.

2) Strfgb. § 116.

3) Schütze S. 262. Oppenhoff § 116 Nr. 2. Olshausen § 116 Nr. 1. John a. a. O. S. 136. Dagegen schließt Schwarze § 116 Nr. 2 die Ansammlung zu erlaubtem Zwecke aus, und Blum § 116 Nr. 3 fordert einen ruhestörenden, ordnungswidrigen Charakter der Ansammlung.

welcher die Aufforderung gar nicht oder doch nicht als eine dreimalige vernommen oder erfahren hat[1]), sowie, trotz des erforderlichen Wissens, derjenige, welcher unfreiwillig sich nicht entfernt, weil er daran verhindert wird, endlich auch derjenige, welcher es nicht weiß, daß die Aufforderung von dem zuständigen Beamten oder Befehlshaber ausging.

Liegt der Grund für die Strafbarkeit des Auflaufes in der Gefahr, daß der Ungehorsam der angesammelten Menge leicht in thätlichen Widerstand und Angriff, der Auflauf in Aufruhr übergeht, so wird auch die Forderung sich zu entfernen nur dahin gedeutet werden können, daß sich die Ansammlung durch Auseinandergehen der vielen Einzelnen auflösen soll, und es würde ihr nicht genügt sein, wenn die Ansammlung dadurch bestehen bliebe, daß sich die Vielen[2]) in geschlossener Masse nur fortbewegten.

Die Strafe des Auflaufes ist Gefängniß bis zu drei Monaten oder Geldstrafe bis zu eintausendfünfhundert Mark. Ist aber bei einem Auflaufe gegen die Beamten oder die bewaffnete Macht mit vereinten Kräften thätlicher Widerstand geleistet oder Gewalt verübt worden, so treten gegen diejenigen, welche an diesen Handlungen Theil genommen haben, die Strafen des Aufruhrs ein.

Vorausgesetzt wird in solchem Falle nicht nur eine Ansammlung einer Menschenmenge, sondern ein Auflauf in dem Sinne des Gesetzes der an den Betheiligten nach § 116 zu strafen ist[3]), da man nicht annehmen kann, daß dasselbe Wort in demselben Gesetzesparagraphen in verschiedenem Sinne genommen sei.

Ferner wird vorausgesetzt, daß mit vereinten Kräften gegen die Beamten oder die bewaffnete Macht thätlicher Widerstand geleistet oder Gewalt verübt worden sei. Object des Angriffes sind also nicht nur der im ersten Absatze genannte zuständige Beamte und Befehlshaber, sondern alle dem Auflaufe gegenüber stehenden

---

1) Ob er die Aufforderung selbst vernommen oder sonst wie erfahren hat, ist gleichgiltig, jedenfalls aber erforderlich, daß die dreimal ergangene Aufforderung zu seiner Kenntniß gekommen sei, da der pflichtwidrige Ungehorsam eben erst dann strafbar wird. John a. a. O. S. 136. Binding Normen I S. 127. H. Meyer S. 678. Dagegen Oppenhoff § 106 Nr. 9.

2) Eine solche Fortbewegung der Masse als solcher betrachten als ausreichend John a. a. O. S. 135. Blum § 116 Nr. 8. Dagegen Schütze Nothw. Theilnahme S. 377. Oppenhoff § 116 Nr. 8.

3) John a. a. O. S. 136. Schwarze § 116 Nr. 7. Olshausen § 116 Nr. 8.

Beamten und Angehörigen der bewaffneten Macht. Der ihnen geleistete Widerstand oder die gegen sie, also unmittelbar gegen ihre Person, geübte Gewalt muß mit vereinten Kräften, also von mehreren als Theilnehmern, seien es Mitthäter oder Gehilfen, erscheinenden Personen verübt sein.

Unter diesen Voraussetzungen sollen „gegen diejenigen, welche an diesen Handlungen Theil genommen haben" die Strafen des Aufruhrs verhängt werden. Es fragt sich also, welche Handlungen sind hier gemeint, und wer sind diejenigen, welche die Aufruhrsstrafe trifft.

Als die Handlungen von denen das Gesetz spricht können nach der Fassung desselben nur der geleistete Widerstand, die geübte Gewalt, nicht auch der strafbare Auflauf betrachtet werden, darum als die welche die Strafe des Aufruhrs trifft, nur diejenigen welche an diesen Handlungen Theil genommen haben. Diese Theilnahme wird aber verschieden gedeutet, nämlich entweder dahin, daß als Theilnehmer anzusehen seien alle Zurückgebliebenen nach einer praesumtio juris et de jure [1]), oder auch alle, welche bei dem Auflaufe verharren und dadurch ihre Zusammengehörigkeit mit jenen welche die Handlungen verübten kund gegeben haben [2]), wonach dann die Letzteren die Strafe des § 115 Absatz 2, die ersteren die des § 115 Absatz 1 treffe. Diese Auslegung des Gesetzes ist unhaltbar darum, weil es offenbar unterscheidet zwischen denjenigen, welche die Strafe des Aufruhrs trifft und denjenigen, welche von ihr nicht betroffen werden, und als solche kann man unmöglich die ansehen, welche sich nach der Aufforderung entfernten und straflos sind, sondern nur solche, welche die Strafe des Auflaufes, nicht die des Aufruhrs trifft. Andererseits wird die Theilnahme, mit unrichtiger Deutung des Handelns mit vereinten Kräften [3]), auf die bezogen, welche die Thätlichkeiten verübten und zugleich auf die, welche in bewußter Weise in der in solcher Art thätig gewordenen Verbindung verblieben [4]), oder beschränkt auf die, welche an den Thätlichkeiten als Mitthäter oder Gehilfen Theil nahmen [5]),

---

1) So John a. a. O. S. 137.

2) So Schwarze § 116 Nr. 11. Olshausen § 116 Nr. 10.

3) Vgl. oben S. 825.

4) So Oppenhoff § 116 Nr. 11.

5) So Puchelt § 116 Nr. 4. Blum § 116 Nr. 10. Ersterer will auf die Theilnehmer an den Thätlichkeiten die Strafe des § 115 Absatz 1, letzterer die des Absatz 2 anwenden.

wonach also die nicht Theil nehmenden nur wegen Auflaufs zu bestrafen seien.

Es bleibt wohl zu beachten, daß das Gesetz den Auflauf, bei welchem thätlicher Widerstand geleistet oder Gewalt verübt wird, nicht als Aufruhr bezeichnet und als solchen behandelt, sondern nur gewissen bei dem Auflaufe Betheiligten im Unterschiede von Anderen die Aufruhrstrafe droht, und zwar denjenigen welche mit vereinten Kräften als Mitthäter oder Gehilfen die Thätlichkeiten verübten, wogegen alle Uebrigen die bei dem Auflaufe betheiligt waren nur nach § 116 wegen Auflaufs zu bestrafen sind. Die Strafe des ersten Absatzes des § 115 kommt also bei § 116 überhaupt nicht in Betracht, sondern nur die auf die Theilnehmer an den Thätlichkeiten anzuwendende Strafe des zweiten Absatzes. Dem steht auch nicht entgegen, daß § 116 von den Strafen des Aufruhrs spricht, denn auch der zweite Absatz des § 115 droht eine Mehrheit von Strafen, Zuchthaus, eventuell Ehrenstrafe und Zulässigkeit von Polizeiaufsicht.

6. Ungehorsam der Schiffsmannschaft und Widerstand gegen den Schiffsführer.

§ 241. An die Bestimmungen des Strafgesetzbuches über den Widerstand gegen die Staatsgewalt lehnt sich eine Reihe von Strafbestimmungen der Seemannsordnung von 1872 an[1]). Ihre Voraussetzung bildet der Grundsatz, daß das Schiff auf offener See mit den darauf befindlichen Menschen der Staatsgewalt seines Heimathsstaates unterworfen bleibt und der Führer des Schiffes, beziehungsweise dessen Stellvertreter, auf dem Schiffe in gewissen Fällen die Staatsgewalt vertritt.

Das Rechtsverhältniß, in welchem die in den Schiffsdienst getretenen Personen stehen, ist an sich ein privatrechtliches, durch den Heuervertrag begründetes Vertragsverhältniß. Der Heuervertrag bedarf aber einer öffentlich rechtlichen Beglaubigung durch die Anmusterung, d. h. die Verlautbarung des Vertrages vor einem Seemannsamte. In Folge dessen ist der Schiffsmann der Schiffsgewalt des Schiffsführers untergeordnet, die sich darin äußert,

---

1) Vgl. Zorn Reichs-Staatsrecht II S. 638 f. Perels Handbuch des öffentlichen Seerechts im deut. Reiche S. 184 f. 191 f. Wagner Handbuch des Seerechtes 1884. Bd. I S. 362 f.

daß der Schiffer ihn, falls er sich dem Antritte oder der Fortsetzung des Dienstes entzieht, zur Erfüllung seiner Pflicht durch das Seemannsamt zwangsweise anhalten lassen kann, und ferner darin, daß er, sobald er den Dienst angetreten hat, der Disciplinargewalt des Schiffers untergeordnet ist. Vermöge dieser Disciplinargewalt hat der Schiffer das Recht von den Schiffsleuten die Beobachtung der Schiffsordnung und Leistung der Dienste zu erzwingen, sowie bei einer Widersetzlichkeit oder bei beharrlichem Ungehorsam alle Mittel anzuwenden, die erforderlich sind um seinen Befehlen Gehorsam zu verschaffen[1]). Außerdem wird aber durch strenge Strafbestimmungen seiner Autorität der erforderliche strafrechtliche Schutz verliehen. In Betreff solcher strafbarer Handlungen beschränkt sich das Recht und die Pflicht des Schiffsführers auf die zur Erhaltung der Ordnung und zur Sicherung der Regelmäßigkeit des Dienstes erforderlichen Maßregeln, auf Anzeigen bei den betreffenden Behörden und die ihm vorgeschriebenen Aufzeichnungen und Mittheilungen behufs späterer Bestrafung[2]).

Die Natur des Dienstverhältnisses, in welchem der Schiffsmann steht, bringt es mit sich, daß hier nicht nur der Widerstand gegen den Vorgesetzten, sondern, ebenso wie nach den Bestimmungen des Militair-Strafgesetzbuches, schon die Verletzung der Dienstpflicht und der Ungehorsam strafbar sind.

Abgesehen von den in geringeren Fällen zu verhängenden Disciplinarstrafen[3]) wird die gröbliche Verletzung der Dienstpflicht mit Geldbuße bis zum Betrage einer Monatsheuer, gegen Schiffsoffiziere bis zum Betrage einer zweimonatlichen Heuer bestraft. Die Verfolgung tritt nur auf Antrag, der bis zur Abmusterung zulässig ist, ein[4]).

Der einfache Ungehorsam des Schiffsmanns ist der disciplinären Bestrafung überlassen. Wenn aber der Schiffsmann den wiederholten Befehlen des Vorgesetzten den Gehorsam verweigert, ist die Strafe Gefängniß bis zu drei Monaten oder Geldstrafe bis zu dreihundert Mark. Wird nach Verabredung von zwei oder mehr Personen der Schiffsmannschaft gemeinschaftlich einem Vor-

1) Seemanns-O. §§ 72—80.

2) Gegen die Auffassung des Verhältnisses der Mannschaft zum Führer als eines staatsrechtlichen Unterthanverhältnisses bei Zorn a. a. O. S. 613 und v. Liszt S. 628. Wagner a. a. O. S. 317.

3) § 79.

4) § 84.

gesetzten der Gehorsam versagt, so trifft jeden Betheiligten Gefängnißstrafe bis zu einem Jahre, den Rädelsführer bis zu drei Jahren. Im Falle mildernder Umstände wird der Rädelsführer mit Gefängniß bis zu zwei Jahren, jeder andere Betheiligte mit Geldstrafe bis zu sechshundert Mark bestraft[1]).

Entsprechend der nach § 110 oder § 111 des Strafgesetzbuches zu strafenden Aufforderung, wird der Schiffsmann, der zwei oder mehr zur Schiffsmannschaft gehörige Personen zum strafbaren Ungehorsam oder zum Widerstande oder thätlichen Angriffe gegen einen Vorgesetzten auffordert als Anstifter gestraft, falls die Aufforderung die strafbare Handlung oder einen Versuch derselben zur Folge hatte. Blieb sie ohne Erfolg, so ist die Aufforderung, wenn sie auf Ungehorsam gerichtet war, mit Geldstrafe bis zu dreihundert Mark, wenn auf Widerstand oder thätlichen Angriff, mit Geldstrafe bis zu sechshundert Mark oder Gefängniß bis zu einem Jahre gestraft[2]).

An die Strafbestimmungen der §§ 113 und 114 des Strafgesetzbuches schließen sich in verbesserter Fassung die der Seemannsordnung in den §§ 89 und 90 an. Abweichend vom Strafgesetzbuche ist hier die vom Schiffsmann gegen den Vorgesetzten verübte Nöthigung zur Vornahme oder Unterlassung einer dienstlichen Verrichtung vorangestellt, und als Mittel der Nöthigung wird neben Gewalt, abweichend von § 114, der jede Drohung für ausreichend erklärt, Bedrohung mit Gewalt und auch Verweigerung der Dienste angeführt. Auch hier wird wie in § 114 zur Vollendung der Nöthigung nicht gefordert, daß sie den beabsichtigten Erfolg hatte, denn es genügt das Unternehmen zu nöthigen. Dem folgt die Strafbestimmung gegen den einem Vorgesetzten durch Gewalt oder Bedrohung mit Gewalt geleisteten Widerstand und den gegen ihn gerichteten thätlichen Angriff, aber von § 113 des Strafgesetzbuches darin abweichend, daß schon das Unternehmen des Widerstandes oder Angriffes zur Vollendung des Vergehens ausreicht. Das Verhältniß der §§ 89 und 90 ist hier ein anderes als das der §§ 113 und 114 insofern, als in beiden Fällen die Strafe die gleiche ist, nämlich Gefängniß bis zu zwei Jahren, bei mildernden Umständen Geldstrafe bis zu sechshundert Mark. Dem schließt sich, in ähnlicher Weise wie in den §§ 118

---

1) §§ 86. 87.

2) § 88.

und 119 des Strafgesetzbuches, in § 91 eine Strafbestimmung für einen qualifizirten Fall der in den §§ 89 und 90 bezeichneten Vergehen an. Wenn nämlich eines derselben von mehreren Schiffsleuten auf Verabredung gemeinschaftlich begangen wird, so kann die Strafe bis auf das Doppelte ihres Höchstbetrages erhöht werden. Der Rädelsführer sowie diejenigen, welche gegen einen Vorgesetzten Gewaltthätigkeiten verübten, werden mit Zuchthaus bis zu fünf Jahren oder mit Gefängniß von gleicher Dauer, also von mindestens einem Jahre, bestraft. Auch kann auf Zulässigkeit von Polizeiaufsicht erkannt werden. Bei mildernden Umständen ist die Strafe Gefängniß nicht unter drei Monaten.

Als Gehilfe soll derjenige Schiffsmann bestraft werden, welcher solchen Befehlen des Vorgesetzten, die sich auf die Abwehr oder Unterdrückung der in den §§ 89 und 90 bezeichneten Vergehen beziehen, den Gehorsam verweigert.

Die angeführten Strafbestimmungen der Seemannsordnung finden auch dann Anwendung, wenn die strafbaren Handlungen außerhalb des Bundesgebietes begangen sind. Die Verjährung der Strafverfolgung beginnt in diesem Falle erst mit dem Tage, an welchem das Schiff, dem der Thäter zur Zeit der That angehörte, zuerst ein Seemannsamt erreicht[1]).

7. Verletzung der Autorität der Staatsgewalt.

§ 242. Der viel angefochtene § 101 des preußischen Strafgesetzbuches, welcher den für strafbar erklärte, der durch öffentliche Behauptung oder Verbreitung erdichteter oder entstellter Thatsachen, oder durch öffentliche Schmähungen oder Verhöhnungen die Einrichtungen des Staates oder die Anordnungen der Obrigkeit dem Hasse oder der Verachtung aussetzt, ist in wesentlich veränderter, an den Thatbestand der Verleumdung sich anlehnender, aber diesem nicht völlig entsprechender, Fassung in das deutsche Strafgesetzbuch § 131 übergegangen.

Object des Angriffes ist die Autorität der Staatsgewalt, die dadurch verletzt wird, daß Staatseinrichtungen oder Anordnungen der Obrigkeit verächtlich gemacht werden. Als Staatseinrichtungen können nur die das eigenthümliche Wesen des angegriffenen Staates bestimmenden, seine Verfassung und Verwaltung in bleibender Weise

---

1) Seemanns-O. § 100.

ordnenden Institutionen betrachtet werden, nicht aber darüber hinausreichende, allgemeinere und nicht diesem bestimmten Staate eigenthümliche Rechtsinstitutionen, wie Ehe, Familie, Eigenthum[1]). Als Anordnungen der Obrigkeit sind nicht bloß die der Regierungsgewalt, sondern auch die der gesetzgebenden Gewalt zu betrachten[2]). Ob die Anordnungen allgemeiner Natur sind oder sich auf einen besondern Fall, eine bestimmte Person beziehen ist gleichgiltig[3]).

Sind die den Widerstand gegen die Staatsgewalt betreffenden Strafbestimmungen nur auf den gegen die deutsche Staatsgewalt gerichteten zu beziehen, so gewiß um so mehr auch die Strafbestimmung des § 131. Sie bezieht sich also auf die Staatseinrichtungen und obrigkeitlichen Anordnungen des Inlandes, des Reiches wie der einzelnen Staaten, wogegen es an jedem ausreichenden Grunde dafür fehlt ihre Anwendbarkeit auszuschließen, wenn ein Deutscher im Gebiete seines Heimathsstaates die Staatseinrichtungen oder obrigkeitlichen Anordnungen eines andern deutschen Staates verächtlich macht[4]).

Dadurch, daß das Vergehen in allen Fällen sich gegen die Autorität der Staatsgewalt richtet, ist nicht ausgeschlossen, daß, soweit es sich um obrigkeitliche Anordnungen handelt, mit ihm auch eine Beleidigung der die Staatsgewalt repräsentirenden obrigkeitlichen Personen concurriren könnte[5]).

Das Vergehen wird verübt durch das öffentliche Behaupten oder Verbreiten erdichteter oder entstellter Thatsachen[6]).

---

1) Oppenhoff § 131 Nr. 14. 15. v. Liszt S. 556. Olshausen § 131 Nr. 9. Rüdorff § 131 Nr. 6. Dagegen Schwarze § 131 Nr. 7. Der auf Ehe, Eigenthum und Familie ausgedehnte strafrechtliche Schutz, den der Entwurf der Novelle von 1876 gewähren wollte, wurde vom Reichstage abgelehnt.

2) Dagegen Rüdorff § 131 Nr. 7.

3) v. Liszt S. 556. Rüdorff a. a. O. Rsprch. III S. 426.

4) Für diese Beschränkung Schwarze § 131 Nr. 13. Oppenhoff § 113 Nr. 13. Dagegen Rüdorff § 131 Nr. 7.

5) Schwarze § 131 Nr. 7. Binding Hdbch. I S. 575. Dagegen John a. a. O. S. 175. Olshausen § 131 Nr. 1.

6) Vgl. über das öffentliche Behaupten oder Verbreiten oben S. 196 und über Thatsachen S. 191. Die s. g. inneren Thatsachen kommen auch hier nur insoweit in Betracht, als äußere Thatsachen mitgetheilt werden, aus denen Andere Schlußfolgerungen auf die inneren Thatsachen zu ziehen vermögen. Rsprch. II S. 197 IV S. 232.

In subjectiver Beziehung wird erfordert, daß der Thäter die Thatsachen als erdichtete oder entstellte kennt und sie behauptet oder verbreitet, um dadurch Staatseinrichtungen oder obrigkeitliche Anordnungen verächtlich zu machen. Es wird also die Absicht gefordert verächtlich zu machen[1]), nicht bloß das vorsätzliche Handeln mit dem Bewußtsein, daß es den Erfolg des Verächtlichmachens nach sich ziehen werde, obwohl freilich damit auch der Wille verächtlich zu machen unvermeidlich verbunden sein würde.

Abweichend von § 186 und 187 werden hier aber die Thatsachen nicht näher als solche bezeichnet, welche geeignet sind verächtlich zu machen. Die Feststellung, daß Jemand unwahre Thatsachen wissentlich behauptet oder verbreitet hat und daß diese geeignet seien verächtlich zu machen, würde jedenfalls nicht genügen und die erforderliche Feststellung der Absicht verächtlich zu machen nicht ersetzen, streitig aber ist es, ob die Feststellung, daß unwahre Thatsachen wissentlich und in der Absicht verächtlich zu machen behauptet wurden, genüge, auch ohne die Feststellung, daß die Thatsachen geeignet seien verächtlich zu machen[2]). Der Umstand aber, daß das Gesetz die Beschaffenheit der Thatsachen nicht näher bezeichnet, ist nicht geeignet eine solche Feststellung als genügend erscheinen zu lassen. Wer in der Absicht zu beleidigen, verächtlich zu machen eine Handlung verübt, die durchaus ungeeignet ist den animus injuriandi kund zu geben, hat nicht beleidigt, und wie die Autorität der Staatsgewalt verletzt erscheinen könnte, wenn Jemand unwahre aber indifferente, harmlose Thatsachen behauptet in der Einbildung dadurch verächtlich zu machen, ist nicht einzusehen. Wenn eingewendet wird, daß die Absicht verächtlich zu machen realisirt werden könne durch die an die erfundenen, indifferenten Thatsachen geknüpften Deductionen, so ist dies zwar richtig, aber dabei übersehen, daß nach dem Gesetze die Absicht verächtlich zu machen „dadurch" daß unwahre Thatsachen behauptet werden sich realisiren muß, und daß darum, wenn dies nicht der Fall ist,

1) Oppenhoff § 131 Nr. 12. Schütze S. 285. Olshausen § 131 Nr. 6. Rsprch. III S. 147. Rubo § 131 Nr. 6 deutet das „um" auf den Zweck. Schwarze § 131 Nr. 11. H. Meyer S. 686 erachten das Bewußtsein für genügend, womit Schwarze freilich mehr nicht sagen will, als daß die Absicht der besondern Feststellung nicht bedürfe, weil sie in dem Bewußtsein liege.

2) Dafür, daß dies genüge John a. a. O. S. 177. Rubo § 131 Nr. 6. Olshausen § 131 Nr. 7. v. Liszt S. 556. Rsprch. IV S. 232.

die Realisirung durch Deductionen und Räsonnements nicht in Betracht kommt. Die zum Thatbestande des Vergehens erforderliche Absicht kann sich also nur kundgeben in der Behauptung von Thatsachen, die an sich geeignet sind verächtlich zu machen[1]).

Die Strafe ist Geldstrafe bis zu sechshundert Mark oder Gefängniß bis zu zwei Jahren.

§ 243. Die nach § 132 strafbare unbefugte Einmischung in ein öffentliches Amt[2]) kann verübt werden von der Privatperson, welche eine Handlung vornimmt, die nur kraft eines öffentlichen Amtes vorgenommen werden darf, und ferner von derjenigen, welche sich mit Ausübung eines Amtes befaßt d. h. also fortgesetzt amtliche Handlungen vornimmt, denn zu dem Befassen mit Ausübung eines Amtes genügt nicht die Anmaßung der Eigenschaft eines öffentlichen Beamten, und andererseits wird die unbefugte Vornahme auch nur einer Amtshandlung wohl in der Regel mit jener Anmaßung verbunden sein. Endlich aber kann das Vergehen auch verübt werden von einem Beamten der eine Amtshandlung in der Weise vornimmt, daß er die Grenzen seiner Zuständigkeit überschreitet und in die eines andern Beamten übergreift[3]).

Als öffentliches Amt wird zweifellos jedes Amt anzusehen seien, das demjenigen zusteht, welcher nach § 359 im Sinne des Strafgesetzbuches Beamter ist. Daß aber hier das öffentliche Amt in einem weiteren Sinne zu nehmen ist ergiebt sich aus § 31, nach welchem unter öffentlichen Aemtern Advocatur, Anwaltschaft, Notariat, Geschworenen- und Schöffendienst mitbegriffen sind. Da aber eine legale Definition des öffentlichen Amtes nicht gegeben ist, so wird im Unterschiede von dem nichtöffentlichen als ein öffentliches jedes Amt anzusehen sein, das als ein durch das öffentliche Recht begrenzter Kreis von Geschäften öffentlichen Charakters erscheint. Hiernach gehören zu den öffentlichen Aemtern nicht nur die Reichs-, Staats- und Communalämter, sondern, da die Kirchen Corporationen des öffentlichen Rechtes sind, auch die Kirchenämter[4]).

---

1) Oppenhoff § 131 Nr. 12. Schwarze § 131 Nr. 11. Geyer a. a. O. S. 146. Puchelt § 131 Nr. 3. Rsprch. III S. 147.

2) Vgl. Zimmermann im G.-Saal 1878 S. 271 f.

3) John a. a. O. S. 180. Zimmermann a. a. O. S. 276. Oppenhoff § 132 Nr. 5. Olshausen § 132 Nr. 5.

4) So Olshausen § 31 Nr. 7 mit Verweisung auf Laband Staatsrecht I S. 293. Vgl. John a. a. O. S. 179. Rubo § 31 Nr. 3. Dagegen die herrschende Ansicht, indem man namentlich in Rücksicht auf die Ent-

Das Vergehen setzt den Dolus des Thäters voraus, die vorsätzliche Vornahme von Amtshandlungen mit dem Bewußtsein zu derselben nicht befugt zu sein[1]). Die Strafbarkeit ist also ausgeschlossen, wenn dieses Bewußtsein mangelte, der Beschuldigte nicht wußte, daß die betreffende Handlung nur kraft eines öffentlichen Amtes vorgenommen werden darf, der beschuldigte Beamte irrthümlich annahm die vorgenommene Handlung gehöre zu den ihm übertragenen Amtshandlungen.

Die Strafe ist Gefängniß bis zu einem Jahre oder Geldstrafe bis zu dreihundert Mark. Eine Ergänzung findet § 132 durch die Strafbestimmung in § 360 Nr. 8, nach welcher wegen Uebertretung auch derjenige bestraft wird, welcher ohne amtliche Functionen vorzunehmen sich den Schein einer amtlichen Stellung dadurch beilegt, daß er unbefugt eine Uniform, eine Amtskleidung oder Amtszeichen trägt oder Titel und Würden annimmt.

§ 244. Im Anschlusse an das preußische Strafgesetzbuch behandelt das deutsche in § 133 als ein, den übrigen deutschen Strafgesetzbüchern nicht bekanntes, Vergehen wider die öffentliche Ordnung das Vernichten, bei Seite Schaffen und Beschädigen von Urkunden, Registern, Akten oder sonstigen Gegenständen, die sich zur amtlichen Aufbewahrung an einem dazu bestimmten Orte befinden oder einem Beamten oder einem Dritten amtlich übergeben worden sind.

Wenn neben Urkunden, Registern, Akten sonstige Gegenstände genannt werden, so ist damit allerdings die Beschaffenheit des Gegenstandes für gleichgiltig erklärt, aber doch nicht unbedingt, denn, abgesehen davon, daß auch die sonstigen Gegenstände sich zur Aufbewahrung an einem dazu bestimmten Orte befinden oder Jemandem amtlich übergeben sein müssen, kommt nothwendig auch der Umstand in Betracht, daß das Gesetz nicht sagt: „Wer einen Gegenstand u. s. w.“, sondern zuerst Urkunden, Register, Akten erwähnt und im Anschlusse hieran auch sonstige Gegenstände. Das kann einen Sinn nur haben unter der Voraussetzung, daß die sonstigen Gegenstände, gleichviel wie sie im Uebrigen beschaffen sein mögen,

---

stehungsgeschichte des § 132 und seine Herkunft aus d. preuß. Strfgb. die Kirchenbeamten als ausgeschlossen betrachtet. Zimmermann a. a. O. S. 275. Oppenhoff § 132 Nr. 2. Schwarze § 132 Nr. 2—4. Rüdorff § 132 Nr. 3.

1) John a. a. O. S. 181. Oppenhoff § 132 Nr. 15. Schwarze § 132 Nr. 8. Zimmermann a. a. O. S. 278.

vom Gesetze doch als solche gemeint sind, welche mit den Urkunden, Registern, Akten in der Eigenschaft übereinkommen, vermöge deren diese an einem dazu bestimmten Orte amtlich aufbewahrt werden. Wozu, wenn unterschiedslos alle Gegenstände die an einem dazu bestimmten Orte amtlich aufbewahrt werden, gemeint wären, neben allen anderen ihnen gegen Diebstahl, Unterschlagung, Beschädigung, Vernichtung Schutz gewährenden Strafbestimmungen noch die besondere des § 133 erforderlich sein könnte, ist nicht einzusehen. Urkunden, Register, Akten werden aber an dem dazu bestimmten Orte amtlich aufbewahrt, weil dies im Interesse der Rechtsordnung erforderlich ist, und zu den sonstigen Gegenständen werden nur die gerechnet werden dürfen, welche jenen in dieser Beziehung gleichstehen, so insbesondere alle die Gegenstände, welche amtlich aufbewahrt werden, weil sie in einem rechtlichen Verfahren zum Beweise zu dienen bestimmt sind[1]). Gerade durch diesen Umstand rechtfertigt es sich, daß § 133 seine Stellung bei den Vergehen wider die öffentliche Ordnung gefunden hat, während er im andern Falle zu den Vermögensdelicten hätte gestellt werden müssen.

Die betreffenden Gegenstände müssen sich zur Zeit der That auf Grund amtlicher Anordnung in Gewahrsam befinden, sei es an dem zur Aufbewahrung bestimmten Orte, sei es im Gewahrsam dessen dem sie amtlich übergeben sind, und § 133 ist unanwendbar, wenn es sich um einen Gegenstand handelt der zwar bestimmt ist amtlich aufbewahrt zu werden und früher aufbewahrt wurde, aber

---

1) John a. a. O. S. 182. Schwarze § 133 Nr. 4. 5, welche sich für diese Auffassung lediglich darauf berufen, daß es sich um ein Delict wider die öffentliche Ordnung handle, was allein doch nicht ausreichen möchte. Dagegen Oppenhoff § 133 Nr. 1. Olshausen § 133 Nr. 1. Rsprch. VI S. 613. Wenn hier gesagt wird, daß Urkunden, Register, Akten nur speciell aufgezählt sind weil sie häufiger als andere Gegenstände als Objecte des Vergehens in Betracht kommen, so ist dies zwar richtig wofern die „sonstigen Gegenstände" in der angegebenen Weise beschränkt werden, aber gewiß unrichtig, wenn man als Gegenstand des Delicts alle amtlich aufbewahrten oder Jemandem amtlich übergebenen Gegenstände betrachtet. Oppenhoff und Olshausen § 133 Nr. 3. H. Meyer S. 686 schließen aus die Gegenstände die nicht zur Aufbewahrung, sondern zu anderem Zwecke, Gebrauche, Abnutzung, hingegeben sind, eine Unterscheidung die undurchführbar ist, denn die Bücher einer öffentlichen Bibliothek, die Waffen im Zeughause, die Fourage im Militair-Magazin sind gewiß zum Aufbewahren aber auch zum Gebrauchen bestimmt, und Urkunden, Register, Akten werden aufbewahrt, damit man von ihnen Gebrauch machen könne.

zur Zeit der That sich nicht in dem amtlich angeordneten Gewahrsam befand[1]). Zu welchem Zwecke der Gegenstand amtlich übergeben war, ob zur Aufbewahrung, zum Gebrauche, zur Ablieferung, ob der Uebergebende oder der Empfänger ein Beamter war, ist, wofern nur die Uebergabe selbst als eine amtliche erscheint, gleichgiltig[2]), ebenso ob der Gegenstand eine fremde Sache oder Eigenthum des Thäters ist[3]).

Die Handlung besteht darin, daß der betreffende Gegenstand vernichtet, bei Seite geschafft oder beschädigt wird[4]). Sie kann nicht nur von einer fremden Person, sondern auch von derjenigen verübt werden, welcher sie amtlich übergeben war, und die Worte des Gesetzes: „einem Beamten oder einem Dritten" sind nur gebraucht um den Gegenstand zu bezeichnen, an welchem das Vergehen verübt werden kann, nicht um den Beamten oder Dritten dem er übergeben ist von der Thäterschaft auszuschließen[5]).

Die Handlung muß vorsätzlich mit dem Bewußtsein verübt sein, daß der Gegenstand sich in amtlich angeordnetem Gewahrsam befindet und in rechtswidriger Weise vernichtet, bei Seite geschafft oder beschädigt wird, wogegen die Absicht in welcher die Handlung verübt wird, nicht in Betracht kommt.

Die Strafe ist Gefängniß, falls aber die Handlung in gewinnsüchtiger Absicht begangen wurde Gefängniß nicht unter drei Monaten, womit Verlust der bürgerlichen Ehrenrechte verbunden werden kann. Die gewinnsüchtige Absicht wird hier wie in den §§ 169, 301, 302, nur auf die Absicht einen Vermögensvortheil

---

1) Oppenhoff § 133 Nr. 6. Schwarze § 133 Nr. 6. Olshausen § 133 Nr. 3. Dagegen John a. a. O. S. 183. Geyer a. a. O. S. 147. Rsprch. II S. 310, welche annehmen die amtlich aufbewahrte oder übergebene Sache erhalte damit eine Eigenschaft die ihr nur durch eine entgegengesetzte amtliche Verfügung oder durch Erfüllung des Zweckes der Aufbewahrung verloren gehe.

2) Oppenhoff § 133 Nr. 2. Geyer a. a. O. S. 148. Entsch. X S. 387.

3) Oppenhoff § 133 Nr. 1. v. Buri im G.-Saal 1876 S. 7. Olshausen § 133 Nr. 2.

4) Vgl. oben S. 387. 410. 424. Rsprch. VII S. 100. 361.

5) John a. a. O. S. 184. Geyer a. a. O. S. 147. Oppenhoff § 133 Nr. 7. Olshausen § 133 Nr. 6. v. Buri a. a. O. S. 10. Rsprch. II S. 474. VII S. 361. Dagegen v. Liszt S. 557. Schwarze § 133 Nr. 3. v. Holtzendorff Gutachten zu dem Prozesse Arnim S. 107.

zu erlangen bezogen werden können, wie dies sowohl dem Sprachgebrauche des gewöhnlichen Lebens als auch des Strafgesetzbuches entspricht, das sich des Ausdruckes: „seines Vortheils wegen" bedient, wo es diesen nicht auf den Vermögensvortheil beschränken will[1]).

§ 245. Nahe mit einander verwandt sind die in den §§ 134 bis 136 des Strafgesetzbuches bezeichneten Vergehen an öffentlichen Bekanntmachungen, Hoheitszeichen und amtlichen Siegeln.

Hiernach wird 1) mit Geldstrafe bis zu dreihundert Mark oder mit Gefängniß bis zu sechs Monaten bestraft, wer öffentlich angeschlagene Bekanntmachungen, Verordnungen, Befehle oder Anzeigen von Behörden oder Beamten böswillig abreißt, beschädigt oder verunstaltet. Der Gegenstand des Delictes ist also die öffentlich, an einem Jedermann zugänglichen Orte, angeschlagene d. h. irgendwie befestigte Bekanntmachung, und auch die öffentlich angeschlagenen Verordnungen, Befehle, Anzeigen sind solche. Die Bekanntmachung muß die einer Behörde oder eines Beamten sein und das ist sie nur, sofern auch ihr Inhalt ein amtlicher ist, denn die Bekanntmachung nicht amtlichen Inhaltes ist die einer Privatperson, sollte der Bekanntmachende auch zugleich Beamter sein. Dagegen ist nicht erforderlich, daß die Bekanntmachung eine solche sei, welche von Behörden oder Beamten innerhalb ihrer Amtsbefugnisse erlassen wurde[2]).

Die Handlung besteht in dem Abreißen, Beschädigen oder Verunstalten der Bekanntmachung. Bei dem Abreißen und Beschädigen wird als das Wesentliche immer nur dies betrachtet werden

1) John a. a. O. S. 185. Merkel in Holtzdf. Hdbch. IV S. 456. H. Meyer S. 686. F. Meyer § 133 Nr. 5. Schwarze § 133 Nr. 11. v. Liszt S. 373. 557. Dagegen Oppenhoff § 133 Nr. 11. Rüdorff § 133 Nr. 4. Rubo § 133 Nr. 8. Olshausen § 133 Nr. 8. Schütze S. 286. Goltd. Arch. XXIV S. 560. XXV S. 214. XXVI S. 57. Die Berufung auf das preuß. Strfgb. und die Praxis kann dafür nicht entscheidend sein, vgl. John a. a. O. Wenn man überdies zugiebt der Vortheil müsse ein materieller sein, so wird eine Grenze zwischen dem materiellen Vortheil der Vermögensvortheil ist und der es nicht ist, sich schwerlich ziehen lassen.

2) Ein im Reichstage gestellter Antrag die Bekanntmachung als eine solche zu bezeichnen, wurde abgelehnt. H. Meyer S. 688 fordert gleichwohl, daß die Bekanntmachung eine rechtmäßige sei, und es würde dies freilich der Fassung der §§ 110 und 113 entsprechen, während der Mangel einer solchen Bestimmung zu widerspruchsvollen Resultaten führen kann. Vgl. John a. a. O. S. 188.

können, daß die Bekanntmachung der Kenntnißnahme Anderer entzogen wird, und auch das Loslösen, Abnehmen der Bekanntmachung ohne sie zu verletzen, wird als ein Abreißen, das Verdecken derselben durch ein über sie angeheftetes Papier als ein Beschädigen zu betrachten sein. Das Verunstalten dagegen wird ein Verfahren erfordern, durch das der Thäter seine Mißachtung der Bekanntmachung kund giebt, oder sie Anderen lächerlich, verächtlich machen will [1]).

In subjectiver Beziehung wird erfordert, daß die Handlung eine böswillige sei. Dies setzt jedenfalls voraus, daß sie eine vorsätzliche sei, und daß der Thäter die Bekanntmachung als eine amtliche kennt, fordert aber noch mehr als dies. Eine böswillige ist sie gewiß nicht, wenn der Thäter die Bekanntmachung abreißt oder beschädigt, weil sie eine veraltete, zwecklos gewordene ist, aber wohl auch dann nicht, wenn das Abreißen oder Beschädigen eine Aeußerung des Muthwillens ist, der seine Befriedigung in der Handlung selbst sucht ohne sie auf einen beabsichtigten Erfolg oder weitern Zweck zu beziehen. Als böswillig [2]) wird darum die Handlung füglich nur bezeichnet werden können, wenn sie in der Absicht verübt wurde eben den Erfolg herbeizuführen, den die Strafbestimmung verhüten will, hier also die Absicht die Bekanntmachung dem Bekanntwerden zu entziehen, oder an ihr Mißachtung auszulassen und Anderen sie als eine zu mißachtende kenntlich zu machen.

2) Mit Geldstrafe bis zu sechshundert Mark oder mit Gefängniß bis zu zwei Jahren wird bestraft wer ein öffentliches Zeichen der Autorität des Reiches oder eines Bundesfürsten oder ein Hoheitszeichen eines Bundesstaates böswillig wegnimmt, zerstört oder beschädigt oder beschimpfenden Unfug daran verübt.

Während in § 103a die Verletzung eines öffentlichen Zeichens der Autorität oder eines Hoheitszeichens eines nicht deutschen Staates für strafbar erklärt wird, unterscheidet § 135 das öffentliche Zeichen der Autorität des Reiches oder eines Bundesfürsten einerseits und ein Hoheitszeichen eines Bundesstaates andererseits, so daß es scheint als ob die Verletzung eines Hoheitszeichens des Reiches oder eines Bundesfürsten, so wie die eines Zeichens der

---

1) John a. a. O. S. 187. Oppenhoff § 134 Nr. 4.

2) Vgl. darüber Binding Normen II S. 604. John a. a. O. S. 187. Geyer a. a. O. S. 132. Rüdorff § 134 Nr. 2. v. Liszt S. 557.

Autorität eines Bundesstaates von der Bestrafung ausgeschlossen sein solle. Ein Grund dafür wäre nicht einzusehen und unmöglich kann es die Absicht sein in dieser Beziehung das Inland ungünstiger zu behandeln als das Ausland. Auch die bisherigen Versuche den Unterschied zwischen Zeichen der Autorität und Hoheitszeichen anzugeben [1]), haben zu keinem haltbaren Ergebnisse geführt.

Der dem § 135 entsprechende § 93 des preußischen Strafgesetzbuches sprach nur von Zeichen der Königlichen Autorität und es lag darum nahe bei der Redaction des norddeutschen Strafgesetzbuches von den Zeichen der Autorität der Bundesfürsten zu sprechen, diesen aber die des Bundes, jetzt des Reiches, voran zu stellen. Da aber außerdem noch die republicanischen Hansestädte in Betracht kamen, so fand man sich wahrscheinlich veranlaßt die Hoheitszeichen eines Bundesstaates hinzuzufügen, während es freilich richtiger gewesen wäre nur von den Zeichen der Autorität des Bundes, eines Bundesfürsten oder deutschen Staates zu sprechen. In § 103a konnte man ebensowenig wie in § 135 nur von Zeichen der landesherrlichen, monarchischen Autorität sprechen und faßte wohl darum beides, Zeichen der Autorität und Hoheitszeichen zusammen. Hiernach würde also ein sachlicher Unterschied zwischen Autoritäts- und Hoheitszeichen überhaupt nicht anzunehmen, und die Unterscheidung des Gesetzes nur aus der Rücksicht auf den Unterschied der monarchischen und der republicanischen Staatsform zu erklären sein, womit zugleich der auffällige Unterschied der §§ 103a und 135 ausgeglichen erschiene.

Die Handlung besteht in dem vorsätzlichen und böswilligen Wegnehmen, Zerstören oder Beschädigen eines solchen Zeichens, wobei das „böswillig" in gleicher Weise zu deuten ist wie in § 134 [2]). Durch die Strafgesetz-Novelle von 1876 ist weiter noch hinzugefügt worden das Verüben beschimpfenden Unfugs, was die Absicht des Thäters, seine Mißachtung, Verachtung des Zeichens der Autorität und damit dieser selbst auszudrücken erfordert.

3) Mit Gefängniß bis zu sechs Monaten wird bestraft wer unbefugt ein amtliches Siegel, welches von einer Behörde oder einem Beamten angelegt ist, um Sachen zu verschließen, zu be-

---

1) Vgl. **Rubo** § 130a Nr. 3. **Meves** in Holtzdf. Hdbch. IV S. 304. **Geyer** a. a. O. S. 132. v. **Liszt** S. 558.

2) Vgl. **John** a. a. O. S. 187. **Meves** § 135 Nr. 3 und a. a. O. S. 306. **Geyer** a. a. O.

zeichnen oder in Beschlag zu nehmen, vorsätzlich erbricht, ablöst oder beschädigt oder den durch ein solches Siegel bewirkten amtlichen Verschluß aufhebt.

Das Siegel, gleichviel aus welcher Masse es bestehe[1]), muß also nicht nur von einer Behörde oder einem Beamten angelegt, sondern selbst auch ein amtliches sein, und ein solches ist es nur, wenn es von der hierzu competenten Behörde oder unter ihrer Autorisation angelegt wurde, wie dies auch die nothwendige Voraussetzung dafür ist, daß die Verletzung desselben als unbefugt erscheine[2]).

Die Handlung besteht entweder in dem Erbrechen, Ablösen oder Beschädigen des Siegels oder in einer ohne Verletzung des Siegels bewirkten Beseitigung des durch dasselbe hergestellten Verschlusses.

Das Vergehen erfordert vorsätzliche Verübung mit dem Bewußtsein des unbefugten Handelns[3]).

§ 246. Wenn in § 137 derjenige für strafbar erklärt wird, welcher Sachen, die durch die zuständige Behörde oder Beamten gepfändet oder in Beschlag genommen worden sind, der Verstrickung entzieht, so handelt es sich dabei in erster Linie allerdings darum, dem durch die Verstrickung hergestellten Zustande strafrechtlichen Schutz zu gewähren, weiter aber auch darum hier, wie nach den Strafbestimmungen der §§ 133 und 136, die Nichtachtung des amtlichen Actes als eine Verletzung der öffentlichen Ordnung zu strafen[4]).

1) Als Gegenstand des Vergehens bezeichnet das Gesetz beschlagnahmte Sachen und was als Sache hier zu betrachten sei, ist streitig. Der § 272 des preußischen Strafgesetzbuches, dem § 137 des deutschen nachgebildet ist, war zu den Fällen des strafbaren Eigennutzes gestellt, während das deutsche Strafgesetzbuch den § 137 zu den Verletzungen der öffentlichen Ordnung gestellt und damit schärfer hervorgehoben hat, daß es die Nichachtung des amtlichen Actes als wesentliches Moment im Thatbestande des Vergehens

---

1) Oppenhoff § 136 Nr. 2. Geyer a. a. O. S. 148. v. Liszt S. 558. Rsprch. II S. 663.

2) John a. a. O. S. 188. Oppenhoff § 136 Nr. 3. Schwarze § 136 Nr. 4. Olshausen § 136 Nr. 4. Rsprch. V S. 102.

3) Oppenhoff § 136 Nr. 7. Schwarze § 136 Nr. 6. Olshausen § 136 Nr. 5. Dagegen John a. a. O. S. 189.

4) Vgl. Oppenhoff § 137 Nr. 1. John a. a. O. S. 190.

betrachtet. Die preußische Praxis hatte sich, einem Plenarbeschlusse des Ober-Tribunals [1]) folgend, dafür entschieden, daß unter Sachen nicht nur körperliche Gegenstände, sondern auch Forderungen zu verstehen seien. Dieser Auffassung hat sich auch in Betreff des § 137 die herrschende Meinung angeschlossen [2]).

Es wird diese Auslegung des Gesetzes nicht auf die Annahme gestützt werden können, daß sich das deutsche Strafgesetzbuch im Gebrauche des Wortes „Sache" der preußischen Praxis angeschlossen habe, denn diese stützte sich auf Gründe, welche für das deutsche Strafgesetzbuch nicht maßgebend sind, und dem regelmäßigen Sprachgebrauche des letzteren gegenüber, nach welchem es als Sachen nur körperliche Gegenstände bezeichnet, wird auch die Verweisung auf die in § 266 Nr. 1 enthaltene Ausnahme von der Regel nicht genügen, wenn sie nicht durch den Inhalt des § 137 gerechtfertigt erscheint. Dagegen spricht für jene Auslegung allerdings der Umstand, daß im andern Falle sich eine empfindliche Lücke des Gesetzes ergeben würde.

Die entgegengesetzte Ansicht, nach welcher Forderungen von den Sachen im Sinne des § 137 ausgeschlossen sind, stützt sich darauf, daß Forderungen ihrer Natur nach der Verstrickung nicht entzogen werden können [3]), weil der Schuldner nicht liberirt wird, wenn er trotz des Inhibitoriums dem Gläubiger Zahlung leistet, oder der Gläubiger in anderer Weise im Einverständniße mit dem Schuldner über die Forderung verfügt. So richtig letzteres ist, so fragt es sich gleichwohl, ob damit die Möglichkeit die Forderung der Verstrickung zu entziehen wirklich ausgeschlossen sei. Durch die Seitens der Behörde vorgenommene Pfändung oder Beschlagnahme ist eine Vermögenslage geschaffen, die nur durch die in rechtlicher Weise erfolgende Aufhebung der Verstrickung wieder beseitigt werden kann. Dem Gepfändeten oder Arrestaten ist es

---

1) Goltd. Arch. IV S. 334. Es stützt sich der Beschluß wesentlich auf den Sprachgebrauch den das preuß. A. L. R. in Betreff des Wortes „Sache" befolgt. Ueberdies kamen dabei besondere Vorschriften des altpreußischen Civilprozesses in Betracht.

2) John a. a. O. S. 192. H. Meyer S. 687. Oppenhoff § 137 Nr. 4. Rüdorff § 137 Nr. 5. Rubo § 137 Nr. 4. Olshausen § 137 Nr. 1. Rsprch. III S. 691.

3) So Puchelt § 137. Schwarze § 137 Nr. 3, näher begründet im Urtheile des R.-Gerichts Rsprch. III S. 777. Auf dieses beziehen sich Geyer a. a. O. S. 148. v. Liszt S. 558.

darum in allen Fällen unmöglich die Sache in dem Sinne der Verstrickung zu entziehen, daß er jene Vermögenslage irgendwie in rechtlich wirksamer Weise alterirt, abweichend von den Fällen des § 288 des Strafgesetzbuches und § 209 der Concurs-Ordnung, in welchen, mangels einer Pfändung oder Beschlagnahme, eine das Interesse des Gläubigers schädigende, ihm ein Executionsobject entziehende rechtliche Verfügung über die Forderung möglich ist[1]). Die Sache kann daher der Verstrickung in allen Fällen nur in dem Sinne entzogen werden, daß thatsächlich die Wirkung, welche die Beschlagnahme ausüben sollte, vereitelt wird und die Möglichkeit einer solchen Vereitelung wird sicher auch dann nicht ausgeschlossen sein, wenn es sich um eine mit Beschlag belegte Forderung handelt. Sie liegt vor allem vor, wenn die Forderung auf Leistung einer bestimmten Sache geht und diese vernichtet oder bei Seite geschafft wird, eben so dann, wenn eine rechtlich wirksame Aenderung des durch die Pfändung geschaffenen Rechtszustandes ausnahmsweise nicht ausgeschlossen ist, wie durch Cession von Grundschulden und Hypothekenforderungen an einen gutgläubigen Dritten nach Maßgabe des preußischen Gesetzes über den Eigenthumserwerb und die dingliche Belastung der Grundstücke von 1872[2]).

Aber von einem derartigen Ausnahmefalle abgesehen wird allerdings eine Forderung, welche auf vertretbare Sachen, insbesondere auf Geld geht, der Verstrickung nicht entzogen werden können. Das Inhibitorium versetzt den Drittschuldner in die Unmöglichkeit durch Zahlung an den Schuldner, seinen Gläubiger, die Schuld zu tilgen, legt ihm aber nicht die Verpflichtung auf sich der freien Verfügung über seine Zahlungsmittel zu enthalten und macht ihn nicht strafrechtlich dafür verantwortlich, daß durch solche Verfügungen die Bonität der Forderung alterirt wurde[3]). Bedingungsweise wird er allerdings wegen solcher Verfügungen, Zahlung an seinen Gläubiger, strafbar sein, aber nicht deshalb, weil er die Forderung der Verstrickung entzogen hätte, sondern nur deshalb, weil auf seine Handlung § 288 des Strafgesetzbuches, oder die §§ 209 bis 211 der Concurs-Ordnung Anwendung finden[4]).

1) Vgl. das angeführte Urtheil des R.-Gerichts.

2) Oppenhoff § 137 Nr. 35. Olshausen § 137 Nr. 9. Rsprch. VII S. 287.

3) Dagegen John a. a. O. S. 193.

4) Rsprch. a. a. O.

Als Sachen im Sinne des § 137 kommen also sowohl Forderungen wie körperliche Gegenstände in Betracht, insbesondre auch unbewegliche Sachen, soweit sie beweglich gemacht und der Verstrickung theilweise entzogen werden können, wie durch Abbruch eines Gebäudes, Abhauen von Bäumen, oder soweit nach gesetzlichen Bestimmungen die Beschlagnahme eines Grundstückes sich auch auf bewegliche Sachen, Pertinenzstücke, bezieht[1]).

2) Die Sache muß, um dadurch einen vermögensrechtlichen Anspruch zu sichern, gepfändet oder überhaupt in Beschlag genommen sein, um sie einer weiteren Zweckbestimmung vorzubehalten. Eben diese Beschlagnahme muß durch die zuständigen Behörden oder den zuständigen Beamten erfolgt sein. Damit sind die Sachen ausgeschlossen, welche von einer Privatperson oder auch von einem Beamten, im fiscalischen Interesse in Ausübung eines Privatpfändungsrechtes, gepfändet wurden[2]).

Die Zuständigkeit der Behörde, des Beamten setzt die sachliche wie örtliche Zuständigkeit sowie die Beobachtung der gesetzlich erforderlichen wesentlichen Förmlichkeiten voraus, weiter aber auch die concrete Zuständigkeit, denn wenn zwar § 137 nicht ausdrücklich die Rechtsgiltigkeit der Beschlagnahme fordert, wird doch nicht angenommen werden dürfen, daß zwar der Widerstand der dem Beamten in Ausübung einer rechtsungiltigen Beschlagnahme geleistet wird, nach § 113 straflos sein solle, strafbar dagegen die Nichtachtung einer ungesetzlichen Beschlagnahme[3]). Zu welchem Zwecke die Beschlagnahme stattfand, ist gleichgiltig[4]).

3) Die Handlung besteht darin, daß die Sache ganz oder

---

1) Olshausen § 137 Nr. 2. 13. Oppenhoff § 137 Nr. 4. 14. Rüdorff § 137 Nr. 4. Rsprch. II S. 97. 696.

2) John a. a. O. S. 191. Oppenhoff § 137 Nr. 2.

3) John a. a. O. S. 194. Oppenhoff § 137 Nr. 15. 18. H. Meyer S. 687. F. Meyer § 137 Nr. 6. Schwarze § 137 Nr. 4. Dagegen Olshausen § 137 Nr. 5. Puchelt § 137 Nr. 1. Rsprch. VI S. 426. In Betreff der Casuistik vgl. Oppenhoff § 137 Nr. 5—12. Olshausen § 137 Nr. 6—8.

4) Schwarze § 137 Nr. 4b. Olshausen § 137 Nr. 4. Dagegen John a. a. O. S. 190, welcher eine Beschlagnahme voraussetzt, die zur Realisirung eines zur rechtlichen Anerkennung gebrachten Rechtsanspruches dienen soll, also diejenige ausschließt, welche den Zweck hat einem Rechtsanspruche zur rechtlichen Anerkennung zu verhelfen, wie beschlagnahmte Ueberführungsstücke, bei denen § 133 Anwendung finde.

theilweise der Verstrickung entzogen wird, d. h. daß mit Nichtachtung des legalen Actes der Beschlagnahme die Sicherung, welche durch denselben geschaffen werden sollte, vereitelt wird. Als besondere Arten der Entziehung wird das Zerstören und Beiseiteschaffen genannt, welches letztere nicht nothwendig erfordert, daß die Sache dauernd unerreichbar sei, sondern auch dann anzunehmen ist, wenn es sich nur um eine zeitweise Entziehung handelt.

4) Subject des Vergehens kann Jeder sein der sich thatsächlich in der Lage befindet über die Sache zu verfügen, also nicht nur derjenige, gegen den die Beschlagnahme verfügt oder an den die Verfügung gerichtet war, auch der Gläubiger zu dessen Gunsten die Beschlagnahme erfolgt war [1]).

5) Die Handlung muß eine vorsätzliche sein und dies setzt einerseits voraus die Kenntniß des Thäters davon, daß die Sache von der zuständigen Behörde in Beschlag genommen war, andererseits die Absicht, die Sache der Verstrickung zu entziehen [2]), wogegen die Absicht sich einen Vortheil zu verschaffen oder einem Andern Schaden zuzufügen nicht erforderlich ist. Der Irrthum, daß die Beschlagnahme von der nicht zuständigen Behörde oder in nicht gesetzlicher Weise bewirkt worden sei, schließt hiernach den Dolus aus, ebenso der Irrthum, daß die entzogene Sache, z. B. Pertinenzstücke eines Landgutes, von der Beschlagnahme nicht mit getroffen worden seien, aber auch der Irrthum, daß nach der zu Gunsten eines Gläubigers erfolgten Beschlagnahme diese, auch ohne Aufhebung der Verstrickung, in dem Falle, daß Gläubiger und Schuldner im Einverständnisse mit einander handeln, wirkungslos werde [3]), wie ein jeder Irrthum durch den das Bewußtsein der Rechtswidrigkeit ausgeschlossen wird.

6) Vollendet ist das Vergehen mit der Entziehung selbst, wenn diese auch nur eine zeitweise wirksame ist, und die Strafbarkeit wird durch die Wiederherbeischaffung der Sache nicht ausgeschlossen.

Die Strafe ist Gefängniß bis zu einem Jahre.

---

1) Rsprch. I S. 705.

2) Oppenhoff § 137 Nr. 37. 38. Schwarze § 137 Nr. 10. Geyer a. a. O. S. 149. Olshausen § 137 Nr. 15. Rsprch. VI S. 426. Dagegen John a. a. O. S. 195.

3) Goltd. Arch. VIII S. 706. Rsprch. I S. 610. II S. 755. Dagegen Rsprch. I S. 448. 705.

§ 247. Zu den Delicten wider die öffentliche Ordnung hat in § 144 das Strafgesetzbuch auch die Verleitung zur Auswanderung mittelst auf Täuschung berechneter Mittel gestellt.

Die Stellung dieser Strafbestimmung zu den Delicten wider die öffentliche Ordnung erklärt sich aus der Entstehungsgeschichte derselben. Ihren Ursprung bildet die preußische Verordnung vom 20. Januar 1820, nach welcher strafbar ist, wer es sich zum Geschäfte macht Unterthanen zum Auswandern zu verleiten. Wenn diese Verordnung zur Motivirung der Strafbestimmung auf das A. Landrecht II Tit. 20 § 133 verweist, nach welchem die Begünstigung fremder Mächte zum Nachtheil der Interessen des eigenen Staates, auf § 143, nach welchem das Werben von Recruten für fremde Mächte, und auf § 148, nach welchem, wer Fabrikvorsteher und Arbeiter zum Auswandern verleitet, Fremden Fabrikgeheimnisse verräth oder seinem Vaterlande andere Vortheile dieser Art zu Gunsten fremder Staaten entzieht, strafbar ist, so giebt dies deutlich zu erkennen, daß es sich dabei lediglich um den Schutz der Interessen des Staates, nicht aber der zur Auswanderung Verleiteten handelt. Das preußische Strafgesetzbuch hatte in § 114 jene Verordnung wörtlich aufgenommen, außerdem aber noch die Strafbestimmung des angeführten § 148 hinzugefügt, hatte also jenen leitenden Gesichtspunkt festgehalten, weshalb auch bei der Redaction der Antrag nur das Verleiten aus eigennützger Absicht für strafbar zu erklären, verworfen wurde[1]). Das Gleiche gilt von dem ersten Entwurfe des deutschen Strafgesetzbuches, der in § 127 den § 114 des preußischen aufgenommen, aber auch noch die Verleitung von Schiffsleuten inländischer Schiffe ihren Dienst nicht anzutreten oder ihn vorzeitig zu verlassen hinzugefügt hatte. Es gilt ebenso von dem zweiten Entwurfe, der sich aber in § 143 auf die Strafbarkeit des Verleitens zur Auswanderung beschränkte.

Erst der Reichstag hat, um ehrliche Auswanderungsagenten gegen Strafverfolgung zu schützen, in § 144 die Worte: „unter Vorspiegelung falscher Thatsachen oder wissentlich mit unbegründeten Thatsachen", eingefügt, denen überdies durch die Novelle von 1876 auch noch die Worte: „oder durch andere auf Täuschung berechnete Mittel" angeschlossen wurden[2]).

---

1) Goltd. Mat. II S. 192.

2) Der Entwurf zur Novelle wollte jedes geschäftsmäßige Verleiten zum

Hiernach hat die Strafbestimmung in ihrer jetzigen Fassung zweifellos den Zweck Deutsche gegen die Folgen einer derartigen Verleitung zur Auswanderung zu schützen, womit immerhin der Gesichtspunkt staatliche Interessen zu schützen nicht als völlig aufgegeben zu betrachten sein wird[1]), und gewiß weist die Stellung des § 144 auch wohl darauf hin, daß dabei zugleich die Verleitung Wehrpflichtiger zur Auswanderung in Betracht gezogen war[2]).

Der Thatbestand des Delicts erfordert 1) daß der Thäter es sich zum Geschäfte gemacht habe Deutsche zur Auswanderung zu verleiten[3]). Hiernach kann ein einzelner Fall der Verleitung nicht genügen und das Delict erscheint als Collectivdelict.

Das Verleiten d. h. Anstiften Anderer zum Auswandern, auch wenn es geschäftsmäßig betrieben wird, ist aber nicht schon an sich, sondern nur unter den weiteren Bedingungen, vermöge deren es als rechtswidrig erscheint, strafbar, und andererseits ist auch die durch das Gesetz verbotene Anwendung trügerischer Mittel nicht strafbar, wenn sie nicht einer anstiftenden Thätigkeit, sondern nur dazu dienen Personen, welche die Auswanderung beschlossen haben in ihrem Entschlusse zu bestärken[4]).

2) Die Verleitung muß vom Thäter verübt sein indem der Thäter auf Täuschung berechnete Mittel dazu anwendete, und als solche werden insbesondere angeführt die Vorspiegelung falscher Thatsachen und das wissentliche Anführen unbegründeter Angaben, wie hierher auch das Unterdrücken wahrer Thatsachen gehören würde[5]).

Auswandern als das Staatswohl schädigend strafen, und das trügerische Verleiten nur als qualifizirten Fall behandeln.

1) Vgl. Meves in Holtzdf. Hdbch. IV S. 335.

2) Damit wird es aber doch nicht als gerechtfertigt betrachtet werden können, wenn v. Liszt S. 596 die Verleitung zur Auswanderung zu den strafbaren Handlungen gegen die Verwaltung des Kriegswesens stellt. Mit Unrecht behauptet er, daß ich § 144 bei den Freiheitsdelicten behandelt hätte.

3) Ueber die geschäftsmäßige Verübung oben Th. I S. 546. Ueber das „Verleiten" vgl. unten zu § 141.

4) v. Kirchmann § 144 Nr. 1. Olshausen § 144 Nr. 2. Dagegen John in Holtzdf. Hdbch. III S. 210. Meves § 144 Nr. 3. Oppenhoff § 144 Nr. 5.

5) Weil die frühere Fassung allerdings lückenhaft erschien, indem das Unterdrücken wahrer Thatsachen nicht angeführt war, wurde 1876 die allgemein

Vollendet ist das Delict mit geschäftsmäßiger Ausübung der trügerischen anstiftenden Thätigkeit, wogegen es nicht erforderlich ist, daß sie den beabsichtigten Erfolg gehabt habe.

Die Strafe ist Gefängniß von einem Monate bis zu zwei Jahren.

---

gefaßte Bestimmung: „auf Täuschung berechnete Mittel" eingeschoben, der gegenüber die besonders angeführten Mittel nur als entbehrliche Beispiele erscheinen.

Sechstes Kapitel.

Delicte gegen die Rechtspflege.

1. Delicte der Geschwornen, Schöffen, Zeugen und Sachverständigen.

§ 248. Zum Zwecke der Handhabung der Rechtspflege nimmt das Gesetz mehrfach die Mitwirkung von Privatpersonen in Anspruch und droht denjenigen Strafe, welche sich der Erfüllung dieser Pflicht rechtswidrig entziehen.

Als eine staatsbürgerliche Pflicht eines jeden hierzu qualifizirten und berufenen Deutschen behandelt das Gesetz die Pflicht den Dienst als Schöffe und Geschworner zu leisten[1]). Die Pflicht derselben besteht darin, daß sie, ordnungsmäßig berufen, zum Zwecke der Dienstleistung bei Gericht zu erscheinen und die richterliche Thätigkeit wahrzunehmen haben. Sofern sie ihrer Pflicht durch Nichterscheinen oder in anderer Weise sich entziehen, verfallen sie der gesetzlichen Ordnungsstrafe[2]).

Als allgemeine, unter den gesetzlichen Voraussetzungen einem Jeden obliegende, behandelt das Gesetz die Pflicht als Zeuge und Sachverständiger zu dienen[3]). Die als Zeugen oder Sachverständige Berufenen haben die Pflicht zu erscheinen, auszusagen und ihre Aussage zu beeidigen. Im Falle des Nichterscheinens, der Verweigerung der Aussage oder deren Beeidigung finden gegen sie die gesetzlichen Ordnungsstrafen und Zwangsmaßregeln Anwendung[4]).

Neben den Ordnungsstrafen kommt aber bedingungsweise noch eine criminelle Strafe zur Anwendung[5]). Wer als Zeuge, Sachverständiger, Geschworner oder Schöffe berufen eine unwahre That=

---

1) G. Verf. G. § 30 f. 84 f.

2) G. Verf. G. § 56. 96.

3) C. Prz. O. § 338 f. 367 f. St. Prz. O. § 48 f. 72 f.

4) C. Prz. O. §§ 345. 355. 374. St. Prz. O. §§ 50. 69. 75. 77. G. Verf. G. §§ 56. 96.

5) Strfgb. § 138.

sache als Entschuldigung vorschützt, wird mit Gefängniß bis zu zwei Monten bestraft.

Nach der Fassung des § 138 kann die Entschuldigung nur bezogen werden auf das Nichterscheinen, denn dafür spricht, daß im ersten Absatz die Zeugen, Geschwornen und Schöffen als „berufen" d. h. als zum Erscheinen aufgefordert, und im zweiten Absatze die Sachverständigen als zum Erscheinen verpflichtet bezeichnet werden. Die Strafbestimmung bezieht sich also nicht auf den, der zwar erscheint, aber unter Vorschützung unwahrer Thatsachen seine Pflicht als Schöffe oder Geschworner zu fungiren, als Zeuge oder Sachverständiger auszusagen, bestreitet, umsomehr als in solchem Falle von einer Entschuldigung nicht die Rede sein könnte[1]).

Die Entschuldigung muß sich auf unwahre Thatsachen stützen die der Thäter als solche kennt, da sonst von einem „Vorschützen" nicht die Rede sein könnte. Fahrlässige Verübung des Vergehens ist also ausgeschlossen. Ob die Entschuldigung vor dem Termine zu welchem berufen war oder nach demselben, um der Ordnungsstrafe wegen Nichterscheinens zu entgehen, vorgebracht war, ist gleichgiltig, und unbedenklich wird die Strafbestimmung auch auf den anzuwenden sein, der zwar erscheint, aber nur um vermöge des Vorschützens unwahrer Thatsachen sein vorzeitiges Entfernen zu entschuldigen[2]). Im letzteren Falle wird aber immer vorausgesetzt, daß es sich um eine Entschuldigung handelt, d. h. um die Bitte von der als solcher anerkannten Pflicht entbunden zu werden, wogegen § 138 nicht anzuwenden sein würde, wenn der Erschienene seine Entlassung fordert, weil er, auf unwahre Thatsachen sich berufend, seine Pflicht als Schöffe oder Geschworner zu fungiren, als Zeuge oder Sachverständiger auszusagen bestreitet.

Die Strafbestimmung des § 138 ist auch in dem Falle ausgeschlossen, daß Jemand durch Berufung auf unwahre Thatsachen

---

1) John in Holtzdf. Hdbch. III S. 196. v. Liszt S. 591. Olshausen § 138 Nr. 1. Dagegen H. Meyer S. 692. Schwarze § 138 Nr. 2. Oppenhoff § 138 Nr. 4. Rüdorff § 138 Nr. 3.

2) Olshausen § 138 Nr. 4. Dagegen John a. a. O., der den Fall, daß der Thäter sein späteres Nichterscheinen in voraus entschuldigt als ausgeschlossen betrachtet. Die Motive sprechen ausdrücklich von diesem Falle und von der Anwendbarkeit des § 138 sowohl dann, wenn in Folge der vorangegangenen Entschuldigung Dispensation ertheilt wurde, wie wenn die Entschuldigung erfolglos war und der Thäter darum zu erscheinen oder zu verbleiben genöthigt war.

es verhindert als Geschworner oder Schöffe berufen zu werden, da sich dieselbe nur auf berufene Geschworne und Schöffen bezieht und auch in solchem Falle von einer Entschuldigung nicht die Rede sein kann[1]).

Die ganz allgemein gefaßte Vorschrift des § 138 ist nicht auf das reichsgesetzlich geregelte Prozeßverfahren beschränkt, findet also bei einem jeden gesetzlich geregelten Verfahren, bei welchem Zeugen und Sachverständige berufen werden können, Anwendung.

Jeder Zweifel über die fortdauernde Geltung älterer reichs- und landesgesetzlicher Vorschriften über Ordnungsstrafen wegen Nichterscheinens ist durch die ausdrückliche Bestimmung beseitigt, daß die auf das Nichterscheinen gesetzten Ordnungsstrafen durch § 138 nicht ausgeschlossen sind.

2. Vorzeitige Veröffentlichung strafprozessualischer Schriftstücke.

§ 249. Um zu verhüten, daß der Gang und das Ergebniß eines Strafverfahrens durch vorzeitige Veröffentlichungen beeinträchtigt werde, indem insbesondere etwa die Unbefangenheit der bei dem Strafverfahren betheiligten Personen gestört wird, bestimmt das Preßgesetz vom 7. Mai 1874 in § 17, daß die Anklageschrift oder andere amtliche Schriftstücke eines Strafprozesses durch die Presse nicht eher veröffentlicht werden dürfen, als bis dieselben in öffentlicher Verhandlung kundgegeben sind oder das Verfahren sein Ende erreicht hat.

Da ganz allgemein von amtlichen Schriftstücken die Rede ist, so kommt der Inhalt und die Erheblichkeit derselben nicht weiter in Betracht, immerhin aber wird man in Rücksicht auf die Tendenz und Zweck des Verbotes nicht schon ein jedes zu den Akten eingereichtes Privatschreiben als ein amtliches, auf das sich das Verbot des § 17 beziehe, betrachten dürfen[2]). Ob das Schriftstück in voller Ausdehnung oder nur auszugsweise veröffentlicht wird, ob der Inhalt desselben wortgetreu wiedergegeben wird oder nicht, ist gleichgiltig.

Die Strafbarkeit eines Zuwiderhandelns wider dieses Verbot erfordert Dolus und bloße Fahrlässigkeit kommt nicht in Betracht,

---

1) Olshausen § 138 Nr. 5. Dagegen Schwarze § 138 Nr. 3.

2) Vgl. Marquardsen Commentar z. Preßgesetz S. 101 f. Thilo Preuß. Preßgesetz S. 134. Schwarze Das Reichs-Preßgesetz S. 72 f. Rsprch. V S. 493.

noch weniger kann davon die Rede sein, daß es sich in § 17 um eine Präventivmaßregel handle, bei welcher die Strafbarkeit lediglich durch die Thatsache der Veröffentlichung ohne jede Rücksicht auf subjectives Verschulden bedingt werde[1]).

Die Strafe der Verletzung des Verbotes ist nach § 18 Geldstrafe bis zu eintausend Mark oder Haft oder Gefängniß bis zu sechs Monaten.

3. Nichtanzeige von Verbrechen.

§ 250. Eine allgemeine bei Strafe auferlegte Pflicht, die Verübung strafbarer Handlungen zu verhindern, verübte strafbare Handlungen oder auch das Vorhaben ihrer Verübung zur Anzeige zu bringen, kennt das Gesetz nicht, und nur so weit diese Pflicht eine amtliche ist, würde ihre Vernachlässigung strafrechtliche oder disciplinäre Verantwortlichkeit nach sich ziehen. Nur in beschränktem Maße gebietet das Gesetz einem Jeden von einem strafbaren Vorhaben zum Zwecke seiner Verhinderung rechtzeitig Anzeige zu machen und erklärt das Unterlassen für strafbar[2]).

Die Anzeigepflicht beschränkt sich auf das Vorhaben eines Hochverrathes, Landesverrathes, Münzverbrechens, Mordes, Raubes, Menschenraubes oder eines gemeingefährlichen Verbrechens. Durch das s. g. Dynamitgesetz vom 9. Juni 1884 ist die Anzeigepflicht auf die daselbst in den §§ 5—7 bezeichneten Delicte ausgedehnt[3]).

Die Anzeigepflicht liegt einem Jeden ob, welcher von dem Vorhaben eines der gedachten Verbrechen glaubhafte Kenntniß erlangt hatte. Wenn das Gesetz eine glaubhafte Kenntniß erfordert, so ist damit ausgedrückt, daß nicht eine jede Nachricht, ein jedes Gerücht genüge, sondern eine Kenntnißnahme von Thatsachen erfordert wird, welche geeignet ist den Glauben zu begründen, daß wirklich ein verbrecherisches Vorhaben vorhanden sei, während andererseits aber auch nicht ein jeden Zweifel ausschließendes Wissen erfordert wird. So wenig sich die Fahrlässigkeit nach

---

1) Rsprch. V S. 764.

2) Strfgb. § 139.

3) Die vom Militair-Strfgb. weiter ausgedehnte Anzeigepflicht liegt nur den Personen des Soldatenstandes ob. Landesgesetze, welche die Anzeigepflicht weiter ausdehnen, sind unzulässig, womit nicht ausgeschlossen ist, daß die amtliche Anzeigepflicht auf Grund von Landesgesetzen eine viel weiter reichende sein könnte. Wolff in Goltd. Arch. XXVII S. 315.

einem abstracten Maßstabe bestimmen läßt, ebensowenig die glaubhafte Kenntniß und es kann daher immer nur darauf ankommen im concreten Falle festzustellen, daß dem Beschuldigten die erlangte Kenntniß glaubhaft erschienen sei. Ergiebt sich aus den Umständen des concreten Falles unter Berücksichtigung der Individualität des Beschuldigten, daß ihm die Kenntniß nicht glaubhaft erschien, so kann es nicht genügen, daß sie dem Richter glaubhaft erschienen sein würde, und umgekehrt wird der Beschuldigte dem die Kenntniß glaubhaft erschien, nicht darum freigesprochen werden können, weil der Richter sie als eine nicht glaubhafte betrachtet, und dies umsoweniger als die zum Thatbestande des Vergehens erforderliche und erfolgte Ausführung des verbrecherischen Vorhabens dafür spricht, daß der Glaube des Beschuldigten ein begründeter war[1]).

Obwohl das Gesetz die Anzeigepflicht als eine ganz allgemeine behandelt, so ergiebt sich doch aus demselben, daß der durch das Verbrechen Bedrohte nicht anzeigepflichtig ist[2]), da eine ihm gemachte Anzeige genügt und es daher ihm, wie in dem Falle, daß ihm Anzeige gemacht wurde, ebenso in dem Falle, daß er selbst glaubhafte Kenntniß erhielt, überlassen bleibt ob er den Schutz der Behörde anrufen will.

Das Gesetz geht aber ferner auch offenbar von der Voraussetzung aus, daß es sich bei der Anzeigepflicht nur um das verbrecherische Vorhaben Anderer handelt, und darum wird der bei dem Vorhaben Betheiligte, wenn er an dessen Ausführung Theil nahm, nur wegen dieser Theilnahme, nicht aber außerdem auch wegen unterlassener Anzeige zu strafen sein. Dagegen ist kein ausreichender Grund dafür vorhanden den bei einem Vorhaben einer Verabredung Betheiligten auch dann nicht als anzeigepflichtig zu betrachten, wenn er auf die Theilnahme verzichtete und an der Verübung des Verbrechens nicht betheiligt ist[3]). Ebenso-

---

1) John in Holtzdf. Hdbch. III S. 199. Binding Normen II S. 592. Schwarze § 139 Nr. 11. 15. Wolff a. a. O. S. 303. v. Liszt S. 592. Olshausen § 139 Nr. 3. Dagegen H. Meyer S. 690. Schütze S. 287. Rubo § 139 Nr. 9. Oppenhoff § 139 Nr. 3, welche die Glaubhaftigkeit als objectiv festzustellen betrachten. John und Wolff a. a. O. fordern Freisprechung für den Fall, daß der Beschuldigte die Kenntniß für glaubhaft hielt, der Richter sie aber für glaubwürdig nicht erachtet.

2) Schwarze § 139 Nr. 5. Wolff a. a. O. S. 312. Olshausen § 139 Nr. 6.

3) Als nicht anzeigepflichtig betrachten ihn Schwarze § 139 Nr. 5.

wenig sind die zur Verweigerung des Zeugnisses gesetzlich befugten Personen als von der Anzeigepflicht befreit zu betrachten[1]).

Die glaubhafte Kenntniß muß zu einer Zeit erlangt sein, in welcher die Verhütung des Verbrechens möglich ist. Hiernach ist also die Anzeigepflicht ausgeschlossen, wenn Jemand von dem verbrecherischen Vorhaben zu einer Zeit Kenntniß erhielt, in welcher es nicht mehr möglich war durch Anzeige die Verübung des Verbrechens zu verhüten. Ist durch die erlangte Kenntniß die Anzeigepflicht begründet, so besteht sie so lange, als durch die Anzeige dem Zwecke der Verhütung noch gedient werden kann. Wenn also zwar das Gesetz, von der amtlichen abgesehen, eine allgemeine Pflicht verübte strafbare Handlungen zur Anzeige zu bringen nicht kennt, so folgt daraus doch keineswegs, daß die Anzeigepflicht sofort erlösche, sowie das Vorhaben irgend eine strafbare Handlung zur Folge hatte, vielmehr dauert sie auch dann noch fort, sofern nur durch die Anzeige ein Verhüten der verbrecherischen Thätigkeit noch möglich ist. Abgesehen davon, daß andern Falls der Zweck der Strafbestimmung in hohem Grade beeinträchtigt würde, giebt die Fassung des § 139 durchaus keinen Anhalt ihn dahin auszulegen, daß die Anzeigepflicht stets ausgeschlossen sei, wenn die Anzeige des verbrecherischen Vorhabens zugleich als Anzeige einer verübten strafbaren Handlung erscheinen würde[2]).

Oppenhoff § 139 Nr. 9. Rüdorff § 139 Nr. 3. Geyer a. a. O. S. 154. v. Liszt S. 592. Entsch. III S. 1. Daß man von dem bei einem Vorhaben, einer Verabredung Betheiligten nicht sagen könne er habe glaubhafte Kenntniß von dem Vorhaben erlangt, ist ebenso unrichtig wie die Behauptung, daß für ihn das Verbrechen, an dessen Verübung er nicht Theil nahm, in Folge seiner Betheiligung an dem Vorhaben, nicht, wie das Gesetz es voraussetze, das Anderer sei.

1) Berner S. 375. Wolff a. a. O. S. 315. Geyer a. a. O. H. Meyer S. 690. Schwarze § 139 Nr. 4. Olshausen § 139 Nr. 6. Rsprch. I S. 784. Dagegen Oppenhoff § 139 Nr. 10. Puchelt § 139 Nr. 2. Goltd. Arch. II S. 654.

2) John a. a. O. geht von dem richtigen Satze aus, daß § 139 eine Anzeigepflicht in Betreff verübter Verbrechen nicht auferlege. Das Gesetz nimmt eine Mitwirkung der Privatpersonen bei der Verhütung von Verbrechen, nicht bei deren strafrechtlicher Verfolgung in Anspruch. Andererseits hat es aber nicht den Grundsatz festgestellt, daß Niemand je wegen unterlassener Anzeige einer verübten strafbaren Handlung bestraft werden dürfe, und doch wäre dies die nothwendige Voraussetzung, wenn die Folgerung John's

Hieraus folgt inbesondere, daß die Anzeigepflicht auch nach verübtem Versuche des Verbrechens fortdauert, sofern durch die Anzeige die Vollendung verhütet werden kann, daß selbst das vollendete Verbrechen die Anzeigepflicht nicht ausschließt, wenn, wie bei dem Menschenraube, die Fortdauer der Freiheitsberaubung verhütet werden kann. Als Hochverrath sind allerdings nur die in § 80 und 81 bezeichneten Delicte zu betrachten, aber insofern die in den §§ 83, 84, 86 bezeichneten Delicte in dem Vorhaben eines Hochverrathes bestehen, bezieht sich die Pflicht der Anzeige zum Zwecke der Verhütung des Hochverrathes auch auf sie.

Die Anzeige muß zur rechten Zeit gemacht werden d. h. zu einer Zeit, in welcher die Verhütung des Verbrechens noch möglich erschien. Daß sich trotz der Anzeige die Verhütung des Verbrechens als unmöglich erwies, begründet für den Anzeigenden eine strafrechtliche Verantwortlichkeit nur dann, wenn er die Anzeige in schuldhafter Weise verzögerte.

Die Anzeige muß der Behörde oder der durch das Verbrechen bedrohten Person gemacht werden. Die hiermit dem Anzeigepflichtigen überlassene Wahl ist selbstverständlich insofern beschränkt als die Anzeige bei der Behörde erfolgen muß, wenn eine bestimmte Person nicht bedroht erscheint. Die Behörde, bei welcher die Anzeige erfolgen soll, hat das Gesetz nicht näher bezeichnet, und der Anzeigende wird seiner Pflicht genügen, wenn er sich an die Behörde wendet, von der er ein verhütendes Eingreifen erwarten kann [1]).

Strafbar ist die unterlassene Anzeige nur, wenn das zu verhindernde Verbrechen begangen oder zu begehen versucht wurde, also nicht dann, wenn es ohne Anzeige in anderer Weise verhindert

---

richtig sein sollte, daß die Anzeigepflicht erlischt, so wie aus dem verbrecherischen Vorhaben eine strafbare Handlung hervorgegangen ist. Das Gesetz fordert die Anzeige unbedingt sofern ein Verhüten noch möglich ist, also auch dann, wenn die Anzeige zum Zwecke des Verhütens zugleich eine Anzeige zum Zwecke des Bestrafens in sich enthalten sollte. Hiernach können auch die weiteren Folgerungen John's nicht als richtig anerkannt werden. Der Auffassung John's folgen Schütze S. 102. 287. Rüdorff § 139 Nr. 3. Dagegen Wolff a. a. O. S. 310. Oppenhoff § 139 Nr. 4. Rubo § 139 Nr. 1. Schwarze § 139 Nr. 8. Olshausen § 138 Nr. 2. H. Meyer S. 690.

1) Schwarze § 139 Nr. 13. Wolff a. a. O. S. 311, der mit Recht annimmt, daß Unkenntniß der Competenzverhältnisse und des richtigen Weges der Anzeige den Verpflichteten nicht verantwortlich machen kann.

wurde oder vermöge freien Entschlusses unterblieb. Daß das Verbrechen oder sein Versuch auch im concreten Falle strafbar sei, ist nicht erforderlich[1]). Die unterlassene Anzeige bleibt also strafbar, auch wenn der verübte Versuch wegen Rücktrittes straflos bleibt.

Daß die Anzeige in der Absicht unterlassen wurde das Verbrechen geschehen zu lassen ist ebenso wenig erforderlich, wie ein aus irgend welchem Grunde vorsätzliches Unterlassen, vielmehr genügt auch das fahrlässige Unterlassen[2]).

Die Strafe ist Gefängniß bis zu fünf Jahren.

4. Begünstigung und Hehlerei.

Literatur.

Ueber die geschichtliche Entwickelung dieser Lehre: Gretener Begünstigung und Hehlerei in historisch-dogmatischer Darstellung 1879 S. 1—68. Neuere Literatur: von Buri Zur Lehre von der Theilnahme am Verbrechen und der Begünstigung. 1860. — Derselbe im Gerichts-Saal 1877 S. 14 f. — Derselbe Die Causalität und ihre strafrechtlichen Beziehungen 1885 S. 71 f. — Villnow Raub und Erpressung, Begünstigung und Hehlerei 1875. — Gretener a. a. O. S. 69 f. — Rethwisch über Begünstigung 1881. — Geyer in Holtzendorff Handbuch II S. 417 f. IV S. 170 f. — Merkel ebenda III S. 735 f. IV S. 419 f. — Meves Strafrechts-Zeitung XIII S. 479 f. — Löning Grundriß zu Vorlesungen über Strafrecht 1885 S. 132. — Herzog in Goltd. Arch. XXIX S. 112. — Waldthausen ebenda S. 375. Samuely im Gerichts-Saal 1880 S. 1 f.

§ 251. Das preußische Strafgesetzbuch hatte die Begünstigung im allgemeinen Theile in dem Titel von der Theilnahme an einem Verbrechen oder Vergehen behandelt, und davon getrennt im besondern Theile, in Verbindung mit den gegen das Vermögen gerichteten Verbrechen und Vergehen, die Hehlerei. Das deutsche Strafgesetzbuch, das sich in seinen Begünstigung und Hehlerei be-

---

1) Olshausen § 139 Nr. 11.

2) Goltd. Mat. I S. 344. Oppenhoff § 139 Nr. 11. Schütze S. 102. H. Meyer S. 690. Olshausen § 139 Nr. 12. Mit Unrecht behauptet v. Liszt S. 592, daß ich, vgl. Syst. II S. 567 und ebenso Meyer, Schütze und Olshausen eine Verschuldung überhaupt nicht fordern. Unrichtig citirt er auch für seine Ansicht, daß culpa genüge, Binding a. a. O. S. 499, der vielmehr die culpa als ausgeschlossen betrachtet und dolus fordert, ebenso wie Schwarze § 139 Nr. 15.

treffenden Strafbestimmungen sehr nahe an das preußische anschließt, weicht von diesem darin ab, daß es die Begünstigung aus dem allgemeinen Theile und dem die Theilnahme betreffenden Abschnitte entfernt und in Verbindung mit der Hehlerei im besondern Theile in einem Abschnitte behandelt hat, welcher zwischen die Diebstahl, Unterschlagung, Raub und Erpressung behandelnden Abschnitte einerseits und Betrug und Untreue behandelnden andererseits eingeschoben ist. Diese den betreffenden Delicten angewiesene Stellung ist zwar offenbar für die Auffassung derselben von welcher der Gesetzgeber ausgegangen ist nicht ohne Bedeutung, gleichwohl wenig geeignet diese Auffassung zu klarem Ausdrucke zu bringen.

Im Anschlusse an die Italiener und die Carolina betrachtete die Doctrin bis in die Mitte des vorigen Jahrhunderts die Begünstigung als eine Art der Theilnahme, als eine der That nachfolgende Beihilfe, die geringer als die der That vorhergehende und die sie begleitende Beihilfe zu bestrafen sei. Wenn allerdings schon Kreß und Böhmer den wesentlichen Unterschied der Begünstigung und der Theilnahme erkannten, so wirkte doch die Auffassung Feuerbach's, welcher die Begünstigung als eine nachfolgende Theilnahme betrachtete, lange Zeit nach und erklärt es, daß die deutschen Strafgesetzbücher sie als eine Theilnahme im weitern Sinne, im allgemeinen Theile in Verbindung mit der Theilnahme oder im Anschlusse an sie behandelten. Aus der Stellung die ihr das deutsche Strafgesetzbuch anwies ergiebt sich aber in Verbindung mit den Motiven nur so viel, daß man ihre Anerkennung als ein delictum sui generis kenntlich machen und sie aus jeder Verbindung mit der Theilnahme loslösen wollte. Dies entspricht allerdings der in der Wissenschaft vertretenen Ansicht, auf welche die Motive sich berufen, aber es mangelt auch jetzt noch nicht an Gegnern dieser Ansicht, und auch unter ihren Anhängern herrscht noch keineswegs Uebereinstimmung in der Begriffsbestimmung und in der Frage nach der systematischen Stellung der Begünstigung.

Insoweit es sich um die Frage handelt welche Art der Thätigkeit als eine begünstigende zu betrachten sei, herrscht, trotz verschiedener Formulirung, im Wesentlichen Uebereinstimmung. Man bezeichnet sie als Förderung der Fortdauer der durch das Verbrechen gesetzten Rechtsverletzung, als Hinderung der Tilgung, Ausgleichung des von einem Andern verübten Delicts, als Vereitelung der Wiederherstellung der Rechtsordnung, als Gegenwirkung gegen die rechtlichen Folgen der That. Streitig bleibt aber die Frage wie diese Thätigkeit strafrechtlich zu charakterisiren sei, die Frage nach dem Objecte der in solcher Thätigkeit enthaltenen Rechtsverletzung, nach dem Grunde ihrer Strafbarkeit.

§ 252. Wenn man, den wesentlichen Unterschied der Theilnahme und der Begünstigung anerkennend, diese letztere als eine Theilnahme im weitern Sinne darum bezeichnet, weil sie ebenso wie die Theilnahme im engern Sinne die von einem Andern verübte strafbare Handlung voraussetzt und nur als an diese sich anschließend denkbar ist, so ist dagegen deshalb wenig einzuwenden, weil damit für die Begriffsbestimmung der Begünstigung nichts gewonnen, der allgemeinere Begriff dem sich Begünstigung und Theilnahme einordnen sollen ein inhaltsleerer ist, und es sich nur um einen Namen handelt, der nicht geeignet ist einen Einfluß auf die weitere Behandlung der Lehre von der Begünstigung auszuüben[1]).

Bedeutsamer ist der Versuch die Bezeichnung der Begünstigung als einer Theilnahme im weitern Sinne durch den Nachweis zu rechtfertigen, daß es sich bei ihr allerdings um eine Mitwirkung bei demjenigen Delicte handle, an das sie sich anschließt. Wenn auch hier der wesentliche Unterschied der Begünstigung von der Theilnahme im engern Sinne nicht verkannt wird, so ist die Voraussetzung jenes Nachweises die, daß bei jeder strafbaren Handlung nicht bloß die Entstehung, sondern auch die Fortdauer der Rechtsverletzung gestraft werde, darum eine Mitwirkung zum Delicte eines Andern nicht nur in Beziehung auf die Entstehung, sondern auch in Beziehung auf die Fortdauer der Rechtsverletzung

---

1) Dies gilt von Schütze Nothwendige Theilnahme S. 383. Lehrbch. S. 162, welcher die Begünstigung als Theilnahme im weitern Sinne bezeichnet. Als solche betrachtet sie auch Villnow a. a. O., der dies näher zu rechtfertigen sucht. Die Thätigkeit des Begünstigers die darin bestehe, daß er die Tilgung des Verbrechens durch Strafe und civilrechtlichen Ersatz verhindere, begründe nicht die Strafbarkeit der Begünstigung, denn diese Thätigkeit sei Beihilfe zu der straflosen Thätigkeit des Begünstigten durch die er sich den rechtlichen Folgen der That entziehe, und darum an sich eben so straflos. Ihren strafbaren Charakter empfange die Begünstigung durch das was begünstigt werde, die Schuld aus dem vorangegangenen Verbrechen, und sie bestehe also in der Gunst die dieser Schuld erwiesen werde. Diese unhaltbare, verkünstelte und in sich widerspruchsvolle Behandlung der Begünstigung hat ihre Würdigung gefunden durch v. Buri im G. Saal 1877 S. 17 f. Merkel in Holtzdf. Hdb. IV S. 419 f. Gretener a. a. O. S. 74.

durch deren Förderung stattfinden könne[1]). Diese Mitwirkung und die damit sich ergebende Mitschuld am Delicte des Thäters sei der Grund für die Strafbarkeit der Begünstigung und es treffe darum den Begünstiger folgerecht die Strafe, welche den Thäter abzüglich der Strafe für die Entstehung der Rechtsverletzung getroffen haben würde. Aber eben diese Voraussetzung von der ausgegangen wird ist eine unerweisliche und unbegründete. Daß der Verbrecher gestraft werde, einmal um der Hervorbringung, sodann um der Fortdauer der Rechtsverletzung willen, daß er seine strafbare Thätigkeit über die Verübung des Verbrechens hinaus fortsetze so lange als er sich den rechtlichen Folgen seiner That entzieht, wonach also folgerecht von Strafverjährung nie die Rede sein dürfte, vielmehr Schuld und Strafbarkeit um so höher steigen müßte je später die Bestrafung erfolgt, ist eine durchaus willkürliche Behauptung, ein Gedanke, welcher der Strafgesetzgebung aller Zeiten durchaus fern gelegen hat. Gegenüber alldem was gegen eine solche Auffassung spricht, kann am wenigsten das in Betracht kommen, was als für sie beweisend angeführt wird, daß die langdauernden oder bleibenden Folgen einer Körperverletzung Strafmehrungsgrund, das freiwillige Erbieten die Strafe zu erdulden, der freiwillig geleistete Schadensersatz Strafminderungsgrund sei, denn es handelt sich dort um ein Moment das maßgebend ist für die Schwere der zugefügten Verletzung, hier um ein Moment das die Strafbarkeit mindert in Rücksicht auf die kundgewordene Willensbeschaffenheit aus der die That hervorging. Ist die Selbstbegünstigung, die Thätigkeit des Schuldigen durch die er sich den rechtlichen Folgen seiner That entzieht, nicht strafbar, so kann auch von einer strafbaren Mitwirkung an ihr nicht die Rede sein[2]).

---

1) Dies ist die von v. Buri in den oben angeführten Schriften vertretene Ansicht. Vgl. dagegen Hälschner System II S. 559. Merkel a. a. O. S. 421. Gretener a. a. O. S. 75 f. Der Auffassung v. Buri's hat sich, ohne für ihre Begründung wesentlich Neues beizubringen, angeschlossen Waldthausen a. a. O.

2) Nach Waldthausen a. a. O. ist die Selbstbegünstigung keineswegs straflos, sondern nur nicht selbständig strafbar. Ihre Strafe ist in dem Strafrahmen des Vordelictes mit enthalten, weil das Vordelict wie die nachfolgende Selbstbegünstigung dasselbe Angriffsobject haben, nämlich den Willen des Staates. Die Begünstigung ist kein selbständiges Delict, sondern Theilnahme, weil auch sie das gleiche Angriffsobject wie das Vordelict hat. Worin besteht dann aber das Wesen eines selbständigen Delicts, denn gegen den Staat als

Nach der herrschenden Ansicht hat die Begünstigung, welche in der Hinderung der Tilgung[1]) des Delictes eines Andern, in einer Gegenwirkung gegen die rechtlichen Folgen der strafbaren That besteht, die Bedeutung eines selbständigen Delictes, während allerdings in Betreff des Objectes, gegen das sich das Delict richtet, nicht gleiche Uebereinstimmung herrscht.

Die rechtlichen Folgen der strafbaren That bestehen in der Bestrafung des Schuldigen und in der äußern Wiederherstellung des gestörten Rechtszustandes, soweit diese möglich ist. Die Begünstigung wird also in der einen wie andern Beziehung den rechtlichen Folgen des Delictes entgegen wirken können, und jenachdem dies in dieser oder jener Richtung geschieht, wird sich unvermeidlich der Thatbestand dieser strafbaren Gegenwirkung zum Theil eigenthümlich gestalten. Herkömmlich unterscheidet man deshalb die persönliche und die sachliche Begünstigung, eine Unterscheidung,

---

Träger der Rechtsordnung richten sich schließlich alle Delicte. Wäre die Begünstigung ein selbständiges Delict, so müßte, wie Waldthausen meint, die Selbstbegünstigung selbständig strafbar sein. Wir meinen umgekehrt, ist die Begünstigung kein selbständiges Delict, sondern Theilnahme an dem Delicte der Selbstbegünstigung, so müßte diese selbständig strafbar sein.

1) Es ist hier freilich nicht der Ort auf das Wesen von Verbrechen und Strafe sowie deren Zweck einzugehen, wenn aber Gretener a. a. O. S. 88 sich mit besonderer Schärfe gegen die „Tilgung" des Verbrechens ausspricht, weil das Verbrechen der Rechtsordnung keine Wunde schlage die geheilt werden müßte, weil die Rechtsordnung vor wie nach dem Verbrechen in ihrer vollen Integrität dastehe, so ist es freilich richtig, daß die Rechtsordnung als die seinsollende, vom Gesetz gebotene dem Verbrechen unzugänglich ist, in ihrer Würde, Verbindlichkeit, Gültigkeit durch das Verbrechen nicht geschädigt wird. Aber eben diese über jede Verletzung erhabene Rechtsordnung hat für uns gar keinen Werth, so lange sie nur eine geforderte ist, und nicht fortwährend vermittelst der Staatsgewalt ordnend in die socialen Zustände eingreift, rechtlich geordnete Zustände herstellt, das was in ihnen verbogen oder verschoben wurde wieder gerade richtet, das was ihr widerspricht ausstößt, beseitigt. Diese rechtliche Ordnung der gegebenen, concreten Lebensverhältnisse wird allerdings durch das Verbrechen verwundet, die rechtliche Norm wird allerdings durch das Verbrechen insofern verletzt, als sie in einer concreten Beziehung vom Verbrecher als eine ihn nicht verpflichtende, in diesem Falle nicht geltende behandelt wird. Dem Verbrecher gegenüber sie als die auch für ihn wie für Alle geltende zu bethätigen, darauf wird es doch bei der Strafe immer ankommen, und ist der Ausdruck Tilgung des Verbrechens ein bildlicher, so doch ein durchaus klarer und verständlicher, von dem durchaus keine irrigen Folgerungen für das Wesen der Begünstigung zu besorgen ist.

in Betreff deren es aber streitig ist, ob es sich hierbei nur um zwei verschiedene Species derselben Art handelt, oder um zwei ganz verschiedene und darum völlig von einander zu trennende Delictsarten.

Was nun zunächst die persönliche Begünstigung betrifft, welche in einer Thätigkeit besteht die darauf gerichtet ist den Schuldigen der Bestrafung zu entziehen, so herrscht annähernd darin Uebereinstimmung, daß der Grund ihrer Strafbarkeit in der rechtswidrigen Gegenwirkung gegen die Durchführung des dem Staate zustehenden Strafrechtes liegt, daß darum die persönliche Begünstigung als ein rechtswidriger Eingriff in die Rechtspflege, als ein Vergehen gegen die Justizgewalt des Staates zu betrachten sei[1]).

Soweit die strafbare Handlung eine Verschiebung der rechtlich geordneten Zustände bewirkt hat, ist ihre rechtliche Folge die, daß auch äußerlich der rechtmäßige Zustand wiederhergestellt werde. Die in die äußere Erscheinung getretenen Wirkungen eines Delictes können freilich niemals ungeschehen gemacht werden, aber in sehr vielen Fällen kann eine Tilgung, Ausgleichung dieser rechtsverletzenden Wirkungen auch dadurch nicht herbeigeführt werden, daß an die Stelle des frühern rechtlichen Zustandes ein äquivalenter neuer gesetzt werde. Der Schaden der durch Tödtung, Körperverletzung Freiheitsberaubung angerichtet wurde, ist irreparabel und soweit dies der Fall ist, kann auch von einer Verhinderung der Wiederherstellung eines rechtmäßigen Zustandes nicht die Rede sein. In anderen Fällen kann die verletzende Wirkung des Delictes zwar ebensowenig ungeschehen gemacht oder ausgeglichen, wohl aber in ihrer Fortdauer gehemmt werden, und in solchen Fällen kann sich an das verübte Delict allerdings die Thätigkeit eines Andern anschließen, die darauf gerichtet ist die fortgehende Wirkung des Delictes aufrecht zu halten oder zu fördern. Eine solche Thätigkeit kann aber niemals als s. g. sachliche Begünstigung betrachtet werden,

---

1) v. Buri im G. Saal 1877 S. 14 f., der die persönliche Begünstigung als ein selbständiges Delict gegen die Justizgewalt von der Begünstigung ganz ausscheidet und eine solche nur in Betreff der realen Rechtsverletzung mit der sie in Causalzusammenhang trete, für möglich erklärt. Geyer a. a. O. II S. 417. IV S. 170. Merkel a. a. O. IV S. 421. Binding Normen II S. 468, 565 und Kritik d. Entwurfs S. 113. Herzog in Goltd. Arch. XXIX S. 115. Gretener a. a. O. S. 99. Olshausen § 257 Nr. 2. Löning a. a. O. v. Liszt S. 587.

denn sie ergiebt in allen Fällen den Thatbestand eines neuen, dem frühern gleichartigen oder ungleichartigen, Delictes. Wer es verhindert, daß der rechtswidrig Gefangene befreit, daß das minderjährige mit ihrem Willen entführte Mädchen ihren Aeltern wieder zugeführt werde, macht sich nicht der Begünstigung schuldig. Endlich kommen aber noch diejenigen Delicte in Betracht die, an sich Versuchshandlungen, vom Gesetze als selbständige vollendete Delicte behandelt werden, so wie diejenigen die zu ihrer Vollendung zwar den Eintritt des vom Thäter beabsichtigten Erfolges erfordern, bei denen aber, wenn nicht nothwendig so doch regelmäßig, die Absicht des Thäters im Momente der Vollendung zwar in dem hierzu erforderlichen Maße, aber nicht in erschöpfender Weise verwirklicht erscheint, namentlich etwa darum, weil die Absicht auf einen quantitativ größern Umfang des Erfolges, der für die Frage nach der Vollendung indifferent ist, gerichtet war. So wird bei dem hochverrätherischen Unternehmen wie bei der Brandstiftung, auch nachdem das Verbrechen im Sinne des Gesetzes vollendet war, Seitens des Thäters noch eine fernere, auf die weiter reichende Absicht gerichtete, Thätigkeit stattfinden können und wer in Verbindung mit ihm, oder auch ohne ihn eine diese weiter reichende Absicht fördernde Thätigkeit verübt, ist wiederum nicht ein Begünstiger, sondern ein Theilnehmer, Mitthäter oder Gehilfe.

Für die sachliche Begünstigung bleiben nur diejenigen Delicte übrig, welche einen rechtswidrigen Vermögenszustand zur Folge hatten, gleichviel ob es sich um Vermögensdelicte oder um andere Delicte, die einen solchen Zustand herbeigeführt haben, handelt, denn eine Vereitelung der vermögensrechtlichen Folgen des Delictes kann vorkommen, ohne daß die betreffende Thätigkeit als eine Theilnahme an dem Delicte, auf das die Begünstigung sich bezieht, noch auch als eine Reproduction dieses Delictes oder als ein an seine Wirkung sich nur anschließendes anderweitiges Delict erscheint [1]).

---

1) Wird die sachliche Begünstigung wie von Buri, Waldthausen, H. Meyer als eine Theilnahme betrachtet, durch welche die angerichtete, reale Rechtsverletzung aufrecht erhalten, gefördert wird, so gewinnt sie, gegenüber den gesetzlichen Bestimmungen, einen weit über deren Grenzen hinausreichenden Umfang. Daß es eine Reihe von Delicten giebt bei denen von einer Wiederherstellung der früheren Zustände nicht die Rede sein kann, darum auch nicht von einer in Verhinderung dieser Wiederherstellung bestehenden Begünstigung wird von Buri anerkannt, ebenso dies, daß von der Begünstigung die Fälle auszuschließen seien, in denen die auf Aufrechthaltung des rechts-

Immerhin bleibt es möglich, daß auch eine derartige Begünstigung den Thatbestand eines anderweitigen eigenthümlichen Delictes ergiebt z. B. den des in § 137 des Strafgesetzbuches oder in § 212 der Concurs-Ordnung bezeichneten.

Ist für das Wesen der sachlichen Begünstigung dies entscheidend, daß sie in einer Thätigkeit besteht durch welche vorsätzlich die vermögensrechtlichen Folgen eines Delictes vereitelt, der durch dasselbe bewirkte rechtswidrige Vermögenszustand aufrecht erhalten, befestigt wird, so kommen darin mit ihr auch die im Strafgesetzbuche von ihr unterschiedene Hehlerei und Partirerei überein, denn die Frage ob im Interesse des Schuldigen oder um des eigenen Vortheils willen gehandelt wurde, die für das Maß der Strafbarkeit ihre Bedeutung haben mag, kann einen wesentlichen Unterschied nicht begründen. Es würde sich deshalb allerdings empfehlen, die Anwendung des Wortes „Begünstigung" auf die persönliche Begünstigung zu beschränken, dagegen die sachliche Begünstigung mit der Sachhehlerei unter dem Namen Hehlerei zusammenzufassen [1]).

So gewiß nun die Hehlerei in diesem Sinne und die Begünstigung des Schuldigen um ihn der Strafe zu entziehen Delicte sind, die einen zum Theil verschiedenen Thatbestand erfordern, so kommen sie doch immerhin darin vollkommen überein, daß sie in der Gegenwirkung gegen die rechtlichen Folgen einer strafbaren

---

widrigen Zustandes gerichtete Thätigkeit nur Reproduction der Thätigkeit sein würde, durch welche dieser Zustand herbeigeführt wurde. Vgl. im G. Saal 1877 S. 25. 26. v. Buri verweist aber auf eine Reihe von §§ des Strafgesetzbuches die sich auf Delicte beziehen, bei denen eine Begünstigung möglich sei, obwohl es sich um verhinderte Wiederherstellung früherer Zustände handelt, die nach dem Strafgesetzbuche nicht als Begünstigung strafbar sind. Aber auch in diesen Fällen würde doch die Begünstigung regelmäßig nicht lediglich als eine solche, sondern als Theilnahme an dem Vordelicte oder als ein an dieses sich anschließendes neues gleichartiges oder verschiedenartiges Delict erscheinen.

1) Wie angeführt bezeichnet v. Buri als Begünstigung nur die sachliche, ohne für die persönliche eine anderweitige Bezeichnung anzugeben. Binding bezeichnet die persönliche Begünstigung als echte, die sachliche als unechte. Am zweckmäßigsten würde es sein persönliche Begünstigung als Begünstigung des Verbrechers, die sachliche in Verbindung mit der Sachhehlerei gar nicht als Begünstigung, sondern als Hehlerei zu bezeichnen. Vgl. John Entwurf S. 262. Binding Kritik d. Entwurfs S. 105. Hälschner Beiträge zum Entwurf S. 67. Gretener a. a. O. S. 137.

Handlung bestehen und als rechtswidrige Behinderung der ordnungsmäßigen Handhabung der Rechtspflege erscheinen. Dem entsprechend wird ihnen auch ihre Stellung im Systeme anzuweisen sein.

Sind Begünstigung und Hehlerei selbständige Delicte und nicht Handlungen der Theilnahme an dem Delicte eines Andern, wie dies das Strafgesetzbuch dadurch anerkannte, daß es dieselben in dem besondern Theile behandelt, so ist doch freilich die Stellung die ihnen hier angewiesen wurde eine wenig angemessene, denn sie stehen nicht in einer ausschließlichen Beziehung zu den Vermögensdelicten, und angemessener würde es gewesen sein, sie etwa zu den Delicten wider die öffentliche Ordnung zu stellen, oder sie als Fälle des Widerstandes gegen die Staatsgewalt zu betrachten[1]). Die Forderung aber sie wiederum in den allgemeinen Theil zu stellen, obwohl sie keine Unterart der Theilnahme bilden, sondern als Verhinderung der Ausgleichung des von Anderen begangenen Delictes erscheinen, kann unmöglich durch ihre allgemeine Beziehung zu den verschiedenen Verbrechensarten und ihre Abhängigkeit von der Natur des Verbrechens in dessen Gefolge sie auftreten gerechtfertigt werden[2]).

Ebensowenig kann es aber als richtig anerkannt werden zwar die Begünstigung als ein Delict wider die Rechtspflege zu betrachten, dagegen die Hehlerei von ihr völlig zu scheiden und sie als ein Vermögensdelict zu behandeln[3]). Allerdings handelt es sich bei der sachlichen Begünstigung wie bei der Sachhehlerei um einen Angriff auf die vermögensrechtliche Ordnung, aber dies allein

1) Dies letztere würde allerdings gegen sich haben, daß es sich bei der Begünstigung doch um einen anders gearteten Widerstand als denjenigen handelt, der bei den Delicten des sechsten Abschnittes vorausgesetzt wird, während sie im ersteren Abschnitte etwa mit der in § 139 enthaltenen Strafbestimmung in Verbindung hätten gebracht werden können.

2) So Merkel in Holtzdf. Hdbch. III S. 736. Der Umstand, daß die Begünstigung sich an alle verschiedenartigen Delicte anschließen kann, könnte ein Grund sie im allgemeinen Theile zu behandeln nur sein, wenn es möglich wäre auf eine besondere Strafe für sie zu verzichten und ihre Strafe im Verhältnisse zur Strafe des Vordelictes in der Weise zu normiren, wie es bei Versuch und Theilnahme geschieht.

3) Als Vermögensdelict behandeln die Hehlerei Binding Normen II S. 570. Gretener a. a. O. S. 107 f. v. Liszt S. 394, der aber nur die Sachhehlerei, Partirerei als Vermögensdelict behandelt, nicht aber die sachliche Begünstigung. Olshausen § 257 Nr. 31.

kann nicht genügen, um die Hehlerei als Vermögensdelict zu betrachten, so wenig wie die Brandstiftung oder Münzfälschung, darum weil sie eine Gefährdung oder Beschädigung des Vermögens mit sich bringt, zu den Vermögensdelicten gehört. Der Einwand, daß bei diesen Verbrechen die Vermögensbeschädigung nur die Folge eines Angriffes ist der sich gegen ein anderweitiges Rechtsgut richtet, während bei den Vermögensdelicten lediglich und allein das Vermögen das Angriffsobject bildet, ist richtig, daraus folgt aber die Nothwendigkeit des Nachweises, daß auch die Hehlerei nur gegen das Vermögensrecht gerichtet sei, nicht aber als ein gegen ein anderes Object gerichteter Angriff, der zugleich im Widerspruche zu der vermögensrechtlichen Ordnung steht, betrachtet werden dürfe. Als Vermögensdelict kann also die Hehlerei nur betrachtet werden unter der Voraussetzung, daß bei derselben von dem Ursprunge des vom Hehler befestigten rechtswidrigen Vermögenszustandes, davon daß er durch ein Delict herbeigeführt wurde, ganz abgesehen wird. Dann aber ist unvermeidlich auch derjenige als Hehler zu betrachten, welcher vorsätzlich einen derartigen, nicht aus einem Delicte hervorgegangenen, Zustand aufrecht erhält[1]), und folgerecht wird auch derjenige zu strafen sein, der einen solchen Zustand mittelst eines nicht strafbaren dolosen Verhaltens herbeiführt, also jeder der dolos nicht leistet, wozu er civilrechtlich verpflichtet ist.

So wenig es gelingen kann Begünstigung und Hehlerei als Theilnahme an dem Delicte an das sie sich anschließen zu behandeln, so wenig werden sie aus dem Abhängigkeitsverhältnisse, in welchem sie zu diesem Delicte stehen völlig losgelöst werden können, eine Abhängigkeit die sich keineswegs darin erschöpft, daß Begünstigung und Hehlerei nur im Anschlusse an das von einem Andern verübte Delict vorkommen können.

Die Begünstigung ist ein selbständiges Delict, weil bei ihr das Object des Angriffes ein anderes ist als das des Vordelictes[2]), weil sie als Vereitelung des Strafanspruches des Staates ein Delict wider die Rechtspflege ist. Sie ist ein selbständiges Delict weil sie einen eigenthümlichen Thatbestand erfordert, weil bei ihr

1) Vgl. v. Buri Die Causalität 1885 S. 75 f.

2) Dagegen hat John in Holtzdf. Hdbch. III S. 151 ohne nähere Begründung die Behauptung aufgestellt die Begünstigung habe gar kein speciell bestimmtes Angriffsobject, und soweit von einem solchen gesprochen werden könne, würde dasselbe in dem jedesmaligen Angriffsobjecte des begünstigten Verbrechens zu finden sein.

wie bei jedem andern Delicte, Versuch und Vollendung unterschieden werden können, jede Art der Theilnahme und auch Begünstigung vorkommen kann. Dieser selbständigen Bedeutung der Begünstigung entspricht es, wenn für sie eine besondere Strafsatzung festgestellt wird, aber sie schließt eine Abhängigkeit ihrer Bestrafung von der Strafe des Begünstigten nicht aus. Sie ist in allen Fällen weniger strafbar als das Delict des Begünstigten, als die Beihilfe zu demselben, und für die Strafzumessung wird immer die größere oder geringere Schwere des Delictes des Begünstigten von Bedeutung sein, soweit der Begünstiger Kenntniß von dem verübten Delicte hatte[1]).

In dem gleichen Abhängigkeitsverhältnisse steht aber auch die Hehlerei zu dem Vordelicte[2]). Sie unterscheidet sich von jedem andern Falle, in welchem ein rechtswidriger Vermögenszustand aufrecht erhalten wird dadurch, daß sie einen derartigen durch ein Delict herbeigeführten Vermögenszustand voraussetzt, und wenn nur unter solcher Voraussetzung gestraft wird, so ist damit ausgesprochen, daß für die Bestrafung in erster Linie nicht der strafrechtliche Schutz des Vermögensinteresses, nicht das Interesse des Beschädigten, sondern das eigenthümliche Interesse des Staates

---

1) Hälschner System II S. 557. Villnow a. a. O. S. 85. Binding Beurtheilung des Entwurfs S. 109. Normen II S. 566. Geretener a. a. O. S. 166.

2) Die Polemik Geretener's a. a. O. S. 89 f. gegen die herrschende Ansicht, insbesondere gegen Merkel, ist völlig grundlos. Weil die herrschende Doctrin die Abhängigkeit der Begünstigung und Hehlerei von dem Vordelicte anerkennt, treibe sie der Auffassung dieser Delicte als einer nachfolgenden Theilnahme zu. Der Versuch Geretener's die Hehlerei aus dieser Abhängigkeit zu befreien und sie als Vermögensdelict zu behandeln ist mißlungen. Was aber die Begünstigung betrifft, so führe die Anerkennung ihrer Abhängigkeit von der Natur des Verbrechens an das sie sich anschließt, wie Geretener meint, dahin, daß man es nicht mehr mit einem einzigen Delicte mit eigenthümlichem Angriffsobjecte zu thun habe, sondern mit so vielen Delicten der Begünstigung als es Delictsarten giebt, die begünstigt werden können, d. h. mit einer Theilnahme am fremden Verbrechen. Später S. 167 erkennt aber Geretener jene Abhängigkeit nicht nur an, sondern findet auch das was er als verwerfliche Consequenz der herrschenden Ansicht tadelt, nicht „unpassend", nämlich die Strafe der Begünstigung in ein bestimmtes Verhältniß zur Strafe des Hauptverbrechens zu setzen. Hätte, wie Geretener meint, die Anerkennung jenes Abhängigkeits-Verhältnisses wirklich die Auffassung der Begünstigung als Theilnahme zur nothwendigen Folge, dann hat er sich selbst unzweideutig zu dieser Auffassung bekannt.

an der Ausgleichung rechtswidriger Vermögenszustände solchen Ursprungs, und an der Verhütung derartiger hehlerischer Thätigkeit entscheidend ist. Der Gesetzgeber geht daher, indem er die Hehlerei für strafbar erklärt, allerdings von der criminalpolitischen Rücksicht aus, daß die Hehlerei eine gefährliche, die Verübung von Vermögensdelicten befördernde Handlung sei, und legt deshalb der Ausgleichung rechtswidriger Vermögenszustände, wenn sie durch Delicte herbeigeführt sind, einen andern und höhern Werth bei als in anderen Fällen. Erscheint aber bei der Hehlerei der Staat als der unmittelbar und in erster Linie Verletzte, so wird auch die Hehlerei ebenso wie die Begünstigung nur als ein Delict wider die Rechtspflege betrachtet werden dürfen[1]). Kommen Begünstigung und Hehlerei also in dem Objecte des Angriffes überein, so bethätigt sich dieser Angriff doch in verschiedener Weise, aus der sich darum eine Verschiedenheit des Thatbestandes ergiebt. Sind beide Delicte vermöge ihres eigenthümlichen Angriffsobjectes als von demjenigen an das sie sich anschließen verschiedene und selbständige anzuerkennen, so ist ihre Selbständigkeit allerdings nur eine relative, indem die Hehlerei so wenig wie die Begünstigung aus dem Abhängigkeits-Verhältnisse zu dem Vordelicte sich loslösen läßt.

§ 253. Als der Begünstigung schuldig bezeichnet das Gesetz[2]) denjenigen, der nach Begehung eines Verbrechens oder Vergehens dem Thäter oder Theilnehmer wissentlich Beistand leistet, um denselben der Bestrafung zu entziehen oder um ihm die Vortheile des Verbrechens oder Vergehens zu sichern.

Nach der Auffassung des Gesetzgebers handelt es sich also nicht um zwei dem Objecte des Angriffes nach ganz verschiedene Delicte, von denen das eine gegen die staatliche Rechtspflege, das andere gegen das Vermögensrecht gerichtet sei, sondern um zwei

---

1) Wenn Merkel in Holtzdf. Hdbch. IV S. 421 die Bezeichnung der Begünstigung und Hehlerei als gegen die Rechtspflege gerichtet tadelt, weil es sich nicht bloß um Behinderungen der Wirksamkeit der Justiz in der Form des Straf- und Civilprozesses, sondern auch um die der Verwaltungsjustiz unter Umständen der Polizei sowie der legitimen Selbsthilfe handle, so kommt es doch für das Wesen der Rechtspflege nicht darauf an, ob sie von den ordentlichen Gerichten oder anderen Behörden gehandhabt wird, und eine Behinderung legitimer Selbsthilfe wird sich in ihrem Ergebnisse doch immer auch als eine Behinderung der Rechtspflege darstellen.

2) Stfgb. § 257.

verschiedene Begehungsformen des einen und selbigen Delictes der rechtswidrigen Gegenwirkung gegen die in rechtlicher Weise erfolgende Wiederherstellung der durch das Verbrechen oder Vergehen verletzten Rechtsordnung. Daraus folgt, daß beide Formen der Begünstigung dieselben Thatbestandsmomente voraussetzen, soweit nicht die verschiedene Art der Begehung eine Verschiedenheit derselben bedingt, und ferner, daß alle weiteren die Begünstigung betreffenden Bestimmungen des Gesetzes auf beide Begehungsformen zu beziehen sind, soweit das Gesetz nicht selbst zwischen ihnen unterscheidet[1]).

Die Begünstigung hat in beiden Fällen zur Voraussetzung, daß ein Verbrechen oder Vergehen an das sie sich anschließt, verübt worden sei. Streitig ist aber die Frage ob das Gesetz mit den Worten „Verbrechen oder Vergehen" nur eine derartige Handlung hat bezeichnen wollen, die den Thatbestand eines solchen ergiebt, gleichviel ob sie strafbar oder vermöge eines Strafausschließungsgrundes nicht strafbar ist, oder ob es bei der Begünstigung ein strafbares Verbrechen oder Vergehen voraussetzt.

Unmöglich wird man annehmen dürfen, daß jene Worte in demselben Gesetzes-Paragraphen in einem verschiedenen Sinne genommen sind, daß, soweit es sich um die persönliche Begünstigung handelt, ein strafbares Verbrechen oder Vergehen vorausgesetzt werde, soweit aber um die sachliche Begünstigung auch das nicht strafbare Delict als Voraussetzung genüge[2]). Ein genügender Beweis für diese Auffassung kann in den §§ 247 und 289 des Strafgesetzbuches nicht gefunden werden. Sie bestimmen, daß obwohl bei einem Diebstahle, einer Unterschlagung, einem furtum possessionis der Thäter in Rücksicht auf sein besonderes persönliches Verhältniß zum Verletzten straflos sei, gleichwohl Theilnehmer und Begünstiger, die nicht in diesem persönlichen Verhältnisse stehen, gestraft werden sollen. Es handelt sich hier um eine Ausnahme von der Regel der Strafbarkeit jener Delicte und es ist durchaus unzulässig aus der Bestimmung, daß trotz der Straflosigkeit des Vordelictes die Begünstigung gestraft werden soll, die allgemeine Regel abzuleiten, daß die sachliche Begünstigung ein strafbares Delict nicht voraussetze, ebenso wie aus jenen Paragraphen nicht der Beweis entnommen werden kann, daß auch die

---

1) Vgl. Herzog in Goltd. Arch. XXIX S. 114.

2) Dies die Auffassung Binding's a. a. O. S. 468. 565 f. und ihm folgend Gretener's und Olshausen's § 257 Nr. 32.

Strafbarkeit des Theilnehmers von der des Thäters unabhängig sei. Dazu kommt aber weiter, daß als Begünstiger im Sinne der §§ 247 und 289 nur derjenige betrachtet werden kann, welcher im § 257 als solcher bezeichnet wird, also nicht nur derjenige, welcher sich der sachlichen, sondern auch derjenige, welcher sich der persönlichen Begünstigung schuldig macht. Hiergegen kann nicht eingewandt werden, daß es unmöglich sei den der Strafe entziehen zu wollen, der nicht strafbar ist, denn diese Möglichkeit ist in den Fällen gegeben, in welchen der Begünstiger irrthümlich die Strafbarkeit des Begünstigten voraussetzt[1]).

Andererseits kann aber auch aus der Fassung des § 257 nicht ohne weiteres der Grundsatz abgeleitet werden, daß in allen Fällen der Begünstigung nur die Absicht des Begünstigers nach Verübung eines Verbrechens oder Vergehens den Thäter oder Theilnehmer der Bestrafung zu entziehen oder ihm die Vortheile des Delictes zu sichern, entscheidend sei, die Strafbarkeit des Begünstigten aber nicht vorausgesetzt werde[2]). Es ist richtig, daß das Strafgesetzbuch oft genug von strafbaren Handlungen, Verbrechen, Vergehen da spricht, wo es damit nicht mehr bezeichnen will als eine Handlung, die dem gesetzlichen Thatbestande einer strafbaren Handlung, eines Verbrechens oder Vergehens, entspricht, ohne Rücksicht darauf ob sie im gegebenen Falle strafbar sei oder nicht. Bei dem schwankenden Sprachgebrauche des Gesetzes wird aber nicht ohne weiteres die Regel aufgestellt werden dürfen, daß das Gesetz von Verbrechen und Vergehen nur in diesem Sinne rede, sofern es nicht ausdrücklich irgendwie es kenntlich macht, daß es ein im gegebenen Falle strafbares Delict meine. In Betreff der Begünstigung wird die Frage in Betracht kommen, ob ein ausreichender Grund, ein dringendes praktisches Interesse vorliege aus dem es sich erklären lasse, daß der Gesetzgeber die Begünstigung als eine Art Polizeidelict habe behandeln und sie darum für strafbar erklären wollen ohne Rücksicht darauf, ob der Begünstigte strafbar sei oder nicht[3]), und das wird sich schwerlich behaupten

1) Vgl. gegen die Auffassung Binding's Herzog a. a. O. S. 116 f. Merkel a. a. O. IV S. 426. Samuely im G. Saal 1880 S. 8.

2) So die Ansicht Herzog's im G. Saal 1872 S. 460 f. und a. a. O. S. 123 f.

3) Herzog a. a. O. S. 130 f. sucht zu zeigen, daß ein derartiges Interesse allerdings vorliege, weil es darauf ankomme, daß der Staat sich den ungehemmten gesetzlichen Gang und Verlauf der Cognition bezüglich einer

lassen. Dazu kommt, daß wenn die Strafbarkeit der Begünstigung von der des Begünstigten unabhängig wäre, die in den §§ 247 und 289 ausdrückliche Anordnung der Strafbarkeit des Begünstigers ganz entbehrlich sein würde, da sie sich unter jener Voraussetzung von selbst verstände. Aus den §§ 247 und 289 kann daher nur gefolgert werden, daß in § 257 ein strafbares Verbrechen oder Vergehen vorausgesetzt wird und ebendeshalb in den Fällen der §§ 247 und 289, in denen ein strafbares Vordelict mangelt, die ausnahmsweise Strafbarkeit der Begünstigung ausgesprochen werden mußte[1]). Die Begünstigung hat also in allen Fällen die Verübung eines strafbaren Verbrechens oder Vergehens zur Voraussetzung.

§ 254. Für den Thatbestand der Begünstigung, welche verübt wird um den eines Verbrechens oder Vergehens Schuldigen der Bestrafung zu entziehen, ergiebt sich hiernach Folgendes.

Es erfordert derselbe 1) daß durch Verübung eines Delictes ein Strafanspruch des Staates begründet war auf dessen Vereitelung die Thätigkeit des Begünstigers gerichtet ist. Eine Begünstigung des Schuldigen ist also möglich so lange dieser Anspruch

---

äußerlich als solcher gekennzeichneten Strafthat zu sichern, um sich überzeugen zu können, ob in der That ein strafbarer Schuldiger vorhanden sei oder nicht, und weil darum eine Behinderung dieser Cognition schon an sich strafbar sei, auch abgesehen davon ob sich ergiebt, daß der Begünstigte nicht strafbar sei. Ueberdies würde das Gesetz in den Fällen, in denen ein Strafverfahren gegen den Begünstigten nicht stattfinden kann, eine probatio diabolica fordern, wenn die Bestrafung der Begünstigung von dem Beweise abhängig wäre, daß der Begünstigte strafbar sei. Aber der Beweis wird doch geführt werden müssen, daß die That verübt wurde und wer der Thäter sei, weil sonst der Beweis, daß er begünstigt worden sei nicht geführt werden kann, und dieser Beweis wird, wenn der Thäter nicht ermittelt oder nicht belangt werden kann, wohl oft genug nicht weniger schwierig sein als jener.

1) Dieser Consequenz sucht sich Herzog dadurch zu entziehen, daß er behauptet im Falle des nach § 247 straflosen Delictes liege im Sinne des Gesetzes gar kein Verbrechen oder Vergehen vor. Aber das Gesetz spricht ausdrücklich von dem verübten Diebstahle und der Unterschlagung, spricht also nicht von einem nur „dem äußern Anscheine" nach, sondern von einem wirklich verübten Verbrechen oder Vergehen, und wenn nach Herzog's Ansicht der objectiv gegebene Thatbestand eines Verbrechens oder Vergehens ohne Rücksicht auf die Strafbarkeit des Thäters als Voraussetzung einer Begünstigung genügt, so ist nicht einzusehen, warum nicht § 257 ausreichte, um die Strafbarkeit der Begünstigung auch in diesem Falle zu sichern, warum es für erforderlich erachtet wurde sie in § 247 ausdrücklich anzuordnen.

noch nicht völlig getilgt ist. Sie kann daher verübt werden schon vor der begonnenen Strafverfolgung und bevor die Behörde Kenntniß von dem verübten Delicte erhalten hat, wie auch nach erfolgter Verurtheilung und selbst nach theilweiser Verbüßung der Strafe[1]). Ob der Begünstigte als Thäter oder Theilnehmer, wegen vollendeten oder versuchten, dolosen oder culposen Delictes strafbar sei, ist gleichgiltig. Das Gesetz hat aber die strafbare Begünstigung insofern beschränkt, als sie ein Verbrechen oder Vergehen des Begünstigten voraussetzt, im Falle daß dieser sich nur einer Uebertretung schuldig machte, sie aber straflos läßt.

Die Antragsdelicte sind zwar an sich strafbare Handlungen in dem Sinne, daß sie dem gesetzlichen Thatbestande des betreffenden Delictes entsprechen, aber zu strafbaren in dem Sinne, daß der Staat ein Recht zu strafen erwirbt, werden sie erst durch den gestellten Strafantrag. Setzt also die Begünstigung ein in diesem letztern Sinne strafbares Delict des Begünstigten voraus, so kann aus der Anerkennung der Begünstigung als eines selbständigen Delictes, dessen Bestrafung von der Verfolgung und Bestrafung des Begünstigten unabhängig sei, nicht folgen, daß sie in allen Fällen unabhängig von dem Antrage auf Strafverfolgung des Begünstigten zu strafen sei[2]). Daß der Strafanspruch erst durch den Strafantrag entsteht, schließt allerdings nicht aus, daß auch eine vor Stellung des Antrages verübte Begünstigung strafbar sei. Sie ist es nicht so lange der Antrag nicht gestellt ist, wird es aber wenn er gestellt wird[3]). Durch rechtzeitige Zurück-

1) Dagegen ohne Grund John Entwurf S. 261 und Holtzdf. Hdbch. III S. 150, weil, wenn die Staatsgewalt sich eines Verbrechers bemächtigt habe, kein Raum mehr für die Begünstigung bleibe. Ebenso Rethwisch a. a. O. S. 49, auch Rubo § 259 Nr. 7 der nach begonnener Verbüßung der Strafe die Begünstigung ausgeschlossen betrachtet, weil Befreiung des Gefangenen ein selbständiges Delict sei. Aber auch der befreite Gefangene kann begünstigt werden.

2) Dies nimmt an Schwarze im G. Saal 1872 S. 376. Villnow a. a. O. S. 70 betrachtet es als Consequenz der Auffassung der Begünstigung als selbständigen Delicts, eine Consequenz, die aber das Gesetz nicht gezogen habe.

3) Binding Normen II S. 569. Gretener a. a. O. S. 150. v. Liszt S. 396. Merkel a. a. O. IV S. 427. Olshausen § 257 Nr. 3. Dagegen Samuely im G. Saal 1880 S. 10, weil die irrige Annahme, daß ein Officialdelict verübt sei ebenso wie die irrige Annahme, daß überhaupt ein Delict verübt sei, den Mangel des Strafanspruches nicht

nahme des Antrages wird nach § 64 auch die Begünstigung straflos. Wird die Begünstigung verübt nachdem die Antragsfrist unbenutzt verstrichen ist, so bleibt sie straflos. Fand die Begünstigung statt nachdem der Strafantrag gestellt war, so ist sie strafbar, wird aber straflos durch Zurücknahme des Antrages. Als Begünstigung kann es nicht betrachtet werden, wenn Jemand den Antragsberechtigten bestimmt auf die Ausübung seines Antragsrechtes zu verzichten, und eben so wenig, wenn die Stellung des Antrages in rechtswidriger Weise durch Gewalt, Drohung oder List verhindert wurde, da in solchem Falle der Strafanspruch nicht zum Dasein gelangte und die betreffende Handlung, obwohl in der Absicht den Schuldigen der Bestrafung zu entziehen verübt, doch nur zu strafen sein würde, wofern sie den Thatbestand eines anderweitigen Delicts, namentlich etwa den der Nöthigung ergiebt [1]). Folgerecht wird aber die Begünstigung auch dann als ausgeschlossen zu betrachten sein, wenn durch List oder Drohung die Zurücknahme des Antrages herbeigeführt wurde, denn gestattet das Gesetz die Zurücknahme, so kann, gleichviel aus welchem Grunde sie erfolgt, durch Herbeiführung derselben niemals das staatliche Recht der Strafverfolgung verletzt werden, vielmehr wird lediglich der Antragsberechtigte in der unbehinderten Verfolgung seines Rechtes verletzt [2]).

Der Thatbestand erfordert 2) eine Handlung, welche die Zweck-

---

ersetzen könne. Aber eine solche irrige Annahme ist hier gar nicht die nothwendige Voraussetzung, sondern nur dies, daß der Begünstiger Kenntniß davon hatte, daß durch ein Delict ein Strafanspruch, gleichviel ob ein bedingter oder unbedingter, begründet war. Er handelt, wenn er die Antragsqualität des Delictes kennt, mit dem dolus eventualis eine entweder strafbare oder straflose Handlung zu verüben, und ist strafbar, wenn durch Stellung des Antrages sich der strafbare Erfolg seiner Handlung ergiebt. Kennt er die Antragsqualität des Delictes nicht, so handelt er mit dem zur Begünstigung erforderlichen Dolus und ist strafbar, wenn vermöge des gestellten Antrages der Erfolg seiner Willensbestimmung entspricht.

1) Meves in Strafrsztg. XIII S. 521. Gretener a. a. O. S. 152. Samuely a. a. O. S. 11. Oppenhoff § 257 Nr. 13. Schwarze a. a. O. S. 384. Waldthausen a. a. O. S. 397. Olshausen a. a. O. Dagegen Binding a. a. O. S. 569. Merkel a. a. O. S. 428. H. Meyer S. 274.

2) Begünstigung nehmen in solchem Falle an Gretener a. a. O. Samuely a. a. O. S. 12. H. Meyer a. a. O. Olshausen a. a. O. Dagegen Waldthausen a. a. O. Oppenhoff a. a. O.

bestimmung hat, den Begünstigten der Bestrafung zu entziehen. Daß durch dieselbe die Bestrafung wirklich vereitelt oder auch nur verzögert worden sei ist nicht erforderlich und damit ergiebt sich, daß hier das Gesetz den Versuch den Begünstigten der Strafe zu entziehen als vollendetes Delict behandelt, von einem Versuch desselben also nicht die Rede sein kann[1]). Hat die Handlung im concreten Falle den beabsichtigten Erfolg nicht gehabt, so hat sie sich damit unter den gegebenen Umständen als eine für ihren Zweck ungeeignete erwiesen, aber es kann diese Untauglichkeit der Handlung ihre Strafbarkeit nicht ausschließen, wofern sie nur tauglich war die Absicht mit der sie verübt wurde kenntlich zu machen[2]). Im Uebrigen kann die Handlung selbst eine sehr verschiedenartige sein, in Verbergung des Schuldigen, Beförderung seiner Flucht, Verwischung der Spuren der That, Uebernahme der Schuld und Strafe auf sich selbst, wissentlich falsche Anschuldigung eines Andern, falsche Zeugenaussage u. s. w. bestehen[3]).

Wenn das Gesetz die Handlung des Begünstigers als ein „Beistand leisten" bezeichnet, so kann daraus nicht gefolgert werden, daß die Begünstigung eine Thätigkeit des Begünstigten um sich der Bestrafung zu entziehen und deren Förderung durch den Begünstiger voraussetze, oder auch nur ein Einverständniß Beider oder ein Wissen des Begünstigten um die Thätigkeit des Begünstigers[4]). Das Beistandleisten erfordert also durchaus nicht eine

---

1) Merkel a. a. O. III S. 740. Geyer a. a. O. II S. 424. Schwarze § 257 Nr. 25. Gretener a. a. O. S. 103. 140. Binding a. a. O. S. 454. Olshausen § 257 Nr. 10. Pezold § 257 Nr. 25. Dagegen v. Buri im G. Saal 1877 S. 38. H. Meyer S. 276.

2) Gretener und Olshausen fordern, von ihrer Auffassung des Versuches ausgehend, eine Handlung die geeignet ist den Begünstigten der Strafe zu entziehen, obwohl sie strafbar sein soll auch wenn sie sich erfolglos erwies. Absolute Untauglichkeit soll die Bestrafung ausschließen.

3) Beistand um Jemand der Untersuchungshaft zu entziehen kann als Begünstigung nur betrachtet werden, wenn die Absicht zugleich darauf gerichtet ist ihn der Strafe zu entziehen, so die gemeine Meinung. Dagegen v. Buri a. a. O. S. 20. Meves a. a. O. S. 517. Auch Unterstützung eines Gnadengesuches durch lügenhafte Bescheinigungen würde als Begünstigung zu betrachten sein, vgl. Merkel a. a. O. III S. 740 gegen die hiergegen erhobenen Einwendungen. — In Betreff der Casuistik vgl. Gretener a. a. O. S. 145. Oppenhoff § 257 Nr. 11—14b. Olshausen § 257 Nr. 17—21. Rsprch. III S. 778. V S. 726. 762. VI S. 214.

4) Villnow a. a. O. S. 83 erachtet einen Beistand nur für möglich,

Hilfsleistung, ein Mitwirken bei der Thätigkeit des Begünstigten und es wird auch sprachlich von einem geleisteteu Beistande sehr wohl die Rede sein können, wenn der Begünstigte sich passiv verhält, oder auch von dem ihm geleisteten Beistande nichts weiß. Besser wäre freilich die Bezeichnung der Begünstigung als Beistandleisten vermieden worden, denn von einem solchen kann doch füglich nur die Rede sein, wenn der Begünstiger im Interesse des Begünstigten seinem ausgesprochenen oder doch vermutheten Willen entsprechend handelt, nicht aber dann, wenn wider den ausgesprochenen Willen des Begünstigten. Muß in solchem Falle, weil das Beistandleisten mangelt, die Begünstigung straflos bleiben, so steht dies freilich im Widerspruche mit dem Wesen der Begünstigung als einer rechtswidrigen Gegenwirkung gegen die ordnungsmäßige Handhabung der Strafrechtspflege, wie auch mit der technischen Bezeichnung des Delictes als Begünstigung, denn eine Gunst kann auch dem Widerwilligen aufgedrungen werden, nicht aber ein Beistand [1]).

Die Begünstigung ist ein Commissivdelict, zu dessen Verübung ein reines Unterlassen nicht genügt. In wie weit ein Unterlassen auch hier als ein Begehen erscheinen kann, ist nach den allgemeinen Normen über die durch Unterlassen verübten Commissivdelicte zu beurtheilen.

3) Obwohl eine fahrlässig verübte Begünstigung sehr wohl denkbar ist, beschränkt das Gesetz die Strafbarkeit doch nur auf die dolose. Das Gesetz fordert ein Beistandleisten um den Begünstigten der Bestrafung zu entziehen, d. h. also eine vorsätzliche Thätigkeit die in der Absicht den Begünstigten der Strafe zu entziehen verübt wurde. Es fordert aber weiter, daß wissentlich Beistand geleistet sei, und dies erscheint allerdings entbehrlich, wenn mehr nicht ausgedrückt werden sollte, als daß die fahrlässige

---

wenn das wozu er geleistet werden soll vom Verbrecher bereits beschlossen ist. Auch Schütze S. 4 fordert zum Beistande ein Helfen, ebenso Rubo § 257 Nr. 4. Dagegen Oppenhoff § 257 Nr. 6. Schwarze § 257 Nr. 1. Waldthausen a. a. O. S. 394. Gretener a. a. O. S. 141. Olshausen § 257 Nr. 7.

1) Daß wie Olshausen a. a. O. sagt, eine persönliche Begünstigung auch gegen den Willen des Begünstigten möglich ist, kann nicht zweifelhaft sein, aber das Gesetz fordert einen Beistand der in solchem Falle nicht denkbar ist. Vgl. Gretener a. a. O. Waldthausen a. a. O.

Begünstigung straflos bleiben solle. Es fragt sich also, welches Wissen des Begünstigers erfordert wird.

Daß der Begünstiger jedenfalls Kenntniß haben muß von der Verübung einer strafbaren Handlung, sowie davon, daß er einem für sie Verantwortlichen Beistand leistet, kann ebensowenig zweifelhaft sein wie dies, daß eine nähere Kenntniß von der Person des Begünstigten nicht erforderlich und auch die einem Unbekannten gewährte Begünstigung strafbar ist[1]). Streitig ist aber die Frage ob der Begünstiger wissen müsse, daß die That des Begünstigten ein Verbrechen oder Vergehen sei. Unmöglich kann angenommen werden das Gesetz erfordere eine solche Kenntniß der That des Begünstigten und zugleich eine solche Gesetzeskenntniß des Begünstigers, daß er befähigt sei zu unterscheiden, ob die That des Begünstigten ein Verbrechen oder Vergehen oder nur eine Uebertretung sei. Ebensowenig kann erforderlich sein, daß der Begünstiger, wenn zwar nicht eine Kenntniß aller concreten Thatumstände, so doch wenigstens diejenigen thatsächlichen Momente der Handlung kennen müsse, welche den Thatbestand irgend eines Verbrechens oder Vergehens ergeben[2]). Soll die irrthümliche Annahme den einer Uebertretung Schuldigen zu begünstigen den erforderlichen Dolus ausschließen, soll ein Irrthum über die Momente der Handlung vermöge deren sie als Verbrechen oder Vergehen erscheint, die Begünstigung nach § 59 straflos machen, so würde jedenfalls die Strafbestimmung des § 257 einen großen Theil ihres praktischen

---

1) v. Buri a. a. O. S. 29. Oppenhoff § 257 Nr. 9a. Schwarze § 257 Nr. 14. Goltd. Arch. I S. 578. Olshausen § 257 Nr. 24. Dagegen Merkel a. a. O. III S. 741.

2) Die herrschende Ansicht geht dahin, daß der Begünstiger die That des Begünstigten als eine solche kennen müsse, die den Thatbestand eines Verbrechens oder Vergehens ergiebt, wogegen die irrthümliche Annahme, daß es sich um eine als Uebertretung strafbare That handle ihn straflos mache. So Schwarze im G. Saal 1872 S. 380 und § 257 Nr. 13. Rüdorff § 257 Nr. 3. Merkel a. a. O. III S. 741. IV S. 427. Geyer im G. Saal 1875 S. 311. Oppenhoff § 257 Nr. 9. Schütze S. 163. Herzog a. a. O. S. 134. Waldthausen a. a. O. S. 399. Olshausen § 257 Nr. 25. v. Liszt S. 588. Rsprch. III S. 536. VI S. 633. Weiter geht Billnow a. a. O. S. 85 indem er fordert, daß der Begünstiger ebenso wie der Gehilfe die That in ihrer concreten Beschaffenheit gekannt haben müsse, und v. Buri a. a. O. S. 47 der einen Irrthum über die concrete Beschaffenheit der That als indifferent betrachtet, wenn nur die verübte That wenigstens von gleicher Gattung sei, als die, welche der Begünstiger als verübt ansah.

Werthes verlieren. Das Gesetz geht vielmehr davon aus, daß die Begünstigung in allen Fällen, wie auch die That des Begünstigten beschaffen sein möge, rechtswidrig und an sich strafwürdig sei, daß aber, wenn der Begünstigte sich nur einer Uebertretung schuldig gemacht hatte, die noch hinter der seinigen zurückbleibende Strafe des Begünstigers so geringfügig erscheinen würde, daß besser auf sie zu verzichten sei. Nur die Thatsache, daß es sich um eine Uebertretung des Begünstigten handelt, nicht ein Unterschied in dem Wissen und Wollen des Begünstigers macht diesen in solchem Falle straflos. Dem steht auch nicht entgegen, daß das Gesetz wissentlich geleisteten Beistand fordert, denn sprachlich kann das „wissentlich“ nur auf das Beistandleisten, unmöglich auf die Begehung eines Verbrechens oder Vergehens bezogen werden, und erscheint darum allerdings als überflüssig.

Hiernach genügt in subjectiver Beziehung das Bewußtsein, dem Begünstigten in Betreff irgend einer von ihm verübten strafbaren Handlung Beistand zu leisten, während es nicht für den Thatbestand, sondern nur für die Strafzumessung von Bedeutung ist, ob der Begünstiger die näheren Umstände der That des Begünstigten und das Maß seiner Strafbarkeit gekannt hat[1]).

§ 255. Der Begünstigung macht sich nach § 257 ferner derjenige schuldig, welcher nach Begehung eines Verbrechens oder Vergehens dem Thäter oder Theilnehmer Beistand leistet um demselben die Vortheile des Verbrechens oder Vergehens zu sichern.

Die Sicherung von Vortheilen setzt voraus, daß der Begünstigte aus seiner That Vortheile erlangt habe und es fragt sich zunächst, welche Art von Vortheilen hier gemeint seien. Der Vortheil der für den Verbrecher darin liegt, daß er die mittelst seiner That erstrebte Befriedigung erlangte, kann nicht in Betracht kommen, weil in Betreff seiner eine Sicherung nicht vorkommen kann. Ausgeschlossen sind ferner diejenigen Vortheile, welche nur gesichert werden können mittelst einer Thätigkeit die als Theilnahme an dem betreffenden Verbrechen oder Vergehen erscheint. Als Vortheile eines Verbrechens oder Vergehens die ohne Theilnahme an demselben gesichert werden können, bleiben nur die aus ihm erwachsenen Vermögensvortheile übrig[2]). Als eine Sicherung dieser

---

1) Hälschner System II S. 557. Meves a. a. O. S. 504 f. Binding a. a. O. S. 566. Gretener a. a. O. S. 144.

2) So v. Buri, Binding, Gretener, Waldthausen, Merkel,

Vortheile kann aber nicht eine jede ihren Genuß ermöglichende und fördernde Thätigkeit in Betracht kommen, sondern nur diejenige, welche den Zweck hat den Begünstigten gegen die Entziehung derselben als rechtlicher Folge seiner That zu schützen. Darum handelt es sich auch bei der sachlichen Begünstigung um rechtswidrige Behinderung der Rechtspflege.

Wie die persönliche so setzt auch die sachliche Begünstigung eine als Verbrechen oder Vergehen strafbare Handlung des Begünstigten voraus [1]). Dagegen ist sie von der Existenz eines Strafanspruches insofern unabhängig als sie auch dann noch verübt werden kann, wenn dieser bereits eine Erledigung gefunden hat. Umgekehrt ist sie bei noch fortbestehendem Strafanspruche nicht mehr möglich, wenn der durch das Delict geschaffene rechtswidrige Vermögenszustand in irgend einer Weise seine rechtliche Ausgleichung gefunden hat [2]).

Die Handlung selbst muß eine solche sein, welche mit der Zweckbestimmung verübt wird den Begünstigten dagegen zu sichern, daß ihm die erlangten Vortheile mittelst eines rechtlichen Verfahrens entzogen werden. Ihrer äußern Erscheinung nach wird sie mit der eine persönliche Begünstigung enthaltenden übereinstimmen können, so daß dieselbe Handlung zugleich eine persönliche wie sachliche Begünstigung ergiebt, sie wird aber auch in davon verschiedener Weise vorkommen können.

In Betreff des Dolus sind die Erfordernisse der sachlichen Begünstigung durchaus die gleichen wie bei der persönlichen. Der Begünstiger muß also wissen, daß die betreffenden Vortheile durch eine strafbare Handlung erlangt sind und muß in der Absicht handeln den rechtswidrigen Vermögenszustand gegen die aus ihm sich ergebenden rechtlichen Folgen zu sichern.

Als einen Grund erhöhter Strafbarkeit bezeichnet es das

Olshausen, v. Liszt. Gegen diese Beschränkung ohne nähere Angabe welche Art von Vortheilen sonst in Betracht kommen könnten Oppenhoff § 257 Nr. 15. Schwarze § 257 Nr. 19. Villnow a. a. O. S. 89. H. Meyer S. 273.

1) Dagegen diejenigen die wie Binding, Gretener und Olshausen die sachliche Begünstigung nur als Vermögensdelict betrachten, oder wie Herzog auch bei der persönlichen Begünstigung eine strafbare Handlung nicht voraussetzen.

2) v. Buri a. a. O. S. 26. Merkel a. a. O. IV S. 430. Gretener a. a. O. S. 173. Binding a. a. O. S. 575.

Gesetz, wenn der Begünstiger seines Vortheils wegen dem Begünstigten Beistand leistete. Der Begünstiger wird in allen Fällen, wie jeder handelnde Mensch, mittelst seiner Handlung die Befriedigung irgend eines persönlichen Interesses erstreben und es versteht sich von selbst, daß nicht ein jedes persönliche Interesse, welches das Motiv des Begünstigers bildete, als ein Vortheil angesehen werden kann, der seine Strafbarkeit erhöht. Von einer Begünstigung um des eignen Vortheiles willen kann nur die Rede sein, wenn der Thäter, gleichgiltig gegen Vortheil oder Nachtheil des Begünstigten, sich durch beschränkte Selbstsucht bestimmen läßt, wonach also die Fälle ausgeschlossen sind, in denen der Begünstiger seine Befriedigung nur darin sucht dem Interesse des Begünstigten, etwa aus Mitleid, Freundschaft, Liebe, zu dienen. In dieser Beziehung die richtige Grenzlinie zu ziehen wird nicht immer leicht sein, und wenn ohne Zweifel in den bei weitem meisten Fällen der Begünstigung des eignen Vortheils wegen es sich um einen Vermögensvortheil handeln wird, so möchte auch dem praktischen Bedürfnisse ausreichend gedient gewesen sein, wenn das Gesetz den eignen Vortheil auf einen Vermögensvortheil beschränkt hätte. Dagegen liegt kein ausreichender Grund vor anzunehmen, daß das Gesetz nur von Vermögensvortheilen spreche[1]), denn ganz abweichend von den Vortheilen die der Begünstigte durch seine That erlangte und die ihm gesichert werden sollen, sind außer den Vermögensvortheilen mannigfache andere, dem Begünstiger zum Motive dienende Vortheile denkbar[2]).

Da die Begünstigung ein selbständiges Delict ist, so kann ohne Zweifel auch bei ihr Mitthäterschaft, Anstiftung und Beihilfe vorkommen[3]), aber zu weit gehende aus der selbständigen Bedeutung der Begünstigung abgeleitete Consequenzen sind es, wenn man

---

1) Dies nehmen an v. **Buri** a. a. O. S. 47. **Merkel** a. a. O. III S. 742. **Waldthausen** a. a. O. S. 401. **Gretener** a. a. O. S. 179. **Binding** a. a. O. S. 571. Die Zweckmäßigkeitsgründe die dafür angeführt werden, sind vollkommen anzuerkennen, können doch aber allein nicht entscheiden. Gegen diese Beschränkung **Oppenhoff**, **Schwarze**, **H. Meyer**, **Schütze**, **Rüdorff**, **Olshausen**, **v. Liszt**.

2) Ueber casuistische Fragen in Betreff des eigenen Vortheils vgl. **Oppenhoff** § 257 Nr. 21. § 259 Nr. 3. 19. 24. **Olshausen** § 257 Nr. 39. § 259 Nr. 19. 20. **Schwarze** § 257 Nr. 20. § 259 Nr. 4.

3) Gegen die Möglichkeit der Beihilfe **Villnow** a. a. O. S. 73, weil sie selbst als Beihilfe erscheinen würde.

annimmt, daß auch der Mitschuldige eines verübten Delictes sich einer mit diesem concurrirenden Begünstigung eines andern Mitschuldigen schuldig machen könnte, daß der Begünstigte wegen Anstiftung eines Andern zu der ihm selbst gewährten Begünstigung zu strafen sei. Kennt das Gesetz eine strafbare Selbstbegünstigung nicht, so würde die Begünstigung eines Mitschuldigen mindestens dann straflos bleiben müssen[1]), wenn sie, wie es wohl meist der Fall sein wird, verübt wird um sich selbst der Bestrafung zu entziehen oder die Vortheile des Delictes zu sichern. Aber auch davon abgesehen, kann die Begünstigung eines Mitschuldigen darum nicht als selbständig strafbares Delict angesehen werden, weil sie nicht aus einer neuen und andern Willensbestimmung und Schuld entspringt als das Delict selbst. Es werden freilich die Fälle vorkommen, in denen derjenige der in Uebereilung, nicht mit Ueberlegung ein Delict verübte, sofort nach der That seinerseits selbst Alles thut und veranlaßt was die rechtliche Tilgung seiner That erfordert, in der Regel aber wird er es mit dem Willen verüben, daß der gesetzte rechtswidrige Zustand Bestand behalte, und eine nach verübtem Delicte darauf gerichtete Thätigkeit kann einer weitern besondern Strafbarkeit nicht unterliegen, gleichviel ob sie im eignen Interesse oder dem eines Mitschuldigen stattfand[2]). Anstiftung eines Andern zur Begünstigung seiner selbst ist Selbstbegünstigung und es ist nicht einzusehen wie diese Art der Selbstbegünstigung im Unterschiede von jeder andern strafbar sein könnte[3]).

Die Strafe der Begünstigung ist Geldstrafe bis zu sechshundert Mark oder Gefängniß bis zu einem Jahre, dagegen Gefängniß bis zu fünf Jahren, wenn sie der Thäter seines Vortheiles wegen leistete. Die Strafe darf jedoch der Art oder dem Maße nach keine schwerere sein als die auf die Handlung des Begünstigten gedrohte. Aus dieser letztern ganz allgemeinen Bestimmung des Gesetzes muß, wenn sich nicht ein unlösbarer Widerspruch ergeben soll, gefolgert werden, daß die auf die qualifizirte Begünstigung

---

1) So unterscheidet Meves a. a. O. S. 497.

2) Goltd. Arch. III S. 754. Schwarze im G. Saal 1872 S. 376 f. Herzog ebenda 1877 S. 161 f. und § 257 Nr. 26. Schütze S. 161. Villnow a. a. O. S. 68. Merkel a. a. O. S. 425. v. Buri a. a. O. S. 34. Rüdorff § 257 Nr. 9. Dagegen Oppenhoff § 257 Nr. 2. H. Meyer S. 277. Geetener a. a. O. S. 159. Olshausen § 257 Nr. 27. 28. Geyer a. a. O. IV S. 172.

3) Dagegen Oppenhoff § 257 Nr. 1. Rsprch. III S. 211. V S. 421.

sich beziehende Strafdrohung zwar nach Art und Maß das Maximum der zu verhängenden Strafe angiebt, daß aber eine andere leichtere Strafart anzuwenden sei, wofern die den Begünstigten treffende Strafe einer der Art nach leichtere ist[1]).

Die Begünstigung ist vom Gesetze nicht als Antragsdelict behandelt, da sie aber in allen Fällen ein strafbares Verbrechen oder Vergehen und einen durch dasselbe begründeten Strafanspruch voraussetzt, so ist sie, sofern der Begünstigte sich eines Antragsdelictes schuldig machte, nur strafbar, wenn der Antrag rechtzeitig gestellt und nicht zurückgenommen wurde. Eine Ausnahme findet statt nach § 247 Abs. 3 und § 289 Abs. 5 insofern hier die Strafbarkeit der Begünstigung von der des nur auf Antrag zu verfolgenden Begünstigten unabhängig erklärt ist[2]).

Die Begünstigung bleibt straflos, wenn sie dem Thäter oder Theilnehmer von einem Angehörigen gewährt worden ist um ihn der Bestrafung zu entziehen. Offenbar geht diese Bestimmung davon aus, daß in solchem Falle das Motiv der That, Familien-Liebe und Pietät, als entschuldigend anzusehen sei, und hiernach wird sie nicht bezogen werden können auf die Begünstigung die aus anderem Motive, um des eignen Vortheils willen, geleistet

---

1) Schwarze im G. Saal 1872 S. 389. Geyer a. a. O. IV S. 177. Merkel ebenda S. 428. Oppenhoff § 257 Nr. 22. Waldthausen a. a. O. S. 402. Olshausen § 257 Nr. 55. Dagegen v. Buri a. a. O. S. 48, der betreffenden Falls die der Art nach schwerere Strafe anwenden will, und Meves a. a. O. S. 486, der einen unlösbaren Widerspruch des Gesetzes mit sich selbst annimmt.

2) Reber Antragsdelicte S. 136. Oppenhoff § 257 Nr. 19 und § 61 Nr. 6. H. Meyer S. 276. Rüdorff § 257 Nr. 5. F. Meyer § 257 Nr. 14. v. Liszt S. 589. Puchelt § 257 Nr. 3. Dagegen Schwarze im G. Saal 1872 S. 376, der die Bestimmung in § 63 nur auf den Fall des § 247 bezieht. Ebenso v. Buri a. a. O. S. 36. Herzog in Goldt. Arch. XXIX S. 137. Ressel Antragsberecht. S. 24. Anders Meves a. a. O. S. 511 f., der bei uneingeschränkten Antragsdelicten die Strafverfolgung der Begünstigung vom Antrage abhängig macht. Dagegen soll bei beschränkten Antragsdelicten die Begünstigung nur dann auf Antrag verfolgt werden, wenn der Begünstiger zum Verletzten in dem besondern in § 247 bezeichneten Verhältnisse steht. Ebenso Villnow a. a. O. S. 70 f. Waldthausen a. a. O. S. 391 f. Eigenthümlich Olshausen § 257 Nr. 52. 53, nach welchem § 247 Abs. 3 und § 63 sich nicht auf die Begünstigung im Sinne des § 257 Abs. 1 sondern nur auf die als Beihilfe strafbare Begünstigung beziehen sollen.

wurde [1]), während sie andererseits auch auf den Fall zu beziehen ist in welchem zugleich sachliche Begünstigung oder auch persönliche Begünstigung eines Nichtangehörigen lediglich deshalb verübt wurde, weil sie als die unvermeidliche Folge der dem Angehörigen, um ihn der Bestrafung zu entziehen, geleisteten Begünstigung war [2]).

Die Begünstigung ist als Beihilfe zu strafen, wenn sie vor Begehung der That zugesagt worden ist, und dies gilt auch für den Fall, wenn sie einem Angehörigen zugesichert wurde.

Eine solche Zusage kann selbstverständlich nicht bloß dem Thäter, sondern auch einem Theilnehmer ertheilt werden, muß aber in allen Fällen zugesichert sein, bevor der Begünstigte die seiner eigenthümlichen Stellung entsprechende strafbare Thätigkeit ausübte. Die Zusage setzt voraus, daß sie gefordert oder doch wenigstens acceptirt wurde und die Bestrafung wegen Beihilfe ist ausgeschlossen, wenn die angebotene Begünstigung abgewiesen wurde. Die vor der That zugesagte Begünstigung erscheint als eine Mitwirkung zur That, als s. g. intellectuelle Beihilfe, durch welche der Thäter in seinem Entschlusse die strafbare That zu verüben bestärkt und befestigt wird, und ist als Beihilfe auch dann zu strafen, wenn sie nach der That nicht geleistet wurde [3]). Wird sie nach verübter That der Zusage entsprechend wirklich geleistet, so kann an sich der Umstand, daß in der Zusage eine Mitwirkung enthalten war, nicht ausschließen, daß die nachträglich verübte Begünstigung ein weiteres mit jener schuldhaften Mitwirkung concurrirendes Delict enthält, während das Gesetz hier die Annahme einer Concurrenz ausschließt und nur das schwerere Delict der Mitwirkung gestraft wissen will [4]). Tritt die durch die Zusage der Begünstigung geleistete Beihilfe mit einer weitern Beihilfe in Verbindung, so kann immer nur die einfache Strafe der Beihilfe ver-

---

1) Dafür spricht auch der letzte Absatz des § 258. Die Fassung des Gesetzes enspricht freilich nicht der ratio legis, wie sich dies daraus erklärt, daß erst vom Reichstage der Satz: „und wenn er diesen Beistand seines Vortheils wegen leistet" u. s. w. eingeschoben wurde. Vgl. Villnow a. a. O. S. 91 f. die gemeine Meinung dagegen.

2) Oppenhoff § 257 Nr. 25. Schwarze § 257 Nr. 28. Dagegen Olshausen § 257 Nr. 43.

3) Schwarze § 257 Nr. 30.

4) Geyer a. a. O. II S. 423. IV S. 172. Gretener a. a. O. S. 162. v. Liszt S. 199. Olshausen § 257 Nr. 47. Schütze S. 162 und in Goltd. Arch. XX S. 363.

hängt werden, weil eine in verschiedener Weise verübte Mitwirkung niemals eine Mehrheit concurrirender Delicte ergiebt. Die Zusage der Begünstigung kann sich aber auch zur Anstiftung gestalten, und dann wird der Zusagende als Anstifter zu strafen sein [1]). Die Folge davon ist, daß dann die später wirklich verübte Begünstigung als mit der Anstiftung concurrirend erscheint.

§ 256. Von der Begünstigung unterscheidet das Gesetz die Hehlerei, und weiter zwei Formen derselben, die s. g. Personenhehlerei oder hehlerische Begünstigung und die Sachhehlerei oder Partirerei [2]). Wollte man nicht darauf verzichten die persönliche und die sachliche Begünstigung unter dem Namen der Begünstigung zusammenzufassen, dann würde es allerdings besser gewesen sein, die Personenhehlerei überhaupt nicht als Hehlerei, sondern nur als qualifizirte Begünstigung zu bezeichnen, und die Hehlerei auf die Sachhehlerei oder Partirerei zu beschränken.

Die s. g. Personenhehlerei wird vom Gesetze selbst als Begünstigung bezeichnet und hat den Thatbestand der Begünstigung, gleichviel ob den der persönlichen oder sachlichen Begünstigung, zur Voraussetzung. Ihr Thatbestand erfordert weiter eine Begünstigung die des eignen Vortheils wegen verübt wurde, und sie unterscheidet sich von der qualifizirten Begünstigung des § 257 dadurch, daß hier noch ein weiteres qualifizirendes Moment vorausgesetzt wird. Es besteht dies darin, daß die Begünstigung gewährt wurde entweder demjenigen der einen einfachen Diebstahl oder eine Unterschlagung, oder demjenigen der einen schweren

---

1) Die Entstehungsgeschichte des § 257 ergiebt, daß es sich hier um einen Redactionsfehler handelt, vgl. Schütze a. a. O. Unmöglich kann angenommen werden, daß die Zusage der Begünstigung nicht nur dann, wenn sie wirklich als intellectuelle Hilfsleistung, sondern in allen Fällen nur als Beihilfe gestraft werden solle. Schwarze und Geyer a. a. O. Oppenhoff § 257 Nr. 29. Dagegen Olshausen § 257 Nr. 47.

2) Strfgb. § 258. 259. Das preuß. Strafgesetzbuch hatte in § 237 beide Formen der Hehlerei zusammengefaßt. Die Motive zum II Entwf. zu § 253 und 254 bemerken, daß in dieser Beziehung eine Aenderung dahin rathsam erscheine, daß die Fälle der Partirerei (Ansichbringen der Sachen) und der Hehlerei im engern Sinne (Begünstigung von Personen) äußerlich gesondert werden. — Die Bezeichnung dieser Hehlerei im engern Sinne als Personenhehlerei im Gegensatze zur Sachenhehlerei ist keine glückliche, weil sie den Schein erwecken könnte, als ob es sich bei ihr nur um persönliche Begünstigung handle.

Diebstahl, einen Raub oder ein dem Raube gleich zu bestrafendes Verbrechen begangen hat. Hieraus folgt in Betreff des Dolus, daß nicht nur das zur qualifizirten Begünstigung des § 257 erforderliche Wissen und Wollen vorausgesetzt, sondern weiter auch noch erfordert wird das Bewußtsein des Thäters die Begünstigung demjenigen zu gewähren, der sich eines der vom Gesetze bezeichneten Delicte schuldig gemacht hat. Der Mangel dieses Bewußtseins schließt die Anwendbarkeit des § 258 aus, wogegen ein Irrthum der sich nur darauf bezieht ob ein einfacher Diebstahl oder eine Unterschlagung, oder darauf ob ein schwerer Diebstahl oder ein Raub oder ein dem Raube gleich zu strafendes Verbrechen vom Begünstigten verübt war, nicht in Betracht kommt.

Trotz des Namens „Hehlerei" erscheint das in § 258 bezeichnete Delict lediglich als eine qualifizirte Begünstigung und es kann darum von einer Concurrenz desselben mit der nach § 257 strafbaren Begünstigung nicht die Rede sein [1]).

Aus dem Umstande, daß das Gesetz diese Art der Begünstigung als Hehlerei bezeichnet, kann, umsoweniger als § 258 ausdrücklich von Begünstigung und Begünstigtem spricht, geschlossen werden, daß der als Hehler bezeichnete Thäter nicht Begünstiger wäre und daß die auf die Bestrafung sich beziehenden Vorschriften des § 257 hier, soweit sie nicht ausdrücklich anders bestimmt sind, keine Anwendung fänden. Wäre durch den Namen Hehlerei das in § 258 bezeichnete Delict in dem Maße zu einem selbständigen, von der Begünstigung verschiedenen erhoben, daß die Strafvorschriften des § 257 in keiner Weise in Betracht kommen dürften, so wäre die Bestimmung des § 258, daß die als Hehlerei zu strafende Begünstigung auch dann gestraft werden solle, wenn sie einem Angehörigen gewährt wurde, entbehrlich gewesen. Hieraus folgt, daß auch die vor Begehung der That zugesagte als Hehlerei erscheinende Begünstigung als Beihilfe zu strafen ist [2]), und daß auch der Hehler als Begünstiger im Sinne des § 63 und 247 zu betrachten ist [3]).

---

1) Rüdorff § 258 Nr. 7. Gretener a. a. O. S. 122. Waldthausen a. a. O. S. 390. Olshausen § 258 Nr. 2. Dagegen Schütze S. 164, zweifelhaft v. Buri a. a. O. S. 43.

2) F. Meyer § 258 Nr. 6. Zimmerle § 258 Nr. 7. Dagegen Olshausen § 258 Nr. 5.

3) Merkel a. a. O. III S. 743. Waldthausen a. a. O. S. 391. Rüdorff § 258 Nr. 6. Schütze S. 461. Entsch. IV S. 83. Dagegen

Die Strafe der Hehlerei ist, wenn der Begünstigte einen einfachen Diebstahl oder eine Unterschlagung begangen hatte, Gefängniß, wenn einen schweren Diebstahl, Raub oder ein dem Raube gleich zu strafendes Verbrechen Zuchthaus bis zu fünf Jahren, bei mildernden Umständen, Gefängniß nicht unter drei Monaten. Hiermit kann Verlust der bürgerlichen Ehrenrechte verbunden und auf Zulässigkeit von Polizeiaufsicht erkannt werden.

§ 257. Von der Begünstigung und der s. g. Personenhehlerei unterscheidet das Gesetz als selbständiges Delict die s. g. Sachenhehlerei oder Partirerei[1]). Sie wird von dem verübt, welcher Sachen von denen er weiß, daß sie mittelst einer strafbaren Handlung erlangt sind, verheimlicht, ankauft, zum Pfande nimmt oder sonst an sich bringt oder zu deren Absatz bei Anderen mitwirkt.

Mittelst einer solchen Handlungsweise kann auch eine sachliche Begünstigung sowie eine Personenhehlerei verübt werden und mit beiden Delicten kommt die Partirerei darin überein, daß auch sie in einer Gegenwirkung gegen die rechtlichen Folgen der strafbaren Handlung, in einer Befestigung des durch sie geschaffenen rechtswidrigen Vermögenszustandes besteht. Ebensowenig unterscheidet sie sich von jenen Delicten durch das Erforderniß des Handelns um des eignen Vortheils willen. Wohl aber geht das Gesetz zweifellos davon aus, daß die Partirerei im Unterschiede von jenen Delicten die Absicht zu begünstigen nicht nur nicht voraussetzt, sondern ausschließt, so daß wo im concreten Falle diese Absicht obwaltete, nur § 257 oder 258, niemals aber § 259 anwendbar sein kann. Damit aber entsteht die Frage ob der Fall einer Partirerei ohne Begünstigungsabsicht überhaupt denkbar ist, eine Frage die verneint werden muß.

Es ist sehr wohl denkbar, daß dem Partirer die Person des für die strafbare Handlung Verantwortlichen, sein Vortheil, seine Sicherung gegen Strafe durchaus gleichgiltig, das Motiv seiner Handlungsweise lediglich der eigne Vortheil ist, wie es etwa bei dem der Fall sein wird, der die von einem ihm Unbekannten gestohlene Sache, wissend daß es eine solche ist, zum Geschenk annimmt. Damit ist aber seine Begünstigungsabsicht keineswegs ausgeschlossen, denn er weiß, daß seine Handlung eine sachliche

---

Reber a. a. O. S. 268. Nessel a. a. O. S. 24. Meves a. a. O. S. 516, F. Meyer § 258 Nr. 8. Olshausen § 258 Nr. 6.

1) Strfgb. § 259.

Begünstigung des Schuldigen zur Folge hat und will diese Folge, freilich nur als ein ihm an sich gleichgiltiges aber unvermeidliches Mittel zu dem Zwecke selbst einen Vortheil zu erlangen. Er will also begünstigen, beabsichtigt es, und nicht nur dies, denn er weiß auch, daß er dem Interesse des Schuldigen dient und somit will er dies auch, wie wenig auch das Interesse des Schuldigen ihn zu seiner Handlungsweise motiviren würde. Aber auch der Umstand daß dem Partirer nur der eigne Vortheil, nicht das Interesse des Begünstigten zum Motive dient begründet keinen Unterschied von der Begünstigung, denn die um des eignen Vortheils willen verübte sachliche Begünstigung beruht auf der gleichen Voraussetzung. Ein wesentlicher Unterschied der Partirerei von dieser Art der Begünstigung läßt sich also überhaupt nicht angeben[1]) und einen praktischen Werth hat die Strafbestimmung des § 259 nur dadurch, daß sie in Fällen zur Anwendung kommen kann, in denen § 257 unanwendbar ist, weil das Vordelict kein Verbrechen oder Vergehen ist.

Der Thatbestand der Partirerei unterscheidet sich von dem der Begünstigung dadurch, daß er nur die von einem Andern verübte strafbare Handlung, nicht aber dies voraussetzt, daß diese ein Verbrechen oder Vergehen sei. Dagegen liegt kein Grund vor anzunehmen, daß hier, abweichend von § 257 und 258 auch ein im concreten Falle strafloses Delict genüge.

---

1) Daß sich die Partirerei gegen die Begünstigung nicht scharf abgrenzen lasse, ist schon in der Reichstags-Commission anerkannt worden. Den § 259 überall zur Anwendung zu bringen wo sein Thatbestand gegeben ist ohne Rücksicht darauf, daß zugleich eine Begünstigung vorliegt, wie Schwarze im G. Saal 1872 S. 371 fordert, ist jedenfalls keine Lösung der entgegenstehenden Bedenken. Ebenso wenig sind sie gelöst durch Villnow a. a. O., der die Möglichkeit einer Partirerei ohne Begünstigungsabsicht voraussetzt und zu einem Ergebnisse gelangt, nach welchem die Möglichkeit einer Idealconcurrenz von Partirerei und Begünstigung angenommen werden müßte. Ebenso Oppenhoff § 259 Nr. 1. Waldthausen a. a. O. S. 389. Rethwisch a. a. O. S. 55. Eine solche Concurrenz leugnen Binding a. a. O. S. 572, Gretener a. a. O. S. 139, Olshausen § 259 Nr. 28 und gehen davon aus, daß in § 259 die Begünstigungsabsicht als ausgeschlossen zu betrachten sei. Aber daß dem Partirer das Vermögensinteresse des der Hauptthat Schuldigen gleichgiltig war, schließt nicht die Begünstigungsabsicht, sondern nur dies aus, daß dessen Interesse das Motiv für die Handlung des Partirers war. v. Buri a. a. O. S. 40 erklärt § 259 für überflüssig, weil diese Handlung kaum anders werde vorkommen können, als daß zugleich eine Beistandleistung im Sinne des § 257 darin enthalten sei.

Es ist ferner erforderlich, daß der Thäter des Vordelictes mittelst desselben eine Sache erlangte, in seine Gewalt bekam. In der Regel wird es sich dabei um bewegliche Sachen handeln, so weit aber die vom Gesetze bezeichnete Handlungsweise des Partirers auch in Betreff der unbeweglichen Sache möglich ist, ist diese durch das Gesetz nicht ausgeschlossen. Daß die Sache eine fremde, d. h. Eigenthum eines Andern sei, ist nicht erforderlich[1]), denn sie kann wie das vom Wilddiebe erlegte Wild eine herrenlose sein oder auch, wie bei dem furtum possessionis die eigene dessen sein der das Vordelict verübte oder auch die eigene des Hehlers. Die durch eine strafbare Handlung hervorgebrachte eigene Sache des Thäters, wie das falsche Geld, die gefälschte Urkunde, ist ausgeschlossen[2]).

Wenn das Gesetz fordert, daß die Sache durch eine strafbare Handlung erlangt sei, so könnte daraus allerdings gefolgert werden, daß die weitere Beschaffenheit der strafbaren Handlung gleichgiltig sei, daß darum auch das Wild das der Jagdberechtigte durch die strafbare Handlung des Jagens in der Schonzeit erlangte, insbesondere auch die mittelst Bettelns erlangte Sache Gegenstand der Hehlerei sei. Dem steht entgegen, daß unmöglich angenommen werden kann, es sei § 259 in Betreff der Sache von wesentlich anderen Voraussetzungen ausgegangen als § 257 in Betreff der sachlichen Begünstigung und 258 in Betreff der s. g. Personenhehlerei. Auch die Sachenhehlerei hat zur nothwendigen Voraussetzung ihrer Strafbarkeit, daß es sich um die Aufrechthaltung, Befestigung eines rechtswidrigen Vermögenszustandes handelt und eben deshalb ist die strafrechtswidrige Erlangung des Besitzes der Sache erforderlich. Nur die mit dem Fehler des rechtswidrigen Erwerbes behaftete Sache kann Gegenstand der Hehlerei sein[3]). Dieser Fehler

---

1) Dagegen Oppenhoff § 259 Nr. 6.

2) Oppenhoff a. a. O. Merkel a. a. O. III S. 745. Olshausen § 259 Nr. 4. Dagegen Schütze S. 461.

3) Oppenhoff § 259 Nr. 6 Olshausen § 259 Nr. 16. Merkel a. a. O. IV S. 429. Gretener S. 182, insbesondere Erkenntniß der vereinigten Straffenate Rsprch. IV S. 337, das auf die Entstehungsgeschichte des § 259 und den mangelnden Dolus dessen der erbettelte Sachen an sich bringt, Bezug nimmt. Wohl aber kann eine der Beschlagnahme entzogene Sache Gegenstand der Hehlerei sein. Schwarze a. a. O. S. 392. Merkel a. a. O. III S. 745. F. Meyer § 259 Nr. 2. Binding a. a. O. S. 576. Dagegen Oppenhoff § 259 Nr. 5.

wird dadurch nicht ausgeschlossen, daß, wie bei dem Betruge, die Sache in das Eigenthum des Thäters übergegangen war, auch dadurch nicht, daß die Sache, bevor sie in den Besitz des Hehlers kam, sich in der Hand eines gutgläubigen Besitzers befand [1]). Dagegen wird die Möglichkeit der Hehlerei ausgeschlossen, sobald der rechtswidrige Vermögenszustand ausgeglichen ist, sei es dadurch, daß die Sache in den Besitz des Berechtigten zurückgelangt war, oder dadurch, daß dieser den Besitz der Sache seitens eines Andern genehmigte.

Nur die durch die strafbare Handlung erlangte Sache ist Gegenstand der Hehlerei, nicht eine andere gegen sie eingetauschte [2]). Ist die Handlung des Partirers nothwendig eine der Erlangung der Sache nachfolgende, so kann von Partirerei nicht die Rede sein, wenn das Ansichbringen als Mitwirkung bei dem Erlangen der Sache durch den Andern erscheint und darum als Theilnahme strafbar ist [3]).

Abweichend von der Begünstigung und Personenhehlerei setzt die Partirerei eine besondere vom Gesetze näher bezeichnete Handlungsweise des Partirers voraus. Sie besteht entweder in einem Verheimlichen der Sache, oder in einem Ansichbringen, das insbesondere auch durch ein Ankaufen oder zu Pfande Nehmen erfolgen kann, oder in einem Mitwirken zum Absatze der Sache.

Das Verheimlichen der Sache erfordert eine Thätigkeit, durch welche deren Auffinden verhindert wird, gleichviel wie sie sonst beschaffen sein möge. Kann also das Verheimlichen auch dadurch erfolgen, daß der Thäter die Sache in seinen Gewahrsam bringt, so ist dies doch jedenfalls nicht nothwendiges Erforderniß des Verheimlichens [4]).

---

1) Binding a. a. O. S. 575. v. Buri a. a. O. S. 50. Merkel a. a. O. IV S. 430. Pezold § 259 Nr. 12. Dagegen Schwarze a. a. O. S. 393. Oppenhoff § 259 Nr. 8. Rüdorff § 259 Nr. 5. Villnow a. a. O. S. 97.

2) Merkel a. a. O. III S. 745. Binding a. a. O. S. 574. Oppenhoff § 259 Nr. 9. Rsprch. II S. 164. IV S. 622. Dagegen Rsprch. II S. 72.

3) Schwarze a. a. O. S. 374. Olshausen § 259 Nr. 6. Rsprch. III S. 496. Dagegen Schütze S. 462.

4) Olshausen § 359 Nr. 9. Dagegen Rubo § 259 Nr. 7. Schwarze a. a. O. S. 397. Merkel a. a. O. III S. 746 und IV S. 431. Waldthausen a. a. O. S. 406.

Das Ansichbringen der Sache setzt voraus, daß der Thäter die Verfügungsgewalt über die Sache dadurch erlangte, daß sie ihm übertragen wurde. Ausgeschlossen ist daher der Fall, daß Jemand die Sache nicht auf derivativem Wege, sondern etwa durch Diebstahl an sich brachte, so wie der Fall, daß er sie zwar in Gewahrsam nahm, aber nicht um über sie zu eignen Zwecken frei zu verfügen [1]). Daß der Hehler die Sache von demjenigen erhielt, der sie durch eine strafbare Handlung erlangt hatte, ist nicht erforderlich. Als Arten des Ansichbringens führt das Gesetz an das Ankaufen und in Pfand Nehmen, wonach das bloße Kaufen oder Abschließen eines Pfandvertrages, ohne daß die Verfügungsgewalt über die Sache erlangt wurde, nicht genügt. Ein Mitgenießen, Mitverzehren von Eß- und Trinkwaren setzt nothwendig voraus, daß die Sache dem Genießenden zur Verfügung über sie übertragen wurde, und darum wird das Mitgenießen als ein Ansichbringen durch das Hehlerei verübt wird betrachtet werden müssen. Da aber die Theilnahme an den Vortheilen einer strafbaren Handlung an sich nicht strafbar ist, so wird auch das Mitverbrauchen des Ertrages der von einem Andern verübten strafbaren Handlungen als Hehlerei nur zu strafen sein, wenn ein Ansichbringen der durch das Delict erlangten Sachen statt gefunden hat [2]).

---

1) Merkel a. a. O. III S. 746. v. Buri a. a. O. S. 51. Schwarze a. a. O. S. 396. Oppenhoff § 259 Nr. 18. Getener S. 176. Olshausen § 259 Nr. 10. Rsprch. II S. 259. III S. 312. IV S. 720.

2) Wie bei dem Mitverzehren, Mitvertrinken der vom Andern gestohlenen Genußmittel unterschieden werden könnte ob ein Ansichbringen stattgefunden habe oder nicht, wie F. Meyer § 259 Nr. 10. Olshausen § 259 Nr. 13. Geyer a. a. O. II S. 78. Rsprch. II S. 240. 259 annehmen, ist nicht wohl einzusehen, noch weniger daß darin niemals ein Ansichbringen zu erblicken sei. So Schwarze a. a. O. S. 399. Oppenhoff § 259 Nr. 19. Waldthausen a. a. O. S. 407. Wer aber das mit verbraucht was für das Gestohlene angeschafft wurde, begeht keine Hehlerei. Wenn man Ehefrau und Kinder die das vom Manne Gestohlene mitverzehren straflos lassen will, so sprechen dafür Gründe der Billigkeit, aber dies nach § 259 rechtlich zu begründen, wie Meves a. a. O. S. 502 es versucht, ist nicht möglich. Binding a. a. O. S. 573 und Getener S. 185 wollen das Mitverzehren darum nicht als Hehlerei betrachten, weil hier die rechtswidrige Vermögenslage nicht durch Aufrechterhaltung der widerrechtlichen Dispositionsgewalt, sondern durch Zerstörung perpetuirt werde, wobei nicht einzusehen ist warum das Verzehren nicht ein Ansichbringen, und warum gerade diese Art der Perpetuirung des rechtswidrigen Zustandes ausgeschlossen sein soll.

Das Mitwirken zum Absatze der Sache bei Anderen kann bestehen in einer Hilfsleistung wie in der Anstiftung zum Absatze, aber auch in dem Absetzen der Sache im Auftrage des Andern, sei es dessen der die Sache strafrechtswidrig erlangt hatte, sei es eines Hehlers. Das eigenmächtige wider den Willen des unredlichen Besitzers verübte Absetzen der Sache würde voraussetzen, daß der Absetzende sich zuvor durch eine strafbare Handlung in den Besitz der Sache gesetzt habe und ist darum nicht Hehlerei [1]). Daß der Absatz der Sache wirklich erfolgt sei ist nicht erforderlich [2]).

Die hehlerische Handlung muß von dem Hehler seines Vortheils wegen verübt sein, und es gilt hier von dem eignen Vortheile das Gleiche wie von der des eignen Vortheils wegen verübter Begünstigung.

In subjectiver Beziehung fordert das Gesetz daß der Hehler Sachen hehle von denen er weiß oder den Umständen nach annehmen muß, daß sie mittelst einer strafbaren Handlung erlangt sind. Streitig ist in dieser Beziehung die Frage, ob nach dieser Fassung des Gesetzes [3]) anzunehmen sei, daß in allen Fällen der Partirerei Dolus erfordert werde oder ob auch Fahrlässigkeit genüge. Der Grundsatz, daß die fahrlässige Verübung eines Delictes

---

1) Merkel a. a. O. III S. 746. Oppenhoff § 259 Nr. 22. Schwarze a. a. O. S. 400. Villnow a. a. O. S. 101. Olshausen § 259 Nr. 14. Schütze S. 462.

2) Merkel a. a. O. IV S. 431. Meves a. a. O. S. 526. Rüdorff § 259 Nr. 8. Olshausen § 259 Nr. 15. Rsprch. III S. 814. VI S. 570. Dagegen Schwarze a. a. O. S. 401. Geyer a. a. O. S. 177. Waldthausen a. a. O. S. 408. Oppenhoff § 259 Nr. 21.

3) Abweichend von allen früheren hat das sächs. Strfgb. v. 1865 § 292 eine ähnliche Fassung, indem es bei dem Partirer fordert: Kenntniß von der Unrechtmäßigkeit des Erwerbes, oder ein Hehlen unter Umständen, wo er die letztere vermuthen mußte, entsprechend der sächs. Praxis, die schon früher ein Glauben, Fürwahrhalten dem Wissen gleichgestellt hatte. Krug Comment. III zu 292. Nach Rubo § 259 Nr. 4 und Rüdorff § 259 Nr. 6 hat die vom Bundesrathe ernannte Commission die Worte: „weiß oder annehmen muß" dem Bremischen Entwurfe von 1861 § 439 entnommen, und die zugehörigen Motive II S. 285, die sich wieder auf das sächs. Strfgb. beziehen, sprechen sich allerdings für Bestrafung der fahrlässigen Partirerei aus. Eine besondere Strafbestimmung für fahrlässige Partirerei hatte das ältere oldenbg. Strfgb. Art. 96, der durch Verordnung v. 1821 eingefügt war. Die Motive zum deut. Strfgb. II Entwf. zu § 253 und 254 nehmen für die Fassung des § 259 nur auf praktische Gründe Bezug und unmöglich können die bremischen Motive hier maßgebend sein.

nur strafbar sei, soweit das Gesetz dies ausgesprochen hat, ist nirgends gesetzlich festgestellt und es steht daher an sich dem nichts entgegen, eine Strafsatzung ebenso auf die dolose wie culpose Verübung des Delictes zu beziehen, sofern die Fassung des Gesetzes dies zuläßt. Dagegen würde es allerdings in Rücksicht auf das System, welches das Strafgesetzbuch in der Behandlung und strafrechtlichen Würdigung der Fahrlässigkeit befolgt hat, als höchst auffällig erscheinen, wenn man annehmen müßte, daß § 259 auch auf die Culpa zu beziehen sei. Zweifellos würde dies der Fall sein, wenn das Gesetz gesagt hätte: „von denen er weiß oder annehmen kann", während die vorliegende Fassung dazu nicht nöthigt. Von einem „Annehmenmüssen", das ein Nachklang des alten dolus indirectus ist, kann nur die Rede sein unter Umständen, welche dem Partirer die Schlußfolgerung, daß die Sachen durch eine strafbare Handlung erlangt waren, unvermeidlich aufdrängten und war dies der Fall, so ist auch das zum Dolus erforderliche Wissen gegeben. Die Frage aber, ob die Umstände so beschaffen waren, kann nicht in abstracto entschieden werden, vielmehr ist bei dem Annehmen- Erkennenmüssen ebenso wie bei dem Wissen- Vorhersehenkönnen der Beschuldigte an seinem eignen Maßstabe zu messen und zu entscheiden, ob die Umstände gerade für ihn so zwingende waren, daß er sich der Schlußfolgerung nicht entziehen konnte. Die Feststellung, daß im concreten Falle der Partirer annehmen mußte, enthält in sich die Feststellung, daß er angenommen hat, und die Fassung des Gesetzes schließt geradezu die Deutung aus, daß es genüge, wenn der Partirer hätte annehmen sollen, aber es nicht gethan hat. Das Gesetz hat daher allerdings nicht mehr gethan, als daß es eine Beweisregel aufstellte und es für nöthig erachtete es auszusprechen, daß ein durch eigne Wahrnehmung oder Mittheilung Seitens Anderer erlangtes Wissen nicht nothwendig erforderlich sei, sondern auch die durch Schlußfolgerung gewonnene Ueberzeugung genüge[1]). Die Partirerei

---

1) Schwarze a. a. O. S. 394 und § 259 Nr. 8a. Villnow a. a. O. S. 102. F. Meyer § 259 Nr. 6. Binding a. a. O. S. 620. Gretener a. a. O. S. 102. Meves a. a. O. S. 510. Oppenhoff § 259 Nr. 10. Olshausen § 259 Nr. 21. Als Bezeichnung des dolus eventualis betrachten das Annehmenmüssen Schütze S. 461. Kirchmann § 259. Die culpa betrachten als genügend Rubo a. a. O., v. Buri a. a. O. S. 51. H. Meyer S. 276. 590. Culpa lata fordern Merkel a. a. O. III S. 747. Rsprch. I S. 691. III S. 567. Nach v. Liszt S. 398 genügt nicht jede

ist also ausgeschlossen, wenn der Beschuldigte diese Ueberzeugung nicht hatte, wogegen selbstverständlich auch ein dolus eventualis genügt.

Hiernach ist es selbstverständlich nicht erforderlich, daß der Hehler die Art und die näheren Umstände der strafbaren Handlung oder den Thäter gekannt habe, wohl aber muß er die betreffende hehlerische Handlung selbst mit der Kenntniß, daß die Sache durch eine strafbare Handlung erlangt war, verübt haben. Wer die Sache in gutem Glauben an sich brachte wird durch mala fides superveniens nicht zum Hehler[1]), wohl aber wird er es, wenn er nachträglich in mala fide eine der vom Gesetz bezeichneten Handlungen vornimmt[2]). Wird eine der vom Gesetze bezeichneten Handlungen zwar mit der Kenntniß, daß die Sache durch eine strafbare Handlung erlangt war vorgenommen, aber nicht in der Absicht den rechtswidrigen Vermögenszustand aufrecht zu halten, sondern in der sie im Interesse des Beschädigten wieder zu erlangen, so ist die Partirerei ausgeschlossen[3]).

Die Strafe der Partirerei ist Gefängniß, womit Verlust der bürgerlichen Ehrenrechte verbunden werden kann, sofern eine Gefängnißstrafe von wenigstens drei Monaten erkannt wird. In jedem Falle kann auf Zulässigkeit von Polizeiaufsicht erkannt werden.

Durch erhöhte Strafe ist ausgezeichnet[4]) die Hehlerei die gewerbs- oder gewohnheitsmäßig betrieben wurde, die mit Zuchthaus bis zu zehn Jahren, womit die gedachten Nebenstrafen verbunden werden können, zu bestrafen ist. Es bezieht sich diese Strafbestimmung zweifellos auf beide vom Gesetze unterschiedenen Arten der Hehlerei[5]), dagegen nicht auf die eigennützige Begünstigung des § 257. Die Bedeutung des gewerbs- und gewohn-

---

culpa auch nicht culpa lata, sondern nur der bestimmte vom Gesetze bezeichnete Fall der culpa.

1) Merkel a. a. O. III S. 747. Schütze S. 62. Rubo § 259 Nr. 8. Rüdorff § 259 Nr. 7.

2) v. Buri a. a. O. S. 61. Binding a. a. O. S. 575. Gretener a. a. O. S. 178. Olshausen § 259 Nr. 24. Dagegen Oppenhoff § 259 Nr. 12. Schwarze a. a. O. S. 402 und § 259 Nr. 7.

3) Binding a. a. O. S. 575. Gretener a. a. O. S. 179. Olshausen § 259 Nr. 25.

4) Strfgb. § 260.

5) Dagegen v. Buri a. a. O. S. 44.

heitsmäßigen Handelns ist hier in keiner Beziehung eine andere als in anderen Fällen[1]).

Die Hehlerei gehört endlich zu denjenigen Delicten, bei denen das Gesetz den Rückfall durch erhöhte Strafe ausgezeichnet hat[2]).

Die Voraussetzung der Rückfallsstrafe ist, daß der Hehler bereits zweimal im Inlande wegen Hehlerei bestraft wurde, wonach ein anderes Vordelict, insbesondere auch eigennützige Begünstigung, nicht in Betracht kommen kann. Es gilt aber auch hier die Bestimmung des § 245, daß der Bestrafung die theilweise Verbüßung der Strafe sowie der ganze oder theilweise Erlaß derselben gleichsteht, und daß die Rückfallsstrafe ausgeschlossen ist, wenn seit der Verbüßung oder dem Erlasse der letzten Strafe bereits zehn Jahre verflossen sind. Bezieht sich die im Rückfalle verübte Hehlerei auf Sachen die durch schweren Diebstahl, Raub oder ein dem Raube gleich zu bestrafendes Verbrechen erlangt sind, so ist die Strafe Zuchthaus nicht unter zwei Jahren, bei mildernden Umständen Gefängniß nicht unter einem Jahre. Die Voraussetzung ist hierbei die Kenntniß des Thäters, daß die Sachen durch ein solches Verbrechen erlangt sind. Sind die Sachen durch eine andere strafbare Handlung erlangt, so ist die Strafe Zuchthaus bis zu zehn Jahren, bei mildernden Umständen Gefängniß nicht unter drei Monaten. In beiden Fällen kann auf Zulässigkeit von Polizei-Aufsicht erkannt werden.

5. Falsche Anschuldigung.

Literatur.

Raspe Das Verbrechen der Calumnia nach röm. Rechte 1872. — Zirkler im N. Archiv 1841 S. 534. — v. Buri Abhandlungen 1862 S. 24. — Köstlin Abhandlungen S. 39. — Herzog im Gerichts-Saal 1873 S. 379 und 1880 S. 81.

---

1) Vgl. oben Bd. I S. 544 f. Dagegen v. Buri a. a. O. S. 53 der zum gewerbsmäßigen Betriebe erfordert, daß Andere ihn ohne weiteres auch für sich in Aussicht nehmen können und daß der Hehler sich dessen bewußt ist. Ebenso Merkel a. a. O. IV S. 431. Daß der gewerbsmäßige Betrieb regelmäßig eine solche Folge haben wird ist der Grund der Strafbestimmung, aber die Feststellung, daß im concreten Falle es sich so verhalte, ist nicht erforderlich.

2) Strfgb. § 261.

§ 258. Wenn die Carolina Art. 18 dem Ankläger der die erhobene peinliche Klage nicht durchführt oder nicht den erforderlichen Beweis zu erbringen vermag nur die Pflicht auferlegt dem Beklagten um die zugefügte Schmach und Schaden Abtrag zu thun,' so folgt daraus nicht, daß sie die wissentlich falsche Anklage nicht als peinlich strafbar, sondern nur als Injurie betrachtet habe. Die ältere gemeinrechtliche Doctrin und Praxis betrachtete daher in Betreff der Calumnie das römische Recht als maßgebend, nur daß sie von jeher an Stelle der Strafe der Talion eine arbiträre Strafe gesetzt hat[1]), obwohl die von der Carolina Art. 110 für die Schmähschrift und Art. 107 für das falsche Zeugniß angedrohte Strafe der Talion dafür zu sprechen scheint, daß sie dieselbe auch für die falsche Anklage als angemessen betrachtet habe. Der falschen Anklage wurde unbedenklich die wissentlich falsche Denunciation gleichgestellt[2]). In Betreff der systematischen Stellung der Calumnie gingen aber die Ansichten insofern auseinander, als sie einerseits nur als ein Fall der Injurie, als Verleumdung, aufgefaßt wurde[3]) oder als ein gesetzlich ausgezeichneter Fall der Betrügerei und Fälschung[4]), und in gleicher Weise behandeln sie die deutschen Strafgesetzbücher theils als besondern Fall der Beleidigung[5]), theils als Betrügerei, Fälschung, Verletzung von Treue und Glauben[6]).

Ohne Zweifel hat die falsche Anschuldigung den Thatbestand der Verleumdung zur Voraussetzung und der Streit ob sie als gesetzlich ausgezeichneter Fall der Beleidigung aufzufassen sei, oder als eine Art der Fälschung, für deren Bedeutung nicht der Angriff auf die Ehre des Beschuldigten, sondern ein darüber hinausreichender entscheidend sei, ist allerdings insofern ein unfruchtbarer[7]), als seine Entscheidung ohne Einfluß auf den Thatbestand des

---

1) Vgl. Carpzow Pract. qu. 105 Nr. 6. qu. 106 Nr. 38—40. Leyser spec. 56. Böhmer ad Carp. qu. 106 obs. 3. Medit. ad art. 12.

2) Grolman § 299. Feuerbach § 428. Wächter II S. 264. Martin § 193.

3) Grolman a. a. O. Tittmann II § 350. Häberlin Grundsätze III S. 338. v. Buri a. a. O. Hälschner Syst. II S. 280.

4) Feuerbach a. a. O. Wächter II S. 262. Salchow S. 504. Martin a. a. O. Bauer § 311. Abegg S. 297.

5) Strfgb. v. Sachsen, Würtemberg, Baden, Hessen, Thüringen.

6) Strfgb. v. Bayern, Braunschweig, Preußen, Lübeck, Hamburg.

7) Vgl. Köstlin a. a. O. S. 40.

Delictes ist. Der Auffassung aber, von welcher, wie das ältere gemeine Recht, ebenso das preußische und das deutsche Strafgesetzbuch ausgegangen ist, entspricht es durchaus die falsche Anschuldigung von den Fällen der Beleidigung auszuscheiden, denn, wenn es sich bei derselben freilich ebenso wenig um Betrug oder Fälschung handelt, so ist doch das ihr Wesen bestimmende Moment nicht die Beleidigung an sich, sondern der mittelst derselben verübte Eingriff in die Rechtspflege, der Mißbrauch des zur Handhabung von Recht und Gesetz berufenen Gerichtes zum Zwecke einer Ungerechtigkeit [1]).

§ 259. Der Thatbestand der falschen Anschuldigung erfordert, 1) daß eine Anzeige bei einer Behörde gemacht worden sei. Sie setzt voraus, daß sie vom Thäter aus eigner Bewegung, freiwillig gemacht wurde, und eine jede Auslassung, welche durch die Aufforderung einer Behörde oder obrigkeitlichen Person veranlaßt wurde, kann nie als Anzeige betrachtet werden [2]), würde vielmehr eventuell nur als verleumderische Beleidigung zu strafen sein. Auch die Erhebung einer Privatklage ist als eine Anzeige zu betrachten [3]).

Bei welcher Behörde die Anzeige gemacht wurde ist gleichgiltig und insbesondere ist es nicht erforderlich, daß sie die competente oder auch nur eine solche sei, die überhaupt berufen ist strafbare Handlungen zu verfolgen, da eine jede Behörde die ihr gemachte Anzeige, soweit sie über dieselbe zu verfügen nicht befugt ist, an die competente Behörde abzugeben hat [4]). Auch die einem polizeilichen Unterbeamten gemachte Mittheilung, welche dieser der competenten Behörde zu übermitteln verpflichtet ist, wird darum als eine Anzeige zu betrachten sein [5]).

2) In Betreff der Form der Anzeige stellt das Gesetz keine näheren Erfordernisse auf und es genügt eine jede Art der Mittheilung. Rücksichtlich des Inhaltes ist erforderlich, daß Jemand der Begehung einer strafbaren Handlung oder der Verletzung einer

---

1) Dochow in Holtzdf. Hdbch. III S. 255. Schütze S. 317. Berner S. 393. v. Liszt S. 583. Wächter deut. Strfr. S. 500. Dagegen H. Meyer S. 484.

2) Rsprch. V S. 172. VI S. 641. Dagegen Rubo § 164 Nr. 2.

3) Rsprch. I S. 44. V S. 620.

4) Schwarze § 164 Nr. 1a. Olshausen § 164 Nr. 10.

5) Herzog in Strfrztg. XII S. 610. Schwarze a. a. O. Rsprch. III S. 192 betrachtet es mit Recht nicht als genügend, wenn die betreffende verleumderische Aeußerung nur in zufälliger Gegenwart des Polizeibeamten geschah.

Amtspflicht beschuldigt wird, und damit der Anlaß zu einem strafrechtlichen oder disciplinaren Verfahren wider ihn gegeben ist. Der Beschuldigte muß eine bestimmte, wenn nicht mit dem Namen genannte so doch genügend kenntlich gemachte Person sein[1]). Eine Selbstbeschuldigung des Anzeigenden ist nach der Fassung des Gesetzes, wie auch darum als ausgeschlossen zu betrachten[2]), weil bei der Strafsatzung zweifellos zugleich auf die Verleumdung und Gefährdung des Beschuldigten Rücksicht genommen ist. Die Beschuldigung muß den Vorwurf einer concreten criminell oder disciplinarisch strafbaren Handlung enthalten, wobei es weder erforderlich ist, daß die Mittheilung die strafrechtliche Qualification der Handlung sicher erkennen läßt, noch auch dies, daß die Beschuldigung mit voller Bestimmtheit behauptet wird, da auch die Mittheilung von angeblichen Gerüchten, Verdachtsgründen, von Umständen, aus denen die Verübung einer strafbaren Handlung zu folgern ist, genügt[3]).

3) Die Anzeige muß eine falsche, unwahre sein, gleichviel ob sie ihrem ganzen Umfange nach erdichtet ist, oder ob sie in Folge der Entstellung oder Verschweigung für die Bedeutung der angeblichen Handlung erheblicher Umstände der Wahrheit widerspricht[4]).

4) Die Beschuldigung muß wider besseres Wissen, also mit dem Bewußtsein der Unwahrheit der Beschuldigung und ebenso mit dem Bewußtsein erfolgt sein, daß die Anschuldigung geeignet sei ein Verfahren der Behörde gegen den Beschuldigten zu veranlassen[5]). Mit diesem Bewußtsein ist unvermeidlich auch der

1) Ist für die Bestrafung der falschen Anzeige nicht die Verleumdung sondern die Irreführung der Behörde entscheidend, so ist es folgerecht, wenn das bayer. Strfgb. v. 1861 die falsche Anzeige auch dann für strafbar erklärt, wenn sie, ohne gegen eine bestimmte Person gerichtet zu sein, geeignet ist ein amtliches Einschreiten zu veranlassen.

2) Oppenhoff § 164 Nr. 6. Puchelt § 164 Nr. 2. v. Liszt S. 584. Binding Hdbch. I S. 700. Olshausen § 164 Nr. 3. Folgerecht müßte auch die Selbstbeschuldigung gestraft werden, aber es bedürfte dann für die Selbstbeschuldigung einer mildern Strafsatzung als für die Beschuldigung eines Andern.

3) Dochow a. a. O. Oppenhoff § 164 Nr. 7. Schwarze § 164 Nr. 2. Entsch. III S. 228.

4) Oppenhoff § 164 Nr. 11. Schwarze § 164 Nr. 4. v. Liszt S. 585. Olshausen § 164 Nr. 8. 9. Goltd. Arch. XXI S. 527. Rsprch. I S. 393.

5) Dochow a. a. O. S. 258. Schütze S. 318. Oppenhoff § 164 Nr. 15. Olshausen § 164 Nr. 12. Rsprch. I S. 393. IV S. 522.

Wille verbunden den Beschuldigten der Gefahr auszusetzen in ein Straf- oder Disciplinarverfahren verwickelt zu werden, und der Thäter handelt darum entweder mit dem dolus determinatus oder dolus eventualis ein solches Verfahren wider den Beschuldigten herbeizuführen [1]). Eine darüber hinausreichende Absicht ist dagegen nicht erforderlich, insbesondere nicht die Absicht die Bestrafung des Beschuldigten zu bewirken.

Von einem Handeln wider besseres Wissen kann hier wie bei der Verleumdung nur unter der Voraussetzung die Rede sein, daß der Thäter von der Unwahrheit der erhobenen Beschuldigung überzeugt ist [2]), und dieser Ueberzeugung kann das Bewußtsein nicht zu wissen, ob die Beschuldigung wahr sei oder nicht, der Zweifel an ihrer Wahrheit, nicht gleichgestellt werden. Wer daher auf Grund irgend eines Gerüchtes ohne die Ueberzeugung, daß es begründet sei und mit dem Bewußtsein, daß es möglicherweise sich als grundlos herausstellen könne, einen Andern beschuldigt, handelt zwar allerdings dolos, aber nicht mit dem hier erforderlichen dolus determinatus [3]). Es ist also nicht nur die culpa, sondern auch der dolus eventualis ausgeschlossen, und von der wissentlich falschen Anschuldigung einerseits, wie von der fahrlässigen falschen andererseits ist darum die muthwillige, frivole, aus dolus eventualis entsprungene zu unterscheiden [4]). Der Beweis wider besseres Wissen den Andern beschuldigt zu haben, der dem Anzeigenden zu führen ist, wird dadurch nicht entbehrlich, daß der Beschuldigte in dem auf Grund der Anzeige eingeleiteten Verfahren freigesprochen wurde.

---

1) Schwarze § 164 Nr. 8. H. Meyer 485. F. Meyer § 164 Nr. 5. Die Absicht ein Verfahren zu veranlassen für nicht erforderlich zu erklären, wie meist geschieht, Oppenhoff, Olshausen a. a. O., Schütze S. 318. v. Liszt S. 585. Rubo § 164 Nr. 7. Pezold § 164 Nr. 14, ist unrichtig und unvereinbar mit dem geforderten Bewußtsein. Schwarze § 164 Nr. 9 betrachtet den dolus eventualis als ausgeschlossen.

2) Schwarze § 164 Nr. 9. Olshausen § 164 Nr. 7. Oppenhoff § 187 Nr. 2. Freudenstein Ehrenkränkung S. 37. Dagegen Herzog im G.-Saal 1880 S. 108. v. Liszt S. 585, der den dolus eventualis für ausreichend erklärt.

3) Vgl. Entsch. I S. 80. Es ist diese Unterscheidung nicht neu, sondern schon den Rechtsquellen des Mittelalters bekannt. Hälschner Syst. II S. 217. Köstlin Zeitschft. f. deut. R. XV S. 158 f.

4) Dochow a. a. O. S. 258. Schwarze § 164 Nr. 9. Oppenhoff § 164 Nr. 27. Olshausen § 164 Nr. 7.

Jene Unterscheidung der frivolen und der fahrlässigen falschen Anzeige hat aber zwar einen Werth insofern, als nicht nur die letztere, sondern auch die erstere von der Bestrafung nach § 164 ausgeschlossen ist, nicht aber auch in Betreff der Frage, ob die nicht wider besseres Wissen erhobene falsche Anschuldigung als Beleidigung nach § 186 zu strafen sei. Die Beschuldigung eine strafbare Handlung verübt zu haben ist an sich freilich geeignet als Beleidigung zu erscheinen, der Thatbestand derselben ist aber nach § 193 ausgeschlossen, wenn die Beschuldigung zur Wahrnehmung berechtigter Interessen erfolgte und damit die Rechtswidrigkeit der Handlung mangelt[1]). Daß einem Jeden zur Aufrechthaltung der Rechtsordnung die Befugniß zusteht und zustehen muß von strafbaren Handlungen, auch wenn er nicht unmittelbar davon betroffen wird und bezüglich deren ihm eine besondere Denunciationspflicht nicht obliegt, zum Zwecke der Verfolgung bei der Behörde Anzeige zu machen, kann nicht zweifelhaft sein[2]), und wer eine solche Anzeige macht, handelt darum in Wahrnehmung eines Interesses, welches das seinige, das eines Jeden wie das der Rechtspflege und Staates, deshalb auch ein berechtigtes ist. Dies gilt aber nicht bloß von demjenigen der im guten Glauben, daß die Beschuldigung begründet sei, die Anzeige macht, sondern auch von demjenigen, welcher es zweifelnd und ohne diese Ueberzeugung auf die Gefahr hin thut, daß sich die Beschuldigung als grundlos erweist. Es mag bei ihm der Verdacht nahe liegen, daß er sich durch sittlich nicht zu billigende Motive bestimmen läßt, aber das

1) Gegen Herzog im G.=Saal 1873 S. 379 f., welcher die Bestrafung der nicht wissentlich falschen Anschuldigung nach § 186 als unbedingt ausgeschlossen betrachtet, weil das Gesetz sie nicht ausdrücklich durch Hinweisung auf § 186 für strafbar erklärt habe und weil die Gefahr des Denuncianten eventuell gestraft zu werden die Strafrechtspflege beeinträchtigen würde, — womit schon Carpzow qu. 106 Nr. 41 seine Straflosigkeit rechtfertigt — führt das Urtheil des R. Gerichts Rsprch. I S. 121 mit Recht aus, daß aus diesen Gründen die Unanwendbarkeit des § 186 nicht gefolgert werden könne. Wenn Herzog a. a. O. 1880 S. 81 f. es für bedenklich erachtet die Straflosigkeit der nicht wissentlich falschen Anschuldigung auf § 193 zu gründen, weil die Enscheidung ob ein berechtigtes Interesse vorliege unberechenbar sei, so ist dies in Rücksicht auf die bisherige Praxis freilich nicht grundlos, wie z. B. die ungebührlich enge Begrenzung jenes Interesses in dem Urtheile Rsprch I S. 240 beweist, aber ein anderer Weg die Straflosigkeit der fahrlässigen falschen Anschuldigung zu rechtfertigen steht nicht offen.

2) So wörtlich das Urtheil Entsch. I S. 80.

Gleiche kann auch bei dem stattfinden, der in festem Glauben an die Wahrheit der Beschuldigung denuncirt, und durch das Motiv kann die Thatsache nicht beseitigt werden, daß der Denunciant ein berechtigtes Interesse wahrnimmt[1]).

Die wider besseres Wissen erhobene falsche Anschuldigung hat den Thatbestand der verleumderischen Beleidigung zur Voraussetzung und es kann daher von einer Concurrenz beider Delicte nicht die Rede sein[2]).

5) Das Vergehen der falschen Anschuldigung ist vollendet so wie die Anzeige erfolgt ist, ohne daß es eines weitern Erfolges der Anzeige bedarf. Der Widerruf der falschen Beschuldigung, die Zurücknahme des auf eine solche bezüglichen Strafantrages oder einer Privatklage kann daher nur etwa bei der Strafzumessung in Betracht kommen[3]).

Die Strafe ist Gefängniß nicht unter einem Monat, mit welcher Verlust der Ehrenrechte verbunden werden kann.

So lange ein in Folge der gemachten Anzeige eingeleitetes Verfahren, sei dies ein Straf- oder Disciplinarverfahren, anhängig ist, soll mit dem Verfahren und der Entscheidung über die falsche Anschuldigung inne gehalten werden.

Wird wegen falscher Anschuldigung auf Strafe erkannt, so ist zugleich dem Verletzten die Befugniß zuzusprechen, die Verurtheilung auf Kosten des Schuldigen öffentlich bekannt zu machen

---

1) Schwarze § 164 Nr. 9. Rüdorff § 164 Nr. 6. F. Meyer § 164 Nr. 4. Puchelt § 164 Nr. 2. Olshausen § 164 Nr. 7. Rsprch. I S. 121 betrachten § 186 als bedingungsweise anwendbar d. h. unter der Bedingung, daß der erforderliche dolus vorliege, aber unter welchen Bedingungen dieser nicht nach § 193 als durch das berechtigte Interesse ausgeschlossen zu betrachten sei, ist nicht gesagt und nicht einzusehen. Das Urtheil Entsch. I S. 80 betrachtet das berechtigte Interesse bei der frivolen Anzeige als ausgeschlossen, obwohl nicht einzusehen ist warum ein solches nicht angenommen werden dürfe, wenn der Denunciant, ohne von der Wahrheit der Beschuldigung überzeugt zu sein, sie doch als eine solche ansieht, die möglicherweise wahr sei. Es wird sich bei der Unterscheidung ob ein berechtigtes Interesse anzuerkennen sei oder nicht, schließlich doch immer um das Motiv des Denuncianten handeln, und daß dies nicht in Betracht kommen dürfe, spricht das angeführte Urtheil ausdrücklich aus.

2) Köstlin a. a. O. S. 40. Leonhardt Comment. II S. 185. Herzog im G.-Saal 1880 S. 102. Dagegen Oppenhoff § 164 Nr. 20. Rüdorff § 164 Nr. 6. Goltd. Arch. XXIII S. 65. XXV S. 357.

3) Rsprch. I S. 245.

Die Art der Bekanntmachung, sowie die Frist zu derselben, ist in dem Urtheile zu bestimmen.

Dem Verletzten ist auf Kosten des Schuldigen eine Ausfertigung des Urtheils zu ertheilen[1]).

6. Die Eidesdelicte.

Literatur.

Mittermaier im Arch. 1818 S. 88. — Abegg ebenda 1834 S. 579 und 1838 S. 296. — Schwarze in Weiske R. Lexikon VII S. 168. — Merkel in Holtzdf. R. Lexikon I S. 164. — von Liszt Meineid und falsches Zeugniß 1876. — Derselbe Die falsche Aussage vor Gericht oder öffentlicher Behörde 1877. — Simon im Arch. 1856 S. 471. — Goltdammer in seinem Archiv III S. 642. — John ebenda IV S. 471. — Goltdammer ebenda VI S. 224 und VIII S. 764. — von Kräwel ebenda IX S. 807. — Dalke ebenda X S. 605. — Abegg ebenda X S. 649. 721. — von Kräwel ebenda X S. 660. — Voigt ebenda XXVIII S. 222. — Fuchs im Gerichts=Saal 1864 S. 315. — Jagemann ebenda 1877 S. 340. — Schultze Die Verleitung zum falschen Eide 1870.

§ 260. Es entspricht durchaus dem Standpunkte der kirchlichen Gesetzgebung, wenn der Meineid im canonischen Rechte als ein religiöses Verbrechen und als ein solches betrachtet wird, bei welchem, ebenso wie bei der Gotteslästerung, Gott selbst als das Object des Angriffes erscheint. Als ein Religions=Verbrechen erscheint freilich auch in der Carolina der zwischen Gotteslästerung und Zauberei gestellte Meineid und Eidesbruch, wenn aber die Doctrin bis in das 18. Jahrhundert die Beleidigung der göttlichen Majestät und die Provocation der göttlichen Rache als das Wesentliche des Meineides betrachtet, so verkannte sie den Standpunkt der Carolina, die nicht lediglich die irreligiöse Handlung an sich und nach dem Werthe den sie als solche hat mit Strafe bedroht, sondern auf die mittelst des Meineides verübte Rechtsverletzung Gewicht legt und nach deren Bedeutung die Strafen abstuft. Die Auffassung des Meineides als eines crimen laesae majestatis divinae ist freilich längst aufgegeben, aber auch in der neuern Gesetzgebung und Doctrin erscheint er zum Theil noch als ein Delict, bei welchem die frevelhafte Verletzung der Religions=

---

1) Strfgb. § 165.

pflicht, den endscheidenden, wenn auch nicht allein maßgebenden, Gesichtspunkt bildet[1]).

Die seit dem Ende des 18. Jahrhunderts zur herrschenden gewordene Auffassung brach dagegen vollständig mit dem Meineide als einem gegen Gott oder die Religion gerichteten Delicte, wogegen freilich, soweit es darauf ankam das Wesen des Meineides positiv zu bestimmen, die Meinungen auseinander gingen. So lange der Betrug als ein lediglich formales Delict betrachtet wurde, lag es nahe genug den Meineid als eine gesetzlich ausgezeichnete Betrügerei, bei welcher die verschiedensten Rechtsgüter der Person Gegenstand des Angriffes sein können, zu bezeichnen[2]). Diese Auffassung mußte aber bald derjenigen weichen, welche in der neueren Doctrin und Gesetzgebung zur Herrschaft gelangte und nach welcher der Meineid als eine Verletzung der fides publica mit Urkunden- und Münzfälschung auf gleiche Stufe gestellt wurde[3]). Daß nun der falsche Eid wider Treu und Glauben verstößt, kann freilich keinem Zweifel unterliegen, gleichwohl kann dies für die systematische Stellung des Meineides und für die Frage, welches Rechtsgut das Object des strafbaren Angriffes bilde, nicht der entscheidende Gesichtspunkt sein. Wider Treu

---

1) So z. B. Roßhirt Lehrbch. S. 209. Abegg § 563. Marezoll S. 577. Strfgb. v. Sachsen u. Thüringen, wo der Meineid als Verletzung der Ehrerbietung gegen die Religion mit Gotteslästerung, Störung des Gottesdienstes u. s. w. zusammengestellt ist.

2) So Klein, Grolman, Feuerbach, Stelzer, Martin, Salchow, Wächter. Letzterer hat auch noch in seinem deutschen Strafrechte S. 450 f. die Auffassung des Betruges als eines Delicts, durch welches das Recht auf Wahrheit verletzt werde, nicht aufgegeben. Er faßt daher im 7. Abschnitte die Verbrechen des Betruges und der Fälschung, bei der die an einer Sache verübte Wahrheitsentstellung erfordert wird, zusammen und behandelt in diesem Abschnitte auch den Meineid. Das preuß. A. L. R. behandelt den Meineid als Betrug mit Verletzung anderer Pflichten, das bayer. Strfgb. v. 1813 als Beeinträchtigung fremder Rechte durch Betrug.

3) So zuerst Mittermaier im N. Arch. 1818 dem die meisten neueren Criminalisten folgten, vgl. insbesondere Merkel in Holtzdf. Rlexikon s. v. Meineid. Glaser Abhandlg. S. 488. Schwarze in Weiske Rlexikon VII S. 168 f. Comment. S. 456. Schütze S. 306. Berner S. 386. Dochow in Holtzdf. Hdbch. III S. 231. H. Meyer S. 627. Die neueren Strafgesetzbücher haben entweder, wie die von Braunschweig, Würtemberg, Hessen, den Meineid ausdrücklich als ein Verbrechen wider öffentliche Treue und Glauben bezeichnet, oder haben durch die systematische Stellung des Meineides genügend angedeutet, daß sie von der gleichen Auffassung ausgehen.

und Glauben verstoßen alle die Wahrheit entstellenden, Andere täuschenden Handlungen, der Umstand aber, daß verschiedene strafbare Handlungen darin übereinkommen die gleiche sittliche Anforderung der Wahrhaftigkeit zu verletzen, kann nicht entscheidend sein für ihre strafrechtliche Bedeutung. Mit Ausscheidung der mittelst einer Täuschung verübten Privatdelicte können als gegen öffentliche Treue und Glauben gerichtete Delicte nur diejenigen bezeichnet werden, bei denen nicht die mittelst der Wahrheitsentstellung verübte Rechtsverletzung, sondern die Wahrheitsentstellung selbst darum das für die Strafbarkeit entscheidende Moment bildet, weil durch sie die Sicherheit des rechtlichen Verkehrs gefährdet und damit die **fides publica** als ein unentbehrliches Gut der Gesellschaft verletzt wird. Von diesem Gesichspunkte aus behandelt das deutsche Strafgesetzbuch die Münz- und Urkundenfälschung als Delicte wider die **fides publica**, wobei die Frage dahin gestellt bleibt, ob dieser Klasse von Delicten nicht vielleicht eine weitere Ausdehnung zu geben wäre. Daß auch der Meineid geeignet ist die Sicherheit des gesellschaftlichen Verkehrslebens zu gefährden, ist freilich richtig, aber es gilt dies doch nicht von allen Fällen des Meineides, und wenn man zwar auch bisher die Bedeutung, welche die eidliche Aussage für die Rechtspflege hat, nicht verkannte[1]), so ist es doch unrichtig das Interesse an der geordneten Rechtsverwirklichung, für welche der Credit der Eidesform wesentliche Bedingung ist, als das dem Interesse der Wahrung der **fides publica** Untergeordnete zu betrachten. Nicht der mittelbare, sondern der unmittelbare Gegenstand des Verbrechens ist das Interesse an der geordneten Rechtsverwirklichung, oder die Justizgewalt des Staates[2]). Allerdings ist die Strafbarkeit der falschen

---

1) Ortloff Lüge, Fälschung, Betrug I S. 41. Merkel und H. Meyer a. a. O.

2) Wenn zwar schon früher, so von Berner in den älteren Ausgaben seines Lehrbuches, der Meineid als Delict gegen die staatliche Rechtspflege bezeichnet wurde, so ist es doch das Verdienst das sich v. Liszt durch seine angeführten Schriften erworben hat, in die Lehre vom Meineide volle Klarheit gebracht zu haben. Weil eidliche Aussagen nicht nur von Gerichten, sondern auch von Verwaltungsbehörden gefordert werden, hat er sich ohne ausreichenden Grund dazu bestimmen lassen die falsche Aussage nicht als Delict wider die Rechtspflege, sondern gegen die Verwaltung zu bezeichnen. Löning Grundriß § 188 stellt den Meineid zu den Verbrechen gegen die Justizgewalt, ebenso Geyer in Holtzdf. Encyklopädie und Grundriß II S. 155.

eidlichen Aussage nicht dadurch bedingt, daß sie vor Gericht erfolgte, denn die heutige Gesetzgebung ist über diese Beschränkung hinausgegangen und setzt nur voraus, daß die Aussage vor einer zur Abnahme von Eiden zuständigen Behörde erfolgte. Aber gleichviel ob ein Gericht oder eine Verwaltungsbehörde die eidliche Aussage fordert, wo sie gefordert wird, geschieht es für die Zwecke geordneter Rechtsverwirklichung, geschieht es in Handhabung der Rechtspflege durch die staatliche Behörde.

So wenig von einem allgemeinen Rechte auf Wahrheit die Rede sein kann, so unvermeidlich nimmt der Staat, soweit dies der Zweck der Rechtspflege erfordert, ein solches Recht in Anspruch[1]), und ist die Verletzung dieses Rechtes das für die Strafbarkeit des Meineides entscheidende Moment, so folgt daraus allerdings, daß das religiöse Moment der eidlichen Aussage etwas Nebensächliches ist, und daß auch die nichteidliche Aussage, wenn durch sie die rechtliche Pflicht die Wahrheit zu sagen verletzt wird, strafwürdig erscheint, wie sie dem entsprechend auch von manchen Landesgesetzgebungen für strafbar erklärt worden ist[2]). Dem ist das deutsche Strafgesetzbuch nicht gefolgt, hat vielmehr an dem Herkommen festgehalten die Wirksamkeit der rechtlichen Pflicht zu wahrheitsgemäßer Aussage dadurch zu verstärken, daß es den Eid fordert um dem Aussagenden zugleich die hohe religiöse Bedeutung seiner Pflicht zu vollem Bewußtsein zu bringen. Es erklärt darum nur die falsche eidliche Aussage für strafbar, daneben aber auch die falsche Aussage die durch gewisse andere, nicht in wirklicher Ableistung des Eides bestehende, feierliche Betheuerungen bekräftigt wurde. Das Stillschweigen mit dem es die einfache falsche Aussage übergeht, kann hier unbedenklich nur dahin gedeutet werden, daß es die Materie von der falschen Aussage als eine im 9. Abschnitte in erschöpfender Weise behandelte betrachtet, und daß darum landesgesetzliche Strafbestimmungen, durch welche die einfache falsche Aussage für strafbar erklärt wird, unzulässig sind[3]).

---

1) Ortloff a. a. O.

2) So in Oesterreich, Sachsen, den thüringschen Staaten, Bayern, Würtemberg.

3) Heinze Verhältniß des Reichsstrafrechts zum Landesstrafrecht S. 117 f. Dochow a. a. O. S. 233. Schütze S. 311. v. Liszt falsche Aussage S. 17. Dagegen Schwarze im G.-Saal 1870 S. 395. H. Meyer S. 633. Wächter Beilagen z. Vorlesungen S. 238. Oppenhoff Einführ. G. § 2 Nr. 18. Die sächs. Verordnung v. 10. October 1870 die in § 2 die

Das Strafgesetzbuch hat dem 9. Abschnitte die wenig geeignete Ueberschrift „Meineid" gegeben, denn es handelt derselbe nicht nur vom Meineide und seiner Bestrafung, dem als eigenthümliches Delict das Unternehmen einen Andern zum Meineide zu verleiten angeschlossen ist, sondern weiter auch von den Fällen einer falschen Aussage, die unter der Voraussetzung ihrer Bekräftigung durch andere vom Gesetz bezeichnete Betheuerungsformen strafbar sind, von der Verleitung zur Ableistung eines falschen Eides, sowie von der zur Fahrlässigkeit zuzurechnenden falschen Aussage die durch Eid oder die anderen vom Gesetze bezeichneten Betheuerungen bekräftigt wurde. In allen diesen Fällen handelt es sich aber um falsche Aussagen und insofern waren sie allerdings unter einer dem entsprechenden Ueberschrift zusammenzufassen. Dagegen handelt § 162 vom strafbaren Eidesbruche, einem Delicte das mit den übrigen nur in der Verletzung der Eidespflicht übereinkommt, im Uebrigen aber eine ganz andere strafrechtliche Bedeutung hat und an einen andern Ort gehört [1]). Nur unter der Voraussetzung, von der das Strafgesetzbuch nicht ausgeht, daß es sich bei dem Meineide wie bei dem Eidesbruche um ein Religionsdelict handle, würden sie folgerecht zusammenzufassen sein [2]).

§ 261. Auf den Meineid im eigentlichen Sinne und mit

---

nicht eidliche falsche Aussage als strafbar behandelte, wurde durch das O. App. G. für reichsgesetzlich unzulässig und unverbindlich erklärt. Goltd. Arch. XXI S. 97 f. Die damit sich ergebende Lücke in unserer Strafgesetzgebung wird also nur durch die Reichsgesetzgebung ausgefüllt werden können. Vgl. Binding in Grünhut Ztschft. 1875 S. 423. Geyer ebenda 1876 S. 29.

1) Vgl. Schütze S. 308. v. Liszt a. a. O. S. 36.

2) Ohne Zweifel ist der vom Zeugen und Sachverständigen vor der Aussage geleistete Eid seinem Inhalte nach ein promissorischer und der nach der Aussage geleistete ein assertorischer. Ebenso zweifellos stehen aber beide Eide nach ihrem rechtlichen Werthe wie, wenn sie falsch geleistet werden, nach ihrem rechtlichen Unwerthe sich völlig gleich, wogegen der promissorische Eid des Zeugen und Sachverständigen von anderen promissorischen Eiden, namentlich den in § 162 genannten, wesentlich verschieden ist. Man wird also entweder die Unterscheidung von assertorischen und promissorischen Eiden als rechtlich werthlos aufgeben oder es als richtig anerkennen müssen, wenn Zachariä Strafprozeß II § 101, Schütze S. 306, von Liszt a. a. O. S. 66 den Eid des Zeugen und Sachverständigen, gleichviel ob er vor oder nach der Aussage geleistet wurde, als einen assertorischen bezeichnen. Dies entspricht dem Strafgesetzbuche, das den falschen Voreid als Meineid, nicht als Bruch eines promissorischen Eides behandelt.

Ausschluß der ihm gesetzlich gleich gestellten Fälle, beziehen sich die §§ 153 und 154 des Strafgesetzbuches.

Die Voraussetzung eines strafbaren Meineides ist zunächst die, daß ein Eid geleistet worden sei. Das Strafgesetzbuch hat aber die von jeher streitige Frage unentschieden gelassen ob der Thatbestand des Meineides die rechtliche Wirksamkeit des Eides voraussetze, oder ob und in wie weit, trotz der rechtlichen Ungiltigkeit oder Mangelhaftigkeit des Eides, ein strafbarer Meineid vorliegen könne, und noch gegenwärtig gehen in dieser Beziehung in der Doctrin wie Praxis die Ansichten vielfach auseinander.

Die rechtliche Mangelhaftigkeit des geleisteten Eides kann zunächst eine formelle sein und in dieser Beziehung herrscht jetzt Uebereinstimmung darin, daß ein Eid nur vorliege, sofern die wesentlichen Formen beobachtet wurden, im andern Falle von Eid und Meineid nicht die Rede sein könne.

An sich erfordert der Eid nun allerdings nicht mehr, als daß Gott zum Zeugen der Wahrheit angerufen wurde [1]). Vom Standpunkte des positiven Rechtes aus wird es aber nicht genügen können, daß eine solche Anrufung in irgend welcher Fassung stattgefunden habe, sondern es wird gefordert werden müssen, daß ein Eid in der vom Gesetze vorgeschriebenen wörtlichen Fassung geleistet wurde, denn nur unter dieser Voraussetzung liegt ein Eid im Sinne des Gesetzes vor [2]). Die Reichsgesetzgebung hat die im Prozeß vorkommenden Eide in einer confessionell nicht differirenden Weise normirt [3]). Hiernach ist erforderlich, daß der Eid geleistet werde indem der Schwörende die Worte „ich schwöre" gebraucht, indem er Gott den Allmächtigen und Allwissenden zum Zeugen

---

1) Hepp Comment. S. 1514. Dollmann-Risch Comment. II S. 516. Oppenhoff § 153 Nr. 12. v. Liszt a. a. O. S. 140. Wenn hier die Anrufung Gottes als das allein Wesentliche und als genügend bezeichnet wird, so ist die Meinung doch wohl die, daß sie in der vom Gesetz vorgeschriebenen Fassung erfolgen müsse. Gewiß auch in diesem Sinne fordern die Strfgb. von Braunschwg. 135, von Hamburg 111 und die oldenburg. Verordnung v. 5. Juli 1845 einen förmlichen Eid. Aber auch diejenigen, welche wie Dochow a. a. O. S. 234. Schwarze S. 457. Oppenhoff a. a. O. Goltd. Mat. II S. 230. Goltd. Arch. IV S. 325 fordern, daß der Eid unter Beobachtung der wesentlichen Formen geleistet sei, haben damit mehr nicht fordern wollen, als daß er in der gesetzlich vorgeschriebenen Fassung geleistet wurde. Die Polemik v. Liszts a. a. O. ist daher grundlos.

2) Olshausen § 153 Nr. 1.

3) G. Verf. G. § 51. C. Prz. O. § 443. St. Prz. O. § 62. 288.

anruft, sei es, daß er es ausdrücklich thut oder Bezug nehmend auf die Aufforderung bei Gott als dem allmächtigen und allwissenden zu schwören, und den Eid mit den Worten „so wahr mir Gott helfe" schließt. Dagegen erscheinen alle weiteren vom Gesetze für die Eidesleistung vorgeschriebenen Förmlichkeiten, so namentlich das auch reichsgesetzlich vorgeschriebene Erheben der rechten Hand, die zur Verhütung von Meineiden angeordnete, vor der Eidesleistung erfolgende Hinweisung auf die Bedeutung des Eides, als unwesentlich[1]). Auch der Umstand, daß der Schwörende im Widerspruche zu den gesetzlichen Vorschriften[2]) den Eid schriftlich statt mündlich leistete, verstößt nicht gegen die wesentlichen Erfordernisse des Eides und schützt nicht vor der Bestrafung des Meineides.

Sofern das Gesetz für die Angehörigen verschiedener religiöser Bekenntnisse eine verschiedene Fassung der Eidesformel vorschreibt oder gestattet[3]), ist für die Frage ob ein Meineid verübt wurde allein der Umstand entscheidend, daß der Eid in einer dieser gesetzlichen Formen geleistet war, daß der Schwörende mit dem Bewußtsein handelte einen Eid in gesetzlicher Form zu leisten, nicht der Umstand, daß er ihn in der seinem Bekenntnisse entsprechenden Form geleistet habe, und die Verantwortlichkeit für Meineid wird dadurch nicht ausgeschlossen, daß er ihn, gleichviel aus welchem Grunde, in anderer Form leistete[4]). Daß der Schwörende der gesetzlichen Eidesformel noch irgend welche weitere, seinem religiösen

---

1) So von jeher die gemeine Meinung. v. Liszt a. a. O. S. 141. Dochow a. a. O. S. 234. Jagemann im G.-Saal 1877 S. 342. Berner S. 387. Schwarze S. 457. Oppenhoff § 153 Nr. 12—14. Rüdorff § 153 Nr. 4. Olshausen § 153 Nr. 1. Wächter deut. Strfr. S. 473.

2) C. Prz. O. §§ 444. 445. St. Prz. O. §§ 63. 71.

3) Vgl. Strfgb. § 155 Nr. 1.

4) Die früherhin herrschende Ansicht ging dahin, daß für die Frage ob überhaupt ein Eid eventuell Meineid vorliege, die Ableistung in der dem religiösen Bekenntnisse des Schwörenden entsprechenden Form entscheidend sei. Neuerdings hat man die Eidesleistung in der dem Bekenntnisse des Schwörenden nicht entsprechenden Form als strafrechtlich indifferent nur dann erklärt, wenn der Schwörende die Behörde über seine Confession getäuscht hatte. Berner S. 387. Schaper in Holtzdf. Rlexikon s. v. Zeugeneid. Schwarze S. 458. Goltd. Arch. IV S. 317. Dagegen Dollmann-Risch S. 517. Dochow a. a. O. S. 235. Oppenhoff § 153 Nr. 12. Rüdorff § 153 Nr. 4. v. Liszt S. 142. Olshausen § 153 Nr. 1. H. Meyer S. 629.

Bekenntnisse entsprechende, Betheuerungsformen hinzufügt, kann die rechtliche Bedeutung des Eides nicht beeinträchtigen [1]).

Findet eine Verwechselung der vom Gesetze vorgeschriebenen Formen der Betheuerung der Aussage statt, des förmlichen Eides, der Versicherung an Eidesstatt, der Aussage unter Berufung auf eine solche Versicherung, so kann für die Bestrafung der falschen Aussage immer nur diejenige Betheuerungsform entscheidend sein, welche gebraucht worden ist [2]).

Vielfach streitig ist die Frage, ob zum Thatbestande des Meineides ein Eid genüge dem die rechtliche Wirksamkeit vermöge der Person des Schwörenden mangelt. So wenig die Verantwortlichkeit wegen Meineides durch den Gebrauch irgend einer beliebigen Eidesformel begründet, vielmehr ein Eid erfordert wird, der in allen wesentlichen Momenten den gesetzlichen Anforderungen entspricht, so wird auch in der gedachten Beziehung nur derjenige Eid die strafrechtliche Verantwortlichkeit begründen können, der, obwohl in concreto rechtlich unwirksam, doch in abstracto geeignet war rechtliche Folgen nach sich zu ziehen und durch dessen Ableistung die Eidespflicht verletzt wurde.

In dieser Beziehung kommt zunächst in Betracht der Eides-

---

1) Oppenhoff § 153 Nr. 12. Schwarze S. 457. Sydow C. Prz. O. § 444 Nr. 3. Olshausen § 153 Nr. 1. Rsprch. VI S. 44.

2) Wird statt des Eides eine Versicherung an Eidesstatt abgenommen, so ist die falsche Aussage nur nach § 156 zu strafen. Oppenhoff § 156 Nr. 3. v. Liszt S. 146. Vgl. Dollmannn-Risch II S. 564. Dagegen Dochow a. a. O. S. 239. Goltd. Arch. VIII S. 766. Schwarze § 156 Nr. 4. Schütze S. 311. Rüdorff § 156 Nr. 2, welche in solchem Falle Straflosigkeit annehmen. Aber der Umstand, daß wo das Gesetz den Eid fordert die Versicherung an Eidesstatt unwirksam ist, erscheint nicht als ausreichender Grund die Strafbarkeit der falschen Aussage auszuschließen. Es ist ferner für die Strafbarkeit der falschen Aussage gleichgiltig, ob sie unter Berufung auf den Diensteid in einem Falle erfolgte, in welchem die förmliche Eidesleistung erforderlich war. Oppenhoff § 155 Nr. 11. Rüdorff § 155 Nr. 7. F. Meyer § 155 Nr. 2. v. Liszt a. a. O. Goltd. Arch. I S. 394. Dagegen Schwarze zu § 155 Nr. 4. Dochow a. a. O. S. 239. Rüdorff § 156 Nr. 2. Es wird endlich die Strafe des Meineides dadurch nicht ausgeschlossen, daß ein förmlicher Eid da abgenommen wurde, wo nach dem Gesetze eine Berufung auf den bereits geleisteten Eid oder Versicherung an Eidesstatt genügte. Dochow a. a. O. v. Liszt a. a. O. Schwarze § 156 Nr. 5 betrachtet in solchem Falle nur die falsche Versicherung an Eidesstatt als das in dem majus des förmlichen Eides enthaltene minus für strafbar.

unmündige, nach den Reichs-Prozeßordnungen also derjenige, welcher das sechszehnte Lebensjahr noch nicht vollendet hat. Das Verbot seiner Beeidigung beruht lediglich auf der Voraussetzung, daß der Eidesunmündige noch keine genügende Vorstellung von dem Wesen und der Bedeutung des Eides habe, wie das Gesetz dies dadurch zu erkennen giebt, daß es den Eidesunmündigen mit den Personen auf gleiche Stufe stellt, welche wegen mangelnder Verstandesreife oder wegen Verstandesschwäche jene Vorstellung nicht haben. Das Gesetz erklärt somit den Eidesunmündigen in Betreff des Meineides für unzurechnungsfähig, und hat die Frage: ob er die zur Erkenntniß der Strafbarkeit seiner That erforderliche Einsicht besaß, die der Richter nach § 56 des Strafgesetzbuches zu prüfen und zu beantworten hat, in Betreff des Meineides seinerseits verneinend entschieden[1]). Es liegt hier eine Betheuerung vor, die weder in concreto noch in abstracto die rechtliche Bedeutung eines Eides hat.

Der Meineid setzt also voraus, daß ein formell giltiger Eid von einer eidesfähigen Person mit Verletzung ihrer Rechtspflicht geleistet worden sei. Hiernach kann es keinem Zweifel unterliegen, daß eidesfähige Personen, welche nach gesetzlichen Bestimmungen das Recht haben die eidliche Aussage abzulehnen[2]), wenn sie von diesem Rechte keinen Gebrauch machen und die Pflicht eidlich auszusagen freiwillig auf sich nehmen, auch wegen Meineides strafrechtlich verantwortlich sind. Das Gleiche gilt von denjenigen Personen, deren Vereidigung vermöge ihres besonderen Verhältnisses zum Gegenstande des Verfahrens oder zu den bei ihm betheiligten Personen verboten ist, um der Gefahr möglicher Meineide vorzubeugen. Sie sind durch jenes Verbot weder der Pflicht die Wahrheit zu sagen enthoben, noch für eidesunfähig erklärt[3]).

Der nach § 161 des Strafgesetzbuches verurtheilte Meineidige ist, soweit es sich um eine Aussage als Zeuge oder Sachverständiger handelt, wenn auch aus anderen Gründen als der Eidesunmündige, für eidesunfähig erklärt, und sein Eid hat darum nicht nur in concreto, sondern auch in abstracto nicht die rechtliche Bedeutung eines solchen. Gleichwohl ist es die herrschende An-

---

1) Schwarze S. 459. Jagemann a. a. O. S. 352. v. Liszt a. a. O. S. 123. Oppenhoff § 154 Nr. 12. Rsprch. III S. 165. Dagegen Dochow a. a. O. S. 235. H. Meyer S. 629. Olshausen § 153 Nr. 3.

2) C. Prz. O. §§ 348. 349. 353 Nr. 3. St. Prz. O. §§ 51—57.

3) Jagemann a. a. O. S. 356. Rsprch. IV S. 95.

sicht, daß auch er wegen Meineides zu strafen sei, wenn er als Zeuge oder Sachverständiger eidlich vernommen falsch aussagte[1]). Beruft man sich dafür darauf, daß er der Pflicht die Wahrheit zu sagen nicht überhoben sei, so könnte daraus nur folgen, daß er wegen falscher nicht eidlicher Aussage zu strafen sei, wenn sie strafbar wäre. Die Berufung darauf, daß er nicht völlig eidesunfähig sei, kann die Thatsache nicht beseitigen, daß er, soweit es sich um den Eid des Zeugen und Sachverständigen handelt, vollkommen eidesunfähig ist. Er kann dadurch, daß er, statt sich auf seine Eidesunfähigkeit zu berufen, den Eid freiwillig leistet keine Rechtspflicht auf sich nehmen, weil ihm das Recht dazu mangelt, und es mangelt seinem falschen Eide das Moment der Verletzung einer Rechtspflicht. Hiernach kann also auch der wegen Meineides Eidesunfähige bei falscher eidlicher Aussage als Zeuge oder Sachverständiger nicht wegen Meineides bestraft werden[2]).

Der Eid muß endlich vor einer zur Abnahme von Eiden zuständigen Behörde geleistet sein und niemals genügt ein Privateid um die Verantwortlichkeit wegen Meineides zu begründen. Allerdings spricht dieses Erforderniß nur § 154 in Betreff des Eides der Zeugen und Sachverständigen, nicht der auf den zugeschobenen, zurückgeschobenen und auferlegten Eid bezügliche § 153 aus, aber auch hier bildet es die nothwendige Voraussetzung. Kennt die Reichsgesetzgebung einen zugeschobenen oder zurückgeschobenen Eid zwar nur bei dem Verfahren vor den ordentlichen Civilgerichten und den vom Gerichts-Verfassungsgesetze § 14 zugelassenen besondern Gerichten, so ist doch damit nicht ausgeschlossen, daß solche Eide auch in einem andern gesetzlich geordneten Verfahren geleistet werden in welchem das Zuschieben und Zurückschieben von Eiden gesetzlich zulässig ist. Dies setzt aber voraus, daß das Verfahren vor einer

---

1) Schwarze S. 459. Dochow a. a. O. S. 235. v. Liszt a. a. O. S. 119. Rüdorff § 154 Nr. 5. Olshausen § 153 Nr. 3. Pezold § 153 Nr. 3. Rsprch. III S. 165. Dagegen Jagemann a. a. O. S. 352. Schütze S. 310.

2) Gewiß ist es anstößig, daß der verurtheilte Meineidige den Vortheil haben soll von weiterer Bestrafung wegen Meineides frei zu bleiben. Es ist dies aber die Folge der nicht zu billigenden theilweisen Eidesunfähigkeit, und es würde richtiger sein die Eidesunfähigkeit als Strafe ganz aufzugeben und sich mit dem Verbote bestrafte Meineidige als Zeugen oder Sachverständige eidlich zu vernehmen, zu begnügen.

zur Leitung eines solchen an sich zuständigen Behörde stattfinde[1]). Als auferlegter Eid ist jeder zu betrachten der in einem gesetzlich geregelten Verfahren die Behörde zuständig ist zu erfordern, und nicht nur der, welcher in einem nach den Regeln der Civil-Prozeßordnung geleiteten Verfahren abgeleistet wurde, hiernach insbesondere auch der in einer Rechtssache mit Genehmigung des Gerichts vergleichsweise vereinbarte und vom Gerichte abgenommene Eid[2]).

Eine zur Abnahme von Eiden zuständige Behörde ist diejenige, welche in abstracto diese Zuständigkeit hat, wogegen es nicht darauf ankommt, daß sie auch im concreten Falle zuständig war und ausreichenden Anlaß zur Vereidigung hatte[3]). Immerhin ist erforderlich, daß die betreffende Behörde zuständig war in Angelegenheiten der fraglichen Art Eide abzunehmen, und daß der Eid ein solcher war, der in der betreffenden Angelegenheit überhaupt gefordert werden darf[4]). Soweit der Meineid nach § 4 des Strafgesetzbuches im Inlande strafrechtlich verfolgt werden kann, ist es gleichgiltig ob der Eid vor einer Behörde des In-

---

1) Oppenhoff § 153 Nr. 3 und v. Liszt S. 152 halten im Falle des § 153 einen von einer zuständigen Behörde abgenommenen Eid nicht für erforderlich, fordern aber, daß er in einem gesetzlich geregelten Verfahren geleistet sei. Ein solches Verfahren aber, in welchem die Abnahme von Eiden gesetzlich zulässig ist, ist unvermeidlich auch ein von einer hierzu zuständigen Behörde geleitetes, wie diese auch sonst beschaffen sein möge. Vgl. Heinze in Goltd. Arch. XVII S. 620. Schütze S. 310. Olshausen § 153 Nr. 8. Rsprch. II S. 571.

2) Schwarze im G.-Saal 1883 S. 52 f. und die dort angeführte Entsch. des sächs. Ob. App. G. Oppenhoff § 153 Nr. 9. Olshausen § 153 Nr. 9. Dagegen Rsprch. III S. 616.

3) Dochow a. a. O. S. 234. Schütze S. 310. H. Meyer S. 628. Schwarze S. 456. Oppenhoff § 154 Nr. 2. v. Liszt a. a. O. S. 159.

4) Schwarze S. 457. Jagemann a. a. O. S. 356. H. Meyer S. 628. Schütze S. 110. Rsprch. II S. 110. Dagegen v. Liszt S. 159, der die Frage falsch auffaßt, wenn er sich darauf beruft, daß der strafbare Meineid nicht ausgeschlossen werde, wenn der Eid von dem Strafgerichte niederer Ordnung in einer Sache abgenommen wurde, die vor das Gericht höherer Ordnung gehört. Jedes Strafgericht ist in abstracto competent Zeugeneide abzunehmen, wenn ihm auch in concreto sowohl die sachliche wie örtliche Zuständigkeit mangelt. Dagegen mangelt der zur Abnahme von Eiden competenten Verwaltungsbehörde auch in abstracto die Zuständigkeit civilprozessualische Eide abzunehmen.

landes oder des Auslandes geleistet wurde und ob diese im Inlande oder Auslande ihren Sitz hatte[1]).

§ 262. Die weitere Voraussetzung für den Thatbestand des Meineides ist die, daß durch den geleisteten Eid die Wahrheit einer Aussage bekräftigt wurde, und diese Aussage eine falsche war.

Ob der Inhalt der Aussage für die Entscheidung erheblich war und auf sie einen Einfluß ausgeübt hat, ob aus der eidlichen Aussage ein Schaden erwachsen ist, ob die Aussage ihrem ganzen Inhalte nach unwahr ist oder nur theilweise, ist ebenso gleichgiltig wie der Umstand, daß die Aussage nur in unwesentlichen oder Nebenpunkten unwahr ist. Es ist nicht Sache des Aussagenden zu unterscheiden was in Betreff der von ihm geforderten Aussage wesentlich oder unwesentlich sei und der Umstand, daß er in irgend einem Punkte den er als unwesentlich, nebensächlich betrachtete, pflichtwidrig die Unwahrheit aussagte, kann ihn nicht von der Verantwortlichkeit wegen Meineides schützen. Auch der Einwand kann ihn nicht schützen, daß ihm, weil er den betreffenden Punkt als unwesentlich betrachtete, der erforderliche Dolus gemangelt habe, denn dieser erfordert nicht mehr als wissentliche Aussage der Unwahrheit. Wo aber in Wahrheit der Dolus mangelt, kommt eine Unterscheidung wesentlicher und unwesentlicher Punkte der Aussage nicht in Betracht[2]). Insbesondere wird auch durch falsche Beantwortung der Generalfragen ein Meineid verübt[3]).

---

1) Heinze in Goltd. Arch. XVII S. 620. Schwarze a. a. O. Rsprch. II S. 571.

2) Es ist offenbar die Härte der Meineidsstrafe, welche dazu Anlaß gegeben hat sie auszuschließen, wenn die Aussage, insbesondere die des Zeugen, nur in solchen Punkten unwahr ist, die für den zu führenden Beweis unerheblich sind, und diese Ansicht hat, wie schon in alter Zeit, so auch noch jetzt ihre Vertreter. Mittermaier z. F. § 419. Temme Kritik d. preuß. Entwurfs 1843 II S. 164. John in Goltd. Arch. IV S. 471 f. Tippelskirch ebenda V S. 316. Kräwel ebenda XVI S. 242. Schütze S. 311. Oppenhoff § 154 Nr. 8. Jedenfalls gewährt das Gesetz für solche Unterscheidung keinen Anhalt. Gegen die Unterscheidung Schwarze S. 460 und in Goltd. Arch. II S. 444. Dochow a. a. O. S. 236. H. Meyer S. 629. Goltd. Arch. XVIII S. 753. v. Liszt S. 65. 79. Rsprch. VI S. 111.

3) Tippelskirch a. a. O. Schwarze S. 460. Oppenhoff § 154 Nr. 9. H. Meyer S. 629. Goltd. Arch. I S. 80. VIII S. 126. v. Liszt S. 64. Rsprch. I S. 732. II S. 585. Olshausen § 154 Nr. 6. Dagegen John a. a. O. Dochow a. a. O. S. 237. In dieser Beziehung wird aber allerdings zwischen Zeugeneid und Sachverständigeneid zu unter-

Gleichgiltig für den Thatbestand des Meineides ist es, ob es sich um einen Wahrheitseid, Glaubenseid, Ignoranzeid, Schätzungseid handelt[1]). Wenn ohne Zweifel auch durch das Verschweigen von Thatsachen ein Meineid verübt werden kann, so wird hierbei doch nothwendig vorausgesetzt, daß das Verschweigen mit dem Bewußtsein der Pflichtwidrigkeit stattfand. Es kann aber seinen Grund auch darin haben, daß der Aussagende die verschwiegene Thatsache als unerheblich und nicht zur Sache gehörig betrachtete, darum der zum Meineide erforderliche Dolus fehlte. An diesem Dolus wird allerdings ein Zweifel nicht bestehen, wenn der Aussagende Thatsachen verschwieg in Betreff deren er ausdrücklich befragt wurde, aber eine solche Befragung wird gleichwohl nicht als die unbedingt nothwendige Voraussetzung des Meineides zu betrachten sein, da sich je nach den Umständen aus der Beschaffenheit der Aussage selbst ergeben kann, daß gewisse Thatsachen absichtlich mit dem Bewußtsein der Pflichtwidrigkeit verschwiegen wurden[2]).

In subjectiver Beziehung erfordert der Thatbestand des Meineides den Dolus des Schwörenden. Er muß, wie das Gesetz fordert, wissentlich falsch geschworen, eine Thatsache deren er sich als einer unwahren bewußt ist, als wahr eidlich bekräftigt haben, ein Wissen, mit welchem die Absicht zu täuschen unvermeidlich verbunden ist. Selbstverständlich ist der Thatbestand des Meineides nicht ausgeschlossen, wenn zwar die Thatsache auf deren Feststellung es ankam, wahr ist, der Aussagende aber fälschlich sie als eine von ihm wahrgenommene bezeugte. Bezeugt der Aussagende eine wahre Thatsache die er irrthümlich als unwahr betrachtete, so liegt, trotz des Vorsatzes die Unwahrheit eidlich zu bekräftigen, ein vollendeter

---

scheiden sein. In dem ersteren ist der letztere mit enthalten — dagegen Olshausen § 154 Nr. 7 — nicht aber umgekehrt, und der Eid des Sachverständigen bezieht sich nur auf das Gutachten, nicht auf Beantwortung von Fragen über Thatsachen, also auch nicht auf die der Generalfragen. Oppenhoff Rsprch. d. O. T. XVIII S. 461. Rüdorff § 154 Nr. 4. Olshausen a. a. O. Rsprch. II S. 665. Dagegen F. Meyer § 154 Nr. 6. Oppenhoff § 154 Nr. 13.

1) Vgl. Schwarze S. 461. v. Liszt S. 85 f.

2) Schütze S. 311. Schwarze S. 463. Oppenhoff § 154 Nr. 11. v. Liszt S. 59. Glaser Abhdlg. S. 490. Entsch. VII S. 321. Das preuß. Ob.-Trib. betrachtete die ausdrückliche Befragung als unerläßliche Bedingung der Strafbarkeit des Verschweigens.

Meineid nicht vor, wohl aber der Versuch eines solchen[1]). Wird mit der Absicht zu täuschen zwar wohl regelmäßig die auf einen weiteren Erfolg der Täuschung gerichtete Absicht verbunden sein, so ist diese doch ebenso wie das Motiv der That für den Thatbestand des Meineides gleichgiltig, und kann nur bei der Strafzumessung in Betracht kommen.

Vollendet ist der Meineid, wenn die Aussage in der Eidesformel mit enthalten ist oder vor der Eidesleistung erfolgt war, mit dem beendeten Aussprechen der Eidesformel, und bei der schriftlichen Eidesleistung mit der Uebergabe des Schriftstückes an die Behörde, oder mit der in Gegenwart der Behörde erfolgenden Unterzeichnung desselben. Bei dem der Aussage vorangehenden Eide wird dagegen der Meineid nicht schon dann als vollendet anzusehen sein, sobald dem Eide irgend ein unwahres Wort folgt. Bevor die Frage, ob eine falsche eidliche Aussage vorliege, aufgeworfen werden kann, wird erst die Aussage als ein abgeschlossenes Ganzes selbst vorliegen müssen, und es wird bis dahin dem Aussagenden nicht das Recht entzogen werden dürfen seine Aussage zu berichtigen, gleichviel ob es sich dabei um Berichtigung von Irrthümern oder bewußter Unwahrheiten handelt[2]). Entscheidend ist also der Zeitpunkt, in welchem die Vernehmung geschlossen wurde, nicht, wie früher angenommen worden ist, der Schluß der ganzen Verhandlung oder die Unterzeichnung des Protokolles. Würde also der Vernommene nach Schluß der Vernehmung aber vor Schluß der Verhandlung eine wissentlich falsche Aussage berichtigen, so würde ihm nur die Strafmilderung des § 158 zu gut kommen.

In Betreff des Versuches ergiebt sich hiernach, daß bei dem

---

1) In Betreff des Dolus besteht kein Zweifel, wohl aber Verschiedenheit der Ansichten in Betreff des s. g. subjectiven Falscheides. Daß derselbe nicht wie früherhin, namentlich von Abegg, angenommen wurde, vollendeter Meineid sei, ist jetzt unbestritten. Ob versuchter Meineid anzunehmen sei oder nicht, hängt ab von der bekannten Verschiedenheit der Ansichten in der Lehre vom Versuche.

2) Schwarze in Goltd. Arch. II S. 443 und Comment. S. 463 Bezug nehmend auf § 224 des sächs. Strfgb. Rüdorff § 154 Nr. 8. Oppenhoff § 154 Nr. 23. Schütze S. 312. Dochow a. a. O. S. 238. Haager im G.-Saal 1873 S. 249 f. Olshausen § 154 Nr. 13. Dagegen Osenbrüggen Abhdlg. S. 109. Goltd. Mat. II S. 322. Kirchmann zu § 154.

Voreide, so lange eine Berichtigung der Aussage noch zulässig ist, die falsche Aussage nicht als Versuch betrachtet werden darf. Folgt die Vereidigung der Aussage nach oder handelt es sich um den Parteieid im Civilprozeß, so liegt strafbarer Versuch vor sowie das Aussprechen der Eidesformel begonnen hat, wogegen das Erbieten den Eid zu leisten so wenig wie die ausgesprochene Absicht ein Delict zu verüben jemals als Versuchshandlung betrachtet werden kann[1]).

Wofern in derselben Sache dieselbe falsche Aussage von demselben Schuldigen wiederholt gemacht wird, so liegt nur ein Delict, ein fortgesetzter Meineid vor[2]).

§ 263. Als Meineid kann die Verletzung der Eidespflicht nur in den vom Gesetze bezeichneten Fällen gestraft werden, also nur dann, wenn ein zugeschobener, zurückgeschobener oder auferlegter Eid wissentlich falsch geschworen wurde, oder wenn vor einer zur Abnahme von Eiden zuständigen Behörde wissentlich ein falsches Zeugniß oder ein falsches Gutachten mit einem Eide bekräftigt, oder der vor der Vernehmung geleistete Eid wissentlich durch ein falsches Zeugniß oder falsches Gutachten verletzt wurde. Der Ableistung eines Eides werden aber vom Gesetze einige andere Arten feierlicher Betheuerung gleichgestellt[3]), vorausgesetzt, daß sie an Stelle eines der in den §§ 153 und 154 bezeichneten Eide treten.

Dahin gehört 1) der Fall, daß ein Mitglied einer Religionsgesellschaft, welcher das Gesetz den Gebrauch gewisser Betheuerungsformeln an Stelle des Eides gestattet, eine Erklärung unter der Betheuerungsformel seiner Religionsgesellschaft abgiebt[4]). Reichsgesetze welche eine derartige Betheuerung den Angehörigen bestimmter Religionsgesellschaften gestatten, giebt bis es jetzt nicht. Es entscheiden also die Landesgesetze so lange deren Geltung nicht durch ein Reichsgesetz ausgeschlossen wird. Angehörige von Religionsgesellschaften die den Eid für unzulässig betrachten, ohne daß das Gesetz ihnen den Gebrauch einer andern Betheuerungsformel gestattet, sowie

---

1) Schwarze S. 464. Oppenhoff § 153 Nr. 24. Dochow a. a. O. S. 238. Schütze S. 312. v. Liszt a. a. O. S. 209. Dagegen Rüdorff § 153 Nr. 5.

2) Schwarze S. 464. v. Liszt S. 250, der zwar Einheit des Delicts aber nicht ein fortgesetztes annimmt. Binding Hdbch. I S. 558. Dagegen Oppenhoff § 153 Nr. 22.

3) Strfgb. § 155.

4) Vgl. St. Prz. O. § 64. C. Prz. O. § 446.

Personen, welche die religiösen Anschauungen die der Eid zur Voraussetzung hat nicht theilen und nicht anerkennen, machen sich durch die Eidesverweigerung strafbar.

2) Der Ableistung des Eides wird es gleich geachtet, wenn derjenige, welcher als Partei, Zeuge oder Sachverständiger einen Eid geleistet hat, in gleicher Eigenschaft eine Versicherung unter Berufung auf den bereits früher in derselben Angelegenheit geleisteten Eid abgiebt, oder ein Sachverständiger, welcher als solcher ein für allemal vereidet ist, eine Versicherung auf den von ihm geleisteten Eid abgiebt. Die Versicherung unter der Berufung auf den früheren Eid kommt also nur in Betracht, wenn sie in derselben Eigenschaft abgegeben wird, in welcher der früher Schwörende den Eid geleistet hat, und wenn dies in derselben Angelegenheit geschieht. Hiernach ist also die materielle Zusammengehörigkeit des frühern Eides und der spätern Versicherung unter Berufung auf ihn in objectiver und subjectiver Beziehung erforderlich und eine nur prozessuale Verbindung verschiedener Strafsachen genügt nicht[1]). Die Versicherung unter Berufung auf den früher geleisteten Eid wird jedenfalls diesem nur in den Fällen gleichgeachtet werden dürfen, in denen das Gesetz eine solche verordnet oder zuläßt, wogegen die Gleichstellung nicht auf alle die Fälle ausgedehnt werden kann, in denen eine solche Versicherung nicht verboten ist[2]).

3) Der Ableistung eines Eides ist es endlich gleich zu achten, wenn ein Beamter eine amtliche Versicherung unter Berufung auf seinen Diensteid abgiebt.

Als Beamter wird hier nur derjenige zu betrachten sein, den das Strafgesetzbuch in § 359 als solchen bezeichnet hat, und es ist kein ausreichender Grund einzusehen der es rechtfertigen könnte, als Beamten einen jeden zu betrachten, dem „ein öffentliches Amt" im Sinne des § 31 des Strafgesetzbuches übertragen ist und der

---

1) Goltd. Arch. XX S. 101. Schwarze § 155 Nr. 3. Rüdorff § 155 Nr. 3. Oppenhoff § 155 Nr. 4. Dagegen Olshausen § 155 Nr. 4.

2) Schwarze § 155 Nr. 3. Olshausen § 155 Nr. 3. Dagegen Schütze S. 310. Oppenhoff § 155 Nr. 3. Dochow a. a. O. S. 234. Die St. Prz. O. § 66 gestattet die Versicherung des Zeugen unter Berufung auf den frühern Eid nur bei nochmaliger Vernehmung in demselben Vorverfahren oder demselben Hauptverfahren.

bezüglich der ihm übertragenen Berufsthätigkeit einen Verpflichtungseid geleistet hat[1]).

Von der falschen eidlichen Aussage und den ihr gleichgestellten Fällen unterscheidet das Gesetz als eine in geringerm Maße strafbare falsche Aussage diejenige, welche unter Versicherung an Eidesstatt erfolgte[2]).

Es handelt sich in diesem Falle also um eine Bekräftigung der Wahrheit die in einer weniger feierlichen Form als in der des Eides erfolgt, bei der es aber wesentlich ist, daß sie ausdrücklich an „Eidesstatt" abgegeben wurde[3]). Die Versicherung muß vor einer zur Abnahme einer solchen zuständigen Behörde abgegeben sein, und die Landesgesetze entscheiden darüber in welchen Fällen und vor welchen Behörden solche eidesstattliche Versicherungen zugelassen sind. Daß die Behörde in dem concreten Falle die zuständige war ist auch hier nicht erforderlich, wohl aber, daß sie überhaupt zur Abnahme solcher Versicherungen zuständig, und diese in dem betreffenden Verfahren gesetzlich zulässig war[4]). Die Bestrafung nach § 156 ist also ausgeschlossen, wenn jene Versicherung gesetzlich unzulässig war, insbesondere wenn die Behörde sich mit ihr begnügte wo das Gesetz einen Eid erfordert. Vor einer Behörde ist die Versicherung nicht nur dann gegeben, wenn sie mündlich erfolgte, sondern auch wenn sie schriftlich eingereicht wurde[5]).

---

1) v. Liszt a. a. O. S. 101. Puchelt § 155 Nr. 4. Rubo § 155 Nr. 7. Olshausen § 155 Nr. 6. Dagegen Oppenhoff § 155 Nr. 8. Schwarze § 155 Nr. 4. Rüdorff § 155 Nr. 5.

2) Strfgb. § 156.

3) Mangelt die ausdrückliche Versicherung an Eidesstatt, so ist § 156 unanwendbar und es genügt dann für seine Anwendung nicht etwa die Berufung auf einen früher geleisteten Eid. Sofern dann nicht der Thatbestand des in § 155 Nr. 2 oder 3 bezeichneten Verbrechens vorliegt, würde die in solcher Weise bekräftigte falsche Aussage straflos sein. Oppenhoff § 156 Nr. 6. Goltd. Arch. XXI S. 526. v. Liszt S. 105. Olshausen § 156 Nr. 2.

4) Dochow a. a. O. S. 239. Goltd. Arch. VIII S. 766. Schwarze § 156 Nr. 2. 4. Olshausen § 156 Nr. 4. Rsprch. II S. 110. Dagegen Oppenhoff § 156 Nr. 3, weil zur Unstatthaftigkeit der eidesstattlichen Versicherung nicht genüge, daß das Gesetz eine förmliche Eidesabnahme vorschreibe ohne eine eidesstattliche Versicherung ausdrücklich auszuschließen. Vgl. auch Rubo § 156 Nr. 3. Vgl. Rsprch. VI S. 151.

5) Schwarze § 156 Nr. 7. Oppenhoff § 156 Nr. 5. Schütze S. 311.

Das Gesetz unterscheidet den Fall, daß die eidesstattliche Versicherung der falschen Aussage nachfolgt, und den, daß sie der Aussage vorangeht und unter Berufung auf sie falsch ausgesagt wird. Im letztern Falle findet § 156 nicht nur dann Anwendung, wenn die der Versicherung unmittelbar folgende Aussage eine falsche ist, sondern auch dann, wenn später unter Berufung auf die frühere Versicherung die falsche Aussage erfolgte, und in solchem Falle ist hier nicht wie in § 155 Nr. 2 erforderlich, daß die frühere eidesstattliche Versicherung in derselben Angelegenheit abgegeben wurde.

§ 264. Abweichend von den meisten außerdeutschen wie auch einigen deutschen Strafgesetzgebungen hat das deutsche Strafgesetzbuch, dem preußischen folgend, auch den fahrlässigen Falscheid für strafbar erklärt.

Mit Recht wird gegen eine solche Strafbestimmung das Bedenken geltend gemacht, daß sie die naheliegende Gefahr eines Mißbrauches mit sich bringt und daß das praktische Bedürfniß einer solchen Straffatzung nicht dringend genug ist um es zu rechtfertigen, daß eine solche Gefahr mit in den Kauf genommen werde. Unrichtig ist es aber, wenn man behaupten will, daß bei dem fahrlässigen Falscheide die Fahrlässigkeit eine ganz eigenthümliche, von anderen Fällen der strafbaren culpa abweichende und ihrem Wesen widersprechende Bedeutung habe.

In den meisten Fällen der strafbaren culpa handelt es sich allerdings nicht sowohl um ein Nichtwissen als vielmehr darum, daß der Handelnde das was er wußte im Momente des Handelns sich nicht vergegenwärtigte, nicht zum klaren Bewußtsein brachte, und seine Schuld liegt darin, daß er nach Maß seiner Kenntnisse und Erfahrungen den nicht gewollten Erfolg als einen möglichen erkennen konnte, wenn er nur hätte reiflich erwägen und die erforderliche Aufmerksamkeit anwenden wollen. In der Regel wird daher demjenigen eine culpa nicht zur Last fallen, der den Erfolg, auch bei vorsichtigem Handeln, als einen möglichen nicht zu erkennen vermochte, weil ihm eine dazu erforderliche Kenntniß mangelte. Daraus darf nicht gefolgert werden, daß der Vorwurf einer Fahrlässigkeit niemals auf ein Nichtwissen, auf den Mangel an Bemühungen sich gewisse Kenntnisse zu verschaffen gegründet werden dürfe. Es wird dies mit Recht geschehen, wenn in der Handlung selbst die Aufforderung sich die erforderlichen Kenntnisse zu verschaffen enthalten ist. Wer eine Thätigkeit mit dem Bewußtsein vornimmt, daß sie eine ihm fremdartige ist, daß die richtige Art ihrer Ausübung besondere, etwa wissenschaftliche, technische Kenntnisse, Fertigkeiten erfordert die er nicht besitzt, wird zweifellos den aus seinem Nichtwissen hervorgehenden schädlichen Erfolg als einen fahrlässigen zu verantworten haben. Es ist darum nichts Absonderliches und dem fahrlässigen Falscheid Eigenthümliches, wenn bedingungsweise auch derjenige für culpa verantwortlich gemacht wird, welcher es, bevor er die Handlung vornahm, unterließ sich der zu ihrer ordnungsmäßigen Vornahme erforderlichen Kenntnisse zu versichern. Ebenso kommt der fahrlässige Falscheid mit allen anderen Fällen der strafbaren culpa darin überein, daß der Thäter einen nicht beabsichtigten Erfolg, die eidliche Bekräftigung der Unwahrheit, herbeiführte dessen Möglichkeit er vorhersehen und den er bei Aufwendung der hier erforderlichen diligentia vermeiden konnte[1]). Daß die zu beeidigende Aussage in sich selbst die Forderung enthält, mit höchster Sorgfalt und Gewissenhaftigkeit zu verfahren, ist selbstverständlich. Sie stellt die Forderung das Auszusagende seinem Inhalte nach sorgfältig zu prüfen und mit dem eignen Wissen zu vergleichen, die Erinnerung an das Wahrgenommene wach zu rufen und sich klar zu machen, soweit nöthig den Thatsachen nachzuforschen und sich von ihnen zu unterrichten.

Der Thatbestand des fahrlässigen falschen Eides[1]) erfordert 1) die Unwahrheit der Aussage. Soweit es sich um den Thatbestand des Meineides handelt wird dieser allerdings dadurch nicht ausgeschlossen, daß eine an sich wahre Thatsache eidlich bekräftigt wurde, wofern die Aussage nur insofern eine falsche ist, als der Thäter fälschlich sie als eine von ihm wahrgenommene bezeugt.

---

1) Daß die älteren gemeinrechtlichen Quellen einen fahrlässigen falschen Eid als einen strafbaren nicht kennen, kann ebensowenig in Betracht kommen, wie der Einwand, daß ein fahrlässiger Meineid begrifflich nicht zu rechtfertigen sei, weil der Meineid nothwendig den dolus erfordere, so Marezoll S. 576, Dollmann=Risch II S. 507. Daraus folgt nur, daß man den Ausdruck „fahrlässiger Meineid“ vermeiden und statt dessen von einem fahrlässigen falschen Eide sprechen soll. Vgl. Schütze S. 314. Dochow a. a. O. S. 243. Wächter deut. Strfr. S. 476. Gegen die Bestrafung des fahrlässigen falschen Eides besonders John Entwurf eines Strfgb. S. 377 und Beurtheil. des Entwurfs S. 77. v. Liszt S. 45. Dafür Kräwel im G.=Saal 1868 S. 411. Dochow a. a. O. H. Meyer S. 633. Schwarze § 163 Nr. 5.

2) Strfgb. § 163.

Objective Unwahrheit der Thatsachen wird also auch bei dem Meineide stets verlangt und darum liegt kein Meineid vor, wenn eine wahre Thatsache als wahr eidlich ausgesagt wird die der Schwörende irrthümlich als unwahr betrachtete. Es liegt daher kein Grund vor anzunehmen, daß der fahrlässige Falscheid die objective Unwahrheit der Aussage nicht erfordere und dies um so weniger, als nach der Fassung des Gesetzes das in § 163 bezeichnete Delict von den in den §§ 153 bis 156 bezeichneten nur in dem einen Thatbestandsmomente abweicht, daß hier an die Stelle des Dolus die Culpa tritt. Dazu kommt, daß von einem culposen Vergehen nur die Rede sein kann, wenn durch die Fahrlässigkeit ein vom Rechte reprobirter Erfolg, hier die eidliche Bekräftigung der Unwahrheit, herbeigeführt wurde, denn nur dieser, nicht die Fahrlässigkeit an sich ist strafbar[1]). Es wird 2) erfordert die Ueberzeugung des Aussagenden von der Wahrheit der Aussage, die selbstverständlich dann nicht vorhanden ist, wenn der Aussagende irgend welche Zweifel an der Wahrheit hegte. Jene Ueberzeugung muß 3) eine schuldhafte insofern sein, als der Aussagende bei gehöriger Sorgfalt sich von ihrer Unrichtigkeit hätte überzeugen können. Diese Fahrlässigkeit kann selbstverständlich nicht schon aus der Unwahrheit der Thatsachen und dem Mangel an Dolus gefolgert werden, sondern bedarf, unter Berücksichtigung der Individualität des Beschuldigten und der Umstände des concreten Falles, der ausdrücklichen Feststellung[2]).

Ein fahrlässiger Falscheid wird ebenso bei dem Wahrheits- wie Ignoranz- und dem assertorischen Offenbarungseide vorkommen können, dagegen nicht bei dem Glaubenseide. Wer seinen Glauben beschwört, kann seine Eidespflicht nur verletzen indem er wissentlich beschwört was er nicht glaubt. Hat er dagegen den Eid seinem Glauben und Dafürhalten entsprechend geleistet, so mag es zwar richtig sein, daß er sich leicht von der Unrichtigkeit seines Glaubens hätte überzeugen können, aber es mangelt das

1) Dagegen Dochow a. a. O. v. Prittwitz in Goltd. Arch. XXX S. 153, welche die Unwahrheit des Beschwornen nicht für erforderlich erklären. Ebenso Bruck Lehre von der Fahrlässigkeit S. 83 f., der aber seine unhaltbare Ansicht von der Frage ob die Culpa ohne rechtsverletzenden Erfolg strafbar sei, eigentlich selbst widerlegt. Vgl. über strafbare Culpa Rsprch. IV S. 165.

2) Oppenhoff § 163 Nr. 3. Schwarze § 163 Nr. 5. Rsprch. II S. 104. V S. 126.

wesentliche Moment des falschen Eides, die Unwahrheit der beeideten Thatsache[1]).

Die Strafbestimmung des § 163 bezieht sich nur auf die fahrlässige Verübung der in den §§ 153 bis 156 bezeichneten Delicte, nicht auf die Eidesdelicte der §§ 159 und 162.

§ 265. Die Strafe des Meineides und der ihm in § 155 gleichgestellten Fälle ist Zuchthaus bis zu zehn Jahren, womit Verlust der bürgerlichen Ehrenrechte sowie die dauernde Unfähigkeit des Verurtheilten als Zeuge oder Sachverständiger eidlich vernommen zu werden verbunden werden muß[2]). Auch aus der Strenge der Strafe, im Vergleich zu den für die Religionsdelicte gedrohten ergiebt sich, daß das Gesetz den Meineid in erster Linie nicht als solches auffaßt. Gleichwohl legt es auf das religiöse Moment Gewicht und betrachtet darum die falsche Versicherung an Eidesstatt als weniger strafbar als den Meineid, indem es für diese Gefängniß von einem Monat bis zu drei Jahren droht.

Für den Meineid wie für die falsche Versicherung an Eidesstatt kennt aber das Gesetz weiter noch Gründe der Strafschärfung wie Strafmilderung.

Wurde das falsche eidliche Zeugniß oder Gutachten in einer Strafsache zum Nachtheile eines Angeschuldigten abgegeben und dieser zum Tode, zu Zuchthaus oder zu einer andern mehr als fünf Jahre betragenden Freiheitsstrafe verurtheilt, so ist die Strafe Zuchthaus von drei bis zu fünfzehn Jahren. Vorausgesetzt wird hier nur, daß die falsche eidliche Aussage wissentlich zum Nachtheile des Angeschuldigten erfolgte, und dieser in eine der gedachten Strafen verurtheilt wurde, nicht Feststellung des Causalzusammenhanges der falschen Aussage und des Urtheils, nicht eine rechtskräftige Verurtheilung und Bestrafung, auch nicht Kenntniß des Thäters

---

1) v. Liszt S. 51. Olshausen § 163 Nr. 3. Entsch. XII S. 58. Dagegen Oppenhoff § 163 Nr. 2. Geyer a. a. O. S. 160. Rsprch. IV S. 733, wo auszuführen gesucht wird, daß auch bei dem Glaubenseide der Eid ein Beweismittel für die bestrittene für die Entscheidung erhebliche Thatsache sei. Diese erscheine auch bei dem Glaubenseide als erwiesen, nicht das Glauben der Partei, und darum bilde jene, nicht das letztere den Inhalt des Eides. Schwört Jemand, daß er „nach sorgfältiger Prüfung und Erkundigung" die Ueberzeugung erlangt habe (C. Prz. O. § 424), was im obigen Falle nicht geschehen war, und hat er jede Prüfung und Erkundigung unterlassen, so würde Meineid vorliegen.

2) Strfgb. §§ 153—155. 161.

davon, daß ein auf seine Aussage sich stützendes Urtheil eine jener Strafen zur Folge haben werde[1]).

Eine Strafmilderung tritt ein[2]), wenn ein Zeuge oder Sachverständiger sich eines nach § 154 oder 155 strafbaren Meineides oder einer falschen Versicherung an Eidesstatt in dem Falle schuldig gemacht hat, in welchem die Angabe der Wahrheit gegen ihn selbst eine Verfolgung wegen eines Verbrechens oder Vergehens nach sich ziehen konnte. Ob die Aussage in einer Civil- oder Strafsache erfolgte, ob die zu befürchtende Verfolgung mit der Sache in welcher ausgesagt wurde in Verbindung steht ist gleichgiltig. Es kommt diese Strafmilderung dem nicht zu gut, der einen Parteieid falsch leistete, da er denselben verweigern eventuell ihn zurückschieben konnte[3]), ebenso wenig demjenigen der durch Angabe der Wahrheit sich nur einer Verfolgung wegen Uebertretung ausgesetzt hätte.

Eine Strafmilderung tritt ferner ein, wenn der Aussagende die falsche Aussage zu Gunsten einer Person, rücksichtlich deren er die Aussage ablehnen durfte, gemacht hat, ohne daß er über sein Recht die Aussage ablehnen zu dürfen, belehrt worden ist. Die Frage ob und zu Gunsten welcher Personen die Aussage abgelehnt werden darf und darüber belehrt werden muß, regelt sich nach der Straf-P.-O. §§ 51 ff. Civil-P.-O. §§ 340. 348 ff., so wie nach Landesgesetzen. Hat in diesen Fällen die Belehrung stattgefunden

---

1) Das Wort Angeschuldigter ist nicht nach der Terminologie der spätern Strf. Prz. O. auszulegen und das Stadium des Verfahrens, in welchem die Aussage stattfand ist gleichgiltig. Schwarze § 154 Nr. 5. Oppenhoff § 154 Nr. 27. Olshausen § 154 Nr. 11. Dagegen v. Liszt a. a. O. S. 226. Daß, wie angenommen wird, — vgl. v. Liszt S. 225. Schütze S. 313. Oppenhoff § 154 Nr. 30. Olshausen § 154 Nr. 12 — die Strafbestimmung auch dann Anwendung finde, wenn eine Gesammtstrafe in dem gedachten Betrage verhängt wurde, möchte zu bezweifeln sein. Der Erschwerungsgrund liegt darin, daß der Thäter wissentlich zu Ungunsten des Angeschuldigten in einer Strafsache aussagte die eine schwerere Strafe nach sich zieht. Die erhöhte Strafe trifft ihn nicht, wenn es sich um eine Sache handelt, die eine Verurtheilung zu einer geringern Strafe nach sich zieht. Warum soll sie ihn treffen, wenn die höhere Strafe nur in Folge der Concurrenz mit andern Delicten, von denen der Thäter nichts wußte, ausgesprochen wird? Schwarze a. a. O. fordert rechtskräftige Verurtheilung.

2) Strfgb. § 157.

3) Dochow a. a. O. S. 247. Schwarze § 157 Nr. 4. Oppenhoff § 157 Nr. 1. Dagegen Rüdorff § 157 Nr. 1.

und ist dennoch falsch ausgesagt worden, so bleibt die Strafmilderung ausgeschlossen. Da nach der Strafprozeß-Ordnung die betreffende Belehrung ausnahmslos bei jeder strafrechtlichen Verfolgung ertheilt werden muß, so ergiebt sich der eigenthümliche Widerspruch, daß die Strafermäßigung dem Zeugen nicht zu Theil wird, wenn die Aussage der Wahrheit gegen ihn selbst die Verfolgung wegen einer Uebertretung nach sich ziehen konnte, wohl aber dann, wenn sie einen Angehörigen der Gefahr aussetzte wegen Uebertretung verfolgt zu werden.

Für die gedachten Fälle ist nicht eine außerordentliche mildere Strafe gedroht, auch nicht eine in festem Verhältnisse zu der gesetzlichen gemilderte Strafe, sondern es ist eine Ermäßigung der im concreten Falle verwirkten Strafe auf die Hälfte oder bis ein Viertheil derselben angeordnet. Hiernach wird also im Urtheil die Strafe zunächst angegeben werden müssen, welche dem Schuldigen ohne Rücksicht auf den mildernden Umstand zuzuerkennen wäre, und sodann die in dem gesetzlichen Verhältnisse ermäßigte Strafe zuzuerkennen sein[1]). Wenn in solchem Falle Zuchthausstrafe unter einem Jahre verwirkt ist, so muß diese nach Maßgabe des § 21 in Gefängnißstrafe verwandelt werden.

Die gleiche Strafmilderung soll eintreten im Falle bethätigter Reue[2]), und zwar bei allen Eiden, gleichviel in welchem Stadium des Verfahrens geschworen wurde, sowie auch bei Versicherungen an Eidesstatt[3]).

Die Bedingungen der Strafmilderung sind 1) daß die falsche Aussage bei derjenigen Behörde widerrufen werde, bei welcher sie gemacht war[4]), 2) daß der Widerruf in einer Zeit erfolgte, zu welcher gegen den Meineidigen noch keine Anzeige gemacht oder

---

1) Dochow a. a. O. Rüdorff § 157 Nr. 2. Olshausen § 157 Nr. 2. Entsch. XI S. 42.

2) Strfgb. § 158. Gegen diesen Strafmilderungsgrund vgl. die gewichtigen Bedenken John's Entwurf S. 381. Dochow a. a. O. S. 248.

3) Dochow a. a. O. Schwarze § 158 Nr. 2. Oppenhoff § 158 Nr. 1.

4) Die Praxis neigt dahin diese Bedingung möglichst leicht zu handhaben und sich zu begnügen, wenn der Widerruf auch nur mittelbar an die betreffende Behörde gelangt. Oppenhoff § 158 Nr. 10. Schwarze § 158 Nr. 7. Puchelt § 158 Nr. 3. Olshausen § 158 Nr. 1. Rsprch. V S. 690. Dagegen Rubo § 158 Nr. 5.

Untersuchung eingeleitet[1]), auch noch kein Rechtsnachtheil für einen Andern aus der falschen Aussage entstanden war[2]).

Unter den gleichen Bedingungen tritt in dem Falle, daß eine nach § 163 strafbare fahrlässige Verletzung der Eidespflicht verübt war, Straflosigkeit ein.

§ 266. Die allgemeinen Normen über die Theilnahme an dem Delicte eines Andern finden auch bei den Eidesdelicten ihre Anwendung. Ohne Zweifel wird auch bei ihnen ebenso eine Beihilfe wie eine Anstiftung vorkommen können[3]). Die Strafmilderungsgründe des § 157 kommen selbstverständlich nur demjenigen zu Statten, bei welchem deren Voraussetzungen zutreffen, nicht aber den Theilnehmern, und ebensowenig kommt ihnen der rechtzeitige Widerruf des Meineidigen zu gut. Dagegen ist auch die Strafe des Theilnehmers zu ermäßigen, wenn er seinerseits rechtzeitig die falsche Aussage des Meineidigen widerruft[4]).

Hierbei ist aber das Strafgesetzbuch nicht stehen geblieben, indem es vielmehr eine besondere Strafbestimmung für den Fall einer erfolglosen Anstiftung zum Meineide oder zu einer falschen Versicherung an Eidesstatt für nothwendig erachtet hat[5]).

---

1) Es ist dazu nicht eine gerichtliche Untersuchung im Sinne der St. P. O. erforderlich.

2) Vgl. Rsprch. IV S. 510. V S. 74. 505. Der Rechtsnachtheil erfordert nicht nothwendig einen materiellen, aber doch jedenfalls einen bereits eingetretenen, nicht bloß drohenden Schaden. Im Unterschiede von der eidlichen Aussage des Zeugen und Sachverständigen ergiebt offenbar jeder Parteieid einen nicht mehr nur drohenden, sondern eingetretenen Rechtsnachtheil für den Gegner — Olshausen § 158 Nr. 4 — und obwohl das Gesetz eine Beschränkung nicht kennt, wie sie auch nicht mit Olshausen aus dem Worte „Aussage" gefolgert werden kann, so wird doch die Strafmilderung bei den Parteieiden thatsächlich darum ausgeschlossen sein, weil sie sofort einen Rechtsnachtheil für einen Andern zur Folge haben.

3) v. Liszt a. a. O. S. 162 f. Schwarze § 159 Nr. 1—4. Oppenhoff § 154 Nr. 23. § 158 Nr. 15. Olshausen § 154 Nr. 14. § 157 Nr. 5. Schütze S. 314. Binding Hdbch. I S. 222.

4) Schütze in Goltd. Arch. XXI S. 168.

5) Strfgb. § 159. Gegen eine derartige Strafbestimmung Goltd. Arch. VIII S. 333 f. Kräwel ebenda X S. 662. John Entwurf S. 375 f. v. Liszt a. a. O. S. 170 f. Vgl. dagegen die auf die Ausnahme-Natur des Verbrechens sich berufenden Motive zum II Entwf. zu § 157 und insbesondere Schultze Die Verleitung zum falschen Eide als selbständiges Verbrechen, und in Goltd. Arch. XVIII S. 209 f.

Das Gesetz spricht allerdings nicht von dem Versuche anzustiften, sondern von dem Unternehmen zu verleiten, und es ist streitig ob die Ausdrücke unternehmen und verleiten gleichbedeutend sind mit den technischen Ausdrücken versuchen und anstiften. Was das Unternehmen betrifft, so wird dasselbe allerdings nicht als völlig gleichbedeutend mit dem Versuche betrachtet werden dürfen, denn wenn das Gesetz nicht eine jede Handlung die in der Absicht einen gewissen strafbaren Erfolg herbeizuführen als strafbar betrachtet, sondern die straflose Vorbereitung und den strafbaren Versuch unterscheidet, so hätte es sich des Wortes „Versuch" bedienen müssen, wenn es diese Unterscheidung auch hier hätte festhalten wollen. Jeder Versuch ist ein Unternehmen, aber nicht umgekehrt jedes Unternehmen ein Versuch[1]), denn es steht nichts entgegen auch eine Vorbereitungshandlung als ein Unternehmen zu bezeichnen[2]).

Des Wortes „verleiten" hat sich das Gesetz hier wie in § 160 zweifellos darum bedient, weil es davon ausging, daß die erfolglose Anstiftung straflos sei und von einer Anstiftung dessen der nicht dolos handelt nicht die Rede sein könne, darum in beiden Fällen das Wort „anstiften" zu vermeiden sei. Gleichwohl findet sachlich ein Unterschied zwischen dem Verleiten zu einer strafbaren Handlung und dem Bestimmen zu ihr, wie es nach § 48 bei der Anstiftung gefordert wird, nicht statt. Verleiten und Anstiften können immer nur in derselbigen Weise verübt werden und sind gleichbedeutend, wenn auch der prozessualische Unterschied stattfindet, daß bei der Anstiftung das Mittel derselben festgestellt werden muß, während dies bei dem Verleiten im Sinne der §§ 159 und 160 nicht der Fall ist[3]).

---

1) Die praktische Bedeutung des Unterschiedes von unternehmen und versuchen wird freilich davon abhängen, wie die Grenzlinie von Vorbereitung und Versuch bestimmt wird. Die preuß. Praxis betrachtete „unternehmen" als gleichbedeutend mit „versuchen". Goltd. Arch. XIX S. 677, ebenso Berner S. 389. Oppenhoff § 159 Nr. 1. Rsprch. V S. 592. VI S. 315. Dagegen Schwarze § 159 Nr. 6. v. Liszt S. 177. Voigt in Goltd. Arch. XXVIII S. 233. Schultze a. a. O. S. 27. Olshausen § 159 Nr. 3.

2) Geyer in Ztschrft. f. St. R. W. II S. 310 f. geht umgekehrt davon aus, daß jedes Unternehmen ein Versuchen, aber nicht jedes Versuchen schon ein Unternehmen sei.

3) Dochow a. a. O. S. 241. Schwarze § 159 Nr. 10. John Strafr. in Norddeutschland S. 77 und Entwurf S. 376. Schultze a. a. O.

Der Thatbestand des nach § 159 zu strafenden Delictes erfordert hiernach eine anstiftende Thätigkeit, die in der Absicht verübt wird einen Andern zur Begehung eines Meineides oder zu der wissentlichen Abgabe einer falschen Versicherung an Eidesstatt zu bestimmen. Vorausgesetzt wird ferner, daß von dem Andern ein Meineid nicht verübt, eine solche Versicherung nicht abgegeben sei, auch kein strafbarer Versuch dieser Delicte stattfand, weil im andern Falle die Theilnahme an dem Eidesdelicte des Andern zu strafen sein würde. Es handelt sich hier also nicht um Theilnahme, sondern um ein durchaus selbständiges Delict, bei welchem lediglich die in der verleitenden Thätigkeit kundgegebene rechtswidrige Absicht als strafbar erscheint. Die Willensbestimmung und das Verhalten des zu Verleitenden ist völlig indifferent, wofern er nur das ihm angesonnene Delict weder verübte noch zu verüben versuchte, sei es, daß er sich nicht verleiten ließ, sei es, daß er sich zwar bestimmen ließ aber den gefaßten Beschluß wieder aufgab oder aus irgend einem andern Grunde nicht dazu gelangte das beabsichtigte Delict zu verüben oder zu versuchen, insbesondere also auch etwa darum, weil er eidesunfähig ist[1]).

Von einem strafbaren Versuche des Unternehmens zu verleiten kann nicht die Rede sein, denn eine jede derartige Handlung würde ein Unternehmen der Verleitung und nach § 159 als vollendetes Delict zu strafen sein[2]). Ist aber das Unternehmen zwar nicht identisch mit dem Versuche, so umfaßt es doch jedenfalls auch diesen, und der Umstand, daß hier ausnahmsweise der Versuch als selbständiges Delict behandelt wird, ist kein ausreichender Grund den § 46 nicht für anwendbar und einen die Bestrafung ausschließenden Rücktritt vom Versuche für ausgeschlossen zu erklären[3]). Wird aber der Versuch der Verleitung durch den Rück-

S. 27. Dagegen Voigt a. a. O. S. 231, der zur Anstiftung eine intensivere Einwirkung auf den Willen des Angestifteten verlangt als bei dem Verleiten. Ebenso v. Liszt S. 178. Goltd. Arch. V S. 538.

1) Oppenhoff § 159 Nr. 7. Rsprch. IV S. 267. 559. 684. 700. Dagegen Schwarze § 159 Nr. 2.

2) Dochow a. a. O. Oppenhoff § 159 Nr. 9. v. Liszt S. 183. Schwarze § 159 Nr. 9. Voigt a. a. O. S. 235. Rsprch. V S. 592. Dagegen Schütze S. 314.

3) Goltd. Arch. VIII S. 337. v. Liszt a. a. O. S. 184. Voigt a. a. O. S. 241. Dagegen Rsprch. V S. 592. VI S. 315. Dochow a. a. O. S. 241. Oppenhoff § 159 Nr. 9. Puchelt § 159 Nr. 1. F. Meyer § 159 Nr. 3. Olshausen § 159 Nr. 6.

tritt straflos, so wird man bei einem Unternehmen das nur als Vorbereitungshandlung erscheint unmöglich die Anwendbarkeit des § 46 leugnen können.

Was die Theilnahme an dem fraglichen Delicte betrifft, so würde die Anstiftung zu dem Unternehmen eine dritte Person zum Meineide zu verleiten an sich selbst schon als eine unternommene Verleitung erscheinen und als solche nach § 159 strafbar sein[1]). Die Strafbarkeit einer Beihilfe wird nicht darauf gegründet werden können, daß das Unternehmen der Verleitung zum Meineide ein selbständiges Delict sei, bei welchem eine strafbare Beihilfe ebenso wie bei jedem andern Delicte vorkommen könne[2]), denn in Wahrheit ist es ein Versuch der Anstiftung der dadurch nicht aufhört ein solcher zu sein, daß ihn das Gesetz als ein besonderes vollendetes Delict behandelt. Es ist also der Versuch der Theilnahme an dem Delicte das ein Anderer verüben sollte aber nicht verübt hat. Nun aber ist zwar nicht nur die unmittelbar, sondern auch die mittelbar verübte Theilnahme an dem Verbrechen des Thäters strafbar, so die Anstiftung eines Gehilfen zum Verbrechen einer dritten Person, so die Beihilfe zur Beihilfe, die Beihilfe zur Anstiftung sofern es sich in diesen Fällen um eine Theilnahme an dem Delicte des Thäters handelt, dagegen giebt es keine strafbare Theilnahme an der That des Theilnehmers. Der Wille des Gehilfen muß nothwendig auf Mitwirkung bei dem vom Thäter zu verübenden Delicte gerichtet sein, und so auch dann, wenn seine Mitwirkung nur mittelst einer andern Person dem Thäter zu gut kommt. Die Beihilfe ist aber nur strafbar, wenn sie bei der strafbaren Handlung des Thäters mitgewirkt hat, wenn dieser also wenigstens eines strafbaren Versuches schuldig ist. Beihilfe zur Anstiftung zum Meineide würde also als eine Beihilfe zum Meineide selbst strafbar sein, wenn ein solcher mindestens versucht wäre,

1) Voigt a. a. O. S. 237. Olshausen § 159 Nr. 7. Rsprch. II S. 481. VI S. 777, wogegen Schütze S. 315. Oppenhoff § 159 Nr. 12. Schwarze § 159 Nr. 8 Anstiftung zur Anstiftung annehmen. v. Liszt S. 185 stellt die wunderliche Behauptung auf, daß das Strfgb. die Theilnahme an einem versuchten Delicte nicht strafe, darum Anstiftung wie Beihilfe hier straflos sei. Dagegen sei die versuchte Anstiftung zur Anstiftung nach § 159 strafbar.

2) Eine solche strafbare Theilnahme an der unternommenen Verleitung nehmen an Oppenhoff § 159 Nr. 12. Schütze S. 315. Olshausen § 155 Nr. 8.

ist aber straflos, wenn, wie § 159 voraussetzt, nicht einmal ein Versuch stattgefunden hat[1]).

Bei dem Unternehmen der Verleitung zum Meineide kann niemals der § 49a zur Anwendung kommen, da seine Strafbestimmung gegen Aufforderung zu einem Verbrechen nur anwendbar ist, soweit nicht das Gesetz eine andere Strafe androht.

Die Strafe ist, wenn zur Begehung eines Meineides verleitet werden sollte, Zuchthaus bis zu fünf Jahren, wenn zur wissentlichen Abgabe einer falschen Versicherung an Eidesstatt, Gefängniß bis zu einem Jahre. Die in § 161 Absatz 1 angeordnete Nebenstrafe bleibt hier ausgeschlossen[2]). Dagegen kann nach § 32 neben Zuchthaus auf Verlust der bürgerlichen Ehrenrechte erkannt, und nach § 161 Absatz 2 auch neben der Gefängnißstrafe.

§ 267. Eine eigenthümliche, der frühern deutschen Strafgesetzgebung unbekannte, Strafbestimmung[3]), die schon 1847 bei den Berathungen über den Entwurf des preußischen Strafgesetzbuches angeregt[4]), aber weder in dasselbe noch auch in den Entwurf des norddeutschen Strafgesetzbuches aufgenommen worden war, weil ihn die Bundes-Commission als entbehrlich betrachtete, ist in Folge der Reichstagsbeschlüsse in das deutsche Strafgesetzbuch aufgenommen worden[5]).

Es wird hier derjenige für strafbar erklärt, welcher einen Andern zur Ableistung eines falschen Eides oder einer falschen Versicherung an Eidesstatt verleitet. Da hierbei vorausgesetzt wird, daß der Verleitete nicht dolos handelt, so kann selbstverständlich von einer Anstiftung nicht die Rede sein, und daß in solchem Falle der Verleiter gleichwohl eine strafwürdige That verübt, wird von keiner Seite bestritten. Es handelt sich also nur um die Frage,

---

1) Vgl. John in Holtzdf. Hdbch. III S. 111. v. Liszt a. a. O. S. 186. Voigt a. a. O. S. 237. Schultze in Goltd. Arch. XVIII S. 219.

2) Oppenhoff § 161 Nr. 2. Rüdorff § 159 Nr. 5. Voigt a. a. O. S. 239. Schütze S. 316. Schwarze § 161 Nr. 2. Rsprch. II S. 49. Dagegen d. preuß. O. T. in Goltd. Arch. XIX S. 456. Fr. Meyer § 161 Nr. 1.

3) Strfgb. § 160.

4) Goltd. Mat. II S. 253. Schultze in Goltd. Arch. XVIII S. 213 und Verleitung zum falschen Eid S. 11.

5) Es ist dies hauptsächlich in Folge der angeführten Schriften von Schultze geschehen.

ob nicht in Ermangelung einer solchen besondern Strafbestimmung eine angemessene Bestrafung des Verleiters bereits gesichert wäre, oder worin das besondere Bedürfniß einer solchen Strafbestimmung seinen Grund habe.

Daß als Thäter nicht nur derjenige zu bestrafen ist, welcher mit Aufbietung seiner eignen Muskelkräfte das Delict verübt, sondern auch der s. g. fingirte Thäter der sich eines Unzurechnungsfähigen oder Irrenden als seines Werkzeuges zur Verübung der That bedient, ist unbestritten. Man behauptet aber, daß von dieser Regel Ausnahmen zu machen seien, da bei denjenigen Delicten, welche ihrem Begriffe nach, wie Incest, Amtsdelict, Meineid, Dolus und Vollbringung als in einer Person vereinigt voraussetzen, derjenige nicht als Thäter betrachtet und bestraft werden könne, welcher einen Irrenden veranlaßt die betreffende Handlung zu verüben, der Nichtbeamte also nicht als Thäter eines Amtsdelictes, der nicht Schwurpflichtige nicht als Thäter des von von einem Andern geleisteten falschen Eides als Meineidiger angesehen werden könne[1]). Wer also einen Andern zur Ableistung eines falschen Eides verleite für den dieser überhaupt nicht oder nur wegen Fahrlässigkeit verantwortlich gemacht werden könne, sei weder als Anstifter noch auch als Selbstthäter strafbar, und es sei daher eine besondere Strafbestimmung erforderlich, um die offenbar strafwürdige Fälschung eines Beweismittels strafen zu können.

Es mag zugegeben werden, daß es anstößig erscheint den Nichtbeamten in Betreff eines Amtsdelictes, denjenigen der seinerseits nicht in der Lage, nicht fähig war einen gewissen Eid zu schwören, in Betreff dieses von einem Andern falsch geschworenen Eides, als Thäter, als Meineidigen zu bezeichnen. Der Grund davon liegt aber lediglich in der von der frühern Doctrin und den früheren deutschen Strafgesetzbüchern abweichenden Terminologie des preußischen und deutschen Strafgesetzbuches. So lange man in Betreff der Theilnahme den Urheber, den physischen und intellectuellen Urheber, den Miturheber und Gehilfen unterschied, hatte es ganz gewiß nichts Auffälliges, wenn man den Nichtbeamten als Urheber eines Amtsdelictes, den der einen Irrenden zur Ableistung eines falschen Eides verleitete als Urheber dieses

1) Schütze S. 315. Dollmann-Risch II S. 532. Oppenhoff preuß. Strfgb. § 130 Nr. 1. Abegg im Arch. 1856 S. 72 f. Schultze Verleitung S. 7. Voigt a. a. O. S. 227.

Eides bezeichnete, und man ist nie im Zweifel darüber gewesen, daß wer sich eines schuldlos Handelnden zur Verübung eines Verbrechens bediente, in Betreff desselben zwar weder physischer noch intellectueller Urheber, wohl aber Urheber schlechthin sei und das Verbrechen als solcher zu verantworten habe[1]). Er ist Urheber, weil er die verantwortliche Ursache eines Verbrechens ist und kann, indem er sich eines Andern als seines Werkzeuges bedient, sich als Urheber für ein Verbrechen verantwortlich machen, das er allein und ohne dieses Werkzeug nicht verüben konnte.

Daß als Thäter im Sinne des Gesetzes auch der s. g. fingirte Thäter zu betrachten sei, ist zweifellos, und wenn man Ausnahmen von dieser Regel construirt, so ist dies ein sachlich durchaus grundloses Verfahren, das seinen Grund lediglich in dem Umstande hat, daß in manchen Fällen der Gebrauch des Wortes Thäter Anstoß erregt. Spricht man überhaupt, was an sich nicht erforderlich wäre, von einem fingirten Thäter, so ist nicht einzusehen warum man die Fiction der Thäterschaft nicht auch auf die gedachten Fälle ausdehnen will. Mangelte die Strafbestimmung des § 160, so würde die Verleitung zur Ableistung eines falschen Eides durchaus folgerichtig als Meineid zu strafen sein[2]).

Der Thatbestand des in § 160 bezeichneten Vergehens erfordert, daß der Thäter einen Andern zur Ableistung eines Eides oder einer Versicherung an Eidesstatt verleitet, wissend und wollend daß etwas objectiv Unwahres durch Eid oder Versicherung an Eidesstatt bekräftigt werde. Bei dem Verleiteten wird vorausgesetzt, daß ihm dieses Wissen und Wollen mangelt, daß er also jedenfalls nicht für Dolus verantwortlich, sondern entweder schuldlos oder doch nur nach § 163 für Fahrlässigkeit haftbar ist. Der betreffende Eid oder die eidesstattliche Versicherung muß abgeleistet oder wenigstens abzuleisten versucht sein. Der Versuch dieses Vergehens ist strafbar.

Die Strafe ist bei der Verleitung zu einem falschen Eide Gefängniß bis zu zwei Jahren, neben welchem auf Verlust der bürgerlichen Ehrenrechte erkannt werden kann, bei Verleitung zu einer falschen Versicherung an Eidesstatt Gefängniß bis zu sechs Monaten[3]).

---

1) Vgl. Breidenbach II S. 232.

2) Vgl. v. Liszt a. a. O. S. 188 f. Gegen ihn Voigt a. a. O. S. 225 f.

3) Mit vollem Rechte bezeichnet v. Liszt a. a. O. S. 188 die Strafe

§ 268. Mit den bisher behandelten Eidesdelicten hat das Strafgesetzbuch ein von ihnen wesentlich verschiedenes im neunten Abschnitte darum zusammengefaßt, weil es sich auch bei ihm um Verletzung einer Eidespflicht handelt, nämlich den Bruch eines eidlichen Versprechens, und zwar eines solchen bei dem es sich nicht um eidliche Bekräftigung der Wahrheit einer Aussage handelt[1]). Abweichend von anderen deutschen Strafgesetzbüchern die eine derartige Strafbestimmung nicht kennen, folgte das deutsche dem preußischen, indem es mit Ausschluß des Bruches jedes andern derartigen promissorischen Eides, den Eidesbruch nur in zwei besonderen Fällen, dem eines Cautions- und dem eines promissorischen Manifestationseides für strafbar erklärte[2]).

Der Thatbestand des Vergehens erfordert, daß durch eidliches Angelöbniß vor Gericht eine Sicherheit bestellt oder in einem Offenbarungseide ein Versprechen gegeben war. Einem solchen Eid steht gleich die in § 155 Nr. 1 bezeichnete Erklärung, sowie die Versicherung unter Berufung auf den früher geleisteten Eid, nicht aber eine eidesstattliche Versicherung[3]). Bei dem Cautionseide ist erforderlich, daß er vor Gericht geleistet war, nicht aber bei dem Manifestationseide[4]), der aber jedenfalls vor einer hierzu competenten Behörde geschworen sein muß. Soweit der Manifestationseid assertorischen Inhaltes ist, erscheint die Verletzung desselben selbstverständlich als Meineid, während die Verletzung seines promissorischen Inhaltes das davon verschiedene, mit dem Meineide concurrirende, Vergehen des Eidesbruches ist[5]).

---

des § 160 als eine unbegreifliche Begünstigung des Schuldigen, der als s. g. fingirter Thäter die Strafe des Meineides, beziehungsweise die der falschen Versicherung an Eidesstatt verdienen würde. Vgl. auch Voigt a. a. O. S. 238.

1) Vgl. oben S. 906.

2) Strfgb. § 162. Die St. Prz. O. vgl. § 118 und 488 kennt einen Cautionseid nicht, dagegen ist er im Civil-Prozeß vgl. C. Prz. O. § 101 zulässig. Den Manifestationseid kennt die C. Prz. O. §§ 711, 769 und ebenso die Konkurs-O. nur in assertorischer Form.

3) Dochow a. a. O. S. 242. Oppenhoff § 162 Nr. 1. Olshausen § 162 Nr. 2.

4) Dies kann nach der Fassung des § 162 nicht zweifelhaft sein. Oppenhoff § 162 Nr. 2. Olshausen § 162 Nr. 4. Dagegen Dochow a. a. O. Berner S. 390.

5) Oppenhoff § 162 Nr. 3. Olshausen § 162 Nr. 4. Rsprch. III S. 225.

Das eidliche Versprechen muß vorsätzlich, gleichviel ob durch ein Unterlassen oder Handeln, nicht erfüllt worden sein. Daß der Eid selbst mit einer seinem Inhalte widersprechenden Willensbestimmung geschworen sei, ist nicht erforderlich und der Umstand, daß der Eid wohl meist mit der ihm entsprechenden Absicht geschworen sein wird, die Eidespflicht aber erst später in einem Momente, in welchem der Thäter sich die Bedeutung derselben nicht mehr lebendig vergegenwärtigt, verletzt wird, rechtfertigt, gegenüber der Strafe einer falschen eidlichen Aussage, die geringere Bestrafung des Eidesbruches.

Die Strafe ist Gefängniß bis zu zwei Jahren.

7. Der Zweikampf.

Literatur.

Aschenbrenner Verbrechen und Strafe des Zweikampfes 1804. — Cucumus Ueber das Duell 1821. — Hälschner Ueber das Duell, in Vorträgen für das gebildete Publikum. IV S. 162 f. 1867. — Zimmermann im Gerichts-Saal 1872 S. 407. 1878 S. 1. 1882 S. 379. — Hälschner ebenda 1882 S. 1. 1883 S. 161. — v. Buri ebenda 1882 S. 341. 1883 S. 328. — Kronecker ebenda 1883 S. 201. — Villnow ebenda 1885 S. 605. — Ortloff in Goltdammer Archiv XXXI S. 147. — Rödenbeck Der Zweikampf im Verhältniß zu Tödtung und Körperverletzung 1883. — Keßler Die Einwilligung des Verletzten 1884 S. 87 f. — Sontag in Zeitschrift für Strafrechts-Wissenschaft II S. 6.

§ 269. Das Strafgesetzbuch erklärt den Zweikampf für strafbar, und zwar den Zweikampf an sich und als solchen, abgesehen von den Folgen die er etwa nach sich zieht. Es setzt aber den Begriff des Zweikampfes ebenso wie den der Beleidigung als einen erfahrungsmäßig gegebenen voraus und hat es unterlassen den Thatbestand des Zweikampfes in erschöpfender Weise zu normiren. Eben deshalb kommt es darauf an sich zu vergegenwärtigen, welche Bedeutung der moderne Zweikampf vermöge seiner geschichtlichen Entwickelung erlangt hat und wie ihn strafrechtlich Praxis und Doctrin aufgefaßt und die Gesetzgebung behandelt hat.

Er ist ursprünglich ein gesetzlich geordnetes Beweismittel im gerichtlichen Verfahren des germanischen Rechts, er ist heut eine verbotene, strafbare Handlung, und mitten inne liegt eine Periode, in welcher er, gesetzlich verboten, dennoch ausnahmsweise von der öffentlichen Gewalt gestattet wird, in welcher er ein Act der Selbsthilfe und Rache, dennoch die äußere Form des gerichtlichen Verfahrens an sich trägt. Gerade diese Periode ist es in welcher sich das eigenthümliche Wesen des modernen Duells festgestellt hat. Es ist die Fortsetzung des alten ritterlichen Fehdewesens, aber die mit Heeresmacht geführte Fehde ist zum Duell zusammengeschrumpft das sich jetzt in die Formen des alten gerichtlichen Zweikampfes kleidet und dies auch in der Beziehung, daß das Duell nur im Beisein und unter der Autorität eines den Kampf gestattenden Gerichtes ausgefochten werden kann [1]).

Die nächste Aufgabe des um Gestattung des Kampfes angegangenen Gerichtes war es zu entscheiden, ob ausreichender Anlaß zu dem Kampfe vorliege. Noch im 15. Jahrhundert geschieht es nicht selten, daß der Herausfordernde Genugthuung und Befriedigung seines Rachegefühls wegen irgend eines von dem Geforderten verübten Verbrechens sucht. Aber auch schon damals war es die nothwendige Voraussetzung, daß es sich um ein Verbrechen handle, dessen Verübung gegen die ritterliche Ehre verstößt, wie insbesondere Felonie, Verrath, Ketzerei, Fälschung, Nothzucht, Mord, während der im Zorne verübte Todtschlag nicht als ausreichender Grund zum Zweikampfe erschien. Schon im 16. Jahrhundert war man aber allmählich dahin gelangt sich mit der vom Gerichte gegen den Verbrecher verhängten öffentlichen Strafe als ausreichender Genugthuung für die erlittene Verletzung zu begnügen, nur nicht bei der Beleidigung, weil man die Ehre nicht als durch das Urtheil der Staatsgewalt und des Gerichtes, sondern nur als durch das Urtheil der ritterlichen Standesgenossen bedingt betrachtete, darum es verschmähte sich mit einem richterlichen Strafurtheile wegen Beleidigung zu begnügen und es für erforderlich erachtete mit der Waffe in der Hand Genugthuung in ritterlicher Weise sich zu verschaffen.

Die Gestattung des Kampfes durch das Gericht schützt die Kämpfenden gegen alle strafrechtliche Verantwortlichkeit. Bei dem Kampfe selbst hat das Gericht für volle Gleichheit der Rüstung und der Waffen, für gleiche Vertheilung von Sonne und Wind und für strenge Beobachtung der Kampfesregeln zu sorgen. Schließlich fällt das Gericht sein Urtheil, indem es den der vom

---

1) Vgl. Hälschner Ueber das Duell. Zimmermann im G.-Saal 1872 S. 407 f.

Kampfplatze zurückweicht oder sich dem Gegner ergiebt, für ehrlos erklärt, dem Sieger zuerkennt, daß er seine Ehre gewahrt habe, während, solange die Racheübung noch als das Wesentliche betrachtet wurde, der Sieger nicht nur das Recht, sondern auch die Pflicht hatte, den kampfunfähigen Besiegten zu tödten. Später, als es in erster Linie nicht mehr auf Rache, sondern nur auf die Bewährung der eignen Ehrenhaftigkeit ankommt, gilt es als ritterliche Pflicht das Leben des Besiegten zu schonen.

Der Zweikampf setzt also voraus, daß eine Ehrenkränkung stattgefunden habe und der Beleidigte es unternimmt, auf dem Wege der Selbsthilfe sich mit der Waffe Genugthuung zu verschaffen. Die ritterliche Ehre verbietet aber den unerwarteten Ueberfall des Gegners und fordert, daß ihm Gelegenheit geboten werde sich gegen den Angriff zu vertheidigen. Darum wird vorausgesetzt, daß der Gegner zum Kampfe herausgefordert wurde und die Herausforderung annahm, daß also der Kampf ein von den Parteien vereinbarter sei. Der Kampf selbst muß in ehrlicher, ritterlicher Weise geführt werden und dies erfordert, daß die Bedingungen des Kampfes für beide Parteien die gleichen sind, daß insbesondere mit gleichen Waffen unter strenger Beobachtung der Kampfesregeln gekämpft werde. Dafür zu sorgen ist die Aufgabe des Kampfrichters und der Grieswärter der beiden Parteien, die vor Beginn des Kampfes gewechselt werden um sich zu überzeugen, daß auf beiden Seiten Alles in Ordnung sei und kein Betrug geschehe. Das Kampfgericht fällt über das Ergebniß des Kampfes sein Urtheil und gebietet Einhalt, so wie einer der Kämpfenden kampfunfähig geworden ist.

Nachdem das tridentinische Concil nicht nur den Zweikampf für unchristlich und verwerflich erklärt, sondern insbesondere auch den Königen, Herzögen, Fürsten und allen Gerichtsherrn verboten hatte fernerhin den Zweikampf zu gestatten und einen Kampfplatz zu gewähren, trat zwar allmählich die Aenderung ein, daß gerichtlich gestattete und unter Autorität des Gerichts ausgefochtene Zweikämpfe nicht mehr vorkamen, aber nicht die, daß die jetzt immer häufiger werdenden Duelle in irgend einem wesentlichen Punkte eine andere Bedeutung erlangt hätten. Allerdings hörte das Duell auf eine ausschließliche Sitte des Ritterstandes zu sein, aber wenn es auch im Bürgerstande, und, wie der Reichs-Schluß von 1668 und der Reichs-Abschieds-Anhang von 1670 beklagte, auch unter den Studierenden der Universitäten weite Verbreitung fand, so hielt man doch vollkommen fest an Allem was ritterliche Ehre und Sitte in Betreff desselben festgestellt hatte.

Seitdem es feststand, daß der Zweikampf allgemein verboten und strafbar sei, begann die Gesetzgebung und die strafrechtliche Doctrin sich mit demselben zu beschäftigen. Vollkommenes Einverständniß herrschte von jeher darüber, daß er eine Beleidigung voraussetze und den Zweck habe für dieselbe Genugthuung zu erlangen und zu gewähren[1]), und eben darum werden anders geartete Kämpfe zweier Personen vom Duelle ausgeschieden. Von der gleichen Auffassung ging die Landesgesetzgebung aus[2]). Dagegen war freilich die strafrechtliche Behandlung der Duelle eine sehr verschiedene. Während nach dem Vorgange Carpzow's die ältere Doctrin sich zu sehr milder Bestrafung des Duelles neigt, so daß namentlich auch der den Gegner tödtende Duellant, wenn er der Beleidigte und Provocirte war, nur mit Geld- oder Gefängnißstrafe oder höchstens Landesverweisung, dagegen allerdings der den Gegner tödtende Provocant als Todtschläger gestraft werden solle, gehen die Landesgesetze mehr von der Rücksicht aus durch Strenge der Strafen abschreckend und verhütend zu wirken, was man insbesondere auch dadurch zu erreichen hoffte, daß man den durch ihr Ehrgefühl zur That veranlaßten Duellanten entehrende Strafen, entehrendes Begräbniß des Getödteten, androhte.

Schwankend war auch die systematische Stellung welche die Doctrin dem Duell anwies. Carpzow behandelt das Duell in Verbindung mit der Nothwehr und den Fällen des excessus in defensione. Im 18. Jahrhundert wird es dagegen vorwiegend mit Realinjurien und Körperverletzungen in Verbindung gebracht oder auch im Anschlusse an die Lehre von der Tödtung behandelt. Seit

---

1) Carpzow Pract. qu. 29. Nr. 71. squ. Leyser spec. 607. Engem Element. § 317 squ. Richter Instit. j. c. § 767. Püttmann Element. § 388 squ. Koch Instit. § 428 squ. Quistorp I § 338 f. Stelzer § 422. Grolman § 346. Aschenbrenner Verbr. u. Strafe des Zweikampfes 1804. Feuerbach § 189. Tittmann II § 263. Schon der Reichs-Schluß von 1668 betrachtete das Duell als einen Act der Selbsthilfe „dadurch der vorgesetzten Obrigkeit in ihr hohes Amt eingegriffen werde."

2) Vgl. z. B. Kursächs. Mandat wider die Selbstrache v. 1706. Kurbrandenburg. Duell-Mandate v. 1652. 1688. 1713. Mecklenburg. Duell-Mandate v. 1715. 1750.

Grolman und Feuerbach hatte sich aber in der gemeinrechtlichen Doctrin die Auffassung festgestellt, daß das Duell ein qualifizirter Fall der Selbsthilfe, darum ein Nichtachtung der richterlichen Hilfe des Staates ausdrückendes Staatsverbrechen sei[1]), das allerdings zugleich Mittel zu vorsätzlichen Verletzungen des Gegners werden könne.

Dieser in der Doctrin herrschenden Auffassung folgten die früheren deutschen Strafgesetzbücher[2]). Nur das hannöversche bezeichnet das Duell näher als einen wegen Beleidigung mit gegenseitiger Einwilligung geführten Kampf mit tödtlichen Waffen, und das hessische erklärt für strafbar den, welcher einen Andern wegen einer Beleidigung zum Kampfe mit tödtlichen Waffen herausfordert, sowie den der auf eine solche Herausforderung sich zum Streite stellt, während die übrigen Strafgesetzbücher zwar den Thatbestand des Duells nicht näher normiren, über ihre Auffassung aber insofern keinen Zweifel lassen, als sie regelmäßig Selbsthilfe und Zweikampf zusammenfassen oder, wie das badische, das Duell im Anschlusse an die Beleidigung behandeln.

Die Strafgesetzgebung des preußischen Allg. Landrechts behandelte das Duell in dem Abschnitte von Beleidigungen der Ehre und bedrohte diejenigen mit Strafe, die wegen einer Beleidigung Genugthuung durch Privatzweikampf selbst zu suchen sich unterfangen. Dieser Auffassung folgte man auch bei der Redaction des Strafgesetzbuches, indem man die Beilegung einer Ehrenkränkung als Zweck des Zweikampfes bezeichnete und damit die Anwendbarkeit der betreffenden Strafbestimmungen da ausschließen wollte, wo es sich um den irgend anders gearteten Kampf zweier Personen handelt. Später aber verzichtete man darauf Anlaß und Zweck des Duells gesetzlich festzustellen nicht deshalb, weil man jenen Zweck des Duells als unwesentlich betrachtete, sondern weil man besorgte, die Praxis möchte den Thatbestand des Duells dadurch zu eng begrenzen, daß sie eine Beleidigung im rechtlichen und gesetzlichen Sinne des Wortes erfordere. Damit verzichtete man überhaupt auf eine legale Definition des Zweikampfes, die entbehrlich sei, weil, was auch der Zweck der Provocation sei,

1) Grolman, Feuerbach, Tittmann a. a. O. J. F. Meister Princip. j. c. § 326. Salchow § 452. Martin § 249. Cucumus über das Duell 1821. Bauer § 359. Roßhirt Lehrbch. S. 289. Abegg S. 584 f. Heffter S. 293. Marezoll S. 269.

2) Vgl. Hälschner im G. Saal 1882 S. 1 f.

der Provocant doch den Gegner zugleich beleidigen, die Sache damit „den Charakter des Ehrenstreites" annehmen und sich damit Erfüllung des Thatbestandes ergeben werde. Weil man daran festhielt, daß der Zweikampf „nur in Verbindung mit den Ehrverletzungen eine selbständige Bedeutung habe", blieb man auch dabei stehen die Strafbestimmungen wider das Duell an die wider die Ehrverletzungen anzuschließen [1]).

Dem preußischen haben sich die späteren deutschen Strafgesetzbücher in der Behandlung des Duells angeschlossen [2]) und ebenso auch das deutsche. Daß man in allem Wesentlichen den Bestimmungen des preußischen Strafgesetzbuches folgte, rechtfertigen die Motive damit, daß der Versuch in eignen Mandaten das Duell mit exceptionell harten Strafen zu bedrohen sich ebenso unwirksam erwiesen habe, wie der das Duell als eignes Verbrechen zu ignoriren und seine Bestrafung den über Tödtung und Körperverletzung gegebenen Vorschriften zu überlassen. Weil die Sitte oder Unsitte des Duells sich noch immer stärker erwiesen habe als das Gesetz, bleibe diesem nur übrig sich gut oder übel mit der Aufgabe abzufinden: seine Vorschriften so einzurichten, daß sie einerseits mit den Geboten der Gerechtigkeit nicht in allzu schroffen Widerspruch treten und andererseits dem Bedürfnisse des Lebens ein wenigstens annäherndes Genüge leisten.

Die Sitte aber die sich bisher immer noch mächtiger als das Gesetz erwiesen hat ist sicher keine andere als die, welche das Duell bedingungsweise als eine unabweisbare Forderung der Ehre bezeichnet, und wenn der Entwurf, neben sehr wenig anderen Fällen, bei dem Duell ausschließlich eine custodia honesta, Festungshaft, anordnete, so geschah es weil man meinte in solcher Weise die Macht jener Sitte und die Bedeutung des Duells als eines

---

1) Goltd. Mat. II S. 351 f. Beseler Comment. S. 340. Für diese Auffassung auch die Motive von 1850 und die Commissionen beider Kammern.

2) Den Mangel einer Definition des Duells rechtfertigen die Motive zum Entwf. des bayer. Strfgb. damit, daß einerseits dieser Begriff als ein allgemein bekannter vorausgesetzt werden dürfe und andererseits, daß durch eine Definition die Gefahr herbeigeführt werde, die Grenzen jenes Begriffs zu verrücken und mit der in der bürgerlichen Gesellschaft lebenden Auffassung in Widerspruch zu gerathen. Eben diese Auffassung setzt aber voraus, daß es bei dem Duell auf Genugthuung für eine wirkliche oder vermeintliche Beleidigung abgesehen sei. Dollman-Risch II S. 339 f.

Ehrenkampfes berücksichtigen und dem Bedürfnisse des Lebens genügen zu müssen.

Gegen die in der Doctrin wie Gesetzgebung herrschende Auffassung erklärte sich zuerst Wächter, dessen Ansicht allmählich weitere Anhänger gewann[1]). Gegen die Auffassung des Duells als eines Actes verbotener Selbsthilfe wurde eingewandt, daß dem Staate kein Bannrecht zur Entscheidung jeder Streitigkeit der Privatpersonen zustehe, diese vielmehr befugt seien auf ihr Recht zu verzichten und ihren Streit in beliebiger Weise durch Vergleich, Schiedsgericht, Loos u. s. w. zu schlichten[2]). Soweit es sich aber um Bestrafung einer Rechtsverletzung handelt, nimmt der Staat allerdings nothwendig ein Bannrecht in Anspruch, und eben dieses verletzt derjenige, der die ihm zugefügte Beleidigung eigenmächtig zu strafen, Rache zu üben, unternimmt. Der Einwand, daß wegen Selbsthilfe jedenfalls nur der Beleidigte gestraft werden könne[3]), erledigt sich damit, daß, wenn der Beleidiger, statt den Gegner auf den Weg der gerichtlichen Entscheidung zu verweisen, auf den Zweikampf eingeht, er in strafbarer Weise an der Verletzung jenes Bannrechtes Theil nimmt.

Wenn man gegen die Auffassung des Duells als eines Actes der Selbsthilfe ferner einwendet, daß der Staat und das Gericht das was die Duellanten begehren, nicht gewähre[4]), so ist zu erwidern, daß die Duellanten eben darum strafbar sind, weil sie sich mit dem was das Gericht ihnen gewährt nicht begnügen, sondern eigenmächtig mit Waffengewalt ein Anderes und Mehreres erstreben.

Wird endlich eingewandt das Duell könne zwar als ein Polizeidelict, aber als ein Rechtsverbrechen auch nicht von dem Gesichtspunkte der Körperverletzung und Tödtung aus behandelt werden, weil dem der hier vollkommen anwendbare Grundsatz volenti non fit injuria entgegenstehe[5]), so kann von der hier nicht zu erörternden Frage: ob Gesundheit und Leben Rechtsgüter sind, über die beliebig verfügt werden darf, ganz abgesehen

---

1) Vgl. Hälschner im G. Saal 1882 S. 1 f.

2) Lehrbuch II S. 55 f. Deutsches Strafr. S. 352. H. Meyer S. 448.

3) Schwarze Comment. S. 586.

4) Henke III S. 302. Heffter § 370.

5) Wächter a. a. O. Binding Normen II S. 481. Die Ansicht Wächter's ist näher aus- und durchgeführt von Rödenbeck a. a. O. Dagegen Hälschner im G. Saal 1883 S. 161 f.

werden, denn es ist eine durchaus unzulässige Voraussetzung, daß der Duellant der sich freiwillig einer Gefahr, der Möglichkeit einer Körperverletzung oder der Tödtung aussetzt, darum schon den Willen, die Absicht habe verletzt, getödtet zu werden.

Am wenigsten kann der Einwand Beachtung finden, daß, weil die Selbsthilfe kein strafbares Unrecht sei, auch das Duell nicht als ein Act strafbarer Selbsthilfe betrachtet werden könne[1]).

Hiernach wird man nicht behaupten können, daß es gelungen wäre die früher in der Doctrin und in der Gesetzgebung herrschende Auffassung des Duells, und die durch sie bedingte, dem Duelle zugewiesene systematische Stellung, als unrichtig zu erweisen.

§ 270. Das Strafgesetzbuch setzt den Begriff des Zweikampfes als einen erfahrungsmäßig gegebenen voraus, und hat auf erschöpfende Feststellung des Thatbestandes verzichtet. Dagegen hat es allerdings beiläufig, weil dafür besonderer Anlaß gegeben war, einzelne Momente des Thatbestandes ausdrücklich hervorgehoben, und es muß unbedenklich angenommen werden, daß es diese Momente in allen nach den Bestimmungen des 15. Abschnittes strafbaren Fällen als zum Thatbestande des Zweikampfes erforderlich betrachtet.

Der Thatbestand des Zweikampfes erfordert 1) einen vereinbarten Kampf zweier Personen. Daß nicht ein jeder Kampf zweier Personen gegeneinander genügt, sondern die vorangegangene Vereinbarung der Kämpfenden vorausgesetzt wird, wenn von Zweikampf, Duell, die Rede sein soll, dies entspricht dem herrschenden Sprachgebrauche, wie auch das Gesetz es genügend kenntlich gemacht hat, daß es eine Vereinbarung erfordert. Es spricht von der Herausforderung zum Zweikampfe und der Annahme derselben, als einer den Kampf vorbereitenden Handlung, und es spricht von vereinbarten Kampfesregeln die eine Vereinbarung des Kampfes selbst nothwendig voraussetzen.

Daß die Vereinbarung dem Kampfe längere Zeit vorhergehe ist nicht erforderlich, und unter der Voraussetzung, daß sie überhaupt stattgefunden hat, ist ein Zweikampf auch dann anzunehmen, wenn sich der Kampf, wie bei dem s. g. Rencontre, unmittelbar an die Vereinbarung anschließt. Dagegen ist der Fall ausgeschlossen, daß der Kampf die Folge eines Angriffes ist, welcher den Angegriffenen in die Lage versetzt Nothwehr zu üben, und dies selbst

---

1) Wächter a. a. O.

dann, wenn der Angreifer den Angegriffenen auffordern sollte sich zu vertheidigen, d. h. im Falle der s. g. Attacke[1]).

Der Kampf muß ein ernstlicher in dem Sinne sein, daß er geführt wird um den Gegner zu besiegen. Dies schließt nicht aus, daß einer der Kämpfenden, auf jeden Angriff verzichtend, sich auf die Vertheidigung beschränkt[2]), wogegen selbstverständlich von einem Kampfe nicht die Rede sein kann, wenn beide Theile auf den Angriff verzichten und dem Gegner die Möglichkeit entziehen zum Zwecke der Abwehr zu kämpfen. Das s. g. amerikanische Duell, bei welchem ein Kampf der Parteien gegen einander überhaupt nicht stattfindet, kann hiernach auch nicht als Zweikampf gestraft werden, und eben so wenig gewährt das Gesetz einen Anhalt um es von anderem Gesichtspunkte aus zu strafen[3]).

2) Der vereinbarte Kampf muß ein solcher sein der mit tödtlichen Waffen geführt wird. Als Waffen kommen hier nur die im technischen Sinne so zu bezeichnenden in Betracht, Seitengewehr und Schießgewehr, wie dies der herrschenden Sitte entspricht, also mit Ausschluß von Gegenständen die wie Stöcke und Steine zwar zu einem Gesundheit und Leben gefährdenden Angriffe geeignet, aber nicht Waffen sind. Ausgeschlossen ist ebenso der Faustkampf, weil er nicht mit Waffen geführt wird.

Wenn das Strafgesetzbuch allerdings nur in § 201 bei der für strafbar erklärten Herausforderung und der Annahme derselben

---

1) Berner S. 452. Teichmann in Holtzdf. Hdbch. III S. 392. Wächter deut. Strfr. S. 352 f. v. Liszt S. 319. Schwarze S. 586. Olshausen § 201 Nr. 6. Dagegen in Betreff des Attacke Oppenhoff Abschn. 15 Nr. 2. Rüdorff Abschn. 15 Nr. 2. Schütze S. 294, die auch bei der Attacke die Möglichkeit einer momentanen Vereinbarung annehmen, in welchem Falle nicht mehr nur ein Attacke vorliegen würde. Die ganze Unterscheidung ist heut ohne praktischen Werth und stammt aus der Zeit, in welcher die Sitte des Duells eine viel verbreitetere war als heut, und die Männer der Stände in denen sie herrschte, beständig Degen trugen und darum Rencontre und Attacke oft vorkamen.

2) Schwarze § 202 Nr. 5. Rüdorff § 205 Nr. 1. Olshausen § 201 Nr. 3.

3) Goltd. Arch. XIII S. 95. Wächter a. a. O. S. 354. Holtzendorff in dessen Hdbch. III S. 417. H. Meyer S. 449. O. in Goltd. Arch. XXXI S. 152. Villnow a. a. O. S. 617. Dagegen Lüder in Goltd. Arch. XIII S. 540. Schütze S. 293, welche Zweikampf annehmen, Oppenhoff § 211 Nr. 7, welcher Strafbarkeit wegen fahrlässiger Tödtung, Binding Hdbch. I S. 702, welcher Strafbarkeit wegen Mordes annimmt.

von einem Zweikampfe mit tödtlichen Waffen spricht, so unterliegt es doch keinem Zweifel, daß es in allen Fällen des strafbaren Zweikampfes einen solchen mit tödtlichen Waffen voraussetzt und jeden anders gearteten Zweikampf ausschließt[1]). Streitig ist aber die Frage wie der Begriff der tödtlichen Waffe zu bestimmen sei.

Fordert das Gesetz zum Thatbestande des strafbaren Zweikampfes einen Kampf mit tödtlichen Waffen, so liegt es allerdings nahe anzunehmen, das Gesetz beschränke sich auf die strafrechtliche Behandlung einer besondern Art des Zweikampfes, des mit tödtlichen Waffen geführten, wogegen es den Zweikampf mit nicht tödtlichen Waffen unberücksichtigt gelassen habe[2]). Es würde dann die Frage zu beantworten bleiben, ob das Schweigen des Gesetzes über die letztere Art des Zweikampfes dahin zu deuten sei, daß es einen solchen als nicht strafbar betrachtet, oder dahin, daß es die auf solchen Zweikampf sich beziehenden strafrechtlichen Bestimmungen der Landesgesetzgebung überlassen habe.

Für die letztere Ansicht scheint allerdings der Umstand zu sprechen, daß es sich lediglich dem preußischen Strafgesetzbuche angeschlossen, und in Preußen nie ein Zweifel über die fortdauernde Geltung der die Studenten-Duelle betreffenden Strafbestimmungen der Reglements von 1810 und 1819 neben denen des Strafgesetzbuches bestanden hat. In Folge dessen hat die Staatsregierung[3]) wie die Praxis des Ober-Tribunals sie auch neben denen des deutschen Strafgesetzbuches als fortgeltend betrachtet. Der Umstand, daß diese besonderen die Studenten-Duelle betreffenden Vorschriften gegenwärtig zweifellos nicht mehr gelten, würde nicht aus-

---

1) Teichmann a. a. O. S. 394. Berner S. 452. H. Meyer S. 449. Schwarze § 202 Nr. 2. Oppenhoff § 201 Nr. 2. v. Buri a. a. O. 1882 S. 354. Olshausen § 201 Nr. 11. Billnow a. a. O. S. 616. Rsprch. II S. 14. IV S. 185. V S. 156. Dagegen Ortloff in Goltd. Arch. XXXI S. 147, der nur bei der strafbaren Herausforderung, nicht bei Ausführung des Duells tödtliche Waffen erfordert, daher auch jeden vereinbarten geregelten Kampf, gleichviel mit welchen Werkzeugen er ausgeführt wird, als Zweikampf betrachtet.

2) So Meves § 208 Nr. 2. Puchelt zu Abschn. 15 Nr. c. Rödenbeck a. a. O. S. 16. Kronecker a. a. O. S. 201 f. v. Buri a. a. O.

3) Bei Einführung des preuß. Strfgb. in Schleswig-Holstein und Hessen wurde durch Erlaß vom 22. Novbr. 1867 angeordnet, daß Duelle der Studirenden in Kiel und Marburg der Disciplinargewalt der Universitäten nach Maßgabe der Reglements von 1810 und 1819 unterworfen bleiben sollten.

schließen, daß neue landesgesetzliche Bestimmungen gegen den Zweikampf der nicht mit tödtlichen Waffen geführt wird, erlassen werden könnten, wenn angenommen werden dürfte, daß dies eine Materie sei, welche das Strafgesetzbuch der Landesgesetzgebung offen gelassen habe.

Für diese Annahme wird man sich aber auf die in Preußen bis 1879 herrschende Auffassung nicht beziehen können, und zwar zunächst darum nicht, weil die Verschiedenheit der Strafbestimmungen des Strafgesetzbuches und der jener Reglements von 1810 und 1819 sich gar nicht auf den Unterschied des Zweikampfes mit tödtlichen und mit nicht tödtlichen Waffen bezieht, da nach den Reglements unterschiedslos alle Duelle unter Studirenden, auch Säbel- und Pistolenduelle, zu bestrafen waren, sofern weder Tödtung noch Verstümmelung, noch bedeutende Verwundung stattgefunden hatte [1]).

Es kommt ferner in Betracht, daß die Auffassung, von welcher in Preußen die Staatsregierung und die Praxis ausgingen jedenfalls schon dem preußischen Strafgesetzbuche und seinem Einführungsgesetze gegenüber nicht zu rechtfertigen war [2]), und darum auch für die Auslegung des deutschen Strafgesetzbuches nicht maßgebend sein kann.

Nach den Motiven ist man bei der Redaction des Strafgesetzbuches davon ausgegangen, daß es unzulässig sei die Bestrafung des Zweikampfes stillschweigend den Vorschriften über Tödtung und Körperverletzung zu überlassen, es vielmehr darauf ankomme das Duell als ein besonderes Verbrechen zu behandeln, und zwar dasjenige Duell, dessen Bedeutung man als durch die Sitte festgestellt und bekannt voraussetzte, d. h. den Zweikampf mit tödtlichen Waffen. Daß anders geartete Kämpfe zweier Personen vorkommen können versteht sich von selbst, aber auf sie sollen die Strafbestimmungen wider den Zweikampf nicht Anwendung finden, weil man ein Bedürfniß den Zweikampf als ein delictum sui generis zu behandeln nur in Betreff des Zweikampfes mit tödtlichen Waffen

1) Hiernach geht Kronecker a. a. O. S. 233 von ganz unrichtiger Voraussetzung aus, wenn er auf Grund der Entstehungsgeschichte der betreffenden gesetzlichen Bestimmungen annimmt, das Strafgesetzbuch habe die landesgesetzlichen Bestimmungen über den Zweikampf mit nicht tödtlichen Waffen, insbesondere über die studentischen Schlägermensuren, nicht aufgehoben.

2) Oppenhoff Comment. z. preuß. Strfgb. Tit. 14 Nr. 9. Comment. z. deut. Strfgb. Abschn. 15 Nr. 5. Rüdorff Abschn. 15 Nr. 4.

anerkannte, wogegen jeder anders geartete Kampf zweier Personen strafrechtlich nicht als Zweikampf in Betracht kommen und nur insofern gestraft werden soll, als er irgend welche strafbare Rechtsverletzung zur Folge hat. Hiernach muß aber auch angenommen werden, daß das Strafgesetzbuch die Materie vom Zweikampfe, so weit dieser strafrechtlich als „ein besonderes Verbrechen" in Betracht kommt, in erschöpfender Weise behandelt hat und damit die Geltung landesgesetzlicher auf den Zweikampf sich beziehender Strafbestimmungen ausgeschlossen ist[1]).

Als eine tödtliche Waffe kann nicht diejenige bezeichnet werden, welche bei ihrer bestimmungsmäßigen Anwendung in der Regel

---

1) Berner S. 455. H. Meyer S. 451. Binding Antagonismus des deutsch. Strfgb. und badisch. Einführgesetzg. und Hdbch. I S. 316. 321. Geyer Grundriß II S. 15. v. Liszt S. 320. Oppenhoff Abschn. 15 Nr. 5. Rubo S. 731. Olshausen Abschn. 15 Nr. 2. Zimmermann im G. Saal 1878 S. 10 und 1882 S. 387. Rsprch. II S. 14. IV S. 185. Ortloff in Goltd. Arch. XXXI S. 168. Meine im G. Saal 1882 S. 15 entwickelte abweichende Ansicht muß ich hiernach berichtigen. Gegen die erschöpfende Behandlung des Duells durch das Strfgb. in verschiedener Motivirung Schütze S. 292. Teichmann a. a. O. S. 392. Sontag Ztschrft. f. St. R. W. II S. 6. v. Buri a. a. O. 1882 S. 359. Kronecke, a. a. O. S. 233.

Daraus, daß der nicht als Zweikampf im Sinne des Gesetzes strafbare Kampf zweier Personen nicht als Zweikampf strafbar ist, wird mit Unrecht gefolgert, daß auch die in solchem Kampfe zugefügten Verletzungen nicht strafbar seien, weil sie wie die im Zweikampfe zugefügten als Bestandtheil des Kampfes betrachtet werden müßten. So Binding Hdbch. I S. 368. 724. Geyer a. a. O. S. 15. Sontag a. a. O. v. Liszt S. 320. v. Buri a. a. O. S. 387. Daraus, daß das Gesetz Körperverletzung und Tödtung als Bestandtheile des Zweikampfes, soweit dieser als besonderes Verbrechen erscheint, behandelt, folgt nicht, daß soweit der Kampf an sich selbst nicht strafbar ist, auch seine verletzenden Folgen straflos bleiben müßten, so wenig wie die Verletzung die bei Verübung der an sich nicht strafbaren Selbsthilfe vorkommt, straflos ist. Der Kampf der dem Thatbestande des Zweikampfes im Sinne des Gesetzes nicht entspricht, ist nicht ein solcher, den das Gesetz an sich wie in seinen Folgen als rechtlich zulässig bezeichnet sondern ein solcher, den das Gesetz, wie die Motive sich ausdrücken, als solchen ignorirt, um seine Folgen der Bestrafung nach den Vorschriften über Körperverletzung und Tödtung zu überlassen. Wegen des volenti non fit injuria betrachten einen derartigen Kampf und seine Folgen als straflos Rödenbeck und Kronecker a. a. O. Dagegen H. Meyer S. 452. Rsprch. II S. 14. IV S. 185. 501.

den Tod herbeiführt[1]), denn die Erfahrung lehrt, daß dies nicht in der Regel, sondern nur ausnahmsweise geschieht. Ebensowenig kann als tödtliche Waffe jedes Instrument bezeichnet werden, das geeignet ist zur Tödtung eines Menschen[2]), denn nicht jedes derartige Instrument ist Waffe, während das Gesetz bei dem Zweikampfe, wie völlig unbestritten ist, Waffen im technischen Sinne voraussetzt und als eine Waffe in diesem Sinne erscheint nur das Instrument, das die besondere Zweckbestimmung hat als Angriffswaffe gegen Menschen gebraucht zu werden und bestimmungsgemäß geeignet ist nicht tödtliche wie tödtliche Verletzungen zuzufügen[3]). Die Waffe im technischen Sinne ist also ihrer Natur nach eine tödtliche, und die Bezeichnung der Waffe als einer tödtlichen besagt nichts Mehreres und Anderes, als daß eine Waffe im technischen Sinne gemeint sei[4]). Den Gegensatz zu dem Zweikampfe mit tödtlichen Waffen bildet daher im Sinne des Gesetzes nicht, wie gewöhnlich angenommen wird, der Kampf mit nicht tödtlichen Waffen, denn solche giebt es nicht, sondern der Kampf nicht mit tödtlichen Waffen d. h. derjenige, der mit Gegenständen, Instrumenten geführt wird, welche nicht Waffen im technischen Sinne, nicht Duellwaffen im Sinne der herrschenden Sitte sind. Das Gesetz fordert tödtliche Waffen um den Kampf mit Stöcken, Messern u. s. w. auszuschließen, nicht deshalb weil solche Instrumente nicht geeignet wären zu tödten, sondern weil sie, obwohl hierzu geeignet, nicht Waffen, nicht Duellwaffen sind.

---

1) So bezeichnen die tödtliche Waffe Goltd. Arch. XXV S. 464. v. Kries in Goltd. Arch. XXV S. 48. Rotering ebenda XXXI S. 279. H. Meyer S. 449.

2) So Zimmermann im G. Saal 1878 S. 1. v. Buri a. a. O. 1882 S. 354.

3) Teichmann a. a. O. S. 394. Oppenhoff Abschn. 15 Nr. 3. Sontag a. a. O. S. 2. Rubo § 261 Nr. 2. Geyer a. a. O. S. 14. v. Liszt S. 319. Kronecker a. a. O. S. 210. Olshausen § 201 Nr. 12. Villnow a. a. O. S. 621.

4) Wie eine Waffe im technischen Sinne beschaffen sein könnte um geeignet zu sein zu verwunden, nicht aber zu tödten ist unverständlich. Wenn Kronecker a. a. O. zu zeigen sucht, daß geschliffene Schläger nicht tödtliche Waffen sind, so widerlegt er sich selbst, indem er zugiebt, daß Tödtungen vorgekommen sind. Daß Tödtungen allerdings höchst selten sind, erklärt sich nicht aus der Beschaffenheit des Schlägers, sondern daraus, daß, wie Kronecker selbst anführt, Schlägerduelle ohne die Tödtung verhindernde Schutzapparate höchst selten sind. Vgl. dagegen Zimmermann im G. Saal 1878 S. 1 f.

Eine tödtliche zu sein ist die wesentliche Eigenschaft der Waffe im technischen Sinne, und eben diese kann dadurch nicht aufgehoben werden, daß im concreten Falle durch angewandte Schutzmaßregeln die tödtliche Wirkung der Waffe vereitelt wird. Die Anwendung solcher Schutzmaßregeln kann daher den Thatbestand des Zweikampfes mit tödtlichen Waffen, wenn nicht aus anderen Gründen, jedenfalls nicht aus dem Grunde ausschließen, weil vermöge dieser Maßregeln die tödtliche Waffe nicht mehr als solche anzusehen wäre[1]).

3) Der Zweikampf erfordert, daß er ein nach bestimmten Regeln geführter Kampf sei. Diese Regeln sind entweder solche, welche für den concreten Fall von den Parteien vereinbart waren, oder es sind diejenigen, welche, in Ermangelung besonderer Verabredung, als die herkömmlichen, durch die Sitte festgestellten von den Parteien als die auch für sie geltenden angesehen werden. Nach der herrschenden Sitte gehört es zu den Regeln des Zweikampfes, daß beide Parteien mit gleichen Waffen kämpfen[2]). Daß der Thatbestand des Duells einen geregelten Kampf erfordert, spricht das Gesetz in § 207 ausdrücklich aus, und giebt dies auch zu erkennen durch das Gewicht, welches es auf die Betheiligung von Secundanten am Zweikampfe, als solchen Personen legt, die berufen sind über die Beobachtung der Kampfesregeln zu wachen.

---

1) Sontag a. a. O. S. 2. Zimmermann im G. Saal 1878 S. 7. Meves § 208 Nr. 2. Schwarze § 201 Nr. 2. Hälschner im G. Saal 1882 S. 12. Kronecker a. a. O. S. 208. Olshausen § 201 Nr. 13. Oppenhoff Abschn. 15 Nr. 3. Rsprch. V S. 156. Verein. Senate und S. 230. Dagegen Geyer a. a. O. S. 14. Teichmann a. a. O. S. 394. v. Liszt S. 320. v. Buri a. a. O. 1882 S. 355. 1883 S. 327. Rödenbeck im G. Saal 1885 S. 144. Keßler Einwilligung des Verletzten S. 95. Pezold § 201 Nr. 3. 4. Rsprch. II S. 14. IV S. 501. 683.

2) Teichmann a. a. O. S. 294. Oppenhoff Abschn. 15 Nr. 1 Rüdorff Abschn. 15 Nr. 1. Olshausen § 201 Nr. 1. 10. Dagegen Schütze S. 293. v. Liszt S. 319. Meves § 208 Nr. 3, welche Gleichheit der Waffen nicht für erforderlich erachten. Das Gesetz spricht sich freilich darüber nicht aus, und denkbar bleibt immerhin eine von der Regel der Gleichheit weit abweichende Verabredung in Betreff der Waffen. Es fragt sich nur ob dann noch ein Zweikampf in dem vom Gesetze vorausgesetzten Sinne vorliegen würde, und v. Liszt wie Meves wollen selbst eine Ungleichheit der Waffen nur in gewissen Grenzen zulassen. Villnow a. a. O. S. 618 betrachtet es als nicht erforderlich, daß der Kampf nach bestimmten Regeln geführt werde.

4) Wenn das deutsche Strafgesetzbuch dem preußischen folgend den Thatbestand des Zweikampfes nicht feststellte, sondern als bekannt voraussetzte, so kann nur angenommen werden, daß es den Zweikampf in der Weise aufgefaßt hat, wie dies in der deutschen Gesetzgebung von jeher und bis zum preußischen Strafgesetzbuche geschehen war, und wie er dem entsprechend auch von der strafrechtlichen Doctrin bis in die neuere Zeit übereinstimmend aufgefaßt worden ist. Hiernach ist er ein Kampf, der, veranlaßt durch eine Beleidigung, den Zweck hat auf dem Wege der Selbsthilfe Genugthuung für die Beleidigung zu erlangen und zu gewähren[1]). Allerdings wird nicht nothwendig eine Beleidigung vorausgesetzt, welche nach Maßgabe des Gesetzes vom Richter als eine solche angesehen werden müßte, denn es handelt sich bei dem Duell um eine Standessitte, für welche Standesansichten und vielfach Standesvorurtheile maßgebend sind, nach denen nicht selten als beleidigend Manches angesehen wird, was den wirklichen sittlichen Werth der Person unberührt läßt.

Wenn die zur Zeit in der Praxis und Doctrin herrschende Ansicht sich dagegen erklärt, daß der Zweikampf eine ihn veranlassende Beleidigung und den Zweck voraussetze für dieselbe Genugthuung zu erlangen und zu gewähren, so kann man sich dafür jedenfalls nicht darauf berufen, daß das Gesetz für die entgegengesetzte Ansicht keinen Anhalt gewähre[2]), denn dies würde nur zulässig sein, wenn das Gesetz den Thatbestand in erschöpfender Weise normirt, nicht aber ihn als bekannt vorausgesetzt hätte. Die Erfahrung lehrt, daß Duelle, welche nicht durch eine Beleidigung veranlaßt sind, nicht vorkommen, und nichts mehr sind als eine das Leben und die Erfahrung ignorirende Abstraction[3]).

---

1) So Temme preuß. Strafr. S. 824. Berner S. 451 Not. 3. F. Meyer § 201 Nr. 2. Merkel in Holtzdf. Rlexikon Art. Zweikampf. Blum § 201 Nr. 1. Schütze S. 293.

2) So H. Meyer S. 449. Oppenhoff Abschn. 15 Nr. 1. Rüdorff Abschn. 15 Nr. 1. Teichmann a. a. O. S. 395. Schütze S. 293. Puchelt S. 217. Pezold § 201 Nr. 2. Entsch. VII S. 29.

3) Eben deshalb unterlag es keinem Bedenken, wenn die neuere Gesetzgebung es unterließ Motiv und Zweck der Duellanten in der Weise, wie es früher geschehen war, ausdrücklich als Thatbestandsmoment des Zweikampfes hervorzuheben. Ebenso unbedenklich ist es, wenn die Praxis davon ausgeht, daß für den Thatbestand des Zweikampfes Motiv und Zweck indifferent sei. Sie wird sich gleichwohl im Interesse der Strafzumessung dem niemals entziehen können, der Veranlassung und dem Zwecke des Duells nachzuforschen.

Man kann sich ferner nicht darauf berufen, daß bei der Redaction des preußischen Strafgesetzbuches die Bezugnahme auf den Zweck der Beilegung einer Ehrenkränkung beseitigt worden sei, denn es ist dies nicht geschehen, weil man diesen Zweck als indifferent für den Thatbestand des Duells betrachtete[1]).

Man kann sich auch darauf nicht berufen, daß wie bei dem Thatbestande anderer Delicte das Motiv regelmäßig unerheblich sei[2]), so auch bei dem Duell. Es ist dies nicht nur an sich vollkommen richtig, sondern auch zuzugeben, daß das Streben die eigene Ehre zu wahren zwar regelmäßig, aber nicht in allen Fällen das Motiv der Duellanten sein wird, daß das Motiv auch ein sittlich verwerfliches, wie Rauflust, Haß, Rachsucht u. s. w. sein kann[3]). Durch diese Verschiedenheit der Motive wird aber nicht ausgeschlossen, daß der Anlaß des Duells eine Beleidigung und sein Zweck die Sühnung derselben sei, und das Duell insoweit als ein Ehrenkampf erscheine. Dafür daß das Strafgesetzbuch hiervon ausgehe, wird man eine genügende Andeutung in der Stellung finden dürfen die es dem 15. Abschnitte im Anschlusse an den die Beleidigung behandelnden angewiesen hat, sowie darin, daß es bei dem Zweikampfe ausschließlich die Strafe der Festungshaft anwendet.

5) Der Zweikampf erfordert selbstverständlich den Dolus der Thäter, die vorsätzliche Vereinbarung und Ausführung des Kampfes, weiter aber auch das Bewußtsein und den Willen Gesundheit und Leben des Gegners in Gefahr zu bringen, und ohne Zweifel ist diese Gefährdung des Gegners im Sinne des Gesetzes von entscheidender Bedeutung für die Strafbarkeit des Zweikampfes[4]).

---

1) So Rödenbeck a. a. O. S. 15. Olshausen § 201 N. 15. Vgl. oben S. 938.

2) So Geyer a. a. O. S. 14. Olshausen a. a. O.

3) Vgl. Hälschner Ueber d. Duell S. 180 und oben Bd. I S. 527, wo hervorgehoben ist, daß das Gesetz in der Voraussetzung der Ehrenhaftigkeit des Motives wohl zu weit gehe, indem es Fälle geben kann, in denen durch das Motiv die custodia honesta nicht gerechtfertigt erscheint. Vgl. Heinze Erörterungen S. 229.

4) Nachdem man die Auffassung des Duells als eines Actes strafbarer Selbsthilfe aufgegeben hat, wird es jetzt meist als Gefährdung von Gesundheit und Leben in Verbindung mit Tödtung und Körperverletzung behandelt. So Sontag, Geyer, H. Meyer, v. Liszt, Zimmermann a. a. O. Hätte das Gesetz jene Gefährdung als alleinigen Strafgrund betrachtet, so

Daß aber hier die Gefährdung von Gesundheit und Leben eine wesentlich andere strafrechtliche Behandlung erfahren hat als im Falle der Aussetzung hilfloser Personen, erklärt sich durch die Rücksicht die das Gesetz auf den Anlaß und das regelmäßige Motiv der Thäter sowie darauf genommen hat, daß jeder derselben, wenn auch nicht mit dem Willen verwundet oder getödtet zu werden, sich freiwillig der Gefahr aussetzt.

Das Wissen und Wollen der Gefahr enthält nicht nothwendig zugleich die Absicht den Gegner zu verwunden oder zu tödten, schließt sie aber selbstverständlich auch nicht aus. In der Regel wird jeder der Kämpfenden von der Absicht ausgehen den Gegner kampfunfähig zu machen, indem er mit dolus eventualis handelnd es den Umständen überläßt, ob die Verletzung eine tödtliche oder nicht tödtliche sein werde. Sofern aber nur ein wirklicher Kampf stattgefunden hat, bleibt auch derjenige Duellant nicht straflos der absichtlich jede Verletzung des Gegners möglichst vermieden hat[1]), so wie andererseits der auf Tödtung des Gegners gerichtete dolus determinatus nicht außerhalb der Grenzen des bei dem Zweikampfe vorausgesetzten Dolus liegt.

Ein Gefecht mit tödtlichen Waffen, bei welchem jede Gefährdung der Parteien ausgeschlossen erschiene, würde wegen Mangels des zum Zweikampfe erforderlichen Dolus nicht als Zweikampf strafbar sein. Es würde ein solches Gefecht allerdings nicht mehr ein ernstlicher Kampf, sondern nur ein Kampfspiel sein, während das Gesetz einen ernstlichen Kampf d. h. einen solchen voraussetzt, der nicht nur mit tödtlichen Waffen geführt wird,

---

wäre zu erwarten gewesen, daß es den Zweikampf im 16. Abschn. in Verbindung mit der Aussetzung behandelt hätte. Anders Wächter und Rödenbeck, welche einen Grund der Strafbarkeit des Duells weder darin finden, daß es strafbare Selbsthilfe sei, noch in der Gefährdung von Gesundheit und Leben, noch in der Körperverletzung oder Tödtung die es zur Folge hat, weil dem das volenti non fit injuria entgegenstehe. Das Gesetz habe das an sich nicht rechtswidrige und strafbare Duell für strafbar erklärt „weil durch den Zweikampf das sittliche und friedliche Leben der bürgerlichen Gesellschaft allgemein gefährdet wird".

1) Auch jede Gefährdung des Gegners absichtlich zu vermeiden wird bei dem Gefechte mit der blanken Waffe nicht möglich sein, wohl aber bei dem Kampfe mit der Schußwaffe. Läge in der Gefährdung des Gegners der alleinige Strafgrund, so müßte der Duellant der sich derselben nicht schuldig machte straflos bleiben.

sondern auch die Kämpfenden der tödtlichen Wirkung dieser Waffen aussetzt.

Bedeutsam für die strafrechtliche Beurtheilung der s. g. Schlägermensuren der Studirenden ist die Frage, ob ein Zweikampf mit tödtlichen Waffen der nach den Bestimmungen des 15. Abschnittes zu beurtheilen sei, auch dann vorliege, wenn durch Schutzvorrichtungen dafür gesorgt ist, daß eine tödtliche Verletzung nicht eintrete. Daß der Schläger dessen sich die Studirenden bedienen eine tödtliche Waffe sei, kann nicht bestritten werden und er verliert diese seine Eigenschaft auch dadurch nicht, daß durch Schutzvorrichtungen, wie sie bei den Schlägermensuren der Studirenden gebräuchlich sind, tödtliche Verletzungen möglichst verhindert werden[2]). Absolut ausgeschlossen ist allerdings auch durch solche Vorrichtungen eine tödtliche Verletzung nicht, aber die Erfahrung lehrt, daß bei derartigen Schlägermensuren eine Tödtung so außerordentlich selten vorkommt[3]) und in so hohem Grade unwahrscheinlich ist, daß sie allerdings für die Willensbestimmung der Kämpfenden nicht in Betracht kommt. Die Duellanten werden sich daher bei einem Schlägerduell unter Anwendung ausreichender Schutzmaßregeln mit vollem Rechte darauf berufen dürfen, daß ihnen das Bewußtsein und der Wille das Leben des Gegners in Gefahr zu bringen gemangelt habe. Damit aber mangelt der zum Thatbestande des Zweikampfes erforderliche Dolus, so daß eine solche Schlägermensur nicht als Zweikampf im Sinne des Gesetzes zu betrachten sein würde[4]). Selbstverständlich bleibt es dem Richter überlassen,

---

1) Seitdem für die Praxis durch die Entscheidung des Reichs-Gerichtes der Grundsatz feststeht, daß für den Thatbestand des Zweikampfes die Veranlassung und der Zweck desselben gleichgiltig sei, kann davon abgesehen werden zwischen den Bestimmungsmensuren die nicht durch eine Beleidigung veranlaßt, nicht den Zweck haben dieselbe auszugleichen und anderen, bei denen dies der Fall ist, zu unterscheiden. Vgl. Hälschner im G. Saal 1882 S. 10.

2) Vgl oben S. 946 Note 1.

3) Vgl. die statistischen Angaben bei Zimmermann a. a. O. S. 7 f. Kronecker a. a. O. S. 211.

4) Soutag a. a. O. S. 5. Hälschner a. a. O. S. 14. v. Buri a. a. O. S. 355. Wenn Zimmermann im G. Saal 1882 S. 388 und Ortloff a. a. O. S. 163 gegen mich einwenden, das Bewußtsein das Leben des Gegners zu gefährden sei nicht erforderlich, da auch das Bewußtsein der Gefährdung der Körperintegrität genüge, so läßt sich dies dem gesetzlichen Erfordernisse des Gebrauches tödtlicher Waffen gegenüber nicht rechtfertigen. Beide widerlegen sich selbst, indem Zimmermann ein in den Hintergrund gedrängtes, aber nicht ausge-

im concreten Falle festzustellen ob die Schutzvorrichtungen ausreichend waren um die Lebensgefährdung auszuschließen. Insoweit aber die Schlägermensur nach den Umständen des concreten Falles nicht als ein nach Abschnitt 15 strafbarer Zweikampf zu betrachten ist, ergiebt sich die viel erörterte und bestrittene Frage, ob und in welcher Weise sie zu bestrafen sei[1]).

---

schlossenes Bewußtsein der Lebensgefährdung, Ortloff einen dolus eventualis, entweder auf Verwundung oder Tödtung gerichtet, voraussetzt. Für das Bewußtsein der Lebensgefährdung Geyer a. a. O. S. 14. v. Liszt S. 318. Olshausen § 201 Nr. 11.

1) Die Entscheidung des Reichs-Gerichts v. 6. März 1883, daß Studentenmensuren mit geschliffenen Schlägern ohne Unterschied nach § 205 zu bestrafen seien, stützt sich darauf, daß die Schläger tödtliche Waffen sind und diese Eigenschaft durch Schutzvorrichtungen nicht verlieren, so wie darauf, daß die entgegengesetzte Ansicht zu einer Bestrafung der in solchem Kampfe zugefügten Verletzungen als Körperverletzungen und damit zu den abnormsten Consequenzen führen würde. Dagegen ist einzuwenden, daß doch unmöglich von der Bedeutung der Schutzvorrichtungen ganz abgesehen werden darf, da sonst auch das Kampfspiel derer die von Kopf bis zu Fuß in Ritterrüstung eingekleidet ein Gefecht mit Schlägern ausführen als Zweikampf zu strafen wäre. Daß die Bestrafung der Schlägermensur nach § 223 und 223a zu den anstößigsten Consequenzen führt und daß namentlich § 223a gewiß nicht auf Verletzungen in Schlägermensuren berechnet ist, wie dies auch Zimmermann im G. Saal 1882 S. 392, v. Buri ebenda S. 357, Kronecker a. a. O. S. 219 f. ausführen, kann nicht geleugnet werden. Aber anstößige Consequenzen die sich daraus ergeben rechtfertigen es nicht, eine Schlägermensur nach § 205 als Zweikampf zu strafen, obwohl ihr ein wesentliches Thatbestandsmoment desselben, der Wille das Leben des Gegners zu gefährden, mangelt. Ortloff a. a. O. betrachtet die Schlägermensur als einen nach § 205 strafbaren Zweikampf, aus dem völlig unhaltbaren Grunde, weil er tödtliche Waffen, die nur bei der Herausforderung in Betracht kämen, nicht erfordere. Zimmermann im G. Saal 1878 S. 1 f. bezeichnet die Schlägermensur als Zweikampf im Sinne des Gesetzes, betrachtet dies aber als einen möglichst zu beseitigenden Fehler der Gesetzgebung. Vorherrschend ist die Ansicht, daß der Schläger keine tödtliche Waffe, die Schlägermensur darum nicht Zweikampf sei, so Kronecker, Rödenbeck, Keßler, v. Buri, Geyer, v. Liszt a. a. O., Villnow a. a. O. S. 165, Olshausen § 201 Nr. 14, wobei aber die Frage wie sie strafrechtlich zu behandeln sei, verschieden beantwortet wird. Die Anwendung der Strafbestimmungen wegen Körperverletzung und Tödtung wird für ausgeschlossen erklärt wegen des volenti non fit injuria von Rödenbeck, Kronecker, Keßler, Olshausen. Als straflos betrachten den nicht mit tödtlichen Waffen geführten Zweikampf auch in seinen verletzenden Folgen Geyer a. a. O. Binding Hdbch. I S. 368, v. Liszt, v. Buri, Sontag a. a. O. jedoch mit dem Unterschiede, daß

§ 271. Der Zweikampf wird mit Festungshaft von drei Monaten bis zu fünf Jahren bestraft[1]).

Es ist das Vergehen vollendet sobald die Kämpfenden kampfbereit sich gegenüberstehen und der Kampf dadurch begonnen hat, daß wenigstens einer derselben von seiner Waffe gegen den andern Gebrauch machte. Damit ist der Zweikampf nicht bloß für denjenigen vollendet der die erste Angriffshandlung verübte, sondern auch für den andern sich ihr aussetzenden Duellanten[2]). Dagegen ist

---

einerseits landesgesetzliche Strafbestimmungen gegen die Schlägermensuren, wie von Sontag, Villnow und v. Buri für zulässig, andererseits für unzulässig erklärt werden.

Es handelt sich hier offenbar um eine Lücke in der Gesetzgebung, und sie als solche anzuerkennen wird doch wohl dem Streben vorzuziehen sein, sie durch unhaltbare Gesetzesauslegungen zu verdecken. Werden auf Grund der Entscheidung des Reichs-Gerichtes alle Schlägermensuren als Zweikampf bestraft, so führt dies zu so unangemessenen Strafen, daß, wie es thatsächlich der Fall ist, die Behörden der Strafverfolgung möglichst ausweichen und eine Bestrafung nur höchst ausnahmsweise vorkommt. Ist die Schlägermensur nicht strafbarer Zweikampf im Sinne des Gesetzes, so folgt daraus nicht, daß sie das Gesetz als einen Zweikampf bezeichnet habe, der an sich wie in seinen Folgen straflos sei, wie Sontag, v. Buri, v. Liszt, Geyer, Binding annehmen. Das Gesetz kennt keinen andern Zweikampf als den nach Abschn. 15 strafbaren, und hat anders geartete Kämpfe zweier Personen keineswegs wie an sich so auch in ihren Folgen für straflos erklärt, sondern hat sie, wie die Motive sich ausdrücken, als Zweikämpfe ignorirt, um ihre Folgen der Bestrafung nach den Vorschriften über Körperverletzung und Tödtung zu überlassen. So H. Meyer S. 452. Rsprch. II S. 14. IV S. 185. 501. Die Folge wäre, daß der Kampf an sich straflos bliebe, auch die leichte Verletzung, weil zu erwarten ist, daß der Strafantrag fehlen würde, dagegen würden schwere Verletzungen allerdings zu ganz unangemessenen Strafen führen. Es fragt sich nur ob die Ueberzeugung, daß der Gesetzgeber solche Consequenzen seines Verfahrens sich nicht vergegenwärtigt und gewollt hat, ausreichend ist um die Strafen der §§ 224—226 für unanwendbar zu erklären, obwohl der Thatbestand den sie voraussetzen vollständig gegeben ist. Daß eine jede bei einer Schlägermensur zugefügte Verletzung auf Grund der Einwilligung des Verletzten straflos sei, ist eine Ansicht, die schwerlich in Doctrin und Praxis allseitige Zustimmung finden wird. Aber auch die Vertreter dieser Ansicht betrachten die Gesetzgebung als lückenhaft, indem sie für die Schlägermensuren, soweit sie nicht als Zweikampf strafbar sind, angemessene Strafbestimmungen als erforderlich erachten.

1) Strfgb. § 205.

2) Berner S. 452. Teichmann a. a. O. S. 400. Oppenhoff § 205 Nr. 2. Olshausen § 205 Nr. 1. Rsprch. III S. 508.

zur Vollendung nicht erforderlich, daß der Zweikampf in der der Absicht und der Vereinbarung entsprechenden Weise beendet wurde, ebensowenig dies, daß eine Verletzung zugefügt worden sei. Ein Schuß der absichtlich nicht auf den Gegner gerichtet war, kann nicht als eine den Zweikampf vollendende Angriffshandlung betrachtet werden[1]).

So wenig die Vollendung des Zweikampfes eine dem einen oder andern Duellanten zugefügte Körperverletzung erfordert, so erscheint doch die zugefügte Verletzung als ein Act des Kampfes selbst, nicht aber als selbständiges mit dem Zweikampfe concurrirendes Delict. Das Gesetz geht vielmehr davon aus, daß um der eigenthümlichen Voraussetzungen willen, unter denen im Zweikampfe Körperverletzungen oder Tödtung vorkommen, sie nicht der Bestrafung nach den Vorschriften über Körperverletzung und Tödtung zu überlassen sind, sondern einer abweichenden strafrechtlichen Behandlung bedürfen[2]). Demnach ist die Anwendung der Strafbestimmungen des 16. und 17. Abschnittes ausgeschlossen. Bei der Strafzumessung wird also besonders in Betracht kommen, ob und welche Körperverletzungen sich bei dem Kampfe ergeben haben.

Die Tödtung des Gegners im Zweikampfe ist nach dem Gesetze ein die Strafe des Zweikampfes erhöhender Umstand[3]). Vorausgesetzt wird hierbei, daß der Tod durch eine vorsätzlich dem Gegner zugefügte Verletzung verursacht wurde, wogegen es nicht erforderlich ist, daß eben diese Verletzung absichlich zum Zwecke der Tödtung zugefügt war.

Es findet die Strafbestimmung des § 206 also auch dann Anwendung, wenn sich die Tödtung gegen die Absicht des Thäters aus der vorsätzlichen Verletzung ergiebt, also eine fahrlässige ist[4]).

---

1) Teichmann a. a. O. Oppenhoff § 205 Nr. 1. Schwarze § 205 Nr. 1. Meves § 208 Nr. 9. Dagegen Olshausen a. a. O.

2) Hälschner im G. Saal 1883 S. 180. Binding Hdbch. I S. 368. Dagegen Rödenbeck a. a. O. S. 50, der die Strafe des § 205 nur auf den Zweikampf abgesehen von seinem Erfolge bezieht, weil die Verletzung, als dem Einwilligenden zugefügt, straflos sei. Solle sie aber strafbar sein, dann handle es sich um Concurrenz von Körperverletzung und Zweikampf.

3) Strfgb. § 206.

4) Oppenhoff § 206 Nr. 1. Rüdorff § 206 Nr. 1. Olshausen § 206 Nr. 2. Teichmann a. a. O. S. 400. Dagegen Geyer a. a. O. S. 15. H. Meyer S. 450.

Ausgeschlossen ist hiernach die fahrlässige Tödtung die nicht Folge vorsätzlicher Verletzung ist, z. B. die Tödtung die sich bei Gelegenheit eines Zweikampfes durch einen Schuß in Folge unvorsichtiger Handhabung der Waffe ergab, sowie die zufällige etwa durch Abspringen der Klinge erfolgte Tödtung.

Die Strafe dessen der den Gegner im Zweikampfe tödtete ist Festungshaft nicht unter zwei Jahren, dagegen Festungshaft nicht unter drei Jahren, wenn der Zweikampf ein solcher war, der den Tod des Einen von Beiden herbeiführen sollte. Entscheidend für diesen weitern straferhöhenden Umstand ist nur die bei der Vereinbarung des Zweikampfes ausdrücklich ausgesprochene oder aus den Umständen, besonders aus den verabredeten Kampfesregeln, sich ergebende Absicht der Duellanten, daß einer von beiden das Leben verlieren soll. In Betreff der Tödtung wird aber auch hier nur erfordert, daß sie die Folge einer vorsätzlich zugefügten Verletzung war, gleichviel ob sie mit der ausschließlich auf Tödtung gerichteten Absicht oder nur mit der eventuell bestimmten Absicht zu verwunden oder zu tödten zugefügt wurde.

Obwohl § 206 nicht fordert, daß die Tödtung eine vorsätzliche sei, so ist es doch unrichtig daraus zu folgern, daß ein Versuch der Tödtung des Gegners im Zweikampfe nicht denkbar sei[1]), denn jedenfalls wird vom Gesetze die Absicht den Gegner zu tödten und damit auch der Versuch ihn zu tödten nicht ausgeschlossen. Von einer Bestrafung dieses Versuches als solchen kann aber freilich nicht die Rede sein, denn ein solcher Versuch ist nichts Anderes als ein Act des nach § 205 strafbaren Zweikampfes, aber nicht ein besonderes mit diesem concurrirendes Delict.

Hat der Zweikampf ohne Secundanten stattgefunden, so kann die verwirkte Strafe bis um die Hälfte, jedoch nicht über fünfzehn Jahr erhöht werden[2]). Diese dem Ermessen des Richters anheimgegebene Straferhöhung kann in allen den Fällen stattfinden, in denen es sich um Bestrafung eines verübten Zweikampfes handelt. Da es der Zweck dieser Strafbestimmung ist Zweikämpfen ohne Secundanten um ihrer höhern Gefährlichkeit willen zu begegnen, so wird der Richter auch befugt sein die beiden

---

1) Dies behaupten Oppenhoff § 206 Nr. 2. Teichmann a. a. O. Puchelt § 206 Nr. 2. Olshausen § 206 Nr. 5. Dagegen richtig Rubo § 206 Nr. 3.

2) Strfgb. § 208.

Duellanten in Betreff dieser Straferhöhung verschieden zu behandeln, je nachdem den einen oder andern ein höheres oder geringeres Maß der Schuld an dem in solcher Weise vollzogenen Zweikampf trifft.

Diejenigen Gründe, welche den Gesetzgeber bestimmt haben Körperverletzungen und Tödtungen im Zweikampf in besonderer Weise zu behandeln fallen weg, wenn bei Gelegenheit eines Zweikampfes Körperverletzung oder Tödtung vorkommt die nicht als ein Act des geregelten Kampfes selbst erscheint, indem sie mittelst vorsätzlicher Uebertretung der Kampfesregeln verübt wird. Folgerecht bestimmt deshalb das Gesetz[1]), daß in solchem Falle der Uebertreter nach den allgemeinen Vorschriften über das Verbrechen der Tödtung oder der Köperverletzung zu bestrafen ist. Indem aber das Gesetz hinzufügt, daß diese Strafen nur dann zu verhängen seien, wofern nicht durch die vorhergehenden Bestimmungen des 15. Abschnittes[2]) eine härtere Strafe verwirkt sei, so giebt es zu erkennen, daß es sich hier nicht um einen nach § 73 zu beurtheilenden Fall der Concurrenz handle. Es ist demnach nicht das Gesetz anzuwenden, welches die schwerste Strafe androht, sondern es ist die im concreten Falle verwirkte schwerere Strafe zu verhängen[3]).

Findet bei vorsätzlicher Uebertretung der Kampfesregeln eine Tödtung statt, so ist dabei nicht als nothwendig vorausgesetzt, daß die Tödtung selbst eine vorsätzliche sei, vielmehr findet § 207 auch dann Anwendung, wenn sie nur eine fahrlässige war. Es ist daher eine incorrecte Fassung, wenn das Gesetz vom **Verbrechen** der Tödtung spricht[4]).

Bei einer fahrlässigen Uebertretung der Kampfesregeln ist die Anwendung des § 207 ausgeschlossen[5]).

§ 272. Das Gesetz hat den Versuch des Zweikampfes nicht für strafbar erklärt, wogegen es die den Zweikampf vorbereitende

---

1) Strfgb. § 207.

2) Hiernach kommen also nur die Strafbestimmuugen der §§ 205 und 206, nicht die des § 208 in Betracht.

3) **Schütze** S. 295. **Teichmann** a. a. O. S. 401. **Schwarze** im G. Saal 1882 S. 598. **Rüdorff** § 207 Nr. 2. **Binding** Hdbch. I S. 356. **Olshausen** § 207 Nr. 3. Dagegen **Oppenhoff** § 207 Nr. 1. **Rubo** § 207 Nr. 1. Vgl. **Thomson** im G. Saal 1879 S. 37 f.

4) Dagegen **Thomson** a. a. O.

5) Dagegen **Rubo** § 207 Nr. 1.

Herausforderung und die Annahme derselben als selbständiges vollendetes Delict behandelt[1]).

Strafbar ist die Herausforderung zum Zweikampfe mit tödtlichen Waffen, wonach die Herausforderung zu einem Kampfe nicht mit tödtlichen Waffen straflos ist. Die Herausforderung muß also auf den Gebrauch tödtlicher Waffen gerichtet sein, gleichviel ob die Art derselben sofort bezeichnet oder deren Wahl der Vereinbarung nach vorbehalten wurde, ob sofort bei der Herausforderung oder erst später es ausgesprochen wurde, daß ein Zweikampf mit tödtlichen Waffen gemeint sei. Zur Feststellung, daß die Forderung sich auf einen Kampf mit tödtlichen Waffen bezog, wird nicht erforderlich sein, daß dies ausdrücklich ausgesprochen war, denn es können dazu auch Schlußfolgerungen aus den Umständen des concreten Falles genügen[2]).

In gleicher Weise ist strafbar wer eine derartige Herausforderung annimmt, und sofern nur beide Parteien darüber einig sind einen Zweikampf mit tödtlichen Waffen auszufechten, ist es für ihre Strafbarkeit gleichgiltig, daß etwa in Betreff der Wahl der Waffen eine Einigung noch nicht stattgefunden hat[3]). Die Strafbarkeit der Herausforderung ist von deren Annahme Seitens des Geforderten unabhängig. Die Strafe für die Herausforderung wie deren Annahme ist Festungshaft bis zu sechs Monaten, dagegen Festungshaft von zwei Monaten bis zu zwei Jahren, wenn bei der Herausforderung die Absicht, daß einer von beiden Theilen das Leben verlieren soll entweder ausgesprochen ist oder aus der gewählten Art des Zweikampfes erhellt[4]).

Obwohl auch die nach § 201 strafbare Herausforderung möglicherweise in der Absicht den Gegner zu tödten erfolgen kann, genügt sie an sich nicht um die Absicht, welche nach § 202 den erschwerenden Umstand bildet, festzustellen, und ebensowenig genügt dazu eine Herausforderung, welche auf den Gebrauch besonders gefährlicher Waffen gerichtet ist, vielmehr kann jene Absicht, wenn sie nicht ausdrücklich ausgesprochen wurde, nur erhellen aus den weiteren Bedingungen des Zweikampfes, vermöge deren die Töd-

1) Strfgb. § 201.

2) Oppenhoff § 201 Nr. 2. Olshausen § 201 Nr. 18. Dagegen Zimmermann a. a. O. 1878.

3) Oppenhoff § 201 Nr. 3. Olshausen § 201 Nr. 18.

4) Strfgb. § 202.

tung des Einen oder Andern höchst wahrscheinlich und damit die Schlußfolgerung, daß sie beabsichtigt sei, gerechtfertigt erscheint[1]).

Wenn in § 202 allerdings nur von der Herausforderung die Rede ist, so kann es doch keinem Zweifel unterliegen, daß der erschwerende Umstand auch demjenigen zur Last fällt, der eine so gestaltete Herausforderung annimmt[2]). Wäre die Herausforderung eine nur nach § 201 strafbare, uud der Geforderte erklärte sie nur unter der Bedingung, daß einer von beiden Theilen das Leben verliere, anzunehmen, so würde er selbst einer nach § 202 strafbaren Herausforderung schuldig, und der zuerst Herausfordernde bei Eingehung auf solche Bedingung ebenso nach § 202 zu strafen sein.

Ist der Herausforderung und deren Annahme der Zweikampf selbst gefolgt, so consummirt dessen Strafe die der Herausforderung und deren Annahme ebenso wie die des vollendeten Delictes die des versuchten[3]).

Die Strafe der Herausforderung und deren Annahme fällt weg, wenn die Parteien den Zweikampf vor dessen Beginn freiwillig aufgegeben haben.

Das freiwillige Aufgeben des Kampfes erfordert eine, gleichviel aus welchen Motiven entspringende, Sinnesänderung der Parteien, die sich in dem Verzichte auf den Kampf bethätigt. Wird die Herausforderung nicht angenommen, so ist es zwar möglich, daß der Fordernde bei seiner Absicht beharrt und weitere Versuche unternimmt den Gegner zur Annahme zu bestimmen, aber das Unterlassen solcher Versuche genügt nicht um ein freiwilliges Aufgeben des Zweikampfes anzunehmen, denn der Fordernde ist durch Umstände die von seinem Willen unabhängig waren an der Ausführung der beabsichtigten Handlung gehindert worden, und selbst eine nachträgliche Sinnesänderung kann den unterbliebenen Zweikampf nicht zu einem freiwillig aufgegebenen machen[4]), ebenso wenig wie der mißlungene Versuch irgend eines Verbrechens dadurch

---

1) Teichmann a. a. O. S. 400. Olshausen § 202 Nr. 2.

2) Teichmann a. a. O. S. 399. Oppenhoff § 202 Nr. 1. Schütze S. 296.

3) Schütze S. 296. Berner S. 453. Oppenhoff § 201 Nr. 5. Rsprch. III S. 508.

4) Geyer a. a. O. S. 15. Oppenhoff § 204 Nr. 1. Rubo § 204

zu einem freiwilligen Rücktritt vom Versuche wird, daß der Thäter auf erneuerte Versuche das Verbrechen auszuführen verzichtet.

§ 273. Die Theilnehmer an einem Zweikampfe sind zwar nach den allgemeinen Normen über die Theilnahme zu beurtheilen, jedoch hat das Strafgesetzbuch mehrere jene allgemeinen Normen modificirende Bestimmungen aufgestellt.

Der Kartellträger, d. h. derjenige welcher den Auftrag zu einer Herausforderung übernimmt und ausrichtet, demnach sich der Beihilfe zu dem nach § 201 und 202 strafbaren Vergehen schuldig macht, wird mit Festungshaft bis zu sechs Monaten gestraft[1]). Ohne Zweifel gestaltet sich die Beihilfe des Kartellträgers zu einer Beihilfe zum Zweikampfe selbst, wofern dieser in Folge der Herausforderung stattgefunden hat. Gleichwohl wird man annehmen müssen, daß es die Absicht des Gesetzes war die Bestrafung des Kartellträgers in erschöpfender Weise zu regeln, nicht aber einen Fall übrig zu lassen, in welchem er nach den allgemeinen Normen über Beihilfe zu strafen sei[2]), und dies umsomehr als die besonderen Strafbestimmungen des 15. Abschnittes vorwiegend die Tendenz haben den Kartellträger milder als den Gehilfen zu behandeln.

Die Strafe des Kartellträgers fällt weg, wenn die Parteien den Zweikampf, zu welchem er den Auftrag zur Herausforderung übernommen und ausgerichtet hatte, vor Beginn des Kampfes freiwillig aufgaben[3]), und ebenso dann, wenn er ernstlich bemüht gewesen ist den Zweikampf zu verhindern[4]). Diese Bemühungen müssen vor dem Beginn des Kampfes stattgefunden haben, und Bemühungen um die Fortsetzung des bereits begonnenen Kampfes zu verhindern kommen nicht in Betracht. Es können diese Bemühungen erst stattfinden, nachdem der Auftrag zur Herausforderung ausgerichtet ist, da erst damit der Kartellträger als solcher strafbar ist. Es kommen daher Bemühungen die nur früher stattgefunden haben um den Herausfordernden zum Verzichte auf die Herausforderung zu bewegen, nicht als strafbefreiend in Betracht. Wird die Herausforderung von dem Geforderten abgelehnt, so ist damit

---

Nr. 2. Schwarze § 204 Nr. 2. Rsprch. III S. 252. Dagegen v. Liszt S. 321. Olshausen § 204 Nr. 3.

1) Strfgb. § 203.

2) Oppenhoff § 205 Nr. 4. Schütze S. 296. Entsch. XI S. 279. Dagegen v. Liszt S. 322. Olshausen § 205 Nr. 3.

3) Strfgb. § 204.

4) Strfgb. § 209.

dem Kartellträger die Möglichkeit den Zweikampf durch seine Bemühungen zu verhindern entzogen und die nachfolgende Erklärung seiner darauf gehenden Absicht kann nicht als ernstliche Bemühung in Betracht kommen[1]).

Secundanten, sowie zum Zweikampfe zugezogene Aerzte und Wundärzte sind straflos[2]), weil das Gesetz davon ausgeht, daß eine Bestrafung dieser Personen wegen geleisteter Beihilfe die Folge haben könnte, daß Zweikämpfe ohne Zuziehung solcher Personen stattfinden und damit ihre Gefährlichkeit für Gesundheit und Leben gesteigert werden würde. Darum ist die Ausschließung der durch Beihilfe zum Zweikampf verwirkten Strafe auf die genannten Personen beschränkt, während jede anders gestaltete Beihilfe nach § 49 zu strafen ist[3]).

Wer einen Andern zum Zweikampfe mit einem Dritten, absichtlich, insonderheit durch Bezeigung oder Androhung von Verachtung anreizt, wird, falls der Zweikampf stattgefunden hat, mit Gefängniß nicht unter drei Monaten bestraft[4]).

Wenn das Gesetz fordert, daß der Thäter absichtlich angereizt habe, so hätte das Wort „absichtlich" füglich wegbleiben können, denn das Anreizen zum Zweikampfe kann nur vorsätzlich und in der Absicht, daß sein Erfolg ein Zweikampf sein soll, stattfinden. Es war also überflüssig anzudeuten, daß der Thäter in der Absicht einen Zweikampf zu veranlassen, gehandelt habe, aber es wäre ebenso überflüssig gewesen statt „absichtlich", um die Fahrlässigkeit auszuschließen „vorsätzlich" zu sagen, denn es kann zwar Jemand durch seine Aeußerungen gegen seine Absicht zu einem Zweikampfe veranlassen, aber dann mangelt das Anreizen zum Zweikampfe das nothwendig das Wissen und Wollen des Erfolges erfordert[5]).

Nur dann wird das Anreizen bestraft, wenn der betreffende Zweikampf auf den es sich bezog, stattgefunden hat. Es kann

---

1) Oppenhoff § 209 Nr. 3. Rüdorff § 209 Nr. 1. Zimmerle § 209 Nr. 1. Dagegen Olshausen § 209 Nr. 2.

2) Strfgb. § 209.

3) Dagegen Rüdorff § 209 Nr. 2.

4) Strfgb. § 210.

5) Ueber das „absichtlich" und seine Auslegung vgl. Oppenhoff § 210 Nr. 2. Schwarze § 210 Nr. 3. Rüdorff § 210 Nr. 1. v. Liszt S. 323. Ortloff im G. Saal 1882 S. 449. Fuchs ebenda 1884 S. 12. Olshausen § 210 Nr. 1. Villnow a. a. O. S. 640. Lucas Die subjective Verschuldung S. 30 f.

dieses Anreizen sich zu einer Anstiftung gestaltet, aber auch in einem Bestärken und Befördern des Entschlusses, in einer intellectuellen Beihilfe bestanden haben, jedoch fordert das Gesetz, offenbar um der Schwierigkeit des Beweises willen, nicht die Feststellung des ursächlichen Zusammenhanges des Anreizens und des vollzogenen Zweikampfes[1]).

Wenn hier nicht Festungshaft, sondern Gefängniß angedroht wird, so erklärt sich dies aus der Anschauung, daß der Anreizende nicht ebenso wie die Duellanten unter dem Einflusse und Zwange handelt, den die Sitte und die herkömmlichen Ansichten von dem was Forderung der Ehre sei, ausüben, daß vielmehr für ihn sehr leicht sittlich verwerfliche Motive maßgebend waren. Man wird um dieser Strafbestimmung willen aber auch annehmen müssen, daß wenn im gegebenen Falle festzustellen wäre, daß der Anreizende Anstifter sei, er gleichwohl nach § 210, nicht nach § 48 zu strafen sei, da es der Tendenz des Gesetzes widersprechen würde den Anstifter mit Festungshaft, nicht mit Gefängniß zu strafen.

8. Befreiung von Gefangenen.

§ 274. Das Gesetz betrachtet die Selbstbefreiung eines Gefangenen an sich als straflos, und dieser Voraussetzung entsprechend hatte das preußische Strafgesetzbuch auch die Beihilfe zur Selbstbefreiung straflos gelassen, wogegen das deutsche hier ausnahmsweise wie die Befreiung so auch die Beihilfe zur straflosen Selbstbefreiung für strafbar erklärt[1]).

1) Oppenhoff § 210 Nr. 3. Olshausen § 210 Nr. 2 fordern einen zeitlichen Zusammenhang von Anreizen und Zweikampf. Aber nicht auf einen solchen, sondern nur darauf kommt es an, daß derjenige Zweikampf stattfand zu welchem angereizt war.

2) Strfgb. § 120. Von einer Selbstbefreiung kann nicht die Rede sein, wenn der Gefangene von einem Andern befreit wird, der von ihm dazu angestiftet war, und hiernach ist der anstiftende Gefangene wegen Anstiftung zu einer strafbaren Handlung strafbar. v. Liszt S. 548. Olshausen § 120 Nr. 7. Rsprch. II S. 580. Dagegen Herzog im G. Saal 1882 S. 81 f. Kräwel ebenda S. 504. Geyer Ztschrft. f. St. R. W. II S. 316. H. Meyer S. 692. Wie nach dem Gesetze die Anstiftung zu einer strafbaren Handlung straflos sein könnte, ist nicht einzusehen, während es eine ganz andere Frage ist, ob es nicht die richtige Consequenz der straflosen Selbstbefreiung wäre, den zu seiner Bestrafung anstiftenden Gefangenen für straflos zu erklären.

Obwohl das Gesetz nur von einem Gefangenen spricht, so ist doch als solcher nicht jeder seiner Freiheit Beraubte anzusehen, denn es ist die Gefangenbefreiung als ein Fall des Widerstandes gegen die Staatsgewalt behandelt, wonach also als Gefangener nur derjenige zu betrachten ist, welcher im öffentlichen Interesse kraft obrigkeitlicher Gewalt thatsächlich seiner Freiheit beraubt ist[1]).

Als strafbare Beihilfe zur Selbstbefreiung des Gefangenen ist eine jede nach § 49 als solche erscheinende Thätigkeit zu betrachten, nur mit. dem Unterschiede, daß hier durch ausdrückliche gesetzliche Bestimmung nicht ein Hilfeleisten zur Begehung eines Verbrechens oder Vergehens, sondern zu der einer straflosen Handlung vorausgesetzt wird[2]).

Der Befreiung aus einer Gefangenanstalt ist gleichgestellt die aus der Gewalt der bewaffneten Macht, des Beamten oder desjenigen, unter dessen Beaufsichtigung, Begleitung oder Bewachung er sich befindet. Im letztern Falle ist selbstverständlich die Voraussetzung die, daß die nicht zu der bewaffneten Macht oder den Beamten gehörende Person auf Grund obrigkeitlicher Anordnung den Gefangenen in ihrer Gewalt hat.

In Betreff der Frage ob die Befreiung eines Gefangenen mit der Begünstigung concurriren könne, muß unterschieden werden, ob es sich um einen Gefangenen handele, dem eine mögliche Verurtheilung wegen eines Verbrechens oder Vergehens bevorsteht oder der bereits verurtheilt ist, oder ob um einen Gefangenen bei dem dies nicht der Fall ist. Im letztern Falle kann von einer Begünstigung, deren Voraussetzungen mangeln, nicht die Rede sein, aber auch im erstern Falle ist eine Concurrenz der Befreiung des Gefangenen und der Begünstigung ausgeschlossen, weil die Befreiung nur Mittel der Begünstigung, eine besondere Begehungsart der Begünstigung ist[3]). Strafbar ist nur die vorsätzliche

---

1) John in Holtzdf. Hdbch. III S. 150. Oppenhoff § 120 Nr. 1. Schwarze § 120 Nr. 2. v. Liszt S. 547. Olshausen § 120 Nr. 1. Rsprch. VII S. 273. Casuistik in Betreff der Frage wer als Gefangener zu betrachten sei Oppenhoff § 120 Nr. 1. Olshausen § 120 Nr. 2.

2) Nur die Beihilfe, nicht die Anstiftung des Gefangenen zur Selbstbefreiung ist für straflos erklärt. Geyer in Holtzdf. Hdbch. IV S. 171. v. Liszt S. 548.

3) Schwarze § 120. John a. a. O. S. 150 aber aus dem unrichtigen Grunde, daß Begünstigung ausgeschlossen sei, sowie die Obrigkeit sich des Schuldigen bemächtigte. Geyer in Holtzdf. Hdbch. II S. 424. Puchelt

Befreiung des Gefangenen, und die vorsätzliche Hilfsleistung zur Selbstbefreiung.

Vollendet ist die Befreiung des Gefangenen, wenn er entkommen, der obrigkeitlichen Gewalt entzogen ist, wobei es der Beurtheilung im concreten Falle überlassen bleibt, ob Vollendung oder ob, bei einer nur momentanen Entziehung des Gefangenen aus der Gewalt des ihn Bewachenden, nur ein mißlungener Fluchtversuch und darum auch nur ein Versuch der Befreiung vorliegt.

Der Versuch ist strafbar.

Die Strafe ist Gefängniß bis zu drei Jahren.

Die gleiche Strafe trifft denjenigen, der vorsätzlich einen Gefangenen, mit dessen Beaufsichtigung oder Begleitung er beauftragt ist, entweichen läßt oder dessen Befreiung befördert[1]).

Als ein in solcher Weise Beauftragter kann nur derjenige betrachtet werden, welcher von der Obrigkeit den Auftrag erhalten hat. Mit solchem Auftrage übernimmt er aber auch die Pflicht und erhält die Befugniß dasjenige selbständig anzuordnen, was zur Ausführung des Auftrages erforderlich ist, also auch die Befugniß je nach Bedürfniß andere Personen mit Beaufsichtigung und Begleitung zu beauftragen, und auch auf solche Personen muß diese Strafbestimmung bezogen werden[2]).

Die Verübung des Delictes besteht darin, daß der Thäter entweder den Gefangenen entweichen läßt, d. h. pflichtwidrig die Selbstbefreiung zu verhindern unterläßt, oder die Befreiung des Gefangenen befördert, indem er zu der von anderen Personen verübten Befreiung oder auch zur Selbstbefreiung des Gefangenen mitwirkt[3]).

---

§ 257 Nr. 7. Rubo § 257 Nr. 7. Dagegen Gretener a. a. O. S. 150. Oppenhoff § 120 Nr. 12. Olshausen § 257 Nr. 20. Binding Hdbch. I S. 352. Rsprch. IV S. 829.

1) Strfgb. § 121.

2) Geyer Grundriß II S. 145. Olshausen § 121 Nr. 1. Rsprch. IV S. 711.

3) Rsprch. IV S. 3 bezieht das Befördern nur auf die Unterstützung der Selbstbefreiung mittelst positiver Thätigkeit, im Unterschiede von dem Entweichenlassen, das in dem Nichtverhindern der Selbstbefreiung bestehe. Dagegen Olshausen § 121 Nr. 2. 3. Das Befördern setzt allerdings immer eine Mitwirkung voraus, kann aber gleichwohl in einem Befreien im Sinne des § 120 bestehen, indem dem Gefangenen die von ihm ergriffene Möglich-

Der mit der Beaufsichtigung oder Begleitung Beauftragte ist aber auch dann strafbar, wenn er die Entweichung durch Fahrlässigkeit beförderte. Dahin gehört also jedes Unterlassen wie Thun, durch welches die Entziehung des Gefangenen aus der Gefangenschaft, ohne eine darauf gerichtete Absicht des Beauftragten, schuldhaft begünstigt, erleichtert wird. Obwohl aber nur von einer Beförderung der Entweichung die Rede ist, wird man doch annehmen müssen, daß es sich hier nicht nur um fahrlässige Erleichterung der Selbstbefreiung handelt, sondern auch um das fahrlässige Verhalten, durch das die Befreiung des Gefangenen Seitens Anderer befördert wird[1]).

Die Strafe der fahrlässigen Verübung des Vergehens ist Gefängniß bis zu drei Monaten oder Geldstrafe bis zu dreihundert Mark.

§ 275. Während die Selbstbefreiung der Gefangenen an sich nicht strafbar ist, behandelt sie das Gesetz[2]) als strafbar, wenn die Gefangenen sie mittelst einer Meuterei unternehmen, und in Verbindung mit dieser Strafbestimmung behandelt es zugleich die zu anderm Zwecke verübte Meuterei.

Als Gefangene im Sinne des § 122 erscheinen alle diejenigen Personen, welche im Sinne des § 120 als solche zu betrachten sind, und nur diejenigen sind hier ausgeschlossen, welche als unzurechnungsfähig sich der Meuterei nicht schuldig machen können, wie die in einer Besserungsanstalt durch die Behörde untergebrachten Kinder unter zwölf Jahren und die von der Behörde einer Irrenanstalt überwiesenen Gefangenen[3]).

Der Thatbestand der Meuterei setzt ebenso wie der des Aufruhrs ein Zusammenrotten voraus, aber trotz der Aehnlichkeit beider Delicte finden doch zwischen ihnen mannigfache Unterschiede statt, weshalb der Thatbestand der Meuterei durchaus selbständig zu behandeln ist. Das Zusammenrotten erfordert jedenfalls ein Zu-

---

keit sich der Gefangenschaft zu entziehen geboten wird, so wie auch in einem Bewirken der Befreiung im Sinne des § 347. Oppenhoff § 121 Nr. 6. Olshausen a. a. O. Dagegen Schütze S. 272.

1) v. Liszt S. 549. Olshausen § 221 Nr. 3. Oppenhoff § 121 Nr. 6. Entsch. IX S. 40.

2) Strfgb. § 122.

3) John a. a. O. S. 145 bezieht § 122 nur auf Straf- und Untersuchungsgefangene, da die Schuldhaft aufgehoben sei, aber es bleiben noch übrig Kriegsgefangene wie polizeilich in Verwahrung genommene Personen.

sammensein mehrerer Personen an demselben Orte, aber es erfordert nicht ein freiwilliges Ansammeln der Vielen, wie es bei Auflauf und Aufruhr der Fall ist, da bei Gefangenen in der Regel ein solches Ansammeln ausgeschlossen erscheint. Ein Zusammenrotten von Gefangenen kann daher auch unter denjenigen stattfinden, welche ordnungsmäßig und unfreiwillig sich an demselben Orte vereinigt finden, und es kann hiernach von einem Zusammenrotten nur die Rede sein, wenn die Mehreren eine bewußte Vereinigung zu einem gemeinsamen und, wie dies dem herrschenden Sprachgebrauche entspricht, unerlaubten Handeln bilden. Das Zusammenrotten kann aus einer vorangegangenen Verabredung sich ergeben, aber einerseits ist dies nicht nothwendig erforderlich, denn die Zusammenrottung kann sich auch zufällig bilden, indem in der Anschauung dessen was ein Gefangener thut sich die Verständigung der Mehreren über das was zu thun ist, sowie ihr Entschluß für denselben Zweck gemeinsam thätig zu sein, ergiebt, und andererseits ist die Verabredung der mehreren an einem Orte befindlichen Gefangenen über ein gemeinsames Handeln noch nicht Zusammenrottung, denn diese erfordert weiter, daß sich der Entschluß das gemeinsame Vorhaben sofort zur Ausführung zu bringen irgendwie kundgebe[1]).

Wie viele Personen erforderlich seien damit ein Zusammenrotten angenommen werden könne, sagt das Gesetz nicht, und die in der Praxis wie Doctrin herrschende Ansicht geht dahin, daß auch zwei Gefangene, die etwa in gemeinsamer Zelle sitzen, dazu genügen[2]), wie dem auch offenbar die Fassung des Gesetzes nicht entgegen steht. Wenn aber das Gesetz die von zusammengerotteten Mehreren verübten Delicte auszeichnet, so geschieht es sicher darum, weil eine solche Verübung als eine besonders gefährliche erscheint,

---

1) Schwarze § 115 Nr. 3. 3a. § 122 Nr. 3. Goltd. Arch. III S. 674. v. Liszt S. 437. Oppenhoff § 115 Nr. 1. Olshausen § 115 Nr. 1. Pezold § 115 Nr. 1. Zimmerle § 115 Nr. 1. § 122 Nr. 2. Rsprch. II S. 5. 257.

2) H. Meyer S. 691. Geyer Grundriß II S. 144. Schütze S. 270. Olshausen § 122 Nr. 3. Oppenhoff § 122 Nr. 3. Rsprch. II S. 5. Pezold § 122. Zimmerle § 122 Nr. 3. Dagegen John a. a. O. S. 147. Rubo § 122 Nr. 3. Kirchmann § 122 Nr. 1, welche zwei Gefangene als unzulänglich betrachten, Schwarze § 122 Nr. 3. Rüdorff § 122 Nr. 3. Puchelt § 122 welche die zur Zusammenrottung erforderliche Zahl der Gefangenen als von den Umständen des concreten Falles abhängig betrachten.

und daraus folgt, daß die zu einer Rotte erforderliche Zahl von Menschen überhaupt nicht in allgemeiner Weise, sondern nur im concreten Falle in Rücksicht auf die Frage: ob unter den gegebenen Umständen eine besondere Gefährlichkeit obwaltete, zu entscheiden sei. Es kann zugegeben werden, daß bei der Meuterei der Gefangenen schon eine viel geringere Zahl als bei dem Aufruhr genügen kann um als gefährliche Zusammenrottung zu erscheinen, ja daß unter besonderen Umständen dazu schon zwei Gefangene ausreichen können, aber damit rechtfertigt sich nicht der Grundsatz, daß unter allen Umständen schon bei Betheiligung von zwei Gefangenen ein Zusammenrotten anzunehmen sei.

Das Gesetz unterscheidet zwei Fälle der Verübung des Delictes und zwar zuerst den, daß die zusammengerotteten Gefangenen mit vereinten Kräften die Anstaltsbeamten oder die mit der Beaufsichtigung Beauftragten angreifen, denselben Widerstand leisten, oder es unternehmen sie zu Handlungen oder Unterlassungen zu nöthigen. Der Zweck der Meuterer kann der sein sich zu befreien, es ist dies aber nicht die nothwendige Voraussetzung, und der Zweck der Meuterer ist für den Thatbestand des Vergehens gleichgiltig.

Als ein Widerstandleisten kann der bloße Ungehorsam nicht betrachtet werden, wohl aber der Ungehorsam, wenn mit ihm eine Haltung der zusammengerotteten Gefangenen verbunden ist, aus der sich ergiebt, daß sie bereit sind einem Zwange thätlichen Widerstand entgegenzusetzen [1]), wofern also mit dem Ungehorsam sich eine Bedrohung verbindet. Selbstverständlich kann der Widerstand auch mittelst Gewalt verübt werden, und der Angriff auf den Beamten oder Beaufsichtigenden kann nur als ein thätlicher unmittelbar gegen die Person gerichteter gedacht werden [2]).

---

1) Von einem lediglich passiven Widerstande wie ihn John a. a. O. S. 144. H. Meyer S. 691. Schütze S. 270. Oppenhoff § 122 Nr. 8 für genügend halten, wird doch nur bei dem einfachen Ungehorsam die Rede sein können. Obwohl aber hier nicht wie in § 113 Widerstand durch Gewalt oder Bedrohung mit Gewalt gefordert wird, kann doch auch hier der einfache Ungehorsam nicht dem Widerstande gleich gestellt werden, denn zum Widerstande genügt nicht das pflichtwidrige Unterlassen, vielmehr erfordert er ein Widerstreben das sich mindestens in einer bedrohlichen Haltung wird kundgeben müssen. Vgl. Schwarze § 113 Nr. 9. 10. § 122 Nr. 5. F. Meyer § 122 Nr. 5. Olshausen § 122 Nr. 5.

2) Der Angriff ist zwar abweichend von § 113 hier nicht als ein thät-

Strafbar sind die zusammengerotteten Gefangenen nicht schon um der Zusammenrottung willen, sondern nur insoweit sie mit vereinten Kräften eine der bezeichneten Handlungen verübten. Hieraus darf nicht gefolgert werden, daß wenn nur ein Gefangener eine solche Handlung verübte, trotz der Zusammenrottung Mehrerer der Thatbestand der Meuterei ausgeschlossen sei, weil das Handeln mit vereinten Kräften mangele, oder daß, wenn einige der Zusammengerotteten mit vereinten Kräften handelten nur diese, nicht aber die anderen bei der Zusammenrottung Betheiligten zu strafen seien. Die Zusammenrottung setzt nothwendig nicht nur eine Vereinigung zu gemeinsamem Handeln voraus, sondern weiter auch dies, daß sich diese Vereinigung kundgegeben habe, sei es durch das betreffende Handeln selbst, sei es durch die kundgegebene Bereitschaft, sofort zu dem Handeln mit vereinten Kräften überzugehen. Die Zusammenrottung enthält daher an sich mindestens eine Bedrohung die mit vereinten Kräften verübt wird. Wenn daher zwar von den mehreren Zusammengerotteten nur einer oder einige vorzugsweise in der angegebenen Richtung thätig sein sollten, so bringt es doch das Wesen der Zusammenrottung mit sich, daß die Uebrigen mindestens durch ihre bedrohliche Haltung mitwirken, durch Drohung Theil nehmen an dem Angriffe, dem Widerstande, dem Unternehmen zu nöthigen[1]). Ueberdies wird die Mitwirkung

licher bezeichnet, wird aber doch nicht in anderer Weise vorkommen können. Oppenhoff § 122 Nr. 8. Schwarze § 122 Nr. 5. Olshausen § 122 Nr. 5.

1) Während § 115 den für strafbar erklärt der an einer Zusammenrottung Theil nimmt, bei welcher die näher bezeichneten Handlungen mit vereinten Kräften begangen werden, erklärt § 122 die Gefangenen für strafbar die sich zusammenrotten und mit vereinten Kräften handeln. Daraus folgern John a. a. O. S. 144 und Olshausen § 122 Nr. 4, daß von den zusammengerotteten Gefangenen nur die zu strafen sind, die mit vereinten Kräften Widerstand geleistet haben u. s. w. Wäre dies die Meinung des Gesetzes, so wäre das Erforderniß des Zusammensrottens ganz bedeutungslos und das Gesetz hätte sich darauf beschränken können zu sagen: Gefangene die mit vereinten Kräften u. s. w. Wie aber das von einer Vereinigung, Verabredung verschiedene Zusammenrotten festgestellt werden könnte, wenn es sich nicht wenigstens in einem bedrohlichen Verhalten aller Betheiligten kund gegeben hat, ist nicht einzusehen, und aus ihm ergiebt sich zugleich ein Mitwirken bei Verübung der betreffenden Handlungen. Gegen die Ansicht John's Oppenhoff § 122 Nr. 4. Schwarze § 122 Nr. 5. Rüdorff § 122 Nr. 4. F. Meyer § 122 Nr. 6. Goltd. Arch. XXIV S. 128.

nicht nur in dem Einflusse liegen den sie durch ihr drohendes Verhalten auf die Beamten ausüben, sondern auch in dem Einflusse den sie auf die angreifenden, Widerstand leistenden Genossen dadurch ausüben, daß diese durch die Hilfsbereitschaft der Uebrigen in der Ausführung ihrer strafbaren That bestärkt werden.

Der zweite Fall ist der, daß Gefangene sich zusammenrotten und mit vereinten Kräften einen gewaltsamen Ausbruch unternehmen. Der Ausbruch setzt voraus, daß die Gefangenen sich in einem verschlossenen Raume, einer Gefangenanstalt befinden und zum Zwecke der Selbstbefreiung Gewalt gegen die Abschließungsvorrichtungen anwenden[1]). Damit kann selbstverständlich eine Bedrohung oder Gewaltübung gegen Anstaltsbeamte oder Beaufsichtigende in Verbindung treten, ohne daß sich damit zwei concurrirende Delicte ergeben. Das Gesetz bezeichnet das Unternehmen des Ausbruchs nicht ausdrücklich als Meuterei, da aber auch im ersten Absatze des § 122 die Meuterei nicht mehr erfordert als ein Zusammenrotten der Gefangenen um mit vereinten Kräften die als strafbar bezeichneten Handlungen zu begehen, so liegt auch hier ein Fall der Meuterei vor[2]).

Die Strafe ist in beiden Fällen Gefängniß nicht unter sechs Monaten. Diejenigen Meuterer aber, welche Gewaltthätigkeiten gegen die Anstaltsbeamten oder die mit der Beaufsichtigung Beauftragten verüben, werden mit Zuchthaus bis zu zehn Jahren bestraft; auch kann auf Zulässigkeit von Polizeiaufsicht erkannt werden. Diese Strafbestimmung findet also auf die Gefangenen, welche den gewalsamen Ausbruch unternommen haben keine Anwendung, sofern nicht mit dem Ausbruche ein nach dem ersten Absatze strafbares Delict concurrirt, und auch bei Verübung eines solchen nicht gegen die, welche nur Drohungen verübten, wohl aber gegen diejenigen, welche als Anstifter oder Gehilfen an dem Verbrechen derjenigen die Gewaltthätigkeiten gegen Beamte oder Aufseher verübten, Theil genommen haben.

---

1) Oppenhoff § 122 Nr. 11. Schütze S. 270. Olshausen § 122 Nr. 7. 8. Das Durchbrechen einer Kette von Wachmannschaften Seitens der im Freien sich befindenden Gefangenen gehört nicht hierher und würde nur strafbar sein, sofern sich der Thatbestand des ersten Absatzes von § 122 ergiebt. Dagegen H. Meyer S. 691. Rubo § 122 Nr. 7.

2) Dagegen John a. a. O.

Siebentes Kapitel.

Delicte gegen die Gewerbepolizei.

§ 276. In Betreff der strafbaren Handlungen wider die Gewerbepolizei kommen vor allem die Strafbestimmungen der Reichsgewerbe-Ordnung in Betracht[1]). Die Grundlage derselben bildet die preußische Gewerbe-Ordnung von 1845, an welche sich eng anschließend die Gewerbe-Ordnung für den norddeutschen Bund vom 21. Juni 1869 erging, und später für das ganze Reich Geltung erhielt. Sie wurde mehrfach durch Gesetze der Jahre 1872, 1874, 1876, 1878, 1879, 1880, 1881 und endlich durch das Gesetz vom 1. Juli 1883 abgeändert, und hat auf Grund von Art. 16 des letztern Gesetzes eine neue einheitliche Fassung erhalten.

Die Gewerbe-Ordnung enthält zunächst folgende allgemeine strafrechtliche Bestimmungen.

1) Die Berechtigung zum Gewerbebetriebe[2]) kann, abgesehen von den in den Reichsgesetzen vorgesehenen Fällen ihrer Entziehung[3]) und der in der Gewerbe-Ordnung gestatteten Untersagung des Gewerbebetriebes[4]) weder durch richterliche noch administrative Entscheidung entzogen werden.

In Betreff der Landesgesetzgebung ist bestimmt, daß Ausnahmen von diesem Grundsatze, welche durch die Steuergesetze begründet sind, so lange aufrecht erhalten bleiben, als diese Gesetze in Kraft bleiben. Daraus folgt ohne Zweifel, daß die Landes-

---

1) Vgl. E. Meyer in Holtzendorff Rechtslexikon II S. 161—175. — Seydel Das Gewerbepolizeirecht nach der Reichsgewerbe-Ordnung in Hirths Annalen 1881. — Commentare zur Gewerbe-Ordnung von Jacobi, Marcinowski und Landmann. — Meves Die Strafbestimmungen der Gewerbe-Ordnung in Bezold Gesetzgebung des deut. Reichs III 1. — Laband Reichs-Staatsrecht II § 76. — Zorn Reichs-Staatsrecht II S. 110 f.

2) G. O. § 143.

3) Vgl. G. O. § 51. 53.

4) G. O. §§ 15. 27. 35. 37. Vgl. Meves a. a. O. S. 569 f.

gesetzgebung fernerhin nicht befugt ist, die Entziehung des Rechtes zum Gewerbebetriebe anzuordnen[1]).

Die Bestimmungen der Landesgesetze, nach welchen die Befugniß zur Herausgabe von Druckschriften und zum Vertriebe derselben innerhalb des Reichsgebietes im Verwaltungswege entzogen werden darf, sind aufgehoben[2]).

2) Durch die in der Gewerbe-Ordnung enthaltenen Strafbestimmungen wider die Verletzung ihrer Berufspflichten Seitens der Gewerbtreibenden wird die Geltung anderweitiger solcher Strafbestimmungen, seien dies reichs- oder landesgesetzliche nicht berührt, jedoch darf durch solche landesgesetzliche Vorschriften die Zulassung zum Gewerbebetriebe nicht im Widerspruche zu § 1 der Gewerbe-Ordnung beschränkt werden; sie dürfen ferner nicht mit den betreffenden Bestimmungen der Gewerbe-Ordnung im Widerspruche stehen, und sich nicht auf Materien beziehen die reichsgesetzlich geordnet sind, insbesondere nicht auf einen den Medizinalpersonen bei Strafe auferlegten, durch die Gewerbe-Ordnung für unzulässig erklärten, Zwang zu ärztlicher Hilfsleistung[3]).

3) Für das Mindestmaß der Strafen, das Verhältniß von Geldstrafe zu Freiheitsstrafe, so wie die Verjährung der in den §§ 146 und 153 bezeichneten Vergehen sind die Bestimmungen des Strafgesetzbuches maßgebend[4]). In allen anderen Fällen droht die Gewerbe-Ordnung Uebertretungsstrafe, die nur in § 147 dadurch überschritten wird, daß eine Geldstrafe bis dreihundert Mark zulässig ist. Wegen dieser Ausnahme war die ausdrückliche Bestimmung erforderlich, daß alle Straffälle, außer denen der §§ 146 und 153, in drei Monaten verjähren[5]).

4) Für die Fälle der Concurrenz einer nach der Gewerbe-Ordnung strafbaren Handlung mit einem andern Delicte kommen zwar im Allgemeinen die Bestimmungen des Strafgesetzbuches zur Anwendung, für einige Fälle sind aber abweichende Bestim-

---

1) Jacobi a. a. O. S. 144. Seydel a. a. O. S. 24. Meves a. a. O. S. 572. Dagegen Landmann S. 436 der sich auf § 5 der G. O. mit Unrecht bezieht.

2) Vgl. § 4 des Reichsgesetzes über die Presse v. 7. Mai 1874.

3) G. O. § 144. Meves a. a. O. S. 577.

4) Diese Bestimmung des § 145 war nicht nur entbehrlich, sondern wäre besser auch darum weggeblieben, weil nicht nur in der angegebenen, sondern auch anderen Beziehungen das Strafgesetzbuch maßgebend ist.

5) G. O. § 145.

mungen getroffen. Bei idealer Concurrenz eines nach § 147 zu strafenden Delictes mit einer Zuwiderhandlung gegen die Steuergesetze, darf die Steuerstrafe nicht erkannt werden, aber es soll bei der Strafzumessung auf das concurrirende Steuerdelict Rücksicht genommen werden[1]). Hiernach ist in solchem Falle ein Verfahren der Steuerbehörde im Verwaltungswege ausgeschlossen. Die Strafe des Steuerdelictes würde aber zu verhängen sein, falls zwar das mit ihm concurrirende Gewerbepolizeivergehen bereits verjährt sein sollte, nicht aber jenes[2]).

Bei idealer Concurrenz der nach § 148 und 149 strafbaren Gewerbepolizeivergehen mit einer Zuwiderhandlung gegen die Steuergesetze bleibt dagegen die Strafe des erstern ausgeschlossen, gleichviel ob das Steuergesetz eine höhere oder geringere Strafe androht. Die Folge davon ist, daß in solchem Falle zunächst das Administrativ-Strafverfahren einzuleiten ist.

5) Sind polizeiliche Vorschriften[3]) von dem Stellvertreter eines Gewerbetreibenden bei Ausübung des Gewerbes übertreten worden, so trifft nach § 151 die Strafe den Stellvertreter, aber auch den verfügungsfähigen Vertretenen, falls die Uebertretung mit seinem Vorwissen begangen wurde. Ein solches Vorwissen findet selbstverständlich statt, wofern der Vertretene Anstifter des Stellvertreters ist, aber es erfordert nicht nothwendig Anstiftung, vielmehr beruht die Strafbarkeit des Vertretenen auf seiner vom Gesetze vorausgesetzten Pflicht den Stellvertreter an der Verübung der Uebertretung zu verhindern sofern er das Vorhaben einer solchen kennt. Es handelt sich hier also um eine dem Strafgesetzbuche unbekannte Theilnahme durch Unterlassen der Verhinderung. Daraus wird man folgern müssen, daß der Vertretene trotz seines Vorwissens nicht zu strafen ist, wofern er die Uebertretung des Stellvertreters nicht verhindern konnte.

Ist an eine solche Uebertretung der Verlust der Concession, Approbation oder Bestallung geknüpft, so trifft derselbe auch den verfügungsfähigen Vertretenen, wenn der Stellvertreter mit seinem Vorwissen handelte. Ist dies nicht der Fall, so ist der Vertretene

---

1) G. O. § 147.

2) Plenar-Besch. d. preuß. Ob. Trib. bei Oppenhoff Rsprch. XVIII S. 381. Rsprch. d. R. G. IV S. 602. Meves a. a. O. S. 630.

3) Dahin gehören nicht nur die der Gewerbe-Ordnung, sondern auch alle sonstigen reichs- und landesrechtlichen Vorschriften.

bei Verlust der Concession, Approbation, Bestallung verpflichtet den Stellvertreter zu entlassen.

§ 277. Von den als Vergehen behandelten Delicten ist das in § 153 bezeichnete bereits früher in Verbindung mit der Nöthigung erwähnt[1]). Es wird ferner nach § 146 mit Geldstrafe bis zu zweitausend Mark und im Unvermögensfalle mit Gefängniß bis zu sechs Monaten bestraft:

1) der Gewerbtreibende, der bei Zahlung des Lohnes oder bei dem Verkaufe von Waren an die Arbeiter der Bestimmung des § 115 zuwider handelt[2]).

Die Vorschriften der §§ 115 bis 118 richten sich gegen das s. g. Truck-System und suchen den Arbeiter durch strafrechtliche wie civilrechtliche Bestimmungen gegen dasselbe zu schützen. Hiernach sind die Gewerbtreibenden verpflichtet die Löhne ihrer Arbeiter baar in Reichswährung auszuzahlen, womit also die Zahlung in Banknoten und Reichskassenscheinen, in Wechseln, in Anweisungen zum Bezuge von Lebensmitteln oder anderen Waren bei anderen Gewerbtreibenden ausgeschlossen ist[3]). Sie dürfen auch den Arbeitern keine Waren creditiren, wohl aber ihnen Lebensmittel verabfolgen, sofern dies zu einem die Anschaffungskosten nicht übersteigenden Preise geschieht[4]).

Den Gewerbtreibenden sind nach § 119 in dieser Beziehung gleichgestellt deren Familienglieder, Gehilfen, Beauftragte, Geschäftsführer, Aufseher, Factoren sowie andere Gewerbtreibende bei deren Geschäft eine dieser Personen unmittelbar oder mittelbar betheiligt ist.

2) Die gleiche Strafe trifft die Gewerbtreibenden, welche den in den §§ 135, 136, 139, 139a und 154 Absatz 4 zum Schutze der in Fabriken beschäftigten Frauen und Kinder zuwider handeln.

In diesem wie in dem vorigen Falle findet die Strafbestimmung nach § 154 auch Anwendung auf Besitzer von Bergwerken, Salinen, Aufbereitungs-Anstalten und unterirdisch betriebenen Brüchen und Gruben.

Wenn Werkführer oder Fabrikmeister jugendliche Arbeiter in der Fabrik gesetzwidrig beschäftigen, so ist der Fabrikherr nur

---

1) Vgl. oben S. 129.

2) Meves a. a. O. S. 539 f.

3) Rsprch. IV S. 706. 834. V S. 18. Daß der Lohn baar ohne alle Abzüge erfolgen müsse, kann aus § 115 nicht gefolgert werden. Rsprch. V S. 779. Vgl. auch Rsprch. VII S. 746.

4) Vgl. Rsprch. VI S. 484.

dann frei von Strafe, wenn ihm nicht eine Fahrlässigkeit in der Beaufsichtigung des Fabrikbetriebes zur Last fällt[1]).

3) Der Arbeitgeber soll nach § 111 in das Arbeitsbuch des Arbeiters nicht irgend welche Merkmale einzeichnen, welche den Zweck haben den Inhaber des Buches günstig oder nachtheilig zu kennzeichnen, widrigenfalls ihn die Strafe des § 146 trifft.

4) Durch § 56 Nr. 6 ist der Hausirhandel mit explosiven Stoffen verboten und die Uebertretung des Verbotes zieht die Strafe des § 146 nach sich. Das Verbot des § 56 ist durch das Gesetz gegen den gemeingefährlichen Gebrauch von Sprengstoffen vom 9. Juni 1884 nicht berührt, das Zuwiderhandeln gegen dasselbe würde aber jedenfalls auch im Widerspruche gegen § 1 dieses Gesetzes stehen und darum die Strafe des § 9 desselben nach sich ziehen.

Mit Geldstrafe bis zu dreihundert Mark und im Unvermögensfalle mit Haft wird nach § 147 bestraft:

1) wer den selbständigen Betrieb eines stehenden Gewerbes zu dessen Beginn eine polizeiliche Genehmigung erforderlich ist ohne dieselbe unternimmt oder fortsetzt, oder von den in der Genehmigung festgesetzten Bedingungen abweicht;

2) wer eine gewerbliche Anlage zu der nach § 16 und 24 eine besondere Genehmigung erforderlich ist, ohne dieselbe errichtet, oder die Bedingungen unter denen sie ertheilt war nicht innehält, oder ohne neue Genehmigung wesentliche Veränderungen vornimmt[2]).

3) Nach § 29 Absatz 1 ist die Ausübung der Heilkunde freigegeben und bedarf keiner Genehmigung oder Approbation. Dagegen ist nach § 147 derjenige strafbar, welcher, ohne hierzu approbirt zu sein, sich als Arzt bezeichnet, oder sich einen ähnlichen Titel beilegt, durch den der Glaube erweckt wird der Inhaber desselben sei eine geprüfte Medizinalperson[3]).

4) Nach § 120 ist der Gewerbeunternehmer verpflichtet bei Beschäftigung jugendlicher Arbeiter besondere Rücksicht auf Gesundheit und Sittlichkeit derselben zu nehmen, auch ihnen die zum Besuche von Fortbildungsschulen erforderliche Zeit zu gewähren. Ebenso sind sie verpflichtet alle Einrichtungen herzustellen und zu

---

1) Rsprch. II S. 326. Vgl. auch IV S. 253. 753.

2) Meves a. a. O. S. 596 f.

3) Vgl. Goltd. Arch. XXVI S. 459. Rsprch. I S. 30. Meves a. a. O. S. 628.

unterhalten, welche zu thunlichster Sicherheit gegen Gefahr für Leben und Gesundheit nothwendig sind. Die Strafe des § 147 trifft denjenigen, welcher der Aufforderung der Behörde ungeachtet diesen Bestimmungen nicht nachkommt.

Die Uebertretungen, welche die Gewerbe-Ordnung in beträchtlicher Zahl anführt, werden in den Fällen des § 148 mit Geldstrafe bis zu einhundert und fünfzig Mark, im Unvermögensfalle mit Haft bis zu vier Wochen, in den Fällen des § 149 mit Geldstrafe bis zu dreißig Mark und im Unvermögensfalle mit Haft bis zu acht Tagen, in den Fällen des § 150 mit Geldstrafe bis zu zwanzig Mark und im Unvermögensfalle mit Haft bis zu drei Tagen bestraft.

§ 278. Nach dem Gesetze betreffend die Anfertigung von Zündhölzern vom 13. Mai 1884 darf die Anfertigung derselben unter Verwendung von weißem Phosphor nur in Anlagen stattfinden, welche ausschließlich für die Herstellung von Zündhölzern benutzt werden. Zuwiderhandlungen gegen diese Vorschrift werden mit Geldstrafe bis zu dreihundert Mark, im Unvermögensfalle mit Haft bestraft. Außerdem ist auf Einziehung der in dem gesetzwidrigen Betriebe benutzten beweglichen Gegenstände und der hergestellten Zündhölzer zu erkennen.

Mit Geldstrafe bis zu zweitausend Mark, im Unvermögensfalle mit Gefängniß bis zu sechs Monaten, wird bestraft das Zuwiderhandeln gegen die in § 2 zum Schutze der Gesundheit von Kindern und jugendlichen Arbeitern getroffenen Anordnungen.

§ 279. Nach dem Gesetze betreffend die Krankenversicherung der Arbeiter vom 15. Juni 1883[1]) wird nach § 82 der Arbeitgeber, sofern nicht nach anderen gesetzlichen Bestimmungen eine härtere Strafe eintritt, mit Geldstrafe bis zu dreihundert Mark bestraft, wenn er bei der Lohnzahlung vorsätzlich höhere als die nach den Bestimmungen dieses Gesetzes zulässigen Beträge in Anrechnung bringt, und ebenso dann, wenn er, im Widerspruche zu dem in § 80 ausgesprochenen Verbote, die Anwendung der Bestimmungen dieses Gesetzes zum Nachtheile der versicherten Arbeiter durch Verträge — mittelst Reglements oder besonderer Uebereinkunft — ausschließt oder beschränkt.

Die Mitglieder des Vorstandes sowie Rechnungs- und Kassen-

---

1) Vgl. von Wödtke Das Reichsgesetz betreffend die Krankenversicherung der Arbeiter, mit Einleitung und Erläuterungen 1883.

führer der Kasse haften nach § 42 für pflichtmäßige Verwaltung wie Vormünder ihren Mündeln und sind, wenn sie absichtlich zum Nachtheile der Kasse handeln, wegen Untreue nach § 266 des Strafgesetzbuches zu strafen.

Als Uebertretung wird es mit Geldstrafe bis zu zwanzig Mark bestraft, wenn der Arbeitgeber es unterläßt die von ihm beschäftigten versicherungspflichtigen Personen rechtzeitig an- und abzumelden, ebenso wenn der Kassenführer einer Krankenkasse die ihm nach § 76 obliegende Anzeige nicht rechtzeitig macht.

Nach dem Gesetze betreffend die Unfall- und Krankenversicherung der in land- und forstwirthschaftlichen Betrieben beschäftigten Personen vom 5. Mai 1886 finden die Bestimmungen des Krankenversicherungsgesetzes von 1883 auch Anwendung, wenn durch Landesgesetze in der Land- und Forstwirthschaft gegen Gehalt oder Lohn beschäftigte Personen der Krankenversicherungspflicht nach Maßgabe des Gesetzes von 1883 unterworfen werden.

Nach dem Unfallversicherungsgesetze[1]) vom 6. Juli 1884 sind die Genossenschaften befugt durch Beauftragte die Befolgung der zur Verhütung von Unfällen erlassenen Vorschriften zu überwachen, und von den Einrichtungen der Betriebe, soweit sie für die Zugehörigkeit zur Genossenschaft oder für die Einschätzung in den Gefahrentarif von Bedeutung sind, Kenntniß zu nehmen. Der Betriebsunternehmer kann aber, sofern er die Verletzung eines Fabrikgeheimnisses oder Schädigung seiner Geschäftsinteressen befürchtet, die Besichtigung durch andere Sachverständige beanspruchen. Nach § 107 und 108 werden Mitglieder der Vorstände der Genossenschaften, deren Beauftragte oder die zur Betriebsbesichtigung berufenen Sachverständigen, wenn sie Betriebsgeheimnisse, die kraft ihres Amtes oder Auftrages zu ihrer Kenntniß gelangt sind, unbefugt offenbaren, mit Geldstrafe bis zu eintausend fünfhundert Mark oder mit Gefängniß bis zu 3 Monaten bestraft, dagegen mit Gefängniß bis zu fünf Jahren, neben welchem auf Verlust der Ehrenrechte erkannt werden kann, wenn sie die wie angegeben zu ihrer Kenntniß gekommenen Betriebsgeheimnisse absichtlich zum Nachtheile des Betriebsunternehmers offenbaren oder geheim ge-

1) von Wödtke Das Unfallversicherungsgesetz mit Einleitung und Erläuterungen 1884. Lange Das Reichsgesetz betreffend die Unfall- und Kranken-Versicherung der in land- und forstwirthschaftlichen Betrieben beschäftigten Personen. 1886.

haltene Betriebseinrichtungen oder Betriebsweisen, so lange als diese Betriebsgeheimnisse sind, nachahmen. Die gleichen Strafbestimmungen enthalten die §§ 127 und 128 des Gesetzes betreffend die Unfall- und Krankenversicherung der in land- und forstwirthschaftlichen Betrieben beschäftigten Personen vom 5. Mai 1886.

Das unbefugte wie das mit der Absicht zu benachtheiligen stattgehabte Offenbaren ist nothwendig ein vorsätzliches und die Strafbarkeit würde ausgeschlossen sein, wenn gegen den Willen, aber durch ein fahrlässiges Verhalten des Betreffenden das zu seiner Kenntniß gekommene Geheimniß kund geworden sein sollte. Von einer Fahrlässigkeit kann nur in dem ersten Falle insofern die Rede sein, als der Thäter durch das unbefugte Offenbaren dem Betriebsunternehmer fahrlässiger Weise Nachtheile zufügt, während im letztern Falle das vorsätzliche Offenbaren des Geheimnisses in der Absicht ihm Nachtheile zuzufügen geschehen sein muß. Ist das letztere Vergehen verübt um sich oder einem Andern einen Vermögensvortheil zu verschaffen, so kann neben der Gefängnißstrafe auf Geldstrafe bis zu dreitausend Mark erkannt werden. Bei dem erstern Vergehen tritt die Verfolgung nur auf Antrag des Betriebsunternehmers ein.

Von den Genossenschaftsvorständen können gegen Betriebsunternehmer oder deren gesetzliche Vertreter in einer größern Zahl von Fällen Ordnungsstrafen bis zu dreihundert und bis zu fünfhundert Mark festgesetzt werden[1]).

Die Mitglieder der Vorstände sowie Vertrauensmänner haften nach § 26 der Genossenschaft für getreue Geschäftsverwaltung wie Vormünder ihren Mündeln, und sind, sofern sie absichtlich zum Nachtheile der Gesellschaft handeln nach § 266 des Strafgesetzbuches wegen Untreue zu bestrafen[2]).

§ 280. Nach dem Gesetze über den Feingehalt der Gold- und Silberwaren vom 16. Juli 1884 § 9 wird mit Geldstrafe bis zu eintausend Mark oder Gefängniß bis zu sechs Monaten bestraft 1) wer Gold- oder Silberwaren, welche nach diesem Gesetze mit einer Angabe des Feingehaltes nicht versehen sein dürfen, mit einer solchen Angabe versieht; 2) wer Gold- oder Silberwaren, welche mit einer Angabe des Feingehaltes versehen sein dürfen,

---

1) Ebenso nach §§ 123—125 des Gesetzes vom 5. Mai 1886.

2) Ebenso nach § 31 des Gesetzes vom 5. Mai 1886.

mit einer andern als der gesetzlich zulässigen Feingehaltsangabe versieht; 3) wer gold- oder silberähnliche Waren mit einem durch dieses Gesetz vorgesehenen Stempelzeichen oder mit einem Stempelzeichen versieht, welches nach diesem Gesetze als Feingehaltsbezeichnung für Gold- und Silberwaren nicht zulässig ist; 4) wer Waren feil hält, welche mit einer gegen die Bestimmungen dieses Gesetzes verstoßenden Bezeichnung versehen sind. Mit der Verurtheilung ist zugleich auf Vernichtung der gesetzwidrigen Bezeichnung oder, wenn diese in anderer Weise nicht möglich ist, auf Zerstörung der Waren zu erkennen.

Den Bestimmungen der Maß- und Gewichtsordnung vom 17. August 1868 und ihren Nachtragsgesetzen vom 10. März 1870, 7. Dezember 1873 und 11. Juli 1884 sowie der Eichordnung vom 27. Dezember 1884 ist strafrechtlicher Schutz gesichert durch das Strafgesetzbuch § 369 Nr. 2, wonach Gewerbtreibende, bei denen zum Gebrauche in ihrem Gewerbe geeignete, mit dem gesetzlichen Eichungsstempel nicht versehene oder unrichtige Maße, Gewichte oder Wagen vorgefunden werden, oder welche sich einer andern Verletzung der Vorschriften über die Maß- oder Gewichtspolizei schuldig machen mit Geldstrafen bis zu einhundert Mark oder mit Haft bis zu vier Wochen bestraft werden.

Nach dem Gesetze betreffend die Bezeichnung des Raumgehaltes der Schankgefäße vom 20. Juli 1881 § 5 werden Gast- und Schankwirthe, welche den Bestimmungen des Gesetzes zuwiderhandeln, mit Geldstrafe bis zu einhundert Mark oder mit Haft bis zu vier Wochen bestraft. Zugleich ist auf Einziehung der vorschriftswidrig befundenen Schankgefäße zu erkennen, auch kann die Vernichtung derselben ausgesprochen werden.

§ 281. Der Beaufsichtigung Seitens des Reiches und der Gesetzgebung desselben sind durch die Reichsverfassung Art. 4 Nr. 4 überwiesen die allgemeinen Bestimmungen über das Bankwesen. Von dieser Befugniß hat das Reich bisher nur in Beziehung auf Notenbanken durch das Bankgesetz vom 14. März 1875 Gebrauch gemacht.

Nach diesem Gesetze kann die Befugniß zur Ausgabe von Banknoten nur durch Reichsgesetz erworben werden, und diejenigen Banken, welche sich bei Erlaß des Gesetzes im Besitze der Befugniß zur Notenausgabe befanden, können die Befugniß einer Notenausgabe über den bei Erlaß des Gesetzes zulässigen Betrag ebenso nur durch ein Reichsgesetz erwerben. Die unbefugte Ausgabe von

Banknoten, wozu auch die Ausgabe von Banknoten die auf weniger als hundert Mark lauten gehört, sowie von sonstigen auf den Inhaber lautenden unverzinslichen Schuldverschreibungen, wird nach § 55 mit einer Geldstrafe, die dem Zehnfachen des Betrages der ausgegebenen Werthzeichen gleichkommt, mindestens aber fünftausend Mark beträgt, bestraft.

Die Noten einer Bank, die sich bei Erlaß des Bankgesetzes im Besitze der Befugniß zur Notenausgabe befand, dürfen außerhalb des Staates, welcher derselben diese Befugniß ertheilt hat, nicht gebraucht werden. Zuwiderhandlungen werden nach § 56 mit Geldstrafe bis zu einhundertfünfzig Mark bestraft.

Eine derartige Bank darf außerhalb des Staates, welcher ihnen die gedachte Befugniß ertheilt hat, Bankgeschäfte durch Zweiganstalten weder betreiben noch durch Agenten für ihre Rechnung betreiben lassen, noch als Gesellschafter an Bankhäusern sich betheiligen. Wer diesem Verbote zuwider als Vorsteher von Zweiganstalten oder als Agent Bankgeschäfte betreibt oder mit Banken als Gesellschafter in Verbindung tritt, wird nach § 58 mit Geldstrafe bis zu fünftausend Mark bestraft, und die gleiche Strafe trifft die Mitglieder des Vorstandes einer Bank, welche solche Zweiganstalten oder Agenturen bestellen oder die von ihnen vertretene Bank als Gesellschafter an Bankhäusern betheiligen, oder auch dem Verbote zuwider Namens der Bank Wechsel acceptiren, oder Waren oder curshabende Papiere auf eigene oder für fremde Rechnung auf Zeit kaufen oder verkaufen, oder für die Erfüllung solcher Geschäfte Bürgschaft übernehmen.

Mit Geldstrafe von fünfzig bis zu fünftausend Mark wird nach § 57 bestraft, wer dem Verbote zuwider ausländische Banknoten oder sonstige auf den Inhaber lautende unverzinsliche Schuldverschreibungen ausländischer Corporationen, Gesellschaften oder Privaten, welche ausschließlich oder neben anderen Werthbestimmungen in Reichswährung oder einer deutschen Landeswährung ausgestellt sind, zur Leistung von Zahlungen verwendet. Geschieht die Verwendung gewerbsmäßig, so tritt neben der Geldstrafe Gefängniß bis zu einem Jahre ein. Der Versuch ist strafbar.

Die Mitglieder des Vorstandes einer Bank werden nach § 59 mit Gefängniß bis zu drei Monaten bestraft, wenn sie in den gesetzlich vorgeschriebenen Veröffentlichungen wissentlich den Stand der Verhältnisse der Bank unwahr darstellen oder verschleiern, und wenn die Bank mehr Noten ausgiebt als sie befugt ist, mit einer Geldstrafe die dem Zehnfachen des zu viel ausgegebenen Betrages gleichkommt, mindestens aber fünftausend Mark beträgt. Diese Strafe trifft auch die Mitglieder des Vorstandes solcher Corporationen, die zur Ausgabe auf den Inhaber lautender unverzinslicher Schuldverschreibungen befugt sind, wenn sie mehr solche Geldzeichen ausgeben, als die Corporation befugt ist.

§ 282. Die Erfahrungen, welche die 1872 beginnende Periode schwindelhafter kaufmännischer Gründungen mit sich brachte, namentlich der Umstand, daß die große Zahl der s. g. Gründer-Prozesse mit denen die Strafgerichte beschäftigt waren zu keinem nennenswerthen Ergebnisse führten, hatte die Folge, daß die Gesetzgebung als unzulänglich angefochten wurde, ein Vorwurf der zum Theil völlig grundlos war, namentlich soweit man meinte, daß die Strafgesetzgebung keinen ausreichenden Schutz gegen Betrug gewähre, oder doch, soweit er etwa als berechtigt anzuerkennen war, sich in falscher Richtung befand, wenn man die Abhilfe lediglich von der Strafgesetzgebung erwartete und von ihr forderte was sie nicht leisten kann und darf[1]).

Das Gesetz betreffend die Commanditgesellschaften auf Actien und die Actiengesellschaften vom 18. Juli 1884 hat den aus der Erfahrung sich ergebenden Bedürfnissen vor allem dadurch zu entsprechen gesucht, daß es die civilrechtlichen Bestimmungen im zweiten Abschnitte des zweiten Titels und im dritten Titel vom zweiten Buche des Handelsgesetzbuches Art. 173 bis 248 aufhob und durch andere ersetzte, und mit Beseitigung des bisherigen Art. 249 und 249a in den Art. 249a bis 249g ein Reihe, die bisherigen verschärfende und erweiternde, Strafbestimmungen anschloß. Nach demselben sind folgende Handlungen strafbar.

I. Wegen Untreue werden nach § 249, abweichend von § 266 des Strafgesetzbuches, persönlich haftende Gesellschafter, Mitglieder des Aufsichtsrathes und Liquidatoren einer Commanditgesellschaft auf Actien, sowie Mitglieder des Vorstandes und Aufsichtsrathes und Liquidatoren einer Actiengesellschaft, wenn sie absichtlich zum Nachtheile der Gesellschaft handeln, mit Gefängniß und mit Geldstrafe bis zu zwanzigtausend Mark bestraft. Auch kann auf Verlust der bürgerlichen Ehrenrechte erkannt werden.

II. Strafbar sind wissentlich falsche Angaben behufs Eintra-

---

1) Vgl. Merkel in Holtzdf. Hdbch. IV S. 436 f. Müller Gründerprozesse 1876 und G. Saal 1877 S. 77. Feige in Goltd. Arch. XXVI S. 303.

gung des Gesellschaftsvertrages oder einer Erhöhung des Capitals in das Handelsregister oder in einer Ankündigung von Actien. Durch diese Strafbestimmung wird die gegen den Betrug insofern ergänzt und erweitert, als schon die falsche Angabe an sich strafbar ist, also unabhängig von der Frage ob durch dieselbe eine Täuschung Anderer und eine Vermögensbeschädigung verursacht worden ist. Es ist also lediglich die Gefahr von Täuschungen und Vermögensbeschädigungen, welche für strafbar erklärt ist.

Es werden hiernach 1) nach § 149a mit Gefängniß und mit Geldstrafe bis zu zwanzigtausend Mark bestraft persönlich haftende Gesellschafter oder Mitglieder des Aufsichtsrathes einer Commanditgesellschaft auf Actien, sowie Gründer, Mitglieder des Vorstandes oder des Aufsichtsrathes einer Actiengesellschaft, welche behufs Eintragung des Gesellschaftsvertrages in das Handesregister rücksichtlich der Zeichnung oder Einzahlung des Gesammtcapitals der Commanditisten oder des Grundcapitals der Actiengesellschaft oder der in Art. 175b oder 209b vorgesehenen Festsetzungen, insbesondere der Gründervortheile, wissentlich falsche Angaben machen, und ferner 2) dieselben Personen, mit Ausnahme der hier nicht in Betracht kommenden Gründer, welche behufs Eintragung einer Erhöhung des Gesammtcapitals der Commanditisten oder des Grundcapitals der Actiengesellschaft in das Handelsregister rücksichtlich der Einzahlung des bisherigen oder rücksichtlich der Zeichnung oder Einzahlung des erhöhten Capitals wissentlich falsche Angaben machen, sowie endlich 3) diejenigen, welche rücksichtlich der unter 1 bezeichneten Thatsachen wissentlich falsche Angaben in einer in Art. 180a und 213b vorgesehenen Ankündigung von Actien machen.

Sind mildernde Umstände vorhanden, so tritt ausschließlich Geldstrafe ein.

III. Persönlich haftende Gesellschafter, Mitglieder des Aufsichtsrathes und Liquidatoren einer Commanditgesellschaft auf Actien, sowie Mitglieder des Vorstandes und des Aufsichtsrathes und Liquidatoren einer Actiengesellschaft werden nach Art. 249b mit Gefängniß bis zu einem Jahre und zugleich mit Geldstrafe bis zu zwanzigtausend Mark bestraft:

1) wenn sie wissentlich in ihren Darstellungen, in ihren Uebersichten über den Vermögenszustand der Gesellschaft oder in den in der Generalversammlung gehaltenen Vorträgen den Stand der Verhältnisse der Gesellschaft unwahr darstellen oder verschleiern,

in welchem Falle zugleich auf Verlust der bürgerlichen Ehrenrechte erkannt werden kann;

2) wenn sie vor der vollen Leistung des Nominalbetrages der Actien oder des in den Fällen der Artikel 175a Ziffer 2, 180h Absatz 2, 209a Ziffer 2, 215a Absatz 2 festgesetzten Betrages Actien ausgeben;

3) wenn sie in dem Falle einer stattgefundenen Erhöhung des Gesammtcapitals oder des Grundcapitals vor Eintragung desselben in das Handelsregister Actien oder Interimsscheine ausgeben;

4) wenn sie auf einen geringeren Betrag als eintausend Mark gestellte Actien oder Interimsscheine ausgeben, welche nicht die in Art. 181a Absatz 3, 215c Absatz 4 vorgeschriebenen Angaben enthalten.

Sind mildernde Umstände vorhanden, so tritt ausschließlich Geldstrafe ein.

IV. Mit Gefängniß bis zu drei Monaten und mit Geldstrafe bis zu fünftausend Mark werden nach Art. 249c bestraft

1) die oben genannten Personen, wenn länger als drei Monate die Gesellschaft ohne Aufsichtsrath geblieben ist oder in dem letztern die zur Beschlußfähigkeit erforderliche Zahl von Mitgliedern gefehlt hat;

2) die Mitglieder des Vorstandes und die Liquidatoren einer Actiengesellschaft, wenn sie entgegen der Vorschrift des Art. 240 Abs. 2 es unterlassen haben, die Eröffnung des Concurses zu beantragen.

Sind mildernde Umstände vorhanden, so tritt ausschließlich Geldstrafe ein.

Daß das Unterbleiben der Bestellung oder Ergänzung des Aufsichtsrathes oder des Eröffnungsantrages ein schuldhaftes sei wird präsumirt, aber derjenige bleibt straflos, welcher nachweist, daß er es nicht verschuldet habe.

V. Mit Gefängniß bis zu einem Jahre und zugleich mit Geldstrafe bis zu zehntausend Mark wird nach Art. 249d bestraft:

1) wer in öffentlichen Bekanntmachungen wissentlich falsche Thatsachen vorspiegelt oder wahre Thatsachen entstellt, um zur Betheiligung an einem Actienunternehmen zu bestimmen;

2) wer in betrügerischer Absicht auf Täuschung berechnete Mittel anwendet, um auf den Curs von Actien einzuwirken. Als eine betrügerische wird die Absicht nur betrachtet werden können,

wenn sie derjenigen entspricht, welche der Thatbestand des Betruges erfordert, d. h. wenn sie darauf gerichtet ist mittelst Täuschung und Beschädigung des Vermögens eines Andern sich oder einem Dritten einen rechtswidrigen Vermögensvortheil zu verschaffen;

3) wer über die Hinterlegung von Actien oder Interimsscheinen Bescheinigungen, welche zum Nachweise des Stimmrechts in einer General-Versammlung dienen sollen, wissentlich falsch ausstellt oder verfälscht, oder von einer solchen Bescheinigung, wissend, daß sie falsch oder verfälscht ist, zur Ausübung des Stimmrechtes Gebrauch macht.

Mit der angegebenen Strafe kann Verlust der Ehrenrechte verbunden werden. Sind mildernde Umstände vorhanden, so tritt ausschließlich Geldstrafe ein.

VI. Entsprechend der Fassung und Strafbestimmung des § 213 der Concursordnung wird nach Art. 249e derjenige, welcher sich besondere Vortheile dafür hat gewähren oder versprechen lassen, daß er bei einer Abstimmung in der General-Versammlung von Commanditisten oder Actionären in einem gewissen Sinne stimme, mit Geldstrafe bis zu dreitausend Mark oder mit Gefängniß bis zu einem Jahre bestraft.

VII. Wer in der General-Versammlung die Actien eines Andern, zu dessen Vertretung er nicht befugt ist, ohne dessen Einwilligung zur Ausübung des Stimmrechtes benutzt, wird nach Art. 249f mit einer Geldstrafe von zehn bis dreißig Mark für jede Actie, jedoch nicht unter eintausend Mark bestraft, und ebenso derjenige, welcher Actien eines Andern gegen Entgelt leiht und für diese das Stimmrecht ausübt, so wie der, welcher hierzu durch Verleihung der Actien mitgewirkt hat.

§ 283. Nach dem Gesetze betreffend die eingeschriebenen Hilfskassen vom 7. April 1876, vielfach abgeändert durch das Gesetz vom 1. Juni 1884, werden Mitglieder des Vorstandes, des Ausschusses oder einer örtlichen Verwaltungsstelle, welche den Bestimmungen des Gesetzes zuwiderhandeln, nach § 34 mit Geldstrafe bis zu dreihundert Mark bestraft[1]).

Nach dem Gesetze betreffend die privatrechtliche Stellung der Erwerbs- und Wirthschafts-Genossenschaften vom 4. Juli 1868

---

1) Ueber die Untreue der Mitglieder des Vorstandes und Ausschusses, zu denen in der jetzigen Fassung des Gesetzes noch die einer örtlichen Verwaltungsstelle hinzugekommen sind vgl. oben S. 395.

§ 27 werden die Mitglieder des Vorstandes einer solchen Genossenschaft mit Geldstrafe bis zu sechshundert Mark bestraft, wenn ihre Handlungen auf andere als die in § 1 bezeichneten Zwecke, nämlich Förderung des Credits, des Erwerbes oder der Wirthschaft der Mitglieder mittelst gemeinschaftlichen Geschäftsbetriebes, gerichtet sind, oder wenn sie in der General-Versammlung die Erörterung von Anträgen gestatten oder nicht hindern, welche auf öffentliche Angelegenheiten gerichtet sind, deren Erörterung unter die Landesgesetze über das Vereins- und Versammlungsrecht fällt.

Wegen Unrichtigkeiten in den nach dem Gesetze dem Vorstande obliegenden Anzeigen oder sonstigen amtlichen Angaben werden die Vorstandsmitglieder nach § 67 mit Geldbuße bis zu sechszig Mark bestraft.

Achtes Kapitel.

Delicte gegen die auf die Schifffahrt sich beziehenden Vorschriften.

§ 284. Im heutigen europäischen Völkerrechte ist der Grundsatz der Meeresfreiheit, nach welchem kein Staat das Recht hat, sich über irgend einen Theil der offenen See eine Staatsgewalt anzumaßen, allseitig anerkannt. Von der offenen See werden aber die Küstengewässer als solche unterschieden, welche einen Theil des Staatsgebietes bilden, und in denen deshalb der Staat befugt ist alle Rechte der Staatsgewalt zu üben. Eine allgemein anerkannte völkerrechtliche Regel über die Grenze der Küstengewässer und der offenen See giebt es bis jetzt nicht. Das deutsche Reich betrachtet als Küstenmeer das Seegebiet das sich vom festen Lande aus bei dem niedrigsten Wasserstande der Ebbe auf drei Seemeilen erstreckt[1]).

In den Küstengewässern wird, wie in der Regel, so auch von Deutschland die Fischerei und die Schifffahrt den Inländern vorbehalten, wonach Ausländer sich durch die Betreibung derselben strafbar machen[2]). Der Führer eines ausländischen Schiffes, der unbefugt Küstenfrachtfahrt betreibt, wird mit Geldstrafe bis zu dreitausend Mark bestraft. Neben der Geldstrafe kann auf Einziehung des Schiffes und der unbefugt beförderten Güter erkannt werden, ohne Unterschied ob sie dem Verurtheilten gehören oder nicht. Der § 42 des Strafgesetzbuches findet entsprechende Anwendung[3]).

---

1) Staatsvertrag des deut. Reichs mit Belgien, Dänemark, Frankreich, England, den Niederlanden über die Fischerei in der Nordsee v. 6. Mai 1882, Art. 2.

2) In Betreff des Fischens vgl. oben S. 343, dazu Gesetz zur Ausführung der Convention vom 6. Mai 1882, vom 30. April 1884.

3) Gesetz betr. die Küstenfrachtfahrt v. 22. Mai 1881.

§ 285. Die Strandungsordnung vom 17. Mai 1874 giebt die Vorschriften, welche für den Fall des Strandens von Schiffen an den deutschen Küsten maßgebend sind, und deren Wahrnehmung besonderen Behörden und Beamten übertragen ist. Der Strandvogt ist befugt im Falle der Strandung oder Seenoth eines Schiffes die bei Unglücksfällen oder gemeiner Gefahr oder Noth der Polizeibehörde zustehende Befugniß der Aufforderung zur Hilfsleistung zu üben, und wer ihr nicht Folge leistet, obgleich er der Aufforderung ohne erhebliche eigene Gefahr genügen konnte, wird nach § 360 Nr. 10 des Strafgesetzbuches mit Geldstrafe bis zu einhundertfünfzig Mark oder Haft gestraft[1]).

Die gleiche Strafe trifft denjenigen, welcher es unterläßt, die von ihm wahrgenommene Strandung oder Seenoth eines Schiffes sofort dem Strandvogte oder der Gemeindebehörde anzuzeigen;

oder wider den Willen des Schiffers Maßregeln zum Zwecke der Bergung oder Hilfsleistung ergreift, insbesondere wider dessen Willen an das Schiff anlegt oder es betritt;

oder wer an das Land getriebene Stücke der Ladung oder des Schiffes oder sonstige auf ihm befindliche oder zu ihm gehörige Gegenstände birgt ohne dies einem bei der Bergung mitwirkenden Beamten anzuzeigen, oder auf Erfordern die Sachen nicht abliefert;

oder wer außer dem Falle der Seenoth eines Schiffes besitzlos gewordene Gegenstände geborgen hat, ohne davon sofort Anzeige zu machen und die Gegenstände zur Verfügung zu stellen;

oder wer Schiffstrümmer oder sonstige Gegenstände vom Meeresgrunde heraufgebracht oder auf offener See ein verlassenes Schiff oder sonstige besitzlos gewordene Gegenstände geborgen hat und davon nicht Anzeige macht und die Sachen zur Verfügung stellt; endlich auch

der Strandvogt, der nicht vor allem für die Rettung der Menschen sorgt[2]).

§ 286. Auf offener See befindliche Schiffe sind ihrer Staatsgewalt unterworfen und bilden einen Theil des heimathlichen Staatsgebietes. Für alle sie betreffenden Rechtverhältnisse sind darum lediglich die Gesetze des Heimaths-Staates maßgebend. Dasjenige Schiff aber, welches sich in dem einer Staatsgewalt

---

1) Strand. O. § 9.
2) Strand. O. §§ 4. 7. 11. 13. 20. 21. 43.

unterworfenen Seegebiete befindet, ist regelmäßig eben dieser Staatsgewalt untergeordnet und steht unter den hier geltenden Landesgesetzen, wie zugleich unter dem völkerrechtlichen Schutze des Heimathsstaates.

Um die Nationalität jedes Kauffahrteischiffes festzustellen und kenntlich zu machen, muß dasselbe in das Schiffsregister desjenigen Hafens eingetragen werden, von welchem aus die Seefahrt mit ihm getrieben werden soll [1]). Hierbei muß neben den anderen vom Gesetze bezeichneten Thatsachen, der Name des Schiffes den es auf jeder Seite des Bugs nebst dem Namen des Heimathshafens am Heck zu tragen hat, sowie die Nationalität des Rheders oder der Mitrheder angegeben werden. Die Eintragung darf erst erfolgen, nachdem jene Thatsachen und das Recht des Schiffes, die Bundesflagge zu führen glaubhaft nachgewiesen sind, ein Recht, welches dadurch bedingt ist, daß das Schiff ausschließliches Eigenthum solcher Personen ist, die das Bundesindigenat besitzen, oder das Eigenthum von im Bundesgebiete errichteten Actiengesellschaften oder Commanditgesellschaften auf Actien, welche im Bundesgebiet ihren Sitz haben. In Betreff der letzteren Gesellschaften ist noch erforderlich, daß den persönlich haftenden Mitgliedern das Bundesindigenat zusteht [2]).

Wenn ein Schiff, bevor die Eintragung und die Ausfertigung des Schiffscertificates erfolgt ist, die Bundesflagge führt, so trifft den Schiffsführer Geldstrafe bis zu dreihundert Mark oder verhältnißmäßige Gefängnißstrafe, sofern er nicht nachweist, daß der Gebrauch der Flagge ohne sein Verschulden geschehen sei [3]).

Dieselbe Strafe trifft den, welcher nicht rechtzeitig die zum Schiffsregister anzugebenden Thatsachen anmeldet, sofern er nicht nachweist, daß dies ohne sein Verschulden unterblieben sei, und die doppelte Strafe trifft den, welcher binnen sechs Wochen, nachdem das ihn verurtheilende Erkenntniß rechtskräftig geworden ist, der Pflicht der Anmeldung nicht genügt [4]).

Wenn ein Schiff, das zur Führung der Bundesflagge nicht

---

1) Gesetz betreffend die Registrirung und Bezeichnung der Kauffahrteischiffe v. 28. Juni 1873 § 3 und 4.

2) Gesetz betreffend die Nationalität der Kauffahrteischiffe und die Befugniß zur Führung der Bundesflagge v. 25. October 1867 §§ 2. 6. 7.

3) G. v. 25. Octbr. 1867 § 14.

4) G. v. 25. Octbr. 1867 § 15.

berechtigt ist, unter der Bundesflagge fährt, so trifft den Schiffsführer eine Geldstrafe bis zu eintausend fünfhundert Mark oder Gefängniß bis zu sechs Monaten. Das Schiff kann confiscirt werden[1]).

Der Führer eines deutschen Kauffahrteischiffes ist verpflichtet, die Ankunft des Schiffes in einem zu dem Amtsbezirke eines deutschen Consulates gehörigen Hafen und den Abgang aus einem solchen Hafen dem Consul zu melden. Der Schiffsführer der dies unterläßt, oder der kaiserlichen Verordnung zuwider die ungenügende Meldung nicht vervollständigt, wird mit Geldstrafe bis zu zweihundert Mark bestraft[2]).

Jedes deutsche Kauffahrteischiff das von einem außerdeutschen Hafen nach einem deutschen oder nach einem Hafen des Canals, Großbrittaniens, des Sundes oder Kategats oder einem nichtdeutschen Hafen der Nord- oder Ostsee bestimmt ist, ist verpflichtet deutsche Seeleute die sich im Auslande in hilfsbedürftigem Zustande befinden und ebenso in solcher Lage sich befindende ausländische Seeleute, welche unmittelbar vorher auf einem deutschen Schiffe in Dienst waren, behufs Zurückbeförderung nach Deutschland mitzunehmen. Wer sich der Erfüllung dieser Pflicht entzieht, wird mit Geldstrafe bis zu einhundert fünfzig Mark oder Haft bestraft[3]).

§ 287. Nach § 145 des Strafgesetzbuches ist mit Geldstrafe bis zu einhundert fünfzig Mark oder Haft zu bestrafen, wer die hier näher bezeichneten vom Kaiser zu erlassenden Verordnungen übertritt.

Auf Grund dieser gesetzlichen Bestimmungen ist, unter Aufhebung der frühern Verordnung vom 23. Dezember 1871 ergangen:

1) die Verordnung zur Verhütung des Zusammenstoßens der Schiffe auf See vom 7. Januar 1880. Sie enthält Vorschriften über das Führen von Lichtern, über Schallsignale und Mäßigung der Geschwindigkeit bei Nebel, dickem Wetter oder Schneefall, sowie

---

1) G. v. 25. Octbr. 1867 § 13.

2) Gesetz betreffend die Schiffsmeldungen bei den Consulaten des deutschen Reichs v. 25. März 1880 § 4. Verordnung betreffend die Schiffsmeldungen bei den Consulaten des deutschen Reichs v. 28. Juli 1880 § 3.

3) Gesetz betreffend die Verpflichtung deutscher Kauffahrteischiffe zur Mitnahme hilfsbedürftiger Seeleute vom 27. Dezember 1872.

über das Ausweichen der Schiffe, bestimmt aber, daß die Beobachtung dieser Vorschriften nicht befreit von der Verantwortlichkeit für die Versäumniß irgend einer Vorsichtsmaßregel, welche durch die gewöhnliche seemännische Praxis oder durch die besonderen Umstände des Falles geboten sind.

2) Die Verordnung über das Verhalten der Schiffer nach einem Zusammenstoße von Schiffen auf See, vom 15. August 1876, nach welcher der Führer eines jeden der zusammengestoßenen Schiffe dem andern und den dazu gehörigen Personen Beistand zu leisten hat, soweit er dazu ohne erhebliche Gefahr für das eigne Schiff im Stande ist. Unter der gleichen Bedingung hat er vor Fortsetzung der Fahrt dem andern Schiff den Namen, den Heimaths-, Abgangs- und Bestimmungshafen anzugeben.

3) Die Noth- und Lootsen-Signalordnung für Schiffe auf See und auf den Küstengewässern vom 14. August 1876.

Da in diesen Verordnungen nicht, wie in anderen das Zoll-, Steuer-, Schifffahrtswesen u. s. w. betreffenden besonderen Gesetzen die Strafbarkeit an die Feststellung bestimmter Thatsachen und Präsumtionen der Schuld geknüpft, aber auch nicht zwischen Dolus und Culpa unterschieden wird, so versteht es sich von selbst, daß die Strafbarkeit von dem Beweise der Schuld, sei es Vorsatz oder Fahrlässigkeit, abhängig ist[1]. Dagegen würde die Strafbestimmung des § 145 nicht zur Anwendung kommen, wenn die Verletzung der Verordnung vom 7. Januar 1880 nicht nur vorsätzlich, sondern auch in der Absicht verübt wäre das nach § 323 des Strafgesetzbuches zu bestrafende gemeingefährliche Verbrechen zu verüben.

§ 288. Die Strafbestimmungen der Seemanns-Ordnung vom 27. Dezember 1872 sind, soweit sie sich auf den Bruch des Heuervertrages und auf die vom Schiffsmanne verübte Verletzung der Dienstpflicht, seinen Ungehorsam, die gegen den Vorgesetzten verübte Nöthigung und den ihm geleisteten Widerstand beziehen, bereits oben erwähnt[2]. Hier kommen noch folgende Strafbestimmungen in Betracht.

Mit Geldstrafe bis zu sechszig Mark oder mit Haft bis zu vierzehn Tagen wird nach § 93 bestraft:

1) der Schiffsmann, welcher bei Verhandlungen, die sich auf

---

1) Schwarze § 145 Nr. 1. v. Liszt S. 627. Olshausen § 145 Nr. 3.

2) Vgl. oben S. 397 und S. 831, auch die dort angeführte Literatur.

die Ertheilung eines Seefahrtsbuches, auf eine Eintragung in dasselbe oder auf eine Musterung beziehen, wahre Thatsachen entstellt oder unterdrückt oder falsche vorspiegelt um ein Seemannsamt zu täuschen. Insofern sich in solchem Falle der Thatbestand der s. g. intellectuellen Urkundenfälschung ergiebt, ist die Strafe des § 271 des Strafgesetzbuches zu verhängen;

2) der Schiffsmann, welcher es unterläßt sich gemäß § 10 zur Musterung zu stellen; oder 3) im Falle eines dem Dienstantritte entgegenstehenden Hindernisses es unterläßt, sich hierüber gegen das Seemannsamt auszuweisen[1]).

Der Schiffer oder sonstige Vorgesetzte der seine Disciplinargewalt mißbraucht, wird nach § 96 mit Geldstrafe bis zu neunhundert Mark oder mit Gefängniß bis zu einem Jahre bestraft[2]).

Der Schiffer, welcher seiner Pflicht für gehörige Verproviantirung des Schiffes zu sorgen nicht genügt, wird nach § 97 bei Vorsetzlichkeit mit Gefängniß und Geldstrafe bis zu eintausend fünfhundert Mark, bei Fahrlässigkeit, wenn in Folge dessen der Schiffsmannschaft die gebührende Kost nicht gewährt werden konnte, mit Geldstrafe bis zu sechshundert Mark oder Gefängniß bis zu einem Jahre gestraft[3]).

Der Schiffer, welcher einen Schiffsmann im Auslande ohne Genehmigung des Seeamtes zurückläßt, wird nach § 98 mit Geldstrafe bis zu dreihundert Mark, mit Haft oder mit Gefängniß bis zu drei Monaten bestraft[4]).

Den Schiffer trifft endlich die Uebertretungsstrafe von hundert fünfzig Mark oder Haft in einer in § 99 angegebenen Reihe von Verletzungen der ihm obliegenden Pflichten.

Wer eine auf unwahre Behauptungen gestützte Beschwerde über Seeuntüchtigkeit des Schiffes oder Mangelhaftigkeit des Proviantes bei einem Seemannsamte vorbringt und damit eine Untersuchung veranlaßt, wird nach § 94, wenn er wider besseres Wissen handelte, mit Gefängniß bis zu drei Monaten, bei Fahrlässigkeit mit Geldstrafe bis zu dreihundert Mark bestraft[5]).

---

1) Meves in Bezold Gesetzgebung des deut. Reichs III, 1. S. 480 f.
2) Meves a. a. O. S. 487.
3) Meves a. a. O. S. 489.
4) Meves a. a. O. S. 492.
5) Meves a. a. O. S. 483.

Neuntes Kapitel.

Delicte gegen die Militairgewalt.

§ 289. Wehrpflichtig[1]) d. h. verpflichtet, wenn nach Maßgabe der gesetzlichen Bestimmungen die Aufforderung hierzu an ihn ergeht, Militairdienst zu leisten, ist jeder Deutsche, mit Ausnahme der Mitglieder der regierenden Häuser, der Mitglieder der mediatisirten, vormals reichsständischen und der Häuser, welchen die Befreiung durch Verträge zugesichert ist oder auf Grund besonderer Rechtstitel zusteht, und die vor dem 1. Januar 1851 geborenen Angehörigen von Elsaß-Lothringen[2]). Ausländer sind niemals wehrpflichtig. Die Wehrpflicht bezieht sich auf die Dienstleistungen im Heere, der Marine und dem Landsturme, gleichviel ob es sich um den Dienst mit der Waffe oder andere militairische Dienstleistungen handelt. Sie ist beschränkt auf die Zeit vom vollendeten 17. bis zum vollendeten 42. Lebensjahre[3]), und kann innerhalb dieser Zeit im Frieden für den Dienst bei der Fahne auf drei Jahre, für den in der Reserve auf vier Jahre, für den in der Landwehr auf fünf Jahre in Anspruch genommen werden[4]).

Wer sich dieser ihm obliegenden staatsbürgerlichen Pflicht entzieht, ist strafbar. Das Gesetz unterscheidet hierbei verschiedene Arten in denen die Entziehung vorkommen kann, und zwar zunächst die Entziehung durch Verlassen des Reichsgebietes und Aufenthalt im Auslande.

---

1) Vgl. Reichs-Verf. Art. 57. 53 Absatz 4. Wehrgesetz v. 9. November 1867. Militairgesetz v. 2. Mai 1874. Gesetz betreffend Ergänzungen und Aenderungen desselben v. 6. Mai 1880. Landsturmgesetz v. 12. Februar 1875. Controlgesetz v. 15. Februar 1875. Wehrordnung v. 28. September 1875. Heerordnung für d. preuß. Heer v. 28. September 1875 übereinstimmend in Sachsen und Würtemberg eingeführt. Bayerische Heerordnung v. 20. Dezember 1875. Laband Staatsrecht d. deut. Reichs III S. 136 f.

2) Gesetz v. 23. Januar 1872 § 2.

3) Wehrgesetz § 3.

4) R. Verf. Art. 59. Wehrgesetz § 6. 7.

Hiernach ist strafbar 1) der Wehrpflichtige, welcher in der Absicht sich dem Eintritte in den Dienst des stehenden Heeres oder der Flotte zu entziehen, ohne Erlaubniß entweder das Bundesgebiet verläßt oder nach erreichtem militairpflichtigem Alter sich außerhalb des Bundesgebietes aufhält[1]). Der Dienst des stehenden Heeres oder der Flotte umfaßt den activen Dienst und den Dienst in der Reserve[2]), im Unterschiede von dem Dienste in der Landwehr, Seewehr und dem Landsturme.

Vorausgesetzt wird also, daß der Wehrpflichtige ohne Erlaubniß das Bundesgebiet verläßt oder nach erreichtem militairpflichtigen Alter sich im Auslande aufhält. Von einem Verlassen des Bundesgebietes kann nicht füglich die Rede sein, wenn es sich dabei nur um einen zeitweisen Aufenthalt im Auslande handelt, der auch dem Wehrpflichtigen gestattet ist, soweit er damit keiner seiner Dienstpflichten zuwiderhandelt. Das Verlassen des Bundesgebietes kann also nur auf das Auswandern bezogen werden, und darum auch die Erlaubniß nur auf die Entlassung aus dem Staatsverbande zum Zwecke des Auswanderns. Eine solche Entlassung des Wehrpflichtigen der in dem Alter vom vollendeten 17. bis zum vollendeten 25. Lebensjahre steht, ist nur zulässig auf Grund eines Zeugnisses der Kreis-Ersatzkommission darüber, daß die Entlassung nicht bloß in der Absicht sich der Dienstpflicht im stehenden Heere oder der Flotte zu entziehen, nachgesucht sei[3]). Wer mit dem Bewußtsein dienstpflichtig zu sein auswandert, und damit jedenfalls auch den Erfolg sich der Dienstpflicht zu entziehen will, soll gleichwohl straflos bleiben, wenn durch Zeugniß festgestellt ist, daß er nicht bloß in dieser Absicht, sondern durch anderweitige Motive veranlaßt die Entlassung nachsuchte. Wer mit Erlaubniß auswandert nachdem er entlassen ist, hat damit freilich auch aufgehört ein Wehrpflichtiger zu sein, so daß ein Verlassen des Bundesgebietes Seitens derjenigen Wehrpflichtigen, auf welche sich § 140 Nr. 1 bezieht, mit Erlaubniß überhaupt nicht vorkommen kann[4]).

Anders verhält es sich mit den Wehrpflichtigen die nach erreichtem militairpflichtigen Alter sich im Auslande aufhalten. Militairpflichtig, d. h. der Aushebung zum Dienste in der stehen-

---

1) Strfgb. § 140 Nr. 1.

2) R. Verf. Art. 59. Wehr-G. § 3. 6. Milit. G. § 38. Wehr-O. I § 5 f.

3) Gesetz v. 1. Juni 1870 § 15.

4) Olshausen § 140 Nr. 5.

den Armee oder der Flotte unterworfen, ist der Wehrpflichtige, wenn er nicht schon früher in den Dienst eintrat, vom 1. Januar des Kalenderjahres an, in welchem er das 20. Lebensjahr vollendet[1]). Der Aufenthalt des Wehrpflichtigen, aber noch nicht Militairpflichtigen im Auslande auch ohne Erlaubniß ist nicht strafbar, aber er ist bei erreichtem militairpflichtigen Alter verpflichtet sich in der Heimath der Behörde zu stellen und wird strafbar, wenn er in der Absicht sich dem Eintritte in den Dienst des stehenden Heeres oder der Flotte zu entziehen es nicht thut und im Auslande verbleibt. Ausgeschlossen ist also die Strafbarkeit, sofern sich der Wehrpflichtige nicht in der angegebenen Absicht, sondern vermöge anderweitiger ihn an der rechtzeitigen Rückkehr verhindernder Gründe im Auslande aufhält. Bestimmungen nach denen einem Wehrpflichtigen die Erlaubniß ertheilt werden könnte auch über den Termin seiner beginnenden Militairpflichtigkeit hinaus sich im Auslande aufzuhalten, kennt die Gesetzgebung nicht, wonach also der Fall, daß einer der in § 140 Nr. 1 bezeichneten Wehrpflichtigen mit Erlaubniß nach erreichtem militairpflichtigen Alter sich im Auslande aufhält, ebensowenig wie der Fall, daß er das Bundesgebiet mit Erlaubniß verläßt, vorkommen kann[2]).

Das Verlassen des Bundesgebietes, beziehungsweise der Aufenthalt im Auslande, muß in der Absicht geschehen, sich dem Eintritte in den Dienst des stehenden Heeres oder der Flotte zu entziehen, also mit dem Bewußtsein der Verpflichtung zum Eintritte und mit dem Willen dieser Pflichterfüllung sich zu entziehen. Daß die Entziehung zugleich Motiv und Zweck des Thäters sei ist nicht erforderlich, und die Absicht sich dem Dienste zu entziehen ist nicht ausgeschlossen, wenn der Thäter durch anderweitige Motive veranlaßt den Erfolg der Verletzung seiner Dienstpflicht mit in seinen Willen aufnimmt[3]).

---

1) Milit. G. Nov. v. 6. Mai 1880 § 10. Wehr-O. II § 20.

2) Olshausen § 140 Nr. 5. Dagegen Oppenhoff § 140 Nr. 5, der auf die durch einen Urlaubspaß ertheilte Erlaubniß Bezug nimmt, wie ein solcher freilich den im activen Dienste stehenden oder dem Beurlaubtenstande angehörenden Militairpflichtigen ertheilt werden kann, nicht aber dem Wehrpflichtigen vor seinem Eintritte in Heer oder Flotte.

3) Rsprch. VI S. 680, wo zur Absicht zwar nicht mehr als der auf den Erfolg gerichtete Wille gefordert, aber in ungeeigneter Weise dieser Erfolg als Endzweck bezeichnet wird. Geyer a. a. O. S. 161. Dagegen v. Liszt S. 595 der hier die Absicht als Motiv der That deutet.

Als Thäter wird vorausgesetzt ein Wehrpflichtiger der noch nicht in das stehende Heer oder die Flotte eingetreten ist, wonach also ausgeschlossen sind die im activen Dienste stehenden Wehrpflichtigen, und die noch nicht eingestellten vorläufig in die Heimath beurlaubten Rekruten und Freiwilligen[1]), welche, wenn sie sich der Dienstpflicht entziehen nach dem Militair-Strafgesetzbuche wegen Desertion zu strafen sind.

Die Strafe ist Geldstrafe von einhundert fünfzig bis zu dreitausend Mark oder Gefängniß von einem Monat bis zu einem Jahre.

2) Da dem Kaiser das Recht zusteht für die Zeit eines Krieges oder einer Kriegsgefahr besondere Anordnungen in Betreff der Verweigerung der Entlassung aus der Staatsangehörigkeit zu erlassen[2]), so ist zur Sicherung solcher ausnahmsweisen Beschränkungen der Auswanderungsfreiheit für strafbar erklärt ein jeder Wehrpflichtige der im Widerspruche mit der erlassenen Anordnung auswandert[3]). Solche Auswanderung ist in jedem Falle eine unerlaubte und die Strafbarkeit fordert nicht mehr als die Feststellung des vorsätzlichen Auswanderns mit dem Bewußtsein, daß es den kaiserlichen Anordnungen widerspricht. Die Strafe ist in diesem Falle Gefängniß bis zu zwei Jahren mit welchem Geldstrafe bis zu dreitausend Mark verbunden werden kann.

3) Offiziere und in Offizierrange stehende Aerzte des Beurlaubtenstandes, d. h. der Reserve, der Land- und der Seewehr, bedürfen zur Entlassung aus der Staatsangehörigkeit, abgesehen von dem Falle, daß sie dieselbe in einem andern Bundesstaate erworben haben, der Genehmigung der Militairbehörde, welche wiederum die Entlassung aus dem Dienste zur Voraussetzung hat[4]). Wandern sie ohne Erlaubniß aus, so trifft sie Geldstrafe bis zu dreitausend Mark oder Haft oder Gefängniß bis zu sechs Monaten[5]).

---

1) Milit. G. § 38. 56.

2) Gesetz v. 1. Juni 1870 § 17.

3) Strfgb. § 140 Nr. 3. Ein Verlassen des Bundesgebietes das nicht in der Absicht auszuwandern geschieht, ist also ausgeschlossen.

4) Gesetz v. 1. Juni 1870 § 15. Milit. G. § 60. Wehr-O. II § 7. Heer-O. § 27. Meves in Holtzdf. Hdbch. IV S. 330.

5) Strfgb. § 140 Nr. 2, herübergenommen durch die Novelle v. 1876 aus § 60 Nr. 2 des Militairgesetzes. Diese letztere Strafbestimmung erscheint demnach als durch § 140 aufgehoben. Sie bezog sich nur auf zum Heere gehörende Personen, während § 140 Nr. 2, in Rücksicht auf das Milit. Strfgb.

Hat die Strafbarkeit in allen drei Fällen zur Voraussetzung, daß der Thäter zur Zeit der That ein Deutscher war, so ist doch die Strafverfolgung davon unabhängig ob der Verfolgte noch oder nicht mehr Inländer ist. Eine Ausnahme hiervon gründet sich auf den Vertrag des norddeutschen Bundes und der nordamerikanischen Union vom 22. Februar 1868, sowie die ihm nachgebildeten Verträge der Union mit den süddeutschen Staaten, nach welchen ein Auswanderer, wenn er naturalisirter amerikanischer Staatsbürger ist, wegen eines durch die Auswanderung verübten Delictes nicht gestraft werden darf[1]).

Der Versuch des Vergehens[2]) ist in allen drei Fällen strafbar.

Das Vermögen des Angeschuldigten kann, insoweit es nach dem Ermessen des Richters zur Deckung der den Angeschuldigten möglicherweise treffenden höchsten Geldstrafe und der Kosten des Verfahrens erforderlich ist, mit Beschlag belegt werden.

Das Vergehen wird verübt durch das Auswandern, beziehungsweise das Verbleiben im Auslande zu der Zeit, zu welcher die Pflicht zur Rückkehr begründet ist. Aber nicht die Thatsache des Auswanderns oder Verbleibens im Auslande, sondern die dadurch verübte Verletzung der Wehrpflicht ist das Strafbare, und diese ist nicht erschöpft in der That des Auswanderns oder Verbleibens im Auslande, sondern dauert fort, so lange sich der Thäter seiner Pflicht entzieht[3]). Hiernach beginnt die Verjährung erst mit der Rückkehr in das Inland, mit der Ertheilung der erforderlichen Erlaubniß, sowie mit der Beendigung der Militairpflicht, d. h. in dem zweiten und dritten Falle mit dem Verluste der Reichsangehörigkeit oder dem vollendeten 42. Lebensjahre, dagegen in dem ersten Falle nicht mit dem 1. Januar des Jahres, in welchem der Wehrpflichtige das 27. Lebensjahr vollendet, denn die Pflicht zum Dienste im stehenden Heere endet nicht in allen Fällen mit

---

das auch die Mitglieder der Seewehr zu den Militairpersonen zählt, auch auf die Offiziere und im Offizierrange stehenden Aerzte der Kriegsmarine zu beziehen ist. Meves § 140 Nr. 7. 8.

1) John a. a. O. S. 203. Laband a. a. O. S. 143. v. Liszt S. 596. Oppenhoff § 140 Nr. 11. Olshausen § 140 Nr. 10.

2) Vgl. Rsprch. II S. 538.

3) Geyer a. a. O. S. 161. Meves a. a. O. S. 133. Oppenhoff § 140 Nr. 10. Olshausen § 140 Nr. 13. Rsprch. III S. 160. IV S. 595. Dagegen v. Liszt S. 596, mit Ausnahme des Falles des Verbleibens im Auslande.

diesem Termine, da die Beendigung der Dienstpflicht nicht eintreten kann, so lange die Militairpflicht dauert d. h. bis dahin, daß über die Dienstpflicht des Wehrpflichtigen endgültig entschieden ist[1]). Wer sich dieser Entscheidung entzieht, bewirkt damit, daß sich mit der Militairpflicht auch die Dienstpflicht über das 27. Jahr hinaus, enventuell bis zum Ende der Wehrpflicht erstreckt[2]).

4) Den reserve-, land- und seewehrpflichtigen Mannschaften darf in der Zeit, in welcher sie nicht zum activen Dienste einberufen sind, die Erlaubniß zum Auswandern nicht versagt werden[3]). Die Ersatzreservisten erster Klasse bedürfen zum Auswandern keiner Erlaubniß, sind aber verpflichtet der Militairbehörde von ihrer bevorstehenden Auswanderung Anzeige zu machen[4]). Wer als beurlaubter Reservist oder Wehrmann der Land- oder Seewehr ohne Erlaubniß auswandert oder als Ersatzreservist erster Klasse auswandert ohne davon der Militairbehörde Anzeige zu machen, wird wegen Uebertretung mit Geldstrafe bis zu einhundert fünfzig Mark oder mit Haft bestraft[5]).

§ 290. Eine fernere Art sich der Wehrpflicht zu entziehen besteht darin, daß sich der Wehrpflichtige zur Erfüllung seiner Pflicht untauglich macht, oder von einem Andern machen läßt[6]). Untauglich zur Pflichterfüllung macht sich aber nicht nur derjenige, der sich in den Zustand der Untauglichkeit zu einer jeden Art militairischer Dienstleistung versetzt, sondern auch derjenige, welcher sich zu gewissen Arten von Dienstleistungen untauglich macht, während er für eine andere Art noch tauglich bleibt[7]), denn auch im letztern Falle handelt er wider seine Pflicht die alle Arten von Dienstleistungen umfaßt und darin besteht, einen jeden militairischen Dienst zu übernehmen zu dem man tauglich und geeignet befunden wird. Der Umstand, daß die Untauglichkeit eine beschränkte, nicht vollständige

---

1) Gesetz v. 6. Mai 1880 § 10.

2) Laband a. a. O. S. 143. Schütze S. 288. Meves a. a. O. S. 333. Olshausen § 140 Nr. 13. Dagegen Oppenhoff § 140 Nr. 10. H. Meyer S. 694.

3) R. Verf. Art. 59. Gesetz v. 1. Mai 1870 § 15.

4) Milit. G. v. 2. Mai 1874 § 69 Nr. 8.

5) Strfgb. § 360 Nr. 3. Vgl. Herbst in Goltd. Arch. XXII S. 89.

6) Strfgb. § 142.

7) Laband a. a. O. S. 146. Oppenhoff § 142 Nr. 2. Rüdorff § 142 Nr. 2. Olshausen § 142 Nr. 1. Rsprch. V S. 224. Dagegen John a. a. O. S. 205. Schwarze § 142 Nr. 2.

ist, wird also zwar bei der Strafzumessung in Betracht kommen können, schließt aber die Strafbarkeit nicht aus.

In welcher Weise das Untauglichmachen stattgefunden hat ist gleichgiltig, nur wird, da das Gesetz von Selbstverstümmelung oder einer andern Weise spricht, jedenfalls angenommen werden müssen, daß die Untauglichkeit, wenn nicht durch Verstümmelung, so doch durch ein anderes körperliches Gebrechen herbeigeführt sein muß, und daß § 142 auf den nicht Anwendung findet, der sich durch eine strafbare Handlung und die ihr folgende Strafe der Aberkennung der bürgerlichen Ehrenrechte oder des Zuchthauses theilweise oder vollständig zur Erfüllung der Wehrpflicht untauglich gemacht hat[1]). Ob die Untauglichkeit eine dauernde oder nur vorübergehende und heilbare ist, kommt nicht in Betracht, sofern letztere nur in dem Zeitpunkte vorhanden ist, in welchem die Entscheidung über die Erfüllung der Wehrpflicht zu treffen ist[2]).

Das Untauglichmachen muß ein vorsätzliches sein, was hier nicht nur, mit Ausschluß der Fahrlässigkeit, auf die Thätigkeit selbst zu beziehen ist, sondern weiter auch auf die Absicht sich damit dem Dienste zu entziehen. Nicht § 142, sondern die Militair-Strafgesetze finden Anwendung gegen den, welcher während des Wehrdienstes sich untauglich macht.

Dem Falle, daß sich Jemand selbst zur Erfüllung der Wehrpflicht untauglich macht, ist der gleichgestellt, daß er sich durch einen Andern untauglich machen läßt. Dies wird immer voraussetzen, daß er den Andern zu der an ihm verübten Körperverletzung anstiftet, und daß darum auch der Andere vorsätzlich handelt, wogegen es nicht erforderlich ist, daß er mit dem Bewußtsein und Willen bei der strafbaren Verletzung der Wehrpflicht mit zu wirken handelt[3]). Weil also bei dem Angestifteten der besondere zum Vergehen erforderliche Dolus nicht nothwendig erforderlich ist, wird hier der Anstifter nicht als solcher, sondern als Thäter behandelt. Wofern aber der Angestiftete auf Verlangen des Anstifters diesen, wissend, daß es sich um Untauglichmachen zur Erfüllung der Wehrpflicht handelt, die betreffende Verletzung zufügt, so trifft ihn die gleiche Strafe wie den, welcher sich untauglich machen ließ.

---

1) Dagegen Schwarze § 142 Nr. 5.

2) Oppenhoff § 142 Nr. 3. Schwarze § 142 Nr. 2. Olshausen § 142 Nr. 3. Dagegen Brauer im G. Saal 1857. II S. 139.

3) Oppenhoff § 142 Nr. 6. Olshausen § 142 Nr. 4.

Das Verlangen kann in einem Auffordern, Anstiften bestehen, aber es ist dies nicht nothwendig der Fall[1]), denn als ein Verlangen wird es auch bezeichnet werden dürfen, wenn umgekehrt der Wehrpflichtige von einem andern zur Handlung sich Erbietenden angestiftet, seinen Wunsch untauglich gemacht zu werden, ausspricht. Die Handlung kann daher als die eines Angestifteten oder als die eines Mitthäters erscheinen, aber in keinem Falle nur als die eines Gehilfen[2]), wird aber vom Gesetze als selbständiges Delict, nicht als Theilnahme an dem des Wehrpflichtigen behandelt. Wer den Wehrpflichtigen ohne dessen Zustimmung in der Absicht ihn zum Dienste untauglich zu machen körperlich verletzt, kann nur wegen Körperverletzung, nicht aber nach § 142 gestraft werden.

Die Strafe ist Gefängniß bis zu einem Jahre, womit Verlust der bürgerlichen Ehrenrechte verbunden werden kann.

§ 291. Strafbar ist endlich auch das Unternehmen sich der Wehrpflicht durch auf Täuschung berechnete Mittel zu entziehen[3]).

Zu den auf Täuschung berechneten Mitteln gehört jedenfalls das Vorspiegeln falscher, wie das Entstellen oder Unterdrücken wahrer Thatsachen. Wenn aber das Gesetz hier nicht wie in § 263 die Mittel der Täuschung näher bezeichnet, sondern sich des allgemeinern Ausdruckes „auf Täuschung berechnete Mittel" bedient, so könnte es scheinen, als ob hier diese Mittel in einem weitern Umfange als bei dem Betruge gemeint seien[4]). Gleichwohl ist dies nicht der Fall, denn die auf Täuschung berechneten Mittel werden nie in etwas Anderm bestehen können als in dem Vorspiegeln falscher, dem Entstellen oder Unterdrücken wahrer Thatsachen, wo-

---

1) Oppenhoff § 142 Nr. 9. Olshausen § 142 Nr. 5. Dagegen Rubo § 142 Nr. 4.

2) Der Thatbestand des Vergehens fordert das Untauglichmachen und wer diese Handlung verübt, kann niemals nur Gehilfe dessen sein, der sich selbst untauglich macht, wie dies Olshausen a. a. O. als möglich annimmt.

3) Strfgb. § 143.

4) Dies nehmen an Meves a. a. O. S. 336 in Betreff des gleichen Ausdruckes in § 144, und Olshausen § 143 Nr. 2. Oppenhoff § 143 Nr. 4. Schwarze § 143 Nr. 1. Goltd. Arch. IV S. 112. 130. Rüdorff § 143 Nr. 2. Entsch. IX S. 88. Rsprch. VI S. 682 betrachten bloße Lügen als ausgeschlossen, weil ihnen kein Glaube beigemessen werde, weil sie nicht auf Täuschung berechnete Mittel seien. Ob aber das Mittel zur Täuschung geeignet sei ist gleichgiltig und unmöglich wird man der Lüge absprechen können ein Mittel der Täuschung zu sein.

gegen allerdings zwischen diesem Vergehen und dem Betruge der Unterschied stattfindet, daß bei dem Betruge, um seines eigenthümlichen Thatbestandes willen, nicht eine jede Vorspiegelung falscher Thatsachen genügt, so nicht die der Thatsache eine bestimmte Absicht, gewisse Ansichten und Meinungen zu haben [1]), wogegen dies hier genügen würde.

Es genügt, daß das Mittel auf Täuschung berechnet war, und daß von ihm denjenigen Behörden gegenüber Gebrauch gemacht wurde, welche über die Erfüllung der Wehrpflicht zu entscheiden haben, wogegen es nicht darauf ankommt, ob das Mittel zur Täuschung geeignet war und getäuscht habe.

Das Mittel muß in der Absicht angewandt sein sich der Erfüllung der Wehrpflicht ganz oder theilweise zu entziehen. Das theilweise Entziehen bezieht sich sowohl auf die Zeit wie auf eine bestimmte Art des Dienstes [2]).

Die Strafe ist Gefängniß, womit Verlust der bürgerlichen Ehrenrechte verbunden werden kann.

Die gleiche Strafe findet aber auch Anwendung auf den Theilnehmer, wonach also hier, abweichend von der Bestimmung des § 49, der Gehilfe gleich dem Thäter zu strafen ist.

§ 292. Als geringere nur als Uebertretung strafbare Pflichtverletzungen militairpflichtiger Personen kommen noch in Betracht [3]):

1) die unterlassene Anmeldung zur Eintragung in die von den Gemeinden zu führenden Stammrollen aller Militairpflichtigen, für welche aber nicht nur der Militairpflichtige selbst verantwortlich ist, sondern auch dessen Angehörige.

2) Das nicht pünktliche Erscheinen des Militairpflichtigen in den von den Ersatzbehörden abzuhaltenden Terminen.

Die Strafe ist in beiden Fällen Geldstrafe bis zu dreißig Mark oder Haft bis zu drei Tagen, sofern nicht zugleich eine härtere Strafe verwirkt ist, wie dies der Fall sein würde, wenn die unterlassene Meldung, das Ausbleiben im Gestellungstermine nur Moment im Thatbestande eines nach § 140 strafbaren Vergehens wäre.

Das Gesetz hat aber im militairischen Interesse auch sachliche

---

1) Vgl. oben S. 261 f.

2) Rüdorff § 143 Nr. 1. Oppenhoff § 143 Nr. 3. Olshausen § 143 Nr. 1. Entsch. IX S. 88.

3) Milit. G. v. 1874 §§ 31—33.

Leistungen und Lasten auferlegt, so durch das Gesetz über die Kriegsleistungen vom 13. Juni 1873 und das Gesetz betreffend die Beschränkungen des Grundeigenthums in der Umgebung von Festungen vom 21. Dezember 1871. Jenes[1]) legt allen Pferdebesitzern die Pflicht auf ihre zum Kriegsdienste für tauglich erklärten Pferde auf Erfordern gegen Ersatz des Werthes der Militairbehörde zu überlassen, und eine Geldstrafe bis zu fünfzig Thalern dem, welcher die hinsichtlich der Anmeldung und Stellung der Pferde zur Vormusterung, Musterung oder Aushebung getroffenen Anordnungen übertritt.

Nach dem letztern Gesetze § 32 werden Grundbesitzer, welche innerhalb des den gesetzlichen Beschränkungen unterliegenden Rayons ohne die erforderliche Genehmigung oder mit eigenmächtiger Abweichung von dem genehmigten Plane eine Anlage, einen Neu- oder Wiederherstellungsbau ausführen, sowie auch derjenige der als Baumeister oder Bauhandwerker die Ausführung geleitet hat, mit einer Geldbuße bis zu fünfzig Thalern gestraft.

§ 293. Auf ein Vergehen, nicht gegen die Wehrpflicht, sondern gegen die Militairhoheit bezieht sich die Strafbestimmung des § 141. Hiernach ist strafbar 1) wer einen Deutschen zum Militairdienst einer ausländischen Macht anwirbt. Das Gesetz verlangt allerdings nicht, daß der Deutsche wehrpflichtig sei, in irgend einem militairischen Verhältnisse stehe, und es kann daher der Fall vorkommen, daß durch die Anwerbung eines Deutschen das deutsche militairische Interesse und die Militairhoheit in keiner Weise verletzt wird, weil der Angeworbene von jeder Pflicht zu militairischen Dienstleistungen frei ist. Gleichwohl ist für die Strafbestimmung offenbar die Rücksicht darauf entscheidend gewesen, daß durch die Anwerbung wohl in den meisten Fällen ein Deutscher seiner heimathlichen Dienstpflicht werde entzogen werden, nicht die Rücksicht Deutsche gegen die Verleitung zum Eintritte in fremden Militairdienst zu schützen.

Strafbar ist das Anwerben, was wohl meist mit Anstiften, Bestimmen in den fremden Militairdienst zu treten verbunden sein wird, aber einerseits ist dies nicht nothwendige Voraussetzung, und andererseits würde ein solches Bestimmen an sich nicht genügen, da das Anwerben ein vertragsmäßiges Uebereinkommen des Werbers und des Angeworbenen erfordert[2]). Wird das Anwerben

1) Vgl. §§ 25—27.

2) John a. a. O. S. 206. Oppenhoff § 141 Nr. 3. Olshausen § 141 Nr. 2. Dagegen Schütze S. 290.

zwar regelmäßig geschäftsmäßig betrieben werden, so giebt doch die Fassung des Gesetzes keinen Anhalt dafür, daß Thäter nur der sein könnte, welcher das Anwerben geschäftsmäßig betreibt und daß darum eine einmalige Handlung der Art nicht nach § 141 zu strafen sei, sondern nur als Anstiftung zum eventuell straflosen Eintritt in Betracht kommen könne[1]).

Strafbar ist 2) wer einen Deutschen den Werbern einer ausländischen Macht zuführt, d. h. ihn dazu bestimmt sich mit ihnen in Verhandlung über den Eintritt in den Militairdienst einzulassen. Das Zuführen darf nicht mit einer Beeinträchtigung der persönlichen Freiheit verbunden sein, da andernfalls die That als Menschenraub zu strafen wäre.

Strafbar ist 3) wer einen deutschen Soldaten vorsätzlich zum Desertiren verleitet oder die Desertion desselben vorsätzlich begünstigt.

Die Desertion oder Fahnenflucht begeht eine Person des Soldatenstandes[2]), die sich einer unerlaubten Entfernung, bestehe sie in einem eigenmächtigen Entfernen, einem Fernbleiben von der Dienstleistung, oder Ueberschreiten des Urlaubes, in der Absicht sich der gesetzlichen oder übernommenen Verpflichtung zum Dienste dauernd zu entziehen, schuldig macht[3]).

Das Verleiten zur Desertion besteht in dem Anstiften zur Verübung dieses militairischen Delictes, und als ein Befördern wird jede Art der Beihilfe zu betrachten sein. Die Bedeutung dieser Strafbestimmung ist also die, daß Anstiftung und Beihilfe zur Desertion nicht als Theilnahme an dem militairischen Delicte, sondern als eigenthümliches Delict nach § 141 gestraft werden soll[4]).

Vollendet ist das Vergehen erst, wenn die Desertion stattgefunden hat, aber hier wie in den beiden anderen Fällen des § 141 ist auch der Versuch strafbar. Ist die Desertion nur eine versuchte,

1) Dies nehmen an John a. a. O. S. 206. Oppenhoff § 141 Nr. 3. Olshausen § 141 Nr. 2. Dagegen Schwarze § 141 Nr. 1.

2) Verzeichniß derselben am Schlusse des Milit. Strfgb. einschließlich der in § 56 Nr. 2—4 des Milit. G. v. 1874 Genannten.

3) Milit. Strfgb. § 69.

4) Die Versuche das Verleiten von dem Anstiften, Bestimmen, als einen weitern, umfassendern Begriff zu unterscheiden, Schwarze § 141 Nr. 4. § 159 Nr. 10. Meves § 144 Nr. 3. Voigt in Goltd. Arch. XXVIII S. 231. Villnow im G. Saal 1878 S. 146, sind bisher nicht geglückt. Vgl. dagegen Motive z. II Entwf. zu § 157. Rsprch. V S. 592. Olshausen § 141 Nr. 4.

so kann auch die Verleitung zu ihr sowie ihre Beförderung nur als Versuch bestraft werden, aber je nach den Umständen wird ein solcher Versuch anzunehmen sein, obwohl es nicht bis zu einem Versuche der Desertion gekommen ist.

Die Strafe ist in allen Fällen des § 141 Gefängniß von drei Monaten bis zu drei Jahren.

§ 294. Den Strafbestimmungen wider den militairischen Landesverrath schließen sich diese ergänzend an 1) die in § 18 des Reichspreßgesetzes enthaltene, nach welcher mit Geldstrafe bis zu eintausend Mark oder mit Haft oder mit Gefängniß bis zu sechs Monaten bestraft wird, wer dem Verbote zuwiderhandelt das nach § 15 in Zeiten der Kriegsgefahr oder des Krieges der Reichskanzler mittelst öffentlicher Bekanntmachung zu erlassen befugt ist, nämlich dem Verbote von Veröffentlichungen über Truppenbewegungen und Vertheidigungsmittel. Selbstverständlich handelt es sich hier nur um den Schutz der deutschen militairischen Interessen, also um das Verbot Nachrichten über die Bewegung der deutschen oder auch verbündeten Truppen zu veröffentlichen. Daß die Mittheilung eine originäre sei wird nicht erfordert, und sie ist auch dann strafbar, wenn sie nur wiederholt was anderwärts, etwa in einer in- oder ausländischen Zeitschrift bereits mitgetheilt war [2]). Die Veröffentlichung muß vorsätzlich mit Kenntniß des erlassenen Verbotes erfolgt sein. Dagegen ist eine weiter reichende Absicht nicht erforderlich, und namentlich ist die Absicht der feindlichen Macht Vorschub zu leisten oder den deutschen Truppen Nachtheil zuzufügen ausgeschlossen.

2) Mit Geldstrafe bis zu einhundert und fünfzig Mark oder mit Haft wird bestraft wer ohne Erlaubniß Risse von Festungen oder einzelnen Festungswerken aufnimmt oder veröffentlicht [3]). Nach der ratio legis können nur Festungen des Inlandes gemeint sein. Auch hier ist nur das vorsätzliche Handeln wider das Gebot, nicht eine weitergehende Absicht, erforderlich. Die Mittheilung eines einzelnen Exemplars an einen Andern ist nicht Veröffentlichung, könnte aber nach § 90 als Landesverrath strafbar sein.

---

1) Geyer a. a. O. S. 162. v. Liszt S. 594. Olshausen § 141 Nr. 6. Rsprch. III S. 704. IV S. 318. Dagegen Oppenhoff § 141 Nr. 11.

2) Commentare z. Preßgesetz v. Schwarze S. 68. Thilo S. 50. Marquardsen S. 97.

3) Strfgb. § 360 Nr. 1.

Zehntes Kapitel.

Delicte gegen die Finanzgewalt.

§ 295. Für die gegen das Vermögen des Staates gerichteten Delicte kommen die gleichen Strafbestimmungen zur Anwendung wie für die gegen das Privatvermögen gerichteten. Die finanziellen Bedürfnisse des Staates werden aber zum bei weitem größten Theile nicht gedeckt durch die Einkünfte aus dem eigenen Vermögen, sondern durch die von ihm in Anspruch genommenen pecuniären Leistungen der Privatpersonen. Als derartige Einnahmequellen des deutschen Reiches kommen in Betracht 1) die Gebühren, welche für die Benutzung staatlicher Einrichtungen zu zahlen sind, 2) die Zollabgaben für Ein-, Aus- und Durchführung von zollpflichtigen Waaren, 3) die Verbrauchssteuern auf Salz, Tabak, Zucker, Bier und Branntwein sowie die als Gewerbesteuer erscheinende Besteuerung der Notenbanken, 4) die Stempelsteuer auf Wechsel, Spielkarten, Werthpapiere, Schlußnoten und Lotterieloose und 5) die s. g. statistische Gebühr.

In Betreff dieser Einnahmequellen wird also eine Beschädigung des Staatsvermögens in den meisten Fällen durch ein Nichtleisten dessen was gesetzlich zu leisten ist, verübt werden, sie kann aber auch in der Weise vorkommen, daß eine staatliche Leistung rechtswidrig in Anspruch genommen wird, z. B. Zahlung einer Steuervergütung. Das Nichtleisten dessen was man schuldig ist, ist regelmäßig nicht strafbar, aber es würde die finanzielle Lage des Staates eine höchst precäre und bedenkliche sein, wenn er, wie die Privatperson, darauf beschränkt wäre, seine Forderungsrechte gegen die Schuldner nur civilrechtlich geltend machen zu können. Er bedarf zur Sicherung seiner Einnahmen des strafrechtlichen Schutzes den ihm die Bestimmungen des Strafgesetzbuches nur in völlig unzulänglichem Maße, etwa durch die Strafbestimmungen wider den Betrug, gewähren. Dieser Schutz wird gewährt durch eine Reihe von Strafbestimmungen, welche in besonderen Gesetzen enthalten sind, und gemeinrechtlich kommen hierbei folgende Gesetze in Betracht:

1) Gesetz über das Postwesen des deutschen Reiches vom 28. October 1871.

Vgl. Meves in Holtzdf. Rlexikon III S. 101. Fischer Post- und Telegraphen-Gesetzgebung. Dambach Commentar zum Postgesetze.

2) Vereinszollgesetz vom 1. Juli 1869.

Vgl. Merkel in Holtzdf. Rlexikon III S. 1440. Löbe Das deutsche Zollstrafrecht. Weinheimer die Strafgesetze in Zoll- und Steuersachen.

3) Gesetz betreffend die Erhebung einer Abgabe von Salz vom 12. October 1867.

4) Gesetz betreffend die Besteuerung des Tabaks vom 16. Juli 1879.

5) Preuß. Verordnung vom 7. August 1846 Besteuerung des im Inlande erzeugten Rübenzuckers betreffend, — erlassen auf Grund der unter den Staaten des Zollvereins getroffenen Vereinbarungen und durch Gesetz vom 2. Mai 1870 mit geringen Abänderungen vom 1. September 1870 an im gesammten Zollverein in Geltung getreten. Dazu noch Gesetz vom 26. Juni 1869 die Besteuerung des Zuckers betreffend.

6) Gesetz wegen Erhebung der Brausteuer vom 31. Mai 1872.

7) Gesetz betreffend die Besteuerung des Branntweins vom 8. Juli 1868.

Gesetz betreffend die subsidiarische Haftung des Brennerei-Unternehmers für Zuwiderhandlungen gegen die Branntweinsteuergesetze u. s. w. vom 8. Juli 1868.

Gesetz betreffend die Steuerfreiheit des Branntweins zu gewerblichen Zwecken vom 19. Juli 1879.

8) Bankgesetz vom 14. März 1875 und zwar dessen § 59 Nr. 2.

9) Gesetz betreffend die Wechselstempelsteuer vom 10. Juni 1869.

Vgl. E. Meyer in Holtzdf. Rlexikon III S. 783. Hoyer Das deutsche Reichsgesetz über die Wechselstempelsteuer. 1871. Derselbe Die Reichsstempelgesetze. 1882.

10) Gesetz betreffend den Spielkartenstempel vom 3. Juli 1878.

11) Gesetz betreffend die Erhebung von Reichsstempelabgaben vom 1. Juli 1881.

Gesetz, Abänderung des Gesetzes wegen Erhebung von Reichsstempelabgaben, vom 29. Mai 1885, und Bekanntmachung betreffend die Redaction des Gesetzes wegen Erhebung der Reichsstempelabgaben vom 3. Juni 1885.

12) Gesetz betreffend die Statistik des Warenverkehrs des deutschen Zollgebietes mit dem Auslande vom 20. Juli 1879.

§ 296. So unabweisbar das Bedürfniß war dem Staate, abweichend von der Regel, einen strafrechtlichen Schutz gegen Benachtheiligung Seitens derer zu gewähren, welche ihm Gebühren und Abgaben schuldig sind, so ist doch die Gesetzgebung vielfach und nicht immer in gleich gerechtfertigter Weise in dem Abweichen von der Regel noch sehr viel weiter gegangen. Weil für die strafrechtliche Behandlung der hierher gehörenden Delicte die möglichste Wahrung des fiscalischen Interesses der leitende Gesichtspunkt war, so hat sich die Gesetzgebung nicht darauf beschränkt auf der Basis der allgemeinen strafrechtlichen Normen des Strafgesetzbuches Thatbestand und Strafe jener Delicte festzustellen, sondern hat es für nöthig erachtet in den meisten und wesentlichsten Beziehungen auch die allgemeinen Normen zu modificiren, so daß dieses in besonderen, neben dem Strafgesetzbuche stehenden, Gesetzen behandelte Gebiet der Strafgesetzgebung als ein vom jus commune abweichendes jus singulare erscheint. Gleichwohl ist es nicht in dem Maße ein in sich abgeschlossenes, daß es von jeder Beziehung auf das Strafgesetzbuch als seiner gemeinrechtlichen Basis losgelöst und in keinem Punkte der Ergänzung durch dasselbe fähig wäre und sie bedürfte, denn es ist in den betreffenden Gesetzen ein derartiger Grundsatz nicht nur nirgends ausgesprochen, sondern es fehlt auch nicht an ausdrücklichen Verweisungen auf das jus commune auf „die allgemeinen Strafbestimmungen"[1]). Die allgemeinen Bestimmungen des Strafgesetzbuches sind also auch für die hierher

---

1) Vgl. Rübenzuckersteuer=Verord. v. 1846 § 22. Branntw.=St. G. v. 1868 § 68. Kindervater in Goltd. Arch. XXVI S. 309 f. bezeichnet die Vorschriften der Zoll= und Steuer=Gesetze über Bestrafung der Defraudationen als ein selbständiges Herrschaftsgebiet in Betreff dessen davon auszugehen sei, daß alle Zuwiderhandlungen gegen dieselben wie eine besondere, so auch eine vollständige Regelung erfahren sollten, und daß deshalb, wenn sich eine Lücke zeigt, diese nur vom Gesetzgeber, nicht auch vom Richter nach den Bestimmungen des Strfgb. ausgefüllt werden könne. — Abgesehen davon wie der besondere Fall der zu dieser Ausführung Anlaß gab, zu beurtheilen sei, ist jedenfalls eine derartige allgemeine Norm für das Verhältniß der Zoll= und Steuer=Gesetze zum Strfgb. eine durchaus grundlose. Vgl. Rsprch. III S. 193.

gehörigen Delicte maßgebend, soweit ihre Anwendbarkeit nicht durch ausdrückliche Bestimmungen der Specialgesetze ausgeschlossen ist, und ebenso wird ein Zuwiderhandeln gegen die Vorschriften dieser Gesetze nach den Bestimmungen des Strafgesetzbuches zu strafen sein, sofern es den Thatbestand einer in diesem für strafbar erklärten Handlung ergiebt, und die Specialgesetze dafür nicht eine besondere Strafe angeordnet haben[1]). Umfang und Art der Abweichung von den allgemeinen Bestimmungen des Strafgesetzbuches sind zwar nicht in allen diesen Gesetzen durchaus dieselben, im Wesentlichen aber herrscht Uebereinstimmung, und das Vereinszollgesetz erscheint als dasjenige, dessen Sonderbestimmungen annähernd die Norm für die der anderen Gesetze bilden, weshalb in den letzteren mehrfach auf die Bestimmungen des Zollgesetzes verwiesen wird[2]).

Die strafbaren Handlungen welche hierher gehören sind 1) die Contrebande, d. h. das Unternehmen, Gegenstände, deren Ein-, Aus- oder Durchfuhr verboten ist, diesem Verbote zuwider ein-, aus- oder durchzuführen[3]).

2) Die Defraudation, das Unternehmen eine nach dem Gesetze zu leistende Abgabe, Steuer, Gebühr zu hinterziehen. Sie ist ihrem Wesen nach ein Omissivdelict, indem es sich hier um eine **obligatio ad faciendum** und ein strafbares Unterlassen handelt, das auch dadurch sich nicht in ein Commissivdelict verwandelt, daß der Thäter um seinen Zweck: nicht zu leisten was er zu leisten hat, durch Lüge, durch Ableugnung des Besitzes eines zollpflichtigen Gegenstandes, durch Verbergen desselben, durch Umgehung der Zollstätte u. s. w. zu erreichen sucht. Durch derartiges wahrheitswidriges täuschendes Benehmen gestaltet sich also die Defraudation noch keineswegs zum Betruge[4]). Dagegen wird allerdings

---

1) Dagegen wie Kindervater a. a. O. auch Rsprch. II S. 114.

2) Salz-Abgabe G. § 17. Branntw.-St. G. § 68. Tabak-St. G. § 46. Wechsel-St. G. § 18. Spielkarten-St. G. § 19. G. über Statist. d. Waren-Verkehrs § 17.

3) Zoll-G. § 134.

4) Gegenüber der früher herrschenden Auffassung der Defraudation als Betrug hat die Klärung des Unterschiedes der Omissiv- und der Commissivdelicte durch Krug, Glaser, Merkel auch zur Erkenntniß des Unterschiedes von Defraudation und Betrug geführt. Vgl. Merkel Betrug S. 108 f. Hälschner Syst. II S. 359 und oben S. 257. Schütze S. 472. Oppenhoff § 263 Nr. 66. H. Meyer S. 563. Rsprch. II S. 403. Neuerdings dagegen Gryzincki Betrug S. 35. v. Liszt S. 631.

je nach den Umständen eine Steuerhinterziehung auch den Thatbestand eines Betruges ergeben können, und wird dann als solcher zu strafen sein, wofern die Bestrafung wegen Betruges nicht durch das Specialgesetz und dessen besondere Strafbestimmung ausgeschlossen ist[1]).

3) Die Erschleichung einer Steuervergütung, wie solche bedingungsweise für versteuerten Zucker, Tabak und Branntwein gewährt wird[2]). Das Delict besteht in dem Unternehmen eine Steuervergütung zu gewinnen, welche überhaupt nicht, oder nur zu einem geringern Betrage zu beanspruchen war. Es wird dasselbe in den meisten Fällen den Thatbestand des Betruges ergeben, erfordert ihn aber nicht nothwendig, denn wer für Branntwein, weil er zu gewerblichen Zwecken zu verwenden sei, die Steuervergütung erhalten hat, würde, wenn er den Branntwein nicht zu solchen Zwecken verwendet, selbst dann nicht eines Betruges schuldig sein, wenn er die Steuervergütung unter dem lügnerischen Vorwande der Absicht den Branntwein für gewerbliche Zwecke zu verwenden in Anspruch genommen hätte, weil in solchem Falle die Vermögensbeschädigung nicht durch die Täuschung, wie es der Betrug erfordert, sondern erst durch die nachfolgende Verwendung für andere Zwecke verübt sein würde.

4) Mit geringeren Strafen als den für die genannten Delicte gedrohten, namentlich mit Ordnungsstrafen wird derjenige bestraft, der denjenigen Bestimmungen der betreffenden Gesetze oder der dazu erlassenen Verwaltungsvorschriften zuwiderhandelt, welche dem Zwecke der Ueberwachung und ordnungsmäßigen Erhebung der Gebühren, Steuern, Zölle, Abgaben dienen.

§ 297. Die wesentlichen Eigenthümlichkeiten der strafrechtlichen Behandlung der hierhergehörigen Delicte sind die folgenden.

1) Der Thatbestand der Delicte ist in der Weise bestimmt, daß der Unterschied des Versuches und der Vollendung ausgeschlossen erscheint, schon der Versuch als vollendetes Delict behandelt wird. Es ist dies geschehen theils dadurch, daß schon das „Unternehmen" der Steuerhinterziehung u. s. w. für strafbar er-

---

1) Vgl. Rsprch. III S. 193. Dagegen Rsprch. II S. 113 und Kindervater a. a. O.

2) Zucker-St. G. v. 26. Juni 1869 § 4. Tabak-St. G. § 30. 31. G. über Steuerfreiheit des Branntw. zu gewerbl. Zwecken § 1.

klärt wird[1]), und als ein solches wird jeder Versuch zu betrachten sein, theils dadurch, daß der Thatbestand des vollendeten Delictes vielfach casuistisch in der Weise bestimmt ist, daß eine Reihe von Handlungen, weil sie die Absicht den Fiscus zu verkürzen vermuthen lassen, als das Delict vollendend bezeichnet sind[2]). Anders verhält es sich mit den Stempelabgaben, denn in Betreff dieser erscheint das Delict erst mit der stattgehabten Hinterziehung d. h. dann vollendet, wenn die Abgabe zu der im Gesetze näher bestimmten Zeit nicht geleistet war.

2) Die Strafbarkeit ist regelmäßig nicht abhängig gemacht von dem Beweise der Schuld, sondern nur von dem Beweise der Thatsachen welche das Gesetz als diejenigen bezeichnet, mit denen das Delict als verübt zu betrachten sei. Die Schuld wird also präsumirt, aber dem Beschuldigten bleibt es überlassen durch den Beweis, daß er das Delict nicht habe verüben können oder wollen sich von der Strafe zu befreien. Der Grundsatz, daß die Strafbarkeit nur durch den Beweis der betreffenden Thatsachen bedingt werde, ist in einigen Gesetzen ausdrücklich ausgesprochen[3]), bei anderen Gesetzen ergiebt er sich daraus, daß die Straflosigkeit von dem durch den Beschuldigten zu erbringenden Beweis der Nichtschuld abhängig gemacht wird[4]). Wenn sich also zwar das Gesetz mit der präsumirten Schuld begnügt, so erkennt es, insoweit es den Beweis der Nichtschuld zuläßt, immerhin an, daß die Schuld die Voraussetzung der Strafbarkeit bildet[5]). Regelmäßig ist aber für den Fall, daß durch den erbrachten Beweis der Nichtschuld die Delictsstrafe ausgeschlossen wird, gleichwohl eine Ordnungsstrafe zu verhängen, die dann allerdings, ohne jede Rücksicht

---

1) Salz-Abgabe G. § 11. Tabak-St. G. § 32. Zoll-G. § 134. 135. G. über Steuerfreiheit d. Branntw. § 2.

2) Tabak-St. G. § 32. Branntw.-St. G. § 50. Salz-Abg. G. § 13. Zoll-G. § 136. Brau-St. G. § 27. 28.

3) Zoll-G. § 137. Salz-Abg. G. § 13.

4) Branntw.-St. G. § 66. Zucker-St. G. § 17. Brau-St. G. § 32. Tabak-St. G. § 34. Spielkarten-St. G. § 10.

5) Wenn v. Liszt S. 150 den § 137 des Zoll-G. als Beispiel davon anführt, daß hier das Gesetz, von jedem Verschulden, auch dem präsumirten, absehend, die Strafe lediglich an das Vorliegen des objectiven Thatbestandes knüpfe, so ist dies unrichtig, denn auch in § 137 wird der Beweis der Nichtschuld für alle in § 136 bezeichneten Fälle zugelassen, nur mit Ausnahme zweier Fälle, in denen die Strafe durch den Beweis der Schuld bedingt ist.

auf Schuld, lediglich auf Grund der Thatsache verhängt wird, daß etwas geschehen ist, was das Gesetz als vollbrachte Steuerhinterziehung bezeichnet, als solche aber wegen mangelnder Schuld nicht zu strafen ist.

Der Grundsatz, daß wenn der vom Gesetze bezeichnete objective Thatbestand gegeben ist, die Schuld präsumirt werde, sofern nicht der Beweis der Nichtschuld geführt wird, oder daß Strafen ohne jede Rücksicht auf Schuld nur auf Grund bestimmter Thatsachen zu verhängen seien, ist zwar derjenige von dem die hierhergehörenden Specialgesetze regelmäßig ausgehen, aber er bildet immerhin eine Ausnahme von der Regel und darf darum nicht als ein solcher angesehen werden, der überall maßgebend sei, wo es sich um Hinterziehung von Gebühren, Abgaben, Zöllen, Steuern handelt, auch wenn das betreffende Specialgesetz ihn nicht ausdrücklich ausgesprochen hat[1]).

3) In Betreff der Theilnahme enthält das Zollgesetz § 146 und 147 einige besondere Bestimmungen, wonach die Verbindung von drei oder mehr Personen zur gemeinschaftlichen Verübung von Contrebande oder Defraudation erhöhte Strafe des verübten Delictes nach sich zieht, eine solche Verbindung auch, vorbehaltlich

1) Das R. Gericht Rsprch. IV S. 822 hat entschieden, daß die Strafbarkeit eines zur Verwendung von Wechselstempelmarken Verpflichteten dadurch nicht ausgeschlossen wird, daß er irrthümlich andere Stempelmarken für Wechselstempelmarken hielt und verwendete, und stellt dabei den Grundsatz, daß die Strafbarkeit weder dolus noch culpa voraussetze, als einen allgemeinen in der Natur fiscalischer Abgabengesetze liegenden dar. Die Strafbarkeit werde darum auch durch Berufung auf Irrthum und § 59 des Strfgb. nicht ausgeschlossen. — Hiergegen ist einzuwenden, daß wenn § 15 des Wechsel-St.G. ausdrücklich weder dolus noch culpa fordert, daraus an sich noch nicht folgt, daß er von Schuld überhaupt absehe, sondern nur dies, daß die Strafe sowohl bei dolus wie bei culpa zu verhängen sei, daß ferner die Natur des fiscalischen Abgabengesetzes noch nicht selbstverständlich das Absehen von aller Schuld mit sich bringt, endlich daß nach § 18 in Betreff der Feststellung der Wechsel-Stempelhinterziehung auf die Vorschriften wegen Vergehen gegen die Zollgesetze verwiesen wird, wonach also die Strafbarkeit durch den Beweis der mangelnden Absicht die Steuer zu hinterziehen ausgeschlossen wird. Auch der Satz, daß, wenn ein Irrthum überhaupt in Betracht kommen dürfte, jedenfalls nicht der aus Unkenntniß der gesetzlichen Bestimmungen und Verordnungen in Betracht kommen könne, ist unrichtig, denn schließt der Beweis der mangelnden Absicht die Steuer zu hinterziehen die Strafbarkeit aus, so ist die Beschaffenheit des Irrthums, ob thatsächlicher oder Rechtsirrthum, ob entschuldbarer oder nicht durchaus gleichgiltig. Vgl. Rsprch. VII S. 43. 110.

des Gegenbeweises, präsumirt wird, wenn drei oder mehr Personen in Ausübung eines Vergehens betroffen werden. Dabei wird rücksichtlich der Strafbarkeit der „Anführer“ von den übrigen Theilnehmern unterschieden. Außerdem ist diejenige Beihilfe mit besonderen Strafen bedroht, welche durch Versicherung des Thäters gegen die möglichen strafrechtlichen Folgen der That geleistet wird. Im Uebrigen wird hier wie in anderen Gesetzen in Betreff der Theilnahme und Begünstigung entweder ausdrücklich auf die allgemeinen Bestimmungen verwiesen[1]), oder deren Anwendbarkeit ergiebt sich von selbst aus dem Mangel abweichender Bestimmungen[2]).

4) Für die dem Schuldigen auferlegte Geldstrafe, sowie für Prozeßkosten und die zu zahlenden Zollgefälle, Steuern, Abgaben ist regelmäßig anderen nichtschuldigen Personen eine subsidiäre Haftung auferlegt. Es haften Handel- und Gewerbtreibende für ihre Diener, Lehrlinge, Markthelfer, Gewerbsgehilfen, Ehegatten, Kinder, Gesinde und die sonst in ihrem Dienste oder Tagelohn stehenden oder sich gewöhnlich bei der Familie aufhaltenden Personen, ferner Eisenbahnverwaltungen und Dampfschifffahrts-Gesellschaften für ihre Angestellten und Bevollmächtigten, dagegen andere nicht zur handel- und gewerbtreibenden Klasse gehörende Personen nur für ihre Ehegatten und Kinder[3]).

Diese Haftung hat aber eine verschiedene Bedeutung. Sie ist in Betreff der hinterzogenen Steuer, die der Eisenbahnverwaltungen und Dampfschifffahrts-Gesellschaften auch in Betreff der Geldstrafen und Prozeßkosten eine unbedingte. In der Regel beruht aber die Haftung für Geldstrafen und Kosten auf der Präsumtion einer

1) Zoll-G. § 149. Rüben-Zucker-St. V. § 22. Das Salz-Abg. G. § 17 verweist in Betreff der Theilnahme auf die Zollgesetze.

2) Bei Contrebande und Zolldefraudation erscheint nicht lediglich die Grenzüberschreitung als Verübungshandlung und darum können auch der Ueberschreitung vorangehende und nachfolgende Handlungen Mitthäterschaft begründen. Rsprch. II S. 241. VI S. 377.

3) Zoll-G. § 153. Salz-Abg. G. § 17 verweist auf das Zoll-G. Rübenzucker-St. V. § 28. Branntw.-St. G. § 66 Haftung des Brennerei-Besitzers für Verwalter und Gewerbsgenossen und die Hausgenossen die in der Lage sind auf den Gewerbebetrieb Einfluß zu üben. Ebenso nach Brau-St. G. § 38, Tabak-St. G. § 43, gleiche Haftung wie die der Handel- und Gewerbetreibenden nach dem Zoll-G. Spielkarten-St. G. § 18 nach welchem Karten-Fabricanten und Händler für ihre Diener, Lehrlinge, Gehilfen, Gesinde und Familienglieder haften. G. betreffend die statist. Gebühr § 17 verweist in Betreff der Haftung auf das Zoll-G.

Mitschuld des Haftenden, der sich durch den Beweis, daß das Delict ohne sein Wissen verübt worden sei, von dieser Haftung befreien kann. Der Brennereitreibende und ebenso der gewerbsmäßig Brauereitreibende kann dagegen haftbar nur gemacht werden, wenn ihm der Beweis geführt wird, daß er bei Auswahl und Anstellung der Verwalter und Gehilfen oder bei der Beaufsichtigung derselben sowie der im Gesetz bezeichneten Hausgenossen fahrlässig verfahren sei. Nur der wegen vorsätzlicher Steuerhinterziehung bereits verurtheilte Brennerei- oder Brauereitreibende hat fernerhin die Präsumtion solcher Fahrlässigkeit gegen sich und ist haftbar so lange er nicht nachweist, daß er in Auswahl, Anstellung oder Beaufsichtigung die Sorgfalt eines ordentlichen Geschäftsmannes angewendet habe.

5) Eine eigenthümliche Behandlung hat die Concurrenz erfahren. Die Bestimmungen an welche sich die späteren der preußischen und der Reichsgesetzgebung angelehnt haben, sind die der preußischen Ordnung zum Gesetze wegen Versteuerung des inländischen Branntweins, Braumalzes, Weinmostes und der Tabaksblätter vom 8. Februar 1819. Hier wird zwar in Betreff der Concurrenz auf die Vorschriften des Allg. Landrechts verwiesen, ihnen entsprechend aber noch ausdrücklich bestimmt, daß mit der Defraudationsstrafe die Strafe für andere Verletzungen der Steuerordnung und ebenso auch die Strafe der Fälschung zu cumuliren sei. Dieser Grundsatz des preußischen Landrechtes, daß die mehreren verwirkten Strafen, und zwar ohne Unterscheidung der idealen und der realen Concurrenz, in der Regel zu cumiliren sind, wirkt nun in den hier in Betracht kommenden besonderen Gesetzen bis heut nach.

Auf die Steuer-Ordnung von 1819 verweist rücksichtlich der Concurrenz die preußische Verordnung die Besteuerung des im Inlande erzeugten Rübenzuckers betreffend vom 7. August 1846, ohne in dieser Beziehung durch das Gesetz vom 2. Mai 1870 abgeändert zu sein.

Das Branntwein-Steuergesetz von 1868 verweist in § 67 für den Fall der Concurrenz von Zuwiderhandlungen gegen dieses Gesetz mit anderen Vergehen oder Verbrechen auf die allgemeinen Strafgesetze. Im Falle der Concurrenz einer Defraudation mit Verletzung besonderer Vorschriften dieses Gesetzes soll Cumulation der Strafen stattfinden, wogegen im Falle mehrerer oder wiederholter Zuwiderhandlungen gegen dieses Gesetz, die nicht in einer Defraudation bestehen, die Contraventionsstrafe, wenn die Contraventionen gleichartig sind und gleichzeitig entdeckt werden, gegen Thäter, Theilnehmer wie subsidiarisch Verpflichtete nur in einmaligem Betrage festgesetzt werden soll.

Nach dem Zollgesetze von 1869 §§ 158, 159 werden im Falle der Concurrenz der Contrebande oder Defraudation mit anderen strafbaren Handlungen, insbesondere auch mit Urkundenfälschung die Strafen cumulirt, wonach also, dem § 78 des Strafgesetzbuches entsprechend, nicht nur mehrere Geldstrafen, sowie Geldstrafen und Freiheitsstrafe zu cumuliren sind, sondern auch mehrere Freiheitsstrafen, überdies auch die Cumulation im Falle der idealen Concurrenz eintritt [1]).

Die beiden nach dem Strafgesetzbuche erlassenen Gesetze, das Brau-Steuergesetz von 1872 und das Tabak-Steuergesetz von 1879 verweisen in Betreff der Concurrenz zwar auf das Strafgesetzbuch, erklären aber sowohl für den Fall, daß mehrere Zuwiderhandlungen gegen das besondere Gesetz, als auch für den, daß sie mit anderen strafbaren Handlungen zusammentreffen, nur die §§ 74 bis 78 des Strafgesetzbuches für anwendbar, schließen also die Berücksichtigung des § 73 aus, so daß eine von der realen abweichende Beurtheilung der idealen Concurrenz nicht stattfindet. Außerdem behandeln sie, wie das Branntwein-Steuergesetz die mehrfache oder wiederholte Zuwiderhandlung gegen das Gesetz, die nicht in Defraudation besteht, unter den gleichen Bedingungen als ein fortgesetztes Delict, das auch gegen mehrere Mitschuldige nur die Festsetzung einer Strafe nach sich zieht.

6) Die Strafverwandelung ist in eigenthümlicher, nicht in allen diesen Gesetzen gleicher Weise behandelt.

Nach der Verordnung über Besteuerung des Rübenzuckers von 1846 § 27 ist eine nicht beizutreibende Geldstrafe in Freiheitsstrafe zu verwandeln, die im ersten Falle nicht mehr als ein Jahr, beim ersten Rückfalle nicht mehr als zwei Jahre, bei ferneren Rückfällen nicht mehr als vier Jahre, dagegen bei dem dritten und ferneren Rückfalle auch nicht weniger als ein halbes Jahr betragen soll.

Nach dem Zollgesetze von 1869 § 162 wird die nicht beizutreibende Geldstrafe in Freiheitsstrafe verwandelt, die im ersten Falle der

---

1) Rsprch. d. preuß. O. Trib. XIV S. 65. Rsprch. d. R. G. VI S. 387. VII S. 697.

Contrebande oder Defraudation die Dauer von einem halben Jahre, beim ersten Rückfalle die von einem und bei jedem fernern Rückfalle die von zwei Jahren nicht übersteigen soll. Das Verhältniß, nach welchem die Geldstrafe in Freiheitsstrafe zu verwandeln ist, ist nach den Landesgesetzen, jetzt nach §§ 28, 29 des Strafgesetzbuches zu bestimmen. Auf die Bestimmungen des Zollgesetzes wird verwiesen in dem Salz-Steuergesetz § 17 und Branntwein-Steuergesetz § 68.

Das Brau-Steuergesetz § 39 und das Tabak-Steuergesetz § 44 verweisen in Betreff der Verwandelung der Geldstrafe in Freiheitsstrafe auf § 28 und 29 des Strafgesetzbuches, beschränken aber das Maximum der Freiheitsstrafe im ersten Falle der Defraudation auf sechs Monate, im ersten Rückfalle auf ein Jahr, in jedem fernern auf zwei Jahre.

Das Spielkarten-Stempelgesetz § 17 verweist in Betreff der Strafverwandelung lediglich auf das Strafgesetzbuch.

Nach dem Wechsel-Stempelgesetze § 15 sowie nach dem Gesetze wegen Erhebung der Reichs-Stempelabgaben § 36 ist die Verwandelung einer Geldstrafe in Freiheitsstrafe ausgeschlossen, überdies auch die Beitreibung der Geldstrafe dadurch beschränkt, daß zu dem Zwecke kein Grundstück gegen den Willen des Schuldigen subhastirt werden darf.

7) Die Strafe der Contrebande und der Hinterziehung der Gebühr, Steuer, Abgabe ist in allen Fällen Geldstrafe in Verbindung mit Confiscation in den dazu geeigneten Fällen. Die Geldstrafe besteht in den meisten Fällen in dem vierfachen Betrage der hinterzogenen Gebühr oder Steuer oder rechtswidrig geforderten Steuervergütung[1]) bei der Contrebande in Confiscation und dem Zweifachen des Werthes des Gegenstandes, nach dem Wechsel-Stempelgesetz § 15 und dem Stempelgesetze von 1885, § 18 in dem fünfzigfachen Betrage, nach § 25 des letztern Gesetzes in dem fünffachen, nach dem Bankgesetze § 59 Nr. 2 in dem zehnfachen Betrage der hinterzogenen Abgabe. In manchen Fällen ist die Strafe nicht nach dem Betrage der hinterzogenen Abgabe bemessen, sondern als eine zwischen einem bestimmten Minimal- und Maximalbetrage zu ermessende normirt[2]).

---

1) Zoll-G. § 135. Post-G. § 27. Salz-Abg. G. § 11. Branntw.-St. G. § 51. G. wegen Steuerfreiheit des Branntw. § 2. Rübenzucker-St. V. § 18. Brau-St. G. § 30. Tabak-St. G. § 34.

2) Spielkarten-St. G. §§ 10. 11. 13. G. betreffend Statistik d. Waaren-Verk. § 17. Stempel-G. v. 1885 § 4.

Nach dem Zucker-Steuergesetze vom 26. Juni 1869 § 4 hat derjenige welcher bei der Ausfuhr von Zucker rechtswidrig eine Steuer- oder Zollvergütung in Anspruch nimmt den Betrag des vierten Theiles dieser Vergütung, beziehungsweise das Doppelte der Differenz der zuständigen und der beanspruchten Vergütung, als Strafe zu zahlen.

8) In den meisten dieser Gesetze zieht der Rückfall erhöhte Strafe nach sich und zwar in der Regel in der Weise, daß bei dem ersten Rückfalle die im ersten Falle zu zahlende Geldstrafe verdoppelt, bei jedem fernern Rückfalle vervierfacht wird[1]). Nach dem Zollgesetze, dem Brau- und Tabak-Steuergesetze zieht aber der wiederholte Rückfall Gefängnißstrafe bis zu zwei Jahren nach sich und nur ausnahmsweise ist statt dessen Geldstrafe zulässig.

Mit der Strafe des ersten Rückfalles wird nach dem Branntwein-Steuergesetze Untersagung des Brennens für drei Monate, mit der des fernern Rückfalls Untersagung des Brennens für immer verbunden, nach der Rübenzucker-Steuer-Verordnung mit dem wiederholten Rückfalle Verlust des Rechtes zum Betriebe des Gewerbes auf ein bis fünf Jahre. Der Salzwerksbesitzer verliert bei dem zweiten Rückfalle das Recht zur eignen Verwaltung seines Salzwerkes. In Betreff der Voraussetzungen der Rückfallsstrafe beschränken sich die Rübenzucker-Steuer-Verordnung und das Salz-Steuergesetz darauf zu fordern, daß der Schuldige bereits früher wegen des gleichen Delictes rechtskräftig verurtheilt, das Branntwein-Steuergesetz darauf, daß er wegen desselben Delictes bereits bestraft worden sei. Das Zoll-, das Post-, das Brausteuer- und das Tabaksteuer-Gesetz machen dagegen die Rückfallsstrafe davon abhängig, daß der Schuldige wegen desselben Delictes bereits bestraft sei, gleichviel ob er die Strafe ganz oder theilweise verbüßte, oder daß ihm die Strafe ganz oder theilweise erlassen war, schließen aber die Rückfallsstrafe aus, falls seit Verbüßung oder Erlaß der Strafe bis zur Begehung der neuen Defraudation bereits drei Jahre verflossen sind.

Als erschwerenden Umstand, der die Schärfung der Strafe um die Hälfte zur Folge hat, behandeln das Zollgesetz § 144 und 145 und die Rübenzuckersteuer-Verordnung § 21 einige Arten der Verübung der Defraudation, außerdem das Zollgesetz § 148 den Umstand, daß der Thäter Waffen bei sich führt um den Be-

1) Post-G. § 28. Salz-Abg. G. § 12. Branntw.-St. G. § 52. 53. Rübenzucker-St. V. § 19. 20. Brau-St. G. § 33. Tabak-St. G. § 37. Zoll-G § 140. 141.

amten Widerstand zu leisten, in welchem Falle mit der Strafe der Defraudation eine sechsmonatliche bis einjährige Freiheitsstrafe verbunden wird. Die Absicht von den Waffen gegen Beamte Gebrauch zu machen wird bei demjenigen der im Grenzbezirke auf Nebenwegen oder zur Nachtzeit bei einer Contrebande oder Defraudation mit Waffen betroffen wird, präsumirt, sofern sich nicht aus den Umständen ergiebt oder der Beweis geführt wird, daß das Führen der Waffen mit dem Vergehen in keinem Zusammenhange steht.

Mehrfach wird auch die Bestechung eines Beamten sowie die Widersetzlichkeit gegen ihn erwähnt[1]). Insofern die Bestechung oder der Widerstand den Thatbestand dieses nach den allgemeinen Strafgesetzen zu strafenden Delictes ergiebt, finden die letzteren Anwendung, im andern Falle wird die Strafe der Defraudation durch eine Zusatzstrafe geschärft, oder es wird, wenn eine Defraudation nicht vorliegt, die letztere Strafe selbständig verhängt. Die Bestechung wird wohl regelmäßig den Thatbestand der nach § 333 zu strafenden Bestechung ergeben, es sei denn, daß der Beamte zu einer nicht pflichtwidrigen Handlung bestimmt werden soll, oder daß nicht der Beamte selbst, sondern seine Angehörigen bestochen wurden, denn auch auf diesen Fall ist die Strafbestimmung ausgedehnt. Häufiger wird dagegen ein nach den besonderen Gesetzen und nicht nach § 113 des Strafgesetzbuches zu strafender Widerstand vorkommen, weil abweichend von § 113 jede Handlung und Unterlassung, so namentlich die von dem Beamten geforderte und unterlassene Hilfsleistung bei der Revision, durch welche der Beamte in der rechtmäßigen Ausübung seines Amtes verhindert wird, als strafbarer Widerstand behandelt ist.

9) Nach § 7 des Einführungsgesetzes zum Strafgesetzbuche verjähren Zuwiderhandlungen gegen die Vorschriften über die Entrichtung der Branntweinsteuer, der Biersteuer und der Postgefälle in drei Jahren. Verschieden ist die Verjährungsfrist bestimmt in den anderen hierher gehörigen Gesetzen, so im Zollgesetz § 164, dem Spielkarten-Stempelgesetz § 20, dem Tabaksteuer-Gesetz § 45 auf drei, in der Rübenzuckersteuer-Verordnung § 30, dem Wechselstempel-Gesetze § 17, dem Stempelgesetze von 1881 § 24 auf fünf Jahre. Für Zuwiderhandlungen die nur eine Ordnungsstrafe nach sich ziehen ist die Verjährungsfrist nur ein Jahr.

---

1) Zoll-G. § 160. 161. Salz-Abg. G. § 17. Branntw.-St. G. § 68. Tabak-St. G. § 41. Brau-St. G. § 36.

Elftes Kapitel.

Die Amtsdelicte.

Literatur.

Heffter im N. Archiv 1832 S. 48 f. — Buddeus in Weiske Rechtslexikon I S. 220 f. — Schwenken Die Amtsvergehen, ihre Untersuchung und Bestrafung 1848. — Dollmann im D. Staats-Wörterbuch I S. 219 f. — Zucker Amtsverbrechen 1870. — Schütze in Holtzendorff Rechtslexikon I S. 97. — von Liszt ebenda II S. 966. — Oppenheim Die Rechtsbeugungsverbrechen des deut. Strafgesetzbuches 1886. — Meves im Gerichts-Saal 1886 S. 216 f.

1. Amtsdelicte und Disciplinarvergehen.

§ 298. Zu den gegen den Staat sich richtenden Delicten gehören auch die im Amte verübten und in der Verletzung einer dem Thäter obliegenden Amtspflicht bestehenden.

Die Gestaltung dieses Gebietes der Strafgesetzgebung steht naturgemäß im engsten Zusammenhange mit den eigenthümlichen Verfassungszuständen und Verwaltungseinrichtungen des Staates. Für den modernen Staat war daher das dürftige dem römischen Rechte entnommene Material, mit welchem sich bei der Behandlung der Amtsdelicte die ältere gemeinrechtliche Doctrin begnügen mußte, nicht nur völlig unzulänglich, sondern auch ungeeignet einen wesentlichen Einfluß auf die neuere Gesetzgebung auszuüben.

Wie das moderne berufsmäßige Beamtenthum zuerst in Preußen gebildet wurde und der von den Rechten und Pflichten der Diener des Staates handelnde Titel 10 Theil 2 des preußischen Allg. Landrechts die erste umfassende den Staatsdienst regelnde Gesetzgebung war, so bildet auch der von den Verbrechen der Diener des Staates handelnde achte Abschnitt des Titels 20 Thl. II des Landrechtes die Grundlage für die neuere die Amtsdelicte betreffende deutsche Gesetzgebung. An ihn lehnen sich die Strafbestimmungen des preußischen Strafgesetzbuches an, denen sich die des deutschen eng angeschlossen haben.

Ohne zwischen criminell und nur disciplinarisch zu strafenden Handlungen zu unterscheiden, umfassen die Strafbestimmungen jenes Abschnittes des Landrechtes alle irgend strafbaren Handlungen der Staatsdiener. Der gemeinsame Thatbestand derselben, wie er in den §§ 333 bis 335 in allgemeiner Weise ausgesprochen ist und dann weiterhin specialisirt wird, ist „Verletzung der Amtspflicht", wobei unterschieden wird die vorsätzliche Verletzung, welche Cassation nebst verhältnißmäßiger Geld- oder Festungsstrafe nach sich zieht, die Verletzung aus grober Fahrlässigkeit oder Unwissenheit die mit Geldstrafe, Degradation oder Cassation gestraft wird, und das geringe Versehen, bei welchem der Schuldige durch Warnung, Verweise und geringe Geldstrafen zur bessern Beobachtung seiner Pflichten angehalten werden soll. Die Folge davon war zugleich die, daß auch im Verfahren und in Betreff der Competenz der Gerichte und anderer Behörden eine feste Grenze zwischen Disciplinarvergehen und Amtsverbrechen mangelte. Ein Justizministerial-Rescript vom 9. Mai 1831 sprach sich tadelnd dagegen aus, daß bei geringen Dienstvergehen Criminaluntersuchung eingeleitet werde, statt von der disciplinarischen Strafgewalt Gebrauch zu machen. Der König habe deshalb befohlen, daß in solchen Fällen das richterliche Urtheil unvollstreckt bleiben und das Vergehen durch den Vorgesetzten disciplinarisch gerügt werden solle. Aber nicht nur bei geringen Vergehen, sondern auch in den Fällen in denen es sich um Amtsentsetzung handelte, mangelte ein geordnetes Competenzverhältniß der Gerichte und der Verwaltungsbehörden. Im Widerspruche zu den gedachten §§ 333—335, welche zweifellos davon ausgehen, daß alle strafbaren Verletzungen der Amtspflicht zur Competenz der Strafgerichte gehören sollten, war in den §§ 98—101 Tit. 10 Thl. II die Bestimmung aufgenommen worden, daß, wenn die Verabschiedung eines Beamten nöthig befunden werde, derselbe mit seiner Erklärung und Verantwortung ordnungsmäßig zu hören und die Sache dann dem Staatsrathe zur Entscheidung zu überweisen sei. Nur für die richterlichen Beamten war in § 99 Tit. 17 Thl. II der Grundsatz ausgesprochen, daß sie nur bei den vorgesetzten Gerichten wegen ihrer Amtsführung belangt, bestraft und des Amtes entsetzt werden können. Wenn zwar allmählich eine Reihe einzelner Competenzbestimmungen erlassen wurde [1]), so wurde

---

1) Vgl. Criminal-O. § 509. Verordnung wegen Einrichtung der Provinzial- u. s. w. Behörden vom 20. Dezember 1808 § 47. Cabinets-O. v.

doch eine feste und umfassende Ordnung erst erreicht, als die Redaction des Strafgesetzbuches dazu Veranlassung gab.

Bei derselben wurde von dem Systeme des Landrechts von Anfang an insofern abgewichen, als man darauf verzichtete in dem Strafgesetzbuche alle, auch die leichtesten Vergehungen der Beamten zu berücksichtigen, und zwischen denjenigen welche nach dem Strafgesetzbuche criminell zu strafen und denjenigen welche dem Disciplinar-Strafrechte zu überlassen seien, unterschied. Zu einer bewußten principiellen Unterscheidung beider Arten von Vergehungen gelangte man freilich nicht, und der von rheinischen Juristen ausgehende Versuch einer solchen fand keinen Anklang, wohl aber gewann im Verlaufe der Verhandlungen der Kreis der disciplinarisch zu strafenden eine immer größere Ausdehnung[1]).

Hiermit ergab sich die Nothwendigkeit einer neuen, umfassenden Disciplinar-Strafgesetzgebung und sie erfolgte durch das Gesetz betreffend das gerichtliche und Disciplinar-Verfahren gegen Beamte und das Gesetz betreffend das bei Pensionirungen zu beobachtende Verfahren vom 29. März 1844. Beide Gesetze wurden, in der Doctrin und durch die Provinzial-Landtage wegen der bedenklichen Aenderung der bisherigen rechtlichen Stellung des Richterstandes angefochten, durch die Verordnung vom 6. April 1848 über einige Grundlagen der künftigen preußischen Verfassung aufgehoben, und an ihre Stelle traten die octroyirten Verordnungen betreffend die Dienstvergehen der Richter vom 10. Juli und betreffend die Dienstvergehen der nicht richterlichen Beamten vom 11. Juli 1849. Beide erlangten nicht die unbedingte Genehmigung des Landtages, und wurden ersetzt durch die Gesetze vom 7. Mai 1851 betreffend die Dienstvergehen der Richter und vom 21. Juli 1852 betreffend die Dienstvergehen der nicht richterlichen Beamten. Hiernach regelte sich nunmehr die Verfolgung und Bestrafung der Vergehungen im Amte nach den Vorschriften dieser Gesetze und den Bestimmungen des Strafgesetzbuches.

Dem von den Verbrechen und Vergehen im Amte handelnden Titel des preußischen Strafgesetzbuches hat sich das Deutsche so-

---

16. Juli 1809. Instruction zur Geschäftsführung der Regierungen v. 23. October 1817 §§ 5. 12. 38. Instruction für die Ober-Präsidenten v. 31. Dezember 1825. §§ 5. 6. Cabinets-O. v. 12. April 1822, vom 21. Februar 1823, vom 31. Dezember 1825.

1) Vgl. Goltd. Mat. I S. 137 f. Beseler Commentar S. 542 f.

wohl in Betreff der Frage, welche strafbaren Handlungen als criminell strafbar zu betrachten, welche der disciplinären Bestrafung zu überlassen seien, als auch rücksichtlich der Bestimmung des Thatbestandes wie der Strafsatzungen mit nur geringen Abweichungen angeschlossen.

§ 299. Wenn das preußische und das deutsche Strafgesetzbuch von der Strafgesetzgebung des A. Landrechtes allerdings darin abweichen, daß sie nicht mehr wie dieses alle Amtsvergehungen unterschiedslos als criminell strafbare zusammenfassen, darum die als Disciplinar-Strafmittel betrachteten Strafen, wie Warnung, Verweis, Degradation, Cassation so wie die nur disciplinär zu strafenden Vergehungen ausschieden, und für diejenigen welche sie berücksichtigten criminelle Strafen drohten, so kommen sie doch offenbar mit diesem darin überein die Verletzung der Amtspflicht als das Wesen aller, sowohl der criminell wie disciplinarisch zu strafenden Amtsvergehungen zu betrachten. Dem folgt seit der oben angeführten Abhandlung Heffter's die in der Doctrin herrschende Auffassung. Nach derselben giebt es einen begrifflich festzustellenden Unterschied der disciplinarisch und der criminell zu strafenden Amtsvergehungen nicht. Jede Verletzung der Amtspflicht ist disciplinarisch strafbar, aber es findet der Unterschied statt, daß gewisse Verletzungen nicht nur disciplinär, sondern um ihrer größern Gefährlichkeit willen zugleich criminell gestraft werden. Diese letzteren sind entweder eigentliche oder reine Amtsdelicte, oder uneigentliche, gemischte, indem ihr Thatbestand entweder lediglich eine Verletzung der Amtspflicht, oder zugleich den Thatbestand eines gemeinen Delictes das ein Jeder begehen kann, enthält, in welchem letztern Falle das von dem Beamten verübte gemeine Delict erhöhte Strafe nach sich zieht[1]).

Wenn man aber auch jeden begrifflichen Unterschied der criminell und der nur disciplinarisch zu strafenden Verletzungen der Amtspflicht leugnete, so verzichtete man doch nicht darauf nach einer festen Grenzlinie beider Arten von Amtsvergehungen zu

---

1) Abegg S. 613 f. Marezoll S. 316. Mittermaier z. Feuerbach § 477 Note 1. Berner S. 603 f. H. Meyer S. 700. Schütze a. a. O. und Lehrbch. S. 521. Meves in Holtzdf. Hdbch. III S. 939 f. und im G. Saal a. a. O. Wächter deut. Strafr. S. 520. v. Liszt S. 561 f. Hecker a. a. O. S. 482. Zorn Reichs-Staatsr. I S. 243. Laband Reichs-Staatsr. I S. 433.

suchen. Als criminell strafbar bezeichnete man die vorsätzlichen, als disciplinarisch strafbar die nur fahrlässigen Verletzungen der Amtspflicht, oder als Amtsverbrechen nur den Mißbrauch der Amtsgewalt der in der Absicht der Rechtsverletzung gegen den Staat oder einen Dritten verübt wird[1]), als Disciplinarvergehen alle übrigen Verletzungen der Amtspflicht. Eine andere Ansicht, die namentlich auch bei den Verhandlungen über das preußische Strafgesetzbuch geltend gemacht aber verworfen wurde, ging dahin, daß die Suspension, Degradation und Cassation Strafmittel seien, die, ihrer Natur nach criminelle Strafen, nicht durch eine Administrativbehörde verhängt werden dürften. Wo also durch die Schwere der Pflichtverletzung solche Strafen erforderlich seien, höre das Gebiet der disciplinären Bestrafung auf. Umgekehrt ging das preußische Strafgesetzbuch davon aus, daß criminelle Strafen nur diejenigen seien die einen jeden Unterthanen treffen, also nicht die Amtsentsetzung, die strafrechtlich betrachtet nicht sowohl Strafe, als vielmehr ein besonderer den Beamten treffender Nachtheil sei, wenn gegen ihn die criminelle Strafe der Unfähigkeit zur Bekleidung öffentlicher Aemter ausgesprochen werde. In den Fällen, in welchen dies nicht geschehe, müsse die Amtsentsetzung dem Disciplinarverfahren vorbehalten bleiben. Wenn die früheren Versuche das Gebiet des Strafrechtes und Disciplinarrechtes zu scheiden bei folgerechter Durchführung, im Widerspruche zur Gesetzgebung, die Möglichkeit der sowohl criminellen als disciplinären Bestrafung der einen und selbigen That ausschließen mußten, weil es sich, trotz verschiedener Formulirung, doch immer nur darum handelte, daß criminelle Strafe zu verhängen sei, wenn die disciplinäre als unzulänglich erscheinen würde, so ging umgekehrt die preußische Gesetzgebung davon aus, daß die Criminalstrafe eventuell noch einer Ergänzung durch die Disciplinarstrafe bedürfe, und zwar vermöge des bei dem Beamten in Betracht kommenden besonderen Verhältnisses, in welchem er zu dem Staate stehe, womit ausgesprochen war, daß die Verletzung der Amtspflicht sich in verschiedener Richtung bethätige und darum von verschiedenem Gesichtspunkte aus zu würdigen sei.

Daß alle Vergehungen im Amte, gleichviel welche Art von Strafen sie nach sich ziehen, eine Verletzung der Amtspflicht enthalten, kann freilich nicht zweifelhaft sein. Betrachtet man aber

---

1) Temme, Kritik des preuß. Entwurfs II S. 400.

alle Amtsvergehungen als unterschiedslos und unscheidbar darin übereinkommend, daß sie Verletzungen der Amtspflicht sind, so bleibt nur übrig sie entweder allesammt als Disciplinarvergehen zu betrachten, die Verbrechen und Vergehen im Amte aber als eine wegen Schwere der Schuld durch criminelle Strafe ausgezeichnete Species derselben[1]), oder umgekehrt sie allesammt als an sich criminell strafbare Pflichtverletzungen anzusehen, die Disciplinarvergehen aber als eine Species derselben, welche wegen des geringen Maßes der Schuld dadurch ausgezeichnet ist, daß sie von einer Criminalstrafe verschont bleibt. Das Erstere ist schon darum unzulässig, weil es Verbrechen und Vergehen im Amte giebt, welche, wie die der Geschwornen und Schöffen, nicht Disciplinarvergehen sind[2]), das Letztere schon darum[3]), weil auch das Strafgesetzbuch Strafmittel darbietet die einem besonders geringen Maße der Schuld entsprechen, und deshalb einer Ergänzung seiner Strafmittel durch solche des Disciplinarrechtes nicht bedarf. In beiden Fällen aber müßte man die Zulässigkeit einer doppelten, criminellen und disciplinären, Verfolgung und Bestrafung derselben Pflichtverletzung folgerecht verwerfen[4]). Zu rechtfertigen ist sie nur unter der Voraussetzung, daß wo eine zweifache Verfolgung und Bestrafung stattfindet, es sich um die zweier verschiedener, concurrirender Delicte handelt, und dies setzt weiter voraus ein zweifaches, verschiedenartiges Pflichtverhältniß und die Verletzung eines jeden derselben, so daß also das Object des strafbaren Angriffes ein verschiedenes ist.

§ 300. Auf ein bei der Verletzung der Amtspflicht in Betracht kommendes verschiedenes Pflichtverhältniß hatte schon Heffter hingedeutet[5]) indem er die Disciplinargewalt ein Privatrecht des Staates nannte, dem sich der Diener bei Eingehung des Dienstverhältnisses stillschweigend unterwerfe. Einen Versuch begrifflicher Unterscheidung der criminell und der disciplinarisch zu strafenden Verletzung der Amtspflicht machten die bei Berathung des preußischen Strafgesetzbuches 1847 zur Staatsraths-Commission be-

1) So Meves im G. Saal 1886 S. 221.

2) Vgl. Oppenheim a. a. O. S. 5.

3) Vgl. Laband a. a. O. S. 448.

4) Zorn a. a. O. S. 244 will die doppelte Bestrafung damit erklären, daß aus Zweckmäßigkeitsgründen eine Theilung der Cognition durch zwei verschiedene Instanzen unter zwei besonderen Gesichtspunkten beliebt worden sei.

5) a. a. O. S. 177.

rufenen rheinischen Juristen[1]), indem sie ihren Antrag die Amtsentsetzung nicht als selbständige Criminalstrafe zu behandeln, damit motivirten, daß das Disciplinarrecht sich mehr mit dem civilrechtlichen Verhältnisse des Beamten als solchem zum Staate beschäftige, und seine höchste Strafe die Amtsentsetzung sei. Dieser Auffassung entsprechend geht Laband[2]) davon aus, daß der Begriff des Disciplinarrechtes nicht im Gegensatze zum Strafrechte, sondern zum Privatrechte zu suchen sei. Er falle zusammen mit dem Gegensatze der obligatorischen Vertragsverhältnisse und der Gewaltverhältnisse. Bei den letzteren trete an die Stelle der Forderung der Befehl, an die der Klage der Zwang, und die Disciplinargewalt sei das Recht zur Ausübung dieses Zwanges.

Daß das Verhältniß in welchem der Beamte zur Staatsgewalt steht kein privatrechtliches ist, bedarf keines Beweises. Aber auch damit wird der Begriff des Disciplinarrechtes nicht zu gewinnen sein, daß man dasselbe als das öffentlichrechtliche Analogon des civilrechtlichen Klagerechtes auf Leistung aus dem obligatorischen Vertragsverhältnisse betrachtet. Gewiß haben die geringeren Disciplinarstrafen auch den Zweck den Beamten zu künftiger, ordnungsmäßiger Erfüllung seiner Dienstpflicht zu veranlassen, aber, abgesehen davon, daß bei der Amtsentsetzung davon nicht die Rede sein kann, sind alle Disciplinarstrafen ihrem Wesen nach doch keineswegs Zwangsmittel um eine Leistung zu veranlassen, sondern Strafen wegen Verletzung der Dienstpflicht[3]). Durchaus richtig aber ist es, daß das Disciplinarrecht ein eigenthümliches Pflichtverhältniß des Beamten zur Voraussetzung hat, während die criminell strafbaren Amtsdelicte sich gegen ein anders geartetes und, von dem des Beamten unabhängiges, Pflichtverhältniß richten.

Das Staatsamt ist ein rechtlich begrenzter Kreis von Staatsgeschäften, die in der Ausübung bestimmter Hoheitsrechte des Staates bestehen. Es setzt das Staatsamt also voraus, daß dem Inhaber des Amtes gewisse Rechte der Staatsgewalt, um sie im Auftrage derselben auszuüben, übertragen werden, und die wesentliche Pflicht des Amtsinhabers besteht darin, bei Ausübung der ihm übertragenen Amtsgewalt nach den dafür maßgebenden gesetzlichen Vorschriften zu verfahren.

---

1) Beseler a. a. O.
2) a. a. O. S. 449.
3) Vgl. Zorn a. a. O. S. 244.

Der Inhaber eines Staatsamtes ist aber nicht nothwendig auch Staatsbeamter, wie der Beamte nicht nothwendig immer ein Amt hat. Allerdings wird Jemand zum Beamten immer nur ernannt in Beziehung auf ein von ihm wahrzunehmendes Amt und diese Beziehung bleibt für ihn bestehen, wenn er auch zeitweilig ein Amt nicht inne hat. Er behält seine amtliche Stellung und die ihm kraft dieser zustehenden Rechte und obliegenden Pflichten, insbesondere die Pflicht die ihm eventuell wieder aufgetragenen Amtsfunctionen zu übernehmen. Aber im Unterschiede von dem Inhaber eines Amtes der nicht Beamter ist, ist für die Stellung des Beamten nicht allein das Amt, sondern weiter noch das eigenthümliche öffentlich-rechtliche Dienstverhältniß zum Staate in das er eintritt, entscheidend. Hat er ein Amt zu verwalten, so tritt zu der Pflicht die ihm wie jedem Inhaber eines Amtes obliegt, noch ein weiteres Pflichtverhältniß hinzu, vermöge dessen er zu ordnungsmäßiger Wahrnehmung der ihm obliegenden Amtsgeschäfte, zur Treue gegen den Staat und den Träger der Staatsgewalt, zum Gehorsam gegen die Vorgesetzten, zu einem Verhalten in und außer dem Amte wie es die Achtung die seine amtliche Stellung erfordert, verpflichtet ist[1]).

Als eine Verletzung der Amtspflicht wird man es bezeichnen können, gleichviel ob es sich um die Verletzung der Pflicht handelt, welche einem jeden Inhaber einer Amtsgewalt obliegt, oder um die der besonderen durch das Dienstverhältniß begründeten, denn auch sie ist eine durch die Uebertragung des Amtes und um des Amtes willen auferlegte und besteht in beschränktem Maße auch für den Staatsbeamten fort, der zeitweilig kein Amt verwaltet. Aber wie in beiden Fällen das Pflichtverhältniß das die Voraussetzung bildet ein verschiedenes ist, so auch die Bedeutung und Wirksamkeit der Verletzung.

---

1) Es giebt allerdings nicht wenig Beamte, deren wesentlichste Function, wie die der Post-, Telegraphen-, Eisenbahn-, Forst-, Berg-Beamten u. s. w. rein wirthschaftlicher Art ist, und die daneben eine öffentlich-rechtliche Amtsgewalt entweder gar nicht oder nur in beschränktem Maße zu üben haben, z. B. soweit ihnen polizeiliche Functionen übertragen sind. Das Gesetz stellt sie aber nach ihren Rechten und Pflichten anderen Beamten gleich, und soweit die Geschäfte die sie wahrzunehmen haben nicht in Ausübung einer Amtsgewalt im eigentlichen Sinne bestehen, ist doch ihre Pflicht rücksichtlich der Ausübung ihrer Amtsfunctionen gleichgestellt der Pflicht anderer Beamten rücksichtlich der von ihnen zu übenden Amtsgewalt. Es ist dies daher ein Unterschied der strafrechtlich nicht weiter in Betracht kommt.

Im Falle des Amtsdelictes handelt es sich darum, daß sich der Inhaber des Amtes einer Verletzung der Pflicht, die ihm vom Staate übertragene Amtsgewalt nur nach Maßgabe von Recht und Gesetz auszuüben, schuldig macht. Was in dieser Beziehung die rechtlich festgestellte Pflicht fordert, kann nicht zweifelhaft sein, und dementsprechend wird sich auch der Thatbestand eines jeden Amtsdelictes genau feststellen lassen. Die gesetzwidrige Ausübung der Amtsgewalt hat die Bedeutung und Wirksamkeit, daß entweder die Staatsgewalt in ihren Rechten und Interessen, welche der Inhaber des Amtes wahrzunehmen berufen ist, beschädigt oder auch das rechtliche Verhältniß der Staatsgewalt zu den ihr Untergebenen gestört, entstellt und damit die allgemeine staatliche Ordnung verletzt wird. Das Amtsdelict erscheint daher in allen Fällen als ein gesetzwidriger Mißbrauch der dem Amtsinhaber übertragenen amtlichen Befugnisse, seiner Amtsgewalt, gleichviel ob sich dieser Mißbrauch in einer den amtlichen Befugnissen widersprechenden Handlung oder in einem Unterlassen ihrer pflichtmäßigen Ausübung bethätigt. Will man das Interesse des Staates und der Gesellschaft an der gesetzmäßigen Ausübung der Amtsgewalt als ein Rechtsgut bezeichnen, so wird eben dieses das Object des Angriffes der Amtsdelicte sein, und zu deren Thatbestande die Verletzung oder Gefährdung jenes Rechtsgutes erfordert werden. Der Mißbrauch der Amtsgewalt wird sich zwar in verschiedener Weise bethätigen können, womit sich eine Mehrheit verschiedener Amtsdelicte ergiebt, aber nur um einen verschieden gestalteten Angriff auf das eine und selbige Rechtsgut, nicht um

---

1) Laband geht, wie angegeben, von einer principiellen Unterscheidung des öffentlichen Strafrechtes und des Disciplinarstrafrechtes aus und spricht demgemäß von Verletzungen der Amtspflicht, welche nicht bloß das zwischen dem Staate und den Beamten bestehende Dienstverhältniß, sondern die allgemeine staatliche Ordnung stören und deshalb mit öffentlicher Strafe bedroht sind. Dem widerspricht es, wenn er behauptet, es lasse sich nicht aus dem Begriffe des Staatsamtes herleiten, welche Pflichtverletzungen eine öffentliche Strafe nach sich ziehen, vielmehr seien es nur Gründe der Gesetzgebungspolitik die darüber entscheiden, welche Handlungen und Unterlassungen des Beamten so schwere Verletzungen der Rechtsordnung seien, daß Mittel des Strafrechts gegen sie angewandt werden müssen. Weiterhin wird wiederum, dem widersprechend, hervorgehoben, daß die Schwere des Vergehens das Amtsdelict und das Disciplinarvergehen nicht unterscheiden, da es auch geringfügige Amtsdelicte gebe welche criminell gestraft werden.

verschiedene, das Object des Angriffes bildende, Rechtsgüter handelt es sich bei ihrem Thatbestande[1]).

Im Falle eines Disciplinarvergehens handelt es sich um eine Pflichtverletzung, durch welche in das zwischen dem Staate und dem Beamten bestehende Dienstverhältniß störend eingegriffen wird. Wenn dieses Dienstverhältniß dem Beamten, wie jedem Inhaber eines Amtes der nicht Beamter ist, zunächst die Pflicht der gesetzmäßigen Ausübung seiner Amtsgewalt auferlegt, so erscheint jedes Amtsdelict darum sicher zugleich als eine Verletzung des besondern Dienstverhältnisses in welchem der Beamte steht. Es legt ihm dasselbe aber noch weitere besondere Pflichten auf, und er kann sich mannigfacher Verletzungen seiner Amtspflicht schuldig machen, die nicht in einem Mißbrauche seiner Amtsgewalt bestehen und die den Gesetzen entsprechende Ausübung dieser Gewalt ganz unberührt lassen. So weit es sich um die Pflicht eines ordnungsmäßigen Verhaltens im Dienste, einer den erhaltenen Instructionen entsprechenden Wahrnehmung der Amtsgeschäfte handelt, werden sich diese Pflichten noch annähernd im Einzelnen bestimmen lassen, wogegen es unmöglich ist im Einzelnen Alles das zu bestimmen und rechtlich festzustellen was Treue und Gehorsam, was ein der Würde des Amtes entsprechendes Verhalten in und außer dem Amte erfordert. Bei der disciplinären Bestrafung der Dienstvergehen wird darum unvermeidlich dem richterlichen Ermessen in Beantwortung der Frage: ob ein bestimmtes Verhalten des Beamten als ein Dienstvergehen zu betrachten sei, ein sehr weiter Spielraum gelassen werden müssen.

Sind der Disciplinargewalt des Staates zwar nur die Staatsbeamten unterworfen, so können doch auch die Inhaber eines Amtes die nicht Beamte sind sich einer Verletzung ihrer Amtspflicht schuldig machen, die nicht in einem criminell strafbaren Mißbrauche ihrer Amtsgewalt besteht. Auch solche Pflichtverletzungen bedürfen der Rüge und Bestrafung und offenbar ist bei derselben, da es sich um Pflichtwidrigkeiten des Trägers eines öffentlichen Amtes

1) Dagegen Oppenheim a. a. O. S. 18. Nach ihm unterscheiden sich von den Disciplinarvergehen die Amtsdelicte dadurch, daß ihr Object Rechtsgüter sind, deren Verletzung oder Gefährdung nur durch den Inhaber eines Amtes geschehen kann. Es wäre von Interesse gewesen, wenn er die angeblich verschiedenen Rechtsgüter, welche Object der verschiedenen Amtsdelicte sind, hätte angeben wollen.

handelt, auch der Staat in hohem Grade interessirt. Darum ist für eine angemessene Bestrafung auf dem Wege der staatlichen Gesetzgebung gesorgt. Was in dieser Beziehung die Geschwornen und Schöffen betrifft, so sind sie allerdings einer Disciplinargewalt nicht unterworfen. Durch die gesetzlichen Bestimmungen über die Auswahl der Geschwornen und Schöffen ist dafür gesorgt, daß Niemand, der sich der Wahrnehmung des betreffenden öffentlichen Amtes unwürdig gemacht hat, zu demselben berufen werde. Insofern sie sich der Ausübung ihrer staatsbürgerlichen Pflicht rechtswidrig entziehen, trifft sie die vom Gerichte festzustellende Ordnungsstrafe. Anders verhält es sich mit den Rechtsanwälten, denen zwar nicht ein Dienstverhältniß zum Staate, wohl aber ihr Beruf in Betreff der Wahrnehmung ihrer Amtsgeschäfte wie ihres Lebenswandels besondere Pflichten auferlegt. Sie sind vermöge ihres Berufes Mitglieder einer gewerblichen Innung, der Anwaltskammer, und stehen unter der Disciplinargewalt derselben, indem in erster Instanz der Vorstand der Anwaltskammer als genossenschaftliches Ehrengericht entscheidet, in höherer Instanz ein Ehrengerichtshof, dem außer Mitgliedern der Anwaltskammer auch solche des Reichsgerichtes angehören[1]).

Die Verletzung der besondern Dienstpflicht des Beamten wie der besondern Berufspflicht des Anwaltes zieht, soweit sie nicht in einem Mißbrauche der Amtsgewalt besteht, nur disciplinäre Bestrafung nach sich. Das Amtsdelict des Beamten hat dagegen eventuell nicht nur eine criminelle, sondern zugleich auch eine disciplinäre Strafe zur Folge, weil durch dasselbe die Amtspflicht in verschiedener Richtung verletzt erscheint, das einemal nach außen hin in der Richtung auf die durch den Mißbrauch der Amtsgewalt verletzte allgemeine staatliche Ordnung, das anderemal nach innen hin in der Richtung auf das besondere Dienstverhältniß, in welchem der Beamte zur Staatsgewalt steht, und weil darum die That der strafrechtlichen Würdigung von beiden verschiedenen Gesichtspunkten aus bedarf. In gleicher Weise verhält es sich mit dem Amtsdelicte des Rechtsanwaltes, das ebenso nicht nur als Mißbrauch der Amtsgewalt, sondern zugleich als Verletzung einer besondern Berufspflicht, die dem Thäter in seinem Verhältnisse zur Berufsgenossenschaft obliegt, in Betracht kommt. Denn was die Verletzung der besondern Dienst- oder Berufspflicht erforderlich

1) Vgl. Rechtsanwaltsordnung v. 1. Juli 1878.

erscheinen läßt, wird in allen den Fällen durch die Criminalstrafe vollkommen genügt sein, in denen diese den Verlust des Amtes nach sich zieht, während es im andern Falle insbesondere darauf ankommen wird zu entscheiden, ob vom disciplinären Standpunkte aus die Entfernung aus dem Amte darum nothwendig erscheint, weil der Thäter sich seiner amtlichen Stellung unwürdig erwiesen hat[1]).

§ 301. Ist das Interesse des Staates und der Gesellschaft an der gesetzmäßigen Ausübung der Amtsgewalt das Object, gegen welches sich das Amtsdelict richtet, so kann es seiner Natur nach nur von dem Inhaber eines Amtes verübt werden, weil nur er in der Lage ist die ihm zustehende Amtsgewalt zu mißbrauchen. Herkömmlich werden eigentliche und uneigentliche Amtsdelicte unterschieden, eine unrichtige Unterscheidung, denn gleichviel wie der Mißbrauch der Amtsgewalt geartet und wie sein Erfolg beschaffen sein möge, so ist und bleibt doch das Amtsdelict immer ein eigentliches, in solchem Mißbrauche bestehendes. Der Unterschied selbst

---

1) Man wird hiernach die Amtsdelicte von den disciplinarisch zu strafenden Dienstvergehen nicht, wie es Oppenheim a. a. O. thut, in der Art unterscheiden können, daß erstere als gegen Rechtsgüter, letztere als gegen die Dienstpflicht gerichtet bezeichnet werden, denn einerseits enthält jedes Amtsdelict gewiß auch die Verletzung einer Dienstpflicht, bei dem Anwalt die einer Berufspflicht, und andererseits ist nicht einzusehen, warum nicht auch das Interesse der Staatsgewalt an der ordnungsmäßigen Erfüllung jener Dienst- oder Berufspflicht als ein Rechtsgut bezeichnet werden dürfte. Ist Rechtsgut „alles was in den Augen des Gesetzgebers für die Rechtsordnung von Werth ist, dessen ungestörte Erhaltung er deshalb durch Normen sicher stellen muß," so ist gewiß auch die Erfüllung der Dienstpflicht ein solches. Dem steht auch nicht, wie Oppenheim sich darauf beruft, entgegen, daß es unmöglich ist für die Verletzung der Dienstpflicht einen fest normirten Thatbestand anzugeben, wie es erforderlich wäre, wenn sie criminell gestraft werden sollte. Um die Verletzung einer Norm handelt es sich auch bei dem Dienstvergehen, mag sie immerhin eine sehr allgemein gefaßte, dem richterlichen Ermessen einen sehr weiten Spielraum gewährende sein, und wenn die Verletzung dieser Norm Strafe, wenn auch nicht Criminal- sondern Disciplinarstrafe, nach sich zieht, so doch gewiß darum, weil die Erfüllung der Dienstpflicht für die Rechtsordnung von Werth ist. Wie es also geleugnet werden könnte, daß es sich bei dem Disciplinarvergehen ebenso wie bei dem Amtsdelicte um die Verletzung eines Rechtsgutes in dem angegebenen Sinne, und bei dem Amtsdelicte ebenso um Verletzung der Dienstpflicht wie bei dem Disciplinarvergehen handelt, ist nicht einzusehen. Damit erscheint die ganze Unterscheidung Oppenheim's zwischen Amtsdelicten und Disciplinarvergehen als hinfällig.

aber, für den man eine unrichtige Bezeichnung gewählt hat, ist ein ganz richtiger und wird besser als der Unterschied der reinen und der gemischten Amtsdelicte bezeichnet[1]). Das Amtsdelict ist ein reines, wofern es lediglich in einem Mißbrauche der Amtsgewalt besteht, es ist ein gemischtes, wofern die Amtsgewalt zur Verübung eines gemeinen Delicts mißbraucht wird.

Auch das gemischte Amtsdelict ist ein eigentliches und am wenigsten kann die Unterscheidung darum angefochten werden, weil die gemischten Amtsdelicte überhaupt nicht Amtsdelicte, sondern nur qualifizirte gemeine Delicte seien, bei denen das Strafgesetzbuch, soweit es für sie besondere Strafsatzungen festgestellt hat, nur die persönliche Eigenschaft des Thäters, nicht die Verletzung der Amtspflicht, als Qualificationsgrund behandle[2]). Sofern der Beamte ein gemeines Delict verübt, kann seine Eigenschaft als Beamter allerdings als straferhöhend in Betacht kommen, sei es, daß das Gesetz in Fällen, in denen von einem Mißbrauche der Amtsgewalt und darum von einem Amtsdelicte gar nicht die Rede ist, für den Beamten eine höhere Strafe angeordnet hat[3]), sei es, daß ihn nach dem Gesetze zwar die gleiche Strafe trifft wie jeden Andern, diese aber, wie die Unfähigkeit zu einem öffentlichen Amte, für ihn schwerere Folgen, den Verlust des Amtes, nach sich zieht, sei es, daß vom Richter seine Eigenschaft als Beamter bei der Strafzumessung als ein die Schuld steigernder in Betracht gezogen wird. Ganz anders aber verhält es sich bei den gemischten Amtsdelicten, denn hier ist es nicht, wie etwa bei dem am Ascendenten verübten Todtschlage, eine persönliche Eigenschaft des Thäters und ein durch sie bedingtes rein sittliches Pflichtverhältniß welches einen Qualificationsgrund bildet[4]), sondern eben der Umstand, daß mit dem

---

1) Vgl. Berner S. 605.

2) Dies die Ansicht Oppenheim's a. a. O. S. 18—21.

3) Dies ist der Fall in den §§ 128 und 129. Ganz mit Unrecht betrachtet v. Liszt S. 563 diese Vergehen als s. g. uneigentliche Amtsdelicte. Den Fall des § 155 Nr. 3 wird man nicht, wie Binding Hdbch. I S. 433 zu denen rechnen dürfen, in welchen die Beamtenqualität des Thäters einen Strafschärfungsgrund bilde.

4) Oppenheim hat es ganz unbeachtet gelassen, daß das Gesetz nicht den Beamten der sich einer Nöthigung, einer Körperverletzung u. s. w. schuldig macht mit härterer Strafe bedroht, sondern den Beamten, der durch Mißbrauch der Amtsgewalt nöthigt, in Ausübung oder in Veranlassung der Ausübung seines Amtes eine Körperverletzung verübt. Gegen Oppenheim vgl. auch Meves a. a. O. S. 230 f.

gemeinen Delicte ein rechtswidriger Mißbrauch der Amtsgewalt concurrirt, welcher die vom Gesetze angeordnete höhere Strafe bedingt. An sich liegt im Falle des gemischten Amtsdelictes ein Fall der idealen Concurrenz eines gemeinen und eines Amtsdelictes vor, den das Gesetz aber nicht als solchen behandelt, indem es vielmehr den Thatbestand des gemeinen Delictes und den des Mißbrauches der Amtsgewalt zu dem Thatbestand eines gemeinen durch den Amtsmißbrauch qualifizirten Delictes zusammenfaßt. So zu verfahren war unvermeidlich, denn die Behandlung des gemischten Amtsdelictes als eines Falles idealer Concurrenz würde vorausgesetzt haben, daß das Gesetz nicht nur den Thatbestand einzelner Amtsdelicte, sondern auch den eines Gattungsdelictes des rechtswidrigen Mißbrauches der Amtsgewalt aufgestellt hätte, dem eine entsprechende Strafsatzung beizufügen war.

Betrachtet man die im 18. Abschnitte angeführten gemischten Amtsdelicte, so ergiebt sich, daß diejenigen gemeinen Delicte berücksichtigt sind, zu deren Verübung die Amtsgewalt wohl am häufigsten mißbraucht wird. Alle möglichen Fälle der Verübung eines gemeinen Delicts mittelst Mißbrauches der Amtsgewalt sind aber allerdings durch die Bestimmungen des Strafgesetzbuches nicht erschöpft, und da das Gesetz, wie angegeben, nur eine Reihe besonderer Amtsdelicte, nicht aber ein Gattungsdelict des rechtswidrigen Mißbrauches der Amtsgewalt kennt, so wird, wenn ein im Gesetze nicht vorgesehener Fall der Verübung eines gemeinen Delictes mittelst Mißbrauches der Amtsgewalt sich ergiebt, freilich nur das gemeine Delict zu strafen sein und der Mißbrauch der Amtsgewalt nur bei der Strafzumessung berücksichtigt werden können. Damit wird in einfacherer Weise dem Bedürfnisse genügt als es geschehen wäre, wenn das Gesetz ein Gattungsdelict aufgestellt und eine verhältnißmäßig niedrige Strafe für dasselbe gedroht hätte, denn es hätte dann doch alle im 28. Abschnitte erwähnten Amtsdelicte als specielle und qualifizirte Fälle des Gattungsdelictes behandeln müssen.

Der 28. Abschnitt des Strafgesetzbuches behandelt aber einerseits nicht ausschließlich Verbrechen und Vergehen im Amte, und andererseits nicht alle nach dem Strafgesetzbuche zu strafenden Amtsdelicte. Auf ein reines Amtsverbrechen bezieht sich auch die Strafbestimmung des § 174 Nr. 2 und 3. In größerer Zahl finden sich im Strafgesetzbuche zerstreut gemischte Amtsdelicte, so in den §§ 222. 230. 300. 316. 318. 322. In den meisten dieser Fälle bestimmt das Gesetz nur, daß die Strafe wie auf Andere, so auch auf den Beamten Anwendung findet, wenn er mit Verletzung seiner Amtspflicht das gemeine Delict verübt, und nur in den §§ 222 und 230 handelt es sich um ein qualifizirtes gemeines Delict. Aber auch bei diesen Delicten darf nicht verkannt werden, daß sie die Bedeutung von Amtsdelicten insofern haben, als ihr Thatbestand erfordert, daß das gemeine Delict mittelst einer schuldhaften, rechtswidrigen Ausübung oder Nichtausübung der Amtsfunctionen verübt sei. Eben darum unterscheiden sie sich wesentlich von dem qualifizirten gemeinen Delicte der §§ 128. 129, bei denen die Ausübung der Amtsgewalt gar nicht, sondern nur dies in Betracht kommt, daß die Zugehörigkeit zu einer der bezeichneten Verbindungen, wenn schon an sich strafbar, dadurch noch strafbarer wird, daß ein Beamter im Widerspruche zu seiner dienstlichen Stellung, sich ihrer schuldig macht[1]).

2. Der Beamte und das Amt.

§ 302. Als Beamte im Sinne des Reichsstrafrechtes sind zu betrachten alle im Dienste des Reiches oder in unmittelbarem oder mittelbarem Dienste eines Bundesstaates, auf Lebenszeit, auf Zeit oder nur vorläufig angestellte Personen, ohne Unterschied ob sie einen Diensteid geleistet haben oder nicht.

Wenn das Strafgesetzbuch in § 359 in solcher Weise als im Sinne „dieses Strafgesetzes" den Beamten bezeichnet, so ist selbstverständlich diese Bestimmung nicht nur auf den von den Verbrechen und Vergehen handelnden Abschnitt, sondern auf das ganze Strafgesetzbuch und weiter auch auf das gesammte Reichsstrafrecht zu beziehen[2]). Während aber jener Begriffsbestimmung erläuternd hinzugefügt wird, daß zwar Notare, nicht aber Advocaten und Anwalte zu den Beamten gehören, bestimmt § 31, daß unter den öffentlichen Aemtern im Sinne dieses Strafgesetzes die Advocatur, die Anwaltschaft und das Notariat, sowie der Geschwornen- und Schöffendienst mit begriffen seien. Damit stellt das Gesetz fest,

---

1) Dagegen **Binding** a. a. O., der sie mit den oben angeführten als durch die Beamtenqualität des Thäters qualifizirte Delicte zusammenfaßt.

2) In § 174 Nr. 3 ist das Wort „Beamte" offenbar in einem weitern Sinne genommen, da hier im Unterschiede von § 359 von Beamten die Rede ist welche **beschäftigt** oder angestellt sind. **Oppenhoff** § 174 Nr. 12. § 359 Nr. 1.

daß die Begriffe Amt und Beamter sich nicht decken, daß nicht Jeder der ein Amt hat und wahrnimmt darum schon ein Beamter ist. Offenbar aber kam es bei der Bestimmung des § 359 nicht darauf an nur dies festzustellen, oder auch dies, daß es im Sinne des Strafgesetzes keinen Unterschied machen soll, ob der Beamte im unmittelbaren oder mittelbaren Dienste des Staates stehe, sondern darauf den Begriff „Beamter" zu definiren, damit nach Maßgabe desselben im concreten Falle entschieden werden könne ob Jemand als Beamter zu betrachten sei oder nicht. Allerdings soll nur gesagt werden wer im Sinne des Reichsstrafrechtes Beamter sei, aber diese Beschränkung wird nicht dahin gedeutet werden können, daß der Begriff „Beamter" im Sinne des Strafrechtes ein wesentlich anderer als derjenige sei, von welchem das öffentliche Recht überhaupt ausgeht, da es ja doch der wesentliche Zweck der betreffenden Strafbestimmungen ist den erforderlichen strafrechtlichen Schutz gegen die Verletzung der Amtspflicht Seitens eines jeden Beamten zu gewähren. Wohl aber mußte das Strafgesetzbuch auf die möglichen particularrechtlichen Verschiedenheiten in den deutschen Staaten Rücksicht nehmen, und darum es aussprechen was im Sinne des Reichsstrafrechtes erforderlich sei und genüge damit Jemand als Beamter betrachtet werde.

In negativer Beziehung ist durch § 359 namentlich ausgesprochen, daß die Art der Jemandem aufgetragenen Geschäfte für seine Stellung als Beamter niemals entscheidend sei[1]). Es kann vorkommen, daß dieselbe Art von Geschäften in dem einen Staate von Personen wahrgenommen wird, welche die Stellung von Beamten haben, in anderen von solchen, welche sie nicht haben. Es ist ferner gleichgiltig ob die Amtsgeschäfte mit Ausübung einer obrigkeitlichen Gewalt verbunden oder nur technischer und wirthschaftlicher Natur sind, oder ob mit letzteren, wie es häufig der Fall ist, in beschränktem Maße auch obrigkeitliche Functionen verbunden sind. Ebenso kommt es nicht in Betracht ob dem Beamten ein Anspruch auf Gehalt zusteht oder nicht, ob ihm das Amt auf Lebenszeit, für eine bestimmte Zeitdauer oder nur vorläufig übertragen[2]) ist, ob er einen Diensteid geleistet hat oder

1) Rsprch. IV S. 47.

2) Das Amt ist vorläufig übertragen, wenn die Entscheidung darüber ob es endgiltig übertragen werden wird, noch vorbehalten ist, so bei den Personen, denen es übertragen ist zur Vorbereitung für das ihnen eventuell

nicht[1]). Die seiner Zeit in Deutschland bestehenden patricularrechtlichen Unterschiede veranlaßten das Strafgesetzbuch insbesondere es auszusprechen, daß Notare, nicht aber Advocaten und Anwälte als Beamte zu betrachten seien.

Die Frage ob Jemand Beamter sei ist also nach § 359 des Strafgesetzbuches und in Rücksicht darauf zu beantworten ob ihm nach Landesrecht die Stellung zukommt, die in § 359 als zur Beamtenqualität erforderlich bezeichnet ist.

In positiver Beziehung ist durch § 359 die Beamtenqualität zunächst davon abhängig gemacht, daß die betreffende Person im Dienste des Reiches oder in dem unmittelbaren oder mittelbaren Dienste eines Bundesstaates stehe. Wenn nach dem Reichsbeamten-Gesetze von 1873 Reichsbeamter jeder Beamter ist, welcher entweder vom Kaiser angestellt oder nach Vorschrift der Reichsverfassung den Anordnungen des Kaisers Folge zu leisten verpflichtet ist, und die Verordnung vom 29. Juni 1871 die ersteren Beamten als unmittelbare bezeichnet, so lag es nahe die letzteren als mittelbare Reichsbeamte zu bezeichnen. Sie sind gleichwohl durch § 359, der sie nicht nennt, nicht ausgeschlossen, da sie als Landesbeamte im Dienste eines Bundesstaates stehen.

Nicht jedes Dienstverhältniß in welchem Jemand zum Reiche oder einem Staate steht, ist geeignet die Beamten-Eigenschaft zu begründen. In Rücksicht auf den Rechtsgrund auf welchem die Pflicht zur Leistung beruht ist von anderen Fällen diejenige Dienstpflicht zu unterscheiden, welche lediglich durch einen Dienstmieth-Vertrag begründet ist. In solchem Falle steht der Dienstpflichtige dem Staate als selbständiger, gleichberechtigter Contrahent gegenüber, ohne zu ihm in irgend ein besonderes Verhältniß der Unterordnung zu treten. Ein derartiges Dienstverhältniß verleiht dem Dienstpflichtigen niemals die Eigenschaft des Beamten.

Die Pflicht dem Staate Dienste zu leisten kann ferner ihren Rechtsgrund in dem Unterthanen-Verhältnisse haben. Die Staatsgewalt hat, um ihren Aufgaben genügen zu können, naturgemäß

---

definitiv zu übertragende Amt, oder zur Erprobung ihrer Fähigkeit für das Amt. Vgl. Rsprch. I S. 64. 494.

1) Ein Diensteid wird von dem Beamten regelmäßig gefordert, so nach § 3 des Reichsbeamten-Gesetzes von jedem Reichsbeamten, aber seine Eigenschaft als Beamter ist davon unabhängig ob er den Diensteid bereits geleistet hat. Dagegen kann allerdings die Rechtmäßigkeit der Amtsausübung von der Ableistung des Diensteides abhängig sein. Olshausen § 359 Nr. 9.

das Recht von den Unterthanen wie sachliche so auch persönliche Leistungen zu fordern, ihnen also vermöge der Herrschaft die er über sie übt, die Pflicht ihm die Dienste zu leisten deren er bedarf, aufzuerlegen. Nur unter besonderen geschichtlichen Voraussetzungen wird der Staat sich all der Dienstleistungen deren er bedarf dadurch versichern können, daß er sie seinen Unterthanen als staatsbürgerliche Pflicht auferlegt, und der moderne Staat kann die Dienste eines zahlreichen besoldeten Beamtenstandes nicht entbehren weil er in großem Umfange Dienste fordert, welche nicht jeder Staatsbürger, sondern nur der für sie Vorgebildete und sich ihnen als seinem Lebensberufe Widmende zu leisten vermag. Die Folge davon ist, daß der Staat, wenn er die ganze Arbeitskraft des ihm Dienenden in Anspruch nimmt, durch Gewährung einer Besoldung für dessen Lebensunterhalt sorgen muß und solchen Dienst nur von dem erwarten darf, der sich zur Uebernahme desselben erbietet. Gleichwohl ist der Anspruch auf Besoldung nicht wesentlich für die Stellung des Beamten, denn einerseits giebt es unbesoldete Beamte zu denen nicht bloß solche gehören, die durch einen Vorbereitungsdienst sich den Anspruch auf ein Amt mit Besoldung erwerben wollen, sondern auch solche Beamte, bei denen wegen des geringen Umfanges der Amtsgeschäfte vorausgesetzt wird, daß sie, wie die Wahlconsuln, dieselben als ein Nebengeschäft neben einer anderweitigen Erwerbsthätigkeit wahrnehmen, und andererseits wird auch solchen Personen ein Sold gewährt, die nicht Beamte sind, sondern vermöge ihrer Unterthanenpflicht dem Staate dienen, wofern sie, wie die Militairpflichtigen, wenigstens für die Zeit der Dienstleistung ihrer Erwerbsthätigkeit entzogen werden.

Ebenso wenig wie der Anspruch auf Besoldung ist aber auch der Umstand für die Beamtenqualität entscheidend, daß die Begründung des Dienstverhältnisses eine Willensübereinkunft der Staatsgewalt und des in ihren Dienst Tretenden voraussetzt[1]) und es ist

---

1) Laband a. a. O. S. 386 betrachtet als entscheidend für das Dienstverhältniß des Staatsbeamten, daß es ein durch Vertrag begründetes, seinem Inhalte nach aber ein Gewaltverhältniß sei. Ebenso Seydel Allgem. Staatslehre S. 59 f. und Olshausen § 359 Nr. 2, auch das R. Gericht Rsprch. III S. 763. Vgl. dagegen G. Meyer Lehrbch. d. deut. Staatsrechts § 143, der aber als Beamte im vollen Sinne des Wortes nur die bezeichnet, welchen ein Amt übertragen ist und die aus der Amtsthätigkeit ihren Lebensberuf machen. Wenn zwar das Rechtsverhältniß verschiedener Klassen von Beamten nicht durchaus gleichmäßig ist, so kennt doch das Gesetz und insbesondere

jedenfalls Gewicht darauf zu legen, daß § 359 irgend eine derartige Andeutung nicht enthält. Beamter kann auch derjenige sein, welchem die Uebernahme eines Amtes als staatsbürgerliche Pflicht auferlegt wird, und zwar als eine Pflicht, welcher er sich nicht entziehen darf, widrigenfalls ihn rechtliche Nachtheile treffen. Dies ist insbesondere vielfach der Fall bei solchen Personen, welche berufen werden ein obrigkeitliches unbesoldetes Communalamt zu übernehmen, und welche ebenso wie andere besoldete Beamte der Disciplinargewalt unterworfen sind[1]). Wer in Folge eines Uebereinkommens eine amtliche Thätigkeit als Lebensberuf übernimmt wird sicher Beamter sein, aber ein solches Uebereinkommen ist nicht nothwendige Voraussetzung für die Beamtenqualität, und in wieweit Diejenigen, denen eine Amtsthätigkeit als staatsbürgerliche Pflicht auferlegt wird Beamte sind oder nicht, läßt sich nur, ohne daß dafür eine allgemeine Regel aufgestellt werden könnte, nach den positivrechtlichen Bestimmungen entscheiden.

Die Eigenschaft des Beamten setzt nach § 359 weiter voraus die Anstellung im Dienste des Reiches oder eines Bundesstaates. Das Dienstverhältniß des Beamten wird in allen Fällen durch einen einseitigen Act der öffentlichen Gewalt begründet, nicht durch ein vertragsmäßiges Uebereinkommen derselben mit dem Beamten, und dies auch dann nicht, wenn ein solches die Voraussetzung für die Uebertragung des Amtes bildet[2]). Es wird das Dienstverhältniß begründet durch die Anstellung[3]), den Act der Amts-

---

§ 359 nur den Unterschied der Beamten und der Nichtbeamten, nicht den der Beamten im vollen und weniger vollen Sinne. Vgl. auch Zorn a. a. O. S. 225 f.

1) Vgl. z. B. Preuß. Städte-Ordnung für die sechs östlichen Provinzen v. 30. Mai 1853 §§ 74. 80. Preuß. Kreis-Ordnung v. 13. Dezember 1872 §§ 8. 25. 35 68.

Daß die Beamtenqualität von der Unterordnung unter die Disciplinargewalt abhängig sei, spricht das Gesetz freilich nicht aus, aber es wird schwerlich eine Klasse von Beamten geben, welche der Disciplinargewalt entzogen ist. Dagegen Oppenhoff § 359 Nr. 13.

2) Dieser seit Gönner's Schrift über den Staatsdienst allseitig anerkannte Grundsatz wird auch noch heut von der gemeinen Meinung festgehalten und ist durch die entgegenstehenden Ausführungen Laband's nicht erschüttert.

3) Rspr. II S. 24. 144. 313. III S. 638. IV S. 495. V S. 328. VI S. 159. Wer im Dienste des Staates als Beamter angestellt ist, muß im Sinne des Strafgesetzbuches als Beamter betrachtet werden, auch wenn bei der Anstellung der Mangel einer gesetzlichen Voraussetzung der Anstellungs-

übertragung, durch welchen dem Beamten Rechte der öffentlichen Gewalt übertragen werden und der Auftrag ertheilt wird sie nach Maßgabe der Gesetze auszuüben[1]). Von einer Anstellung im Dienste kann aber nur die Rede sein, wenn es sich um Begründung eines dauernden Dienstverhältnisses, also darum handelt Jemandem den generellen Auftrag zu geben gewisse Amtsgeschäfte bleibend und fortdauernd auszuüben[2]). Dazu ist nicht erforderlich, daß das Dienstverhältniß auf Lebenszeit, oder, wie bei Communalbeamten, auf bestimmte Zeit begründet sei, denn es genügt wenn Jemand auch nur vorläufig, auf unbestimmte Zeit in den Dienst getreten ist[3]), dagegen genügt es nicht, wenn Jemandem die Wahrnehmung von Amtsgeschäften nur im concreten Falle und darum nicht dauernd, sondern vorübergehend und speciell aufgetragen ist. Wer in solcher Weise eine Amtsthätigkeit ausübt, der ist, wie der Geschworne, der Schöffe, der in § 40 des Gerichtsverfassungs-Gesetzes bezeichnete Vertrauensmann, der zur Mitwirkung bei einer Steuereinschätzung herangezogene Bürger u. s. w. auf Grund staatsbürgerlicher Pflicht zur Wahrnehmung eines Amtes berufen, aber er ist nicht, wie § 359 es fordert, im Dienste des Staates angestellt[4]).

Die Eigenschaft eines Beamten kommt hiernach demjenigen

---

fähigkeit unbeachtet blieb, — Rsprch. II S. 24. Dagegen Herbst im G. Saal 1875 S. 401 — oder wenn ihm gegenüber bei der Anstellung der Vorbehalt gemacht wird, daß er keine Ansprüche an den Staat und nicht die Eigenschaft des Staatsbeamten habe. Rsprch. II S. 494.

1) Die Form in der die Anstellung erfolgt ist unwesentlich und eine schriftliche Bestallung nicht erforderlich. Rsprch. II S. 141.

2) Gerber Grundzüge des Staatsrechts S. 109. Zorn a. a. O. S. 226.

3) Die Beamtenqualität ist allerdings nicht durch eine Zeitdauer des Dienstes bedingt und ist nicht dadurch ausgeschlossen, daß der Dienst nur für kurze Zeit, etwa zur Aushilfe, geleistet wird. Oppenhoff § 359 Nr. 7. Ein dauernder wird aber der Dienst des angestellten Beamten immer in dem Sinne sein müssen, daß der Beamte den allgemein gefaßten Auftrag hat alle im Einzelnen noch nicht bestimmte, in den Geschäftskreis des betreffenden Amtes fallende Dienste, zu denen während der Zeit seines Dienstes Anlaß gegeben sein wird, zu leisten.

4) Wenn als im Staatsdienste angestellt Jeder bezeichnet wird, welcher in gesetzlicher Weise dazu berufen ist als Organ der Staatsgewalt unter öffentlicher Autorität für die Zwecke des Staates thätig zu sein — Rsprch. I S. 494. II S. 313. Oppenhoff § 359 Nr. 3. Olshausen § 359 Nr. 2. Schwarze § 359 Nr. 2 — so ist diese Definition darum ungenügend, weil sie nicht bloß auf den Beamten, sondern auf jeden Inhaber eines Amtes paßt.

nicht zu, dessen Dienstverhältniß zum Staate nicht auf Anstellung beruht, namentlich also nicht demjenigen dessen Pflicht zur Dienstleistung eine lediglich vertragsmäßig begründete ist[1]). Dagegen kann es leicht vorkommen, daß Jemandem ein Kreis von Geschäften überwiesen ist, in welchem er bald als Beamter bald nicht als solcher thätig wird, so daß im concreten Falle, je nach der Art der Thätigkeit unterschieden werden muß, ob er als Beamter auf Grund seiner Anstellung, oder nicht als solcher auf Grund vertragsmäßiger Verpflichtung thätig war, woraus jedoch nicht die allgemeine Regel gefolgert werden darf, daß die Art der Thätigkeit für und gegen die Beamtenqualität entscheidend sei[2]).

Die Mitglieder des Reichstages, eines Landtages, einer Communal-Vertretung, gleichviel ob sie gewählte oder etwa landesherrlich berufen sind, leisten nicht weniger wie die Beamten dem Staate Dienste zur Erfüllung seiner Zwecke, sind aber nicht Beamte, denn sie üben nicht irgend welche von der Staatsgewalt ihnen übertragene Rechte in deren Namen und Auftrage, vielmehr ist es ihrer Stellung eigenthümlich, daß sie auf Grund ihres eigenen, durch die Verfassung ihnen zugewiesenen, Rechtes thätig, darum zwar zu dem Dienste den sie dem Staate leisten gesetzlich berufen, aber nicht von der Staatsgewalt angestellt sind.

§ 303. Die Amtsdelicte setzen als Subject voraus entweder ausschließlich einen Beamten, oder den Inhaber eines Amtes, gleichviel ob er Beamter ist oder nicht. Jenachdem Subject eines Amtsdelictes jeder Inhaber eines Amtes oder nur der eines bestimmten Amtes sein kann, werden herkömmlich die allgemeinen und die besonderen Amtsdelicte unterschieden.

Subject eines Amtsdelictes, im Unterschiede von dem eines Disciplinarvergehens, kann nur derjenige sein, welcher zur Zeit der That ein Amt verwaltete, so daß ein Amtsdelict auch dann sich nicht ergiebt, wenn das Delict, nach Ausscheiden aus dem Amte verübt, in einer Beziehung zu dem früher inne gehabten Amte stehen sollte.

1) Rsprch. III S. 819. IV S. 47. VI S. 711. Auch derjenige ist nicht angestellt, welcher die Verwaltung eines Amtes aus einem Privatrechte herleitet, so der welcher in Preußen als Patron von seinem Rechte in den Schulvorstand einzutreten Gebrauch macht. Auch derjenige ist nicht angestellt, der, ohne eine ihm auferlegte Pflicht, sein Recht zur Amtsführung einer allgemeinen gesetzlichen Bestimmung entnimmt, wie der in den Schulvorstand eintretende Geistliche. Rsprch. V S. 709.

2) Oppenhoff § 359 Nr. 14. In Betreff der Casuistik vgl. Oppenhoff § 359 Nr. 16.

Die im 28. Abschnitte bezeichneten Amtsdelicte setzen voraus, daß das Amt ein inländisches, nicht aber, daß auch der Verwalter des Amtes ein Inländer sei[1]). Nach dem durch die Novelle von 1876 bewirkten Zusatze zu § 4 Nr. 1 des Strafgesetzbuches kann nach den deutschen Strafgesetzen verfolgt werden auch der Beamte des deutschen Reiches oder eines Bundesstaates der im Auslande eine Handlung begangen hat, die nach den Gesetzen des deutschen Reiches als Verbrechen oder Vergehen im Amte anzusehen ist. Wenn damit offenbar zunächst Bezug genommen ist auf die im 28. Abschnitte bezeichneten Amtsdelicte, so liegt doch kein ausreichender Grund dafür vor, jene Bestimmung auf diese Delicte, oder etwa neben ihnen auf solche Verbrechen oder Vergehen im Amte zu beschränken, welche durch spätere Reichsgesetze für strafbar erklärt sind, denn die sonst noch im Strafgesetzbuche erwähnten Amtsdelicte hören dadurch, daß sie nicht dem 28. Abschnitte eingefügt wurden, nicht auf Verbrechen oder Vergehen im Amte zu sein[2]).

Eben der Umstand, daß das Strafgesetzbuch die Amtsdelicte nicht ausschließlich im 28. Abschnitte behandelt hat, steht dem entgegen, daß die Materie der Amtsdelicte als eine im Sinne des § 2 des Einführungs-Gesetzes einheitliche, reichsgesetzlich geregelte betrachtet werde, so daß damit die Landesgesetzgebung nicht befugt wäre weitere auf Amtsdelicte bezügliche Strafbestimmungen zu erlassen[3]). Selbstverständlich können landesgesetzliche

---

1) Schwarze § 359 Nr. 7. Rubo § 359 Nr. 3. Olshausen § 359 Nr. 6. Binding Handbch. S. 431. Nach § 9 des Indigenats-Gesetzes v. 1. Juni 1870 erlangt zwar jeder Ausländer durch die Bestallung für den unmittelbaren oder mittelbaren Staats-, den Kirchen-, Schul- oder Communaldienst eines Bundesstaates zugleich die Naturalisation als Deutscher, aber es ist ein entgegengesetzter Vorbehalt zulässig, so daß also auch ein Ausländer als deutscher Beamter eine strafbare Handlung verüben kann.

2) Meves zu § 4 I. C. 2, will die Bestimmung nur auf die Amtsdelicte des 28. Abschnittes beziehen, Oppenhoff § 4 Nr. 20 und Rüdorff § 4 Nr. 7 außerdem noch auf die in späteren und besonderen Reichsgesetzen bezeichneten Amtsdelicte, dagegen mit Recht Olshausen § 4 Nr. 10 und Binding a. a. O. S. 432 auch auf alle im Strafgesetzbuche angeführten Amtsdelicte.

3) Vgl. oben Band I S. 115. Heinze Reichs- und Landesstrafrecht S. 32. H. Meyer S. 701. Oppenhoff 28. Abschn. Nr. 4. Rüdorff 28. Abschn. Nr. 4. Olshausen 28. Abschn. Nr. 9. Dagegen Schütze S. 524. Schwarze 28. Abschn. Nr. 2. 3, welche criminelle Bestrafung der

Bestimmungen nur für Amtsdelicte von Landesbeamten, nicht von Reichsbeamten, in Betracht kommen, und die dem Landesstrafrecht zugewiesenen Strafmittel schließen alle auf Amtsverbrechen bezügliche landesrechtliche Strafbestimmungen aus. Auch wird man annehmen müssen, daß die im 28. Abschnitte bezeichneten Amtsdelicte in dem Sinne in erschöpfender Weise behandelt sind, daß eine weitere landesgesetzliche Specialisirung und Qualifizirung derselben unzulässig ist[1]). Was dagegen die Amtsvergehen betrifft, so giebt das Strafgesetzbuch keinen Anhalt dafür, daß die Geltung älterer wie neu zu überlassender, auf sie bezüglicher landesrechtlicher Strafbestimmungen unbedingt ausgeschlossen sei. Als eine reichsgesetzlich in erschöpfender Weise behandelte Materie wird man immer nur die Summe der auf eine besondere Art der Amtsvergehen bezüglichen Strafbestimmungen betrachten können. Hiernach würden namentlich landesrechtliche Strafbestimmungen für s. g. uneigentliche oder gemischte Amtsvergehen, welche von dem Strafgesetzbuche nicht berücksichtigt sind, zulässig erscheinen[2]), aber doch auch Strafbestimmungen bezüglich reiner Amtsvergehen, soweit sich für sie aus der unvermeidlichen Verschiedenheit der landesgesetzlichen Regelung der Amtsverhältnisse ein durch das Reichsstrafrecht nicht befriedigtes Bedürfniß ergiebt.

3. Allgemeine Amtsdelicte.

a. Bestechung.

§ 304. Zu den allgemeinen Amtsdelicten gehört die Bestechung. Sofern die Bestechung in der Weise stattfindet, daß der Beamte einen Vortheil annimmt oder sich versprechen läßt und daß derselbe von einem Andern gewährt oder versprochen wird, liegt ein Fall der nothwendigen Theilnahme vor, bei welchem ein Amtsdelict des Bestochenen und ein gemeines Delict des Bestechenden zusammentreffen. Das Strafgesetzbuch hat aber die strafbare Bestechung nicht auf den Fall der nothwendigen Theilnahme beschränkt, behandelt vielmehr schon den von dem Beamten durch das For-

---

Amtsdelicte nach Landesgesetz als ausgeschlossen betrachten. Rubo S. 985 betrachtet sogar die landesgesetzlichen Disciplinar-Strafgesetze für aufgehoben.

1) Binding a. a. O. S. 320.

2) Hierauf will Meves in Holtzdf. Hdbch. III S. 930 die Landesgesetzgebung beschränken.

dern eines Vortheils verübten Versuch als ein selbständiges vollendetes Delict, und ebenso den durch Anbieten eines Vortheils verübten Versuch des Bestechens, dieses aber, ebenso wie das Gewähren und Versprechen eines Vortheils, nur sofern dadurch der Beamte zur Verletzung einer Amts- oder Dienstpflicht bestimmt werden soll. Sofern daher der Beamte zu einer nicht pflichtwidrigen Amtshandlung bestimmt werden soll, ist das Anbieten wie das Gewähren und Versprechen des Vortheils für straflos erklärt, und wird darum auch nicht als eine strafbare Theilnahme an dem Amtsdelicte des Beamten behandelt werden dürfen[1]).

Die in § 331 behandelte passive Bestechung setzt als Thäter einen Beamten voraus, wonach also der Inhaber eines Amtes der nicht Beamter ist, ausgeschlossen erscheint. Jeder Beamte kann sich dieses Delictes schuldig machen und es ist deshalb ein allgemeines und ferner auch ein reines Amtsdelict, weil es lediglich in einem rechtswidrigen Mißbrauche der Amtsgewalt besteht.

Die Handlung besteht darin, daß der Beamte Geschenke oder andere Vortheile annimmt, fordert oder sich versprechen läßt. Das Wort Vortheil ist hier im weitern Sinne des Wortes genommen, also insbesondere nicht auf Vermögensvortheile zu beschränken. Da das Gesetz aber auch in keiner andern Richtung beschränkende Bestimmungen hinzufügt, so ist es überhaupt unzulässig zwischen Vortheilen die zur Bestechung geeignet sind und solchen die es nicht sind, unterscheiden zu wollen[2]), materielle, bleibende Vortheile zu fordern, ideelle, in einem vorübergehenden Genusse bestehende auszuschließen[3]). Die Veranlassung dazu den zum Thatbestande der Bestechung erforderlichen Vortheil irgendwie zu beschränken liegt in der Besorgniß einer zu weiten Ausdehnung der Bestechung, denn gewiß können Fälle vorkommen, in denen der Beamte etwas was an sich als Vortheil zu betrachten ist von demjenigen an-

---

1) Nach § 160 des V.-Zollgesetzes, § 17 des Salzabgaben-Gesetzes, § 68 des Branntweinsteuer-Gesetzes, § 41 des Tabaksteuer-Gesetzes ist die active Bestechung, sofern sie dem gesetzlichen Thatbestande entspricht, nach § 333 des Strfgbs. zu strafen, im andern Falle, also namentlich dann, wenn der Beamte zu einer nicht pflichtwidrigen Handlung bestimmt werden soll, ist Ordnungsstrafe angedroht. Vgl. auch Brausteuer-Gesetz § 36.

2) Meves in Holtzdf. Hdbch. III S. 965. Oppenhoff § 331 Nr. 7. Rsprch. V S. 670.

3) Derartige Beschränkungen bei Schütze S. 527. Schwarze § 331 Nr. 6. Olshausen § 331 Nr. 3.

nimmt, zu welchem er vermöge eines Amtsgeschäftes in Beziehung getreten ist, und doch nicht der Bestechung schuldig erachtet werden kann. Die richtige Grenzlinie wird aber nicht in der Beschaffenheit des Vortheils zu finden, sondern in den Umständen des concreten Falles, insbesondere in der Absicht zu suchen sein, in welcher der Vortheil gefordert oder angenommen wurde. Es wird daher der eine und selbige Vortheil in dem einen Falle als ein zur Bestechung geeigneter erscheinen können, in dem andern nicht. Als Geschenke und Vortheile können nur freiwillige Zuwendungen in Betracht kommen zu deren Gewährung der Andere weder verflichtet ist, noch sich verpflichtet erachtet[1]).

Das Delict der Bestechung ist Seitens des Beamten schon vollendet mit dem Fordern des Vortheils, in welchem Falle also eine Mitwirkung einer andern Person nicht erforderlich ist, dagegen erforderlich sofern die strafbare Thätigkeit in dem Annehmen eines ihm gewährten Vortheils, oder in dem Sichversprechenlassen eines zu gewährenden besteht. Daß in dem letztern Falle ein Fordern vorangegangen sei, oder der Beamte den Versprechenden irgendwie zu seinem Versprechen bestimmt habe, wird nicht vorausgesetzt, wohl aber muß der Beamte seinen Willen das Versprochene anzunehmen, irgendwie kund gegeben haben[2]). Eine Annahme des gewährten Vortheils kann auch in der Weise stattfinden, daß der Beamte einem Mitgliede seiner Familie das Annehmen gestattet, oder daß er es unterläßt das von einem Angehörigen ohne sein Wissen Angenommene wieder zurückzugeben sobald er davon Kenntniß erlangt hat.

Der Beamte muß den Vortheil gefordert oder angenommen haben oder sich haben versprechen lassen für eine in sein Amt einschlagende Handlung. In dieser Beziehung unterscheidet aber das Gesetz die einfache Bestechung welche voraussetzt, daß die betreffende Handlung eine nicht pflichtwidrige sei, von der qualifizirten, bei welcher der erschwerende Umstand darin liegt, daß die Handlung eine solche ist, die eine Verletzung einer Amts- oder Dienstpflicht enthält. Ganz gewiß ist auch die einfache Bestechung eine solche, welche eine Rüge und Rectification erfordert, aber ebenso gewiß kann

---

1) Meves a. a. O. Olshausen a. a. O. Rsprch. II S. 108. VII S. 175.

2) Oppenhoff § 331 Nr. 11. Olshausen § 331 Nr. 4. Rsprch. VII S. 285.

bei derselben von einem die allgemeine Rechtsordnung störenden Mißbrauche der Amtsgewalt, wie sie das Wesen des Amtsdelictes erfordert, nicht die Rede sein. Ein criminell strafbarer Mißbrauch der Amtsgewalt wird allerdings nicht nothwendig voraussetzen, daß die Rechtsordnung durch eine gesetz- und pflichtwidrige Handlung des Beamten verletzt worden sei, aber wenigstens wird doch die Gefahr einer solchen Verletzung erfordert werden müssen, und diese liegt vor, wenn der Beamte gegen Gewährung eines Vortheils sich erbietet oder bereit finden läßt durch Mißbrauch seiner Amtsgewalt wider seine Pflicht zu handeln. Sofern es sich aber nur darum handelt, daß der Beamte thun will oder soll was seine Amtspflicht fordert oder zuläßt, mag zwar das Fordern oder Annehmen eines Vortheils als unvereinbar mit seiner amtlichen Stellung und gegen die Würde des Amtes verstoßend, darum als ein disciplinarisch zu strafendes Dienstvergehen betrachtet werden, aber nicht als ein criminell zu strafendes Amtsvergehen. Ganz mit Recht hatte darum der zweite Entwurf des Strafgesetzbuches, abweichend vom ersten und vom preußischen Strafgesetzbuche, die passive Bestechung des Beamten in Beziehung auf eine nicht pflichtwidrige Handlung beseitigt, weil „dieser Thatbestand nicht eine strafrechtliche Figur bildet, es vielmehr der Dienstpragmatik überlassen werden muß, inwieweit in solchen Fällen der Beamte zurecht zu weisen ist“[1]), wogegen durch Beschluß des Reichstages die betreffende Bestimmung des ersten Entwurfs wieder hergestellt wurde.

Die Handlung, der selbstverständlich die Unterlassung gleich steht, muß also eine Amtshandlung sein, und es kommt hiernach der Fall nicht in Betracht, daß der Beamte Vortheile fordert u. s. w. für eine Handlung zu der er amtlich nicht berufen oder verpflichtet ist. Die Handlung muß ferner eine nicht pflichtwidrige sein, und wenn das Gesetz sie als eine „an sich“ nicht pflichtwidrige bezeichnet, so hat es damit offenbar nur ausdrücken wollen, daß die strafbare Pflichtwidrigkeit nicht in der Amtshandlung selbst, sondern nur in dem Fordern, Annehmen oder Versprechenlassen eines Vortheils liegen dürfe. Da die Amtshandlung auch dadurch nicht zu einer pflichtwidrigen wird, so sind die Worte: „an sich“ nicht nur überflüssig, sondern auch geeignet den Irrthum zu erregen

---

1) Vgl. Motive z. II. Entwf. zum 28. Abschn. Schon der preuß. Entwurf von 1833 hatte die Bestechung in Beziehung auf nicht pflichtwidrige Amtshandlung der disciplinarischen Bestrafung überwiesen.

als ob hier auch die Handlung gemeint sei, die, an sich betrachtet zwar nicht pflichtwidrig, gleichwohl im concreten Falle die Verletzung einer Amtspflicht enthalte[1]).

Wird zwar der gewöhnliche Fall der sein, daß der Beamte den Vortheil als ein Aequivalent für eine vorzunehmende Amtshandlung fordert, annimmt oder sich versprechen läßt, so ist dies doch nicht nothwendig erforderlich, denn für eine Amtshandlung wird er auch dann gefordert u. s. w., wenn er ein Aequivalent für eine bereits ausgeübte bilden soll. Jedenfalls wird also vorausgesetzt, daß der Beamte, beziehungsweise zugleich auch der den Vortheil Gewährende oder Versprechende, eben diesen Vortheil als Aequivalent für eine geleistete oder noch zu leistende Amtshandlung auffasse.

So unbedenklich die Bestrafung des Beamten sein mag, welcher sich bezüglich einer erst zu vollziehenden Amtshandlung der Bestechung schuldig macht, und selbst die Bestrafung desjenigen Beamten der für eine bereits vollzogene Amtshandlung einen Vortheil fordert, so bedenklich ist es, daß das Gesetz noch weiter geht und auch den Beamten für strafbar erklärt, der für eine vollzogene Amtshandlung einen Vortheil oder das Versprechen eines solchen annimmt, weil eine derartige Strafbestimmung in der Praxis schwerlich mit aller Strenge durchgeführt werden wird, und weil ein unbedingtes derartiges Verbot als ein in sich gerechtfertigtes nicht betrachtet werden kann[2]).

Die in der Doctrin und Praxis herrschende Ansicht geht auch in Betreff des § 331 davon aus, daß das Verbot der Annahme von Geschenken für eine vollzogene Amtshandlung kein unbedingtes sei. Es sei erforderlich, daß ein den Betheiligten bewußter Zusammenhang zwischen dem Geschenke und der vollzogenen Amtshandlung bestehe, daß darum die Amtshandlung eine in dem Grade bestimmte und concrete sei, daß dieser Zusammenhang möglich und

---

1) John Entwurf S. 631. Meves a. a. O. S. 966. Oppenhoff § 331 Nr. 6. Olshausen § 331 Nr. 9.

2) Die meisten deutschen Strafgesetzbücher kennen ein solches unbedingtes Verbot der Annahme von Geschenken oder anderen Vortheilen auch für vollzogene Amtshandlungen nicht, sondern haben irgend welche beschränkende Bestimmungen, und wo diese fehlen steht, wie Mittermaier zu Feuerb. § 479 c sagt, das Gesetz auf dem Papiere aber nicht im Leben, mit dessen Verhältnissen es im Widerspruche steht. Vgl. Kronecker in Goltd. Arch. XXXI S. 361 f.

nachweisbar wird. Das Annehmen eines Vortheils aus Anlaß oder bei Gelegenheit einer Amtshandlung, eines Vortheils der aus allgemeinem Wohlwollen oder in Anerkennung der Verdienste des Beamten gewährt wird, wie insbesondere bei s. g. Trinkgeldern, kommen nicht als strafbar in Betracht[1]). Das Gesetz aber giebt für alle solche beschränkende Bestimmungen keinen genügenden Anhalt, und es muß der Praxis überlassen bleiben wie sie glaubt mit der Strenge des Gesetzes sich abfinden zu können. Dem Beamten die unbeschränkte Befugniß einzuräumen für vollzogene Amtshandlungen Geschenke anzunehmen, würde sicher nicht angemessen sein, aber es macht sich gerade in dieser Beziehung mit besonderer Schärfe geltend, daß es sich nicht um einen criminell strafbaren Mißbrauch der Amtsgewalt handelt, sondern nur um ein Verhalten, das bedingungsweise mit der Würde des Amtes und der Stellung des Beamten unvereinbar ist und als Disciplinar-Vergehen zu strafen sein würde.

Nur mit der Auffassung und Behandlung der Geschenkannahme als eines eventuell disciplinarisch zu strafenden Dienstvergehens steht es im Einklange, wenn die Gesetzgebung die Strafbarkeit als ausgeschlossen betrachtet, falls das Geschenk oder der Vortheil mit Erlaubniß der vorgesetzten Behörde angenommen wurde. Die meisten deutschen Strafgesetzbücher haben entweder die Strafbarkeit davon abhängig gemacht, daß der Beamte zur Annahme des Geschenkes oder Vortheils nicht befugt war, oder haben sie als ausgeschlossen bezeichnet, wenn der Beamte die Genehmigung der vorgesetzten Behörde zur Annahme erhalten hatte, und auch § 309 des preußischen Strafgesetzbuches, der von der Annahme von Geschenken oder Vortheilen spricht, zu welcher der Beamte gesetzlich nicht berechtigt ist, wurde stets dahin ausgelegt, daß die Genehmigung der vorgesetzten Behörde die Strafbarkeit ausschließe[2]).

Abweichend von dem preußischen wie anderen deutschen Straf-

---

1) **Schwarze** § 331 Nr. 1. **Oppenhoff** § 331 Nr. 5. **Kronecker** a. a. O. **Olshausen** § 331 Nr. 7. **v. Liszt** S. 564. Insbesondere die Ausführungen des R. Gerichts Rsprch. I S. 83. Man wird weder aus den Worten: „für eine nicht pflichtwidrige Handlung" eine verschiedenartige Beziehung des Geschenkes und der Amtshandlung herleiten, noch auch eine Berücksichtigung des Motives dessen der den Vortheil gewährt, nach den Worten des Gesetzes rechtfertigen können.

2) Vgl. **Kronecker** a. a. O. S. 369. **Goltd.** Mat. II S. 671.

gesetzbüchern fordert § 331 zum Thatbestande der Bestechung nicht daß der Vortheil unbefugt, ohne gesetzliche Berechtigung angenommen worden sei, und es fragt sich ob auch ihm gegenüber die vom Vorgesetzten ertheilte Erlaubniß zur Annahme als Strafausschließungsgrund betrachtet werden dürfe. Der Antrag auch in § 331 die Vortheile wie im preußischen Strafgesetzbuche als solche zu bezeichnen, „zu denen er (der Beamte) gesetzlich nicht berechtigt ist" wurde vom Reichstage abgelehnt und zwar zweifellos als entbehrlich weil selbstverständlich. Hieraus wird gefolgert, daß auch jetzt die Strafbarkeit durch die Zustimmung des Vorgesetzten zur Annahme, soweit solche Zustimmung gesetzlich statthaft ist, ausgeschlossen werde[1]), weil nur die rechtswidrige Annahme strafbar sei, selbstverständlich aber nicht die berechtigte, wenn das Gesetz dies auch nicht ausdrücklich sage. Hiergegen ist aber einzuwenden, daß eine reichsgesetzlich als strafbar bezeichnete Handlung unmöglich durch die Zustimmung einer Landesbehörde straflos werden kann, und daß dies ebenso unmöglich als selbstverständlich vorausgesetzt werden darf. Nur durch eine reichsgesetzliche Bestimmung könnte ein solcher Strafausschließungsgrund gerechtfertigt werden[2]) und in dieser Beziehung ist allerdings die Bestimmung in § 15 des Reichsbeamten-Gesetzes, nach welcher der Reichsbeamte zur Annahme von Geschenken oder Belohnungen in Bezug auf sein Amt der Genehmigung der obersten Reichsbehörde bedarf, von entscheidender Bedeutung. Hiernach wird zweifellos der Reichsbeamte der das Geschenk mit Genehmigung der Reichsbehörde angenommen hat nicht nach § 331 gestraft werden können, und daraus wird man folgern dürfen, daß die Reichsgesetzgebung die Anwendbarkeit des § 331 ebenso auch in Betreff der Landesbeamten als ausgeschlossen betrachtet, sofern sie das Geschenk mit Zustimmung der vorgesetzten Landesbehörde annahmen.

Wenn zwar, wie angeführt, das Gewähren, Anbieten oder Versprechen des Vortheils nicht als Theilnahme an dem Delicte des Beamten zu strafen ist, so ist damit doch die Möglichkeit einer Anstiftung oder Beihilfe zur Bestechung nicht ausgeschlossen, wohl aber die Möglichkeit der Mitthäterschaft Seitens eines Nichtbeamten.

---

1) Kronecker a. a. O. S. 370 f. Oppenhoff § 331 Nr. 8. Rüdorff § 331 Nr. 1. Schwarze § 331 Nr. 7. Olshausen § 331 Nr. 10.

2) So Rubo § 331 Nr. 8.

Die Strafe ist Geldstrafe bis zu dreihundert Mark oder Gefängniß bis zu sechs Monaten. Daneben kann auf Verlust der Fähigkeit zur Bekleidung öffentlicher Aemter auf die Dauer von einem bis zu fünf Jahren erkannt werden[1]). Das von dem Schuldigen Empfangene oder dessen Werth ist für den Staat verfallen zu erklären[2]).

§ 305. Die passive Bestechung ist eine qualifizirte falls ein Beamter für eine Handlung, die eine Verletzung einer Amts- oder Dienstpflicht enthält, Geschenke oder andere Vortheile annimmt, fordert oder sich versprechen läßt.

Der Unterschied dieses Falles von dem der einfachen Bestechung liegt also allein darin, daß die Bestechung in Beziehung stehen muß zu einer Handlung des Beamten, welche die Verletzung einer Amts- oder Dienstpflicht enthält. Die Handlung muß auch in diesem Falle eine Amtshandlung, also eine solche sein, zu welcher der Beamte zwar an sich amtlich befugt ist, die aber im gegebenen Falle im Widerspruche steht zu dem durch Gesetz oder Dienstinstruction vorgeschriebenen Verhalten. Hierhin werden insbesondere solche Amtshandlungen gehören, die insofern pflichtwidrig sind, als der Beamte von dem ihm zustehenden Rechte des freien Ermessens vorsätzlich nicht den entsprechenden Gebrauch gemacht, sich nicht unter Erwägung der gegebenen Umstände durch seine gewissenhafte Ueberzeugung hat bestimmen lassen[3]). Ergiebt die pflichtwidrige Amtshandlung zugleich den Thatbestand einer weitern strafbaren Handlung, so findet Real-Concurrenz dieses Delictes mit dem der Bestechung statt[4]).

Auch in diesem Falle der passiven Bestechung wird gefordert, daß der Vortheil für eine Handlung angenommen u. s. w. sei, also als ein Aequivalent dieser Handlung, gleichviel ob für eine erst zu vollziehende oder bereits vollzogene Handlung, und es ist im letztern Falle auch nicht erforderlich, daß die pflichtwidrige Handlung in Erwartung des Vortheils verübt wurde[5]).

---

1) Strfgb. § 358.

2) Strfgb. § 335.

3) Rsprch. I S. 699. Entsch. IV S. 101. 421. X S. 64.

4) Oppenhoff § 332 Nr. 6. Schwarze § 332 Nr. 1. Olshausen § 332 Nr. 7. Dagegen F. Meyer § 332 Nr. 3.

5) Meves a. a. O. S. 967. Oppenhoff § 332 Nr. 2. Olshausen § 332 Nr. 3. Dagegen Schwarze § 332 Nr. 5.

Der Dolus des Thäters setzt voraus, daß er sich der Pflichtwidrigkeit der Handlung oder Unterlassung bewußt sei und ein Irrthum über dieselbe schließt den Dolus aus, sowie es auch an dem Thatbestande des Verbrechens mangelt, wenn der Beamte, ohne eine pflichtwidrige Handlung vornehmen zu wollen oder vorgenommen zu haben, dem von welchem er den Vortheil fordert, annimmt oder sich versprechen läßt, die Pflichtwidrigkeit der Handlung vorspiegelt[1]).

Die Strafe ist Zuchthaus bis zu fünf Jahren, bei mildernden Umständen Gefängniß bis zu fünf Jahren. Auch hier ist das Empfangene oder der Werth desselben für den Staat verfallen zu erklären.

§ 306. Die active Bestechung ist, selbst wenn sie von einem Beamten verübt wird, kein Amtsdelict und nur wegen ihrer nahen Beziehung zur passiven Bestechung hat sie das Strafgesetzbuch in Verbindung mit dieser im 28. Abschnitte behandelt[2]).

Der activen Bestechung kann sich ein Jeder schuldig machen. Die Handlung kann bestehen in dem Gewähren oder Versprechen von Geschenken oder anderen Vortheilen, wobei Seitens des zu Bestechenden das Annehmen oder Sichversprechenlassen vorausgesetzt wird, so daß sich ein Fall der nothwendigen Theilnahme ergiebt, den freilich das Gesetz nicht als solchen behandelt, vielmehr die active und die passive Bestechung als zwei selbständige Delicte nebeneinanderstellt. Wie aber die passive Bestechung auch durch die einseitige Thätigkeit des Beamten, durch das Fordern des Vortheils verübt werden kann, so auch die active durch die einseitige Thätigkeit des Bestechenden, da das Gesetz schon das Anbieten des Geschenkes oder Vortheils als zum Thatbestande des vollendeten Delictes ausreichend behandelt.

Wird die Bestechung mittelst Anbietens verübt, so ist zwar zur Vollendung nicht das Annehmen von der andern Seite, aber jedenfalls dies erforderlich, daß das Anerbieten zur Kenntniß dessen der bestochen werden soll gelangt sei, wonach also bis dahin ein etwa brieflich ausgesprochenes oder durch eine andere Person zu übermittelndes Anerbieten nur als ein nicht strafbarer Versuch der Bestechung betrachtet werden kann[3]). Wird die Bestechung mittelst

1) Rsprch. V S. 670.
2) Strfgb. § 333.
3) Rsprch. III S. 176.

Gewährens eines Vortheils verübt, so erfordert die Vollendung, daß das Gewährte von der andern Seite angenommen sei, und zwar gleichviel ob es in der dem Willen des Thäters entsprechenden Absicht angenommen wurde oder nicht[1]). Die Strafbarkeit des Beamten wird freilich nicht bloß durch die Thatsache des Annehmens, sondern weiter auch dadurch bedingt, daß die Annahme mit der zur Bestechung erforderlichen Willensbestimmung erfolgte. Daß aber der Beamte, weil er das Gewährte nur zur Sicherung eines Beweismittels gegen den Bestechenden annahm, wegen des mangelnden Dolus straflos ist, hindert nicht die Vollendung des Delictes durch Gewähren Seitens des Bestechenden, und zwar darum nicht, weil die active Bestechung ein selbständiges Delict und nicht Theilnahme an dem Amtsdelicte des Beamten ist.

Der Vortheil muß angeboten, gewährt oder versprochen sein in der Absicht den Beamten zu einer pflichtwidrigen Amtshandlung oder Unterlassung zu bestimmen[2]), muß sich also immer auf ein Handeln oder Unterlassen beziehen, das erst stattfinden soll. Daß aber die Bestechung den beabsichtigten Erfolg gehabt habe

---

1) H. Meyer S. 679. Schwarze § 333 Nr. 3. Dagegen Teichmann in Holtzdf. Rslexikon I S. 341. Olshausen § 333 Nr. 2.

2) Daß bei der activen Bestechung auch der dolus eventualis genügt, kann an sich nicht zweifelhaft sein. Rsprch. VIII S. 360. Die erforderliche Bestimmtheit der Handlung zu welcher der Beamte veranlaßt werden soll, ist nicht dahin aufzufassen, daß die letztere in ihren einzelnen Acten genau fixirt sein müßte. Es genügt vielmehr, wenn der Thäter den Beamten bestimmen wollte, seine amtliche Thätigkeit in einer bestimmten Richtung in pflichtwidriger Weise auszuüben oder zu mißbrauchen, und der Thäter wird oft gar nicht in der Lage sein die einzelnen Thätigkeitsacte, die zur Erreichung des von ihm angestrebten Zweckes erforderlich sind und nicht selten erst von künftigen Umständen abhängen, in den Kreis seiner Erwägungen aufzunehmen. Rsprch. VII S. 424. Die Absicht des Thäters kann daher dahin gehen, das Verhalten des Beamten in gewisser Richtung zu bestimmen, indem er es diesem überläßt, in wie weit der erstrebte Zweck durch ein nichtpflichtwidriges oder pflichtwidriges Handeln zu erreichen sei. Er wird also strafbar sein, wenn seine Absicht auch nur eventuell auf ein pflichtwidriges Handeln des Beamten gerichtet war. Aber eben dieser dolus eventualis bedarf doch im concreten Falle der besondern Feststellung und darf nicht in jedem Falle, in welchem die Absicht möglicherweise auch auf ein pflichtwidriges Verhalten gerichtet war, ohne weiteres angenommen, aber ebensowenig ohne weiteres als ausgeschlossen betrachtet werden, wenn die Absicht möglicherweise nur auf ein nichtpflichtwidriges Handeln gerichtet war.

ist nicht erforderlich. Die Handlung muß auch hier eine solche sein, die im concreten Falle eine Verletzung der Amts- oder Dienstpflicht enthält, mag sie auch vom concreten Falle abgesehen eine solche sein, zu welcher der Beamte an sich berechtigt ist. Ist die Handlung eine solche die nicht nur die Amtspflicht verletzt sondern zugleich auch den Thatbestand eines gemeinen Delictes ergiebt, so würde, wenn der Beamte sie verübt, mit der Bestechung die Anstiftung zu diesem Delicte ideell concurriren [1]). Wenn dagegen der Beamte das betreffende Delict nicht verübt, so kann von einer ideellen Concurrenz der Bestechung mit der nach § 49a strafbaren Aufforderung zu einem Verbrechen nicht die Rede sein, da diese Strafbestimmung nur zur Anwendung kommt, soweit nicht das Gesetz eine andere Strafe droht. Dies ist aber bei der Bestechung der Fall, denn § 333 bezieht sich auch auf den Fall, daß der Bestechende den Beamten zur Verübung eines Verbrechens bestimmen will [2]).

Neben den Beamten nennt das Gesetz auch Mitglieder der bewaffneten Macht als solche Personen, welche bestochen werden können. Sie sind als solche nicht Beamte, und zu ihnen gehören die im Anhange zum Militair-Strafgesetzbuche angeführten Personen des Soldatenstandes, welche wegen passiver Bestechung nach § 140 des Militair-Strafgesetzbuches bestraft werden, dagegen, sofern sie bei einem ihnen übertragenen Geschäfte der Heeres- oder Marineverwaltung eine Handlung begehen, welche im Sinne der allgemeinen Strafgesetze ein Verbrechen oder Vergehen im Amte darstellt, nach § 145 nach den in jenen Gesetzen für Beamte gegebenen Bestimmungen zu bestrafen sind.

Die Strafe ist Gefängniß, mit welchem Verlust der bürgerlichen Ehrenrechte verbunden werden kann. Bei mildernden Umständen kann auf Geldstrafe bis zu eintausend fünfhundert Mark erkannt werden. Auch hier ist das Empfangene oder der Werth desselben für den Staat verfallen zu erklären.

b. Nöthigung.

§ 307. Die von einem Beamten durch Mißbrauch seiner Amts-

---

1) **Oppenhoff** § 333 Nr. 10. **Rüdorff** § 333 Nr. 5. **Olshausen** § 333 Nr. 9. Dagegen **Schwarze** § 333 Nr. 7.

2) **Geyer** a. a. O. S. 195. **Binding** Hdbch. S. 356. Dagegen **Oppenhoff** § 333 Nr. 10. **Olshausen** § 49a Nr. 20. Rsprch. V S. 749.

gewalt verübte Nöthigung[1]) hat in allen Beziehungen den Thatbestand der Nöthigung im Sinne des § 240 zur Voraussetzung, nur mit dem Unterschiede, daß hier als Mittel der Nöthigung ein Mißbrauch der Amtsgewalt oder Androhung eines bestimmten Mißbrauches derselben erfordert wird.

Der Mißbrauch der Amtsgewalt setzt voraus, daß der Beamte von einer ihm an sich zustehenden Befugniß im gegebenen Falle einen rechts- und pflichtwidrigen Gebrauch macht, wogegen der Fall ausgeschlossen ist, daß der Thäter die Nöthigung vermittelst Anmaßung einer ihm überhaupt nicht zustehenden amtlichen Befugniß verübt[2]). Es kann dieser Mißbrauch in einem Thun wie Unterlassen bestehen und sich als Gewaltübung wie als Bedrohung äußern, in welch letzterm Falle erforderlich ist, daß eine bestimmte Art des Amtsmißbrauches angedroht werde. Daraus, daß der Thatbestand des Vergehens einen Mißbrauch der Amtsgewalt erfordert, folgt nicht, daß Thäter nur derjenige Beamte sein könnte, zu dessen amtlichen Befugnissen es gehört unter bestimmten Voraussetzungen Zwangsmaßregeln zu ergreifen[3]), einerseits darum nicht, weil eine Amtsgewalt jedem Beamten zusteht welcher obrigkeitliche Befugnisse übt, gleichviel ob er befugt ist unmittelbar Zwangsmaßregeln zu ergreifen oder, wenn dies nicht, so doch in der Lage ist eine Zwangsübung Seitens der dazu competenten Behörde zu veranlassen, andererseits darum nicht, weil die Nöthigung durch Mißbrauch der Amtsgewalt gar nicht nothwendig die Anwendung oder Androhung von Zwangsmaßregeln erfordert, sondern auch durch Bedrohung mit irgend einer Amtshandlung verübt werden kann, die dem Bedrohten einen Nachtheil in Aussicht stellt, welcher eine vis compulsiva zu üben geeignet ist.

Der Dolus erfordert nicht nur die Vorsätzlichkeit der Handlung und die Absicht zu nöthigen, sondern auch das Bewußtsein des Thäters, daß er einen Mißbrauch seiner Amtsgewalt verübe oder androhe[4]).

---

1) Strfgb. § 339.

2) Meves in Holtzdf. Hdbch. III S. 974. Schwarze § 339 Nr. 4. Olshausen § 339 Nr. 4.

3) Dies nehmen an Oppenhoff § 339 Nr. 3. Rubo § 339 Nr. 2. Olshausen § 339 Nr. 3. Dagegen Meves a. a. O. S. 974. Rsprch. V S. 745.

4) Meves a. a. O. S. 976. Oppenhoff § 339 Nr. 6. Dagegen F. Meyer § 339 Nr. 3, der fahrlässige Ueberschreitung der Amtsgewalt für genügend erachtet.

Die Strafe des Vergehens ist Gefängniß bis zu fünf Jahren, womit Verlust der Fähigkeit zur Bekleidung öffentlicher Aemter auf die Dauer von einem bis zu fünf Jahren verbunden werden kann[1]). In den Fällen der §§ 106, 107, 167, 253 tritt dagegen die daselbst angedrohte Strafe auch dann ein, wenn die Handlung von einem Beamten, zwar nicht in der hier bezeichneten Weise durch Gewalt oder Drohung, aber durch Mißbrauch der Amtsgewalt oder Androhung eines bestimmten Mißbrauches derselben begangen ist.

Wenn im Absatze 2 des § 339 der Versuch für strafbar erklärt wird, so bezieht sich diese Bestimmung offenbar nur auf das im Absatz 1 bezeichnete Vergehen, nicht auf die im Absatz 3 bezeichneten, bei denen rücksichtlich des Versuches die allgemeinen beziehungsweise die besonderen Bestimmungen der betreffenden Paragraphen entscheidend sind[2]).

c. Körperverletzung.

§ 308. Die von einem Beamten vorsätzlich verübte Körperverletzung ist ein Amtsdelict, wofern sie von ihm in Ausübung oder in Veranlassuug der Ausübung seines Amtes verübt wird[3]). Der Thatbestand des Delictes erfordert also einen Mißbrauch der Amtsgewalt der darin besteht, daß der Beamte in Ausübung oder in Veranlassung der Ausübung seines Amtes die Grenzen seiner amtlichen Befugnisse überschreitend eine Körperverletzung verübt, und eben deshalb ist der Thatbestand des Delictes ausgeschlossen, wenn ein Mißbrauch der Amtsgewalt darum nicht vorliegt, weil der Beamte im gegebenen Falle rechtlich befugt war eine Körperverletzung zuzufügen[4]).

Der Begehung der Körperverletzung durch den Beamten ist der Fall gleichgestellt, daß er sie begehen läßt. Unter dem „Lassen" kann hier ebenso wie in den §§ 341, 343, 345 schon sprachlich[5]) ein lediglich passives Verhalten des Beamten, ein Geschehenlassen durch einen Andern das er hätte verhindern können, vielleicht auch zu verhindern berufen und verpflichtet gewesen wäre, nicht ver-

---

1) Strfgb. § 358.

2) Schwarze § 339 Nr. 10. Oppenhoff § 339 Nr. 7. Olshausen § 339 Nr. 7. Dagegen Meves a. a. O. S. 976.

3) Strfgb. § 340.

4) Vgl. Oppenhoff § 340 Nr. 4.

5) Unter demjenigen der ein Haus bauen läßt, wird gewiß niemals derjenige verstanden werden, der es nicht verhindert, daß Andere Häuser bauen.

standen werden[1]), denn im andern Falle würde das Gesetz, dem gewöhnlichen Sprachgebrauche gemäß, nicht von einem Begehen-, Vornehmen-, Anwenden-, Vollstreckenlassen, sondern von einem Zulassen, oder, wie in § 357, wissentlichen Geschehenlassen des Begehens, Vornehmens u. s. w. gesprochen haben. Ueberdies lag ein ausreichender Grund der Begehung das bloße Unterlassen der Verhinderung gleichzustellen gewiß nicht vor. Das Begehenlassen erfordert vielmehr eine Thätigkeit des Beamten, durch welche das Begehen Seitens eines Andern veranlaßt oder doch bei demselben mitgewirkt und der Erfolg herbeigeführt wird. Daß der Andere, welcher die Körperverletzung begeht selbst schuldhaft handle ist nicht erforderlich, das Begehenlassen also nicht auf Anstiftung des Thäters zu beschränken[2]).

Der Beamte muß die Körperverletzung vorsätzlich und mit dem Bewußtsein der Rechtswidrigkeit und des Amtsmißbrauches begangen haben oder haben begehen lassen, wogegen es gleichgiltig ist, ob die Amtsfunction bei welcher oder in deren Veranlassung die Körperverletzung begangen wurde eine rechtmäßige oder nicht rechtmäßige war.

Die Strafe ist Gefängniß nicht unter drei Monaten, die bei mildernden Umständen bis auf einen Tag Gefängniß oder eine Geldstrafe bis zu neunhundert Mark ermäßigt werden kann. Neben der Gefängnißstrafe kann auf Verlust der Fähigkeit zur Bekleidung öffentlicher Aemter auf die Dauer von einem bis zu fünf Jahren erkannt werden[3]). Ist die Körperverletzung eine schwere, so ist die Strafe Zuchthaus nicht unter zwei Jahren, bei mildernden Umständen Gefängnißstrafe nicht unter drei Monaten. Durch diese Strafbestimmungen sind zweifellos die der §§ 223 und 224 ausgeschlossen, aber auch die des § 223a muß als ausgeschlossen betrachtet werden[4]), obwohl es dem richterlichen Ermessen überlassen bleibt

1) So auch Meves a. a. O. S. 952. Wahlberg Ztschrft. f. St. R. W. II S. 177. Oppenhoff § 340 Nr. 5. Rüdorff § 340 Nr. 2. Schütze S. 534. Olshausen § 340 Nr. 3. Rsprch. IV S. 25. Dagegen betrachten ein bloßes Nichtverhindern als ausreichend Geyer Grundriß II S. 196. v. Liszt S. 566. Schwarze § 340 Nr. 3. F. Meyer § 340 Nr. 2. Puchelt § 340 Nr. 1. Rubo § 340 Nr. 4.

2) Meves a. a. O.

3) Strfgb. § 358.

4) Rsprch. VI S. 212. Dagegen Olshausen § 340 Nr. 6 und Rsprch. VII S. 321, welche Ideal-Concurrenz von § 340 und § 223a annehmen.

bei der Strafzumessung es zu berücksichtigen falls eines der in § 223 Absatz 2 und in § 223a erwähnten erschwerenden Momente vorliegt. Ebenso ist durch die Strafbestimmung des § 340 die des § 225 ausgeschlossen, obwohl es auffällig und nur aus einem Redactionsfehler zu erklären ist, daß § 340 Absatz 2 abweichend von § 225 mildernde Umstände zuläßt[1]). Den Fall, daß die vorsätzliche Körperverletzung den Tod des Verletzten verursachte hat § 340 nicht berücksichtigt und in solchem Falle kommen deshalb lediglich die §§ 226 und 228 zur Anwendung[2]), wobei sich wieder die Incongruenz ergiebt, daß der Beamte in solchem Falle, wenn mildernde Umstände vorliegen, nur ebenso bestraft wird, wie bei der schweren Körperverletzung.

Daß die §§ 232 und 233 bei der von dem Beamten verübten Körperverletzung keine Anwendung finden, die strafrechtliche Verfolgung also keinen Antrag voraussetzt und die Compensation ausgeschlossen ist, ergiebt sich aus der eigenthümlichen Bedeutung des Amtsdelictes von selbst. Anders verhält es sich mit § 231, denn wenn hier in allen Fällen der Körperverletzung die Auferlegung einer Buße für zulässig erklärt wird, so liegt kein Grund vor sie im Falle des § 340 für ausgeschlossen zu erachten, da ihr, im Unterschiede von den Bestimmungen der §§ 232 und 233, auch die besondere Natur des Amtsdelictes in keiner Weise entgegensteht, und dem Beamten jedenfalls bei der mit Verletzung seiner Amtspflicht verübten fahrlässigen Körperverletzung die geforderte Buße aufzuerlegen sein würde. Insbesondere läßt die Fassung des § 231 nicht zu seine Anwendbarkeit auf die im 17. Abschnitte behandelten Körperverletzungen zu beschränken, wenn er auch selbstverständlich

1) Meves a. a. O. S. 953. Geyer im G. Saal 1874 S. 334. John in Goltd. Arch. XXV S. 409. Dagegen Oppenhoff § 340 Nr. 7, welcher annimmt, daß wenn die Absicht auf schwere Körperverletzung ging § 225 den Schlußsatz des § 340 Absatz 2 ausschließe. Vgl. auch Thomsen im G. Saal 1878 S. 96.

2) Meves a. a. O. S. 952. Oppenhoff § 340 Nr. 7, während Olshausen § 340 Nr. 6 und Rsprch. VII S. 323 Ideal=Concurrenz von § 340 und §§ 226, 228 annehmen.

3) Die Anwendbarkeit des § 231 wird als ausgeschlossen betrachtet von Meves a. a. O. S. 952. Oppenhoff § 340 Nr. 10. Rüdorff § 340 Nr. 3. Olshausen § 340 Nr. 7, insbesondere Schwarze im G. Saal 1872 S. 283 f. Ebenso Rsprch. V S. 35. 709. Zur Rechtfertigung wird auch darauf Bezug genommen, daß in der Reichstagscommission der Antrag bei § 340 die Bestimmung des § 231 zu wiederholen abgelehnt worden sei,

nur unter der Voraussetzung einer Verurtheilung wegen Körperverletzung, nicht aber dann anwendbar ist, wenn wegen eines anderweitigen Delictes, das, wie etwa Zweikampf, Brandstiftung, eine Körperverletzung zur Folge gehabt hat, verurtheilt wird. Unhaltbar ist auch der Einwand, daß der Auferlegung einer Buße die Bestimmung des § 73 entgegenstehe, weil im Falle der ideellen Concurrenz die schwerere Strafbestimmung, also § 340 anzuwenden sei, für welchen das Gesetz die Bestimmung des § 231 nicht reproduzirt habe. Sie ist unhaltbar, weil ein Fall ideeller Concurrenz nicht vorliegt, sondern im Sinne des Gesetzes lediglich ein Fall qualifizirter Körperverletzung.

d. Freiheitsberaubung.

§ 309. Die von einem Beamten verübte Freiheitsberaubung erscheint als ein Amtsdelict wofern sie mittelst eines Mißbrauches der Amtsgewalt verübt wird. Dies setzt voraus, daß der Thäter die strafbare Handlung als eine Amtshandlung in der gesetzlichen Form einer solchen verübt und das Gesetz[1]) bezeichnet darum näher die verschiedenen Arten in denen die Freiheitsberaubung erfolgt sein muß. Sie muß erfolgt sein entweder in der Form der Verhaftung, gleichgiltig ob im Straf- Civilprozeß- Concurs- oder Disciplinarverfahren, oder in der Form der vorläufigen Ergreifung und Festnahme[2]), sei dies auf Grund der Bestimmungen der Strafprozeß-Ordnung über die vorläufige Festnahme, oder auf Grund von besonderen namentlich Landesgesetzen, oder in der Form einer Zwangsgestellung, gleichbedeutend mit der Vorführung der Strafprozeß- und der Concursordnung. Sie kann aber auch in der Form einer Verlängerung der Dauer der Freiheitsentziehung

---

was um so weniger entscheidend sein kann, als der Grund der Ablehnung unbekannt ist, und sie auch erfolgt sein kann, weil die Wiederholung als entbehrlich angesehen wurde. Wie der Umstand, daß § 340 nicht bloß von einem Begehen, sondern auch Begehenlassen spricht der Anwendbarkeit des § 231 entgegenstehen sollte, ist nicht einzusehen. Für die Anwendbarkeit des § 231 Wächter Die Buße S. 53. Binding Grundriß S. 132. Habermaas Die ideale Concurrenz der Delicte S. 30. F. Meyer § 340 Nr. 4. Rubo § 340 Nr. 10. Rsprch. VII S. 321.

1) Strfgb. § 341.

2) Die vorläufige Ergreifung, welche nicht die einige Zeit dauernde Festnahme zur Folge hat, indem der Ergriffene sofort wieder entlassen wird, würde nicht hierher gehören, Meves a. a. O. S. 953. Oppenhoff § 341 Nr. 2.

erfolgen, in welchem Falle vorausgesetzt wird, daß die Freiheitsentziehung selbst eine berechtigte war, da im andern Falle die längere Dauer derselben nur für das Strafmaß der rechtswidrigen Verhaftung, Festnahme oder Vorführung von Bedeutung sein würde. Ausgeschlossen ist hier jedoch der nach § 345 zu beurtheilende Fall, in welchem die auf einem Strafurtheile beruhende Freiheitsentziehung rechtswidrig verlängert wird.

In subjectiver Beziehung wird erfordert, daß der Beamte die Freiheitsberaubung „vorsätzlich ohne hierzu berechtigt zu sein" verübt habe, und wenn in dieser Beziehung § 341 von § 239, welcher fordert, daß die Freiheitsberaubung „vorsätzlich und widerrechtlich" sei, abweicht, so ergiebt sich aus dieser verschiedenen Fassung doch kein sachlicher Unterschied[1]). In beiden Fällen wird nicht bloß eine vorsätzliche Thätigkeit gefordert, welche eine rechtswidrige Freiheitsentziehung zur Folge hat, sondern vorsätzliche Verübung des Delictes, welche das Bewußtsein des Thäters widerrechtlich zu handeln voraussetzt. Der Mangel dieses Bewußtseins schließt die Strafbarkeit auch dann aus, wenn der Beamte sich einer Fahrlässigkeit schuldig gemacht haben sollte[2]).

Ob der Beamte zu der betreffenden Amtshandlung überhaupt nicht berechtigt war, oder ob dieselbe nur im concreten Falle als rechtswidrig erscheint ist gleichgiltig, wonach also ein jeder Beamte Subject des Delictes sein kann.

Strafbar ist auch hier der Beamte nicht bloß dann, wenn er die Freiheitsentziehung selbst vornimmt, sondern auch dann wenn er sie vornehmen läßt.

Die Strafe ist die des § 239 jedoch mit dem Unterschiede, daß im Falle des Absatzes 1 Gefängniß von mindestens drei Monaten zu verhängen ist. Die im Absatz 2 und 3 des § 239 zugelassenen mildernden Umstände kommen auch bei dem Amtsdelicte des § 341 in Betracht[3]), aber auch mit dem Unterschiede, daß im Falle des Absatzes 2 mindestens drei Monate Gefängniß zu verhängen sind. Zugleich kann neben der Gefängnißstrafe auf Ver-

---

1) Sontag in Goltd. Arch. XIX S. 296. Rüdorff § 341 Nr. 2. Dagegen Rubo § 341 Nr. 3.

2) Der Antrag auch die fahrlässige Verhaftung seitens des Beamten für strafbar zu erklären wurde vom Reichstage abgelehnt.

3) Gegen die von Meves a. a. O. S. 954 geäußerten Zweifel Oppenhoff § 341 Nr. 8. Olshausen § 341 Nr. 6.

lust der Fähigkeit zur Bekleidung öffentlicher Aemter auf die Dauer von einem bis zu fünf Jahren erkannt werden[1]).

e. Hausfriedensbruch.

§ 310. Der von einem Beamten verübte Hausfriedensbruch ist ein Amtsdelict wofern er von dem Beamten in Ausübung oder in Veranlassung der Ausübung seines Amtes begangen wird, also ein Mißbrauch der Amtsgewalt vorliegt[2]). Subject des Delictes kann jeder Beamter sein, im Uebrigen aber ist der Thatbestand durchaus derselbe wie der des nach § 123 strafbaren Hausfriedensbruches. Insbesondere fordert derselbe auch hier die vorsätzliche Verübung und dazu genügt hier nicht das vorsätzliche widerrechtliche Eindringen oder das der Aufforderung sich zu entfernen widersprechende Verweilen, sondern es wird auch das Bewußtsein und der Wille des Beamten erfordert diese Thätigkeit in Ausübung oder in Veranlassung der Ausübung seines Amtes auszuüben[3]).

Die Strafe ist Gefängniß bis zu einem Jahre oder Geldstrafe bis zu neunhundert Mark. Die in § 123 erwähnten erschwerenden Umstände sind in § 342 nicht wiederholt, werden aber bei der Strafzumessung zu berücksichtigen sein[4]).

f. Befreiung und Entweichenlassen eines Gefangenen.

§ 311. Die in § 347 bezeichneten Delicte, die von einem Beamten verübte vorsätzliche Befreiung eines ihm anvertrauten Gefangenen, und das fahrlässige Entweichenlassen eines solchen setzen als Subject einen Beamten voraus, aber nicht nothwendig einen solchen welcher regelmäßig und vermöge seines Amtes dazu berufen ist die Beaufsichtigung, Begleitung oder Bewachung von Gefangenen zu übernehmen. Es genügt, daß dem Beamten im

---

1) Strfgb. § 358.

2) Strfgb. § 342.

3) Dagegen Kirchmann § 342 Nr. 1, der den nach § 123 erforderlichen Vorsatz für genügend hält, wenn die Ueberschreitung der Amtsbefugnisse auch nur eine fahrlässige ist.

4) Schwarze § 342 Nr. 4. Oppenhoff § 342 Nr. 8. F. Meyer § 342 Nr. 7. Dagegen Olshausen § 342 Nr. 4, der nur dem Absatz 1 des § 123 gegenüber den § 342 als das speciellere Gesetz betrachtet, nicht dem Absatz 3 gegenüber, so daß betreffenden Falles auch gegen den Beamten dieser zur Anwendung komme.

gegebenen Falle vermöge seiner Eigenschaft als Beamter die Beaufsichtigung, Begleitung oder Bewachung eines Gefangenen amtlich anvertraut war, und darum kann unter solcher Voraussetzung jeder Beamter Subject des Delictes sein. Wenn also hier der Strafbestimmung des § 121 gegenüber die Beamtenqualität des Thäters als der das gemeine Delict qualifizirende Umstand erscheint, so doch nicht in dem gleichen Sinne, in welchem dies nach § 128 und 129 der Fall ist. Der Beamte hat nicht bloß die ihm vermöge seines besondern Amtes obliegenden Geschäfte wahrzunehmen, sondern ist, wenigstens bedingungsweise, auch verpflichtet ihm ertheilte außerordentliche, nicht zu seiner regelmäßigen Amtsthätigkeit gehörende, Aufträge zu übernehmen, deren Ausführung dann immerhin eine Amtsthätigkeit ist. Der Beamte dem ein Gefangener anvertraut ist übt daher in allen Fällen über diesen eine Amtsgewalt aus, gleichviel ob sie ihm vermöge seines Amtes oder kraft außerordentlichen Auftrages übertragen ist, und macht sich durch Befreiung oder Entweichenlassen des Gefangenen eines Mißbrauches der Amtsgewalt, einer Verletzung der Amtspflicht schuldig.

Der Thatbestand setzt also voraus, daß dem Thäter in seiner Eigenschaft als Beamter ein Gefangener anvertraut war und zwar zum Zwecke der Beaufsichtigung, Begleitung oder Bewachung, demnach in allen Fällen zu dem Zwecke dafür zu sorgen, daß der Gefangene sich der Gefangenschaft nicht entziehe. Wenn hiervon abweichend § 121 fordert, daß der Thäter mit Beaufsichtigung oder Begleitung des Gefangenen beauftragt war, so begründet gleichwohl die verschiedene Fassung keinen sachlichen Unterschied des gemeinen und des Amtsdelictes, denn der Beamte dem anvertraut ist, ist sicher auch beauftragt, und ebenso ist der Zweck des Anvertrauens wie des Auftrages durchaus der gleiche. Das Anvertrauen darf hier aber offenbar nicht in dem engern Sinne genommen werden, nach welchem es voraussetzt, daß der Gefangene von einem Andern, in dessen Gewalt er sich befand, dem Beamten übergeben wurde, denn auch von demjenigen Beamten, welcher vermöge seines Amtes verpflichtet ist den Gefangenen, den er selbst verhaftet hat zu bewachen, wird man sagen dürfen, daß der Gefangene ihm anvertraut war[1]). In allen Fällen muß aber vorausgesetzt werden, daß der Beamte die Bewachung des Gefan-

---

1) Meves a. a. O. S. 955. Oppenhoff § 347 Nr. 2. Rsprch. IV S. 356. Entsch. VIII S. 313. Dagegen Rubo § 347 Nr. 3.

genen übernommen habe, denn wenn der Beamte sich weigert den ihm zugeführten Gefangenen zu übernehmen, sei dies mit Recht oder mit Unrecht, so bleibt der Gefangene in der Gewalt dessen der ihn zuführte, und jene Weigerung kann unmöglich als ein Entweichenlassen, Bewirken oder Befördern der Befreiung erscheinen[1]). Ebenso wenig kann § 347 Anwendung auf denjenigen Beamten finden, welcher pflichtwidrig eine Verhaftung unterlassen hat.

Auch hier wie in § 121 unterscheidet das Gesetz die vorsätzliche und die fahrlässige Verübung des Delicts. Bei der erstern unterscheidet das Gesetz das vorsätzliche Bewirken der Befreiung, das immer eine positive, die Aufhebung der Gefangenschaft verursachende, Thätigkeit erfordern wird, und das vorsätzliche Entweichenlassen oder Befördern der Befreiung. In diesen letzteren Fällen handelt es sich um eine Selbstbefreiung des Gefangenen oder um dessen Befreiung durch eine dritte Person, welche der Beamte vorsätzlich zu verhindern unterläßt, oder durch eine positive Thätigkeit befördert. Daß in § 347 abweichend von § 121 auch ein Bewirken der Befreiung erwähnt wird, begründet keine sachliche Verschiedenheit. Das Befördern setzt allerdings eine Mitwirkung bei der Selbstbefreiung oder Befreiung durch Andere voraus[2]), aber auch das Bewirken, das freilich mehr auf ein selbständiges, in einem Befreien bestehenden Thun hindeutet, wird doch immer nur so geschehen können, daß dem Gefangenen die Möglichkeit sich selbst, oder Anderen die Möglichkeit ihn ohne sein Wissen oder wider seinen Willen der Gefangenschaft zu entziehen gewährt wird, so daß also das Bewirken immer zugleich ein Mitwirken oder Befördern sein wird.

Die Vorsätzlichkeit erfordert nicht nur ein vorsätzliches Unterlassen oder Thun, sondern auch dies, daß es in der Absicht dem Gefangenen die Freiheit zu verschaffen, geschah.

Wie nach § 121 ist auch hier die Fahrlässigkeit, durch welche die Entweichung befördert oder erleichtert wird, strafbar und auch hier kann nicht angenommen werden, daß der Thatbestand der fahrlässigen Verübung des Delictes enger als die der dolosen be-

---

1) Oppenhoff Rsprch. des Ob. Trib. VI S. 436. Meves a. a. O. Olshausen § 347 Nr. 3. Dagegen Entsch. VIII S. 313. Oppenhoff § 347 Nr. 2.

2) Rsprch. IV S. 3 vgl. oben S. 963.

grenzt und auf die fahrlässig unterlassene Verhinderung der Selbstbefreiung beschränkt werden sollte, vielmehr ist die Entweichung auf jede Art der Entziehung des Gefangenen aus der Gefangenschaft, gleichviel wie sie geschehen möge, zu beziehen[1]).

Die Fahrlässigkeit setzt nicht nothwendig voraus, daß der Gefangene vermöge schuldhaften Verhaltens des Beamten gegen dessen Absicht die Freiheit erlangte, sondern ist auch dann anzunehmen, wenn dem Gefangenen vorsätzlich die Freiheit in dem schuldhaften Irrthume gegeben wurde, daß die Strafzeit abgelaufen oder sonst wie der rechtliche Grund einer längeren Gefangenhaltung weggefallen sei[2]).

Da die vorsätzliche Verübung des Delictes ein Verbrechen ist, so ist auch der Versuch strafbar, und da das vollendete Delict eventuell in einer Beihilfe besteht, so ist hier die versuchte Beihilfe positiv für strafbar erklärt[3]).

Die Strafe der dolosen Verübung des Delictes ist Zuchthaus bis zu fünf Jahren, bei mildernden Umständen Gefängniß nicht unter einem Monat, bei der fahrlässigen Verübung Gefängniß bis zu sechs Monaten oder Geldstrafe bis zu sechshundert Mark.

g. Unterschlagung.

§ 312. Die von einem Beamten verübte Unterschlagung ist ein Amtsdelict[4]), wofern der Beamte das Unterschlagene in amtlicher Eigenschaft empfangen oder in Gewahrsam hatte. Das Amtsdelict hat in allen Beziehungen den Thatbestand des gemeinen Delictes der Unterschlagung zur Voraussetzung, erfordert aber als Subject einen Beamten und ist ein allgemeines Amtsdelict, weil es von einem jeden Beamten verübt werden kann.

Wenn in § 350 abweichend von § 246 als Gegenstand der Unterschlagung neben anderen Sachen ausdrücklich Gelder genannt werden, so ist in dieser Beziehung das deutsche Strafgesetzbuch lediglich dem § 324 des preußischen gefolgt, welches in Rücksicht auf die in der Doctrin herrschenden Zweifel und die besonderen Bestimmungen, welche die bisherige Strafgesetzgebung, so auch die des preußischen A. Landrechtes, in Betreff der an Fungibilien

1) Rsprch. IV S. 3. Olshausen § 347 Nr. 5.
2) Rsprch. IV S. 3.
3) v. Liszt S. 210. Vgl. oben Bd. 1 S. 386 f.
4) Strfgb. § 350.

verübten Unterschlagung für erforderlich erachtet hatte, es durch die ausdrückliche Erwähnung der Gelder kenntlich machen wollte [1]), daß der Beamte nicht berechtigt sei amtlich empfangene Gelder als in sein Eigenthum übergegangen zu betrachten und sie, mit der Absicht rechtzeitiger Erstattung, zu verbrauchen, ohne sich dadurch einer Unterschlagung schuldig zu machen [2]). Daraus folgt nicht, daß in dieser Beziehung der Thatbestand des Amtsdelictes von dem des gemeinen abweiche, und bei jenem ein anders gestalteter Dolus vorausgesetzt werde [3]), denn auch nach § 246 ist derjenige der Unterschlagung schuldig, welcher die empfangenen Gelder mit dem Bewußtsein wider den Willen des Berechtigten zu handeln, verbraucht, mag er immerhin in der Absicht gehandelt haben rechtzeitig Ersatz zu leisten und sich dazu auch als fähig erweisen. Der Unterschied ist nur der, daß der Beamte bei dem Verbrauche amtlich empfangener Gelder sich regelmäßig des mangelnden Einverständnisses des Berechtigten bewußt sein wird, während andere Personen dieses Einverständniß in der Regel voraussetzen dürfen. Der Verbrauch der amtlich empfangenen Gelder wird daher zwar in der Regel, aber auch nicht unbedingt, als Unterschlagung zu betrachten sein, und namentlich wird nicht schon ein jedes Umwechseln der empfangenen Geldstücke als Unterschlagung zu beurtheilen sein, denn selbst wenn es als unbefugt disciplinarisch zu strafen wäre, wird doch wohl in der Regel der zur Unterschlagung erforderliche Dolus, Bewußtsein und Wille rechtswidriger Zueignung mangeln [4]).

Ob die Gelder oder andere Sachen öffentliche sind oder nicht ist gleichgiltig, in allen Fällen aber muß sie der Beamte in amtlicher Eigenschaft empfangen oder in Gewahrsam haben. In amtlicher Eigenschaft handelt der Beamte aber nur dann, wenn er in Ausübung seines Amtes handelt, nicht dann wenn er eine ihm nicht zustehende Amtsbefugniß sich anmaßt und nur den Schein erregt in amtlicher Eigenschaft zu handeln. Hiernach hat der Beamte das ihm Gegebene nicht in amtlicher Eigenschaft empfangen,

---

1) Goltd. Mat. II S. 690 f. Vgl. oben S. 358 f.

2) Meves a. a. O. S. 957. Schwarze § 350 Nr. 3. Rüdorff § 350 Nr. 4. Rsprch. II S. 359.

3) Wie Goltdammer a. a. O. S. 695 annimmt.

4) Olshausen § 350 Nr. 5. Oppenhoff § 246 Nr. 7. Rüdorff § 350 Nr. 4. Dagegen Entsch. V S. 304.

wenn er zur Empfangnahme nicht befugt war und auch dem Gebenden gegenüber eine solche Befugniß nicht in Anspruch nahm, sollte ihm dieser auch die Sache als einer vermöge ihrer amtlichen Stellung besonders vertrauenswürdiger Person übergeben haben. Aber auch dann hat er die Sache nicht in amtlicher Eigenschaft empfangen, wenn der Gebende irrthümlich seine Befugniß zur Empfangnahme voraussetzte und er, den Irrthum erkennend, das Gegebene annahm, denn es ist nicht einzusehen wie der Irrthum des Gebenden und die Simulation des Beamten bewirken könnte, daß dieser in amtlicher Eigenschaft empfangen habe[1]). Dagegen hat der Beamte in amtlicher Eigenschaft empfangen, wenn er vermöge seines Amtes zur Empfangnahme berechtigt war, sollte auch der Gebende nicht schon hiermit, sondern erst dadurch, daß der Beamte das Empfangene gehörigen Orts abliefert, von der ihm obliegenden Leistung liberirt werden.

Die Strafe des Vergehens ist Gefängniß nicht unter drei Monaten; auch kann auf Verlust der bürgerlichen Ehrenrechte erkannt werden. Der Versuch ist strafbar.

Das Vergehen der Amtsunterschlagung gestaltet sich zum Verbrechen, wofern mit der Unterschlagung einer der in § 351 bezeichneten erschwerenden Umstände in Verbindung tritt. Abweichend von dem Vergehen ist aber das Verbrechen kein allgemeines, sondern ein besonderes Amtsdelict[2]), weil alle als erschwerende bezeichneten Umstände in Handlungen bestehen, deren nicht jeder Beamter, sondern nur derjenige fähig ist, der vermöge seines besondern Amtes Gelder zu erheben und abzuliefern, sowie darüber Buch zu führen hat[3]).

---

1) Kirchmann § 350 Nr. 1. H. Meyer S. 703. F. Meyer § 350 Nr. 2. Rubo § 350 Nr. 2. Dagegen Schwarze § 350 Nr. 5, welcher es für genügend crachtet, wenn der Beamte in Veranlassung der Ausübung seines Amtes in Empfang nahm, obwohl er hierzu nicht befugt war. Vorherrschend ist die Ansicht, daß die amtliche Zuständigkeit nicht erforderlich sei, es vielmehr genüge, daß die Hingabe in der Meinung der Berechtigung des Beamten erfolgte und der Beamte die Voraussetzung unter der ihm gegeben wurde kannte, gleichviel ob er dabei selbst im Irrthume war oder nicht. So die Praxis des preuß. Ob. Trib. und Rsprch. I S. 159. 247. III S. 688. Oppenhoff § 350 Nr. 8. Olshausen § 350 Nr. 3. Rüdorff § 350 Nr. 5. v. Liszt S. 570.

2) Rücksichten der Zweckmäßigkeit empfehlen es das besondere Amtsdelict hier in Verbindung mit dem allgemeinen zu behandeln.

3) Meves a. a. O. S. 977. v. Liszt S. 569. Olshausen § 351

Der Thatbestand des Verbrechens erfordert, daß der betreffende Beamte eine nach § 350 strafbare Unterschlagung und „in Beziehung auf sie" eine der als straferhöhend bezeichneten Handlungen verübt habe. Als in Beziehung zu der Unterschlagung stehend wird aber eine jede dieser Handlungen zu betrachten sein, deren Grund und Anlaß die Unterschlagung war, gleichviel in welcher Absicht sie verübt wurde[1]). Am häufigsten wird dieselbe wohl auf Verdeckung oder auch auf Vorbereitung oder Vollendung der Unterschlagung gerichtet sein, und es kann darum die betreffende Handlung der Unterschlagung sowohl vorangehen wie nachfolgen, wie auch diejenige sein, durch welche die Unterschlagung selbst verübt und vollendet wird.

Als die das Vergehen der Amtsunterschlagung qualifizirenden Umstände führt das Gesetz an 1) die unrichtige Führung, Verfälschung oder Unterdrückung der zur Eintragung oder Controle der Einnahmen oder Ausgaben bestimmten Rechnungen, Register oder Bücher. Unrichtig geführt sind die Bücher u. s. w. wenn die Eintragungen dem wirklichen Sachverhalte nicht entsprechen, wohin auch der Fall gehört, daß eine pflichtmäßig gebotene Eintragung vorsätzlich unterlassen wird[2]). Die Verfälschung erfordert, daß richtige Eintragungen in einer der Wahrheit widersprechenden Weise geändert wurden. Als Unterdrückung wird jedes vorsätzliche Beiseiteschaffen der Rechnungen, Register oder Bücher, in Folge dessen sie der Benutzung des Berechtigten entzogen sind, zu betrachten sein. Hat der Beamte die ihm amtlich obliegende Führung einer Rechnung u. s. w. gänzlich unterlassen, so wird eine solche Pflichtwidrigkeit weder als eine Unterdrückung noch als eine unrichtige Führung angesehen werden können[3]).

2) Das Vorlegen unrichtiger Abschlüsse oder Auszüge aus den

Nr. 2. Rsprch. VI S. 114, welches Urtheil, im Gegensatze zu der Plenar-Entsch. des Ob. Trib. v. 1854, nach welcher zwar nicht ein Kassenbeamter, aber doch ein solcher vorausgesetzt wird, der eine eigentliche Verwaltung zu führen habe, wie dies auch Oppenhoff § 351 Nr. 4 und Rüdorff § 351 Nr. 1 annehmen, näher ausführt, daß § 351 auf alle Beamte Anwendung finde die amtlich Gelder zu erheben, abzuführen und darüber Bücher zu führen haben.

1) Meves a. a. O. Schwarze § 351 Nr. 4. Olshausen § 351 Nr. 4.

2) Rsprch. VI S. 271. Oppenhoff § 351 Nr. 18.

3) Oppenhoff § 351 Nr. 21.

gedachten Rechnungen, Registern oder Büchern oder unrichtiger Beläge zu denselben. Ein zur Rechtfertigung der Eintragung in die Bücher dienender Belag ist unrichtig nur dann, wenn er seinem Inhalte nach etwas Anderes besagt, als was der Aussteller darin zum Ausdrucke gebracht hat, dagegen nicht dann, wenn das was der Aussteller als geschehen bekundet, z. B. die empfangene Zahlung, nicht geschehen ist, wenn also der formell richtige Belag einen materiell unrichtigen Inhalt hat[1]).

3) Den Umstand, daß in Beziehung auf die Unterschlagung auf Fässern, Beuteln oder Packeten der Geldinhalt[2]) fälschlich bezeichnet ist. Wenn hier nicht gefordert wird, daß der unterschlagende Beamte die falsche Bezeichnung selbst angefertigt habe, so einerseits darum nicht, weil ihm die falsche Bezeichnung auch dann zur Last fällt, wenn er sie in Beziehung auf die Unterschlagung durch einen Andern hat anfertigen lassen, gleichviel ob dieser in gutem Glauben handelte oder nicht, andererseits darum nicht, weil das erschwerende Moment auch dann vorliegt, wenn die bisher richtige Bezeichnung zu einer falschen dadurch geworden ist, daß der Beamte es vorsätzlich unterlassen hat sie abzuändern, nachdem er den Geldinhalt durch Herausnahme von Geld vermindert oder das Faß, den Beutel, das Packet nach Herausnahme alles Geldes mit anderen Gegenständen gefüllt hatte[3]).

Die Verübung mehrerer der gedachten Handlungen oder die wiederholte Verübung derselben begründet keine Concurrenz, wofern sie alle sich auf die eine und selbige Amtsunterschlagung beziehen.

Die Strafe ist Zuchthaus bis zu zehn Jahren, bei mildernden Umständen Gefängniß nicht unter sechs Monaten.

h. Amtsdelicte an Urkunden.

§ 313. Das vorsätzliche Vernichten, Beiseiteschaffen, Beschädigen und Verfälschen einer Urkunde ist ein Amtsdelict, sofern es von einem Beamten verübt wird dem die betreffende Urkunde amtlich anvertraut oder zugänglich war[4]).

---

1) Oppenhoff § 351 Nr. 24.

2) Die Fässer, Beutel, Packete müssen also Geld enthalten und es gehört hierher nicht der Fall, daß sie andere Gegenstände enthalten deren Geldwerth angegeben ist. Meves a. a. O S. 996.

3) Meves a. a. O. Oppenhoff § 351 Nr. 26.

4) Strfgb. § 348 Absatz 2.

Der Gegenstand an welchem das Vergehen verübt wird ist eine Urkunde, und im Unterschiede von § 267 hat das Gesetz hier irgend eine beschränkende Bestimmung nicht hinzugefügt, wonach also hier auch solche Privaturkunden in Betracht kommen, welche nicht zum Beweise von Rechten oder Rechtsverhältnissen von Erheblichkeit sind. Dagegen muß auch hier von der technisch-strafrechtlichen Bedeutung der Urkunde ausgegangen werden, wonach die Rechtserheblichkeit in dem oben angegebenen Sinne zum Wesen der Urkunde erfordert wird[1]).

Subject des Vergehens kann ein jeder Beamter unter der Voraussetzung sein, daß ihm die Urkunde amtlich, also mit der Pflicht sie zu bewahren und zu erhalten, anvertraut, oder wenn dies nicht, daß sie ihm amtlich, vermöge seiner amtlichen Stellung zugänglich war[2]).

Amtlich anvertraut ist aber die Urkunde nicht nur dann, wenn sie dem Beamten in Rücksicht auf seine amtliche Stellung übergeben wurde, sondern auch dann, wenn sie in anderer Weise in seinen Gewahrsam kam, namentlich dadurch, daß er sie selbst anfertigte, und er vermöge seines Amtes die Pflicht hat sie zu bewahren und zu erhalten[3]).

Die Handlung selbst besteht in dem Vernichten, Beiseiteschaffen, Beschädigen[4]) oder Verfälschen[5]) der Urkunde.

---

1) Der Prozeß des Grafen von Arnim und die Frage ob die bei demselben in Betracht kommenden Schriftstücke als Urkunden im Sinne des § 348 zu betrachten seien, hat besonders zu der eingehenden Erörterung des Urkundenbegriffes von dem das Strafgesetzbuch ausgeht in dem angeführten Gutachten von Merkel und den Abhandlungen v. Buri's und John's Anlaß gegeben. Vgl. darüber oben S. 526 f. und das betreffende Urtheil des Ob. Trib. in Goltd. Arch. XXIII S. 460. Gegen das Erforderniß der Rechtserheblichkeit der Urkunde im Sinne des § 348 auch Meves in Holtzdf. Hdbch. III S. 956.

2) Meves a. a. O. Rubo § 348 Nr. 8. Oppenhoff § 348 Nr. 15.

3) Oppenhoff § 348 Nr. 14. Rsprch. IV S. 837. Dagegen Schwarze § 348 Nr. 9. Olshausen § 348 Nr. 14, nicht das von ihm citirte Urtheil. Rsprch. VI S. 556.

4) Insoweit ist die Handlung die gleiche wie bei dem nach § 133 zu strafenden gemeinen Delicte. Vgl. darüber oben S. 838.

5) Das Verfälschen hat hier selbstverständlich den gleichen Sinn wie in § 267, vgl. oben S. 536, wobei aber zu berücksichtigen ist, daß hier das Verfälschen genügt und die Strafbarkeit nach § 348 nicht erfordert, daß von der verfälschten Urkunde zum Zwecke einer Täuschung Gebrauch gemacht sei.

Der erforderliche Dolus besteht in der Vorsätzlichkeit der Handlung mit dem Bewußtsein ihrer Widerrechtlichkeit.

Die Strafe ist Gefängniß nicht unter einem Monat, dagegen Zuchthaus bis zu zehn Jahren und Geldstrafe von einhundertfünfzig bis zu dreitausend Mark, wenn die Handlung in der Absicht begangen wurde, sich oder einem Andern einen Vermögensvortheil zu verschaffen oder einem Andern Schaden zuzufügen[1]).

4. Besondere Amtsdelicte.

a. Verleitung zum Amtsdelict und Connivenz.

§ 314. Besondere Amtsdelicte sind diejenigen, welche nicht von einem jeden Beamten oder Verwalter eines Amtes, sondern nur von denen einer gewissen Kategorie begangen werden können. Zu ihnen gehören zunächst einige Amtsdelicte die zwar eine eigenthümliche amtliche Stellung des Thäters, aber nicht ein bestimmtes Amt desselben voraussetzen, deren Subject daher die Inhaber sehr verschiedener Aemter sein können, wofern sie nur in der vom Gesetze vorausgesetzten amtlichen Stellung übereinkommen.

Zu diesen Amtsdelicten ist zunächst zu rechnen das des Amtsvorgesetzten der einen Untergebenen zu einem Amtsdelicte verleitet, oder ein solches wissentlich geschehen läßt[2]). Subject des Delictes ist ein Beamter, welcher anderen ihm untergebenen Beamten vorgesetzt ist. Die Handlung kann darin bestehen, daß er den Untergebenen zu einer strafbaren Handlung im Amte verleitet. In solchem Falle liegt also eine Anstiftung[3]) vor, bei welcher unvermeidlich das Verhältniß des Vorgesetzten zum Untergebenen einen mitwirkenden Einfluß ausüben wird, die sich darum als ein Mißbrauch der Amtsgewalt, als „Mißbrauch des Ansehens oder der Gewalt" bethätigt, und auf welche darum an sich § 48 Anwendung finden würde, während sie hier durch die speciellere Bestimmung des § 357 ausgeschlossen ist. Daß der Untergebene die betreffende Handlung verübt habe ist nicht erforderlich, denn das Gesetz stellt dem Verleiten das Unternehmen zu verleiten gleich,

---

1) Strfgb. § 349.

2) Strfgb. § 357.

3) Meves in Holtzdf. Hdbch. III S. 1012. Geyer a. a. O. II S. 201. Olshausen § 357 Nr. 2, wogegen v. Liszt S. 572 das Verleiten als das Anstiften zwar umfassend, aber noch darüber hinausgehend betrachtet.

erklärt also den Versuch der Anstiftung, die erfolglose Anstiftung als in gleicher Weise strafbar.

Die Handlung zu welcher der Untergebene verleitet oder zu verleiten unternommen wurde, muß eine strafbare Handlung im Amte, also, mit Ausschluß der Disciplinarvergehen, ein criminell strafbares Amtsdelict, immerhin nicht nothwendig ein im 28. Abschnitte genanntes, sein [1]). Das Verleiten oder Unternehmen zu verleiten muß ein vorsätzliches sein, wonach also ein unvorsätzliches Verleiten, wie es etwa durch das schlechte Beispiel, das der Vorgesetzte dem Untergebenen gab erfolgen könnte, nicht in Betracht kommt.

Der als strafbar erklärten anstiftenden Thätigkeit des Amtsvorgesetzten ist weiter aber auch gleichgestellt das wissentliche Geschehenlassen einer strafbaren Handlung im Amte Seitens des Untergebenen. Das Gesetz legt hiernach dem Amtsvorgesetzten die besondere amtliche Pflicht auf Amtsdelicte seiner Untergebenen, soweit er es vermag, zu verhindern. Das wissentliche Geschehenlassen erfordert hier, im Unterschiede von dem Begehenlassen, Anwendenlassen in den §§ 340, 343, mehr nicht als ein Zulassen, Nichtverhindern. Gleichwohl handelt es sich hier nicht um ein Omissiv-, sondern um ein durch Unterlassen verübtes Commissivdelict, denn der Amtsvorgesetzte übernimmt mit seinem Amte die Pflicht, Amtsdelicte seiner Untergebenen, soweit er von dem Vorhaben eines solchen rechtzeitig Kunde erhält, zu verhindern, und indem er zulassend ein vorhandenes Hinderniß des Delictes seines Untergebenen beseitigt, erscheint das Geschehenlassen als eine Mitwirkung [2]).

Die Strafe ist diejenige, welcher der Handlung gedroht ist zu der verleitet, zu verleiten unternommen wurde, oder welche der Vorgesetzte wissentlich geschehen ließ. Mit dieser Strafe kann eventuell die in § 358 gedrohte Nebenstrafe verbunden werden.

---

1) Wenn die Motive zum II Entwf. zu § 353 allerdings ausdrücklich eine nach den Bestimmungen des 28. Abschnittes strafbare Handlung fordern, so gingen sie von der irrigen Voraussetzung aus, daß eben nur hier die Verbrechen und Vergehen im Amte behandelt seien. Der Fassung des § 357 gegenüber kann diese beschränkende Auslegung Seitens der Motive nicht, wie es von der gemeinen Meinung geschieht, als maßgebend betrachtet werden.

2) Ein Commissivdelict durch Unterlassen nimmt an Sturm: Commissivdelicte durch Unterlassung und die Ommissivdelicte S. 381. Dagegen Seligsohn in Goltd. Arch. XXVIII S. 220. v. Liszt S. 572. Olshausen § 357 Nr. 3.

Die gleiche Strafbestimmung ist weiter ausgedehnt auch auf solche Beamte, denen eine Aufsicht oder Controle über die Amtsgeschäfte eines andern Beamten übertragen ist, selbst wenn sie nicht Vorgesetzte des controlirten Beamten sind, sofern sie den letztern zu einem Amtsdelicte verleiten, oder zu verleiten unternehmen, oder dessen Amtsdelict wissentlich geschehen lassen. Die Voraussetzung hierbei ist aber die, daß das betreffende Amtsdelict die zur Aufsicht oder Controle gehörenden Geschäfte betrifft. Nach der Fassung des zweiten Absatzes des § 357 muß angenommen werden, daß es durchaus dieselben Handlungen und Unterlassungen wie im ersten Absatze sind, die für strafbar erklärt werden, womit es allerdings nicht übereinstimmt, wenn hier von der vom „letztern Beamten begangenen strafbaren Handlung" die Rede ist, wonach es scheinen könnte, als ob, im Unterschiede von dem Amtsvorgesetzten, der Controlbeamte nur wegen der gelungenen, nicht auch mißlungenen Anstiftung gestraft werden solle. Dies steht aber im Widerspruche damit, daß auf ihn „dieselbe Bestimmung" Anwendung finden soll, und man wird darum nur eine incorrecte Fassung des Gesetzes annehmen können.

b. Falsche Beurkundung.

§ 315. Zu der gedachten Kategorie von Amtsdelicten gehört ferner das Delict des Beamten, der, zur Aufnahme öffentlicher Urkunden befugt, innerhalb seiner Zuständigkeit vorsätzlich eine rechtlich erhebliche Thatsache falsch beurkundet oder in öffentliche Bücher oder Register falsch einträgt[1]).

Subject des Delictes kann nicht nur der Beurkundungsbeamte im engern Sinne, sondern ein jeder Beamter sein, der nach Reichs- oder Landesgesetzen zur Aufnahme öffentlicher Urkunden amtlich befugt ist. Unter Aufnahme, im Unterschiede von der Ausstellung die zwar in § 323 des preußischen Strafgesetzbuches nicht aber hier noch neben der Aufnahme erwähnt wird, kann nur der Act verstanden werden, durch welchen der Beamte eine vor ihm von einem Andern abgegebene Erklärung oder eine von ihm als Beamter gemachte Wahrnehmung zum Zwecke des Beweises feststellt[2]).

---

1) Strfgb. § 348 Abs. 1.

2) Schwarze § 348 Nr. 1. Geyer a. a. O. II S. 196. Olshausen § 348 Nr. 2. Rsprch. I S. 458. VI S. 736. Dagegen Oppenhoff § 348 Nr. 2.

Wesentlich ist, daß der Thäter sachlich und örtlich zuständig sei in dem gegebenen Falle die betreffende Thatsache amtlich zu beurkunden, wonach auf den Beamten der diese Zuständigkeit nicht besitzt § 348 nicht Anwendung findet[1]).

Die beurkundete Thatsache muß eine rechtserhebliche sein und das betreffende Schriftstück den Charakter einer öffentlichen Urkunde haben, was voraussetzt, daß es dazu bestimmt sei unter öffentlicher Autorität für und gegen Dritte ein beweisendes Schriftstück über eine stattgehabte Thatsache herzustellen. Daß die Thatsache für den besondern Zweck der Urkunde von wesentlicher Bedeutung sei ist nicht erforderlich, wenn sie nur in abstracto rechtserheblich ist, und dazu gehört jedenfalls Alles was der Beamte rechtlich angewiesen ist, in die Urkunde aufzunehmen[2]). Register und Bücher, welche nur des innern Dienstes der Behörden willen, nicht aber zum Beweise von Thatsachen geführt werden gehören nicht hierher[3]).

Falsch beurkundet ist die Thatsache, wenn sie in einem für ihre rechtliche Bedeutung erheblichen Punkte anders dargestellt ist als sie wirklich stattgehabt hat, wogegen § 348 nicht anwendbar ist, wenn die abgegebene Erklärung richtig beurkundet, aber ihrem Inhalte nach unwahr ist, sollte diese Unwahrheit dem Beamten auch bekannt oder sogar der Erklärende von ihm zu der unwahren Erklärung bestimmt worden sein[4]). Ebenso findet § 348 nicht Anwendung, wenn der Beamte die rechtserhebliche Thatsache zwar richtig beurkundet, die Urkunde aber nachträglich verfälscht hat[5]).

In subjectiver Beziehung wird die Vorsätzlichkeit der falschen Beurkundung erfordert und diese setzt voraus, daß der Beamte wissentlich und mit dem Bewußtsein der Pflichtwidrigkeit unrichtig beurkundet, auch die Rechtserheblichkeit der beurkundeten Thatsache erkannt habe[6]). Dagegen ist eine weitere, auf einen rechtswidrigen

---

1) Berner S. 615. Olshausen § 348 Nr. 5. Schwarze § 348 Nr. 1. Oppenhoff § 348 Nr. 3. Eine falsche Beurkundung Seitens eines nicht zuständigen Beamten würde nach den Bestimmungen des 23. Abschnittes über Urkundenfälschung zu beurtheilen sein.

2) Goltd. Arch. XXVI S. 452. Entsch. VI S. 361. XIII S. 116.

3) Oppenhoff § 348 Nr. 5—9. Schwarze § 348 Nr. 3. Olshausen § 348 Nr. 7. 8. Rsprch. I S. 167. VI S. 811.

4) Oppenhoff § 348 Nr. 11.

5) Dagegen Oppenhoff § 348 Nr. 12a.

6) Vgl. Rsprch. VI S. 539. VII S. 352.

Erfolg gerichtete Absicht nicht erforderlich, die Absicht mit welcher der Beamte handelte, für den Thatbestand des Delictes also gleichgiltig.

Zur Vollendung des Vergehens, dessen Versuch nicht strafbar ist, wird der Gebrauch der Urkunde zum Zwecke der Täuschung nicht erfordert, vielmehr ist unter der Voraussetzung, daß es mit dem erforderlichen Dolus geschieht, die Niederschrift der falschen Beurkundung genügend [1]).

Die Strafe ist Gefängniß nicht unter einem Monat, dagegen Zuchthaus bis zu zehn Jahren und Geldstrafe von einhundertfünfzig bis zu dreitausend Mark, wenn die That in der Absicht begangen war sich oder einem Andern einen Vermögensvortheil zu verschaffen oder einem Andern Schaden zuzufügen [2]).

c. Uebermäßiges Sportuliren.

§ 316. Zu den gedachten Delicten gehört endlich das s. g. übermäßige Sportuliren [3]). Es ist ein Amtsdelict, aber nicht in allen Fällen ein Beamtendelict, da Subject desselben nicht nur ein Beamter, sondern auch ein Advocat, Anwalt oder ein sonstiger Rechtsbeistand, welcher Vergütungen für amtliche Verrichtungen zu seinem Vortheile zu erheben hat, sein kann.

Die Vergütungen und Gebühren müssen solche sein, welche der Thäter für amtliche Verrichtungen zu fordern hat, woraus sich ergiebt, daß als Rechtsbeistand hier nur der staatlich bestellte, welcher ein Amt wahrnimmt, gemeint sein kann [4]). Sie müssen

---

1) Unrichtig daher Rsprch. IV S. 564. Der von dem Beamten bona fide in der Erwartung des Eintrittes einer rechtserheblichen Thatsache vorläufig angefertigte Entwurf der Urkunde ist freilich nicht eine nach § 348 strafbare falsche Beurkundung. Wenn aber der Beamte, obwohl die Thatsache nicht eintrat, später mala fide den Entwurf als Urkunde gelten läßt, was ebenso in dem Gebrauche derselben, wie darin, daß er sich der Verfügung über die Urkunde, wie der Möglichkeit ihrer Berichtigung begiebt, kund geben kann, so wird allerdings das nach § 348 strafbare Vergehen vorliegen. Daraus darf nicht der Satz gefolgert werden, daß die Beurkundung einer Thatsache sich nicht schon mit der Niederschrift, sondern erst dadurch vollziehe, daß von der Urkunde als einer solchen Gebrauch gemacht wird.

2) Strfgb. § 349.

3) Strfgb. § 352.

4) Meves a. a. O. S. 1000. Oppenhoff § 352 Nr. 1. Geyer a. a. O. S. 198.

ferner auch solche sein, deren Maß durch Gesetz oder Verordnung rechtlich festgestellt ist.

Die Handlung besteht in dem Erheben von Gebühren oder Vergütungen, welche der Zahlende überhaupt nicht oder nur in geringerm Betrage schuldet.

Das Vergehen muß vorsätzlich verübt sein, d. h. der Thäter muß wissen, daß er rechtswidrig erhebt was der Zahlende nicht schuldet, und muß das Erhobene als ihm rechtlich gebührend gefordert haben. Daß der Zahlende in der Meinung das Geleistete zu schulden gehandelt habe, ist nicht erforderlich und der Thatbestand des Delictes wird dadurch nicht ausgeschlossen, daß er aus irgend welchem Grunde wissentlich zahlte was er nicht schuldet[1]). Anders verhält es sich, wenn etwas als Geschenk gefordert, oder das freiwillig dargebotene Geschenk angenommen wird, in welchem Falle der Beamte wegen Bestechung zu strafen sein würde.

Mit dem nach § 352 zu strafenden Vergehen kann Betrug ideell concurriren[2]).

Der Versuch des Vergehens ist für strafbar erklärt.

Die Strafe ist Geldstrafe bis zu dreihundert Mark oder Gefängniß bis zu einem Jahre. Neben der erkannten Gefängnißstrafe kann auf Verlust der Fähigkeit zur Bekleidung öffentlicher Aemter auf die Dauer von einem bis zu fünf Jahren erkannt werden[3]).

d. Richterliche Bestechung.

§ 316. Zu denjenigen Amtsdelicten, welche voraussetzen, daß der Thäter ein bestimmtes vom Gesetze bezeichnetes Amt inne habe, gehören die Amtsdelicte derjenigen Personen, welche bei der Rechtspflege mitzuwirken berufen sind.

Ein solches ist die s. g. richterliche Bestechung[4]) welche vor-

---

1) Olshausen § 352 Nr. 4. Dagegen Oppenhoff § 352 Nr. 2. v. Liszt S. 570. Schwarze § 331 Nr. 2. Rsprch. II S. 108. So auch schon die frühere preuß. Praxis Goltd. Arch. X S. 646. In der Regel wird der Zahlende freilich irrthümlich annehmen, daß er das Gezahlte schuldig sei, wie aber, wenn er schweigend die Forderung gelten läßt und wissentlich mehr zahlt als er schuldet, dadurch der Thatbestand des Delictes ausgeschlossen werden könnte, ist nicht einzusehen.

2) Rsprch. III S. 254.

3) Strfgb. § 358.

4) Strfgb. § 334.

aussetzt, daß der Bestochene oder zu Bestechende ein Richter, Schiedsrichter, Geschworner oder Schöffe sei.

Richter ist nur derjenige, welcher vom Inhaber der Gerichtsgewalt zur Handhabung der Rechtspflege im Staate berufen ist. Solche Richter sind vor allem die, welche einem durch das Gerichts-Verfassungsgesetz angeordneten Gerichte angehören, aber nicht sie allein, sondern auch die Mitglieder eines Verwaltungs-, Militair-, Disciplinar- oder kirchlichen Gerichtes [1]). Fraglich kann es aber erscheinen, ob auch die Verwaltungsbeamten und Mitglieder einer Verwaltungsbehörde, sofern ihnen richterliche Functionen übertragen sind, als Richter zu betrachten seien, denn nicht der Name und Titel „Richter", sondern nur dies ist entscheidend, ob der Beamte mit Leitung oder Entscheidung einer Rechtssache betraut ist. Eine Rechtssache im Unterschiede von einer Verwaltungssache liegt aber vor, wenn es darauf ankommt nach Rechtsgrundsätzen die Frage zu entscheiden: ob ein in Anspruch genommenes Recht, eine Berechtigung als daseiend oder nicht daseiend anzuerkennen sei [2]). Nach den bestehenden Einrichtungen sind nicht alle Rechtssachen einer rechtsprechenden, richterlichen Entscheidung vorbehalten, sondern vielfach der Erledigung durch Verfügung einer Verwaltungsbehörde überwiesen. Von ihnen sind aber diejenigen Rechtssachen zu unterscheiden, welche zwar auch von Verwaltungsbehörden, aber in Ausübung einer ihnen übertragenen wirklich richterlichen Function entschieden werden, wobei wiederum noch der weitere Unterschied stattfindet, daß entweder das Entscheidungsrecht der Verwaltungsbehörde ein ausschließliches und ihre Entscheidung eine endgiltige ist [3]), oder nur eine vorläufige, die Beschreitung des Rechtsweges nicht ausschließende, wie sie z. B. den Seemannsämtern, den Post-, Steuer-, Polizeibehörden zusteht. Im erstern Falle kann es keinem Zweifel unterliegen, daß die betreffenden Verwaltungsbeamten in Ausübung solcher rechtsprechender Thätigkeit als Richter anzusehen sind, im letztern Falle aber betrachtet das Gesetz die Entscheidung, mag sie auch ihrem Wesen nach eine

---

1) Meves in Holtzdf. Hdbch. III S. 970. Oppenhoff § 334 Nr. 2. Olshausen § 334 Nr. 1. Oppenheim Rechtbeugungsverbrechen S. 57.

2) Schulze Deutsches Staatsrecht I S. 537 f. Oppenheim a. a. O. S. 59 f.

3) In solcher Weise üben die preuß. General-Commissionen richterliche Functionen, ebenso die Consistorien und der Ober-Kirchenrath die Disciplinar-Gerichtsbarkeit über Geistliche.

rechtsprechende sein, lediglich als einen Verwaltungsact, im Gegensatze zu der vorbehaltenen richterlichen Entscheidung, und eben deshalb werden in diesen Fällen die Verwaltungsbeamten nicht als Richter im Sinne des § 334 betrachtet werden dürfen[1]). Hängt aber die Qualität des Beamten als Richter nicht von seinem Amtstitel, sondern davon ab, daß er berufen ist Recht zu sprechen, so findet § 334 auch auf den als Richter bezeichneten Beamten nur insoweit Anwendung als er richterliche Functionen ausübt, mit Leitung oder Entscheidung von Rechtssachen beschäftigt ist, nicht aber soweit er Verwaltungsgeschäfte wahrnimmt, insbesondere nicht soweit er die freiwillige Gerichtsbarkeit übt[2]).

Von den Schiedsrichtern[3]) sind die Schiedsmänner zu unterscheiden, die zwar Beamte aber nicht Richter sind[4]).

Als Geschworner und Schöffe kann hier nicht schon derjenige in Betracht kommen der zum Dienste als solcher einberufen ist, sondern nur der, welcher bereits bei Gericht erschienen und zum Dienste in einer bestimmten Strafsache herangezogen ist, denn nur von ihm läßt sich sagen, daß ihm die Entscheidung in einer Rechtssache obliege[5]).

Die Handlung besteht darin, daß der Thäter Geschenke oder andere Vortheile fordert, annimmt oder sich versprechen läßt[6]) und zwar um eine Rechtssache, deren Leitung oder Entscheidung ihm obliegt, zu Gunsten oder zum Nachtheile eines Betheiligten zu leiten oder zu entscheiden. Es muß also der Vortheil gefordert u. s. w. werden als Aequivalent für eine Handlung, durch welche ein bei

---

1) Meves a. a. O. S. 970. Die Voraussetzung, daß die Entscheidung der Verwaltungsbehörde als endgiltig wirkt ist in solchen Fällen die, daß der Beschuldigte auf die richterliche Entscheidung verzichtet, und damit spricht das Gesetz zweifellos aus, daß es die erstere nicht als eine richterliche betrachtet. Mag immerhin die betreffeude Thätigkeit des Verwaltungsbeamten an sich eine rechtsprechende sein, so betrachtet doch das Gesetz sie nicht als eine richterliche und den Beamten nicht als Richter. Dagegen Oppenheim a. a. O. S. 62.

2) Meves a. a. O. S. 971. Oppenhoff § 334 Nr. 6. Schütze S. 528. Rüdorff § 334 Nr. 3. Dagegen Schwarze § 334 Nr. 2. H. Meyer S. 703. Rubo § 334 Nr. 4. Olshausen § 334 Nr. 2.

3) Vgl. Civil-Prz.-O. § 851 f.

4) Vgl. Straf-Prz.-O. § 420.

5) Meves a. a. O. Schwarze § 334 Nr. 5. Dagegen Oppenhoff § 334 Nr. 4. Olshausen § 334 Nr. 1.

6) Vgl. oben S. 1037.

der Rechtssache Betheiligter, also nicht nothwendig eine Partei, begünstigt oder benachtheiligt wird, und das wird nicht nur dann angenommen werden dürfen, wenn die betreffende Handlung eine solche ist, durch welche die Rechtsstellung eines bei der Sache und ihrem Ausgange Betheiligten irgendwie eine günstigere oder ungünstigere wird, so daß die Anwendbarkeit des § 334 ausgeschlossen sein würde, wenn es sich um solche Maßnahmen handelt, welche die Rechtsstellung der Betheiligten gegen einander nicht berühren[1]). Auch eine solche Maßnahme bei Leitung einer Rechtssache, wie z. B. Beschleunigen oder Verzögerung durch Ansetzen kurzer oder entfernter Termine, kann als eine, einen Betheiligten begünstigende oder benachtheiligende erscheinen[2]), und die gedachte beschränkende Auslegung widerspricht der Tendenz des Gesetzes die dahin geht, daß die Bestechung des Richters in allen Fällen anders zu behandeln sei als die anderer Beamter und daß der Richter, wenn er der Bestechung in irgend einer Beziehung Einfluß auf seine richterliche Thätigkeit einräumt, schwerer zu strafen sei als ein anderer der Bestechung schuldiger Beamter.

Daß die Handlung, zu welcher der Richter bestimmt werden soll, eine Beugung des Rechtes enthalte ist nicht erforderlich, ebenso wenig wie die Vollendung des Verbrechens erfordert, daß er sie verübt habe, und selbst das wird nicht vorausgesetzt, daß er den Vortheil in der Absicht die Handlung zu verüben und mit dem Willen sich durch die Bestechung in seiner Thätigkeit bestimmen zu lassen gefordert oder angenommen habe.

Das Gesetz unterscheidet bei der richterlichen Bestechung nicht, wie bei der anderer Beamter, ob die Handlung, auf welche sich die Bestechung bezieht, eine an sich nicht pflichtwidrige sei oder eine Verletzung der Amtspflicht enthalte. Aber auch der Richter kann den bei einer Rechtssache Betheiligten durch eine Handlung, zu der er an sich befugt und die an sich nicht pflichtwidrig ist, begünstigen oder benachtheiligen, so wie auch durch eine Handlung die schon an sich eine Verletzung der Amtspflicht enthält[3]). Die Straffatzung

---

1) Für diese beschränkende Auslegung des § 334 Schwarze § 334 Nr. 7. Meves a. a. O. Oppenhoff § 334 Nr. 8.

2) Kirchmann zu § 334. Rubo § 334 Nr. 5. Olshausen § 334 Nr. 4.

3) Berner S. 608. Meves a. a. O. S. 965. Oppenhoff § 334 Nr. 8. Schwarze § 334 Nr. 9. Dagegen Olshausen § 334 Nr. 3, der die richterliche Bestechung nur als besondern Fall der nach § 332 strafbaren

des § 334 bezieht sich daher auf beide Fälle der Bestechung und es wird demnach der Unterschied derselben bei der Strafzumessung zu berücksichtigen sein.

Die Strafe des Verbrechens ist Zuchthaus.

Wie bei der passiven Bestechung anderer Beamter hat auch bei der des Richters das Gesetz eine auf die active Bestechung bezügliche Strafbestimmung angeschlossen. Hiernach ist derjenige, welcher einem Richter, Schiedsrichter, Geschwornen oder Schöffen zu dem oben bezeichneten Zwecke Geschenke oder andere Vortheile anbietet, verspricht oder gewährt mit Zuchthaus, bei mildernden Umständen mit Gefängniß zu bestrafen. In dem Urtheile ist das Empfangene oder der Werth desselben für den Staat verfallen zu erklären.

e. Rechtsbeugung.

§ 317. Das Verbrechen der Rechtsbeugung ist ein Amtsdelict, das als Thäter eine Person voraussetzt, welche richterliche Functionen zu üben hat, zur Leitung oder Entscheidung einer Rechtssache berufen ist, also einen Richter in dem oben angegebenen Sinne. Der Richter ist berufen das Gesetz zu handhaben und anzuwenden indem er, wo eine Rechtssache vorliegt, das objective Recht mit dem subjectiven Rechte zu vermitteln, nach Maßgabe des objectiven Rechtes zu entscheiden hat, ob ein in Anspruch genommenes Recht als daseiend, zu Recht bestehend anzuerkennen sei oder nicht. Er beugt das Recht, wenn er bei Leitung oder Entscheidung einer Rechtssache wider das Recht handelt. Wider das Recht handelt freilich ein Jeder der eine strafbare Handlung verübt, aber einer Beugung des Rechtes kann sich nur der Richter schuldig machen, weil er allein vermöge seines Amtes des Unternehmens fähig ist einem rechtswidrigen Zustande durch seinen Ausspruch die Bedeutung eines rechtmäßigen und dem rechtmäßigen die eines rechtswidrigen beizulegen.

Durch die Rechtsbeugung wird das Recht verletzt nicht in dem Sinne, daß das objective Recht das Object des Delictes wäre, denn die rechtliche Norm wird in ihrer Giltigkeit und Verbindlichkeit durch die Rechtsbeugung ebensowenig wie durch irgend ein

---

betrachtet, weil der Richter, welcher statt seines pflichtmäßigen Ermessens einen gewährten Vortheil maßgebend sein läßt, immer seine Amtspflicht verletze. Aber das Gleiche findet auch bei dem nach § 331 strafbaren Beamten statt.

anderes Verbrechen berührt und ist an sich dem Unrechte und Verbrechen unzugänglich. Dagegen wird durch die Rechtsbeugung in Beziehung auf ein concretes Rechtsverhältniß die rechtliche Norm in ihrer Geltung verletzt, als nicht geltend behandelt, das Recht als die alle socialen Verhältnisse beherrschende Macht gebrochen. Gleichwohl kann auch nicht die Herrschaft des Rechtes als das eigenthümliche Object des Verbrechens der Rechtsbeugung bezeichnet werden[1]), denn mit ihr kommen alle Verbrechen darin überein, daß sie in bestimmter Richtung die Rechtsnorm als nicht geltend behandeln und die Herrschaft des Rechtes zu brechen unternehmen. Gelangt das Recht nur im Staate dazu sich zur herrschenden Macht zu erheben, und ist es der Staat selbst, in welchem das Recht als herrschende Macht in die Erscheinung tritt, so folgt eben daraus, daß alle Verbrechen schließlich sich gegen den Staat richten. Dagegen findet zwischen der Rechtsbeugung und anderen Verbrechen allerdings der bedeutsame Unterschied statt, daß durch jene die Herrschaft des Rechtes in viel wirksamerer Weise gebrochen werden kann, als durch andere Verbrechen, denn jeder andere Verbrecher vermag nicht mehr, als daß er im gegebenen Falle die Geltung der Rechtsnorm und die Herrschaft des Rechtes negirt, während der das Recht beugende Richter in der Lage ist darüber hinausgehend das Unrecht mit dem Scheine des Rechtes zu umkleiden, Unrecht in Recht zu verwandeln. Das Rechtsgut das durch die Beugung des Rechtes gefährdet oder verletzt wird ist auch hier wie bei anderen Amtsdelicten nur das Interesse des Staates und der Gesellschaft an der dem Gesetze und Rechte entsprechenden Ausübung der Amtsgewalt, mag auch dieses Interesse rücksichtlich der richterlichen Amtsgewalt eine noch höhere Bedeutung haben als rücksichtlich anderer Amtsgewalten. Auch die

---

1) Die Herrschaft des Rechtes bezeichnet als Object der Rechtsbeugung Oppenheim a. a. O. S. 54 f. Schütze S. 529 definirt die Rechtsbeugung als die in amtlicher Erledigung einer Rechtssache von einem Beamten oder Schiedsrichter vorsätzlich verübte Ungerechtigkeit oder Gesetzwidrigkeit, Meves a. a. O. S. 978 als die Handlung des berufenen Beamten durch die, behufs der Benachtheiligung oder Begünstigung eines Dritten, vorsätzlich die für Leitung oder Entscheidung von Rechtsangelegenheiten vorgeschriebenen Gesetze verletzt und das durch sie gegebene Recht der Absicht des Thäters dienstbar gemacht wird. Beide unterscheiden eine Rechtsbeugung im weitern und engern Sinne, indem sie als letztere das in § 336 bezeichnete Verbrechen betrachten, zur erstern die in § 343 bis § 346 bezeichneten rechnen. Vgl. da-

Rechtsbeugung ist Verletzung der Amtspflicht[1]), deren sich der Richter durch Mißbrauch seiner Amtsgewalt schuldig macht indem er in Leitung oder Entscheidung einer Rechtssache vorsätzlich wider das Recht handelt.

§ 318. Das deutsche Strafgesetzbuch kennt keine die Rechtsbeugung als solche betreffende Strafbestimmung, sondern hat nur bestimmte Fälle derselben für strafbar erklärt. Hierher gehört 1) der Fall, daß ein Beamter oder Schiedsrichter bei der Leitung oder Entscheidung einer Rechtssache sich vorsätzlich zu Gunsten oder zum Nachtheile einer Partei einer Beugung des Rechtes schuldig macht[2]).

Subject des Verbrechens ist also zunächst ein Beamter, welcher zur Leitung oder Entscheidung einer Rechtssache amtlich berufen ist, also richterliche Functionen übt, und als Rechtssache kann hier wie bei § 334 nur diejenige betrachtet werden, bei welcher es auf die Entscheidung über Dasein oder Nichtdasein eines in Anspruch genommenen Rechtes ankommt, gleichviel von welchen Beamten oder Behörden die Entscheidung zu treffen ist[3]). Das Gesetz bezeichnet ferner aber auch den Schiedsrichter als mögliches Subject des Verbrechens, obwohl dieser nicht Beamter ist, auch nicht ein Amt zu verwalten hat, überdies auch nicht eine in Rechtsanwendung bestehende richterliche Thätigkeit übt, sondern zu einem arbitrirenden Ausgleichen des Streites nach freiem Ermessen berufen ist[4]). Er ist demnach überhaupt nicht in der Lage sich einer Rechtsbeugung schuldig zu machen, und auch der Umstand, daß die deutsche Civil-Prozeßordnung dem Schiedsspruche die Wirkungen eines rechtskräftigen richterlichen Urtheils beilegt, macht

---

gegen Oppenheim a. a. O. S. 37 f. Als Rechtsbeugung betrachten Berner S. 609 f. H. Meyer S. 705. Oppenhoff § 336 Nr. 4 nur das in § 336 bezeichnete Delict, und definiren sie dementsprechend.

1) Dagegen Oppenheim a. a. O. S. 55 in Folge seiner Auffassung, daß Verletzung der Amtspflicht nur Gegenstand des Disciplinarstrafrechtes sei. Vgl. oben S. 1025.

2) Strfgb. § 336.

3) Es sind also Sachen der streitigen nicht der freiwilligen Gerichtsbarkeit. Meves a. a. O. S. 979. Schütze S. 529. Oppenhoff § 336 Nr. 2. Olshausen § 336 Nr. 2. Oppenheim a. a. O. S. 125. Dagegen Schwarze § 336 Nr. 1a. H. Meyer S. 706.

4) Wach Handbuch des Civilprozeßrechtes I S. 65. Oppenheim a. a. O. S. 198 f.

ihn nicht zum Richter. Allerdings kann auch der Schiedsrichter sich vorsätzlich einer Ungerechtigkeit schuldig machen und wird dann nach § 336 zu strafen sein, aber diese Ungerechtigkeit ist nicht Amtsdelict und nicht Beugung des Rechtes, sondern ein davon verschiedenes Delict, eine strafbare Untreue[1]).

Die Handlung besteht in einer Beugung des Rechtes zu Gunsten oder zum Nachtheile einer Partei. Als Parteien sind hier zweifellos nicht nur Kläger und Beklagter im Civilprozesse anzusehen, vielmehr sind Parteien alle diejenigen Rechtssubjecte, welche in einer Rechtssache mit entgegengesetzten Interessen sich gegenüberstehen und eine richterliche Entscheidung erwarten[2]), und in solchem Sinne giebt es in jeder Rechtssache zwei Parteien. Die Beugung des Rechtes muß zu Gunsten oder zum Nachtheile einer Partei stattfinden, und es ist demnach nicht nothwendig erforderlich, daß die Begünstigung der einen Partei zugleich auch Benachtheiligung der andern sei, oder umgekehrt. Auch braucht die Begünstigung oder Benachtheiligung nicht eine solche zu sein, welche einen günstigen oder nachtheiligen Einfluß auf den Ausgang des rechtlichen Verfahrens ausübt. Erfordert die Rechtsbeugung in allen Fällen, daß eine Partei begünstigt oder benachtheiligt wird, so doch nicht nothwendig auch dies, daß unmittelbar einer Partei ein ihr nicht zustehendes Recht zuerkannt, oder ein ihr zustehendes Recht abgesprochen werde, denn es kann eine Partei auch mittelbar dadurch begünstigt oder benachtheiligt werden, daß sich die Rechtsbeugung unmittelbar gegen eine andere bei der Rechtssache betheiligte Person, einen Zeugen u. s. w. richtet, indem dieser ein ihr zustehendes Recht abgesprochen, ein ihr nicht zustehendes zuerkannt wird. Es wird dann darauf ankommen festzustellen, ob dadurch zugleich eine Partei begünstigt oder benachtheiligt werde[3]). Nur die vorsätzliche Rechtsbeugung ist strafbar und der Thäter muß darum mit dem Bewußtsein handeln, daß

1) Es ist demnach ein Fehler des Gesetzes, wenn der Schiedsrichter als Subject der Rechtsbeugung erklärt wird, ein Fehler der sich aus der Entstehungsgeschichte des § 336 und des entsprechenden § 314 des preuß. Strafgesetzbuches erklärt. Vgl. darüber Oppenheim a. a. O. S. 207 f.

2) Berner S. 610. Meves, Schütze a. a. O. Olshausen § 336 Nr. 2. Dafür auch die Entstehungsgeschichte des § 314 des preuß. Strfgbs., dem § 336 nachgebildet ist. Goltd. Mat. II S. 678 f. Oppenheim a. a. O. S. 126 f.

3) Oppenheim a. a. O. S. 129 f.

er eine Rechtsbeugung verübt und mit der Absicht den durch dieselbe bedingten Erfolg herbeizuführen. Er muß im Falle des § 336 weiter aber auch mit dem Bewußtsein und Willen handeln eine Partei zu begünstigen oder zu benachtheiligen.

Die Vollendung des Verbrechens erfordert nicht nur die Vornahme der rechtsbeugenden Handlung, sondern auch die Begünstigung oder Benachtheiligung einer Partei als deren Erfolg. Ist dieser beabsichtigte Erfolg nicht eingetreten, so ist das Verbrechen nur versucht. Ebenso ist das Verbrechen nicht vollendet, sondern nur versucht, wenn der Thäter zwar mit der Absicht parteiischer Rechtsbeugung handelte, der Erfolg aber darum nicht eintrat, weil er irrthümlich meinte wider das Recht zu handeln, während er dem Rechte gemäß handelte[1]).

Die Strafe ist Zuchthaus bis zu fünf Jahren. Geschworne und Schöffen, obwohl sie vermöge ihres Amtes in der Lage sind sich der Rechtsbeugung schuldig zu machen, bleiben straflos, weil sie weder Beamte noch Schiedsrichter sind.

§ 319. Als ein Fall der Rechtsbeugung, wenn auch vom Gesetze nicht so bezeichnet, erscheint 2) der in § 343 bezeichnete, daß nämlich ein Beamter in einer Untersuchung Zwangsmittel anwendet oder anwenden läßt, um Geständnisse oder Aussagen zu erpressen.

Ob es sich in solchem Falle um eine Rechtsbeugung handle, hängt von Beantwortung der Frage ab, ob als Thäter ein Beamter vorausgesetzt wird, welcher richterliche Functionen zu üben hat, und diese weiter von der Frage, in welchem Sinne hier das Wort „Untersuchung" gebraucht ist. Im weitern Sinne des Wortes kann als Untersuchung jedes von einer sachlich zuständigen Behörde eingeleitete Verfahren, welches dahin zielt, wegen einer als begangen unterstellten strafbaren Handlung die gesetzliche Ahndung herbeizuführen, bezeichnet werden[2]), und zu einer Untersuchung in diesem Sinne sind die allerverschiedensten Beamten und Behörden sachlich zuständig. Von einer förmlichen Untersuchung unterscheidet sich

---

1) Olshausen § 336 Nr. 4. Schwarze § 336 Nr. 7. Rüdorff § 336 Nr. 2. Dagegen Meves a. a. O. S. 989. Oppenhoff § 336 Nr. 4 die im letztern Falle Vollendung annehmen und Oppenheim a. a. O. S. 227 der solches Handeln auch nicht als Versuch ansieht.

2) So deutet das Wort Untersuchung im Sinne des § 343 das R. Gericht. Rsprch. IV S. 224. Eine eingehende Kritik des Urtheils bei Oppenheim a. a. O. S. 162.

aber die nichtförmliche ganz wesentlich dadurch, daß, von allen anderen Momenten abgesehen, die letztere nicht nach bestimmten gesetzlichen Regeln geführt wird, das erstere aber in einem gesetzlich geordneten, prozessualischen Verfahren besteht, und daß für dieses nur ein mit richterlichen Functionen betrauter Beamter zuständig ist. Daß aber die Bedeutung, der rechtliche Werth eines solchen von § 343 bezeichneten Zwanges, wenn nicht für den Genöthigten, so doch für den Staat und für sein Interesse an einer streng gesetzlichen Handhabung der Rechtspflege, ein wesentlich verschiedener ist, je nachdem er in einer förmlichen Untersuchung von einem richterlichen Beamten oder in einer nicht förmlichen Untersuchung von einem andern, etwa einem Polizei-, Steuer-, Postbeamten geübt wird, ergiebt sich von selbst[1]). Unmöglich erscheint die Annahme, das Wort Untersuchung sei hier in einem andern und weitern Sinne gebraucht, als in dem unmittelbar darauf folgenden § 344, und daß in letzterm die förmliche Untersuchung gemeint sei, ergiebt sich daraus, daß hier von der Eröffnung und Fortsetzung der Untersuchung die Rede ist[2]). Insbesondere aber zeigt die Entstehungsgeschichte der §§ 343. 344 und der entsprechenden §§ 319. 320 des preußischen Strafgesetzbuches, daß hier als Beamter nur der mit richterlichen Functionen betraute anzusehen ist, und eine förmliche Untersuchung vorausgesetzt wird[3]).

Subject des Verbrechens ist hiernach nur ein die Untersuchung leitender Richter, sowie der sie führende Beamte der einer, richterliche Functionen wahrnehmenden, Verwaltungsbehörde angehört, nicht aber irgend ein anderer Beamter[4]) der, wie etwa ein

---

1) Vgl. Oppenheim a. a. O. S. 164 f.

2) Daß in § 344 die Eröffnung und Fortsetzung der Untersuchung nicht nur im Sinne der Strafprozeß-Ordnung gemeint sei, ist gewiß richtig — Oppenhoff § 344 Nr. 2. Schwarze § 344 Nr. 1 — durchaus grundlos aber die Annahme, daß sie überhaupt nicht in dem technischen Sinne der Eröffnung einer förmlichen Untersuchung genommen sei. Das vorbereitende polizeiliche oder Scrutinialverfahren betrachten Oppenhoff, Schwarze und Meves a. a. O. S. 981 als ausgeschlossen, nehmen aber davon abweichend die Untersuchung des § 343 in dem weitern Sinne des R. Gerichtes. Dagegen Olshausen § 344 Nr. 2, der in beiden Fällen dem R. Gerichte sich anschließt. Rüdorff § 343 u. 344 Nr. 1 fordert eine förmliche Untersuchung, vgl. auch Urtheil in Goltd. Arch. XXVI S. 75.

3) Goltd. Mat. II S. 684 f. und insbesondere Oppenheim a. a. O. S. 168 f.

4) Wie dies Meves a. a. O. S. 988. Oppenhoff § 343 Nr. 1.

Gefängnißbeamter, mit der betreffenden Strafsache in Verbindung und dessen That zu den in dieser Sache nothwendigen Ermittelungen in Beziehung steht. Die Zwangsmittel müssen in der Untersuchung, also in dem Untersuchungsverfahren selbst, bei einer Vernehmung angewandt sein, und das kann nur von dem die Untersuchung führenden Beamten geschehen.

Die Handlung besteht darin, daß Zwangsmittel angewendet werden[1]) um Geständnisse oder Aussagen zu erpressen. Von Geständnissen kann nur in Betreff des Beschuldigten die Rede sein, von Aussagen aber auch in Betreff der Zeugen und Sachverständigen, womit nicht ausgeschlossen ist, daß auch eine dem Beschuldigten abgenöthigte Aussage die nicht als Geständniß erscheint, nach § 343 strafbar ist[2]). Daß sich die Strafbestimmung nur auf die ungesetzliche Anwendung von Zwangsmitteln bezieht, kann nach dem Wortlaute des Gesetzes wie in Rücksicht auf die Strafprozeß-Ordnung nicht zweifelhaft sein[3]). Das Erpressen besteht in der widerrechtlichen Anwendung einer irgendwie gearteten vis compulsiva, erfordert also den Thatbestand der Nöthigung die sich zur Rechtsbeugung gestaltet, wenn sie in einer Untersuchung geübt wird um Geständnisse oder Aussagen zu erpressen.

Das Verbrechen kann nur vorsätzlich verübt werden. Es wird also vorausgesetzt, daß der Thäter, indem er Zwangsmittel anwendet, wissentlich das Recht beugt, womit nothwendig auch das Bewußtsein der Verübung einer widerrechtlichen Nöthigung verbunden ist.

Vollendet ist das Verbrechen mit der Anwendung der Zwangsmittel in der Absicht Geständnisse oder Aussagen zu erpressen, gleichviel ob der beabsichtigte Erfolg damit erreicht wurde oder nicht. Hiernach ist die Möglichkeit eines Versuches des Verbrechens ausgeschlossen[4]).

Schwarze § 343 Nr. 1 annehmen. Dagegen Schütze S. 530. Olshausen § 343 Nr. 1. Oppenheim a. a. O. S. 181.

1) Wenn das Gesetz sagt: „anwendet oder anwenden läßt", so hat das Lassen hier den gleichen Sinn wie in § 340. Vgl. oben S. 1048.

2) Wenn Goltd. Mat. II S. 635 und Olshausen § 343 Nr. 4 die Aussagen zunächst auf die der Zeugen und Sachverständigen beziehen, so ist es wohl nicht ihre Meinung gewesen erpreßte Aussagen des Beschuldigten als ausgeschlossen zu betrachten, wie Oppenheim dies voraussetzt.

3) Völlig grundlose Zweifel darüber bei Rubo: Ueber den s. g. Zeugnißzwang. Gegen ihn Oetker in Goltd. Arch. XXVI S. 113 f.

4) Dagegen Olshausen § 343 Nr. 5.

Die Strafe ist Zuchthaus bis zu fünf Jahren.

§ 320. Ein Fall der Rechtsbeugung liegt nach § 344 endlich 3) vor, wenn ein Beamter vorsätzlich zum Nachtheile einer Person, deren Unschuld ihm bekannt ist, die Eröffnung oder Fortsetzung einer Untersuchung beschließt. Das Gesetz hat aber mit diesem Falle der Rechtsbeugung in derselben Strafsatzung noch ein anderes davon verschiedenes Delict, das der falschen Anklage, zusammengefaßt.

Insoweit es sich um das Delict der Rechtsbeugung handelt, sind hier die Worte „Beamter" und „Untersuchung" in dem gleichen Sinne zu nehmen wie in § 343. Die Untersuchung ist also ein Strafverfahren das mit seiner förmlichen Eröffnung beginnt und bis zu seinem förmlichen Schlusse durch Urtheilsfällung reicht, gleichviel bei welcher mit Handhabung der Strafrechtspflege beauftragten Behörde das Verfahren stattfindet.

Die Handlung besteht in dem Beschlusse eine Untersuchung zu eröffnen oder die eröffnete fortzusetzen. Er muß zum Nachtheile eines Unschuldigen gefaßt sein, und als unschuldig ist nicht nur der völlig schuldlose, sondern auch der zu betrachten, welcher eines geringer strafbaren Delictes als desjenigen schuldig ist, wegen dessen die Untersuchung eröffnet oder fortgesetzt ist[1]). Zum Nachtheile des Beschuldigten findet die Untersuchung in allen Fällen statt, in denen er unschuldig ist, auch wenn er die Untersuchung wünscht um seine Unschuld durch das richterliche Urtheil festgestellt zu sehen. Straflos würde die wissentlich gegen einen Unschuldigen eröffnete oder fortgesetzte Untersuchung allerdings sein, wenn der betreffende Beschluß lediglich im Interesse und zu Gunsten des Unschuldigen gefaßt worden wäre, weil dann der erforderliche Dolus des Thäters mangeln würde[2]).

Der Beamte, welcher vorsätzlich zum Nachtheile eines Unschuldigen die Eröffnung oder Fortsetzung einer Untersuchung beschließt, macht sich damit auch einer nach § 336 strafbaren Beugung des Rechtes zum Nachtheile einer Partei schuldig, die Anwendbarkeit des § 336 ist aber durch die auf einen speciellern Fall der

---

1) Geyer a. a. O. S. 195. Meves a. a. O. S. 981. H. Meyer S. 706. Oppenhoff § 344 Nr. 4. Olshausen § 344 Nr. 3. Oppenheim a. a. O. S. 148.

2) Olshausen § 344 Nr. 4. Oppenhoff § 344 Nr. 3. Oppenheim a. a. O. S. 146. Unrichtig ist es, wenn Meves a. a. O. den objectiven Thatbestand in solchem Falle als ausgeschlossen ansieht.

Rechtsbeugung sich beziehende Strafbestimmung des § 344 ausgeschlossen.

In subjectiver Beziehung wird erfordert, daß der Thäter die Unschuld der zur Untersuchung gezogenen Person kannte, daß er vorsätzlich gegen sie die Eröffnung oder Fortsetzung der Untersuchung beschloß und zwar in der Absicht ihr einen Nachtheil zuzufügen.

Ausgeschlossen ist in objectiver wie subjectiver Beziehung der Thatbestand dieser Art der Rechtsbeugung in den Fällen, in denen der Beamte gesetzlich verpflichtet ist eine Untersuchung auch dann zu beschließen, wenn ihm die Unschuld des Beschuldigten bekannt ist[1]).

Nicht ein Fall der Rechtsbeugung liegt vor, wenn ein Beamter vorsätzlich zum Nachtheile einer Person, deren Unschuld ihm bekannt ist, die Eröffnung oder Fortsetzung einer Untersuchung beantragt. Subject dieses Delictes kann ein jeder Beamter sein, der in einem irgendwie gearteten Strafverfahren berufen ist die Initiative der Verfolgung zu ergreifen und die betreffende Sache vor Gericht zu vertreten.

Die Strafe ist in beiden Fällen Zuchthaus. Der auffallende und anstößige Umstand, daß der Richter welcher vorsätzlich ein ungerechtes Strafurtheil fällt nach § 336 mit Zuchthaus bis zu fünf Jahren bestraft wird, dagegen der Richter welcher sich durch den Beschluß über Eröffnung oder Fortsetzung einer Untersuchung einer Rechtsbeugung schuldig macht mit Zuchthaus bis zu fünfzehn Jahren, erklärt sich aus einem Fehler den die Commission der zweiten Kammer bei der Vorberathung des preußischen Strafgesetzbuches beging und der sich, von keiner Seite bemerkt, in das preußische und das deutsche Strafgesetzbuch eingeschlichen hat[2]).

f. Delicte in Betreff des Strafvollzuges.

§ 321. Mit der Rechtsbeugung nahe verwandt sind die Delicte der Beamten, welche sich einer Rechtswidrigkeit und eines Mißbrauches der Amtsgewalt in Betreff der Bestrafung, insbesondere des Strafvollzuges schuldig machen.

Dahin gehört 1) das Delict des Beamten, welcher eine Strafe

---

1) Meves a. a. O. S. 988. Oppenhoff § 344 Nr. 5. Olshausen § 344 Nr. 4.

2) Vgl. darüber das Nähere bei Oppenheim a. a. O. S. 153 f.

vollstrecken läßt, von der er weiß, daß sie überhaupt nicht oder nicht der Art oder dem Maße nach vollstreckt werden darf[1]).

Subject des Delictes kann nur ein solcher Beamter sein, welcher vermöge seines Amtes mit der Strafvollstreckung befaßt ist. Wenn das Gesetz aber nur von dem Beamten spricht der eine Strafe vollstrecken läßt, nicht auch von dem welcher sie vollstreckt, so wird angenommen werden müssen, daß hier das „Lassen" in keinem andern Sinne genommen sei als in den kurz vorangehenden §§ 340. 341. 343. Zu diesem Lassen genügt aber nicht ein Geschehenlassen dessen was hätte verhindert werden können, und andererseits erfordert es nicht ein Anordnen, Befehlen dessen was geschehen ist, vielmehr genügt ein jedes schuldhafte Mitwirken zu dem was ein Anderer gethan hat, gleichviel ob dieser Andere selbst schuldhaft gehandelt hat oder nicht. Jedenfalls aber kann von einem Vollstreckenlassen immer nur die Rede sein, wenn vorausgesetzt wird, daß der welcher vollstrecken läßt ein Anderer sei als der welcher vollstreckt, nicht aber dann, wenn es sich nur um den einen Schuldigen handelt, welcher selbst vollstreckt hat. Danach wird sich des Delictes nicht nur der Beamte schuldig machen können, welcher den Strafvollzug anzuordnen und zu leiten, sondern auch jeder andere Beamte, der bei dem Vollzuge irgendwie amtlich mitzuwirken hat, aber mit Ausschluß dessen der lediglich nach Maßgabe des ihm ertheilten Auftrages mit dem Vollzuge beschäftigt ist[2]).

---

1) Strfgb. § 345.

2) Kirchmann zu § 345. Meves a. a. O. S. 987. Rubo § 345 Nr. 2 betrachten als Subject des Delicts nur den Beamten, welcher berufen ist durch Andere Strafen vollstrecken zu lassen, dem die amtliche Pflicht zur Betreibung der Strafvollstreckung auferlegt ist. Aber auch der Unterbeamte welcher durch falsche Eintragung in das Register, aus dem sich ergiebt an welchem Tage der Gefangene zu entlassen ist, es bewirkt, daß er zu spät entlassen wird, läßt die Strafe vollstrecken. Oppenhoff Rsprch. d. Ob. Trib. IX S. 28. Rsprch. IV S. 25. Der in letzterm Urtheile unternommene Beweis, daß nach § 345 vollstreckenlassen und vollstrecken gleichbedeutend sei, und hier kein Grund vorgelegen habe Beides zu unterscheiden, ist nicht gelungen. Ihm schließen sich an Geyer a. a. O. S. 195. Oppenhoff § 345 Nr. 1. 2. Olshausen § 345 Nr. 3. Binding Normen II S. 494, der aber anerkennt, daß § 345 incorrect gefaßt ist. Daß es fehlerhaft ist, wenn der selbst und allein vollstreckende Beamte nicht nach § 345 bestraft werden kann, ist zweifellos, es fragt sich aber ob dieser Fehler durch Auslegung beseitigt werden kann. Dagegen auch Schwarze § 345 Nr. 5. v. Liszt S. 567.

Als Strafen kommen nicht nur Criminal-, sondern auch Disciplinar- und Ordnungsstrafen in Betracht, dagegen nicht die vom Strafgericht zuerkannte Buße[1]) und ebenso wenig die s. g. Executivstrafen[2]). Die Strafe muß eine solche sein, welche entweder überhaupt nicht, oder doch nicht in der Art oder dem Maße wie geschehen vollstreckt werden durfte. Sie durfte überhaupt nicht vollstreckt werden, wenn sie nicht durch eine dazu competente Behörde erkannt war, wenn sie nicht gegen die Person erkannt war, an der sie vollstreckt wurde, oder, wenn sie zwar von der competenten Behörde gegen die betreffende Person rechtskräftig erkannt, nach den gesetzlichen Bestimmungen aber nicht vollstreckbar war.

Das Delict kann sowohl vorsätzlich wie fahrlässig verübt werden. Im erstern Falle wird nicht nur die Vorsätzlichkeit der Strafvollstreckung, sondern weiter auch dies erfordert, daß der Thäter mit dem Bewußtsein handelt eine Strafe vollstrecken zu lassen, die überhaupt nicht oder nicht der Art oder dem Maße nach vollstreckt werden durfte. Fahrlässig wird das Delict verübt, wenn der Thäter entweder in schuldhaftem Irrthum eine nicht vollstreckbare Strafe vollstrecken ließ, oder trotz des Bewußtseins, daß sie überhaupt nicht oder nicht in der Art, dem Maße wie geschehen vollstreckt werden durfte, es schuldhaft verursacht, daß sie überhaupt oder in unrichtiger Weise vollstreckt wurde[3]).

Schon aus der Fassung des § 345, insbesondere aber aus dem Zusammenhange mit § 346, ergiebt sich, daß er nicht anwendbar ist auf den Fall der Vollstreckung einer gelindern als der zuerkannten Strafe.

Die Strafe der vorsätzlichen Verübung ist Zuchthaus, die der fahrlässigen Gefängniß oder Festungshaft bis zu einem Jahre oder Geldstrafe bis zu neunhundert Mark.

2) Auf den umgekehrten Fall, daß ein Schuldiger durch einen Beamten der ihm gebührenden Bestrafung rechtswidrig entzogen wird bezieht sich die Strafbestimmung des § 346.

---

1) Schwarze § 345 Nr. 2. Oppenhoff § 345 Nr. 4.

2) Meves, Schwarze, Oppenhoff a. a. O. Olshausen § 345 Nr. 5.

3) v. Prittwitz in Goltd. Arch. XXX S. 149. Thon im G. Saal 1874 S. 117. Oppenhoff § 345 Nr. 7. Olshausen § 345 Nr. 9, Rsprch. II S. 329. Unrichtig Binding a. a. O. S. 493, wenn er annimmt. daß bei fahrlässiger Verübung das Wissen von der Ungerechtigkeit der Strafe immer ausgeschlossen sein müsse.

Subject des Delictes kann sein ein jeder Beamter, welcher vermöge seines Amtes bei Ausübung der Strafgewalt oder bei Vollstreckung der Strafe mitzuwirken hat.

Was die Handlung betrifft, so sind es verschiedene Thatbestände, welche das Gesetz in derselben Strafsatzung zusammenfaßt. Es kann das Delict dadurch verübt werden, daß der Beamte die Verfolgung einer strafbaren Handlung unterläßt. Zweifelhaft kann es sein, welche strafbare Handlungen hier gemeint sind, ob nur die als Verbrechen, Vergehen oder Uebertretungen erscheinenden, oder auch diejenigen, welche eine Disciplinar- oder Ordnungsstrafe nach sich ziehen. Die Höhe der gedrohten Strafe spricht dafür, daß nur criminell strafbare Handlungen gemeint seien[1]). Die Verfolgung wird unterlassen nicht nur dann, wenn sie überhaupt nicht unternommen, sondern auch dann wenn sie zwar begonnen aber nicht fortgesetzt wird[2]). Nothwendige Voraussetzung ist es aber, daß wirklich eine strafbare Handlung vorliegt und das Unterlassen der Verfolgung bei irriger Annahme, daß die Handlung eine strafbare sei, genügt nicht[3]).

Es kann das Delict ferner begangen werden durch eine Handlung die an sich geeignet ist eine Freisprechung oder dem Gesetze nicht entsprechende, d. h. hier eine geringere Bestrafung zu bewirken. Während es sich im erstern Falle um ein Omissivdelict handelt, kann dieses Delict sowohl durch ein Begehen wie Unterlassen verübt werden.

Es kann das Delict endlich darin bestehen, daß die Vollstreckung der ausgesprochenen Strafe nicht betrieben, oder daß eine gelindere als die erkannte Strafe vollstreckt wird.

In subjectiver Beziehung wird erfordert, daß das angegebene Thun oder Unterlassen in der Absicht stattfand Jemand der gesetzlichen Strafe rechtswidrig zu entziehen, wogegen das fahrlässige Verursachen eines solchen Entziehens nicht für strafbar erklärt ist.

Die Strafe ist Zuchthaus bis zu fünf Jahren, bei mildernden Umständen Gefängnißstrafe nicht unter einem Monat.

g. Prävarication.

§ 322. Zu den Amtsdelicten derjenigen Personen, welche

1) Schwarze § 346 Nr. 2. Rüdorff § 346 Nr. 1. Olshausen § 346 Nr. 2. Dagegen Meves a. a. O. S. 982. Oppenhoff § 346 Nr 3.

2) Meves a. a. O. S. 983.

3) Rsprch. VII S. 175.

bei der Rechtspflege mitzuwirken berufen sind, gehört endlich auch die von einem Rechtsbeistande verübte Prävarication.

Sie erfordert als Subject einen Advocaten, Anwalt oder andern Rechtsbeistand, ist also ein Amtsdelict aber nicht Beamtendelict. Vorausgesetzt wird, daß dem Thäter vermöge seiner amtlichen Eigenschaft[1]) Angelegenheiten anvertraut waren und er damit zu demjenigen, welcher ihm als seinem Beistande die Angelegenheit anvertraut hatte, in ein besonderes Vertrauensverhältniß getreten war. Die Angelegenheit besteht in einer Rechtssache, in welcher zwei Parteien mit sich widerstreitenden Interessen sich gegenüber stehen. Solche Sachen sind allerdings auch Strafsachen, fraglich aber ist es ob hier nur die Strafsachen in Betracht kommen, in denen dem Beschuldigten ein Privat- oder Nebenkläger gegenübersteht. Die amtliche Stellung des Staatsanwaltes ist allerdings nicht die, daß er lediglich ein einseitiges Parteiinteresse zu vertreten hätte, aber auch im Strafverfahren stehen zwei Parteien, der sein Strafrecht verfolgende Staat und der Beschuldigte sich gegenüber, und der Staatsanwalt ist jedenfalls auch berufen das Parteiinteresse des Staates wahrzunehmen. Nach der Fassung des Gesetzes erscheint es daher nicht ausgeschlossen, daß auch der Vertheidiger desjenigen Beschuldigten, der nicht einer Privatperson, sondern nur dem, sein Strafrecht verfolgenden, Staate gegenübersteht, sich der Prävarication schuldig machen könnte[2]).

Die Handlung besteht darin, daß der Thäter in derselben Rechtssache beiden Parteien durch Rath oder Beistand pflichtwidrig dient, und damit seiner Partei gegenüber sich eines Vertrauensbruches schuldig macht. Als dieselbe Rechtssache ist nicht bloß derselbe Rechtsstreit, sondern auch dieselbe Streitmaterie die in verschiedenen Prozessen verhandelt wird, anzusehen[3]). Daß dieses Bedienen beider Parteien gleichzeitig stattfinde ist nicht nothwendig erforderlich, denn auch ein successives Bedienen beider Parteien in derselben Rechtssache vor deren Beendigung ist ein Vertrauensbruch derjenigen Partei gegenüber, welche dem Thäter

---

1) Strfgb. § 356. Der offenbar incorrecte Ausdruck „amtliche Eigenschaft" würde richtiger, dem § 300 entsprechend, durch den Ausdruck „vermöge seines Amtes", zu ersetzen sein. Meves a. a. O. S. 1016. v. Liszt S. 361.

2) Dagegen Puchelt § 356 Nr. 2. Meves a. a. O. S. 1016. H. Meyer S. 707. Olshausen § 356 Nr. 3.

3) Geyer a. a. O. S. 201. H. Meyer S. 707. Olshausen § 356 Nr. 3. Dagegen Meves a. a. O. S. 1017.

die Rechtssache zuerst anvertraute[1]). Das Dienen muß aber ein pflichtwidriges sein, und dies ist nicht der Fall, wenn der Rechtsbeistand beiden Parteien in ihrem gemeinsamen Interesse, namentlich etwa um einen Vergleich herbeizuführen, Rath ertheilt[2]).

Das Delict kann nur vorsätzlich mit dem Bewußtsein sich eines Vertrauensbruches schuldig zu machen, verübt werden.

Die Strafe ist Gefängniß nicht unter drei Monaten, dagegen Zuchthaus bis zu fünf Jahren, wenn der erschwerende Umstand vorliegt, daß der Thäter im Einverständniß mit der Gegenpartei zum Nachtheile seiner Partei gehandelt hat. Zum Nachtheile seiner Partei hat er nicht schon gehandelt, wenn er sich im Einverständnisse mit der Gegenpartei des Vertrauensbruches schuldig machte, und ebensowenig genügt es, daß er in der Absicht seine Partei zu benachtheiligen handelte, vielmehr muß er dieser wirklich einen Nachtheil zugefügt haben, denn nach der Fassung des Gesetzes kann das Handeln zum Nachtheil nur als ein Erforderniß des objectiven Thatbestandes aufgefaßt werden[3]).

h. Amtsdelicte in Betreff der Eheschließung.

§ 323. Innerhalb des Gebietes des deutschen Reiches kann nach dem Gesetze über die Beurkundung des Personenstandes und die Eheschließung vom 6. Februar 1875 eine Ehe rechtsgiltig nur vor dem Standesbeamten geschlossen werden, und wenn damit nicht ausgeschlossen ist, daß zugleich auch die religiöse Feierlichkeit einer Eheschließung vorgenommen werde, so ist es doch strafrechtlich verboten, daß eine solche Feierlichkeit vor der Eheschließung vor dem Standesbeamten stattfinde. Dieses Verbot war in § 337 des Strafgesetzbuches ausgesprochen, hatte aber eine Anwendbarkeit nur in denjenigen Gebieten des deutschen Reiches, in denen zur bürgerlichen Giltigkeit der Ehe die Aufnahme einer Heirathsurkunde erforderlich war. An Stelle des § 337 ist jetzt § 67 des gedachten Gesetzes getreten. Hiernach ist ein Geistlicher oder anderer Religionsdiener,

---

1) Meves a. a. O. Schwarze § 356 Nr. 6. Olshausen § 356 Nr. 5. Rechtsanwaltsordnung v. 1. Juli 1878 § 31 Nr. 2. Dagegen Rüdorff § 356 Nr. 1.

2) Schwarze § 356 Nr. 4. Olshausen § 356 Nr. 4. Rsprch. VIII S. 583.

3) Schwarze § 356 Nr. 8. Dagegen Goltd. Mat. II S. 702. Meves a. a. O. S. 1018. Oppenhoff § 356 Nr. 9. Olshausen § 356 Nr. 6.

welcher zu den religiösen Feierlichkeiten einer Eheschließung schreitet, bevor ihm nachgewiesen ist, daß die Ehe vor dem Standesbeamten geschlossen sei, mit Geldstrafe bis zu dreihundert Mark oder mit Gegängniß bis zu drei Monaten zu bestrafen.

Das Delict kann nur vorsätzlich mit dem Bewußtsein des Thäters, daß ihm der erforderliche Nachweis der erfolgten Eheschließung nicht geführt ist, verübt werden und wenn er sich, statt den Nachweis durch eine amtliche Bescheinigung zu fordern, etwa mit der Versicherung der zu Trauenden begnügen sollte, so würde, wenn die Eheschließung vor dem Standesbeamten noch nicht stattgefunden hätte, das Delict nicht als mit Fahrlässigkeit, sondern mit dolus eventualis verübt anzusehen sein.

Nach § 338 des Strafgesetzbuches ist ein Religionsdiener oder Personenstandsbeamter, welcher wissend, daß eine Person verheirathet ist, eine neue Ehe derselben schließt, mit Zuchthaus bis zu fünf Jahren zu bestrafen.

Da jetzt im ganzen Reichsgebiete eine Ehe rechtsgiltig nur vor dem Personenstands-Beamten geschlossen werden kann, so kann auch in Deutschland nur der Personenstands-Beamte Subject des Delictes sein. Damit ist nicht ausgeschlossen, daß § 338 auch auf einen Religionsdiener Anwendung finden könnte. Dies würde der Fall sein, wenn er ein Inländer wäre der im Auslande, wo er nach den dort geltenden Gesetzen eine bürgerlich giltige Ehe zu schließen in der Lage war, das Delict verübt haben sollte[1])

In der Regel wird es sich bei diesem Delicte um eine Mitwirkung bei Verübung des Verbrechens der Bigamie handeln, die aber als selbständiges Delict, nicht als Theilnahme an dem Delicte der Bigamie behandelt wird. Daher ist es auch nicht nothwendige Voraussetzung, daß die verheirathete Person die eine neue Ehe schließt wegen Bigamie zu strafen sei. Ist diese in Folge entschuldbaren Irrthums nicht strafbar, so doch nicht der Religionsdiener oder Standesbeamte, der wissend, daß die betreffende Person verheirathet ist deren neue Ehe schließt. Darum muß jedenfalls der objective Thatbestand des Verbrechens der Bigamie vorliegen[2]).

---

1) Schwarze § 338 Nr. 1 führt auch noch dem Fall an, daß der Geistliche in einer Grenzpfarrei fungirt, deren Bezirk sich in das Ausland erstreckt und für welche ein inländischer Standesbeamter nicht zuständig ist, Oppenhoff § 338 Nr. 1. Olshausen § 338 Nr. 1 betrachten jede Anwendbarkeit des § 338 auf Religionsdiener für ausgeschlossen.

2) Vgl. darüber oben S. 475.

i. Uebervortheilung.

§ 324. Eine Uebervortheilung von Privatpersonen durch Mißbrauch der Amtsgewalt kann sowohl dadurch verübt werden, daß der Beamte Abgaben erhebt die der Zahlende nicht schuldet, wie dadurch, daß er demjenigen welcher von ihm Geld oder Naturalien zu empfangen hat rechtswidrig Abzüge macht[1]).

Subject des Delictes kann nur ein Beamter sein der für eine öffentliche Kasse Abgaben zu erheben und aus derselben Ausgaben zu machen hat, gleichviel ob es der die Kasse verwaltende Beamte oder ein ihm untergeordneter ist. Als Abgabe erscheint jede Leistung von öffentlich-rechtlichem Charakter die der Beamte für die öffentliche Kasse als ihr verschuldet zu erheben hat, und wenn das Gesetz dabei noch näher Steuern, Gebühren oder andere Abgaben unterscheidet, so sind Steuern die Abgaben, welche der Staat oder die Gemeinde nach gesetzlichem Maßstabe ohne eine specielle Gegenleistung erhebt, Gebühren dagegen diejenigen, welche tarifmäßig als Aequivalent für die Benutzung einer öffentlich-rechtlichen Einrichtung und den dem Benutzenden geleisteten Dienst zu zahlen sind. Abgaben die weder Steuern noch Gebühren wären lassen sich nicht angeben, und jedenfalls kommen hier die für eine öffentliche Kasse zu erhebenden Renten, Pacht-, Kaufgelder so wie alle anderen auf privatrechtlichem Titel beruhenden Leistungen nicht in Betracht[2]).

Die Handlung besteht in der Erhebung von Abgaben, welche der Zahlende überhaupt nicht oder nur in geringerm Betrage schuldet, und dem damit in Verbindung stehenden Unterlassen des Abführens des rechtswidrig Erhobenen an die Kasse, sei es daß es überhaupt nicht oder nicht zu seinem vollen Betrage zur Kasse gebracht wird. Diesem Unterlassen steht der Fall gleich, daß das rechtswidrig Erhobene zwar zur Kasse gebracht wird, aber nicht

---

1) Strfgb. § 353.

2) Mit Unrecht will Meves a. a. O. S. 999 öffentliche Kassen, welche wie gerichtliche Deposital- und communale Sparkassen, Privatgelder zu verwalten haben ausschließen, denn was sie als ihnen verschuldet zu empfangen haben, sind Gebühren. Olshausen § 353 Nr. 2. Oppenhoff § 353 Nr. 2. Der Tendenz des Gesetzes, das den Abgabepflichtigen gegen Uebervortheilung schützen will, entsprechend, wird auch derjenige Beamte nach § 353 zu strafen sein, der statt des geschuldeten Geldes sich eine Ware von höherm Preise geben läßt und nur den geringern Geldbetrag an die Kasse abliefert. Dagegen Rsprch. II S. 306. Olshausen § 353 Nr. 3.

als das vom Zahlenden Geschuldete und als solches Gebuchte, sondern etwa zur Deckung von Defecten [1]).

Der Dolus erfordert die Vorsätzlichkeit des betreffenden Thuns wie Unterlassens mit dem Bewußtsein, daß eine Abgabe erhoben wird die nicht geschuldet ist, wogegen eine gewinnsüchtige Absicht zwar nicht ausdrücklich gefordert, vom Gesetze aber vorausgesetzt wird, indem das unterlassene Abführen an die Kasse eben das Behalten, Aneignen des rechtswidrig Erhobenen voraussetzt [2]). Gleichwohl betrifft § 353 nicht einen besondern Fall des Betruges, denn es wird nicht erfordert, daß der Thäter durch Vorspiegelung falscher oder Entstellung oder Unterdrückung wahrer Thatsachen einen Irrthum erregt oder unterhalten hat, wonach also das Amtsdelict des § 353 mit Betrug so wie mit der nach § 339 strafbaren Nöthigung ideell concurriren kann [3]).

Wird die Uebervortheilung dadurch verübt, daß der Beamte bei amtlichen Ausgaben dem Empfänger rechtswidrige Abzüge macht, so wird zwar als Subject ein Beamter erfordert der amtliche Ausgaben an Geld oder Naturalien zu leisten hat, aber weder, daß die Kasse eine öffentliche sei, noch daß die geleistete Ausgabe auf einem öffentlich rechtlichen Titel beruhe, wofern nur die Leistung eine amtliche ist [4]).

Die Handlung besteht darin, daß der Thäter vorsätzlich und rechtswidrig Abzüge macht und die Ausgaben als vollständig geleistet in Rechnung stellt.

Die Strafe ist in beiden Fällen der Uebervortheilung Gefängniß nicht unter drei Monaten, womit nach § 358 Verlust der Fähigkeit zur Bekleidung öffentlicher Aemter auf die Dauer von einem bis zu fünf Jahren verbunden werden kann.

k. Amtsdelicte im diplomatischen Dienste.

§ 325. Wie das preußische so war auch das deutsche Strafgesetzbuch davon ausgegangen, daß der Ungehorsam des Civilbeamten gegen die ihm amtlich von den Vorgesetzten ertheilten Wei-

---

1) Meves a. a. O. S. 1000.

2) Meves a. a. O. Schütze S. 531. Olshausen § 353 Nr. 6. Dagegen Oppenhoff § 353 Nr. 4.

3) Meves a. a. O. Oppenhoff § 353 Nr. 5. Olshausen § 353 Nr. 6.

4) Meves a. a. O. S. 999. Oppenhoff § 353 Nr. 10.

sungen ebenso wie die Verletzung der Pflicht das Amtsgeheimniß zu bewahren, nur als Disciplinarvergehen zu behandeln sei. Das Strafverfahren gegen den frühern deutschen Botschafter Grafen von Arnim veranlaßte es, daß man in Betreff der im Dienste des auswärtigen Amtes stehenden, so wie der mit einer auswärtigen Mission betrauten oder bei einer solchen beschäftigten Beamten von jenem Grundsatze abwich, und durch die Novelle von 1876 dem Strafgesetzbuche den § 353a einfügte. Die hier bezeichneten Amtsdelicte unterscheiden sich daher wesentlich von allen anderen dadurch, daß sie nicht einen Mißbrauch der Amtsgewalt in dem oben angegebenen Sinne voraussetzen, sondern nur eine Verletzung der Dienstpflicht, und darum ihrer Natur nach Disciplinarvergehen sind. Zur Rechtfertigung ihrer criminellen Bestrafung wiesen die Motive auf die Analogie der Bestimmungen des Militairstrafgesetzbuches und der Seemanns-Ordnung hin, nach denen ebenfalls der Ungehorsam gegen die Befehle des Vorgesetzten criminell gestraft werde, so wie darauf, daß der Ungehorsam der Beamten des auswärtigen Amtes und der diplomatischen Agenten nicht minder schwere Folgen für das Wohl des Reiches nach sich ziehen könne[1]).

Es sind drei verschiedene Handlungen die hier mit Strafe bedroht werden und zwar 1) die Verletzung der Amtsverschwiegenheit.

Subject des Delictes kann nur ein Beamter sein der im Dienste des auswärtigen Amtes des deutschen Reiches steht, also nicht die Beamten des Ministeriums der auswärtigen Angelegenheiten eines deutschen Staates. Zu jenen Beamten gehören nicht nur die, welche am Sitze des auswärtigen Amtes functioniren, sondern auch diejenigen, welche mit einer auswärtigen Mission betraut oder bei derselben beschäftigt sind, also Gesandte, Consuln und die bei den Gesandtschaften und Consulaten angestellten Beamten[2]). Ohne Zweifel ist auch der nicht mehr im Dienste stehende Beamte in der Lage die ihm während seines Dienstes bekannt gewordenen Amtsgeheimnisse in einer das Wohl des Reiches gefährdenden Weise mitzutheilen und es würde überdies dem Reichs-

---

1) Vgl. Meves Strafgesetz-Novelle zu § 353a und in Holtzdf. Hdbch. IV S. 339 f.

2) Olshausen § 353a will dahin auch die Beamten der wissenschaftlichen Institute des Reiches im Auslande rechnen. Sie sind allerdings dem auswärtigen Amte untergeordnet, man wird aber nicht sagen können, daß sie im Dienste des auswärtigen Amtes stehen.

beamten-Gesetze entsprochen haben die Strafbestimmung auch auf frühere Beamte des auswärtigen Amtes auszudehnen, aber die Fassung des Gesetzes läßt eine solche extensive Interpretation nicht zu[1]).

Die Handlung besteht in der Verletzung der Amtsverschwiegenheit. Aber nicht eine jede solche strafbare Verletzung kommt hier in Betracht, sondern nur diejenige, welche dadurch verübt wird, daß der Thäter ihm amtlich anvertraute oder zugängliche Schriftstücke, oder eine ihm von seinem Vorgesetzten, sei es schriftlich oder mündlich, ertheilte Anweisung, oder den Inhalt der Schriftstücke oder Anweisungen Anderen widerrechtlich mittheilt. Als Schriftstück wird nicht bloß Geschriebenes, sondern eine jede durch Schriftzeichen, seien sie geschrieben oder durch irgend welchen Druck hergestellt, anzusehen sein. Die Mittheilung an Andere muß eine widerrechtliche sein und dies erfordert einerseits, daß sie an eine Person erfolgt die kein Recht, keinen Anspruch auf solche Mittheilung hat und andererseits, daß durch dieselbe die Pflicht der Amtsverschwiegenheit verletzt wird. Dies ist der Fall, wenn die Verschwiegenheit über eine bestimmte Angelegenheit von dem Vorgesetzten geboten oder deren Natur nach erforderlich war[2]), wie sich dies nur im concreten Falle feststellen läßt.

Wird das Delict vorsätzlich verübt, so muß der Thäter sich der Widerrechtlichkeit der Mittheilung in den angegebenen beiden Beziehungen bewußt gewesen sein[3]). Aber das Gesetz enthält in Betreff der Willensbestimmung keine Vorschrift und demgemäß kann die Straffatzung nicht auf die vorsätzliche Verübung beschränkt werden, vielmehr wird auch die fahrlässige Verübung, die leichtsinnige Mittheilung, bei welcher der Thäter nach der einen oder andern Richtung sich die Widerrechtlichkeit nicht vergegenwärtigte, zu strafen sein[4]). Absicht und Motiv des Thäters sind für den Thatbestand gleichgiltig und können nur bei der Strafzumessung in Betracht kommen.

---

1) Meves in Holtzdf. Hdbch. IV S. 344. Geyer a. a. O. S. 200. H. Meyer S. 707. Oppenhoff § 353a Nr. 2. Dagegen Olshausen § 353 Nr. 3.

2) Gesetz betreffend die Rechtsverhältnisse der Reichsbeamten v. 1873 § 11. Meves § 353a Nr. 13 und a. a. O. S. 346.

3) Meves § 353a Nr. 14.

4) Meves a. a. O. S. 346. Dagegen Olshausen § 353a Nr. 10.

Die Strafe ist Gefängniß oder Geldstrafe bis zu fünftausend Mark, womit Verlust der Fähigkeit zur Bekleidung öffentlicher Aemter auf die Dauer von einem bis zu fünf Jahren verbunden werden kann. Das Gesetz fügt aber hinzu, daß diese Strafe nur verhängt werden soll, sofern nicht nach anderen Bestimmungen eine schwerere Strafe verwirkt ist. Damit ist also ausgesprochen, daß die Strafe des § 353a nur subsidiär dann zur Anwendung kommt, wenn das Delict nicht zugleich den Thatbestand eines schwerer strafbaren ergeben sollte, daß also die Strafbestimmung nicht als eine mildere lex specialis anzusehen sei, durch welche die schwerere ausgeschlossen werde[1]).

Das Gesetz bezieht sich 2) auf den vorsätzlichen Ungehorsam gegen die von dem Vorgesetzten amtlich ertheilten Anweisungen.

Subject des Delictes kann hier nur der mit einer auswärtigen Mission betraute oder bei einer solchen beschäftigte Beamte sein[2]). In welcher Form die Anweisung ertheilt wurde ist gleichgiltig, wofern sie der Thäter nur als eine amtlich von seinem Vorgesetzten ertheilte kannte. Die Handlung besteht darin, daß der Anweisung der Gehorsam versagt wurde, sei es, daß der Thäter ganz oder theilweise das zu thun unterläßt was ihm aufgetragen war, sei es, daß er im Widerspruche zur erhaltenen Weisung handelt[3]). Nur der vorsätzliche Ungehorsam, nicht ein fahrlässiges Abweichen von der erhaltenen Anweisung ist strafbar.

Es ist endlich 3) für strafbar erklärt das Berichten erdichteter oder entstellter Thatsachen in der Absicht den Vorgesetzten in seinen Handlungen irre zu leiten.

Als Subject des Delictes kommen auch hier nur die mit einer auswärtigen Mission betrauten oder bei einer solchen beschäftigten Beamten in Betracht.

---

1) Meves a. a. O. S. 346. Schwarze § 353a Nr. 10. Binding Handbch. I S. 356. Eine Verschiedenheit der Ansicht von Meves und Binding, wie Olshausen § 353a Nr. 12 annimmt, liegt nicht vor.

2) Laband Staatsrecht II S. 280. Geyer a. a. O. S. 200. Olshausen § 353a Nr. 6 wollen die Consuln ohne ausreichenden Grund nicht als mit einer auswärtigen Mission betraut ansehen. Dagegen Meves a. a. O. S. 348. Daß aber auch hier, dem ersten Absatze entsprechend, nur auswärtige Missionen des deutschen Reiches, nicht der deutschen Staaten, gemeint sind, kann nicht zweifelhaft sein.

3) Dies kann auch dadurch geschehen, daß formell zwar der Anweisung Folge geleistet wird, aber in der Art, daß zugleich der Absicht des Vorgesetzten entgegengewirkt wird. Meves a. a. O. S. 348.

Als Handlung wird erfordert das Berichten erdichteter oder entstellter Thatsachen, wonach also ausgeschlossen ist ein wahrheitswidriges Berichten eigener Ansichten und Meinungen des Berichterstatters, und ebenso das Verschweigen von Thatsachen, welche pflichtmäßig zu berichten gewesen wären. Allerdings aber wird auch ein solches Verschweigen als strafbar zu betrachten sein, sofern es auf das was berichtet wurde einen Einfluß ausübt, vermöge dessen die berichteten Thatsachen als entstellt erscheinen[1]).

Als Willensbestimmung wird hier nicht nur das vorsätzliche Handeln mit dem Bewußtsein, daß die berichteten Thatsachen erdichtet oder entstellt sind gefordert, sondern weiter auch die Absicht den Vorgesetzten in seinen amtlichen Handlungen irre zu leiten, ihn in Irrthum über die thatsächlichen Voraussetzungen zu versetzen und dadurch zu falschen, der wirklichen Sachlage nicht entsprechenden, Entschlüssen und Handlungen zu verführen.

Die Strafe ist bei dem vorsätzlichen Ungehorsam und der falschen Berichterstattung die gleiche wie bei der Verletzung der Amtsverschwiegenheit.

l. Delicte der Post- und Telegraphenbeamten.

§ 326. Postbeamte machen sich eines Mißbrauches ihrer Amtsgewalt schuldig, wenn sie das Briefgeheimniß verletzen oder der Post anvertraute Sendungen unterdrücken[2]).

Subject dieses Amtsdelictes ist nur der Postbeamte, und Object sind die der Post anvertrauten Briefe und Packete. Der Post anvertraut sind nur diejenigen Sendungen, welche in der reglementsmäßigen Weise zur Beförderung durch die Post eingeliefert wurden, nicht diejenigen, welche irgend einem Postbeamten mit dem Auftrage der von ihm vorzunehmenden Einlieferung übergeben wurden. Die Sendung ist der Post anvertraut von dem Momente an, in welchem sie reglementsmäßig eingeliefert wurde bis zum Momente der Abgabe an den Adressaten, oder, bei unbestellbarer Sendung, bis zur Rückgabe an den Absender oder reglementsmäßigen Vernichtung oder sonstigen Verfügung über dieselbe[3]). Daß die Sendung eine solche sei, mit welcher der Thäter sich dienstlich zu

---

1) Meves § 353a Nr. 29. 30.

2) Strfgb. § 354.

3) Meves a. a. O. S. 1002. Oppenhoff § 354 Nr. 5. Olshausen § 354 Nr. 2. Rsprch. I S. 218.

befassen hatte, ist nicht erforderlich[1]), es genügt vielmehr, daß ihm dieselbe vermöge seiner amtlichen Stellung zugänglich war, denn das Gesetz fordert nicht, daß sie zu einer dienstlichen Verrichtung ihm, sondern nur, daß sie der Post anvertraut war.

Die Handlung besteht in dem Eröffnen eines Briefes oder Packetes. Dies setzt einen Verschluß voraus und es kann darum bei einer Streif- oder Kreuzbandsendung die nicht verschlossen ist, damit die Postbehörde von dem Inhalte Kenntniß nehmen kann, nicht vorkommen. Mit dem Eröffnen ist das Delict vollendet, und eine Kenntnißnahme des Inhaltes ist nicht erforderlich, ist an sich überhaupt nicht strafbar, insbesondere also auch nicht, wenn sie offene Sendungen, Postkarten, Postanweisungen, betrifft.

Die Handlung kann ferner bestehen in einem Unterdrücken, dessen Gegenstand verschlossene wie offene Postsendungen sein können. Als ein Unterdrücken ist jede Handlung zu betrachten, durch welche die Sendung dem ordnungsmäßigen Postverkehre widerrechtlich entzogen wird, gleichgiltig ob es ein bleibendes oder nur zeitweiliges ist[2]).

Vorausgesetzt wird aber, daß das Eröffnen wie Unterdrücken in anderen als den im Gesetze vorgesehenen Fällen geschehen sei. Damit ist es also ausgeschlossen, daß durch Verordnungen, Reglements Ausnahmefälle in denen das Eröffnen, Unterdrücken zulässig sei, festgestellt werden[3]).

Das Eröffnen oder Unterdrücken muß vorsätzlich mit dem Bewußtsein der Rechtswidrigkeit stattfinden, wogegen die Absicht des Thäters für den Thatbestand gleichgiltig ist.

Die Strafbestimmung bezieht sich sowohl auf den Fall, daß der Postbeamte das Delict selbst verübt, als auf den Fall, daß er einem Andern das Eröffnen oder Unterdrücken wissentlich gestattet, oder ihm dabei wissentlich Hilfe leistet. Im letztern Falle handelt es sich um Theilnahme an dem Amtsdelict eines andern Postbeamten oder an dem gemeinen Delict einer Privatperson, die aber nicht als Beihilfe nach § 40, sondern als selbständiges Delict nach § 354 zu strafen ist. Das Gestatten der Verübuug durch

---

1) Oppenhoff § 354 Nr. 3. Olshausen § 354 Nr. 2. Dagegen Meves a. a. O. S. 1003.

2) Oppenhoff § 354 Nr. 7. Geyer a. a. O. S. 200. Rsprch. I S. 123.

3) Oppenhoff § 354 Nr. 1.

einen Andern erfordert nicht mehr, als daß der Postbeamte die Verübung des Delictes durch einen Andern, die er verhindern konnte und sollte, geschehen ließ und ist insoweit nicht eine strafbare Theilnahme, sondern ein Omissivdelict des Beamten. Man wird aber auch ein Gestatten annehmen müssen, wenn der Postbeamte über das Nichtverhindern hinausgegangen ist und eine Privatperson zur Verübung angestiftet hat, denn wer anstiftet gestattet jedenfalls auch die Handlung zu welcher er anstiftete, und es würden sich, wollte man dies nicht annehmen, falsche Consequenzen ergeben. Es würde der Postbeamte der eine Privatperson zur rechtswidrigen Eröffnung einer Postsendung anstiftet nur wegen Anstiftung zu dem nach § 299 strafbaren gemeinen Dilicte gestraft werden können, und er würde, wenn er zur Unterdrückung einer Postsendung anstiftet, straflos bleiben, wofern der Thäter sich auf ein Unterdrücken beschränkt, das nicht zugleich den Thatbestand eines andern Delictes, wie etwa Diebstahl, Unterschlagung, ergiebt.

Die Strafe ist Gefängniß nicht unter drei Monaten, womit Verlust der Fähigkeit zur Bekleidung öffentlicher Aemter auf die Dauer von einem bis zu fünf Jahren verbunden werden kann.

§ 327. Wie der Postverkehr so ist auch der telegraphische Verkehr gegen rechtswidrige Eingriffe derer, welche ihn zu besorgen berufen sind, geschützt[1]).

Subject des Delictes kann hier nicht nur der Telegraphenbeamte sein, sondern auch eine andere Person die mit der Beaufsichtigung und Bedienung einer zu öffentlichen Zwecken dienenden Telegraphenanstalt[2]) betraut ist, und es ist darum das Vergehen nicht nothwendig ein Beamtendelict. Wenn in Betreff der letzteren Personen gefordert wird, daß sie mit der Beaufsichtigung und Bedienung einer Telepraphenanstalt betraut seien, so liegt hier augenscheinlich eine incorrecte Fassung des Gesetzes vor, indem statt des „und" ein „oder" gesetzt sein müßte[3]).

Das Object des Delictes ist eine der Telegraphenanstalt anvertrauten Depesche und eine solche ist sowohl die Urschrift wie

1) Strfgb. § 355.

2) Ueber Telegraphenanstalt vgl. oben S. 649.

3) Geyer a. a. O. S. 200. v. Liszt S. 571. Binding Normen I S. 109. Olshausen § 355 Nr. 1.

deren Uebertragung in die telegraphischen Zeichen und deren Ausfertigung [1]).

Die Handlung kann bestehen in der Verfälschung der Depesche die an der Urschrift, wie durch falsches Telegraphiren, durch falsches Uebertragen der telegraphischen Zeichen in Buchstabenschrift, und auch durch Verfälschung der Depeschenausfertigung verübt werden kann [2]). Die Handlung kann ferner bestehen in der Eröffnung einer Depesche, deren sich nur derjenige schuldig machen kann dem sie verschlossen zur Beförderung übergeben wurde, sowie in der Unterdrückung derselben. Endlich kann das Vergehen verübt werden durch rechtswidrige Benachrichtung Dritter von dem Inhalte einer Depesche. Zum Inhalte gehören auch Absendungsort und Name des Absenders wie Adressaten, so daß die Strafbestimmung auch auf denjenigen Anwendung findet, welcher Anderen, abgesehen von dem weitern Inhalte, nur Mittheilung davon macht von woher oder an wen Depeschen eingegangen sind [3]). Bei dem Eröffnen und Unterdrücken einer Depesche wird hier wie bei dem der Postsendungen vorausgesetzt, daß es in einem andern als den vom Gesetze vorgesehenen Fällen geschehen sei.

Nur die vorsätzliche Verübung des Delictes, welche das Bewußtsein der Rechtswidrigkeit der Handlung erfordert, nicht die fahrlässige, ist strafbar.

Auch hier wird wie in § 354 der Beamte, beziehungsweise eine andere im Gesetze ihm gleichgestellte Person, nicht nur dann für strafbar erklärt, wenn er selbst Thäter ist, sondern auch dann, wenn er einem Andern eine der gedachten Handlungen wissentlich gestattet oder ihm bei derselben Hilfe leistet.

Die Strafe ist die gleiche wie die dem Postbeamten in § 354 gedrohte.

---

1) Meves a. a. O. S. 1003. Geyer a. a. O. S. 200. Oppenhoff § 355 Nr. 2. Olshausen § 355 Nr. 2. Vgl. Telegraphen-Ordnung v. 21. Juni 1872 §§ 9. 10. 24. 25.

2) Meves a. a. O. S. 1005. Olshausen § 355 Nr. 3. Dambach im G. Saal 1871 S. 285, der den letztern Fall nicht erwähnt.

3) Dambach a. a. O. S. 290.

Sachregister.

Die römischen Zahlen bezeichnen den Band, die arabischen die Seite.

Quellenregister.

Die römischen Zahlen bezeichnen den Band, die arabischen die Seite.

Strafgesetzbuch für das deutsche Reich.

Militair-Strafgesetzbuch für das deutsche Reich.

Gerichts-Verfassungsgesetz für das deutsche Reich

Civil-Prozeßordnung für das deutsche Reich

Strafprozeßordnung für das deutsche Reich.

Reichs-Konkursordnung

Einzelne Reichsgesetze und Verordnungen
chronologisch geordnet.

Universitäts-Buchdruckerei von Carl Georgi in Bonn.

Kolibri 360 GmbH
Ferdinand-Jühlke-Straße 7
99095 Erfurt, Deutschland
produktsicherheit@kolibri360.de